KB042791

불교와 원불교

불교와 원불교

류성태 지음

學古房

머리말

고금을 통하여 종교갈등과 분쟁이 있어왔는데, 그것은 종교간 상호 이해에 소홀한 탓이다. 자기종교에 심취한 나머지 이웃종교를 깊이 있게 이해하는 장이 부족했기 때문이다.

필자는 원기 100년(2015, 불기 2559)『원불교 100년의 과제』라는 저서에서 57항목의 과제를 제시하였으며, 이 가운데 23번째 항목이 '불교와 원불교의 관계'를 정립하는 것이었다. 원불교의 미래적 과제 가운데 양교의 호혜적 관계가 매우 중요하다는 필자의 문제의식과 맞물린 이유이다.

불교와 원불교의 관계를 정립하는 저술작업에 있어서, 불교학을 전공하는 학자가 아닌 탓에 불교 이해에 한계가 적지 않았다. 이에 원불교학을 전공하는 학자의 시각에서 불교를 바라보는 방법으로 접근하였다. 즉 원불교의 교리정신에 바탕한 유불도 3교 회통의 시각에서 불교와 원불교에 대해 지극히 상식적인 관점을 밝히려는 것이다.

원불교를 창립한 소태산 대종사는 1916년 4월 28일, 큰 깨달음을 얻은 후 석가모니를 연원불로 삼고, 무상대도의 불법(佛法)을 주체삼아 물질개벽에 따른 정신개벽을 선도하였다. 불교를 연원하였다는 점에서 불교와 원불교의 관계가 궁금할 것이며, 본 저서는 궁금증 해소에 다소 도움이 될 것이라 본다.

원불교인의 입장에서 본 저서를 접한다면 이해할 수 있는 내용이지만, 불교인의 입장에서는 다소 부담스런 측면이 있을 것이다. 왜냐하면 필자의 논술 관점이 원불교 호교론에 기반한 불교 교판(敎判)의 성격이 적지 않다는 것을 감지할 수 있기 때문이다. 양교에 대한 지평확대의 과정에서 나타난 필자의 관견(管見)임을 밝혀두는 이유가 이와 관련된다.

오랫동안 원불교학을 연구해온 필자로서 『불교와 원불교』의 저술 발간을 희망해 왔다. '불교와 원불교'라는 표제를 책상에 붙여놓고 틈틈이 구상하면서 글을 자유롭게 서술한 후 세부 목차를 붙였던 관계로 산고(散考)의 형식이며, 여기에 몇 편의 관련 논문들을 덧붙이는 형식을 취하였다. 비교 연구의 자유로운 서술방식을 취하면서 불교와 원불교에 관련된 공통 주제를 정한 후 동이점을 추출하고, 또는 작위적 구분 없이 동질의 문제의식을 노정(露呈)하는 형식으로 본 논리를 전개하였다.

불교와 원불교에 대한 논문들은 간헐적으로 발표되어 왔지만 이와 관련한 저서는 아직 발간되지 않은 것으로 안다. 이에 본 저술이 앞으로 불교와 원불교의 비교 연구에 디딤돌이 될 수 있으리라 기대하며, 양교의 미래지향적 지평확대에 지남(指南)이 되기를 기대해 본다.

그간 종교활동에 있어서 불교와 원불교의 만남에 소원함이 없지 않았다. "원불교는 불교다, 아니다"라는 논란이 적지 않았기 때문이다. 불교와 원불교를 믿는 신앙인들로서 이 같은 소모적인 논쟁보다는 불법포교(佛法布敎)에 더 관심을 갖자는 의견을 제안해 본다. 본 저술이 양교 관계의 건설적인 가교가 되기를 바라며, 불교와 원불교를 이해하는 동기부여의 장이 되었으면 한다.

무상대도의 교화에 진력하는, 또 지견을 넓혀준 좌우인연과 선학도반에 감사드린다. 저술이 발간될 때마다 출판에 도움을 준 학고방 하운근 사장과 임직원께 고마운 마음을 전하고자 한다.

2018년 1월 31일 철산 류성태 합장

목 차

제2편 불연佛緣과 불법연구회

제3편 종교사상의 공유

제4편 원불교의 가치구현

제1편

종교의 정체성

1. 저술의 목적과 연구방법

1) 전환기의 원불교적 사명

현대사회의 불확실한 시대상황 속에서 각 종교들은 현실안주에 길들여진 측면이 없지 않다. 종교인의 자성적 성찰에 의해 이러한 매너리즘의 한계를 어떻게 극복할 것인가라는 부단한 몸부림을 하며 새 돌파구가 모색되어 오곤 하였다. 원불교 50주년(1971)에 즈음하여 유달영 교수는 원불교의 앞날을 누구도 단정하지는 못하며, 다른 노쇠해버린 종교의 뒤를 반복하지 않는다는 단정은 아무도 하지 못 한다[1]고 하였다. 교단의 교세가 발전하면서 세속주의적 재색명리에 유혹될 수 있음을 직시하라는 뜻이다. 또 50여년이 지난 원불교 100년(2015)을 지낸 후 교단현실의 과제는 과연 무엇일까를 되새겨 본다면, 종교의 지나온 역사에서 기성종교가 개혁을 단행하지 못하고 안주해버린 것을 타산지석으로 삼지 않을 수 없다.

어느 종교든 전환기란 위기의 시점이며, 작금의 원불교가 발전할 것인가 침체할 것인가는 원불교 100년대를 엄밀하게 진단, 처방해야 하는 일과 관련되어 있다. 이를테면 교단에 직면한 교화침체기의 현실진단과 대책마련이 시급한 실정이라는 뜻이다. 기성종교의 부침(浮沈)을 시금석으로 삼아야 할 것이다. 김장실 전 문화관광부 종무실장에 의하면, 원불교가 갖고 있는 현재의 위상을 훨씬 뛰어넘어 다음 백년, 또는 천년 사이 세계

---

1) 柳達永, 「원불교에 대한 담 밖에서의 제언」, 『원불교개교반백년 기념문총』, 원불교반백년기념사업회, 1971, p.516.

종교로 거듭나려면 현실적으로 무엇이 문제인지 생각해 보라고 하였다. 원불교는 전통의 분위기가 강한 불교와 근대적 성향이 강한 교회 사이에 끼어있는 형국인 바, 불교는 오랜 역사와 전통이 갖는 신비성과 다양한 이야기 거리가 산재해 있다며, 여기에서 원불교의 정체성을 찾는 노력이 필요하다[2]고 하였다. 전환기의 급박한 상황 속에서 불교개혁을 통한 원불교의 미래적 사명을 간파하라는 뜻이다.

원불교의 미래적 전망과 과제를 부각시키려는 뜻에서 필자는 원불교 창립 100년(불기 2559)에 기하여 『원불교 100년의 과제』라는 저서를 발간하였다. 여기에서 100년의 과제 57항목 중의 23번째 항목으로 '원불교와 불교의 관계정립'이라는 과제를 제시한 적이 있다. 이를테면 원불교는 불교가 아닌 새 종교라는 시각과, 원불교는 불법을 주체로 하고 있기 때문에 불교가 아니라는 말은 지나치다는 시각의 양면성에서 고뇌가 따른다[3]는 것이다. 원불교가 불교가 아니라고 하면서 독자성만 강조하고 전통불교와 벽을 쌓게 된다면 과연 바람직한가에 대한 문제를 제기하였다. 교단 100년의 과제로서 불교와 원불교의 관계설정이야말로 오늘의 시점에서 중대하면서도 시급한 일이라 본다.

이러한 관계설정의 과제는 국제학술회의에서도 거론되었다. 모스크바 국립대학 주최의 한국학 학술회의 때, 「전환기의 한국불교」라는 제목으로 소태산의 불교개혁 사상과 한용운의 불교혁신 사상을 통해 한국불교가 근대에서 어떻게 변화했는가를 진단했던 학자의 고민을 새겨볼 필요가 있다. 박진영은 당시의 학술대회에서 "원불교는 불교입니까, 아닙니까"[4]라

---

2) 김장실(문화관광부 종무실장), 중앙총부 월례특강 「원불교의 성과와 향후 발전방안」 (원불교신문, 2007.4.6, 9면).

3) 류성태, 『원불교 100년의 과제』, 학고방, 2015, pp.258-259.

4) 박진영, 「불교와 원불교의 관계」, 『원불교학』 제3집, 한국원불교학회, 1998, pp.259-260.

며, 원불교는 불교인가 아닌가에 대한 질문에 "그렇다" 혹은 "아니다"라고 쉽게 대답할 수는 없는 일이며, 광의의 입장에서 원불교는 불교라고 하였다. 원불교인들 가운데 원불교는 불교가 아니라고 하는 경우가 있는데, 그 이유로는 불교의 교조는 석가모니인데 원불교는 소태산이며, 불교는 인도산인데 원불교는 한국산이며, 불교는 불경을 쓰지만 원불교는 자체의 교전을 사용한다는 것이다. 이러한 문답은 단답형의 성격이라 해도 불교와 원불교의 관계정립에 있어 상당한 고민을 안겨주는 것으로, 이는 본 저술의 동기와 맞물려 있다.

원불교를 창립한 소태산 대종사의 본의를 숙고하면서 교조를 계승한 정산종사는 1943년 불법연구회를 '원불교'로 개명한 종법사로서 원불교와 불교의 관계를 선명하게 드러내었다. 그는 양교의 공통점을 설명하고 차별화를 말하였다. 곧 '원불(圓佛)' 두 글자는 원래 둘이 아닌 진리로서 서로 떠나지 못할 관계가 있으며, 또는 과거의 불교로 말할지라도 근본 교의가 일부에 치우치는 것은 아니지만 제도 여하에 따라 세상 사람들이 자연 일부의 교의로 오인할 수 있으니, 그 제도를 새로이 하면 불법의 정체가 진리 그대로 원만하게 세상에 나타나게 될 것[5]이라 하였다. 전통불교에 대한 새 불교로서 원불교의 개혁정신을 드러낸 것이다.

소태산 대종사가 명명한 불법연구회를 계승하여 정산종사는 '원불교'라고 개칭한 후, 국가의 해방이라는 전환기적 시대 속에서 교단을 향도한 2대 종법사로서 원불교의 새로운 사명을 천명하였다. 그에 의하면, 공자 문하의 역사를 볼 때에는 유교의 진면을 가히 알 것이요, 부처님 회상의 역사를 볼 때에는 불교의 진면을 가히 알 것이며, 대종사 회상의 역사를 볼 때에는 불법연구회의 진면을 또한 알 것이니, 그런즉 본회는 과연 어떠

---

5)『정산종사법어』, 경륜편 1장.

한 사명을 가졌으며, 시대는 과연 어떠한 시대이며, 대종사는 과연 어떠한 어른이며, 법은 과연 어떠한 법인가를 새겨보라[6]고 하였다. 원불교의 사명을 깊이 새겨보라는 정산종사의 가르침은 미래 교단의 방향제시와 새 불교로서의 활동을 기대하기 때문이라 본다. 그는 원불교의 미래방향을 가늠하면서 과거불교의 역사를 돌이켜 불교의 진면을 냉철하게 진단해야 함을 언급한 것이다.

과연 원불교는 부처회상과 어떤 관련이 있기에 정산종사는 「불법연구회창건사」에서 불교의 진면(眞面)을 언급하고 원불교의 사명을 거론하였겠는가. 현대 역사학에서 '모든 역사는 현재의 역사'라고 하는 명제를 언급하듯이 본 「불법연구회창건사」를 보면, 당시의 교단명칭이 불법연구회였기 때문에 교조의 대각 이후 교단형성의 과정을 의도적으로 불교 지향적인 과정으로 기록하지 않았을까 하는 추론을 할 수 있다.[7] 이는 원불교학이 지닌 과제로서 원불교와 불교의 호혜적 관계를 노정해야 함과 동시에 불교와 원불교 관계를 새롭게 재정립하는 일이 필요하다는 것을 암시하는 것이다.

2) 『불교와 원불교』의 저술목적

『불교와 원불교』의 저술 의도는 양대종교의 관계정립의 한 시도인 것으로, 대도정법인 불교를 연원으로 삼은 교단으로서 호혜적 관계설정 및 불교를 현실에 맞게 혁신한 원불교의 정체성 파악에 있다. 서구종교의 유일신적 계시가 아니라 동양정신에 근간한 수신적 깨달음의 종교로서 양

---

6) 정산종사, 『불법연구회창건사』「머리말」(박정훈 편저, 『한울안 한이치에』, 원불교출판사, 1982, p.181).
7) 신순철, 「불법연구회창건사의 성격」, 김삼룡박사 화갑기념 『한국문화와 원불교사상』, 원광대학교출판국, 1985, p.904.

교의 상호관계를 바람직하게 정립하려는 시도가 그 바탕에 깔려 있는 것이다.

수신의 깨달음을 강조하는 원불교의 정체성은 전통불교를 연원으로 하고, 불교를 혁신한 불법연구회에서 파악된다는 점이다. 원불교는 불교의 유산을 개혁한 새로운 종단이라는 점에서 그 특성이 나타나며, 소태산의 종교적 친근성과 그가 초기적 교단형태로 명명한 불법연구회와 그로부터 연원된 원불교라는 명칭의 문제가 관심을 끈다.[8] 원불교가 불교를 연원으로 하면서, 불법의 호대함을 공유함과 동시에 새 시대의 근대적 혁신이라는 정체성을 분명히 하고자 한다는 점에서 원불교의 존립의의가 부여되는 것이다.

교단 존립의 의의를 새겨볼 때 원불교의 정체성은 여러 측면에서 포괄적으로 접근되고 있다. 정체성의 가장 기본적인 출발은 『정전』「교법의 총설」에 나타난다. 그 정체성의 다양한 측면에서 볼 때 원불교는 새로운 불교이며, 일원상의 진리를 수행하는 불교이고, 원만한 불교이며, 생활불교이고, 활동불교[9]라고 할 수 있다. 소태산은 과거의 전통불교를 언급하면서도 새로운 신앙의 대상인 일원상을 언급하고 있는데, 이는 모든 종교를 통합 활용한 원만한 불교이며, 세간생활에서 활동하는 사람에게 적합한 종교라는 원불교 「교법의 총설」이 지니는 함의이다.

이처럼 소태산의 불교에 대한 시각은 본 연구의 전개방향을 분명하게 설정할 수 있게 해준다. 교조의 언행록으로서 『대종경』에는 그의 불교관을 밝혀주는 다양한 설법이 수록되어 있다. 곧 「서품」에 있어서 불교와의 만남과 연원불 설정, 불법을 주체한 교법선언 및 불교혁신의 방향, 「불지

---

8) 이민용, 「원불교와 불교의 근대성 각성」, 제28회 원불교사상연구 학술대회 ≪개교100년과 원불교문화≫, 원불교사상연구원, 2009, p.6.
9) 오도철 외, 『원불교정전 길라잡이』, 원불교교화연구소, 2000, pp.22-23 참조.

품」에 있어서 부처님의 지혜와 불타관, 「전망품」의 미륵출세와 용화회상
에 이르기까지 다양하다.[10] 다시 말해서 『대종경』의 각 품에 나타난 소태
산의 법어를 음미해 본다면 그의 불교에 대한 시각이 분명하다는 것으로,
본 저술이 지향해야 할 방향설정이 용이해진다.

저술의 방향설정이 용이해진 이 시점에서, 불교에 대한 시각 가운데 구
체적으로 『대종경』「서품」 15장을 주목해 보고자 한다. 소태산은 이제 우
리가 배울 바도 부처님의 도덕이요, 후진을 가르칠 바도 부처님의 도덕이
니, 누구든 먼저 이 불법의 대의를 연구해서 그 진리를 깨치는 데에 노력
하라고 하였다. 새 불교로서 원불교가 지향할 교의가 곧 불법이기 때문이
다. 하지만 불교가 이 나라에서 여러 백 년 동안 천대를 받아왔기 때문에
개혁을 하지 않을 수 없다고 했다. 그에 의하면 불교는 장차 세계적 주교
가 될 것이라는 확신 속에서도 생활불교를 지향하지 않을 수 없다는 것이
다. 교조의 불교관 정립에서 중시해야 할 교서가 『정전』과 『대종경』이며,
그 중에서도 교조 언행록의 성격인 『대종경』「서품」이 주목된다. 특히
「서품」 16장~19장의 법어는 불법의 연원과 불교혁신에 대한 소태산의 의
지가 분명히 나타나 있음을 참조할 일이다.

이와 같은 소태산의 불교 이해의 발단은 그의 언행록(『대종경』)에 자연
스럽게 나타난다. 즉 연원불교에 대한 시각과 미래의 참 종교로서의 원불
교, 종파불교의 극복, 불법을 주체로 한 생활불교로서의 혁신 등에서 모색
된다는 것이다. 여기에는 새 시대의 진리인 불법의 무상대도에 근거하여
정신개벽을 선도하려는 소태산의 포부와 경륜이 선명하게 드러나 있음을
간파할 수 있다.

---

10) 양은용, 「소태산 대종사의 『조선불교혁신론』과 불교개혁이념」, 『원불교사상과 종교문
화』 32집, 원불교사상연구원, 2006, p.116.

3) 선행연구의 분석

불교와 원불교의 관계를 접근함에 있어서 선행연구들을 살펴보는 것이
필요하며, 여타의 논저에 나타난 원불교의 불교와 관련한 간접적인 언급
들을 참고하고자 한다. 직접적인 비교논문으로는 한기두의 「소태산이 본
불교관」(1977) 및 「불교와 원불교」(1978), 한종만의 「원불교 불교관」
(1982), 류병덕의 「원불교의 불교관」(1984), 박장식의 「불교와 관련된 몇
가지 문제점」(1990), 노권용의 「불교와 원불교-교주문제를 중심으로」
(1990), 송천은의 「정산종사의 불교관」(1992)이 있으며, 학술발표회에서
발표한 것으로는 이공전의 「원불교와 불교의 관계」(1999), 김지견의 「불
교사상과 원불교」(1999), 홍윤식의 「원불교와 불교」(1999), 김성관의 「원
불교와 재래불교」(1999) 등이 있으며, 2000년대에 들어서 이와 관련한 연
구논문으로는 장진영의 「불교와 원불교의 만남」(2011), 권동우의 「원불
교와 불교의 관계재고」(2011), 장진영의 「화엄교학과 원불교의 법신불사상
과 그 실천적 특징」(2014), 고병철의 「원불교의 정체성 정치와 위치」(2015),
원영상의 「원불교의 탈불교화 과정에 대한 연구」(2016)[11] 등이 있다.

이 같은 선행연구를 분석해 보면 다음 몇 가지로 정리된다.[12] ① 원불
교는 불교이나 종파적 성격의 불교는 아니며, ② 원불교는 불교사상을 총
섭 활용했으나 불교에 한정되기 보다는 새로운 성격이 두드러지며, ③ 불
교와 불법을 구분 지으면서 원불교가 같은 진리관으로서의 불법이라는 점
에서 불교와 만나지만 불교와 원불교가 동일한 것은 아니며, ④ 원불교는
불교이며 따라서 원불교와 불교의 관계는 비교될 수 없고, 오직 원불교와
재래불교와의 관계가 비교될 수 있다는 점에서 원불교가 종파적 성격의

불교는 아니며, ⑤ 원불교와 재래불교의 관계는 시간이 흐름에 따라 원불교의 정체성이 형성됨으로써 자연 명백해질 것이므로 문제화시킬 것이 없다는 것이다.

참고로 불교와 원불교의 관계에 대하여 월례발표회(원광대 원불교사상연구원)가 몇 차례 개최되었는데, 여기에서 내세운 주제는 다음과 같다. 제1차 월례발표회에서는 「원불교와 불교의 관계」(1974), 제39차 월례발표회에서는 「원불교와 불교」(1986), 제42차 월례발표회에서는 「원불교와 불교의 관계」(1987)였다. 그리고 원광대 원불교사상연구원의 주관 하에 2014년 개최된 학술회의 주제는 「불교와 원불교」였으며, 2015년 개최된 학술회의 주제는 「소태산과 근현대 아시아 불교개혁가의 만남」이었다. 학술회의에서는 본 주제 하에 전문학자들이 참여하여 불교와 원불교의 세밀한 접근[13]이 있었던 점은 평가할 만한 일이다.

해외에서도 연구의 시도가 있었으며, 그것은 원불교와 불교의 관계가 해외교화에 있어서 매우 긍정적인 관계라는 점에서 시도된 것이다. 2000년 10월 미주동부교구 필라델피아교당 김복인 교무가 발간한 『원불교의 관심과 이슈』(Concerns and Issues in Won Buddhism)에서는 현대와 미래사회에 대해 원불교적 입장을 다루고 있다. 모두 6장으로 구성되어 있는데, 1장은 원불교와 불교와의 관계, 2장은 서양에서의 원불교, 3장은 미래에 대한 소태산의 비전 등을 거론하고 있다. 특히 제1장에서 「원불교와

---

13) 이를테면 「소태산의 불교개혁운동과 학명, 만해 그리고 용성」, 「유식사상과 원불교 : 계승과 단절」, 「화엄사상과 원불교」, 「사회윤리적 맥락에서 본 한국 근대의 선(禪)과 원불교」, 「정토사상을 통한 원불교의 신앙성 제고모색」, 「불타관의 발달사에서 본 밀교의 대일여래사상과 원불교의 법신불관」, 「불조요경의 성립과 불교와의 관계」, 「유마경과 원불교사상」, 「금강경과 원불교사상 : 원불교와 불교의 새로운 관계모색을 제안하며」, 「법화경과 원불교사상 : 영산회상 개념의 수용과 주세불관을 중심으로」, 「대승기신론과 원불교사상」 등이다(2014년 2월의 원불교사상연구원 학술회의 참조).

불교와의 관계」를 다루고 있는 점은 양교의 관계가 매우 중요하다는 점때문이다. 사실 해외교화에서 원불교와 불교의 호혜적 관련성을 언급하지 않는다면 가히 해외교화의 물꼬를 트기가 쉽지 않기 때문이기도 할 것이다.

어떻든 해외에서의 '불교와 원불교'의 연구는 서구인들에게 원불교를 적극 소개할 수 있는 좋은 기회라 본다. 스토니부룩 뉴욕주립대학에 소속되어 있는 박진영은 러시아 국립대학 학술회의에서 소태산과 한용운의 개혁사상을 발표하였다. 그에 의하면 전통불교와 원불교의 관계를 논할 때 중요한 것은 원불교가 전통불교에 소속되어 있느냐 아니냐는 형식적인 관계가 아니라 했다. 곧 원불교는 전통불교와 어떤 맥락에 있는가라는 것으로 원불교는 불교와 어떻게 다르며, 어떠한 점을 함께 하며, 원불교가 '원' '불교'라는 이름으로 제시하고자 하는 법은 무엇이며, 하고 싶은 일은 무엇인가를 밝히는 일14)이라는 것이다. 불법의 진리관에서 양교가 소통하는 점과, 국내교화는 물론 해외교화에 있어서 불교와의 관계를 소홀히 할 수 없으며, 이에 상호 비교는 필요하다고 본다.

지금까지 전개된 선행논문들을 보면 원불교는 불교인가, 아니면 독자적인 원불교인가 등에 대한 정체성의 문제가 주로 거론된다. 즉 불교와 원불교의 쟁점이 있다면 원불교 정체성의 질문일 것이다. 여기에 대해 분명한 답변을 얻으려 한다면 "원불교는 불교다, 아니다, 불교의 변용이다"라는 세 가지의 답을 강요하게 될 것이다. 이 문제를 둘러싼 논의와 결과물들이 많은 학자들을 통해 이루어졌지만, 사실 아직 이 문제에 대해 명쾌한 해명을 내렸다고 할 만한 논문이나 논설을 발견하기란 쉽지 않다.15)

---

14) 박진영, 「불교와 원불교의 관계」, 『원불교학』 제3집, 한국원불교학회, 1998, pp.260-261.
15) 권동우, 「원불교와 불교의 관계 재고」, 『원불교사상과 종교문화』 50집, 원불교사상연구원, 2011, pp.2-3.

불교와 원불교의 관계는 어느 일방적 시각으로 답할 수 있는 성격이 아니기 때문이다. 원불교를 불교라고 답한다면 해명이 될 것인가. 원불교는 불교가 아니라고 답한다면 옳은 답인가. 아니면 원불교는 불교의 변용이라고 하면 바른 판단인가.

여기에서 원불교는 한국불교의 변용이라 해도, 전통불교에 전혀 구속되지 않은 원불교 고유의 정체성을 지닌 생활불교의 변신이라고 볼 수는 없는가. 한국불교가 근대를 만나 또 다른 변용의 과정을 거치고 있으며, 그 변용의 과정은 현재 진행 중으로 새 불교운동의 한 모델로서 원불교를 인식하게 되고, 차별화된 교리와 제도를 통해 한국불교의 외연을 넓힘과 동시에 불법의 본질에 대한 끊임없는 성찰의 계기를 제공한다는 점이다.16) 새롭게 변화해가는 근대화의 물결 속에서, 한국에서 자생적으로 일어난 불교혁신운동을 지속적으로 전개해가는 것이 소태산의 근본정신이며, 이는 원불교가 앞으로 지향해야 할 과제라 본다.

앞으로 원불교학의 현안으로 원불교와 불교의 관계정립은 지속적인 과제로 등장할 것이다. 다만 앞에서 열거한 바와 같이 양교의 관계에 대한 편편의 선행논문들의 발표에 그친 점이 있는데, 이를 정리하여 저서로 출간된 경우는 아직까지 없었다는 점이다. 여기에서 지면(紙面) 확대에 의한『불교와 원불교』의 저서를 통해 소태산의 근본정신을 천착하는 과정에서 성자정신을 드러내고, 불교의 심오한 교리이해와 동양전통종교의 섭렵이라는 큰 그림을 그리고자 한다. 하여튼 필자는 유불도를 중심으로 한 원불교학 및 중국철학을 전공해온 관계로 보다 치밀한 불교학적 시각을 드러내는데 한계가 있음을 밝힌다. 이에 유불도 사상을 포괄적으로 섭렵하면서도 불교를 통섭적으로 바라보려는 지평확대에 충실하고자 한다.

---

16) 장진영, 「불교와 원불교의 만남」, 『한국불교학』 제61집, 한국불교학회, 2011, p.134.

4) 원불교적 시각의 불교접근

본 연구방법론의 기본구도는 불교적 입장에서 원불교를 접근하는 것이 아니라 원불교적 입장에서 불교를 접근하려는 것이다. 다시 말해서 소태산의 불교관, 곧 그의 불교와 관련한 법어를 중심으로 불교를 바라보는 시각이다. 교조를 중심으로 교단창립 과정을 서술함에 있어서 불교에 대한 교단적 입장을 유지한다 함은 당시의 교단이 불교에 지향하고 있는 바에 맞게 사실을 배열한다는 것이다.[17] 원불교의 시각에 의해 불교를 바라본다는 것은 불교인의 입장에서는 다소 부담이 될 수 있다는 점으로, 필자의 교판적 시각에 대하여 양해를 바라는 바이다.

무엇보다 원불교 2세기에 진입한 상황에서 원불교와 불교의 상호 바람직한 관계설정이 중요하다고 본다. 불교에 대한 원불교의 정체성 문제와 상호 쟁점사항을 풀어가는 시의적절한 시점이기 때문이다. 그동안 불교에 대한 원불교의 고유성 내지 종파성 등으로 의견이 분분하였는데, 이에 대한 문제의 해법은 창립의 사실이나 역사적 배경에 대한 엄밀한 고찰이 선행되지 않은 피상적인, 지적 성실성이 결여된 태도로는 불가능하다.[18] 원불교는 불교의 종파라느니, 불교가 아니라느니 하는 단선적인 언급은 소태산의 대각과 원불교의 창립, 그리고 종교문화의 토양을 간과하는 언급이라는 점에서 본 연구는 이와 관련한 종교 회통의 해석학적 접근이라 할 수 있다.

아울러 불교와 원불교의 관계설정에서, 원불교 교헌제정 등에 역할을 한 상산 박장식 교무의 「불교와 관련된 몇 가지 문제점」에서 언급한 우려사항이 일면(一面) 참고가 되었다. 그는 말하기를, 원불교와 불교와의 관

---

17) 신순철, 「불법연구회창건사의 성격」, 김삼룡박사 화갑기념 『한국문화와 원불교사상』, 원광대학교출판국, 1985, p.904 참조.
18) 한기두, 「불교와 원불교」, ≪院報≫ 제46호, 원불교사상연구원, 1999.12, p.22.

계에 대하여 몇 가지 해석상 차이점이 있으며, 특히 세대 간에 원불교는 불교와 관계가 없다는 의견도 있고, 또는 외부에서 비판하는 점도 있어서 이에 나의 견해를 밝혀본다[19]라고 하였다. 이 같은 몇 가지 해석의 차이점에 대한 해법을 제시하면서 그는 말하기를, 일찍이 석가모니는 정법 상법 계법을 말하여 불법의 성쇠와 재흥을 예언하였고, 소태산 대종사의 성비(聖碑)에는 불불(佛佛)이 계세(繼世)하고 성성(聖聖)이 상전(相傳)한다고 하였다. 전통불교에 대한 시각과 불맥(佛脈), 그리고 생활불교의 역할론을 부각시키고 있다.

무엇보다 양교 관계의 기본골격은 연원종교에 대한 예우와 원불교 출현의 필연성이라는 두 측면이 있음을 알아야 할 것이다. 곧 불교와 원불교가 공통되는 바가 있으면서도 차이가 있다는 점을 직시하여 이를 가능한 드러내려는 것이 필자의 의도이다. 한기두 교수의 주장처럼 불타와 소태산이 일치하는 점을 세 가지로 살펴본다면, ① 동일한 진리를 깨달았고, ② 불타의 지혜와 그 능력이 접근되며, ③ 불법으로 교법의 주체를 삼았다[20]는 것이다. 그 외에도 서구종교의 신(神)을 중심으로 한 기독교집단에 대해 동양종교의 자성불(自性佛)을 중심으로 한 불교군(佛敎群)의 대비적 접근도 필요하다고 본다.

다만 본 저서의 대체적 논조가 불교가 아니라는 점은 극복하되, 불교에 대한 교판적 성격의 접근이라는 점은 원불교학을 전공하는 학자로서 부담을 갖지 않을 수 없게 만든다. 본 연구의 근본 의도가 불교와의 호혜적 관계설정이라는 점에 더하여, 고유한 원불교의 정체성 확보라는 점을 부인할 수 없기 때문이다. 새 불교로서의 원불교가 전통불교에 대한 교판의

---

19) 박장식, 「불교와 관련된 몇 가지 문제점」, 『원불교사상』 13집, 원불교사상연구원, 1990, p.519.
20) 한기두, 「불교와 원불교」, ≪院報≫ 제46호, 원불교사상연구원, 1999.12, pp.23-24.

성향을 보이는 점은 인격불 신앙보다 법신불 일원상이라고 하는 근원진리
를 상징하는 신앙과 그 현실적 응용을 강조하는 점이고, 세계 종교간의
일치와 조화 완성을 지향하는 점이며, 영육쌍전의 실학적 불교를 이상시
하는 점이다.[21] 본 저술은 연원불로서 석가모니가 창립한 전통불교의 심
오한 교리 및 전통성을 수렴하면서도 원불교의 법신불신앙의 특징을 밝힘
과 더불어 혁신불교로서 원불교의 고유성을 강조하려는 점에 초점을 맞추
었다.

---

21) 송천은, 「불교와 원불교의 관계」, ≪院報≫ 제46호, 원불교사상연구원, 1999.12, p.37.

2. 불교와 원불교의 정체성

1) 연원불과 정체성의 문제

정체성이란 무엇이며, 조직이 성립되고 발전하면서 정체성 확보에 심혈을 기울이는 이유는 무엇인가. 이를 종교와 관련하여 언급해 보고자 한다. 종교적 독선은 나름대로의 장점을 가지고 있으며, 그것은 종교인들이 자신의 아이덴티티(identity)를 추구하는 자연적인 과정으로 폴 틸리히는 이를 종교인의 자기주장이라고 말하고, 이러한 주장이야말로 자연스럽고 피할 수 없는 일이라고 했다.[22] 자기주장이란 자기색깔을 드러내는 것이며, 교세의 성장과 더불어 진행되는 성향을 지닌다. 그러나 그것은 정체성을 확보하는 과정에서 고립주의 내지 본질적인 문제를 야기하는 경우가 있다.

한국의 신종교들이 출현한 시대는 구한말 개화기로서 고립감의 체험과 더불어 정체성 확보라는 과제가 등장하였고, 원불교가 창립된 시대 또한 근대 개화기였다. 개화기 이후 한국은 근대화의 큰 물결 속에서 엄청난 새로운 경험들을 겪게 되며 한국종교의 본래 모습이 어딘가 남아있는 반면, 이러한 새로운 경험들을 하면서 한국종교의 정체성은 또 다른 여러 모습으로 표출되어 왔다.[23] 당시로서는 선후천 교역기로서 한국의 신종교들이 각자 특색을 지닌 채 등장하기 시작한 것이다. 최수운의 동학, 강

---

22) 황필호, 「종교적 독선과 이단시비」, 『한국인 · 한국병』, 도서출판 一念, 1987, p.104.
23) 김종서, 「광복이후 한국종교의 정체성과 역할」, 제32회 원불교사상연구원 학술대회 ≪광복이후 한국사회와 종교의 정체성 모색≫, 원불교사상연구원, 2013.2, p.10.

증산의 증산교, 소태산의 원불교가 이러한 신종교의 대열에 서서 유불도 3교를 수용하면서도 정체성 확보라는 과제와 더불어 자연스럽게 전통종교의 개혁에 몰두하게 된다.

여기에서 원불교의 정체성을 다루려는 이유가 나타난다. 그것은 유교에 대한 천도교의 개혁, 도교에 대한 증산교의 개혁, 불교에 대한 원불교의 개혁이며, 이는 곧 교화의 효율성 및 고유의 차별화를 모색하려는 것이었다. 한국 근대의 신종교로서 원불교는 교세성장에 따른 불교개혁을 모토로 하여 새 불교로서 위상을 지니려 했다. 불교에 대한 원불교 위상의 성찰은 아이러니하게도 원불교 교세의 지체(遲滯) 현상과도 관련되며, 원불교의 종교 정체성에 관한 불교계와 원불교 내부 담론의 차이 등을 적극 접근해 보자는 뜻이다.[24] 즉 원불교가 발전하기 이전에 초기교단의 불교 경도(傾倒)현상은 없었는지, 원불교가 발전하면서 고유의 독자성을 드러내려는 것인지, 원불교의 국내외 교화활력의 차원에서 불교와의 협조 내지 통불교적 면모를 보일 필요성이 있는 것인지 등에 대한 성찰이 원불교의 정체성 확보에 대한 전반적 담론일 것이다.

더욱이 원불교와 불교의 관계에서 외교상 어려움에 직면한 경우가 적지 않았다는 점에서 교단 내적으로 자아성찰은 필요한 일이었다. 원불교와 불교의 관계에 대해서 국내 몇몇 학자의 견해는 외교상의 문제에도 혼선을 빚는 경우가 있었으니, 그것은 ① 국가 문공부와의 문제, ② 군종 문제, ③ 세계불교도대회의 참여, ④ 한국불교학회의 참여, ⑤ 한국불교협의회의 참여문제, ⑥ 백과사전 서술의 문제, ⑦ 관등행사 참가의 문제[25]

24) 고병철, 「원불교의 정체성 정치와 위치」, 『원불교사상과 종교문화』 63집, 원불교사상연구원, 2015, p.125.
25) 송천은, 「불교와 원불교의 관계」, ≪院報≫ 제46호, 원불교사상연구원, 1999.12, pp.34-35.

등이 이와 관련된다. 원불교가 성장하면서 불교와의 외연 관계를 분명히 하고 그 정체성을 확보하려는 일련의 노력들이 원불교 정체성에 대한 성찰로 이어진 것이다.

물론 소태산이 깨달음을 얻고 석가모니를 연원불로 삼은 점에서 본질적으로 불교에 대한 원불교의 정체성 문제는 비롯되었다고 보며, 원불교 탄생과정에서부터 불교와의 인연 때문에 나타난 현상이다. 소태산은 자신의 깨달음의 연원을 석가모니에게 두고 불법에 입각하여 회상을 창립한다고 하였으며, 향후 가르침과 배움은 석가모니의 교설이 포함될 것이라는 점을 천명하였으니, 이러한 원불교의 성격은 초기불교로부터 시작하여 소승불교 → 대승불교 → 밀교 → 원불교의 순으로 불교의 발전도상에 원불교가 있다[26]고 볼 수도 있다. 결과적으로 원불교가 탄생하여 발전해오면서 불교와의 교법적 연원이 원불교의 정체성에 대한 내외의 명확한 입장을 요구받는 상황이 적지 않았다고 보면 좋을 것이다.

주목할 것은, 원불교와 불교의 정체성에 대한 논의가 외부에서가 아니라 내부에서 발생한 것이며, 그것은 원불교 역사가 축적되면서 고유의 정체성 확보를 위한 것이었다. 특히 해방 후 정산종사와 대산종사가 원불교의 독자성을 강조하면서 정체성은 주목받게 되었다. 즉 원불교와 불교의 관계에 대한 논쟁은 일차적으로 원불교 내부로부터 나온 것으로 소태산의 열반 후 해방을 맞이하고, 정산종사와 대산종사로 이어진 원불교 교단은 급변하는 정세 속에서 많은 성장을 이루게 되었는데, 이런 시대상황 속에서 정산종사와 대산종사는 원불교의 독자적인 정체성을 강조하였다.[27]

---

26) 홍윤식, 「원불교와 불교」, 『원보』 46호, 원불교사상연구원, 1999, p.33(원영상, 「소태산 박중빈의 불교개혁사상에 나타난 구조 고찰」, 『신종교연구』 제30집, 한국신종교학회, 2014, p.123).

27) 권동우, 「원불교와 불교의 관계 재고」, 『원불교사상과 종교문화』 50집, 원불교사상연구원, 2011, p.3.

교조 소태산으로부터 종통을 이어받은 정산종사는 불법연구회라는 본래 명칭에서 원불교로 개명하면서 교단의 독창성을 드러내는 면에 일조하였으며, 대산종사 역시 교세성장과 더불어 대내외적 관심의 증가와 더불어 원불교의 정체성을 모색하는 상황으로 전개된 것이다.

원불교 교조에 이어 종통을 계승한 역대 종법사의 시각에서 불교와의 관계는 교단 미래의 방향설정에 도움을 줄 것으로 본다. 원불교의 정통성은 소태산이 1916년 대각 이후, 저축조합을 창립한 1917년부터 불법연구회기성조합으로 전환한 1919년까지로서 당시의 정체성은 불교를 중심으로 증산교, 유교 등과 연관되어 다소 복합적 성향이었음은 주지의 사실이다. 이어서 저축조합을 불법연구회기성조합으로 바꾼 1919년부터 불법연구회를 창립한 1924년 9월까지의 종교 정체성은 교단명칭에 포함된 '불법'이라는 표현이 시사하듯, 점차 불교를 중심으로 강화되었다.[28] 뒤이어 교조의 열반 후 정산종사가 종법사에 취임한 후 원불교로 개명하면서 개혁불교의 면모가 지속되었으며, 대산종사, 좌산종사, 경산종사, 전산종사 등으로 계승되면서 원불교는 불교와의 회통을 강조하면서도 원불교 고유의 독자성을 모색하기에 이르렀다고 본다.

2) 불교재산관리법의 대응

불교 교파의 소속 여부에 대한 원불교의 독자성이 강조된 것은 1962년 제정된 불교재산관리법에 대처하기 위함이었다. 즉 원불교가 독자적인 측면을 부각시킨 배경으로는 이승만 정권시절 비구와 대처의 논쟁, 그리고 1962년 박정희 정권 하에서 제정된 불교재산관리법 등의 상황에 대처하

---

28) 고병철, 「원불교의 정체성 정치와 위치」, 『원불교사상과 종교문화』 63집, 원불교사상연구원, 2015, pp.101-104.

기 위한 전략적인 측면 때문이었다는 것이다.[29] 불교재산관리법은 원불
교의 재산을 불교 내에 귀속시킬 수 있는 사안인 만큼 원불교로서는 위기
의식을 갖지 않을 수 없었다. 원불교가 불교의 종파인 한에서 재산이 불
교에 귀속된다는 것은 설득력이 있을 것이지만, 불교의 종파가 아니라면
불교에 재산을 귀속시킬 필요가 없는 것이며, 그것은 원불교가 독자적인
종교 교단으로서 고유의 정체성을 주장할 명분이 된 것이다. 따라서 원불
교는 교산(敎産)을 불교재산관리법으로부터 제외시킬 것을 요청하였다.

좀 더 구체적으로 이를 언급해 보고자 한다. 원불교 고유의 정체성이
사회적으로 표면화된 시기는 불교단체 재산의 법적관리를 시도한 1960년
대로 알려져 있다. 1962년 5·16 군사정변 직후, 국가재건최고회의는 대
처·비구 분쟁 방지와 불교재산보호라는 명분으로 5월 31일자에 「불교재
산관리법」, 8월 22일자에 동법 「시행령」을 제정·시행하였다. 정부는 이
법률을 통해 불교단체를 5종으로 구분·관리하였고, 문교부를 통해 사찰
재산의 처분 매매를 제한·관리하려는 의도를 가지고 있었다.[30] 불교재
산관리법이 제정·시행된 해에 종법사에 오른 대산종사는 1962년 10월부
터 11월 사이에 세 차례에 걸쳐 국가재건최고회의 의장과 문교사회분과
위원장, 그리고 문교부장관에게 원불교 교산을 불교재산관리법에서 제외
하도록 요청한 건의서를 제출한 바 있다.[31] 다행히 정부로부터 동년 11월
16일, 원불교는 불교재산관리법의 적용을 받는 단체가 아니라고 통보를
받게 되었다. 원불교의 재산이 불교재산관리법의 통제를 받지 않음으로써 원

---

29) 김방룡, 「소태산 박중빈의 불교개혁과 선사상」, 『원불교사상과 종교문화』 45집, 원불
교사상연구원, 2010, pp.342-343

30) 불교재산관리법 제정·시행 1962.5.31. 법률 제1087호. 불교재산관리법시행령 제정·
시행 1962.8.22. 각령 제939호.

31) 고병철, 「원불교의 정체성 정치와 위치」, 『원불교사상과 종교문화』 63집, 원불교사상
연구원, 2015, pp.114-115.

불교는 불교의 종파가 아니라는 것이 사회적으로 표명되는 계기가 되었다.

원불교가 불교의 종파가 아니라는 점은 여러 이유가 있겠으나, 불교재산관리법에 적극 대처함에 더하여 정산종사가 교명을 새로 정함과 더불어 소태산을 주세불로 추앙했다는 점에 있다. 불교의 경우 석가모니를 교조로 하므로 그를 주세불이라 신봉하며, 원불교의 경우 교조가 소태산 대종사이므로 그를 주세불로 받드는 것은 회상을 달리하기 때문에 당연한 일로 여겨진다. 이에 원불교의 고유성 확보에 있어서 주세불관이 직접 관련되어 있다. 정산종사는 교단의 교육기관인 유일학림을 세워 핵심인재를 양성하였고, 원기 34년(1949)에는 소태산 대종사를 주세불로 봉대하였으며, 대종사가 정한 신정예법에 따라 육일대재를 거행하였고, 원기 47년(1962)까지 종법사에 재위하면서 교단의 기초를 단단히 하였다.[32] 기독교는 예수를 주세성자로, 불교는 석가모니를 주세성자로, 원불교는 과거불교와의 종단적인 차별화를 전개하면서 소태산 대종사를 주세불로 봉대함과 동시에 원불교의 정체성을 분명히 한 것이다.

불교재산관리법의 구속으로부터 탈피, 원불교의 정체성이 더욱 강조되면서 1970년대부터 원불교는 불교냐, 아니냐의 논란이 가중되기 시작되었다. 원불교가 불교인가 아닌가에 관해 1970년대부터 시작된 정체성 논쟁에 있어서 두 가지 입장이 상충되면서 양측 모두가 불교와 유사성을 강조할수록 개혁불교단체라는 주장이, 그리고 차이를 강조할수록 불교와 다른 독자적인 종교단체라는 주장이 제기되었다.[33] 대체로 개혁불교적 성향을 주장하는 경우는 원불교의 불교적 측면이 강조되었으며, 독자적 종교라는

---

32) 김주원, 「대산종사의 사상과 경륜」, 대산 김대거 종사 탄생 100주년 기념학술강연 『진리는 하나 세계도 하나』, 원불교100년기념성업회 대산종사탄생 100주년 기념분과, 2013.6, p.7.

33) 고병철, 「원불교의 정체성 정치와 위치」, 『원불교사상과 종교문화』 63집, 원불교사상연구원, 2015, pp.113-114.

주장은 원불교의 신종교적 측면이 강조되었다. 이 같은 양면적 성향이 지속적으로 쟁점화되어 왔다.

여기서 주목할 것은 원불교 외부로부터의 문제제기, 곧 불교 소장파 승려들이 원불교 측에 교단의 정체성 문제를 제기한 바 있고, 불교신자들 역시 같은 문제제기를 하였다. 소장파 승려들을 중심으로 한 불교계 일각에서 원불교에 문제제기를 한 것은 1980년대 중반이며, 1990년대에는 BBS 불교방송국이 설립된 이후로 상당수의 불교신도들이 원불교와 불교는 어떤 관계에 있는가를 방송국 측에 문의해 왔다.[34] 원불교가 발전하면서 스스로 불교라고 하면서도 불교종파는 아니라는 입장에 대하여 불교인들로서 분명한 입장을 표명하라는 뜻일 것이다. 원불교가 불교라고 하면서도, 새 종교라 하는 등 양면적 시각을 드러내는 것에 대해 불교인들은 불편한 심기였을 것이라 본다.

사실 불교신자들이 원불교를 향해 정체성에 대하여 문제를 제기한 것은 근본적으로 원불교는 불교가 아니라는 입장에서 비롯된다. 불교 조계종에서 원불교는 불교가 아니라고 간주하는 근거는, 첫째 원불교 교역자 중 일부에서 원불교는 재래불교가 아니라는 주장을 그대로 수용했기 때문이며, 둘째 원불교의 의례나 사용하는 경전이 전통적인 불교의 경전이 아니라는 점을 들며, 셋째 불교종단협의회에 가입하지 않았다는 점이다.[35] 이러한 세 가지의 근거는 원불교가 불교에 대한 독자적 입장을 표명한 이유와 관련된다. 이에 불교 측에서 원불교의 정체성에 문제를 제기한 것은 원불교가 교화 편의성에 따라 방편불교임을 표방할 수 있다는 점에 대한 불만 섞인 문제제기의 성격이라 본다.

34) 조용헌, 「佛敎와 圓佛敎의 관계정립을 위한 제언」, 제16회 원불교사상연구 총발표회 『圓佛敎 敎化의 諸問題』, 원불교사상연구원, 1997.1, 別紙 p.1.
35) 위의 논문, 別紙 p.2.

3) 교헌개정과 불교관계

불교와의 관계설정 문제가 등장한 것은 1990년대로서 원불교 교헌개정의 과정에서 연원불의 논쟁이 일어난 것을 주목해 볼 필요가 있다. 이는 원불교 최고의결기관인 수위단회에서 원불교의 정체성에 대한 견해를 분명히 하는 계기가 되었다. 그동안 교단에서는 불교와 원불교의 관계에 대해 원기 77년(1992) 11월 13일에 열린 제23회 임시수위단회에서 '원불교는 새 불교로서의 새 종교'라는 견해를 밝히면서 다음과 같이 종합적으로 정리하였다. ① 원불교는 불교에 뿌리한 새 종교이다. ② 소태산 대종사가 창건한 새 종교이다. ③ 원불교는 긍정과 실천의 종교이다. ④ 원불교는 종합과 융통의 종교이다. ⑤ 원불교는 개혁의 종교이다(원불교신문, 1993.11.26). 불교에 대한 원불교는 비교적 새 종교적 성향을 지닌 것으로 이해된다.

그러면서도 수위단회에서는 다음 몇 가지의 입장을 밝히면서 원불교는 불교와의 적극적인 호혜관계를 설정하였다. ① 범종교 연합활동에 참여한다. ② 국제·국내 불교연합활동에 참여할 수 있다고 하였으며, 교역자가 유념해야 할 사항으로는 ① 원불교는 불교가 아니라는 표현을 쓰지 않는다. ② 부처님을 연원불(본사)로 모시고 받드는 마음을 놓지 않는다. ③ 타종교를 방문할 때는 교역자의 품위를 지키고 화합과 합력의 정신으로 나아간다.[36] 원불교의 입장은 종파적 불교는 아니지만 불법을 신앙하는 개혁불교의 성격을 지닌다는 뜻이다.

그러나 양교의 관계에 대한 논란은 이보다 7년 뒤에 재점화되었다. 즉 1999년 수위단회의 「불교와 원불교의 관계」는 다음 네 가지로 정리되어

---

36) 원익선, 「불법연구회와 원불교의 불교관 연구-「원불교 교헌」의 연원불 조항과 관련하여-, 2014.6.20, pp.11-12(본 논문은 제6차 원불교교헌개정특별위원회 제2회 교헌개정 공개토론회에서 발표한 내용이다).

발표되었다. ① "불교는 불교이나 원불교이다"는 표현과 "불교는 불교이나 새 불교이다"는 표현을 사용한다. ② "불교가 아니다"는 표현은 삼간다. ③ 불교와의 학술 및 일반 연합활동은 적극적으로 참여하나 신앙 의례활동은 각각 따로 한다. ④ 이러한 입장을 전제로 한 불교연합회의 참여는 적극적으로 하고 그렇지 않으면 하지 않는 것으로 한다.37) 불교와의 관계에 있어서 원불교가 신종교적 성향에서 개혁불교적 성향으로 결정을 내리게 된다. 그것은 일면 불교가 원불교에 대하여 1999년 한국불교종단협의회에 가입하라는 불교계의 요청에 대한 반응과도 관련되어 있다.

사실 1999년 5월 14일 대한불교 조계종 총무원장인 오고산 스님이 원불교 중앙총부를 예방, 조정근 교정원장 등과 환담하는 시간을 가졌으며, 오고산 스님의 한국불교종단협의회 가입요청이 있었다. 이처럼 불교에 대한 입장표명을 요청하자 원불교는 수위단회의 불교와 원불교의 관계를 표명하는 계기가 된 것이다. 한국불교종단협의회에 원불교가 가입하는 문제는 동년 6월 3일에 열린 제95회 임시 수위단회에서 「우리 교단과 불교, 민족종교와의 관계정립」에 대한 협의가 처음 시도되었던 것으로 알려져 있다. 이 회의결과가 바로 수위단회사무처에서 교정원으로 이관되었고, 원불교 교단의 한국불교종단협의회 가입문제가 교단 안팎에서 뜨거운 감자로 불거지게 된 것은 〈한겨레신문〉(1999년 7월3일)에 「불교 뿌리로 회귀하는 원불교」란 제목으로 크게 보도되면서 비롯된다.38) 본 기사 속에는 원불교가 분파종단으로 위상이 축소되고 정체성이 혼란될 우려가 있다는 내용이 실렸다.

이 같은 원불교 정체성의 위기의식을 반영한 듯 원불교 최고의결기관인 수위단회에서는 1999년 제96회 임시수위단회를 개최하였다. 원불교는

---

37) 위의 논문.
38) 송인걸, 「불교종단협 가입여부 신중 기하기로」, 《원불교신문》, 1999년 7월 16일, 1면.

불교의 한 종파가 아니라 새 주세불인 원각성존 소태산 대종사에 의해
종파불교의 맹점을 뛰어넘어 일체생령의 구원을 목적하고 개교한 새 불교
임을 거듭 확인하였으며, 종파불교로 취급받지 않고 현재와 같이 독립교
단으로서 인증 받을 수 있을 때에 한하여 한국불교종단협의회에 가입을
추진하는 것(원불교신문, 1999.7.16)으로 하였다. 그렇다면 불교의 오고
산 총무원장이 원불교에 가입을 요청한 불교종단협의회란 과연 무엇인가.
본 협의회는 1969년 한국불교총연합회로 결성되었고, 1973년 한국불교회
로 명칭을 바꾸었다가 1975년 다시 대한불교총연합회로, 1980년 한국불
교종단연합회로, 1981년에 다시 현재의 한국불교종단협의회로 개칭하게
되었다.[39] 당시에 본 종단에 가입한 수가 25개 종단이었으며, 원불교에서
는 문동현 대호법이 1967년 재가교도로서 창립발기인으로 참여했고 1980
년에 탈퇴한 것으로 알려져 있다.

　불교종단협의 가입 여부에 대해 당시 국내 매스컴에 나타난 것은 원불
교에 대한 관심도가 지대하였다는 점이다. 그러나 당시 원불교 젊은 교역
자들은 이에 매우 비판적인 입장을 지녔다. 조성천 교무는「원불교는 그
냥 원불교다」라는 칼럼에서 말하기를, 그동안 원불교는 해외에선 불교,
국내에선 민족종교라는 이중적인 모습을 가져왔다고 지적하면서 원불교
인으로서 매우 자존심 상하는 일일 수밖에 없고, 일반 대중들에게는 원불
교가 마치 자기정체성도 없이 현실적 이익을 쫓아 움직이는 교단으로 비
춰짐으로써 부정적 인식을 심어줄 것이라 했다. 그리고 노태형 교무는
「종단협 가입과 여론」이라는 글에서 〈한겨레신문〉 7월 3일자(1999)에 실
린 교단의 종단협 가입문제 보도를 계기로, 중앙일간지와 불교계 신문 등
에 "원불교는 불교종파냐 민족종교냐" 하는 기사가 실리면서 원불교의 정

---

39) 위의 신문.

체성 문제에 대해 뜨거운 논란이 일었다[40]고 하였다. 이후 PC통신 천리안 원불교통신동호회의 「교무방」에서는 이에 대해 뜨거운 관심과 우려의 글 들이 올라왔다.

4) 교세의 성장과 정체성

원불교가 발전해오는 과정에서 불교와 원불교 관계의 쟁점이 야기된 원인은 여러 가지가 있을 것이다. 그 중에서 주목할 것은 원불교 교세의 성장에 따른 교단 정체성의 확보였다. 이 문제가 왜 이렇게 교단의 주요 쟁점이 되어 왔는가 하는 점을 진지하게 돌이켜 볼 필요가 있으며, 이의 직접적인 원인은 불교와의 관계정립의 필요성에 의한 것이다.[41] 원불교 교세의 성장에 따른 불교의 원불교에 대한 견제가 있을 수 있고, 원불교와 불교의 선린관계를 위한 것이며, 나아가 원불교 교화의 정체(停滯)에 따른 방편불교적 접근 등의 복잡한 사안들이 겹쳐 있을 것이다.

불교와 원불교의 관계설정에 있어서 그동안 왜곡이나 오해가 있었던 점도 주목할 일이다. 토착적인 한국의 종교, 한국의 불교로서 원불교는 건실한 교단이라는 평가를 한국의 신불교 종파규정 시부터 해방 후 지금 까지 거의 일관해서 받아왔지만, 불교와의 관계에 관한 한 상당한 오해와 이론이 있다는 송천은 교수의 글[42]이 주목된다. 어느 학자의 「한국불교의 개혁요소로서의 원불교」에서 밝힌 한국의 종교지도자 혹은 학자들의 왜

40) 조성천, 「칼럼-원불교는 그냥 원불교다」, 《개벽교무》 제19호, 사회개벽교무단, 1999.7, p.1. 노태형, 「종단협 가입과 여론」, 《원불교신문》, 1999년 7월 16일, 3면.
41) 원익선, 「불법연구회와 원불교의 불교관 연구-「원불교 교헌」의 연원불 조항과 관련하여-, 2014.6.20, p.1(본 논문은 제6차 원불교교헌개정특별위원회 제2회 교헌개정 공개토론회에서 발표한 내용이다).
42) 『원불교반백년 기념문총』, p.795(송천은, 「불교와 원불교의 관계」, 《院報》 제46호, 원불교사상연구원, 1999.12, p.34).

곡된 평가는 다음과 같다. 원불교는 ① 신흥종교의 일파, ② 일본불교 형성에 강한 영향을 입은 왜곡된 한국불교의 한 형태, ③ 불교의 한 종파이며 한국의 신흥 유사종교의 하나, ④ 소태산 대종사를 석존보다 더욱 존숭하는 유사불교, ⑤ 당초부터 원불교는 전통적 불교와 무관하여 교단의 수행태도나 체제형식의 방법 등이 판이하므로 일제 당시 불교사찰회까지도 원불교에 적용할 수 없었고, ⑥ 원불교는 분명히 불교이며 전통적 불교형식과도 크게 다르다. 이는 학자의 개인 의견이라 해도 왜곡된 평가가 다소 나타나 있는 점을 보면 원불교와 불교관계의 재정립이 필요했던 것이다.

원불교를 불교의 종파로 볼 수 있는 오해의 상황들이 적지 않았던 것도 사실이다. 오선명 교무가 『원보』와 『원광』에 기고한 글43)로서 다음을 소개해 본다. ① 불교 교파의 하나, 1916년 박중빈이 불교의 현대화, 불교생활화를 주장함(동아 『새국어사전』, 동아출판사, 1994), ② 불교계통의 종교, 1916년 전북 익산군에 중앙총부를 두고 박중빈이 개교(민중 엣센스 『국어사전』, 민중서림, 1994), ③ 순수한 한국산 불교단체인 원불교 … 제반 분야에서 혁신을 단행하며 타불교 단체의 추종을 불허할 정도로 독특한 포교방법과 사회봉사 기능(탁명환, 『한국신흥종교의 실상』, 국제종교문제연구소 한국종교문제연구소, 1991, p.55), ④ 박중빈이 세운 불교의 한 파로서 불교의 현대화·생활화를 주장함(초등학교 『민중새국어사전』, 민중서점, 1994), ⑤ 박중빈이 세운 불교의 한 파(초등학교 전학년용 『새국어사전』, 동아출판사, 1994), ⑥ 우리나라 불교교파의 하나. 1916년 박중빈이 전라북도 익산군에 총본산을 두고 개창한 교파(『한국불교대사전』 5, 한국불교대사전 편찬위원회, 1982) 등이 이와 관련된다.

---

43) 오선명, 「원불교는 새불교로서의 새종교인가」, ≪院報≫ 제46호, 원불교사상연구원, 1999.12, p.54(『원광』 236호, 1994, pp.146-152 발췌)

원불교는 불교의 종파가 아니라고 하면서 불법을 연원한 종교라는 점에 기본적으로 오해의 소지를 안고 있는 것도 사실이다. 실제 원불교는 전통불교의 일개종파가 아니라고 주장하기에는 교리적으로 '불법 연원'을 해석하는데 혼란이 있음을 알 수 있다.[44] 불법을 연원한 것에 더하여 교단 초창기의 교명인 '불법연구회'라는 명칭, 곧 불법을 연구하는 단체라는 의미에서 원불교가 종파불교로 이해될 소지가 있다. 연원(淵源)의 의미를 새겨볼 때 원불교가 종파불교가 아니라고 할 수 있는 단적인 근거로는 유태교에 연원된 기독교라든가, 천주교를 연원으로 한 개신교 등을 참고할 수 있을 것이다.

5) 원불교는 불교인가

여전히 진행형인 불교와의 정체성 논란에서 새겨볼 때 원불교 창립의 명분이 무엇이냐는 것이다. 원불교의 창립명분에 따른 양교의 관계설정은 다음과 같이 두 가지 흐름으로 전개되어 왔다.

첫째, 불교와 다른 독자성을 강조하는 흐름으로는 원불교가 불법을 지향하지만 독자적인 교단이라는 입장에 있다. 원불교학 연구자로서 한종만, 김홍철 교수 등의 경우가 이에 해당하며 원불교의 전통과 보수의 입장도 같은 견해이다. 한종만(1987)은 근본진리, 신앙대상, 소의경전, 교리체계, 교단의 성격을 구분하여 원불교와 불교를 대조하였고, 원불교가 근본진리에서는 불법과 일치하지만 교리·제도의 체계가 독자적이라는 점을 밝혔다. 그리고 신앙대상에서는 불교의 화엄이나 밀교에서 법신의 표현을 쓰지만 법신불 사은이 내용이나 신앙행위 측면에서 독자적이라는 점, 소의경전에서는 『원불교 교전』이 불교를 수용하고 있지만 내용·체계가 독

---

44) 위의 논문.

자적이라는 점, 교리체계에서는 일원상, 사은사요, 삼학팔조의 교리체계가 불교의 교리체계와 공통되는 면도 있지만 내용·체계가 독자적이라는 점, 불교의식을 수용한 면이 있지만 전체적인 의식구조와 교단구성의 제도적 성격이 독자적이라는 점을 지적했다.[45] 이는 교단의 보수적 견해로서 원불교 고유의 독자성을 강조하는 관점이다.

둘째, 불교혁신이라는 흐름으로는 원불교가 개혁불교라는 입장이다. 한기두, 노권용 교수 및 상당수의 경우가 여기에 관련된다. 한기두(1978)는 원불교와 불교가 동일한 진리를 깨달았다는 점, 불타와 일치된 심경을 보았다는 점, 불법으로 교법의 주체를 삼았다는 점에서 일치하며, 역사적 전통으로 돌아가는 불교에서 일상적 현실로 돌아오는 불법, 역사적 불타를 중시했던 불교에서 일반에게 보편화될 수 있는 불법이라 했다.[46] 노권용(1987)은 "원불교는 불교인가"라는 물음에 대해 원불교가 법신불을 본존으로 하는 법신불의 종교, 소태산 대종사의 대각에 의해 비롯된 불교라는 입장을 보이고 있다. 그에 따르면 원불교는 일원불의 불교이며 원불교 법신불 사상은 인류정신에 나타난 모든 종교사상의 종합수렴임과 동시에 특히 대승불교의 불타관 또는 진리관의 종합귀결이라는 것이다.[47] 2010년대 중반 전후 원광대학교 불교학 관련 소장학자들도 이 같은 개혁불교

---

45) 한종만, 「원불교와 불교의 관계」, 『원불교사상』 13집, 원불교사상연구원, 1990, pp.485-487. 이 글은 1987년 2월4-5일의 '제6회 원불교사상연구원 총발표회'에서 발표된 것이다(학술지 『원불교사상』은 2004년 제27집부터 『원불교사상과 종교문화』로 개방). 고병철, 「원불교의 정체성 정치와 위치」, 『원불교사상과 종교문화』 63집, 원불교사상연구원, 2015, p.107 & 주22.

46) 한기두, 「불교와 원불교」, 『원불교학연구』 8집, 원광대학교 원불교학연구회, 1978, pp.16-20, 한기두, 「불교혁신이론의 재검토」, 『원불교사상』 13집, 원불교사상연구원, 1990, pp.467-471.

47) 노권용, 「불교와 원불교 : 교주문제를 중심으로」, 『원불교사상』 13집, 원불교사상연구원, 1990, pp.483-485(고병철, 「원불교의 정체성 정치와 위치」, 『원불교사상과 종교문화』 63집, 원불교사상연구원, 2015, pp.108-112).

의 흐름을 선호했던 것으로 알려졌다.

양교의 두 가지 흐름을 참조하면서 불교와 원불교의 관계는 불법 포교와 같은 원불교의 현장교화에 도움이 되는 측면과 신앙·수행의 용이한 교법수렴의 면에서 융통성 있게 접근되어야 할 것이다. 현장교화의 관점에서 보면, 이는 국내와 국외로 나누어서 볼 수 있는데 국내의 경우, 원불교의 독자적인 교단의 행보로 인해 현장에서 또한 탈불교의 방향으로 나아가는 것에 대한 고민이 있으며, 국외에서는 아직 원불교의 존재가 드러나지 않은 상황에서 불교의 틀 내에서 활동할 수밖에 없는 입장 때문인 것으로 보인다.[48] 이에 더하여 원불교 교리의 돈독한 신앙과 수행의 체계를 확립함에 있어서 불교사상의 호대성을 참조할 필요가 있으며, 그것은 깨달음을 지향하는 불교와 원불교의 공감대가 적지 않기 때문이다.

사실 현장교화는 물론 해외교화에 있어서 원불교는 불교가 아니라고 자처하기에는 교화의 효율성의 측면에서 어려운 일이다. 원불교는 일본, 중국, 미국 등 해외에서 불교로 자처하고 있으나 국내에서는 불교이기도 하고, 불교가 아닌 양면성이 있기 때문에 원불교가 불교임을 자처하면서도 한편으로는 불교가 아니라고 주장하기도 한다.[49] 원불교의 입장이 다소 이율배반적인 모습으로 비추어질 수 있다는 점을 상기하면 국내에서는 불교가 아닌 듯, 대외적으로는 불교인 듯 행동하는 양면성을 어떻게 극복하느냐 하는 과제가 있다. 이러한 고심 속에는 불교와 원불교의 서먹한 관계로 인해 특히 해외교화의 측면에서 애로가 적지 않은 것이다.

---

48) 원익선, 「불법연구회와 원불교의 불교관 연구」-「원불교 교헌」의 연원불 조항과 관련하여-, 2014.6.20, p.1(본 논문은 제6차 원불교교헌개정특별위원회 제2회 교헌개정 공개토론회에서 발표한 내용이다).

49) 강돈구, 「원불교의 일원상과 교화단」, 『한국종교교단연구』 5집, 한국학중앙연구원 문화종교연구소, 2009, p.15.

보다 넓은 안목으로 보면 원불교는 불교가 아니라는 것보다는 원불교
는 회통불교이자 참여불교라는 호혜적 관계를 유지하는 것이 국내외적으
로 처신하는데, 혹은 교화하는데 더욱 도움이 될 것이다. 원불교는 소태산
의 깨달음에 의해 창시된 종교로서 그 성격은 회통불교이자 참여불교인
바, 원불교를 재가중심의 이념에 기반한 참여불교이다[50]는 주장을 새겨
볼 필요가 있다. 자기중심의 사유에 따른 원불교의 입장은 전통불교의 입
장에서는 곱지 않은 시선으로 보일 수도 있다. 그러나 불법을 신앙하는
범불교의 범주를 고려한다면 급격히 서구종교화하는 한국종교의 실상을
진단, 적극적인 불법 포교라는 호혜적 공감대의 형성이 필요하다고 본다.

정작 불교인들은 원불교가 불교라고 보는 경향이다. 불교계 원로들(60
대 이상) 중 상당수는 원불교를 불교라고 인식하고 있는데, 원불교가 비
록 제도와 형식이라는 겉모습은 불교와 다를지라도 핵심교리에 있어서는
불교와 동일하다는 입장이며, 예를 들어 어떤 노스님은 불교와 원불교를
큰집과 작은집의 관계로 비유하였다.[51] 여기에 대하여 젊은 승려들의 상
당수는 원불교에 대해서 비교적 배타적 입장을 표방하고 있었던 것이다.
그러나 개방적 시각을 가진 원불교 교도들은 원불교는 불교를 크게 벗어
나 있지 않다는 점에서 통불교적 종교로 간주하는 성향이다. 법신불을 신
앙하고 있으며, 소태산은 석가모니를 연원불로 삼고 있기 때문이라는 것
이다. 또한 원불교에서도 불법을 정법대도로 신봉하고 미래의 교법은 불
법이 그 주체가 될 것이라 확신하기 때문이다.

---

50) 이 문제에 대한 논의는 Christopher S. Gueen · Sallie B. King의 『평화와 행복을 위한
   불교지성들의 위대한 도전 : 아시아의 참여불교』(박경준 역, 서울·초록마을, 2003) 참조
   (원영상, 「소태산 박중빈의 불교개혁사상에 나타난 구조 고찰」, 『신종교연구』 제30집,
   한국신종교학회, 2014, p.122 & 주2).
51) 조용헌, 「佛敎와 圓佛敎의 관계정립을 위한 제언」, 제16회 원불교사상연구 총발표회
   『圓佛敎 敎化의 諸問題』, 원불교사상연구원, 1997년 1월 30일, 別紙 p.1.

이와 달리 원불교는 불교가 아니라는 시각도 적지 않다. 이는 원불교의 일부 젊은 교역자들 사이에 공감대를 얻고 있는 관점으로, 첫째 원불교라는 교단의 출발이 불교와는 전혀 관련이 없으며, 둘째 불교가 아님에도 불구하고 원불교에서 굳이 불교라는 이름을 사용하는 이유는 일제의 탄압에 대처하기 위한 불가피한 선택이었으며, 셋째 원불교는 수운, 증산, 소태산으로 이어지는 근세 한국 신종교의 맥락에서 파악해야 한다는 점이다.[52] 이러한 시각은 원불교가 독자적 성향을 지닌다고 밝힌 한종만 교수 등의 견해와 일치된다. 엄밀히 말해서 원불교가 불교가 아니라는 시각은 기성종교의 아노미현상에 더하여 선후천 교역기의 한국 신종교의 맥락에서 보아야 한다는 시각에서 비롯된 것이다.

그렇다면 원불교 국외자로서 불교인의 시각은 어떠한가를 소개하여 보고자 한다. 홍윤식 교수(동국대)에 의하면 원불교는 불교가 아닐 수 없고 불교를 떠나서는 존재 의미가 없는 것이라 했다. 그리하여 원불교는 불교인가 아닌가라는 물음에 자신은 분명히 불교라는 답을 내리고 싶다고 하였다. 그 이유로서 원불교가 설사 '원(圓)'이란 단서를 달고 있지만 '불교'란 명칭을 그대로 사용하고 있을 뿐 아니라 신앙의 대상으로 삼고 있는 일원상을 법신불로 지칭하고 있다는 것도 불교의 불신론(佛身論)을 떠나서 생각할 수 없기 때문[53]이라는 것이다. 이처럼 홍교수는 원불교가 불교임을 확신하고 있는데, 그것은 회통불교의 측면에서 강조하였을 것이라 본다. 양교의 교단이 엄연히 다른 회상으로 전개되는 모습을 직시한 그로서는 종파불교로까지 확대하지 않았을 것이기 때문이다.

여타 불교학자의 경우는 어떠한가를 살펴보자. 원불교는 대체로 불교로 인식된다고 했다. 예를 들어 김지견 교수(1981)는 소태산의 사상에는

---

52) 위의 논문, p.2.
53) 홍윤식, 「원불교와 불교」, 《院報》 제46호, 원불교사상연구원, 1999.12, pp.30-32.

수운이나 증산 등의 사상이 들어 있지만, 각(覺)의 경지에서 볼 때 소태산
의 깨달음이 불타나 육조혜능의 중도사상과 동일하며, 소태산 사상이 신
라와 고려사회에 알맞은 독창적인 불교사상을 전개한 원효와 보조의 경우
와 유사하다고 하였다.[54] 학예연구사인 김진원(2007)은 불교계 신흥종교
를 불교개혁의 연장선에서 이해해야 한다는 관점에서 일제 강점기의 대각
교와 불법연구회를 불교계 개혁의 연장이라 하였다.[55] 불교계에서 원불
교를 불교의 종파로 볼 개연성이 크며, 그럼에도 불구하고 교단적으로는
독립되어 있는 점에 대하여 비판적 시각으로 바라보는 소장 불교학자들도
적지 않을 것으로 본다.

하지만 불교계 종교지도자의 경우 원불교를 종파불교로 보는 시각보다
는 새로운 불교 교단으로 인지하는 경우도 있다. 이를테면 송월주 전 조
계종 총무원장의 경우가 이와 관련된다. 그는 "서구의 종교가 번창할 때
에 원불교가 방파제 역할을 해왔다는 사실은 우리 불교 종단에서 볼 때
퍽 감사한 일이 아닐 수 없다. 이제는 종단이 안정을 얻어 전국적인 역량
을 얻었지만 원불교의 역할은 무척 고맙게 생각한다"[56]라고 하였다. 그는
원불교에 대하여 호혜적으로 보고 있으며, 특히 전통불교의 한 승려로서
금산사에서 20여년 동안 주지를 수행한 연유로 원불교 교무들과 교도들
을 알고 있으며, 『원불교 교전』도 통독할 기회가 있었다고 하였다. 양대
종교에 있어서 종교 지도자들의 회통적 탁견이 더욱 요구되고 있다.

---

54) 김지견, 「불교사상과 원불교」, 『원불교사상』 5집, 원불교사상연구원, 1981, pp.253-254.
55) 김진원, 「일제강점기 불교계 신흥종교의 현황과 성격」, 『중앙사론』 25집, 한국중앙사
    학회, 2007, p.86, p.105, pp.119-121(고병철, 「원불교의 정체성 정치와 위치」, 『원불교
    사상과 종교문화』 63집, 원불교사상연구원, 2015, p.113).
56) 송월주 조계종총무원장 인터뷰(박혜명 대담, 「불교와 원불교의 만남」, ≪원광≫ 284호,
    월간원광사, 1998.4, p.35).

6) 종파불교의 극복과 불교혁신

원불교가 불교로부터의 정체성을 확보하려는 뜻은 원불교가 불교의 종
파가 아니라는 점을 확실히 하는 것과도 같다. 종파불교라는 소리를 듣는
것은 원불교인의 입장에서 자칫 교단의 정체성을 약화시킬 수도 있다는
우려감으로 다가오기 때문이다. 종파불교로 자인하는 순간, 원불교는 불
교에 포함되어 국가장(國家葬), 교화위원제도, 군종제도, 인구통계, 학문
분류 등에서 독자성을 주장할 명분을 잃게 되고, 범종교 연합체에 독자적
으로 참여할 명분도 약해지며, 또한 불교와 다르게 추진하고 있는 일원(一
圓)사상으로 세계종교를 포괄하려는 일원주의를 포기한다는 것으로 비춰
질 수도 있다.[57] 여기에 더하여 불교가 아니라고 한다면 개혁불교도 아니
라는 것으로 간주되어, 불교와의 각종 연합활동에 제약을 받을 수 있으므
로 종파불교가 아닌 개혁불교라는 점을 인식시키는 것이 당면과제로 다가
오는 것이다.

한때 불교로부터 원불교의 불교종단 가입요청이 있었는데, 원불교가
종파불교가 아니라는 점을 분명히 하기 위해서 한국불교종단협의회에 참
여하지 않았다. 조계종 전 총무원장으로부터 참여가입을 요청받았음에도
이에 신중을 기하고, 결국 가입을 하지 않았다. 원불교는 불교거니 혹은
불교가 아니거니 하는 논쟁에 휩쓸릴 필요가 없다는 것이다. 단지 지적받
을 수 있는 것은 원불교가 불교임을 자처하면서도 한편으로는 불교가 아
니라고 주장한다는 것으로, 국내에서는 불교가 아닌 듯, 그리고 대외적으
로는 불교인 듯 처신하고 있다는 점이다.[58] 참고로 한국불교종단협의회

57) 고병철, 「원불교의 정체성 정치와 위치」, 『원불교사상과 종교문화』 63집, 원불교사상
연구원, 2015, p.124.
58) 강돈구, 「원불교의 일원상과 교화단」, 『한국종교교단연구』 5집, 한국학중앙연구원 문
화종교연구소, 2009, p.15.

에 가입한 불교의 종파로는 조계종, 태고종, 천태종, 진각종 등 27개 종단이 소속되어 있는 것으로 알고 있다.

결과적으로 27개 불교종단의 종파불교가 아니라는 것은 원불교가 불교로부터 행정적·제도적 독자성의 확보와 연결된다. 즉 원불교의 중층적 종교 정체성은 원불교가 불교나 다른 종교와 공존할 수 있는 토대, 특히 불교와 다른 독자성의 강조는 원불교가 불교와 동등한 제도적 이익을 획득할 수 있는 토대였다고 할 수 있다.[59] 원불교와 불교의 대등한 공존을 통하여 원불교 독자의 행정운영, 경제기반, 제도적 이익을 통하여 원불교가 더욱 자기정체성을 확보해나간 것이다. 그것은 원불교가 한편에 치우친 종파불교가 아니라는 것을 지속적으로 강조하는 가운데 독자 노선을 분명히 할 수 있는 여지를 마련한 것으로 이해된다.

그동안 원불교는 종파성을 벗어난 독자노선을 추구하면서도 본질적인 측면에서 불교와 공감대를 형성하며 개혁불교라는 점을 강조해 왔다. 원불교가 의도한대로 개혁불교라고 한다면 전통불교에서는 이를 그대로 인정할 수 있을 것인가의 여지는 남는다. 개혁불교이므로 기존불교와 다르다는 식으로 원불교의 종교 정체성을 강조하면서도, 방편 따라 불교와 연관시킬 때에는 도대체 어떤 불교를 말하는가라는 문제제기가 있는 바, 원불교가 초기불교·부파불교·대승불교 가운데 어떤 불교를 말하는지 분명히 해야 한다는 것이다.[60] 원불교는 개혁불교를 표방한 대승불교의 큰 흐름에 있다고 주장하더라도 전통불교로서 이를 쉽게 받아들일 수는 없을 것이다. 다만 대승불교의 흐름에 합류하면서 원불교는 법신불을 숭상하는 밀교의 흐름과 같다[61]는 주장은 참조할만한 사항이다.

---

59) 고병철, 「원불교의 정체성 정치와 위치」, 『원불교사상과 종교문화』 63집, 원불교사상연구원, 2015, p.124.
60) 위의 논문, p.125.

어떻든 원불교와 불교를 명쾌하게 가늠할 수 있는 근거가 있다는 것인가. 종파불교가 아닌, 대승불교의 흐름도 아닌, 원불교는 독자의 새 불교를 추구하는 종교라는 뜻인가. 불교와의 관계에서 원불교의 공식적인 입장규명은 다음의 몇 가지 방향에서 참조할 수 있다.[62] ① 조계종은 아니나 불교임에는 틀림없다. ② 전통적인 개념의 불교가 아니고 새로운 개념의 불교이다(신흥불교 또는 신불교). ③ 불교를 존숭할 뿐 불교의 범주에 들지는 않는다(신종교의 입장이나 그와 유사). 이와 같이 세 가지의 범주 중에서 원불교는 신불교의 입장을 표명하고 있으며, 그 근거로는 정산종사가 친술한 『불법연구회창건사』 및 원불교의 고유의 교리 · 제도 등을 거론할 수 있다. 더구나 원불교의 기본교서는 『정전』, 『대종경』이며, 교강(教綱)으로는 전통불교의 삼법인, 사제, 팔정도, 십이인연과 달리 일원상, 삼학팔조, 사은사요이다.

이처럼 원불교 고유의 정체성을 부각시키면서, 한편으로 불교와의 관계를 호혜적이면서도 새롭게 설정하려는 것은 원불교 창립의 명분과 관련된다. 그것은 교조 소태산이 석가를 연원불로 삼은 것에 더하여 새로운 교리를 통하여 교조의 경륜을 펼치는 길이기도 하다. 곧 전통불교와 원불교의 관계를 분명히 하려는 시도는 원불교의 존재이유와도 같으며, 전통불교와는 달리 독자적 입장에서 자신의 위치를 확립하고자 하는 원불교의 의도는 교단 자체의 존립과도 연관되어 있다.[63] 특히 교조가 서로 다르다는 점에서 원불교는 전통불교와 다르게 교단체제를 견지하고 있다. 교조 소태산은 불교의 무상대도를 교법으로 수렴하면서도 전통불교의 제도나

---

61) 동국대 홍윤식 교수는 초기불교로부터 시작하여 소승불교, 대승불교, 밀교, 원불교의 순으로 불교의 발전도상에 원불교가 있다고 언급하였다(홍윤식, 「원불교와 불교」, 『원보』 46호, 원불교사상연구원, 1999, p.33).
62) 송천은, 「불교와 원불교의 관계」, ≪院報≫ 제46호, 원불교사상연구원, 1999.12, p.35.
63) 박진영, 「불교와 원불교의 관계」, 『원불교학』 제3집, 한국원불교학회, 1998, p.272.

체제, 교리 등의 전반 분야와 다르게 고유의 교법과 교단을 형성하여 그의 포부와 경륜을 전개하였다. 이것이 시대화 · 생활화 · 대중화의 종교로서 교단창립과 불교혁신의 명분으로 자리한 것이다.

7) 이웃종교와의 관계설정

불교와 유불도 3교 및 이웃 민족종교와의 관계정립에 있어서 원불교는 어떠한 색채를 지녀야 할 것인가. 원불교의 정체성을 알리는 공식적인 표명에 있어서, 국내에서 발간되는 저서, 연구물, 잡지, 신문, 안내서 등과 사회 일반에서의 각종 사전류, 홍보지에서 원불교를 소개하는 내용에 혼선을 빚을 수 있다는데 애로가 있다. ① 원불교는 불교와 다른가, ② 한국의 민족종교인가, ③ 천도교나 증산교와 어떤 관계인가, ④ 새 시대의 새 종교인가.[64] 이러한 정체성 혼돈을 야기하는 문제점들을 풀어가기 위해서는 원불교와 이웃종교의 관계설정이 더욱 체계적으로 정립될 필요가 있는 것이다.

종교간 관계설정의 문제의식을 가지고 바람직하게 접근해 간다면 정체성의 확보와 선린의 관계가 정립될 것이라 본다. 원불교는 불교적이면서도 유교적인 측면도 있어서 전통종교와의 관계설정이 주목된다. 원불교는 불교임에 틀림이 없으나, 여타의 불교와는 다른 특징을 많이 지니고 있으며, 그것은 진리당체에 당처불공을 하는 것 등이 그를 대표하고 있으며, 또한 그것은 유교 실학이 추구하는 실사구시의 경향과 같다.[65] 불교와의 관계만이 아니라 조선조 이래 흥성해온 유교 및 도교와의 관계설정도 원불교로서는 지속적인 과제로 등장한다.

---

64) 오선명, 「원불교는 새불교로서의 새종교인가」, ≪院報≫ 제46호, 원불교사상연구원, 1999.12, p.53(『원광』 236호, 1994, pp.146-152 발췌).

65) 홍윤식, 「원불교와 불교」, ≪院報≫ 제46호, 원불교사상연구원, 1999.12, p.33.

또한 원불교를 민족종교라 보는 경우가 있다. 한국 민족종교란 한국에서 출현한 종교로서 문화와 전통, 나아가 민중이 함께 하는 고뇌를 구제하도록 만들어진 전통의 종교이다. 『한국민족종교총람』(한국민족종교협의회)에서는 원불교를 민족종교로 규정, 불교의 교파로 보지 않고 자생종교의 측면에서 의미를 부여했다. 과거에 교정원 교화부에서 발행한 『원불교는 어떤 종교인가』라는 책자에서도 소태산 대종사의 대각과 더불어 개교된 민족종교라 했던 점66)을 참고해 볼 일이다. 원불교가 민족종교협의회에 등록하여 활동해왔던 관계로 불교나 기독교와 달리 자연스럽게 민족의 전통성을 강조하면서 민족종교와 협력해왔다.

여기에서 여러 이웃종교들과 협력해온 원불교의 정체성이 무엇인지 또한 거론될 일이다. 하지만 동양의 유불도 및 민족종교의 종교적 정서에 합류하면서도 원불교는 불법을 주체로 한 생활불교에 관련되어 있으므로 정체성 정립에 큰 문제는 없다고 본다. 그것은 원불교가 첫째 불법을 개혁하고자 하였고, 둘째 불법을 세상에 드러내고자 하였으며, 셋째 불법이 지향하는 정토낙원으로 가고자 하는 목적이 분명한 이상 석가모니와 소태산의 뜻은 같다고 보기 때문이다.67) 원불교가 여타종교에 비해 불교와의 관계가 밀접하다는 점에서 불국토 실현에 큰 차이가 없다는 뜻이다. 원불교가 유교, 도교 및 민족종교와 회통하면서도 불교와 보다 밀착된 관계를 보이는 것은 혁신불교로서 불법실천과 극락세계의 건설이라는 목적에서 상통하기 때문이다.

그러나 불교와의 밀접한 관계 위에서 원불교는 그 정체성을 분명히 하

---

66) 오선명, 「원불교는 새불교로서의 새종교인가」, 《院報》 제46호, 원불교사상연구원, 1999.12, pp.55-56(『원광』 236호, 1994, pp.146-152 발췌).

67) 원익선, 「불법연구회와 원불교의 불교관 연구-「원불교 교헌」의 연원불 조항과 관련하여-, 2014.6.20, p.12(본 논문은 제6차 원불교교헌개정특별위원회 제2회 교헌개정 공개토론회에서 발표한 내용이다).

면서 이웃종교와 소통함으로써 서로의 소원함이나 자기종교 중심의 사유에 갇히지 않도록 해야 할 것이다. 원불교는 교리의 호대성에 따라 이웃종교에 대해 융통성을 갖춘 종교라는 장점을 드러내야 한다는 뜻이다. 진정한 종교인들 사이에 심도 있는 대화, 협력, 회통은 자기종교에 깊이 귀의하여 자기종교의 정체성을 성실하게 견지하면서도 이웃종교에 열려 있어서 자기가 귀의하는 역사적 종교보다 더 큰 진리 앞에 겸손할 줄 아는 사람들 사이에서만 일어난다.[68] 불교와의 관계라든가, 유교와의 관계, 나아가 한국의 민족종교, 신종교들과 원불교가 소통하면서 종교간 열린 마음으로 다가선다면 원불교의 위상은 앞으로 더욱 굳건해질 것이다.

8) 정체성 확보의 과제

불법의 개혁과 생활불교의 성격을 지닌 원불교의 위상은 앞으로 불법을 얼마나 적극적으로 실천하느냐가 중요하다고 본다. 이와 관련하여 〈원불교신문〉에 게재된 내용 일부를 소개하여 본다. 즉 불교계에서 교조 교체(敎體)까지 고려하고 있는 상황에서 1999년에 있었던 한국불교종단협의 가입요청은 명분도 맞지 않고 현실적으로도 불가능하며, 천주교와 기독교가 하나님을 신앙의 대상으로 하지만 다른 교단이듯, 원불교와 불교도 큰 틀에서 부처님을 신앙의 대상으로 하지만 다른 교단으로 자리매김해야 하며 결국 불법의 본질을 누가 더 구현하느냐가 핵심이라는 것이다.[69] 이것은 원불교 창립의 성격상 불교종파는 아니며, 『조선불교혁신론』을 천명한 소태산의 불교혁신의 정신에서 원불교의 정체성을 모색하자는 것이다.

---

68) 김경재, 「기조발표-동서종교사상의 화합과 회통」, ≪춘계학술대회 요지-동서종교사상의 화합과 회통≫, 한국동서철학회, 2010.6, p.17.

69) 편집자, 「원불교와 불교의 관계 토론」, ≪원불교신문≫, 1999년 8월 13일, 3면.

원불교와 불교의 관계설정에는 지금까지 있어온 것처럼 논쟁의 여지가
있는 것은 사실이다. 불교적 입장에서, 혹은 원불교적 입장에서, 아니면
변용의 입장에서 어느 한편으로 고착된다면 닫힌 종교의 한계에 직면할
것이다. 원불교의 정체성을 어느 한쪽으로 규정하려는 것은 원불교가 불
교계와 종교 일반 사이에서 보여준 태도와 제도적으로 획득한 이익을 설
명하는 데에 유용하지 않기 때문이다.[70] 따라서 원불교가 불교로부터 탈
피를 목적으로 독자성을 강조할수록, 아니면 한국 신종교로서의 정체성을
강조할수록, 또는 불교로부터 변용된 종교를 강조할수록 열린 종교로서
원불교의 위상은 봉착되고 만다. 이것은 원불교가 불교나 이웃종교와 정
체성을 정립하는데 갖는 딜레마일 수도 있기 때문이다.

　하지만 원불교와 불교의 관계정립의 과제를 늦출 수는 없을 것이다. 양
교의 건실한 발전과 협력을 위해서 교단이나 소속 학계의 지속적인 노력
이 요구된다. 원광대 원불교사상연구원에서 개최된 원불교와 불교의 관계
의 학술회의가 이와 관련된다. 본 연구원의 월례발표회 중 3차례나 원불
교와 불교의 관계가 다루어졌던 것이다. 곧 원불교사상연구원 제1차 월례
발표회가 1974년 11월 14일에 열리었는데, 당시 「원불교와 불교의 관계」
의 발표였다.[71] 그리고 본 연구원의 제39차 월례발표회가 1986년 8월 3~4
일 양일간 「원불교와 불교」라는 주제로 열리었는데, 「불교와 원불교의 관
계정립을 위한 제언」, 「소의경전과 교상판석」, 「불교와 원불교 관계에 있
어서 교상(敎相)문제」, 「원불교와 불교의 관계규명에 대한 한 제언」이 발
표되었다.[72] 이어서 본 연구원 제42차 월례발표회가 1987년 1월 26일에

70) 고병철, 「원불교의 정체성 정치와 위치」, 『원불교사상과 종교문화』 63집, 원불교사상
　　연구원, 2015, p.100.
71) 교사편찬위원회, 『圓光大學校 40年史』, 원광대학교, 1987, p.776.
72) 위의 책, p.777.

개최되었는데, 「원불교와 불교의 관계」73)의 발표가 이루어졌다. 양교와 관련한 일련의 학술발표들이 몇 차례 있어 왔던 점을 참고할 일이다.

이보다 훨씬 뒤의 일로서 2014년 2월에 거행된 학술회의 주제는 「불교와 원불교」였으며, 이는 원광대 원불교사상연구원에서 주관하였다. 「소태산의 불교개혁운동과 학명, 만해 그리고 용성」, 「유식사상과 원불교 : 계승과 단절」, 「화엄사상과 원불교」, 「사회윤리적 맥락에서 본 한국 근대의 선(禪)과 원불교」, 「정토사상을 통한 원불교의 신앙성 제고 모색」, 「불타관의 발달사에서 본 밀교의 대일여래사상과 원불교의 법신불관」, 「불조요경의 성립과 불교와의 관계」, 「유마경과 원불교사상」, 「금강경과 원불교사상 : 원불교와 불교의 새로운 관계모색을 제안하며」, 「법화경과 원불교사상 : 영산회상 개념의 수용과 주세불관을 중심으로」, 「대승기신론과 원불교사상」이라는 구체적이고도 다양한 주제로 학술마당이 열리었다. 2015년 2월에 개최된 제35회 원불교사상연구원 학술회의 역시 불교와 관련한 학술회의였는데, 주제로서 「소태산과 근현대 아시아 불교개혁가의 만남」에 관련된 7명의 불교학자들이 발표를 하였다.

앞으로 종교지성들은 다양한 논문발표에 더하여 저술활동에 동참해야 할 것이다. 따라서 본 『불교와 원불교』의 저술이 갖는 의의가 적지 않다고 본다. 불교와 원불교의 관계를 정립함에 있어 편편의 논문들도 필요한 일이지만, 저자의 일관된 관점으로 보다 포괄적이고 체계적인 저술작업이 요구되는 시점이기 때문이다.

이에 더하여 교화현장에서 적극적인 양교의 만남과 관련한 활동이 요구된다. WFB 등 세계불교연맹과의 종교간 교류가 필요하며, 그것은 불교는 물론하고 각 종교간 대화를 통해서 원불교 100년을 지난 현 시점에서

---

73) 위의 책.

결복기의 교단74)을 만들어 가야 한다는 것과 맞물려 있다. 결복기란 정산 종사의 언급처럼 원불교가 세계종교의 대열에 합류하는 것이며, 앞으로 이는 불교뿐만 아니라 서구의 기독교 등과의 대화를 통하여 종교간 화합의 물꼬를 터나가자는 뜻이다. 다시 말해서 원불교와 불교의 관계를 돈독히 하면서도, 한편으로 민족종교 및 서구종교들과 상생의 종교윤리를 전개해야 하리라 본다. 소태산은 『정전』「교법의 총설」에서 '세계의 모든 종교도 그 근본 되는 원리는 본래 하나'라고 하였음을 고려하면, 원불교의 정체성은 이러한 일련의 종교간 대화를 이끌어가는 과정에서 자연스럽게 확립될 것이다.

---

74) 『정산종사법어』, 도운편 1장(결실이라 함은 새 회상의 법종자가 이 국토에서는 분명한 결과를 보게 되는 것을 의미함이요, 결복이라 함은 그 법종자가 세계에 널리 전파되어 온 세상에 고루 福果를 맺게 될 것을 의미함이니…).

3. 신앙혁신과 법신불 숭배
- 대산종사의 교조관을 중심으로

1) 스승신봉과 신앙문제

원불교의 신앙적 가풍(家風)에서는 정법신앙에 의한 법통계승과 사자상승(師資相承)의 스승관이 중시되며, 그로 인해 스승에 대한 신봉의 당위성은 아무리 강조해도 지나치지 않다고 본다. 그러나 스승신봉의 정신을 지나치게 강조하다 보면 그것이 자칫 인격신앙으로 흐를 수 있으며, 이는 교조에 대한 우상숭배로 전개될 수 있다는 점에서 교학적으로 지적되어온 신앙문제의 하나이다. 원불교의 신앙대상과 관련한 문제의식에서 출발한 본 연구가 이와 관련된다.

신앙의 대상에 대한 문제의식의 발단은 『대산종사법어』「신심편」의 법어와 직결되어 있다. "법신불이 바로 대종사요 대종사가 바로 법신불이니, 대종사의 법통을 이은 종법사는 대종사와 한 분임을 알아야 믿고 받드는 데 차질이 없느니라."[75] 이는 소태산 대종사를 계승한 정산종사, 정산종사를 계승한 대산종사의 스승관, 곧 교조 및 주법의 신봉에 관련되는 법어라는 점에서 도가의 가풍에서 자연스럽게 거론될 수 있는 일이지만, 이에 대하여 합리적이고 비판적인 시각에서 접근할 필요가 있다.

성찰적으로 본 법어를 조명할 경우 "법신불이 바로 대종사요 대종사가 바로 법신불이니…"라는 문구에 대한 해석학적 접근이 필요하다. 여기에

---

75) 『대산종사법어』, 신심편 25장.

서 교조와 법신불 이해에 대한 교학적 해법이 있다면 그것이 무엇인지 모색해 보려는 것이다. 법신불은 신앙의 대상이요 소태산 대종사는 단지 바른 신앙을 인도하는 스승이라는 점에서, 소태산이 신앙의 대상을 인격신앙에서 진리신앙으로 바꾼 본의에 혼선이 야기될 수도 있기 때문이다.

환기할 것으로, 대산종사는 『대산종사법어』 신심편 25장의 법어에서 교조를 사자상승의 정서에 호소한 것이지 신앙 대상화한 것은 아니며, 여기에는 냉철한 해석학적 이해가 요구된다. 민중의 신앙적 정서와 욕구를 충족시키기 위한 대안으로서 자칫 특정 인간이나 특정 종교집단의 형상적 존재를 절대화하고 존숭하는 우상숭배의 경향에 빠질 염려가 있기 때문이다.[76] 이에 법신불에 대한 해석학적 접근 없이 본 법어 문구를 있는 그대로 받아들일 경우, 교조의 신앙대상화 같은 우상숭배로 전락할 수 있음을 지적하지 않을 수 없다.

고금을 통하여 어느 종교든 교조에 대한 우상화의 개연성이 있을 수 있다는 상황을 고려하면, 원불교 역시 교조와 일원상이 둘이 아니라는 사고방식을 갖기 쉬운 상황으로 전도되지 말라는 법은 없다. 본 연구는 이에 교조에 대한 신성이 우상숭배로 전락하기 쉬운 상황이 발생할 수도 있음을 지적하려는 것이다. 소태산 탄생 100주년 기념행사를 전후해서 나타난 교조에 대한 인격숭배의 현상에 더하여, 일부이겠으나 대종사 성탑은 참배의 장소라기보다는 기도하고 심고하고 4배를 올리는 신앙행위의 공간이 되어가고 있는 상황에서, 일원상과 소태산과 역대 종법사가 둘이 아니라고 하는 법문을 권위적으로 해석하는 문제점[77]을 직시하지 않을 수 없다.

---

76) 노권용, 「원불교 신앙론의 과제」, 『원불교학』 창간호, 한국원불교학회, 1996, pp.38-39.
77) 김성장, 「원불교학 연구의 당면 과제」, ≪원불교학 연구의 당면≫, 한국원불교학회, 2002.12, pp.15-16.

아울러『대산종사법어』의 편집과정에서 나타난 법어촬요의 한계는 없었는지 조심스럽게 문제를 제기하고자 한다. 원불교중앙총부「교화훈련부 교정보고」에『대산종사법어』편수와 관련한 언급이 있어 주목을 끈다. 원기 87년(2002) 3월 12일 제124회 임시수위단회의 부의안건으로『대산종사법어』편수위원 구성의 건이 제안되어 통과되었으며, 편수기간은 원기 87년(2002) 3월에서 원기 90년(2005) 2월까지, 그 뒤 2~3년간의 자문기간을 거쳐 교서감수위원회의 심의를 통하여 교서로 발간하기로 하였다.[78] 이러한 과정을 거치며『대산종사법어』는 원기 99년(2014) 5월 25일 대산종사탄백주년 행사에서 봉정식을 가진 바 있다.

이처럼『대산종사법어』편수과정의 기간은 적지 않았지만 법어의 촬요에 오해의 소지가 있는 법어의 신중한 접근이 요구된다는 점을 지적하고 싶다. "법신불이 바로 대종사요"라는 법어의 문구는 인격신앙으로 왜곡될 수도 있기 때문이다. 특히 교조숭배 내지 등상불 숭배를 극복한 것이 원불교의 불교혁신 정신이라는 점을 간과해서는 안 된다. 불교혁신의 시각에서 볼 때 일원상 신앙을 통하여 대중이 믿고 숭배할 수 있도록 인도한 소태산의 신앙관을 보면, 새로운 불상(일원상)을 내놓아 과거의 의식에 치우친 우상적 불상 신불(身佛)을 극복하려한 점[79]을 상기하자는 것이다.

본 연구의 기본범주는『대산종사법어』「신심편」25장에 한정되며, 교리 정립에 있어 바른 신앙관의 유도와 관련되고, 차제에 관련교서의 재결집의 필요성을 제기하고자 한다. 그리고 교조와 역대 종법사에 대한 바른 스승상의 정립방향도 본 연구의 범주에 속한다. 이의 객관성 확보를 위해『조선불교혁신론』의 기본정신을 새기면서 원불교 신앙관의 정립에 관련된 신앙호칭의 문제, 법신불 일원상 등의 선행연구들을 주요 참고자료로

---

78) ≪원기 87년도 출가교화단 총단회≫, 수위단회 사무처, 2002, p.20.

79) 서경전,『교전개론』, 원광대학교 출판국, 1991, p.94.

섭렵하였다.

2)『대산종사법어』의 법신불과 대종사관

『대산종사법어』는 대산종사의 포부와 경륜이 담긴 원불교 교서인데, 여기에는 모두 15편으로서 신심편, 교리편, 훈련편, 적공편, 법위편, 회상편, 공심편, 운심편, 동원편, 정교편, 교훈편, 거래편, 소요편, 개벽편, 경세편이 편재되어 있다. 본『법어』는 이미 발행된『대산종사법문집』1~5권과 법설기록노트 등에서 중점적으로 발췌, 대산종사탄생 100주년을 기념하여 원불교 정식교서로 탄생한 것이다. 본 연구에서 주목하고자 하는「신심편」은 모두 60장으로 구성되어 있으며, 소태산 대종사와 정산종사의 여래적 위상과 사제간 신심을 권면하는 성격의 법어가 그 주류를 이루고 있다.

스승에 대한 신봉의 심법에서 출발한 '사대불이신심'은 대산종사가 강조한 법어로서, 여기에는 회상의 주법(主法)에 대한 신성과 일원상 진리의 깨달음, 그리고 법통 계승의 정신이 담겨 있으며,「신심편」은 '사자상승(師資相承)'의 돈독한 교조관이 그대로 노정되어 있다. 이를테면 "법신불이 바로 대종사요 대종사가 바로 법신불이니, 대종사의 법통을 이은 종법사는 대종사와 한 분임을 알아야 믿고 받드는데 차질이 없느니라(『대산종사법어』, 신심편 25장)"라는 것이 이와 직결된다. 대산종사의 종법사취임 이후 33년[80]동안 설한 법어의 자료들을 찰요하여 정식 원불교 교서로 간행한 것이『대산종사법어』라는 점에서 이는 대산종사의 교단관과 스승

관 정립에 의의가 적지 않다고 본다.

　그럼에도 불구하고 법어촬요의 과정을 통해 발간된『대산종사법어』문구의 해석에 오해될 소지가 있다면, 이에 신중한 접근이 필요할 것이다. 신앙대상 및 스승관에 대한 착종(錯綜)의 소지가 있는「신심편」25장의 내용은 '법신불이 바로 대종사'라는 법어이다. 그 이유는 '법신불이 바로 대종사'라는 법어를 '법신불=대종사'의 등식으로 오해할 수 있어 '법신불신앙=대종사신앙'으로 볼 수 있는 오류가 없지 않기 때문이다. 소태산 자신은 스스로 신격화되는 것을 바라지 않았지만, 근래 교도들이 소태산 성탑에서 '대종사성령'을 부르는 것을 보면, 원불교 신앙의 대상은 소태산만으로도 결코 부족함이 없어 보이나 원불교는 소태산 신앙에서 법신불 일원상으로 돌아가야만 한다[81]는 지적을 간과해서는 안 되리라 본다.

　원불교 신앙에 있어서 법신불 일원상 신앙의 정체성을 고려할 경우, 대종사를 신앙의 대상인 법신불과 등치(等値)한다면 등상불숭배에서 일원상숭배로 유도한 소태산의 신앙대상 혁신과 괴리가 생김은 물론 자칫 기복신앙으로 흐를 수 있다. 소태산은 자신이 신앙의 대상으로 될 경우를 극히 우려한 나머지, 오랜 전통의 등상불신앙이 기복불공으로 굳어버린 재래불교의 폐단을 지적하고 새로운 진리적 종교의 탄생을 알리는 심불(心佛) 일원상을 제시한 것이다.[82] 불교의 석가, 증산교의 강증산이 신앙대상으로 된 교조신앙, 즉 등상불과도 같은 인격신앙의 한계를 소태산은 간파했기 때문이다.

　만일 원불교의 신앙대상이 공식적으로 등상불이라면 법신불과 소태산의 등치가 가능할 것이다. 그러나 원불교의 신앙의 대상은 법신불 일원상

81) 강돈구,「원불교의 일원상과 교화단」,『한국종교교단연구』5집, 한국학중앙연구원 문화종교연구소, 2009, pp.28-29 참조.
82) 박용덕,『천하농판』, 도서출판 동남풍, 1999, pp.8-9.

이며, 원불교 회상에는 대종사와 정산종사 그리고 대산종사 등을 위시하
여 수많은 성인이 앞으로 출현하겠지만, 그들은 추앙의 대상일 수는 있으
나 신앙의 대상일 수는 없다.[83] 추앙과 신앙은 다른 것으로, 전자의 경우
스승에 대한 존경이라는 용어가 적합하지만, 후자의 경우 신앙대상의 개
념과는 다르다고 본다. 존경의 대상은 얼마든지 교조일 수 있지만 신앙의
대상에 있어서 원불교는 등상불을 배제하는 종교라는 점을 고려하면 교조
가 신앙의 대상일 수가 없기 때문이다.

원불교의 신앙대상에 대한 자각적 문제의식을 통하여『대산종사법어』
신심편 25장의 법어가 가져다주는 해석학적 과제는 무엇인가를 다음 네
가지 차원에서 접근해 보고자 한다. 소태산이 등상불 숭배를 혁신하여 법
신불 일원상 숭배로써 신앙관을 정립했다[84]는 점에 근간하여 이를 재음
미해 보려는 것이다.

첫째, 원불교 초기교단의 신앙대상이 정착되는 과정에서 야기되는 신
앙대상의 혼선문제이다. 소태산도 이의 한계를 이미 감지하였는데, 이를
테면 그가 친제한 「희사위 열반 공동기념제사」의 고축문에 다음과 같은
글이 있다. "소자가 아직 여러 대중에게 별다른 이익을 끼친 바가 없사오
나 대중이 자연 저를 신앙하며…."[85] 분명 이는 초기교단으로서 신앙대상

83) 김방룡, 「『금강경』과 원불교 사상」, 『원불교사상과 종교문화』 59집, 원불교사상연구
   원, 2014, p.4.
84) 여기에서 등상불 숭배란 교조숭배 내지 색신불 숭배를 말한다면, 일원상 숭배란 법신
   불 숭배를 말한다. 원불교가 등상불 숭배를 극복하고 법신불 숭배를 지향했다는 점에
   서 광의의 법신불 개념보다는 협의의 법신불 개념을 교학적으로 엄밀히 적용해보자는
   것이다.
85) 뒤이어 "따라서 부모님을 추모하여 大喜捨라는 존호를 올리고 회중에서 매년 열반기념
   을 받들게 되었사오니 비록 부모님이 생존하셔서 오늘의 현상을 보시는 것만은 같지
   못하다 할지라도 그 많은 대중이 부모님을 위하여 염불을 하여 드린다, 심고를 하여
   드린다, 헌공비를 바친다하여 모든 정성을 다하여 드릴 때에 소자의 생각도 半分이나
   그 한이 풀어질 듯 하오며 一喜一悲하여 感淚를 금치 못하겠나이다"(소태산 대종사 親

이 정착되기 이전이라는 점을 고려하면, 대중이 한시적으로 소태산을 신
앙의 대상으로 볼 수도 있었다는 점이다. 법신불의 바른 신앙과 정법교리
를 지향하는 소태산으로서는 교조신앙으로 흐를 수 있는 당시의 실상을
심각하게 우려하였다고 본다.

둘째, 만일 신심편의 법어가 교도들에게 교조신앙으로 유도될 수 있는
문제점이 발견된다면『대산종사법어』편집의 한계점을 인지하고 본 법어
의 자구수정이 가능하다는 것인가. 여기에는 관련법어의 문구수정과 같
은 교서 재결집의 당위성을 거론하는 것이 무리는 아니라 본다.『정전』,
『대종경』,『예전』,『교사』,『정산종사법어』등의 교서들은 교단의 체제와
조직이 거의 완비된 단계에서 교리와 사상 또는 교단사를 교단적 입장에
서 공식적으로 결집한 제2차 사료에 해당된다며, 교서 재결집에는 초기
교서류와 정기간행물, 사업보고서, 각종 회의록 등과 그리고 구술자료들
이 최대한 활용되어야 한다[86]는 지적이 주목된다.

셋째,『대산종사법어』의 '법신불이 바로 대종사요' '대종사가 바로 법신
불이니'라는 법어가 해석상 논란의 여지로 남는다면 대산종사의 스승관
곧 대종사관이 잘못되었다는 것인가. 그럴 리야 없겠지만『대산종사법어』
편집위원회의 관련법어(신심편 25장)의 감성적 접근 내지 권위적 접근은
없었는가[87] 하는 점은 의문의 여지로 남는다. 설사 '법신불이 대종사'라고

制「희사위 열반 공동기념제사」기념문, ≪圓佛敎新聞≫, 1997년 5월 9일, 2면)라 하고
있다.
86) 신순철,「불법연구회창건사의 성격」, 김삼룡박사 화갑기념『한국문화와 원불교사상』,
원광대학교출판국, 1985, p.910.
87) 여기에서 감성적이고 권위적 접근이란 '법신불이 바로 대종사요' '대종사가 바로 법신불
이니'라는 상황법어를 해석상 오해할 소지가 있음에도 불구하고 문자 수정 없이 있는
그대로 편집했다는 뜻이다. 이는 법신불이 신앙의 대상인 바, 법신불과 대종사가 等値
로 인식된다면 법신불신앙이 대종사신앙으로 오해될 수 있는 법어에 대한 법어 문구에
대한 不認識 내지 편집수정의 고민이 적었다는 뜻이다.

하는 교조존숭과 관련한 대산종사의 직접적·즉흥적인 법설자료가 기록
물에 남아있다고 해도 후래 편집과정에서 법어 문구를 적절하게 촬요했어
야 하는 아쉬움이 따르는 것이다.

넷째, 법신불과 대종사가 등치의 관계로 접근된다면 소태산 대종사 석
상이라든가 대종사성탑이 신앙의 대상으로 오해, 착종을 불러일으킬 수
있다. 소태산은 장엄신앙을 진리신앙으로 돌려놓은 것임에도 불구하고
'소태산기념관'의 안에 대종사의 기념상을 모신 것이 신앙의 대상으로는
안 되며, 추모하는 기념상이 되어야 한다[88]는 비판을 새겨야 할 것이다.
대종사의 성탑 내지 기념상을 신앙의 대상으로 삼는다면 법신불 신앙의
원리에 어긋나기 때문이다.

이러한 몇 가지의 문제점들을 상기하면서 숙고해야 할 사항은 소태산
의 개혁정신, 즉『조선불교혁신론』에 나타난 소태산의 신앙혁신관이다.
불교개혁 운동의 이념은『조선불교혁신론』에 나타나 있는데, 여기에는
불교본질의 이념이 무엇이며, 어떤 신앙·수행을 전개해야 하는가에 초점
이 맞추어져 있음을 감안, 불교개혁 운동은 법신불 신앙운동이라는 특징
으로 드러나고 있다.[89] 이에 다음 장에서 거론할『조선불교혁신론』에서
등상불 배제와 관련한 신앙혁신에 대한 사항들을 짚어보려는 것이다.

3)「조선불교혁신론」의 신앙혁신

근래 한국을 중심으로 한 불교혁신운동은 제도 및 신앙의 대상에 대한
새로운 시각과 함께 다양하게 전개되었다. 한용운은「조선불교유신론」
(1913)을 저술하여 여러 신앙의 대상을 석가모니로 통일할 것을 주장하였

---

88) 한종만,『원불교 대종경 해의』(上), 도서출판 동아시아, 2001, p.519.
89) 양은용,「소태산 대종사의『조선불교혁신론』과 불교개혁이념」,『원불교사상과 종교문
화』32집, 원불교사상연구원, 2006, p.112.

다. 대각교 운동을 펼친 용성, 불법연구회를 통한 불교혁신 운동을 전개한 소태산, 밀교를 기반으로 진각종을 연 회당의 신앙의 대상에 있어서 용성은 등상불을, 소태산은 법신불 일원상을, 회당은 육자진언(옴마니반메훔)을 그 신앙의 대상으로 삼았다.[90] 이와 같이 근래 한국불교의 혁신운동을 전개한 선지자 및 소태산에 있어서 신앙대상의 시각에 차이점이 간파되고 있는 것이다.

한국의 불교를 중심으로 새로운 신앙운동이 전개되었던 점을 고려하면 소태산의 『조선불교혁신론』이 주목받는 것은 당연한 일이라 본다. 『조선불교혁신론』은 원기 5년(1920)에 초안하고 원기 20년(1935)에 발행되었으며, 발행인은 전세권이며 발행소는 불법연구회이다. 본 「총론」에 혁신의 대요를 밝히고, '과거 조선사회의 불법에 대한 견해, 조선승려의 실생활, 세존의 지혜와 능력, 외방의 불교를 조선의 불교로, 소수인의 불교를 대중의 불교로, 분열된 교화과목을 통일하기로, 등상불 숭배를 불성 일원상으로' 등 7장으로 편찬되었는데, 일원상신앙법과 일원상조성법이 나타나 있다.[91] 본 교서의 편제를 보면, 4×6판 반양장 37쪽으로서 『혁신론』은 후래 『불교정전』의 「개선론」에 편입되었으며, 『정전』「심고와 기도」장, 『대종경』 서품 16~19장, 교의품 13~14장 등에 편입되었다.

소태산이 주창한 불교혁신의 항목들은 원기 20년(1935)에 공표되었지만, 원기 5년(1920)에 초안되었음을 상가할 일이다. 혁신항목의 초안 1년 전인 원기 4년(1919)에 소태산은 등상불 숭배의 문제점을 지적한 적이 있다. 동년 11월 26일 영광에서 그는 두 번째 백일기도를 마친 제자들에게

90) 장진영, 「화엄교학과 원불교의 법신불사상과 그 실천적 특징」, 『원불교사상과 종교문화』 62집, 원불교사상연구원, 2014, pp.74-75.

91) 『원불교 교사』, 제2편 회상의 창립, 제3장 교단체제의 형성, 2. 초기교서들의 발간. 한기두, 「조선불교혁신론 해제」, 『원불교사상』 제7집, 원불교사상연구원, 1983, p.265.

부처를 숭배하는 것도 한갓 개별적 등상불에만 귀의하는 것이 아니라 우
주만물 허공법계를 다 부처로 알라[92]고 하였다. 불교를 수용하면서 불상
은 불타 당시의 방편에 불과한 것임을 인지한 소태산은 부처를 숭배하는
것도 한갓 국한된 불상에만 귀의하지 말라(『대종경』, 서품 15장)고 하였
으며, 이는 본 『혁신론』의 초안 1년 전에 이미 밝힌 내용이다. 불법연구회
의 창립명분이 신앙대상의 혁신과 관련되어 있음을 가히 짐작할 수 있다.

  불법연구회의 창립명분에 나타나듯이 『혁신론』의 신앙개혁 핵심이 등
상불 대신 일원상이라는 점은 등상불 숭배에 대한 대안적 성격을 지닌다
는 것이다. 곧 『혁신론』은 전통불교에 대한 혁신의 방향을 서술한 것으
로, 그 방법은 근본진리가 같음을 강조하여 불타의 뛰어난 점을 드러내고
있으며, 그 결론 부분에 「등상불 숭배를 불성 일원상으로」, 「불성 일원상
조성법」 등을 제시하여 개혁의 핵심적 대안을 일원상으로 규정하고 있
다.[93] 소태산은 일원상 신앙이라는 신앙대상의 대안을 제시하면서 전통
불교의 제도와 의식, 포교의 방법 등을 비판하여 새로운 불교로 거듭날
것을 촉구하였다.

  이처럼 소태산은 신앙혁신을 통해서 새로운 불교로 거듭나려 했다는
점에서 그의 친제 『조선불교혁신론』을 주목해야 하며 그 의의로는 다음
네 가지가 거론될 수 있다.

  첫째, 신앙의 대상인 일원상을 구체화시킨 최초의 자료라는 것이다.
『조선불교혁신론』의 7번째 항목으로 '등상불 숭배를 불성 일원상으로'라
고 기록하였다. 이는 등상불 숭배에서 일원상 숭배로 전환한 이유를 설명
한 것이니, 우리의 종지(宗旨)를 기본사상인 일원상 신앙으로 천명한 것

---

92) 『불법연구회창건사』 13장, 대종사 불법에 대한 선언.
93) 정순일, 「일원상 신앙 성립사의 제문제」, 제21회 원불교사상연구 학술대회 ≪21세기와
    원불교≫, 원불교사상연구원, 2002.1, p.95.

으로서 일원상을 구체화시킨 최초의 법문자료는 바로 이 논(論)이라 보고
싶다.[94] 본『혁신론』(원기 20년)에서는 '일원상'이라는 말을 처음 공식화
하면서도 여러 곳에서 심불(心佛)과 혼용하고 있으며, 법신불 신앙이라는
용어는 후래『불교정전』(원기 28년)[95]에 처음 나타난다.

둘째,『조선불교혁신론』에서 제시한 것처럼 생활불교로서 석가모니(등
상불) 신앙을 원불교 고유의 불성 일원상 신앙으로 돌린 것이었다. 등상
불 신앙을 일원상 신앙으로 돌리는 것이『조선불교혁신론』에서 가장 중
요한 문제였으며, 그러한 내용이 앞에서 밝힌 것처럼『불교정전』의 개선
론에 그대로 옮겨졌다.[96] 전통신앙이 지닌 기복신앙을 극복하려는 소태
산의 의지가 뒷받침되었음을 알 수 있다. 당시 일원상 신앙이 가장 중요
한 개혁과제로 부각된 이유는 대중불교와 생활불교를 추구하려는 소태산
의 불법연구회 창립의지와 직결되었기 때문이다.

셋째,『조선불교혁신론』은 초기교단의 과도기적 신앙체계를 일원상에
근거한 진리신앙 체계로 확립시키는 계기를 만들었다. 원기 20년(1935)을
전후하여 일원상을 최고종지로 하는 신앙체계가 확립되었기 때문이다. 동
년 4월에『조선불교혁신론』이 발간되었으며, 여기서 등상불 숭배를 불성
일원상 숭배로 돌려야 함을 지적하였다. 이때는 신앙대상으로서 일원상의
의식화(儀式化)·제도화가 완전히 이루어지지 않은 과도기였다[97]는 점을

---

94) 한기두,「조선불교혁신론 해제」,『원불교사상』제7집, 원불교사상연구원, 1983, p.266.
95)『불교정전』권1 제1편「개선론」목차와 본 목차 제10장에 나타난 '법신불' 용어를 보면
   다음과 같다. 제1장 과거의 조선사회의 불법에 대한 견해, 제2장 과거 조선 승려의 실
   생활, 제3장 석존의 지혜와 능력, 제4장 외방의 불교를 우리의 불교로, 제5장 소수인의
   불교를 대중의 불교로, 제6장 편벽된 수행을 원만한 수행으로, 제7장 과거의 예법을
   현재의 예법으로, 제8장 진리신앙과 석존숭배, 제9장 불공하는 법, 제10장 법신불 일원
   상 조성법, 제11장 심고와 기도.
96) 한정석,『원불교 정전해의』, 도서출판 동아시아, 1999, pp.481-482.
97) 송천은,『열린 시대의 종교사상』, 원광대출판국, 1992, pp.358-359.

감안하면, 동년 4월 27일에 대각전의 상설관 내에 법신불을 봉안하면서 법신불 신앙이 체계화되고, 진리신앙 정착의 길로 나가게 된 것이다. 즉 원기 20년에『조선불교혁신론』, 같은 해 8월에『예전』, 원기 21년(1936) 8월에『회원수지』, 원기 28년(1943) 3월에『불교정전』이 발행되어 진리신앙의 체계화과정 속에 있었던 점을 참조할 일이다.

넷째, 불법연구회의『조선불교혁신론』은 전통종교에 대한 교상판석의 의의를 지니며, 그로 인해 등상불 신앙의 혁신으로써 법신불 일원상 신앙을 등장시킨 것이다. 소태산은 교강초안 시기인 1920년(원기 5) 부안 봉래산에서『조선불교혁신론』을 초안하고, 1935년(원기 20) 일부 내용을 보충한 찬술과 간행은 원불교 창립과정에 있어서 불교사상의 수용과 교상판석이라는 의미로 해석해야 할 것이다.[98] 불법연구회의 전통불교에 대한 교판적 의미를 지니는 것은 본 혁신론의 7항목 모두가 불교개혁 운동과 전통종교에 대한 새로운 교법으로서의 의의[99]를 지닌다.

이 같이『조선불교혁신론』에서 주목해야 할 몇 가지 의의를 숙고해 볼 때, 소태산의 불교개혁 운동의 결론이 '등상불 숭배에서 일원상 숭배'라는 것으로, 이것은 새 회상의 구원론과 직결되어 있다. 소태산은 법신불 일원상과 처처불상 사사불공을 세상 구원의 혈인(血印)으로 내놓았으며[100] 법신불 일원상을 대상으로 구원받기 위한 생활로 나아가 우주 대자연의 주

---

98) 양은용,「소태산 대종사의『조선불교혁신론』과 불교개혁이념」,『원불교사상과 종교문화』 32집, 원불교사상연구원, 2006, p.115.
99) 소태산의 일원상이 소태산과 기존 불교교단이 갈라지는 접점이지만, 그 내면에서는 불교(석가모니불)의 법신불 신앙으로 이해한다. 그런데 소태산은 왜 그렇게 일원상을 강력하게 내세웠던 것일까. 그것은 시대와 인심이라는 현실적인 기준이 적용한 것이 아닐까 한다(김광식,「백용성과 소태산의 同異에 대한 몇 가지 문제」,『원불교사상과 종교문화』 63집, 원불교사상연구원, 2015, pp.68-69).
100) 김지하,「일원상 개벽에서 화엄개벽으로」, 제28회 원불교사상연구 학술대회 ≪개교 100년과 원불교문화≫, 원불교사상연구원, 2009.2, p.1.

인이 될 것[101]을 강조하였다. 암울했던 구한말 등상불 신앙을 극복, 새로운 신앙대상을 일원상으로 제시함으로써 불법연구회는 우상적 신앙에서 진리적 신앙으로 자기구원과 사회구원을 추구하였다고 볼 수 있다.

따라서 일원상 신앙이란 구세(救世)의 결사운동과 같아서 종교신앙의 혁신이요 불교의 혁신이라는 주장이 과장일 수 없다. 『조선불교혁신론』에서 보듯 불교종단의 개혁이 아니라 시대를 관통하는 불교 전체와 민중과의 관계를 통해 불법의 근본 역할을 복원하는 것에 초점을 맞추었고, 독자적인 결사의 형태로서 불법을 민중의 삶 속으로 환원시켰던 것이다.[102] 아울러 『조선불교혁신론』이 불교와 신앙의 혁신을 제시한 것임을 고려하면, 소태산이 결사의 신념으로 일원상 신앙을 내세운 것은 인격신앙을 새 불교가 지향할 진리신앙으로 혁신했다는 것을 의미한다. 그러면 인격신앙과 진리신앙의 관계는 어떠한 것인가를 다음 장에서 언급해 보고자 한다.

4) 인격신앙과 진리신앙

인격신앙과 진리신앙의 해석에 있어서 『대산종사법어』「신심편」의 '법신불과 대종사'의 등치(等值)에 관련된 법어의 교학적 과제와 그 해법을 네 가지 차원에서 모색해 보고자 한다. 이는 기본적으로 원불교의 정법신앙을 상기하면서, 진리신앙을 향한 원불교 해석학적 방향제시와 경전 재결집의 가능성을 염두에 두려는 것이다.

첫째, 법신불이 바로 대종사요 대종사가 바로 법신불이라는 등치 문구의 해석학적 과제를 어떻게 풀어 가느냐 하는 것이다. 불교의 경우 석가

101) 이운권, 고산종사문집1 『정전강의』, 원불교출판사, 1992, p.22.
102) 원영상, 「소태산 박중빈의 불교개혁사상에 나타난 구조 고찰」, 『신종교연구』 제30집, 한국신종교학회, 2014, p.126.

모니는 등상불인 바, 이 등상불을 신앙의 대상으로 삼는 불교의 신앙논리
에서 본다면 원불교에 있어서 소태산은 등상불에 등치될 수 있다. 이를
환기하는 차원에서 소태산과 제자의 문답을 소개해 보면 다음과 같다.
"우리는 불상숭배를 개혁하였사오니 앞으로 어느 때까지든지 대종사 이하
역대 법사의 기념상도 조성할 수 없사오리까." "기념상을 조성하여 유공
인을 기념할 수는 있으나 신앙의 대상으로 삼지는 못하리라."[103] 본 대화
에 나타나듯이 소태산을 법신불로 보아 등상불로 숭배할 경우[104] 교조가
신앙의 대상이 되는 상황으로 전개되기 때문에 기념상으로 조성하는 것
외에 그는 신앙의 대상이 될 수 없다고 하였다. 원불교에서는 법신불이
신앙의 대상인 관계로 교조가 바로 법신불이라는 시각은 소태산의 불교혁
신적 의도와 전혀 다르다고 본다.

　여기에서 '법신불'의 개념파악에 주의가 필요하며, 본 법어의 해석학적
난제를 풀 수 있는 해법이 요구된다. 법신불의 개념에는 두 가지가 있는
바, 그것은 광의의 법신불 개념과 협의의 법신불 개념이다. 광의의 법신불
개념에서 본다면 우주만유 삼라만상 일체생령이 법신불의 응화신이기 때
문에 법신여래와 색신여래를 상즉적으로 볼 수 있다[105]는 점에서 본 법어
의 해석학적 방향이 모색될 수 있다. 그러나 협의의 개념에서 법신불이란
색신불이 아니라 우주만유를 초월한 초월자이자 진리의 본체적 의미로서

---

103) 『대종경』, 변의품 22장.
104) 불교의 신앙대상은 등상불이라면 원불교의 신앙대상은 법신불이므로, 양교의 관계에
　　서 볼 경우 불교가 석가모니를 등상불로 신앙하는 것처럼 소태산을 법신불과 같이 신
　　앙대상으로 삼는다면 이것은 소태산이 등상불 숭배를 일원상 숭배로 혁신한 의도와
　　어긋나는 것이다.
105) "출가 후 '대종사는 성인 가운데 가장 큰 성인이시다' 하고 우러러 받들고 살았으나,
　　내 나이 30세에 대종사께서 열반하시매 한동안 방황을 하다가, 내가 그동안 대종사의
　　색신만 모시고 살았지 법신을 뵙지 못하고 살았음을 깨닫고 그 후부터는 법신을 모시
　　기 위해 적공을 계속하였느니라"(『대산종사법어』, 신심편 3장).

의 법신불을 이해해야 한다.[106] 본 연구에서 주목하고자 하는 것으로, 원
불교 신앙이 법신불 일원상이라는 점에서 협의의 법신불 개념을 중시하지
않을 수 없다. 협의의 접근은 소태산이 혁신한 법신불(일원상) 신앙이 전
통불교의 등상불(색신불) 신앙과 혼선을 피함은 물론 교조의 불교개혁 정
신에 밀접한 관련이 있기 때문이다. 물론 광의와 협의라는 양면적 접근이
융통성 있게 거론될 수도 있겠지만, 필자의 시각은 협의의 법신불로 접근
하는 것이 바람직하다는 입장이다. 이는 '대종사가 곧 법신불'이라는 주장
을 지양해야 한다는 뜻이다.

둘째, 소태산과 법신불을 등치시킴으로 인하여 원불교 신앙관의 교학
정립에 문제점이 발견된다면『대산종사법어』의 관련 문구수정이 가능한
가 하는 점이다. 이는 교서 재결집의 과제로 남겨두어야 할 것이다.『대산
종사법어』결집과정을 보면 2002년 5월, 관련 편수위원회가 가동되어 위
원장에 장응철 교정원장을, 부위원장에 김주원 교화부원장을 선출하고 편
수방향을 협의했으며, 본 회의는 대산종사의 방대한 양의 법문들을 어떻
게 편수할 것인가에 대한 논의가 주로 이뤄졌다.[107] 법문들을 편수할 방
법에 대한 숙의가 이루어졌지만, 편찬 후에 나타난 법어 해석상의 난제들
이 발견된다면 차제에 자구수정 등의 교서 재결집이 이루어져야 할 것이
다. 교서 재결집의 필요성은 기독교의 성경은 물론 대승불교의 경전 발간
에 필수과정으로 뒤따랐음[108]을 참조할 일이다. 이러한 교서 재결집의 과

---

106) 구체적으로 말해서 '광의'의 법신불이란 우주만유 삼라만상이 포함된다는 것이며, '협
의'의 법신불이란 우주만유 삼라만상을 포함하면서도 만유를 초월한 절대이념의 법신
불로서 일원상에 한정지우는 것을 의미한다. 그리하여 본 연구는 소태산 대종사가 등
상불 숭배를 불성 일원상 숭배로 신앙대상을 혁신했다는 점에서 광의의 법신불 개념
보다는 협의의 법신불 개념에 한정하여 접근을 시도한 것이다.

107) 정도연,「교화단 운영으로 청소년 교화」,≪원불교신문≫, 2002년 5월 24일, 1면.

108) '結集'이란 부처가 입멸한 뒤 여러 제자들이 모여서 각자 들은 불법을 외어 이것을 結
合集成, 대소승경전을 만드는 것을 말한다. 결집사업을 경전과 관련하여 대별하면 ①

정에서 법어 해석상의 교학적 검토가 필요하다면 적극 수용해야 할 것이라 본다.

셋째, 『대산종사법어』 "법신불이 바로 대종사요" "대종사가 바로 법신불이니"라는 법어가 원불교 신앙론에서 논란의 여지를 남긴다면 대산종사의 대종사관이 잘 못되었는가라는 것이다. 이에 대한 것은 「신심편」 25장의 "대종사의 법통을 이은 종법사는 대종사와 한 분임을 알아야 믿고 받드는데 차질이 없느니라"라는 법문이 그 해법으로 등장한다. 즉 법신불신앙과 대종사 신봉의 정신을 다른 시각에서 접근한다면, 그가 소태산을 성인 가운데 가장 큰 성인으로 우러러 받들었다[109]는 점을 참조할 일이다. 소태산 대종사로부터 법명을 받은 대산종사는 그를 영생의 스승으로 모시며 교단발전과 성불제중의 포부와 경륜을 전개하였다[110]는 점을 환기한다면 대산종사의 대종사 신봉의 정신은 의심의 여지가 없는 것이다. 그가 밝힌 바대로 '사대불이신심'에 의한 스승신봉의 정신에 변함이 없기 때문이다.

넷째, 스승신봉에 따른 법신불과 대종사가 등치 관계로 접근된다면 대종사성탑이 신앙의 대상으로 오해되는 현상이 야기될 수 있고, 심지어 성탑 앞에서 심고를 올릴 때 '대종사 성령'이라는 말이 합리화될 수 있다는 점을 상기해야 한다. 원불교 교도들이 중앙총부를 방문할 때 법신불 일원상이 모셔진 대각전에 먼저 참배해야 함에도 불구하고 성탑을 먼저 찾는다면 이는 대종사 성령신앙으로 오인될 수 있다. 노대훈 교무는 "원불교

王舍城에서의 소승경, ② 毘舍離城에서의 대승경, ③ 波吒利弗城에서의 秘密經, ④ 迦濕彌羅城에서의 소승경으로, 모두 결집 4기로 나누어진다(한국불교대사전편찬위원회, 『한국불교대사전』 1권, 보련각, 1982, p.146).

109) 『대산종사법어』, 신심편 3장.

110) 류성태, 「대산 김대거종사의 스승관」, 대산김대거종사탄생 100주년기념논문집 『원불교와 평화의 세계』, 원불교사상연구원, 2014, p.479.

신앙이 진리적인 면이 강조되어 이법적인 신앙의 경향이 강하고, 반대급부로 대종사 성령신앙의 분위기가 있다"는 문제제기에 대해, 박장식 교무는 "총부 참배시 영모전이나 성탑 앞에서 신앙감이 더 우러난다는 이유로 대각전 참배보다 먼저 하는 것은 명백한 잘못으로 고쳐져야 한다"[111]는 지적이 주목된다. 원불교는 법신불 일원상을 신앙의 대상으로 하므로 혹간이라도 나타날 수 있는 소태산 신앙은 인격신앙(미신행위)이며, 바람직하지 않다는 의견이 꾸준히 개진되고 있음[112]을 상기해야 한다. 신앙의 대상으로 섬겨지는 성령숭배 즉 '대종사 성령'이라는 용어사용의 지양과 중앙총부 성탑 방문에 앞서 대각전 참배가 우선이어야 하는 이유가 여기에 있다.

위의 4가지 해법 중 첫째와 둘째의 접근에는 상관관계가 있다. 『대산종사법어』 신심편 25장의 관련 법어를 해석학적으로 풀어가느냐, 아니면 교서결집을 통해 법어문구 수정을 해야 하는가의 선택의 여지가 있기 때문이다. 전자의 경우라면 해석학적 접근의 용이성을 상정한 것이므로 법어문구 수정이 필요 없을 것이며, 후자의 경우라면 법어집의 재결집이 필요할 것이다. 곧 『대산종사법어』의 감성적 접근 혹은 교서의 권위를 고려하면 교서결집이 필요 없을 것이지만, 교학의 바른 신앙관 정립을 고려하면 재결집에서 법어의 문구수정이 필요할 것이다. 여기에서는 두 가지 선택의 양면성을 열어두는 것도 좋을 것이나, 필자의 입장에서는 전자보다는 후자의 입장이 바람직하다고 본다. 법어해석에 오해의 소지 및 착종현상이 있을 수 있다면 경전 재결집의 가능성을 염두에 두면서 교학정립이라는 열린 시각이 필요하기 때문이다.

---

111) 원불교사상연구원 주최 제 100차 월례발표회, 「원로교무 초청 교리형성사」(5월 28일, 중앙총부 법은관), ≪원불교신문≫, 1997년 6월 6일, 1면.

112) 강돈구, 「원불교의 일원상과 교화단」, 『한국종교교단연구』 5집, 한국학중앙연구원 문화종교연구소, 2009, pp.28-29 참조.

아무튼 위에서 언급한 4가지의 해법을 통하여 고려할 것은 등상불신앙의 인격신앙과 법신불신앙의 진리신앙에 대한 이해가 필요하다는 것이다. 인격신앙이란 교조신앙을 중심으로 이루어지는 것으로 일종의 등상불신앙인 바, 인격신앙과 진리신앙의 차이는 교조신앙의 여부에 따라 나타난다. 그것은 진리신앙과 달리 교조에 대한 인격신앙이 갖는 기복신앙의 유혹 때문이다. 여기에서 원불교신앙의 특징을 살펴볼 필요가 있다. 원불교의 신앙은 인격신앙을 배제하며 진리불공과 사실불공의 두 가지 방법을 치우침 없이 병행하는데 원만성이 드러나며, 그 특징은 우주의 이법(理法)이면서 무한한 위력을 나투는 법신불을 신앙하는 것이다.[113] 이에 근거한 원불교 신앙의 특징을 요약하면 진리신앙 · 사실신앙 · 전체신앙이라 할 수 있다.

신앙의 특성에서 볼 때 원불교 신앙의 핵심은 진리신앙이며, 그것은 등상불 신앙을 배제하고 정법교리(일원상진리)에 근거한 법신불 신앙을 말한다. 즉 법신불이란 우주만유 삼라만상이 그대로 진리의 화현으로 부처님의 모습을 드러내며, 이러한 의미에서 법신불은 진리 그대로 화현한 진리불이므로 법신불 신앙은 진리신앙이라고 할 수 있다.[114] 진리신앙을 특징으로 하는 원불교 신앙의 장점은 인격신앙 · 개체신앙을 극복하고 사실신앙 · 전체신앙으로서 법신불 신앙을 지향하는 것으로, 그것은 법신불 일원상이 진리불 그대로 화현되는 것과 직결되어 있다.

여기에서 소태산이 등상불 신앙에서 일원상 신앙으로 혁신한 근본 이유를 새겨볼 필요가 있다. 그것은 인격신앙 · 개체신앙이 갖는 폐단을 극

---

113) 이성택, 「사요의 사회변동적 접근」, 『인류문명과 원불교사상』(上), 원불교출판사, 1991, p.293.
114) 김성장, 「대학의 불교교육에 있어서 신앙 수행 깨달음의 문제」, 제18회 국제불교문화학술회의 『불교와 대학-21세기에 있어서 전망과 과제』, 일본 불교대학, 2003.10, p.205.

복하기 위함이다. 그는 혹세무민하고 기인취재의 미신신앙을 인도정의의
진리신앙으로, 신통묘술과 기도만능의 기복신앙을 사실신앙으로, 배타적
인 편벽신앙을 원융회통의 원만신앙으로 종교개혁을 실현하였다.[115] 원
불교는 미신신앙과 기복신앙 그리고 편벽신앙을 극복함으로써 일원대도
에 근거한 진리적 종교를 지향하기 때문이다.

그렇다면 원불교가 진리적 종교를 지향하는 근거는 무엇인가. 소태산이
지향한 진리적 종교의 근거는 일원상의 깨달음과 관련하는 것이며, 그것은
또한 진리신앙으로서 일원상을 대각전에 봉안한 것과 직결된다. 여기에서
소태산이『조선불교혁신론』을 저술하고 등상불 숭배를 일원상 숭배로 신
앙혁신을 단행한 불교혁신의 의미를 새겨볼 필요가 있다. 그는 일원상
을 깨달은 후 대각 20주년을 기념하여 익산총부에 대각전을 준공하였으
며, 이때부터 불단에 심불 일원상(사은위패)을 봉안하였던 것이다.

다만 일원상 봉안과 관련하여 집고 넘어갈 사항이 있다.『회보』16호의
대각전 낙성기념 사진을 보면 그때(원기 20년)의 교기는 일원상이 아니라
8괘를 나타내는 기(旗)로 되어 있었다[116]는 사실이다. 대각전 낙성의 초
기에는 일원상 숭배의 의식화가 이루어지지 않은 상태였지만 같은 해 같
은 달에 발간된『조선불교혁신론』에는 등상불 숭배를 일원상 숭배로 바
꾸어야 한다 하고, 그 구체적 조성방법까지 제시한 것과 팔괘기가 모순되
지 않는가 하는 의문이 생긴다. 그러나 이때가 일원상 신앙을 대중화하고

---

115) 김수중,「양명학의 입장에서 본 원불교 정신」, 제18회 원불교사상연구 학술대회 ≪少
    太山 大宗師와 鼎山宗師≫, 원불교사상연구원, 1999.2, p.36.
116) 중앙총부를 비롯하여 지방교당에까지 회기(팔괘기)를 일률적으로 게양하도록 하자니
    몇 가지 문제가 제기되었다. 팔괘 모양의 旗와 법당에 봉안한 심불 일원상과 서로 다
    른 점도 있고 일견『주역』의 점괘를 상징하므로 미신단체라는 오해를 불러일으킬 소
    지가 있으니 개선하여야 한다는 여론이 일어났다(박용덕,『천하농판』, 도서출판 동남
    풍, 1999, p.51).

의식화하기 시작하는 중요한 전기라는 것이다.[117] 대각전을 준공하고 사은위패를 모시었으며, 곧바로 등상불 숭배가 일원상 숭배로 이어졌다는 사실을 직시해야 한다. 그것은 원기 24년(1939)부터 교정원에서 심불 일원상을 각 교도들의 집에 봉안할 것을 독려하였고, 서정원에서는 각 교당에 일원상 회기를 게양할 것을 주문한 것과도 관련된다.

일원상기를 게양하게 한 사실은 『조선불교혁신론』에 나타난 「불성 일원상조성법」에도 나타난다. "불성의 형상을 그려 말하자면 곧 일원상이요 일원상의 내역을 말하자면 곧 사은이니, 이 불성 일원상을 숭배하기로 하면 각자의 형편에 따라 좌기(左旗)와 같은 모형으로 나무에 금으로 각자(刻字)를 하든지, 그렇지 못하면 비단에 수를 놓든지, 그렇지 못하면 종이에나 보통 베에 붓으로 쓰든지 하여 벽상에 정결히 봉안하고 심고와 기도를 행할 것이다."[118] 신앙의 대상을 불성 일원상으로 혁신함과 동시에 일선교당의 불단에 일원상을 조성하여 이를 신앙의 대상으로 삼도록 하였으니, 일원상이 진리신앙의 대상으로 혁신됨과 동시에 법신불 신앙이 전 교단적으로 전개되기 시작하였다.

궁극적으로 불교개혁으로서 등상불 신앙을 극복, 불성 일원상을 봉안함으로써 소태산이 추구하려 했던 것은 법신불 신앙을 통해 당시 기성종교의 교조를 중심으로 한 교조신앙 즉 색신신앙을 극복하려는 것이었다. 다시 말해서 불교의 색신신앙을 절대적 진리 자체인 법신신앙으로 돌리는 것이었으며, 이는 신앙의 대상에 대한 혁신이기도 하다.[119] 법신불 일원상으로 신앙대상을 혁신한 것은 불법연구회의 출현과 관련되며, 더욱이 인격신앙·색신신앙을 진리신앙으로 돌리려는 소태산의 신앙혁신과 그

117) 송천은, 『열린 시대의 종교사상』, 원광대출판국, 1992, p.359.
118) 『조선불교혁신론』, 「불성 일원상 조성법」.
119) 한종만, 「원불교와 불교의 관계」, ≪院報≫ 제46호, 원불교사상연구원, 1999.12, p.15.

궤를 같이한다.

5) 법신불신앙의 의의

『대산종사법어』「신심편」 25장의 '법신불과 대종사'의 등치에 대한 법어의 해석학적 접근을 통하여 원불교 신앙관의 바른 정립을 시도하려는 것은 소태산이 원기 20년 간행한 『조선불교혁신론』의 항목 중 7번째 항목[120]에 대한 환기를 요하는 일이다. 관련법문이 대산종사의 돈독한 교조관이라는 사대불이신심(四大不二信心)의 차원에서 이해 가능한 일이라 해도, 본 법어에 나타난 신앙대상의 해석적 접근 내지 이에 따른 재결집의 당위성을 재고시킨 것이다.

따라서 신심편의 관련법어가 법신불과 대종사를 대등한 것으로 묘사된 것은 교조 소태산의 『조선불교혁신론』 정신과 위배된다는 점을 인지시키려는 것이다. 『조선불교혁신론』은 등상불 신앙에 대한 폐해를 제거하고 신앙에 대한 건전한 자각을 일깨움은 물론, 죄복의 바른 근원을 찾아서 불공과 서원을 합리적으로 할 것을 제시하고 있기 때문이다.[121] 이것은 등상불의 기복적 신앙에 대한 한계를 인지, 『정전』「개교의 동기」에서도 밝힌 것처럼 진리적 종교의 신앙과 사실적 도덕의 훈련을 제시한 것으로 볼 수 있다.

진리적 종교의 신앙에서 볼 때 교조의 숭배(교조신앙)와 일원상 신앙과는 다르다는 것이다. 교조 숭배란 고급 우상에 떨어지기 쉬운 고등종교의 유혹과 관련된다. 이에 일원상 진리를 각득한 소태산이 인격신앙을 지양, 일원상을 숭배함으로써 성자숭배에 떨어지지 않고 진리적 종교의 신앙을

---

120) 등상불 숭배를 불성 일원상 숭배로 개혁하자는 것이다.
121) 이운철, 「출판언론사」, 『원불교 70년정신사』, 성업봉찬회, 1989, p.547.

하도록 하였음[122])을 참조할 일이다. 교조신앙은 기성종교가 떨어지기 쉬운 고급우상인 탓으로 소태산은 이를 극복하기 위하여 교조(등상불) 숭배의 한계를 인지하여 일원상 신앙으로 혁신한 것이다.

소태산의 불교혁신 항목 가운데 가장 중요한 것은 신앙의 대상이었다. 『조선불교혁신론』을 저술한 교조의 혁신항목들을 음미해 봄으로써 『대산종사법어』 신심편 25장의 해석학적 접근이냐, 아니면 재편집이냐의 판단이 필요하다. 교학정립 차원에서 해석학적 접근이 필요할 것이며, 『대산종사법어』 재결집도 고려할 필요가 있다. 역대 종법사의 법어집은 계속 출판될 것이며, 본 연구의 문제제기는 신앙대상과 교조 존숭의 차이를 인지하도록 하자는 것이다.

이러한 문제제기에서 주의할 것으로, 『대산종사법어』 신심편 25장의 법어가 대산종사의 교조에 대한 불신과는 전혀 관련되어 있지 않다는 점이다. 4대불이신심[123])을 밝힌 대산종사는 정산종사의 대종사 주세불론(『대산종사법어』, 신심편 4장)을 환기한 것이며, 대산종사는 신성으로 대종사와 정산종사의 뜻을 받들어 교법이 영원한 세상에 드러나도록 해야 할 것을 주문하였다. 다만 대산종사의 법신불과 소태산의 등치 법어는 교학적 과제를 남겨주고, 아울러 법어의 재결집이라는 당위성을 드러낸 것이다.

물론 해석학적 해법으로 법신·보신·화신의 상즉적 입장에서 보면 법신과 보신, 법신과 화신이 같지 않느냐는 견해가 있을 수 있다. 이것은 불교가 등상불을 숭배하는 삼신정족적(三身鼎足的) 논리이며, 불교와 달리 원불교는 삼신정족이 아니라 통일체적·초월자적 법신불을 신앙대상으로 삼는다[124])는 것이다. 원불교는 화신불(등상불)을 신앙의 대상으로

---

122) 류병덕, 『원불교와 한국사회』, 원광대학교 종교문제연구소, 1978, pp.200-201.
123) "도가의 큰 신심은 진리와 스승과 법과 회상과 내가 하나 되는 四大不二信心이니라"
    (『대산종사법어』, 신심편 1장).

여기지 않고 법신불을 신앙의 대상으로 여긴다는 점에서, 불교의 삼신불 상즉(정족) 관계에서 화신불을 신앙의 대상으로 삼는 경우와는 다르다. 소태산이 등상불 숭배(화신불)를 지양, 법신불 신앙을 강조한 점에서 불교 삼신불관의 '화신즉법신'으로 보는 것은 원불교에서 극복되어야 할 것이다. 화신불이 법신불과 같다는 불교신앙의 논리와 법신불을 신앙의 대상으로 삼는 원불교 신앙관 사이에 괴리감을 가져다주기 때문이다.

아울러 『대산종사법어』「신심편」 25장의 해석학적 이해에 있어서 이미 광의가 아닌 협의의 법신불로 접근해야 함을 밝히었다. 불교에서는 삼신불의 토대 위에서 법신불의 체적인 의미로 이해하지만, 원불교의 법신불은 우주 만유를 포함하면서도 초월자로서 보신·화신까지도 법신불화한 까닭에 일원상의 진리를 법신불이라고 규정한 것은 색신불이 아니기 때문이다.[125] 색신불이란 곧 화신불이며, 화신불을 법신불로 이해하는데 한계가 있다는 뜻이다. 화신불로서의 등상불 숭배를 불성 일원상 숭배로 개혁한 소태산의 신앙혁신적 의도가 여기에서 발견된다.

그렇다고 『조선불교혁신론』이 기성종교 신앙에 대한 교판적 성격을 지녔다고 해서 불교의 등상불 숭배를 기복적 종교로 폄하해서는 안 된다. 원래 불교는 청정생활을 실천하는 가르침이었으므로 석존의 불교에서는 의례나 수행과정에서 예배의 대상이 존재하지 않았지만, 석존 멸후 불타는 점차 법륜(法輪)·불족적(佛足跡)·보리수 등을 통하여 상징적인 형태의 숭배를 받으면서 불탑과 불상이 출현하자, 불타는 숭배의 대상으로 구

---

124) 일원불은 법·보·화의 삼신과, 체·상·용의 三大 및 理·智·悲의 三圓이 攝盡되고 一元化된 포괄적 의미의 법신불이다. 원불교는 이러한 일원불의 불교이다(노권용,「불교와 원불교-교주문제를 중심으로」,『원불교사상』 13집, 원불교사상연구원, 1990, p.485 참조).

125) 한종만,「교전에서 본 삼동윤리의 근거」, 제21회 원불교사상연구 학술대회 ≪21세기와 원불교≫, 원불교사상연구원, 2002.1, p.31.

상화(具象化)된 점126)을 주목할 필요가 있다. 대승불교의 시대가 되자 보신불·화신불의 사상이 정착되었던 불교의 신앙문화를 간과하지 말자는 뜻이다. 신앙의 대상을 어떻게 신앙하는 것이 참된 신앙인가 하는 점을 염두에 두면, 불교의 신앙은 다른 종교와는 달리 종교적인 가치를 자기 자신이 구현하려 한다127)는 주장을 열린 마음으로 조망해야 하리라 본다.

---

126) 정순일, 『인도불교사상사』, 운주사, 2005, pp.40-41.
127) 권탄준, 「화엄경의 誓願思想 소고」, 『한국불교학』 제11집, 한국불교학회, 1986, p.423.

제2편

불연佛緣과 불법연구회

1. 고행의 자취와 깨달음

1) 고행은 필요한가

수행자들에게 보다 본질적인 질문을 던진다면 과연 "고행(苦行)이란 필요한 것인가"라는 질문이다. 종교적 구도자의 경우 적공에 있어 고행이 필요하다는 입장일 것이고, 다른 한편으로 고행은 기행(奇行)과 같이 정당한 수행법이 아니므로 필요하지 않다는 입장일 것이다. 어느 정도의 수행 정진이 고행인가에 대한 궁금증도 있을 것이다. 고대 종교성자의 경우, 이를테면 예수와 석가에 있어서 기나긴 고행을 통해 깨달음과 계시를 받은 경우이기 때문에 고행의 필요성은 종교에서 거론되어 왔다.

인도에서는 과거에 왕이 고행을 했기 때문에 그 공덕이 백성에게 전파되었다는 생각이 받아들여졌다. 집권적 국가의 성립과 함께 국왕을 신성시하는 사상은 굽타왕조시대(320~600)에 절정에 달했는데, 국왕이 과거에 종교적인 고행을 수행했으므로 그 공덕에 의해서 백성의 주인으로서 태어났다고 하는데 이는 불교나 자이나교에서도 점차 용인되었다.[1] 종교적 고행의 필요성은 차치하고라도 고대 국왕들은 백성구제를 위해 고행을 했기 때문에 태평국가가 가능해졌고 백성들이 고통에서 벗어났다는 것이다.

실제 인도 자이나교는 열반의 경지에 이르기 위해 고행을 통해 자기 업장을 소멸해야 한다는 사고가 있었다. 자이나교의 창시자 바르다마나는 30세에 출가하여 고행과 명상에 2년간 전념한 후 모든 옷을 벗어버리고

---

1) 中村 元著, 김용식 · 박재권 공역, 『인도사상사』, 서광사, 1983, pp.112-113.

벌거벗은 고행자로서 12년간 심한 고행의 생활을 하였다.[2] 그 후 마하비라 즉 위대한 영웅, 혹은 지나(Jina) 즉 '승자(勝者)'라는 칭호를 얻어 포교 활동을 하다가 72세에 열반하였다. 자이나교는 업에 속박된 비참한 생활을 벗어나 열반의 경지에 이르려면 고행을 통해 업을 소멸해야 한다는 신념이 강하였다. 이러한 고행의 방식으로 그들은 탁발걸식을 하고 또 계율이 제정되었는데, 불살생, 진실어(眞實語), 부도(不盜), 불음(不婬), 무소유와 같은 5계를 실천하도록 하였다.

이처럼 고대 인도는 많은 종교적 성자들이 출현하여 맑은 영성을 강조하였으며, 특히 요가의 수행에 있어서 고행의 극단을 보이기도 했다. 『바유 푸라나』와 『아타르바쉬라스 우파니샤드』라는 쉬바파에 의하여 만들어진 후기 우파니샤드에 의하면, 파슈파타들은 몸에다 재를 뿌리고 심한 고행을 하며 파슈파타 요가라는 명상을 했다고 전한다.[3] 그리고 인도의 브라만 신앙을 통해 경전을 외우고, 경전의 가르침에 따라 고행을 하는 요기(Yogi)들도 많았던 것이다.

인도 초기불교시대(B.C.5~3C)의 구도자이자 정신적 지도자로서 사문(沙門)들은 고행 및 명상을 통해서 깨달음을 얻었다. 아소카왕의 비문에 나타나듯이 당시 사문은 시대의 혁신적 사상가들의 총칭이었다. 이들은 한 곳에 머물지 않고 두루 편력하면서 숲속에서 수행하고, 시골이나 도시로 가서 가르침을 설하며(遊行), 설법의 보수로 보시된 음식물로 걸식(乞食)생활을 하였는데, 이들은 그 생활의 외형에 따라 유행자(遊行者), 둔세자, 고행자, 걸식자 등으로 불리면서 존칭되었다.[4] 많은 사문들은 걸식과 고행을 통해서 석가모니의 고행을 느끼고, 그들 나름의 깨달음을 추구하였다.

---

2) 길희성, 『인도철학사』, 민음사, 2007, pp.49-50.
3) 위의 책, p.242.
4) 高崎直道 外 3人, 권오민 역, 『인도불교사』, 경서원, 1992, p.33.

정작 고행을 하였던 석가모니는 출가를 결심한 후 자신이 행한 수행이 극단임을 알고 고행을 하지 말라고 하였다. 물론 불경에는 석존이 알라라 칼라마와 웃다카 라마푸타의 가르침을 버리고 고행에 들어갔으며, 마침내 이것마저 버렸다는데 사상적으로는 수정주의의 전변설과 고행주의의 적취설을 극복했다는 의미로 받아들일 수도 있다.5) 전변설은 물론 적취설마저 벗어나도록 하였는데, 석가모니는 고행이야말로 극단의 길로서 정당한 수행이 아님을 알았기 때문이다.

불교의 입장에서 볼 때 고행주의의 반대되는 쾌락주의라는 극단의 사유가 공존해 있었다. 석가모니 시대에 신흥 자유사상가들 사이에서는 자기 나름의 사상을 제시하였으며, 그들은 쾌락주의를 내세우는가 하면 혹은 고행주의를 외쳤는데, 고타마는 그 어느 쪽도 극단의 잘못된 실천법이라고 하여 기존사상과 신흥사상을 종합 지향하게 된다.6) 이처럼 극단의 수행은 쾌락주의라든가 고행주의로서 불교의 바른 수행과는 멀리 떨어져 있었다. 그들의 수행방법에 있어서 극단적인 고행주의와 탄드라 밀교 성격의 탄드리즘에서 보이는 것과 같은 쾌락주의가 극성을 부렸는데, 석가모니는 팔정도라는 중도의 수행만이 성불의 길임을 밝히었다.

따라서 불교에서 고행의 의미는 한갓 허상이라는 것이 지배적이었다. 불교는 브라만교에서 진리에 이르는 길이던 고행조(條)에 대해서도 "진리는 몸을 망쳐가며 형이상학적인 문제에 매달려봐야 얻어질 수 없고 오직 현실을 직시해야 한다"며 무의미한 자해행위로 본다.7) 고행의 허무한 측면을 『수심결』에는 다음과 같이 말한다. "길에 앉아 눕지 아니하며 일종을 행하며 내지 일대장교(一大藏敎)를 다 읽어서 가지가지의 고행을 닦는

---

5) 정순일, 『인도불교사상사』, 운주사, 2005, p.124.
6) 中村 元著, 김용식·박재권 공역, 『인도사상사』, 서광사, 1983, p.63.
7) 세계사신문 편찬위원회, 『세계사신문』1, 사계절출판사, 1999, p.39.

다 할지라도, 마치 모래를 쪄서 밥을 지으려는 것과 같아서 다만 스스로 괴로울 뿐이니 자기의 마음만 알면, 항하의 모래수와 같은 수없는 법문과 한량없는 묘한 의지를 구하지 아니하여도 얻으리니…."[8] 고행의 무상함이 보조국사의『수심결』가르침에 그대로 나타나 있는 것이다.

그럼에도 불구하고 석가 전후의 육사외도(六師外道)들은 고행을 당연하게 받아들이게 되었다. 초기불교를 전후하여 종래로부터 내려온 사상을 보면 정통 바라문계의 수정주의와 불타시대에 성행한 육사외도가 고행주의였음은 잘 아는 사실이다. 육사외도의 4파인 아지타의 유물론에 의하면, 아지타 케샤캄바린은 당시 일부 고행자의 풍습을 따라서 머리털로 만들어진 옷을 걸치고 있었다. 또 우파니샤드 오화이도에서 말하는 신도(神道)라 함은 '오화(五火)'의 가르침을 숲속에서 고행하면서 그 진리를 명상하는 사람의 신비에 대하여 다음과 같이 언급한다. 그가 죽어서 화장할 때에 그 불길의 빛으로 들어가서 낮 하루(一日)에로 들어가고, 그 다음에는 반달(半個月)에로 들어갔다가 다시 태양이 복행하는 여섯 달 동안 여름철로 들어갔다가, 거기서 천계로 갔다가 태양으로 가고, 태양에서 번갯불, 번갯불에서 푸루샤에 의해서 브라흐만에 세계에 들어가서 거기에서 오래 살면서 다시는 이 세상에 돌아와서 태어남이 없는 그런 인생행로를 말한다.[9] 고행에 더하여 수행 세계의 신비로움이 그대로 표출되어 있다.

이처럼 초기종교의 시대에 고행이 뒤따른 것은 고등종교로의 정착이 안 되었기 때문일 것이다. 불교나 기독교 초기의 신비적 고행이 지속되었고, 또 미화되었던 탓도 있다. 즉 기독교의 고행이 있었는데 동굴 고행이 그것이며, 또 고행은 구원받는다는 사고에서 비롯된 것이다. 안토니(초기

---

8) 『修心訣』2章, 長坐不臥, 一食卯齋, 乃至轉讀一大藏敎, 修種種苦行, 如烝沙作飯, 只益 自勞爾, 但識自心, 恒沙法門, 無量妙義, 不求而得.
9) 中村 元著, 김용식 · 박재권 공역,『인도사상사』, 서광사, 1983, p.35.

기독교 수도인)는 단식하며 고독하게 동굴에서 고행하며 20년
(A.D.286~305)을 살았는데, 그 기나긴 항마 성도의 고행을 박차고 하산했
을 때 그는 성자로서 추앙받기에 충분했다.[10] 그를 추앙한 사람들이 있어
사막에는 자그마치 3천여 명이 그의 가르침을 새기며 토굴 수행의 고행을
했다고 전한다. 중세교회는 금식, 고행, 독신생활 등으로 구원받는다고 생
각하였다. 기독교의 고행을 통한 수행은 국가종교가 되어 제도화되고 세
속화되기 시작한 3세기 중엽부터 시작되었으며, 이때부터 기독교 수도원
이 태동하게 되었고 수도원의 인물들은 명상, 금욕, 금식 등 절제생활을
삶의 양식으로 하며 고행의 길을 갔다.[11] 기독교 수행자들은 인도의 요기
처럼 40일 금식과 불면(不眠)의 명상 등 초인적인 능력과 인내의 고행을
하였던 것이다.

요컨대 초기종교시대와 중세의 종교지도자, 그리고 종교적 선각들이
고행을 해왔음은 잘 아는 사실이다. 그러나 오늘날 과거와 같이 고행을
통하여 신비와 이적을 지향하고, 자신의 심신을 극단의 방법으로 고통스
럽게 함으로써 계시를 얻는다든가, 깨달음을 얻는다는 방식은 설득력이
적다고 본다. 종교신앙의 기도와 적공이라는 미명하에 심신의 고통을 유
발하는 고행은 그 방법에 있어서 비합리적이고 비효율적이며, 대중적이지
못하다는 점에서 권면하기에 부적합하다는 사실 때문이다. 고대 신화전승
시대나 초기종교시대에 고행을 통해 깨달음을 얻은 성자들의 경우는 예외
로 하겠지만, 오늘날 시대화된, 생활화된, 대중화된 정법교리를 실천하는
종교 수행자들에게 던지는 화두는 "고행은 과연 필요한 것인가"이다.

---

10) 김용옥, 『도마복음이야기』 1, 통나무, 2008, p.52.
11) 이재영, 「수행과정 공유를 통한 종교간의 대화에 관한 연구」, 『종교교육학연구』 제20
권, 한국종교교육학회, 2005, p.173.

2) 고행과 성자

깨달음을 향한 구도의 성자에 있어서 고행은 어쩌면 필연적으로 다가오는 일인지 모른다. 깨달음에 대한 열망과 종교적 인품 고양에 있어서 오랜 세월 갖은 인내와 고통을 감수해야 하기 때문이다. 석가모니와 소태산의 깨달음을 향한 구도의 고행이 이와 관련된다. 종교는 원리에 앞서 실천을 먼저 생각하며, 고행을 통해서 심신을 단련하여 올바른 길을 행할 수 있는 실천문제를 전개하고 있으니 인도, 중국, 한국 등의 동양사상은 실천을 중심으로 한다.12) 특히 인도나 중국, 한국 등의 성현들은 깨달음을 향한 고행의 여정이 필연적으로 나타났다.

고대 종교적 성자의 흔적에 보이듯이 구도의 고행이 극에 달하는 경우가 있으며, 고행과정에서 심신의 고갈로 생명유지의 어려운 상황에 직면하는 경우도 있다. 알다시피 석가의 고행이 가져다준 결과, 그로서는 몰골이 말이 아니었다. 그의 고행이 간다라 조각상에 그대로 형상화되어 있다. 눈이 쏙 들어간 것이라든가, 온 몸이 힘줄로 둘러져 있고, 갈비뼈가 앙상해 보이며 배는 쏙 들어갔고 수염이 길게 늘어져 있는 등 얼굴에 고통스런 형상이 그대로 표출되어 있다. 고행에 의해 석가모니의 경우 혀가 마르도록 그의 생각을 움켜잡고 짜내고 괴롭힌 것이었다.13) 35세에 깨달음을 얻기까지 그의 고행이 심신을 유지할 수 없을 정도에 극에 달하게 한 것임을 알 수 있다.

원불교를 창립한 교조 소태산의 경우도 마찬가지였다. 7세 때부터 우주 대자연의 변화에 의심을 품기 시작한 그는 산신을 만나려는 몸부림, 자신의 의심을 해결해줄 스승을 찾아나서는 고행, 일상생활이 힘들 정도로 온

---

12) 한종만, 『원불교 대종경 해의』(上), 도서출판 동아시아, 2001, p.353.
13) 칼 야스퍼스 · 헨리 리토머스 著, 황필호 譯, 『소크라테스, 佛陀, 孔子, 예수, 모하메드』, 종로서적, 1994, p.38.

몸에 부스러기가 나서 밥상을 앞에 두고도 입정에 들어버린 일들이며, 어
느 때는 영산의 선진포 부근에서 온종일 의식을 놓은 채 서 있었던 경우,
또 어느 때는 집이 참루하여 빗물이 무릎을 적시되 조금도 감각을 몰랐
다.[14] 고행에서 깨달음에 이르고, 교화방편을 완수하기까지 석가모니의
일생이 8상으로 나타났듯이, 소태산의 일생도 10상으로 나타났던 것이다.
소태산은 26세에 깨달음에 이르기까지 그를 둘러싸고 나타난 굵은 흔적
들은 고행의 단면이었던 것이다.

두 성자의 고행은 깨달음에 이르기까지 지속되었다. 석가모니의 팔상
(八相)과 소태산의 십상(十相)에서 드러난 것처럼 인생의 전반기에 극한
고행 끝에 자신의 깨달음에 이르렀으며, 인생 중후반에는 중생제도와 관
련한 것이었다. 석가모니는 29세에 출가한 후 35세에 보리수하에서 깨달
음에 이르며 45년간 중생제도를 하였다는 측면에서 8상이 거론된다. 도솔
래의상, 비람강생상, 사문유관상, 유성출가상, 설산수도상, 수하항마상,
녹원전법상, 사라쌍수상이 그것이다.[15] 소태산은 26세에 깨달음에 이르
러 53세의 열반에 이르기까지의 자취는 관천기의상, 삼령기원상, 구사고
행상, 강변입정상, 장항대각상, 영산방언상, 혈인법인상, 봉래제법상, 신
룡전법상, 계미열반상이라는 10상으로 나타나 있어서 석가모니의 8상과
유사한 측면이 있다.

종교적 성자로서 겪게 되는 여러 고행의 과정은 견디기 어려운 일이었

---

14) 정산종사, 『불법연구회창건사』 제1편 1회 12년, 제4장 입정 상황, 「일화 1-입정 당시의
   實景」(박정훈 편저, 『한울안 한이치에』, 원불교출판사, 1982, p.194).

15) 兜率來儀相(도솔천에서 흰 코키리 타고 이 세상에 옴), 毘藍降生相(룸비니에서 태어나
   는 상), 四門遊觀相(성의 4대문에서 생로병사를 봄), 踰城出家相(애마를 타고 성을 나
   와 출가), 雪山修道相(6년고행), 樹下降魔相(보리수에서 마군의 항복받고 성도), 鹿苑
   轉法相(최초로 다섯 비구에게 설법), 沙羅雙樹相(사라쌍수 아래에서 열반)(『학원세계
   대백과사전』 16권, 학원출판공사, 1993, pp.306-307參照).

으리라 본다. 석가의 경우 하루에 삼씨(麻) 한 알, 보리(麥) 한 알로 연명
하면서 참기 어려운 고행을 감행함에 그의 몸은 쇠약해지고 피골이 상접
하여 의식마저 혼미해졌다.16) 고행이 극심했던 것을 알고 석가의 부친 정
반왕은 수행자들을 보내 구도의 고행을 하고 있는 석가를 돕도록 하였다.
수행인들은 석가가 전정각산(前正覺山)에서 우유죽을 얻어 마시는 등 6
년간의 고행이 너무 힘들다는 것을 알고, 결국 석가의 곁을 떠나버렸다.

소태산은 삼밭재에 기도하러 다니며 산신을 만나고자 밤을 새우기도
했고 길가에 앉아 날을 보내기도 했으며, 부모는 이를 알고 아들의 애처로
운 구도 고행을 돕기도 하였다. 그의 고행은 지속되어 20세가 넘어서 귀
영바위에서 입정에 들었던 일이며, 절식(節食)도 하고 의식을 다 잊어버
리는 경계까지 들었다는 것은 선진포에서의 깊은 입정상태와 대각한 집에
서의 일이다.17) 이처럼 소태산은 진리의 깨달음이라는 소원을 위해 뜬눈
으로 밤을 보내었고, 온몸에 두드러기가 나기도 하였으며, 고창 연화봉에
서 얼음물에 목욕했으니, 이 같은 고행으로 그의 건강이 악화되는 경우도
있었다. 아들이 구세의 성자임을 예감했던가. 석가의 부친이 수행자를 보
내어 아들을 돕도록 했듯이, 소태산의 부친 역시 손수 아들의 구도 고행을
도왔던 것이다.

3) 고행의 역정役程

종교 수행자들에게 고행이란 기간은 기나긴 역정(役程)과도 같다. 인생
의 생로병사가 고통의 연속이요 고해(苦海) 항로이기 때문이다. 이를 감
안하듯 한용운이 밝힌 석가모니의 고행에 대한 언급이 『조선불교유신론』

16) 中村 元著, 김용식·박재권 공역, 『인도사상사』, 서광사, 1983, p.53.
17) 한종만, 『원불교 대종경 해의』(上), 도서출판 동아시아, 2001, p.278.

에 잘 나타난다. 석가가 이 세상에 출현, 6년에 걸친 고행과 49년의 설법
및 열반과 일상생활에서의 모든 동정(動靜)과 한 말씀과 한 침묵에 이르
기까지 어느 하나가 중생으로 하여금 미혹에서 떠나 깨달음에 이르게 하
려는 뜻이 있었다.[18] 소태산의 경우도 26세 깨달음에 이르고 중생제도를
하다가 53세에 열반할 때까지 고행의 역정을 겪었다. 그는 다음과 같이
술회한다. "내가 어느 때에는 구도의 열의는 불타올랐으나 어찌할 방향을
몰라서 엄동설한 찬방에 이불도 없이 혼자 앉아 '내 이일을 장차 어찌할
꼬'하는 걱정에만 잠겨 있었다."[19] 이처럼 석가모니와 소태산은 일생 동안
깨달음에 이르기까지 갖은 고행이 지속될 수밖에 없었던 것이다. 고행이
가시밭길이었던 점은 성자로 탄생하는 하나의 과정이었기 때문이라 짐작
이 간다.

　여기에서 새겨야 할 것으로, 이들 성자의 고행은 매우 극심한 것이었다
는 점이다. 고행이란 당시 아지비카(Ajivika, 邪命外道)나 자이나교의 사
문들이 즐겨 실천하던 수행법이었는데, 이러한 고행으로 인해 석존은 가
사상태에 빠지기도 했다. 숲 속에서 홀로 인욕(忍辱) 고행을 하면서 이것
이 과연 올바른 수행인가 하는 의심도 생겼지만, 석존은 온갖 공포와 마군
의 유혹을 물리치며 흔들리지 않고 6년 동안 여러 가지 고행을 닦았다.[20]
성자의 탄생에는 고행이라는 이름표가 따라붙듯이 소태산 역시 피골이 상
접하였음은 물론 자신의 심신을 가눌 수 없을 정도가 되었으며, 심각한
병증에도 시달렸다. 주변 사람들은 죽을 전염병에 걸렸다며 소태산을 의
도적으로 피하기도 하였다.

　물론 고행 그 자체만으로 성자들에게 깨달음을 주지는 못한다고 본다.

18) 한용운, 『조선불교유신론』, 1913(이원섭 역, 만해사상연구회), p.13.
19) 『대종경선외록』, 구도고행장 4장.
20) 정순일, 『인도불교사상사』, 운주사, 2005, p.99.

고행은 하나의 과정에 불과한 것으로 깨달음을 향한 구도의 열정이 필요하다는 뜻이다. 석가는 히말라야 산에서 6년간 고행하였다. 겨우 심신을 가누며 연명하면서 참기 어려운 고행을 감행하자 그의 몸은 쇠약해지고 피골이 상접하였다. 의식마저 혼미해졌으나 그가 목적했던 참된 진리를 얻을 수 없었으니, 고행에는 아무런 의의가 없음을 알고 니연선하 강에서 목욕하고 마을의 소녀가 바치는 우유죽으로 마시고 원기를 회복했다.[21] 그런 뒤 부다가야의 보리수 밑에서 명상에 이른지 일주일 만인 그의 나이 35세에 성도하였다. 소태산의 고행도 깨달음에 이르는 과정 속에서 나타난 것이며, 고행 자체가 깨달음에 이르게 하지는 못하였다. 소태산은 26세 때 대각에 이른 후에 자신의 고행이 사실적 도덕의 수행이 아니었음을 알고 제자들에게 이 같은 극단의 고행을 금지하도록 하였다.

4) 고행과 깨달음

고대의 성자 출현에는 역정의 고행이 필연적으로 뒤따랐다. 그러나 고행이 반드시 필요한 것은 아니라는 점이며, 그것은 고행이 대체로 극단적 방법에 해당하기 때문이다. 석가는 고행주의를 극단의 법이라 중단하고, 중도 실천을 강조하였음을 이미 밝혔다. 고행을 대신하여 중도 선정(禪定)의 수행을 지속하였으며, 팔정도의 실천이 이것이다. 당시 수행자들 사이에서는 자기들 나름의 수행방법을 제시하였으니 그들은 쾌락주의라든가 고행주의를 외쳤는데, 석가는 편벽된 극단의 방법을 거부하였다.[22] 석가가 추구한 정사유, 정정진, 정명, 정업 등의 수행은 극단을 벗어난 중도의 수행법이었다.

---

21) 中村 元著, 김용식·박재권 공역, 『인도사상사』, 서광사, 1983, p.53.
22) 같은 책, p.63 참조.

극단의 고행주의를 부정적 시각으로 바라본 것은 소태산도 마찬가지였다. 그는 깨달음에 이르기 전에 겪은 갖은 고행으로 건강을 상하였다. 겨울철에 매양 해수(咳嗽)로 괴로움을 겪었던 것이다. 전세의 습관으로 어렸을 때 발심하여 성심으로 도는 구하였으나 가히 궁금증을 물을 곳이 없었고 지도받을 곳이 없었으므로, 난행고행(難行苦行)을 할 수밖에 없었음을 제자들에게 실토하였다. 밤을 뜬 눈으로 새운 것이라든가, 얼음물에 목욕한 것이라든가, 찬방에서 지낸 것 등이 이러한 고행의 극단이었다. 몸에 병근(病根)이 깊어지고 기혈(氣穴)이 쇠함에 따라 병고는 점점 더해졌던 사실을 제자들에게 상기시키며 다음과 같이 말한다. "그대들은 다행히 나의 경력을 힘입어서 난행고행을 겪지 아니하고도 바로 대승수행의 원만한 법을 알게 되었으니 이것이 그대들의 큰 복이니라."23) 고행의 기억을 새기며 제자들에게 바른 길을 가지 못했을 때의 무상함을 타산지석으로 삼아서 몸을 상하는 일이 없기를 간절히 부촉하였다.

당시에는 일부 기성 종교인들이 수행의 근본정신을 망각하고 신비의 이적에 몰두하여 고행을 지속해왔다. 소태산은 과거에 우리나라, 인도, 중국 등지의 수도인 가운데 어떤 이는 고행을 한답시고 바늘방석에 앉기도 하고 외발로 종일을 서 있기도 하고 뜨거운 불로 살을 지지는 등 여러 고행을 해왔음을 간파한 것이다. 이에 호풍환우나 이산도수와 같은 신비의 행위를 금하고, 평소 일을 부지런히 하면서 자기 분수에 알맞게 평상의 의식주를 수용할 수 있는 수행법24)을 지향했다. 소태산은 고행이라는 극단주의 내지 기행의 신비주의적 방법으로는 앞으로 종교적 사명을 다 할 수 없음을 알고 『정전』「개교의 동기」에서 진리적 종교의 신앙과 사실적 도덕의 훈련으로 낙원세계를 건설하자고 하였다.

---

23) 『대종경』, 수행품 47장.
24) 『대종경』, 서품 16장. 朴吉眞, 『大宗經講義』, 圓光大學校 出版局, 1980, p.63 참조.

고행이 깨달음에 이르는 한 방법이었을지는 몰라도 근본방법이 아니며, 고행 그 자체는 허상임이 주지의 사실이다. 석가모니의 정각과 소태산의 대각은 깨달음이라는 점에서 서로의 공감대가 있다. 다만 석가모니의 경우 인생의 생로병사로부터 비롯되었다면, 소태산의 경우 우주 대자연의 변화로부터 점차 인간세계로 접근되었다. 생로병사의 원리를 터득하고자 고행을 시작한 석가모니, 우주 변화의 원리를 터득하고자 고행을 한 소태산, 이 두 성자는 깨달음의 교법을 펼쳤다는 점에서 정법대도의 주창자들이다. 도를 깨닫고자 하는 기본동기는 달랐으니, 석가모니는 생로병사의 문제를 해결하자는 것이며, 소태산은 "하늘은 왜 푸를까, 바람은 어디에서 부는가"라고 생각하던 화두를 해결하고자 한 것이다.[25] 깨달음의 기본 동인(動因)에 차이가 있었지만 결과적으로 불생불멸의 진리와 인과보응의 원리를 깨친 두 성자는 진리추구의 심법에서 상통하고 있다. 모두가 불법에 근거하여 하화중생·성불제중을 염원하고 자비의 실천을 지상과제로 삼았기 때문이다.

---

25) 황근창, 「물리학과 일원상의 진리」, 창립10주년기념 추계학술회의 ≪원불교 교의 해석과 그 적용≫, 한국원불교학회, 2005.11, p.50 참조.

2. 불법의 연원

1) 도통정신과 교법연원

불법 전수에 있어서 성자들의 이심전심(以心傳心)은 도통(道統)의 사상적 유대를 갖는 주요 방법이다. 소태산은 제자들에게 이심전심의 불맥(佛脈)을 강조하고 불법의 전통적 사유에 접근하여 불맥 도통의 정신에 합류하고 있다. 사실 불교는 이심전심으로 언어와 문자를 떠나서 진리를 가르치며, 그것이 공안이요 화두이다.[26] 사자상승의 불법전수라는 도통정신에는 이처럼 이심전심에 의한 성자혼의 계승이 있어온 것이다.

소태산 대종사를 계승한 정산종사는 「소태산 대종사 비명병서」에서 도통정신을 강조하였다. 그는 자연의 질서를 따라 인간과 만물이 생성 변화한다는 동북아문화권의 사유기반 위에 불교의 도통 전통을 접목하고 있는 것으로 보았다.[27] 본 「비명병서」에서 덧붙이기를, 옛날 영산회상이 열린 후 정법과 상법을 지내고 계법시대에 들어와서 바른 도가 행하지 못하여 삿된 법이 세상에 편만하고, 정신이 세력을 잃고 물질이 천하를 지배하여 생령의 고해가 날로 증심(增深)하였으니 이것이 소태산이 다시 이 세상에 출연하게 된 기연이라 하였다. 성자정신이 사라질 선천의 말미에 새 시대를 계승할 후천의 성자 출현은 불법의 도통정신에 직결되는 것이다.

석가 당시의 정법시대를 지나 불법이 희미해지자 말법시대를 계승할

26) 원불교사상연구원 편, 『숭산논집』, 원광대학교 출판국, 1996, p.56.
27) 이성전, 「선천·후천론과 원불교 팔괘기의 의미」, 『원불교사상과 종교문화』 44집, 원불교사상연구원, 2010, p.59.

후천의 새 성자 출현이라는 도통의 정신이 불법연구회 정기간행물 『회보』
에 밝혀져 있다. 즉 불교에 있어 세존 재세 49년간의 설법으로서 불생불
멸의 진리와 인과의 원칙과 사제, 육도의 수행법 등은 가장 드러나는 일례
에 불과하지마는, 다른 문중에 가서는 실로 한 가지도 그와 방불(彷彿)함
을 얻어보기 어려울 것이며, 이를 바르게 계승할 새 불법이 등장하는
것28)을 정당화하고 있다. 『회보』「회설」에서 불법을 교법의 연원으로 선
포하지 않을 수 없는 이유를 드러내고, 미래시대의 주법으로서 불법을 기
대하며 불교혁신을 강조하였다. 그것은 불교가 미래에 동북아 한반도의
정신세계에 지대한 영향을 줄 것이라는 확신 때문이었다.

　도통의 정신에서 볼 때 유교의 경우, 공자는 '술이부작(述而不作, 『논어』
술이편)'이라고 하여 유학 도통론의 막을 열었으니, 전통적인 제도나 사상
을 계승하는 한편 또 자신의 도덕관으로 그 제도와 사상을 해설하고 있
다.29) 같은 맥락에서 소태산은 앞으로의 교법은 불법에 주체로 한다고 하
면서 원기 4년(1920) 10월 '불법의 선언'을 하였다. 그는 법인기도가 끝난
후에 제자들에게 언급하기를, 이제는 우리가 배우는 것도 부처님의 도덕
이요 후진을 가르치는 것도 또한 부처님의 도덕이니, 제군은 먼저 이 불법
의 대의를 연구하여 자각하여야 할 것이라 하였다. 우리가 배울 것은 물
론 우리가 가르칠 것도 불법이라며, 이 불법을 지속적으로 계승할 도통의
정신을 강조하고 있다.

　그동안 불교는 교조정신이 사라진 관계로 시대의 인심을 따라 전법(傳
法) 교화에 한계가 있었음을 인지한 소태산이었다. 이에 그는 "일체 중생
의 복혜 양로를 인도하기로 할진댄 부득이 이 불법을 주인삼지 않을 수

---

28) 전음광, 『회보』 38호, 1937년 9-10월호(김성철, 「혜산 전음광의 생애와 사상」, 원불교사
　　상연구원 編, 『원불교 인물과 사상』 I , 원불교사상연구원, 2000, p.364 참조).
29) 최영찬, 「유학의 근본정신과 연원」, 『범한철학』 22집, 범한철학회, 2000, pp.90-91.

없으며, 그뿐만 아니라 미래 기십 년이 지내가면 장차 조선의 주교(主敎)
가 될 것이요"[30]라 했으며, 나아가 세계적 주교가 될 것이라 하였다. 그는
'불법의 선언'을 통하여 자신의 포부와 경륜에 따라 불법과 생활이 하나가
되며, 불공법도 시대에 맞는 불공법으로 신앙하여야 한다고 하였다. 이때
교단기록에 나타나듯이 불법의 명호(名號)를 쓰게 하였으니, 도통정신에
어울리게 '불법의 선언'을 발표하면서 새로운 불법으로 교단의 새 방향을
정하게 된 것이다.

2) 무상대도의 불법

교법의 연원을 불법으로 선언한 원기 4년(1920) 겨울, 소태산은 탄생지
영광의 영산(백수면 길룡리)에서 부안으로 거처를 옮기었다. 영산에서 부
안으로 처소를 옮긴 이유로는 교단의 성격을 불교에 근거함과 더불어 교
법을 불법으로 구상, 제정하기 위함이었다. 원기 4년(1919)은 3·1운동이
일어난 해이며, 소태산이 영광에서 부안으로 옮겨간 이후 영광의 초기교
단 조직은 와해된 상태에 있었던 점에서 당시로서는 불교를 통해 교단을
새롭게 조직하는 것이 타당하다는 결론에 도달한 것으로 보인다.[31] 회상
창립에 있어서 부안 봉래정사(석두암)에 머물며 전통불교의 교리와 제도
를 참고하여 불교를 혁신함으로써 교리를 새롭게 구상하려는 의도가 있었
던 것이다. 부안이 그의 십상(十相) 중의 하나인 봉래제법상(蓬萊製法相)
이었던 연유를 알 수 있다.

새로운 교리의 제법(製法)에 있어 소태산이 불법을 연원으로 삼은 이유

---

30) 정산종사, 『불법연구회창건사』 제1편 1회 12년, 제13장 「대종사, 불법에 대한 선언」(박
    정훈 편저, 『한울안 한이치에』, 원불교출판사, 1982, pp.223-224).
31) 신순철, 「불법연구회창건사의 성격」, 김삼룡박사 화갑기념 『한국문화와 원불교사상』,
    원광대학교출판국, 1985, pp.907-908.

는 불교가 다른 종교의 교법과 달리 새 시대의 주법임과 동시에 불법을 무상대도라 보았기 때문이다. 그는 『금강경』을 보고 불법은 무상대도라 하고 석가모니를 연원불로 모시며 불법을 주체삼아 교문을 열어서 새 불교로 천명한 일은 결코 우연한 일이 아니었다.[32] 무상대도(無上大道)란 이보다 더 좋은 교법이 없다는 뜻으로, 타종교의 교리와 달리 불법은 영원 불멸한 진리를 지니고 있으며, 인과보응의 이치에 따라 선도 수행의 정도 (正道)를 지향한다. 서구 기독교는 유일신적 사유에 의한 구원독점의 배 타성이 있으며, 유교는 현실 치세 중심의 종교로서 철학적 성향에 머물 러 있지만, 불법은 삼세인과와 영생의 이치를 밝혔으므로 소태산은 이 불법이야말로 무상대도로 확인한 이상 교법의 주체로 삼고자 하였다.

특히 불법이 대도라고 한 것은 미래 불법의 기대와 다가올 시대의 역사 의식이 함께 한 것으로 보인다. 소태산이 대각한 진리는 어느 종교에 의 존함이 없는 독창성을 가졌는데도 불구하고 모든 교법 중에서 불법이 제 일이라고 보았던 것은, 불법이 무상대도라는 자각적 확신 이외에 미래세 계에 대한 역사철학적 입장이 함께한 안목을 갖추고 있었기 때문이다.[33] 그의 역사의식에 의하면 미래의 불법이야말로 세상을 주도할 교법이며, 그것은 미래를 밝게 투영할 수 있다는 확신과 관련된다. 자신이 불법을 지향하는 것은 미래안적 시각에서 접근하였기 때문이다.

장차 세계적 주법으로서의 불법이 무상대도임을 확신한 소태산은 부모 가 불교신자도 아니고 어린 시절 불교를 다닌 적도 없었지만 영생을 두고 그의 심상에 그려진 것은 불연(佛緣)의 신념과 직관력이었다. 그는 친저

---

32) 김영두, 「소태산 대종사의 불연과 교법정신 조명」, 추계학술대회 ≪소태산 대종사 생 애의 재조명≫, 한국원불교학회, 2003.12, p.8.
33) 류병덕, 「원불교의 불교관-소태산의 불교사상 수용에 관한 일고」, 『한국근대종교사상 사』(숭산박길진박사 고희기념사업회), 원광대학교출판국, 1984, pp.1141-1142.

『정전』 총서편에서 '불교는 무상대도'라 하였으며, 진리적 종교를 개교의
동기에서 밝혔다. 이 진리적 종교를 구현하기 위해 종통교맥을 불법에 댄
것은 역사 철학적 안목에서 자기가 대각한 진리를 밝히려는 의지이자 그
의 직관적 체험에 의한 조명이었다.[34] 『대종경』 서품에 불법을 연원으로
삼은 교단사적인 법어들이 발견된다. 구한말 부처님의 무상대도는 세상에
알려지지 못하고 승려들은 독선기신(獨善其身)의 소승에 떨어졌던 관계
로 한국의 불교는 부처님의 본회(本懷)를 벗어나 있었다(『대종경』, 서품
16장)는 자각의식이 이와 관련된다.

3) 「경축가」와 주체의식

대각 직후에 작사한 것으로 알려진 소태산의 가사 「경축가」에 불교용
어가 자유롭게 드나든 것은 부처님의 본회(本懷)를 음미하고자 하는 그의
심정이 그대로 노정되어 있기 때문이다. 불교용어를 원용한 그의 심정은
불법의 참 깨달음의 경지에서 노닐고 있다는 것과 관련된다. "악도로도
악도로다" "삼세이치 알고보니 자유자재 하여있고" "사생중에 제일이요"
"천상천하 독존일레" 등의 명백한 불교적 요소를 어떻게 설명해야 할지,
대각 후 얼마 되지 않은 시일동안 이상과 같은 불교적 용어에 소태산이
익숙하였던 것이다.[35] 그에 있어서 교법을 불법으로 선언한 후 불교 교리
를 새롭게 새기려는 의지가 「경축가」 가사에 자유롭게 표출되고 있기 때
문이다.

대각의 기쁨 충만과 가사에 불교용어의 등장은 불법에 연원을 둔 소태

34) 류병덕, 「21C의 원불교를 진단한다」, 제21회 원불교사상연구 학술대회 ≪21세기와 원
   불교≫, 원불교사상연구원, 2002.1, pp.8-9.
35) 정순일, 「사은신앙의 형성사적 연구-법신불 사은연구」 1, 『원불교사상』 21집, 원불교사
   상연구원, 1997, pp.344-345.

산의 불법 수용의 의지와 직결되어 있다. 다만 여기에서 불교 용어의 공유에 대한 원불교의 정체성 문제가 대두될 수 있다고 본다. 불법으로 연원을 삼았지만 새롭게 혁신할 교단은 교법과 그 용어 사용의 고유성을 지녀야 하기 때문이다. 불법과 연원의 대의는 충실히 지속하면서도 하나의 새 종교라는 독자적인 입장에서 비약을 모색하고 있는 새 불교가 원불교이며, 하나의 종교와 세계건설을 지향하고 있어서 이제 짧은 역사를 기록한 젊은 종교가 원불교인 점[36]을 드러내고자 하였다. 짧은 역사를 지닌 종교와 수천 년의 역사를 지닌 불교는 다를 수밖에 없으며, 이 때문에 소태산은 노대종교를 있는 그대로 받아들일 수 없었다. 여기에서 원불교의 정체성 문제가 대두되는 것이며, 소태산은 교법을 달리하는 주체의식을 갖지 않을 수 없었던 것이다.

불교 역사의 경우도 전통의 인도종교를 극복하고자 했으며, 이는 원불교가 새 불교로서 고유성을 드려내려는 문제와 크게 다르지 않으리라 본다. 인도에는 이미 브라만교의 윤회설과 수행법이 있었던 점을 참조한다면 불교 역시 새 종교 교리를 지향하고 있다는 점에서 브라만교와의 정체성 문제가 있었을 것이다. 이를테면 우파니샤드 철학에서는 사무색정(四無色定)의 선정(禪定) 공부를 하는데, 불타가 출가해서 브라만교 승려 두 사람에게 배워서 선정을 했던 관계로 불타는 사무색정 중에서 최고 경지인 비상비비상처정(非想非非想處定)까지 이르렀고, 나아가 불교 이전에 윤회설과 좌선법이 있었지만 불교가 이를 수용하였으나 불교를 브라만교라고 하지 않았다.[37] 불교가 인도 브라만교에 대하여 독자적 정체성을 지니고자 했듯이, 원불교 역시 유사한 맥락에서 정체성을 고민하지 않을 수

36) 이공전, 「원불교와 불교의 관계」, ≪院報≫ 제46호, 원불교사상연구원, 1999.12, p.10.
37) 한종만, 「원불교와 불교의 관계」, ≪院報≫ 제46호, 원불교사상연구원, 1999.12, pp.17-18.

없다는 것이다.

　이러한 고민 속에서 원불교는 불법을 연원으로 삼은 점을 숙지, 종교해석학의 시각에서 소태산의 불교관을 재해석하면서 교단의 정체성을 도모해야 한다. 곧 소태산은 불법을 교법의 연원으로 삼고 있다는 점에서 불교관의 체계는 회상관과 교단관 등으로 나누어 볼 수 있으며, 전자는 수용·계승할 불법(교법), 후자는 비판·개혁할 불교(교단)라는 등식이 성립한다.[38] 여기에서 후자의 경우가 원불교의 정체성 확보에 도움이 되리라 본다. 원불교학의 교판적 접근에 의하면 그것이 원불교의 창립에 명분이 되기 때문이다.

　하여튼 불법연구회라든가, 원불교라는 용어에 나타난 이미지는 원불교가 불교를 연원으로 한 것임을 분명히 하고 있다는 점에서 정체성 도모가 용이하지는 않을 것이다. 하지만 불교 명칭에 '원(圓)'자가 더해졌음에 주목하면, 이것은 또한 종래의 불교에 그치는 것이 아님을 짐작케 하며, 원불교에서는 불교사상의 계승을 표방하면서도 다른 한편 그 종래의 불교를 비판한다[39]는 점에서 교판적으로 정체성 확보의 실마리가 풀린다. 특히 종래의 불교가 지닌 제도 등을 낡았다고 비판하는 점은 원불교가 새롭게 창립된 이유라는 것이다. 불교에 연원을 하면서도 '원(일원상)'이라는 것이 소태산이 깨달은 진리의 당체라는 점에서 일단 원불교 고유성이 부각되는 것이다.

　여전히 원불교의 특성을 부각시키는데 한계가 있는 것은 소태산이 불법에 대한 연원을 선포하였다는 점 때문이며, 자연스럽게 원불교는 불교

38) 양은용, 「소태산 대종사의 『조선불교혁신론』과 불교개혁이념」, 『원불교사상과 종교문화』 32집, 원불교사상연구원, 2006, pp.111-112.
39) 윤사순, 「濟度意識에 있어서의 실학적 변용-원불교와 實學」, 『원불교사상』 8집, 원불교사상연구원, 1984, p.279.

의 분파가 아니냐는 지적을 받곤 한다. 하지만 원불교는 전통불교를 종파적으로 수용한 것이 아니라 당시 기성종교의 아노미적 상황에 냉철한 비판적 사유에 더하여 불법을 혁신하려 했다는 점에서 원불교의 정체성 확보는 큰 문제가 없으리라 본다. 소태산의 종교적 · 사상적 연원은 불교 이외의 그 어떤 것도 아니었으나 현장에서 불교를 보는 그의 시각은 전혀 다른 것이었으며, 그는 자신의 고유한 시각과 방법을 통해 불교를 이해하고 해석하였다.[40] 설사 불법에 연원을 두었다고 하더라도 소태산 자신이 깊은 수행을 통한 자수자각(自修自覺)이라는 각적 안목에 의해 새롭게 전개되어야 할 불법을 주체적으로 인식하였다. 이에 새로운 교체(敎體)로서의 회상설립에 의한 교법의 전개는 소태산으로서 당시 암울했던 시대인식과 후천개벽기의 역사적 사명에 의한 것이었으리라 판단된다.

4)「창건사」와 연원불

불법을 연원으로 한 원불교 교체(敎體)를 가늠하려면 정산종사의 역사의식을 새겨볼 필요가 있다. 소태산의 약사라 할 수 있는「불법연구회창건사」는 원불교 역사기록물인『교고총간』5권(원불교정화사, 1973)에 수록되어 있다. 정산종사의 역사적 안목에 의해 기술된「불법연구회창건사」(원기 22년)는 소태산 대종사로부터 감수를 받은 것이며, 이것이 오늘날 원불교 교사(1975)의 근간이 되고 있다.[41] 초기교단사에 있어서 원불교의 위상과 불교와의 관계가 여기에 잘 나타나 있다.

정산종사는「불법연구회창건사」에서 불법에 대한 연원을 자세하기 열거하여 교단의 역사적 의의를 부각시키고자 하였다. 그의「창건사」를 인

---

40) 이민용,「원불교와 불교의 근대성 각성」, 제28회 원불교사상연구 학술대회 ≪개교100년과 원불교문화≫, 원불교사상연구원, 2009.2, p.14.
41) 양현수,「원불교사상연구사」,『원불교70년 정신사』, 성업봉찬회, 1989, pp.795-796.

용하기 이전에 소태산의 발심으로부터 구도과정, 그리고 대각한 경로에서
살펴보면 불교와 인연된 사정은 찾아보기 힘들지만, 「창건사」를 통해 그
근거를 찾아본다면 제6장 「불법에 대한 내정(內定)」을 거론하고 있다.[42]
본 『창건사』에 의하면, 소태산이 아는 바는 옛 성인들이 또한 먼저 알았
다 하고, 그 중에서도 근본적 진리를 밝히기로 하면 불법이 제일이라 하였
으며, 모든 일이 과거 부처님 말씀에 부합된 바가 있으니 내 장차 도문을
열을 때에는 불법으로 주체를 삼겠다(『원불교 교고총간』 권5, p.19)고 하
였다. 소태산은 불법이 자신이 깨달은 내용과 일치함을 알고 불법을 연원
으로 삼아서 만고의 대도정법으로 간주하였던 것이다. 정산종사의 역사의
식에서 교조 소태산의 회상관 및 불법 연원의 의지가 분명하게 서술되고
있다.

원불교가 2세기에 진입한 시점에서 불법을 연원으로 하면서도 교단의
주체의식을 정립하기 위해 교헌개정과 관련한 다양한 토론이 있었다. 특
히 석가모니불을 연원불로 삼은 것에 대한 쟁점이 있었던 것이다. 이러한
문제의 인식을 배경에 놓고 보면, 원불교 교헌 제4조의 "(연원불) 본교는
석가모니불을 연원불로 한다"라는 조항의 존폐 여부에 대한 논의를 전개
함에 있어서 언급해 둘 것은 교헌에 본 조항이 그대로 존속되어야 한다[43]
는 견해가 있다. 원불교가 소태산의 대각을 통해 불법을 지향하고 교단의
미래방향에 있어 불교의 역사적 경험과 성공의 사례로부터 무엇을 배울
수 있을 것인가 하는 점을 고려해야 한다는 것이다.

불교를 연원으로 한 소태산의 근본 의도는 미래에는 불법이 세상을 구

---

42) 류병덕, 「원불교의 불교관-소태산의 불교사상 수용에 관한 일고」, 『한국근대종교사상
    사』(숭산박길진박사 고희기념사업회), 원광대학교출판국, 1984, p.1141.
43) 원익선, 「불법연구회와 원불교의 불교관 연구-원불교 교헌의 연원불 조항과 관련하여-」,
    2014.6.20, p.2(본 논문은 제6차 원불교교헌개정특별위원회 제2회 교헌개정 공개토론
    회에서 발표한 내용이다).

원하는 대도정법이라는 것을 상기하면, 원불교의 연원불을 존속시키지 않는다는 것은 생활불교를 표방한 소태산의 교법정신에서도 바람직하지 않다고 본다. 초기교단 출발의 역사의식에서 볼 때 근래 연원불의 존속 내지 폐지 여부의 문제제기가 아쉽다는 것이다. 원불교가 전혀 불교가 아닌, 한국의 신종교라는 것에 고착된다면 그 같은 문제제기가 가능하겠지만, 원불교가 불법을 연원하고 생활불교를 표방하는 종교라면 연원불의 존속은 지속되어야 한다고 본다.

3. 영산회상

1) 회상의 의미

불교회상과 다른 원불교회상이란 과연 어떤 회상일까. 원불교에서는 교단이라는 용어보다는 '회상'이라는 용어에 더 정감이 간다는 점에서 회상의 개념에 대하여 관심을 갖지 않을 수 없다. 원불교의 성가에도 회상에 관한 가사가 많이 등장한다는데 주목하게 된다. 예컨대 1) 노래 부르세 우리 새 회상, 2) 영산회상 봄소식이, 3) 이 땅에 새 회상이, 4) 부처님 이 회상에, 5) 거룩한 회상에, 6) 우리회상 법고소리와 같은 것 등이다.[44] 성가란 그 종교의 신앙감성과 교화의 방편으로 애용되는 점을 참조한다면 원불교에서 사용하는 회상이라는 용어의 의미가 주목을 끈다.

회상이란 무엇을 의미하는가에 대하여 음미해보도록 한다. 여기에는 크게 세 가지의 의미가 있다.

첫째, 회상은 법회의 모임장소를 말한다. 불교에서 특히 법회의 장소로 영산회상을 거론한다. 그것은 석가모니가 영축산에서 설한 법회모임을 상징하는 것이기 때문이다. 이른바 불교의 탄생지인 인도불교에는 회상과 관련한 여러 용어들이 등장하고 있다. 선종에서는 구상적인 관념의 내용을 강력하게 인상짓기 위해 몹시 자극적인 어구를 사용한다. 교단을 말할 때도 인도인은 '모임(會上)'이라는 뜻의 추상명사인 'sangha'나 'gana'를 사

---

44) 홍윤식, 「정산종사의 새로운 회상관이 갖는 의미」, 제19회 원불교사상연구 학술대회 ≪鼎山宗師의 信仰과 修行≫, 원불교사상연구원, 2000.1, p.5.

용하였다.[45] 어떻든 석가모니가 제자들을 모이게 하여 법을 설한 거룩한 곳을 영산회상이라 하고 있으니, 법회장소가 다름 아닌 회상인 셈이다.

둘째, 회상은 중생구원의 낙원이기도 하다. 회상의 의미가 단지 법회 모임장소로 한정되어 있지만은 않는다는 것이다. 법회장소에 더하여 회상의 참뜻은 영원불멸과 인과응보가 함께 하는 진리 속에서 중생구원을 구원하는 낙원처이다. 『금광명최승왕경(金光明最勝王經)』 제1 「여래수량품」 이나 『관보현보살행법경(觀普賢菩薩行法經)』에서도 회상은 낙원으로서의 여러 모습들을 잘 묘사하고 있어 회상의 참뜻은 구제적 이상세계를 말하는 것이다.[46] 영산회상에 모인 사람들은 모두가 낙원에서 삶을 누리는 참 지혜를 얻으라는 의미이다. 구제의 이상향으로서 불교에서 인도의 영축산이나 원불교에서 한국의 소태산 탄생지인 영광(영산)이 낙원의 근원지라는 것이다.

셋째, 회상은 종교 교단(order)을 의미한다. 물론 원불교에서 교단이란 여러 의미가 담겨 있다. 교단을 지칭하거나 교단과 관계가 깊은, 또는 교단과 유사한 개념을 가진 용어들 중에는 종교, 회상, 도가, 수도문중(修道門中), 교문(宗門), 교중(敎中), 종문(宗門), 도문, 가게, 교회, 못자리판, 기러기떼 등의 표현들이 있다.[47] 전통불교의 교단도 회상이요, 불교를 생활불교로 혁신하고자 출범한 원불교 교단도 회상이다. 원불교에서 교단을 부를 때 도가 내지 회상이라는 말을 많이 사용하는 편이다. '우리회상' '영

---

45) 中村元 著, 金知見 譯, 『中國人의 사유방법』, 까치, 1990, p.31.

46) 불교 『법화경』 제5 「如來壽量品」에 회상이라는 용어가 나오는 바, 영산회상, 낙원, 교단의 모습을 담고 있다. 아승겁에 있어 언제나 영축산 및 다른 住處에 있으면서, 중생이 큰 불에 타고 있을 때 우리 회상은 안온하고 天人이 충만해 있으며 園林諸堂閣과 여러 가지 宝莊嚴이 있고 宝樹花果가 많아 중생의 낙원이다(홍윤식, 「정산종사의 새로운 회상관이 갖는 의미」, 제19회 원불교사상연구 학술대회 ≪鼎山宗師의 信仰과 修行≫, 원불교사상연구원, 2000.1, p.3).

47) 신명교, 「원불교 교단관」, 『원불교사상시론』 1집, 수위단회사무처, 1982, p.19 참조.

산회상'이라는 용어를 사용하면 원불교 교도들에게 이웃종교에 대한 교단의 행정적 의미가 부여된다.

넷째, 회상이란 하나의 신앙을 중심으로 생활하는 공동체를 말한다. 공가(公家), 오가(吾家), 일가(一家) 등의 공동체적 용어는 교단에서 원불교 구성원의 일심단결을 추구하는 신앙적 정서가 들어있다. 다시 말해서 회상이란 말을 요즘말로 표현하면 공동체이며, 1926년에 4기념예법을 제정할 때도 공동생일기념, 공동명절기념, 공동제사기념, 공동환세기념이라 할 정도로 공동체란 말을 많이 강조했다.[48] 원불교 공동체의 성격을 말하면 도덕공동체, 신앙공동체, 교화공동체, 수행공동체라는 의미를 지닌다. 교단은 행정적인 의미가 강조되어 있다면 공동체라는 용어로서의 회상은 도가(道家)의 의미가 강조되어 있다.

2) 회상의 종류

여러 의미를 지니고 있는 회상은 영산회상만이 아니라 여러 회상이 있다. 이를테면 아미타여래에 의한 아미타회상, 미륵여래에 의한 용화회상, 약사여래에 의한 약사유리광회상 등 대승불교에 있어 보살의 구제적 원력의 차이에 따른 많은 다른 회상으로 전개되고 있음을 알 수 있다.[49] 이를 유추하면 불교의 회상에는 다른 표현의 회상들이 있다는 것으로, 원불교에서도 영산회상이 있음을 알 수 있다. 회상의 의미를 불교의 영축산에 한정된 영산회상만이 아니라 불법을 수행하는 회상, 불교를 혁신한 회상 등 여러 측면의 회상이 가능하다는 의미이다. 따라서 불교와 관련된 영축산의 영산회상만이 아니라 영광의 영산회상도 가능한 것이다. 새 시대의

---

48) 박용덕, 「대종사의 공동체 정신2」, ≪원광≫ 제373호, 월간원광사, 2005.9, p.90.
49) 홍윤식, 「정산종사의 새로운 회상관이 갖는 의미」, 제19회 원불교사상연구 학술대회 ≪鼎山宗師의 信仰과 修行≫, 원불교사상연구원, 2000.1, p.3.

불법을 전하는 원불교가 새 회상을 창립한 것에는 생활불교를 지향하는
영산회상인 셈이다.

원불교 회상을 불교와 관련지어 언급한다면 밀교와 유사한 면이 있어
서 흥미를 자아낸다. 홍윤식 교수에 의하면 원불교의 발생이 갖는 불교사
적 위치와 사상사적 위상이 어떤 것이어야 하는가라는 점이 논의되어야
한다며, 그것은 원불교의 새 회상이 갖는 의미를 밝히는데 필요한 일이기
때문이라고 했다. 그는 불교의 발전사를 보면 원시불교시대, 부파불교시
대, 대승불교시대, 밀교시대를 거쳐 오늘에 이르고 있다면서, 밀교시대 이
래의 새로운 전개가 없었는데, 그 이후의 새로운 전개로서 원불교의 발생
이 있게 되었다는 것이다.50) 범불교적 측면에서 원불교를 밀교와 관련시
키는 이유는 우주 법신 대일여래에 대한 불공을 언급한 밀교의 불공관이
원불교의 불공관과 통하는 면이 있기 때문이다.

한편 원불교에서 사용하는 회상의 표현은 다음 몇 가지로 파악된다. ①
세계적 주교가 될 회상, ② 불법을 주체로 삼은 회상, ③ 원시반본하는
시대를 따라 나온 회상, ④ 가장 판이 큰 회상, ⑤ 정법회상, ⑥ 한국을
세계의 정신 지도국으로 만들 회상, ⑦ 중성공회(衆聖共會)의 회상(정산
종사), ⑧ 완전무결한 회상 등으로 표현되어 있다.51) 언급된 여러 회상은
단지 회상의 미사여구가 아니라 소태산의 교법이 세계적 종교로서 역할을
할 수 있다는 신념의 교단을 말하며, 그것은 원불교를 신앙하는 교도들이
교세의 확장과 더불어 성불제중에 전념할 때 가능한 일이다. 원불교가 역
할을 충실히 할 때 위에 언급한 회상이 펼쳐진다는 것이다. 오늘날 침체
되어가고 있는 현장교화의 상황에서 벗어나 정법회상으로의 발돋움이 필

---

50) 위의 논문, pp.5-6. 김영두, 「소태산 대종사의 불연과 교법정신 조명」, 추계학술대회
   ≪소태산 대종사 생애의 재조명≫, 한국원불교학회, 2003.12, p.13.
51) 신명교, 「원불교 교단관」, 『원불교사상시론』 1집, 수위단회사무처, 1982, p.24.

요한 때이다.

정법회상을 주장하는 원불교에서 영산회상이라는 용어를 자주 사용한다. 이에 불교의 영산회상과 원불교의 영산회상은 어떤 관계가 있느냐고 질문할 수 있다. 한 시자가 정산종사에게 다음과 같이 사뢰었다. "우리 회상을 과거 회상의 한 종파로 아는 이가 있나이다." 정산종사는 이에 답하였다. "과거 부처님께서 바라문의 교리를 인순(因循)하신 점이 있고, 예수께서 구약(舊約)을 연원하시었으되 불교나 기독교를 과거의 한 종파라 하지는 않나니라."[52] 같은 영산회상이라는 용어를 사용한다고 해서 원불교를 종파불교로 단정하는 것은 옳지 않다는 것이다. 그는 과거의 교법에 대하여 우리의 교법은 주로 창조하고, 혁신하고, 인용(因用)하였기 때문이라 했다. 불교의 영산회상과 원불교의 영산회상은 용어가 같다고 해도 교단이 엄연히 다르며 시공적 탄생의 차이가 있으므로 정산종사는 불교를 창조, 혁신, 인용한 새 회상이라고 하였다.

종교탄생을 기점으로 볼 때 양대종교의 시공 차이를 감안하여 3천 년 전으로 거슬러 올라간다면, 소태산의 회상은 말법을 지나 새롭게 탄생한 회상이라는 점에서 새 시대의 종교적 사명을 다 해야 할 것이다. 정산종사는 「소태산 대종사 비명병서」에서 다음과 같이 말하고 있다. "옛날 영산회상이 열린 후 정법과 상법을 지내고 계법시대에 들어와서 바른 도가 행하지 못하고 삿된 법이 세상에 편만하며 정신이 세력을 잃고 물질이 천하를 지배하여 생령의 고해가 날로 증심하였나니 이것이 곧 구주(救主)이신 대종사께서 다시 이 세상에 출연하시게 된 기연이다."[53] 소태산의 새 회상 출현이라는 당위성은 계법 곧 말법이라는 시대적 상황에 대응하는 성격을 지닌다. 고해중생을 구제하기 위해서 과거 영산회상을 계승할

---

52) 『정산종사법어』, 경의편 39장.
53) 『정산종사법어』, 기연편 17장.

새로운 영산회상을 탄생시켰다는 정산종사의 언급은 후천개벽기의 주세
불 회상이라는 소태산 대종사 위상을 그대로 드러낸 것이라 본다.

원불교에서 사용하는 회상의 여러 용어 가운데 원불교적 정서를 담은
가장 강력한 용어는 '주세불 회상'이다. 주세불이란 용어는 불교에 거부감
이 있을 수 있으며, 그것은 불교에서 석가모니에 한하여 주세불이라 하고
있기 때문이다. 『원불교 교사』에 의하면 「소태산 대종사 비명병서」를 제
작, 제막함에 즈음하여 새 회상은 새 예법을 실행하기 시작하였고, 정산
종법사가 지은 비문은, 새 회상이 새 세상의 주세 회상임과 대종사는 새
시대의 주세 성자임을 처음으로 금석(金石)에 각(刻)하여 천하에 고한
것[54]이라 했다. 이처럼 주세불 회상의 의미는 정산종사의 대종사 주세불
론과 연계되어 있다. 과거 성자들에 대한 소태산 유일의 주세불론으로 보
기 보다는 새 회상 생활불교의 정체성을 밝히는 측면에서 언급된 것임을
알아야 한다.

3) 생활불교의 회상

불교와 원불교의 회상이란 용어의 공유 속에서 과거의 영산회상에 대
한 오늘의 영산회상을 차별화한 소태산의 의지[55]는 어떻게 이해될 것인
가. 고금을 통하여 정법에서 말법으로 변해버린 시대적 변화가 너무 크다
는 사실에서 새 시대의 민중들이 염원하는 종교여야 한다는 뜻이다. 과거
의 회상은 그 근본요법은 좋지마는 법이 시대에 뒤진 면이 있고, 또한 제
도에 있어서도 사통오달이 되지 못하였으며 미비한 점이 있었지만, 원불
교의 교법은 법과 제도가 원만히 짜였으니 실로 새로운 법이라 할 수 있

---

54) 『원불교 교사』, 제3편 성업의 결실, 제1장 성업봉찬사업, 4. 새 예전의 편성과 보본행사.
55) "우리가 건설할 회상은 과거에도 보지 못하였고 미래에도 보기 어려운 큰 회상이라"
    (『대종경』, 서품 8장).

다56)는 것이다. 과거의 영산회상에 대한 불교 혁신의 변환이 이루어져야 한다는 사실 때문이다. 원불교 성가 「교가」 내용에 '영산회상 봄소식이 다시와 만생령의 자부이신 대종사'라는 언급을 보아도 과거의 영산회상에서 새 시대의 새로운 봄을 맞이하는 영산회상이 요구된다는 것이다.

잘 알다시피 불교에서 『법화경』을 설한 영축산은 석가모니를 교주로 한 영산회상이요, 원불교에서 새로운 교법으로 새 회상을 펼치고자 했으니 이 역시 새 회상으로서의 영산회상이다. 이것은 3천년이라는 시대의 격차에 따라 불교와 원불교의 교단이 다르다는 뜻이다. 전통불교의 회상은 석존이 『법화경』을 설한 마갈타국 왕사성 근처의 영축산에 인연한 영산회상이므로 영산회상은 석존이 회주요, 소태산은 장차 새로운 제도이념을 선포할 회상을 건설하리라는 포부를 밝히고 있으므로 새 회상의 회주는 소태산 대종사이다.57) 전통불교의 영산회상과 생활불교의 영산회상은 교주가 서로 다르기 때문에 불교와 원불교의 관계는 전통불교와 혁신불교의 성격이다. 복음의 전달에 있어 천주교에 대한 개신교처럼 법어의 전달에 있어 불교에 대한 원불교인 셈이다.

여기에서 원불교가 말하는 회상론에는 크게 주세불론과 새 회상론이 같이하고 있다. 원불교를 창립한 소태산은 주세불론이요 원불교는 새 회상론이기 때문이다. 주세불론과 회상론에 대해서는 다양한 견해가 있을 수 있으나, 본질과 현상의 두 가지 입장에서 논의될 수 있는데, 본질론으로서의 법신불 주세불론이야말로 소태산 자신의 본회(本懷)이며 원불교의 정론이라고 본다.58) 그것은 정산종사가 『건국론』을 발표한 뒤, 원기

---

56) 朴吉眞, 『大宗經講義』, 圓光大學校 出版局, 1980, p.13.
57) 양은용, 「소태산 대종사의 『조선불교혁신론』과 불교개혁이념」, 『원불교사상과 종교문화』 32집, 원불교사상연구원, 2006, p.118.
58) 노권용, 「교리도의 교상판석적 고찰」, 『원불교사상과 종교문화』 45집, 원불교사상연구원, 2010, p.262(주13).

38년(1953)에는 소태산 대종사 비명(碑銘)에서 대종사를 주세불로 규정한 것에서 비롯된다. 원불교는 전통불교로부터 생활불교로 혁신하려는 점에서 종교사적으로 새로운 교단의 회상론을 주장하고 있는 것이다. 이는 불교에 대한 원불교의 개혁성을 주도한 것으로 해석된다.

그럼에도 불구하고 소태산은 석가모니를 지고의 성인으로 받들고 대각후 불경을 열람하였다는 점에서 전혀 교법을 달리한 별개의 회상은 아니라 본다. 다만 계승할 회상관과 개혁할 교단관이라는 점에서 차별화가 가능하다고 본다. 소태산의 불교관은 그의 대각 이후 불교와의 구체적인 만남을 통해 접근된다. 즉 『금강경』의 열람이 이루어졌고, 이를 계기로 석존을 성인들 중의 성인으로, 불법을 교법의 연원으로 삼고 있다는 점에서 불교관의 체계는 회상관과 교단관으로 나누어 볼 수 있다.[59] 전자의 회상관은 수용·계승할 불법(교법)이라면 후자의 교단관은 비판·개혁할 교단이라는 논리가 가능하다. 원불교 교단은 영광에서 탄생한 영산회상을 천명, 생활불교로의 개혁이라는 소태산의 의지가 드러나 있기 때문이다.

4) 새 불교로서의 영산회상

소태산은 대각 후 교법의 연원인 전통불교에 대해 강력한 개혁의지를 피력한 결과로서 생활불교를 지향하는데, 원불교 회상은 새 불교의 성격을 지닌다. 즉 원불교는 석가모니를 부처님으로 존숭하면서도 전통불교와 새 회상을 독립하여 혁신 보완함으로써 중생제도의 문을 연 새로운 불교운동을 전개하였는데, 여기에서 교단과 회상이 다른 것으로, 이는 원불교가 새 회상의 새 불법을 말하는 것이다.[60] 따라서 원불교가 새 불교라는

59) 양은용, 「소태산 대종사의 『조선불교혁신론』과 불교개혁이념」, 『원불교사상과 종교문화』 32집, 원불교사상연구원, 2006, pp.111-112.
60) 송천은, 「정산종사의 불교관」, 『원불교사상』 15집, 원불교사상연구원, 1992, p.329.

주장은 전통불교와 회상을 달리한 새로운 불법의 교단임을 말한다. 전통불교의 무상대도 불법을 계승하면서도 일원상을 신앙의 대상으로 삼고, 개혁해야 할 수행방법이나 제도 등은 과감히 개혁함으로써 새로운 불법을 지향하는 새 회상이 원불교라는 것이다.

새 회상으로서 원불교의 출발은 어디에서 비롯되었는가. 소태산 대종사가 탄생한 지명은 영광이다. 그렇다면 우리는 그곳을 영광성지라고 해야 마땅하지만 영광성지라 하지 않고 영산성지라고 한다. 분명 영광회상 혹 영광성지라 해야 할 것이나 영산회상·영산성지라 부르는 이유는 무엇인가. 원불교의 영산회상은 과거 불교의 영산회상과 같은 용어로서 자연스러운 차용(借用)이 이루어지고 있다. 원불교에서 새 회상의 발아지로서 영산성지라는 용어가 사용되고 있는데, 이를테면 ① 대종사 탄생지, ② 대종사 대각지, ③ 새 회상 발상지[61]라는 것이 이것이다. 특히 원불교의 발상지이자 교조 탄생지의 명칭이 영광임에도 불구하고 영광성지라 하지 않고 영산성지라 부르고 있는 점에서, 3천년 전의 불교에 대한 후천개벽의 새 회상으로서 생활불교를 지향하고 있는 셈이다.

원불교의 탄생지로서 영광이라는 용어보다는 영산이라는 용어가 사용되고 있는 점은 불법을 연원한 것에 더하여 불타의 영산회상이 지나고 말법세상이 돌아 왔으니, 다시 새 불법으로 정법회상을 펼쳐야 한다는 사실 때문이다. 소태산 대종사도 영산이라는 용어를 사용하였다. 그가 영산으로부터 봉래정사에 돌아오자 한 제자에게 말하기를 "내가 영산에서 윤선(輪船)으로 이 곳에 올 때에 바다 물을 보니 깊고 넓은지라, 그 물을 낱낱이 되어 보았으며 고기 수도 낱낱이 헤어 보았더니, 그대도 혹 그 수를 알겠는가."[62] 교조는 '영산'이라는 용어를 자연스럽게 사용하고 있음을

---

61) 『辛丑日記』, 1961년 7월 18일(東山文集編纂委員會, 동산문집 II 『진리는 하나 세계도 하나』, 원불교출판사, 1994, p.54).

알 수 있다.

대종사를 계승한 정산종사 역시 영산과 회상이라는 용어를 다음과 같이 사용하고 있다. "우리 회상이 영산에 뿌리박고 신룡에서 꽃피워서 금강에서 열매 맺으리라."⁶³⁾ 본 언급에 나타나듯이 원불교 발아지가 영광이지만, 실제 영산회상이라 호칭되고 있다. 그는 일찍이 경상도에서 구도할 때 간혹 눈을 감으면 원만하신 용모의 큰 스승과 고요한 해변의 풍경이 눈앞에 떠오르니 대종사를 영산에서 뵈었을 때 떠오르던 그 어른이 대종사요 그 강산이 영산이었다(『정산종사법어』, 기연편 6장)는 것이다. 탄생지명이 영광이든 어떻든 간에 새 회상이 영산에 뿌리박고 있으니 영산회상이라 할 수 있다는 것이다.

그럼에도 불고하고 불교 교단의 입장이나 불교학을 전공하는 불자의 경우, 회상론에서 불교와 원불교의 엄밀한 차별화를 주장하는 경우가 있으리라 본다. 원불교에서 말하는 영산회상이라는 용어보다 영광회상이라고 부르기를 원하는 경우가 있을 수 있다는 뜻이다. 이를테면 기왕의 영산회상과 구분하기 위하여 영산회상을 영광회상이라 하였으면 어떨까 하는 생각을 해 본다⁶⁴⁾는 주장이 이것이다. 원불교를 비판하는 입장보다는 원불교의 정체성을 보다 분명히 하려는 뜻에서 이러한 주장을 할 수 있으리라 본다. 불교와 원불교에 대하여 차별화 내지 비판적 시각을 갖는 불교학자의 시각은 이러한 차별적 논리를 설득력 있게 받아들일 것이다.

그러나 원불교와 불교는 이해집단이 아니며, 불법을 신앙하는 종교집

---

62) 『대종경』, 성리품 12장.
63) 정산종사법문과 일화 6 : 52(박용덕, 『금강산의 주인되라』, 원불교출판사, 2003, p.160).
64) 홍윤식, 「정산종사의 새로운 회상관이 갖는 의미」, 제19회 원불교사상연구 학술대회 ≪鼎山宗師의 信仰과 修行≫, 원불교사상연구원, 2000.1, p.5.

단이라는 점에서 불교용어의 공유는 가능하다고 본다. 그것은 천주교와 개신교가 하나님을 공유하는 것과 같은 맥락에서 접근이 가능하기 때문이다. 회상 또는 교단이라고 하는 집단은 정치적·경제적 이해관계에 의해 형성된 집단들과는 완전히 다른 종교라는 독특한 계기를 중심으로 형성된 신앙집단이라는 관점에서 볼 때, 원불교 교단은 불교 개념과 동등 내지 공유의 차원을 형성하고 있다고 봐야 할 것이다.[65] 사업의 영리 곧 이익을 목적으로 삼는 이해집단은 같은 상호(商號)를 쓸 수 없지만, 불법을 신앙하는 종교집단은 영산회상이라는 용어를 공유할 수 있다고 본다. 특히 원불교가 불법을 무상대도라 하는 입장에서 영산회상이라는 용어를 공유하는 것은 별 무리가 없다고 본다.

우리가 자주 사용하는 새 회상으로서 영산회상의 이칭(異稱)으로는 도덕회상, 정법회상, 용화회상 등의 용어가 동원된다. 우선 '도덕회상'이라는 용어가 주목된다. 주산종사는 「인재양성단가」를 지어 단원들에게 부르도록 하였다. "우리 힘 피땀 정성 한데 모아다 우리 도 널리 빛낼 우리 일꾼을, … 이 좋은 도덕회상 인연 없어서 가정 개인 생활 만족했던들."(원기 18년, 『회보』 2호). 소태산은 도덕회상이란 말을 사용하였다. 영산회상에서는 도덕을 배우고 도덕을 실행하는 회상이라는 것으로, 여기에서 도덕의 의미는 일반적으로 말하는 윤리 도덕의 의미라기보다는 원불교의 새 교법을 의미한다고 볼 수 있다. 새 회상으로서 도덕회상이란 정법회상, 용화회상과 같은 맥락에서 접근되며 후천개벽시대를 향도할 입지를 강화하면서 불법의 전파와 깨달음, 나아가 제중사업을 지상과제로 삼아야 할 것이다.

---

65) 신명교, 「원불교 교단관」, 『원불교사상시론』 1집, 수위단회사무처, 1982, p.20.

5) 원시반본의 회상운세

원불교 영산회상의 미래를 밝게 전망하는 내용을 『대종경』「전망품」에서 밝혔으며 그것이 '용화회상'이다.[66] 제자 최도화가 묻기를, 이 세상에 미륵불의 출세와 용화회상의 건설을 목마르게 기다리는 사람이 많으니 미륵불은 어떠한 부처님이며 용화회상은 어떠한 회상인가라고 하였다. 이에 소태산은 미륵불이라 함은 법신불의 진리가 크게 드러나는 것이며, 용화회상이라 함은 크게 밝은 세상이 되는 것이라 했다. 또 제자 장적조가 묻기를, 어느 때 그러한 세계가 돌아오겠느냐고 하자, 지금 차차 되어가고 있다고 하였다. 이어서 제자 정세월이 묻기를, 그 중에도 첫 주인이 누구냐고 하자 하나하나 먼저 깨치는 사람이 주인이 된다고 하였다.

미래를 전망하는 「전망품」의 대체는 미륵불의 '용화회상'이라는 용어로 표현되는 상징성을 지닌다. 여기에서 원불교의 미래관이 발견되며, 원불교 교의(敎義)를 실행에 옮기면 미래의 밝은 세상이 된다는 취지에서 용화회상이라는 용어를 즐겨 사용하였다. 제자 서대원이 묻기를, 미륵불의 시대가 완전히 돌아와서 용화회상이 전반적으로 건설된 시대의 형상은 어떠하느냐고 하였다. 이에 소태산은 그 시대는 인지가 밝아져서 서로서로 생불이 되어 서로 제도하며, 서로 부처의 권능을 가진 줄 알고 집집마다 부처가 살게 되며, 회상을 따로 어느 곳이라고 지정할 것 없이 가는 곳마다 회상 아님이 없을 것[67]이라 했다. 과거 말법시대가 아니라 현재와 미래의 용화회상의 시대는 미륵불이 등장하여 세상을 제도하는 정법시대라는 것이다.

또한 새 회상의 운세가 탄탄할 것이라는 상징적 의미의 '중성공회(衆聖

66) 『대종경』, 전망품 16장.
67) 『대종경』, 전망품 18장.

共會)'의 회상이라는 용어가 등장한다. 소태산은 자신이 다생겁래로 많은 회상을 열어 왔으나 이번 회상이 가장 판이 크고 넓다고 한 것이나, 정산 종사가 원불교 회상을 중성공회의 회상이라 한 점은 바로 원불교 교단의 사명이 과거 모든 종교의 국한과 결점을 극복한 새로운 차원의 종교를 건설함에 있음을 뜻한다.[68] 조전권의 대종사 법어 전언(傳言)에 의하면, 과거에는 모든 성인이 동서 각국에서 태어나 각기 맡은 바 분야만을 따서 법을 폈으나 이 회상은 모든 성인이 한 회상에 모여 모든 법을 통일시키고 원만한 법을 짜서 묵은 세상을 새 세상으로 개혁하는 회상[69]이라고 하였다. 모든 성인이 한 회상에 모여서 새 법으로 중생제도에 진력하는 중성공회의 회상이야말로 회상운세가 탄탄대도라는 뜻이다.

원불교의 운세가 탄탄대로인 점은 불법이 미래의 주법이 될 것이라는 확신에서 거론되는 것이며, 그것이 대도정법의 수월성을 말하는 대도회상이다. 이는 원불교 교법의 수월성과 새 불교로서 새 회상을 창립한 소태산의 주세불적 의미를 지닌 용어이다. 소태산에 의하면, 그 자신이 다생 겁래로 많은 회상을 열어 왔으나 이 회상이 가장 판이 크다(『대종경』, 부촉품 10장)고 하였으니 운세가 한이 없는 회상이라 볼 수 있다. 팔산 김광선은 이에 말한다. "우리 회상은 영겁을 두고 다시 만날 수 없는 대도회상이다. 내가 대종사님을 높이 받들어 모신 것을 깊이 명심하여 자손대대 전무출신 많이 하여 꽃다운 가훈을 천추에 전하여라."[70] 영겁을 두고 다시 만날 수 없는 회상이라 밝힌 팔산의 신념에 찬 회상론은 과거에도 없었고 미래에도 찾아보기 힘든 만고에 없는 회상이라는 것이다. 교단 운세에 대한 확신을 갖는 참 종교인의 자세는 어느 종단이나 공통적인 일이라 본다.

68) 신명교, 「원불교 교단관」, 『원불교사상시론』 1집, 수위단회사무처, 1982, p.27.

69) 박용덕, 『금강산의 주인되라』, 원불교출판사, 2003, p.171.

70) 원불교사상연구원 編, 『원불교 인물과 사상』(Ⅰ), 원불교사상연구원, 2000, p.29.

그러면 소태산이 상정한 회상론의 운세는 어떻게 거론되고 있는가. 그에 의하면 본교는 지나간 회상들과 달라서 자주 있는 회상이 아니요 원시반본하는 시대를 따라서 나는 회상이라 그 운이 한량없다(『대종경』, 전망품 30장)고 하였다. 원시반본이란 원초적 시작인 근본에 되돌아간다는 뜻이며, 교운이 한량없다는 것[71]이다. 원시반본을 시공간적으로 볼 때, 수운과 증산 및 소태산으로 이어진 후천개벽설과 관련됨은 물론 원불교가 5만년 대운의 회상이라는 것이며, 그것은 영원히 지속되는 회상으로 이해할 수 있다. 우주의 진급·강급에 따른 원시반본의 회상으로서 물질개벽에 따른 정신개벽을 주장하는 회상이라는 것이다.

원불교가 원시반본하는 운세의 회상이라는 확신은 소태산 대종사와 정산종사를 계승한 3대종법사 대산종사의 법어집에도 나타난다. 대산종사는 4대종법사로 취임한 좌산종사에게 말하기를, 우리 회상은 일대겁 만에 도래하는 새 회상으로 새 역사를 창조하고 천여래 만보살을 배출하여 창생(蒼生)의 복문을 열어 줄 천명을 부여받은 전무후무한 큰 회상이라 했다. 그리고 또 말하기를 "이 회상이 열린 이 시대는 일대겁 만에 도래하는 천지개벽의 시대, 원시반본하는 시대, 선후천이 교역하는 시대임을 알았으며…"[72]라고 하였다. 교단의 주법으로서 종법사의 양위(讓位) 법어에서 회상 운을 거론하고 있으며, 그것은 교단 운세를 밝게 전망하는 내용이다. 앞으로 원불교는 사명을 갖고 건강한 교세확장과 사회봉사의 종교적 사명을 다할 때 원시반본의 회상 운세는 길이 빛날 것이라 본다.

71) 한종만, 「후천개벽사상」, 제28회 원불교사상연구 학술대회 ≪개교100년과 원불교문화≫, 원불교사상연구원, 2009.2, p.26.
72) 『대산종사법어』, 회상편 57장.

4. 불법연구회

1) 초기교단의 불법연구회

소태산 대종사는 초기교단의 체계를 점차 갖추면서 원기 9년(1924) '불법연구회'라고 명명하였다. 정산종사의 「불법연구회창건사」의 성격을 보면 원불교가 왜 불법연구회라 하였는지를 알 수 있다. 본 「창건사」에 의하면 초기교단으로서의 교단사 정립의 필요성, 민족의식의 결여에 대한 고취의식, 교법의 불교 지향이라는 의미를 부여할 수 있다. 여기에서 교법의 불교 지향이 다름 아닌 정산종사가 본 소태산 대종사의 불법연구회라는 것이다. 「창건사」는 정산종사가 지은 것이지만 소태산 대종사의 친감이 있었던 점에서 교단의 방향은 이미 불교 지향임을 드러내고 있다. 정산종사는 원기 22년(1937) 소태산 대종사의 감정을 받아 창건의 역사를 기록하였으며, 이것은 1975년에 간행한 『원불교 교사』의 근간이 되었다.

'불법연구회'라는 호칭 이전의 상황을 보면, 소태산은 1916년 대각을 이룬 후 교단을 창립, 1917년 '불법연구회기성조합'이라 하였다. 본 기성조합의 호칭은 불법을 주체로 해서 새로운 종교의 선언으로서 미래를 향한 새로운 불법으로서의 원불교를 창교한다는 것이다.[73] 불법연구회 이전의 호칭이었던 '불법연구회기성조합'이라는 용어 자체가 이미 불법을 지향하는 것이었다. 즉 불법연구회이면서 기성조합이라는 두 명칭이 복합되어 있다는 점에서, 당시 교단의 경제적 기초를 위한 저축조합의 성격을 지니

---

73) 한정석, 「조축조합과 방언공사」, 『원불교 70년정신사』, 성업봉찬회, 1989, pp.102-103.

면서도 불법을 연구하는 단체라는 의미가 가미된 것이다.

초기교단의 교체(敎體)를 구상하는 과정에서 소태산은 한때 만법연구회로 칭하고자 하였다. 회명(會名)을 처음에는 만법연구회로 정할까 생각했던 관계로 원기 12년(1927) 펴낸 최초의 교과서『수양연구요론』은 5종의 선서(仙書)를 번역한 것이며, 학인들에게 유서(儒書)를 가르치고 도서(道書)에도 관심을 갖고 열반 연도에 펴낸『불교정전』과『근행법』에는 불서(佛書)를 대폭 수렴하였던 사실을 반조해보지 않을 수 없다. '만법귀일하니 일귀하처오'라는 화두를 연마하면서 만법이 곧 불법으로 돌아감을 직시한 것이다. 교조를 계승한 정산종사도 원(圓)은 곧 만법의 근원이 동시에 또한 만법의 실재라 하면서, 원불(圓佛) 두 글자는 원래 둘이 아닌 진리로서 서로 떠나지 못할 관계가 있는 것이라고 교명의 뜻을 설명하였다.[74] 만법이 불법이어야 함을 소태산의 깨달음에서 볼 때 만법연구회가 불법연구회로 바뀐 교단의 성격을 파악할 수 있다.

원기 4년(1919) 10월은 원불교가 불법을 선언한 날이며, 뒤이어 원기 9년(1924)은 불법연구회라는 이름으로 출범한 역사적인 날이었다. 불법연구회라는 명칭은 1945년 해방이 되기까지 임시명칭으로 사용해 온 것이며, 이 명칭을 창출해낸 것도 일제의 혹심한 감독을 슬기롭게 넘어가기 위한 표현이었고, 연구 집단이라는 인상을 풍기게 한 속셈은 다만 연구에 그치는 것이 아니고 일제의 눈을 피해가면서 하나의 새로운 종교적 창조 집단을 형성하려는 움직임이었기 때문이라는 것이다.[75] 일정(日政) 당시 창립기의 교단으로서 교세의 한계를 인지한 소태산으로서는 한국 신흥종교들을 유사종교로 간주하려는 일제의 날카로운 감시를 벗어나기 위한 고

74)『원불교 교사』, 제2편 회상의 창립, 제5장 교단체제의 완비, 4. 원불교 선포와 교헌반포.
75) 류병덕,「원불교의 불교관 - 소태산의 불교사상 수용에 관한 일고」,『한국근대종교사상사』(숭산박길진박사 고희기념사업회), 원광대학교출판국, 1984, pp.1143-1144.

육지책 가운데 하나였으리라 본다.

2) 불법연구회 창립총회

창립기의 교단에서 원기 9년(1924) 불법연구회를 공식 선언하기까지 교단의 수난이 적지 않았다. 특정사회에 익숙하지 않은 종교단체의 존재가 알려질 때 '도대체 어떤 종교인가'라는 물음이 생기는 경향이 있듯이, 원불교는 일제강점기에 저축조합(1917)과 불법연구회기성조합(1919)을 거쳐 1924년에 불법연구회로 개명했는데 이 과정에서 "불교인가, 불교를 표방한 유사종교인가"라는 물음에 직면한 적이 있다.[76] 그것은 불교·신도·기독교를 종교로 공인하고 신흥종교를 미신으로 간주하던 일제 조선총독부 인사들이 자행한 것으로 그들은 불법연구회가 '불교를 표방한 유사종교단체'라는 인식을 전제한 것이었으니, 과거의 불행을 다시는 반복해서는 안 된다는 것을 상기시켜 주는 교단의 수난사였다.

엄밀히 말해서 1924년 불법연구회 창립 이전의 단계는 불교만이 아니라 모든 종교를 포함한 민간신앙 중심이었다고 볼 수 있다. 소태산이 대각 후에 발표했던 가사의 내용이 이와 관련되며, 최초의 제자를 모으게 된 과정, 최초법어의 내용, 제명바위의 기록과 불법연구회 취지규약에 나타난 본회의 유래, 창립취지 등의 구체적인 분석에서 찾을 수 있는 것이다.[77] 이것은 당시 교단의 신앙이 정립되어가는 과정에 있었다는 사실에 기인한다. 소태산의 창립기 시절, 영감을 드러낸 가사로는 탄식가, 경축가, 권도가, 만장, 전반세계가, 회성곡, 교훈편, 안심곡, 몽각가, 권업가,

---

76) 고병철, 「원불교의 정체성 정치와 위치」, 『원불교사상과 종교문화』 63집, 원불교사상연구원, 2015, pp.98-99.
77) 신순철, 「불법연구회창건사의 성격」, 김삼룡박사 화갑기념 『한국문화와 원불교사상』, 원광대학교출판국, 1985, p.908.

지로가, 낙도가 등이 있다. 특히 「권도가」 중에서 "유도(儒道)로 문을 열고 불법으로 주인삼아 차차차차 알아보니 복혜양족 얻는 법이 이 일 위에 또 있을까"라는 사실을 보면 유불도 3교를 망라한 것이라 할 수 있다.

불법으로 주인 삼는다는 말이 있듯이 원기 9년(1924) 6월 1일, 전북 익산시 마동 소재의 보광사(普光寺)에서 불법연구회 창립총회가 열렸다. 이는 여러 종교단체들이 우후죽순처럼 일어나는 상황에서 '불법'을 중심으로 하여 창립을 천하에 선포하는데 의의가 있었다. 불법의 연원을 통해 불법연구회 창립총회를 개최한 이유는, 일제가 식민통치에 의해 문화통치를 강화하고 각종 종교를 통제하려는 의도가 있었기 때문이다. 이에 소태산은 불법을 중심으로 한 탈(脫) 유사종교를 시도하고 교육운동을 전개하였다.

1920년대 후반기부터 일제가 우리의 민족문화를 말살하려는 정책을 펴자 불법연구회는 일반인들에게는 문자보급운동을 전개하였다. 당시 일간지에서는 「불법연구회의 문자보급운동」이라는 제하(題下)의 소식을 전하였다. "익산군 북일면 신룡리에 있는 불법연구회에서는 종래부터 통학 불가능하는 무산(無産) 아동의 교양을 목적하고 주·야학을 경영하여 이래 우수한 성적을 내어온 바, 금년 겨울 농한기에는 현재 야학아동 70여명을 200명으로 증가시켜 문맹에서 헤매이는 일반 아동을 적극적으로 교양하리라는데 벌써부터 답지한다."[78] 일반인의 기대가 자못 크다고 하였으니, 불법연구회에서는 계몽운동에 더하여 회원들에게는 불법 중심의 훈련을 시도하였다.

회원들의 훈련 터전이 된 익산 소재의 불법연구회는 창립총회를 불교 사찰(보광사)에서 진행하였다는 점이 주목된다. 유교의 향원도 아니고 다

---

78) 〈조선일보〉, 소화 12.10.26, 제5900호(김혜광, 「교육사」, 『원불교 70년정신사』, 성업봉찬회, 1989, p.583).

른 단체의 건물도 아닌 불교사찰에서 총회를 개최하였다는 것은 교법의 연원이 불교라는 것에 있으며, 아울러 교법도 불법을 중심으로 회원들을 교화하려는 소태산의 의지가 스며있다고 볼 수 있다. 영광에서 부안 봉래 정사로 임시거처를 정하여 5년 동안 교법구상으로 시간을 보낸 후 소태산 은 창립총회 장소를 익산으로 정했다. 그곳은 각지의 회원들이 모여들기 쉬운 지역으로 적합하며 창립총회 장소로는 안성맞춤이라, 익산 부근에 있는 조용한 사찰을 찾게 되었으니 보광사[79]가 그곳이었다.

익산에는 보광사 외에도 관음사가 있었다. 관음사(갈산동 32번지)는 일 본사찰이었던 관계로 보광사를 선택하였던 것이다. 보광사는 익산시 마동 (133-27번지)에 위치하여 있으며, 소태산은 1924년 6월 1일(양력)에 이곳 을 방문하여 불법연구회 창립총회를 개최하였으며, 불법연구회 총재로 추 대되었다.[80] 창립총회 개최 후 같은 해 10월 익산의 북일면 신룡리(344-2) 에 교화전법지로서 중앙총부를 건설하였다. 보광사는 교단의 역사가 함께 하고 있는 관계로 성지화하는 작업도 진행되어야 할 것이라 본다.

3) 유사종교와 사필귀정

원기 9년(1924) 불법연구회가 창립총회를 개최한 후, 불법 중심의 교법 을 밝히고 생활불교로서 출발한 점은 소태산 대종사의 대오분상(大悟分 上)과 관련된다. 이는 당시의 시대적 상황으로서 일제 당국에 의한 유사

---

79) 박용덕, 선진열전 1-『오, 사은이시여 나에게 힘을 주소서』, 원불교출판사, 1993, p.337.
80) 이때 채택된 규약은 총칙, 임원, 회의, 회원의 권리 의무 가입 및 탈퇴, 회계 및 기타 등 총 6장 22조로 되어 있는 바, 서무 교무 연구 상조조합 농업 식사 세탁의 7부를 두고, 총재 1인, 회장 1인, 부장 평의원 간사 각 약간인을 두며, 정기총회, 임시총회, 평의원회, 월예회 등 4종의 회의를 두고, 유지는 입회금 年捐金의 연금 농작 식리금 등으로 충용할 것을 규정하였다(『원불교 교사』, 제1편 개벽의 여명, 제5장 교법의 초 안, 제2편 회상의 창립).

종교라는 오해를 벗어나려는 점에 있어서 유리한 측면도 없지 않았을 것이다. 1937년 〈조선일보〉 자매지인 월간『조광』6월호에 「유사종교 소굴 탐방기」란 특집을 게재하였는데, 당시의 기자가 원불교 경성지부에 가서 취재를 하면서 「교주를 생불 삼는 불법연구회 정체」를 기사화하면서 유사종교의 교화 같다고 하였다. 그 기자는 직업적 육감에 "좀 이상한 곳이로구나"라고 생각하고 "불법연구회란 뭐하는 곳이오"[81]라고 물었다. 당시 경성지부에 주재하고 있던 박창기 교무는, 대각을 한 소태산 대종사의 생활불법을 선양하는 곳이라 함으로써 유사종교 취급하려던 기자를 나무라듯 설득하였던 것이다.

당시 불법연구회는 불법 중심으로 교법을 전개한다고 선언했지만, 일정당국은 어떻게든 의도적으로 본 연구회를 유사종교의 굴레를 씌우려 하였다. 이러한 정황은『조광』기자의 「유사종교 소굴 탐방기」에 또 드러난다. 당시 기자가 박창기와의 인터뷰를 통해 불법연구회를 불신하는 듯이 불교와 불법연구회의 차이가 무엇이냐는 질문을 던졌다. 박창기는 이에 당당하게 답하였다. "네, 첫째 사농공상 간에 맘대로 직업을 가지게 하는 것과, 불상 대신에 일원상을 숭배하는 것과, 결혼에 구속이 없다는 것과, 불경 대신에 요지만 가르치는 것과, 교당을 산간에 두지 않은 것이 특색입니다." 이에 기자는 "허허, 그저…"라고 말끝을 흐리며, 회당 내부를 좀 구경시켜 달라고 하여 실지 내부를 샅샅이 뒤져보게 되었다.[82] 사방을 꼼꼼히 둘러본 기자는 불법연구회가 유사종교와 다르게 교화활동을 전개하고 있음을 새롭게 간파하는 계기가 되었다.

---

[81] 당시 박창기가 질문에 응하였으며, 비록 어리지만 다음과 같이 답하였다. "종사님이 불교에 대오각성을 하시고 불법의 진리를 선양하여 불신탐욕을 제하고 정신수양을 하여…"(조선일보 자매지인 월간『朝光』1937년 6월호에 「유사종교 소굴 탐방기」란 특집을 게재함(박용덕,『천하농판』, 도서출판 동남풍, 1999, p.262).
[82] 박용덕,『천하농판』, 도서출판 동남풍, 1999, pp.263-264.

사필귀정(事必歸正)과 같이 당시 여론들은 불법연구회에 대하여 긍정
적으로 바라보았다. 불법연구회를 창립한 이후 정법회상을 인도상의 요법
으로 전개한 생활불교의 건전한 활동상 때문이었다. 『원불교 교사』의 기
록에 의하면 새 회상공개 이후, 일반 사회의 여론은 우호적이고 고무적이
었다는 것이다. 그중 중요한 몇 가지를 들면, 원기 13년(1928) 11월 25일
자 〈동아일보〉에서는 「세상 풍진 벗어나서 담호반(淡湖畔)의 이상적 생
활, 정신수양 사리연구 작업취사의 강령 하에 움직이는 4백 회원, 익산
불법연구회의 특별한 시설」이라는 제목으로 새 회상 탐방기사를 낸 이후,
수년이 흐른 원기 19년(1934) 5월 28일자 일본의 대판 〈조일신문〉이 「불
교의 진리에 입각, 근검 역행을 실천, 동지 5백이 공동생활을 하는 반도의
새 마을」이라는 제목으로 새 회상을 소개하였다.[83] 이어서 원기 20년
(1935) 7월에 조선 총독부가 발간한 조사자료 제 42집에는 본회는 대체로
미신을 타파하고 자연의 원리에 바탕하여, 민주의 근면을 장려한 바 있어
종교적 진흥회로서 의미 있는 활동을 하고 있다고 평가하였다. 불법연구
회는 유사종교와 전혀 달리 종교혁신운동, 종교생활화운동을 전개하고 있
는 것에 대해 긍정적으로 보도한 것이다.

일제 식민지 당국의 갖은 압박과 종교탄압에도 불구하고 불법연구회는
유사종교가 아니라는 것을 확신시킨 것은 사이비 교법이 아니라 불법을
중심으로 한 생활불교의 선언과 실천에 관련된다. 물론 원불교가 전통불
교의 불법을 연원함으로써 탄압을 극복하려는 방편적인 측면도 없지 않았
다. 이를테면 원불교가 불교임을 표방하게 되고 불법연구회라는 이름 아
래 불교의 교의를 원불교 사상에 받아들이게 된 것이 소태산 대종사의
본래 의도라기보다는, 일제 식민지 통치하의 민족종교 탄압에 대한 자구

---

83) 『원불교 교사』, 제2편 회상의 창립, 제3장 교단체제의 형성, 6. 제2회의 교세와 사회여론.

책 수단으로 이루어진 방편이었을 것이라는 견해가 있다.[84] 불법연구회
가 불법 선언을 시도한 것은 물론 불교적 방편만이 아니라 정법신앙으로
서 생활불교를 추구한 소태산의 깨달은 내역과 직결되어 있다는 점을 간
과해서는 안 되리라 본다.

일제의 탄압에 의한 한국종교의 감시 속에서도 소태산은 이에 굴하지
않고 불법의 정법대도를 천명, 정기간행물이나 교서발간을 통해 불교와의
밀접한 관계를 기록하면서 불법의 실제화를 지향하였다. 원기 23년(1938)
이후에 『회보』에 불교관련 소설이나 경해(經解), 법어, 설화, 용어 해설
등의 기사가 증가한 것도 총독부가 항일운동 조직의 근절이라는 목표를
내걸고 있다는 측면에서 보면, 조선인만으로 조직된 불법연구회는 불교를
신봉하는 순수 종교단체임을 강조하기 위한 배려로 보인다.[85] 덧붙여 『회
보』 41호에는 불교관계 기사가 거의 절반을 차지하였으며, 불법연구회의
『근행법』은 불교시보사의 협조를 통해 발행하기도 하였다. 본 저서의 제1
편은 불법연구회의 연혁과 교리, 제2편은 불교요지 등 불교의 중요 교리
를 기록하였으며, 원불교와 불교 교법의 관계가 기록물 속에서 구체화되
었던 것이다.

이처럼 불법연구회는 일제 강점기인 1916년 4월 28일 한국에서 출현한
종교로서의 불법을 연구하는 불교를 표방하였다면, 해방 후에는 원불교
독자적 성격을 강화하면서 불법의 생활화를 추진하였다. 즉 원기 9년
(1924) 창립된 불법연구회 명칭에서도 볼 수 있듯이 원불교는 일제시대에
분명히 불교로 자처하며 불교화의 과정을 거쳤고, 해방 후에는 탈불교화
의 길을 걸어왔다.[86] 불법연구회는 이 같은 일제의 한국침략과 한국의 유

84) 김성관, 「원불교와 재래불교」, ≪院報≫ 제46호, 원불교사상연구원, 1999.12, p.50.
85) 박용덕, 『천하농판』, 도서출판 동남풍, 1999, p.205.
86) 강돈구, 「원불교의 일원상과 교화단」, 『한국종교교단연구』 5집, 한국학중앙연구원 문

사종교 말살정책이라는 구실에 의한 종교탄압에 맞서며 불법을 지향하면
서 불교적 성향을 드러냈다면, 일제의 탄압을 벗어난 해방 직후의 시점부
터는 사필귀정이듯이 원불교 독자적 성향을 띤 불교혁신의 생활불교를 추
구하게 된 것이다.

4) 원불교의 교명선포

해방 2년 전(1943) 소태산 대종사의 열반 직후 그를 계승한 정산종사는
일제의 한국종교 탄압에 의한 황도불교로의 개편 강요를 계속 거부하고
부산 등지에서 은거하던 중 1945년(원기 30) 광복을 맞이하였다. 광복이
되자 정산종사는 귀환전재동포들을 위한 구호사업을 적극적으로 전개하
는 한편, 동년 10월에『건국론』을 저술하여 시국에 대한 소감을 피력함과
더불어 불법연구회라는 임시 간판을 떼어버리고 소태산의 유지를 받들어
당초의 생각대로 '원불교'라고 교명을 확정하였다.[87] 마침내 종법사로서
정산종사는 해방 3년 후 1948년(원기 33) 4월 27일, 원불교라는 교명을
만방에 선포하였다.

구체적으로 1947년(원기 32)은 불법연구회에서 원불교로의 교명을 변
경하자는 교단의 지침이 결정된 해였다. 해를 바꾸어 1948년 1월 16일
정부로부터 재단법인 원불교의 정식인가가 나왔으며, 같은 해 4월 27일
원불교라는 교명 선포식을 갖게 되었으며, 이와 함께 공표된 원불교 교헌
은 비록 교명은 변경되었을지라도 불법연구회의 정신은 그대로 계승하게
되었다.[88] 원불교로 교명이 바뀌었기 때문에 교법의 정체성이나 제도의

전개에 있어서 다른 양상으로 변화될 수도 있지 않을까 하는 우려도 있었을 것이다. 그러나 정산종사는 소태산 대종사의 정신을 계승하고, 해방 후 한국종교의 시대적 변화양상을 감지하면서 원불교가 새롭게 변모해야 할 상황들을 면밀히 진단하였다.

　물론 교단의 명칭에 있어서 불법연구회라고 했을 때와 원불교라는 새 교명을 정하였을 때 이를 바라보는 입장은 다를 수 있는 일이다. 기존의 '불법연구회'라는 명칭이 아무리 혁신불교를 표방하더라도 명칭으로 보아 전통불교의 성향으로 볼 여지가 있다. 하지만 '원불교'라고 명명했을 때 이는 전통불교의 입장에서는 독립된 교단이라고 볼 수밖에 없으며, 그런 점에서 원불교의 교명선포는 혁신불교의 입장에서 한 걸음 더 나아간 것으로 평가할 수 있다.[89] 주목할 것은 교명이 아무리 원불교로 바뀌었다고 해서 불교를 연원종교로 한 점이나, 불법의 주체적 성격을 바꾸었다고 할 수는 없다. 다만 불법의 진리가 새 회상의 정신개벽을 향도하는 새 불교의 성격으로 구체화된 것이다. 정산종사의 교명변경이 교조정신을 계승하면서 후천개벽시대의 생활불교로서 새 불교의 성격을 강화한 것으로 보인다.

　교조의 열반과 더불어 급박했던 해방 전후 난세의 시대적 상황을 잘 극복한 정산종사는 「불법연구회창건사」 머리말에서 전통불교와 원불교를 역사적 사명의식에서 차별화하고 있다. "부처님 회상의 역사를 볼 때에는 불교의 진면을 가히 알 것이며, 우리 대종사 회상의 역사를 볼 때에는 불법연구회의 진면을 또한 알 것이니, 그런즉 본회는 과연 어떠한 사명을 가졌으며, 시대는 과연 어떠한 시대이며, 대종사는 과연 어떠한 어른이며, 법은 과연 어떠한 법이며, 실행 경로는 과연 어떻게 되었으며, 미래에는 과연 어떻게 결실될 것인가를 잘 연구하여야 할 것이니라."[90] 그에 의하

─────

론회에서 발표한 내용이다).
89) 장진영, 「불교와 원불교의 만남」, 『한국불교학』 제61집, 한국불교학회, 2011, p.132.

면 공자 문정(門庭)의 역사를 볼 때에는 유교의 진면을 가히 알 것이라 하면서, 불교와 원불교의 역사적 소명을 차별화함으로써 원불교가 유불도 3교를 섭렵하되 생활불교를 중시한 원불교 독자적 측면을 부각시키고 있다.

90) 정산종사,『불법연구회창건사』「머리말」(박정훈 편저,『한울안 한이치에』, 원불교출판사, 1982, p.181).

5. 불연佛緣과 스님교류

1) 불연의 서원

인간은 사회적 동물인 관계로 아무런 인연도 없이 혼자 살 수는 없으므로 서로 관련을 맺고 살아갈 수밖에 없다. 인연을 맺고 살아간다면 상생선연(善緣)관계여야 할 것이며, 인간은 이성적 존재이기 때문이다. 종교적 측면에서 본다면 성현 곧 부처와의 인연은 상생과 구원의 삶을 위한 숙겁의 염원이 실현되는 기연이라 본다. 『업보차별경』에 의하면, 부처가 설법을 마치자 수가장자(首迦長者)는 일어나 부처에게 예배하고 말하되, 자신의 부친에게도 이러한 법을 한 번 들려 주시와 저의 부친과 일체 중생으로 하여금 길이 안락하게 해달라고 하자 부처는 곧 허락하였다.[91] 중생이 부처와 영생의 불연(佛緣)을 서원으로 맺는 대화가 안락의 정토극락으로 이어지는 계기가 된 것이다.

인간의 복 가운데 성자와 맺은 인연처럼 소중한 복은 그렇게 많지 않을 것이다. 원불교의 종법사를 역임한 좌산종사는 다음과 같이 말하였다. "복 중에는 인연 복이 제일이요 인연 복 중에 으뜸은 불연이다."[92] 그에 의하면 종교 교화는 불연을 맺어주는 일이며, 이는 그 어떤 선물보다도

---

91) 『업보차별경』 32장, 爾時에 世尊이 說此法已하시니 首迦長者- 於如來所에 得淨信心하야 爾時首迦- 頭面禮佛하고 作如是言호대 我今請佛하오니 往舍婆提城하사 到我父所끠 提長者家하사 願令我父及一切衆生이 長夜安樂케하소서 爾時에 世尊이 爲利益故로 黙然受請하시니 爾時首迦- 聞佛所說하고 心大歡喜하야 頂禮而退하니라.
92) 좌산상사, 『교법의 현실구현』, 원불교출판사, 2007, p.142.

가장 큰 공덕이라고 하였다. 자신구원을 위해 불연과 맺는 인연은 큰 선물이라며, 이는 종교사업 중에서 교화가 단연 으뜸이라는 것이다. "불행 중 다행한 우리 동지여, 비하건대 눈먼 봉사가 사방팔방을 더듬거리다가 문고리를 잡은 것과 같이 우리는 죄악의 거리에서 그칠 바를 모르다가 어찌 요행히 대성(大聖) 종사주의 도덕회상을 만나 보고(寶庫)의 열쇠인 삼대력 공부를 알게 되었는가."93) 숙연의 일이 아니고는 종교 교조와의 인연을 통해 구원받을 기회가 없을 것이다. 부처와의 인연으로 불연을 맺는 일은 불법을 정법으로 아는 이들에게 큰 복락이라 본다.

원불교를 창립한 소태산은 숙연의 불연 관계가 소중함을 인지하여 부처를 성인 중의 성인이라며 그를 연원불로 삼았다. 오랜 불연을 암시하듯 어린 시절부터 그의 주변에는 불교와의 인연 흔적들이 있었다. 소태산이 구도시절 5년간이나 산상기도를 올렸던 삼밭재 마당바위 옆에는 속칭 '개미절터'로 불리는 암자 터가 있었고, 개미절터에서 구호동으로 내려오는 계곡에는 구수사로 알려지고 있는 절터가 있었으며, 불갑면 금계리에 자리하고 있는 불갑사 역시 소태산의 초기 포교과정과 밀접한 관련을 가진 불교 유적이다.94) 개미절터, 구수사, 불갑사와 같은 불교 고찰의 흔적이 있었다는 사실은 그의 고향이 오랜 동안 불교과 관련이 있었다는 것을 입증한다.

여기에서 소태산 탄생지와 인연이 있는 구수사를 예로 들어 보자. 대산 종사의 언급에 의하면 "불연지에서 부처님이 나신다. 구수산에도 팔만암자가 있었다"는 것이다.95) 구수사 주변에 팔만 암자가 있었다는 것은 소

93) 「회설-無盡藏의 寶庫와 그 열쇠를 찾아갖자」, 『회보』 54호, 불법연구회, 시창 24년.
94) 박맹수, 「원불교 종교문화유산의 보존 및 활용방안」 소태산사상연구원 학술세미나 ≪근대종교 문화유산의 보존과 전승≫, 한국역사민속학회, 2004.9, p.86.
95) 김영두, 「소태산 대종사의 불연과 교법정신 조명」, 추계학술대회 ≪소태산 대종사 생애의 재조명≫, 한국원불교학회, 2003.12, p.7.

태산의 탄생지를 중심으로 상당수의 사람들이 불교를 신앙하였다는 것을
의미한다. 만약 이것이 사실이라면 이미 사라져버린 수많은 암자들이 있
었을 것이라는 추단이 가능하며, 앞으로 주변의 고찰들을 발굴하는 작업
도 있어야 한다는 것이다. 사실 그의 거주지를 둘러싼 구수산에는 구수사
외에도 수도암, 가야암, 무운암 등이 있었다고 전한다. 불연의 사찰 주변
에 소태산이 출현하여 원불교를 창립한 것도 우연의 일만은 아니라 본다.
숙겁의 세월 속에서 여러 종교 가운데 불법을 무상대도라 하여 불법으로
새 회상을 창립한 소태산의 의지는 삼세를 통한 누겁의 염원이었는지 모
를 일이다.

2) 불갑사와 사찰방문

어린 시절 소태산이 찾았던 불갑사의 한 암자인 용문암도 그의 탄생지
주변의 여러 암자 중 하나이며, 여기에서 불교를 접할 수 있었다고 본다.
그가 불교공부를 할 수 있었던 점은 불갑사 용문암을 자주 드나들었다고
한 단서에서 출발하며, 이 용문암은 삼학리에서 가깝고, 삼학리는 모친
유정천의 이전(첫번 째) 시댁이 있는 곳으로 이런 배경은 그가 용문암과
불갑사로 자연스럽게 연결될 수 있다.[96] 흥미롭게도 소태산은 한 제자를
시켜 불갑사에서 『금강경』을 구해오게 한 후, 본 경전은 꿈에서 보았던
경전이라고 술회하였다.

더욱이 소태산이 백학명을 만난 기연도 주목해야 할 것이며, 당시 백학
명은 불갑사의 한 암자인 해불암(혹은 용문암)에서 면벽선 수행을 하고
있었다. 이때는 소태산이 구사고행을 하던 시기로서 창립제자들과 간척의

96) 이정재, 「소태산의 구사일화 분석과 백학명과의 관계 연구」, 『원불교사상과 종교문화』
44집, 원불교사상연구원, 2014, p.112.

방언공사를 마치고 월명암을 방문하여 스님들과 조우를 한 것이며, 이는 불연 가운데 우연이 아니라 본다. 훗날 백학명과의 소중한 만남은 이러한 불연 속에서 있었기 때문이다.

소태산이 월명암 방문 직전인 원기 4년(1919) 7월에 찾았던 금산사도 주목되는 곳으로서 그는 불교 사찰의 하나인 금산사에서 한동안 머물렀다. 교법을 불법으로 선언하기 직전의 일로서 김제 금산사에 머무르면서 기거숙소인 송대에 일원상을 그려 붙이기도 하였다. 다시 말해서 동년 8월 전북 금산사의 방을 빌려 머물 때 벽상에 일원상을 붓으로 그렸다고 하며, 초기부터 일원상의 진리는 그의 깊은 관심사였기 때문일 것이다.[97] 금산사에 머물고 있던 중 소태산은 김제경찰서에 연행되어 1주일간 구금된 사실이 있었다. 연행의 사유는 자세하지 않으나 용모나 행동이 출중하여 주위 사람들로부터 관심을 불러일으킨 때문으로 보인다. 어느 날 거의 죽어가는 사람을 살려낸 것이 김제경찰서에 보고되었고, 이에 그를 독립운동과 관련된 요주의 인물로 착각한 것이었다.

하여튼 소태산은 꿈에서 보았던 『금강경』을 구한 곳은 영광지역의 불갑사인데, 그가 참고한 『금강경』은 불법의 정수를 담고 있다. 그는 구마라집이 한역한 『금강경』을 보았으며, 또 『금강경오가해』를 보았을 것으로 짐작이 되며, 그의 교리와 법문 가운데 『금강경』의 내용을 직접 혹은 그 내포적 의미를 활용한 것이 여러 군데에서 확인된다.[98] 원불교의 소의경전인 『불조요경』에 본 경전이 편집되어 있으며, 이 『금강경』은 제1 법회인유분(法會因由分)~제32 응화비진분(應化非眞分)까지 구성되어 있

97) 송천은, 「소태산의 일원철학」, 숭산 박길진박사 고희기념 『한국근대종교사상사』, 원광대학교출판국, 1984, p.1084.
98) 김방룡, 「『금강경』과 원불교 사상」, 『원불교사상과 종교문화』 59집, 원불교사상연구원, 2014, p.39.

다. 더욱이 소태산의 친저『불교정전』에 각분의 제목과 함께 현토를 겸한 한문과 한글 번역문이 실려 있는 것이다. 원불교의 불연이 이처럼 불경과 직결되어 있음을 알 수 있다.

3) 백학명 조우와 전법도량

방언공사를 마친 소태산은 잠시 휴양 차 원기 4년(1919) 부안 월명암을 방문하는 계기를 마련하였다. 7월경 소태산은 제자 송규를 그곳에 파견하였으며, 10월 20일에 오창건을 데리고 월명암에 행차하였다. 이때 단원 및 영광 일반신자는 모두 섭섭한 눈물로써 대종사를 전송하였고 21일에 목적지인 월명암에 도착하니 오랫동안 고대한 송규는 환희 용약한 마음으로 배알하였고, 당시 월명암 주지 백학명도 반가이 영접하여 심히 친절하였다.[99] 동년 12월에 임시로 월명암에 머물면서 소태산은 인근 거처를 마련하였으며, 그곳은 월명암에서 조금 떨어진 실상사였다. 불교사찰인 실상사의 실상초당에서 잠시 기거하였던 것이다.

실상초당의 임시 거처에서 몇 달 기거한 후 거처가 협소하자 실상사 옆에 있는 곳에 석두암을 지어 여기에서 5년 동안 머무르게 된다. 석두암에 거처를 마련하기 직전, 월명암에 잠시 머물면서 소태산은 자신의 수제자인 정산을 월명암에 의탁시킨 일이 있다. 월명암 주지 백학명(1867~1929)에게 의탁시킨 정산종사로 하여금 불경을 보지 말도록 당부한 것은 당시 정황으로 보아, 신의(信義)에 관한 사항이라기보다는 교리강령과 교서찬술에 관한 뚜렷한 관점을 상호 공유한 가운데, 불교의 번쇄한 교학이론에 집착하는 것을 경계한 것으로 생각된다.[100] 그 자신도 불교 인연들과 교

99) 정산종사,『불법연구회창건사』제1편 1회 12년, 제14장「대종사의 봉래산 수양과 본회의 準備工作」(박정훈 편저,『한울안 한이치에』, 원불교출판사, 1982, pp.224-225).
100) 양은용,「수양연구요론의 구조와 성격」,『원불교사상』14집, 원불교사상연구원, 1991,

류함은 물론 정산 수제자를 불교사찰에 머물게 함으로써 불교와 교류의 폭을 넓히도록 한 것이다.

소태산이 정산을 불교의 암자인 월명암에 기거시킴과 더불어 자신도 승려들과의 교류를 지속한 이유는 새 시대의 새 회상을 펼 불법구상 때문 이었다. 그는 석두암에 머물면서 안으로 교법제정에 분망하였다. 소태산 은 스스로 석두거사라 칭하며 석두암에 거주하면서 밖으로 승려들과 교제 하며 재래사원의 법도를 일일이 청취하고, 안으로 월명암에서 돌아온 정 산종사와 새로 출가한 주산종사 등을 데리고 새 회상의 첫 교서 초안에 분망하니 『조선불교혁신론』과 『수양연구요론』 등이 차례로 초안되었 다.[101] 석두암에 머물며 새 회상의 교리구상에 몰두하던 중 많은 제자들 이 모여들자, 석두암의 거처가 협소함을 알게 되었다.

5년여 동안 변산 석두암에 머물면서 소태산은 수많은 성리법문을 쏟아 냈다. 불교에서는 화두와도 같은 것으로, 깨달음의 구체적인 방법이 곧 성리였던 것이다. 원불교 주요 교서인 『대종경』 15품 중에서 「성리품」이 차지하는 비중이 큰 것은 진리의 깨달음에 있어서 성리연마가 필수적이라 는 사실 때문이다. 그는 여기에서 교류를 지속해오던 백학명 선사와 주고 받은 성리법어가 있다. 하루는 학명선사가 글 한 수를 지어 보내기를 "투 천산절정(透天山絶頂)이여, 귀해수성파(歸海水成波)로다. 불각회신로(不 覺回身路)하여, 석두의작가(石頭倚作家)로다" 한지라, 대종사 화답하여 보내기를 "절정천진수(絶頂天眞秀)요, 대해천진파(大海天眞波)로다. 부각 회신로(復覺回身路)하니, 고로석두가(高露石頭家)로다"[102]라고 하였다.

---

pp.333-334.

101) 李空田, 「蓬萊制法과 益山總部 建設」, 『圓佛敎七十年精神史』, 聖業奉贊會, 1989, p.170.

102) 『대종경』, 성리품 19장.

소태산과 학명의 불연으로서 심회가 그대로 드러나 있다.

본 성리법어를 해석하면 다음과 같다. "하늘을 뚫는 듯한 산의 절정이여, 바다에 돌아가 물결을 이루도다. 몸 돌이킬 길을 깨닫지 못하여, 석두암에 머물러 있도다"(백학명). "산의 절정은 그대로 천진하게 빼어나 있고, 큰 바닷물도 천진 그대로의 물결이로다. 내가 다시 몸 돌이킬 길을 깨달았으니, 석두가가 높이 드러났도다"(소태산). 소태산은 그의 장대한 포부를 유감없이 드러냄으로써 학명스님의 안타까워하는 마음을 침잠시키고 있다.

월명암의 주지 백학명 스님과의 불연으로 5년 동안 머물렀던 장소 석두암이 많은 제자들의 접견으로 협소하여지자 제자들은 소태산에게 하산을 권유하였다. 이때가 원기 8년(1923) 6월이며, 제자 서중안이 부인 정세월과 함께 다시 봉래정사(석두암)에 와서 사뢰기를 "이곳은 길이 험난하여 교통이 불편하고 장소가 협착하오니 마땅히 교통과 장소가 편리한 곳을 택하여, 모든 사람의 앞길을 널리 열어주심이 시대의 급무일까 하나이다"라며 대종사의 하산을 지성으로 간청하였다.[103] 새 회상 터전의 물색을 위해 하산을 결심한 소태산은 백학명 주지에게 이러한 사실을 알리자 주지는 정읍 내장사 일부를 빌려주겠다고 하였다. 이에 소태산은 사찰이 공유지이기 때문에 어찌 한 두 사람의 생각대로 되리요마는 될 수만 있다면 불교계에 많은 서광이 될 것이라 했다. 하지만 교화의 임시 전법지로서 내장사가 적합할지에 대한 충분한 논의가 있기 이전에, 또 그곳 승려들의 반대가 있었다.

정읍 내장사에 중앙총부를 세울까 했던 계획에 대하여 좀 더 언급해 본다. 원기 8년(1923) 소태산은 봉래정사에서 도반의 관계 속에 있는 월

---

103) 『원불교 교사』, 제1편 개벽의 여명, 제5장 교법의 초안, 5. 회상공개의 준비.

명암 주지 백학명 스님에게 본회 창립에 대한 취지를 언급하였다. 이에
학명스님은 "내가 이미 전자로부터 선생님의 경영하신 바를 잘 아는지라,
나도 또한 내장사로 가게 된 원인이 선생의 취지에 동감한 바 있으므로
그곳을 가게 되었으니 불법연구회의 장소는 그곳에다 정하여 주시면, 그
곳 원적암은 선생의 주소로 정하시고 고내장(古內臟)에다는 선원 및 강원
을 설립하여 모든 학인과 선원을 양성하고, 그 학인과 선원으로 하여금
선생님이 말씀하신 주작야선(晝作夜禪) 영육쌍전을 장려하여 월조암(月
照庵) 전면에다 호수를 막아 저수지를 만들고, 그 밑에 초생지에다가는
수전(水田)을 만들면 근 백여 두락이 될 것이며…"[104]라고 하였다. 세부
적으로 정읍 내장사에 불법연구회 총부를 설립할 것을 친절하게 전하였
다. 이에 소태산은 내장사에 총부 부지를 설립할 것에 대하여 설명해준
학명스님에게 감사함을 표하였다.

　학명스님의 친절하고도 구체적인 제언에 대하여 소태산은 그의 제언이
그럴 듯하다고 하면서 신중한 입장에서 말하기를, 내장사로 말하면 개인
소유가 아니라 공유물이 되었으니 어찌 한 두 사람의 생각으로만 단정할
수 없지 않느냐고 하였다. 하지만 가능하다면 "미래 불교계에 많은 서광
이 될 것이라"고 하면서 송규 김광선 오창건 이동안 이준경 등을 내장사
학명스님에게로 먼저 가보라고 하였다. 원기 9년(1924) 2월에 소태산은

---

104) "내장사 부근의 山板에다가는 柿木 栗木 幾萬 주를 植付하여 후일 인재양성의 기금을
　　삼고, 현재 寺中 賭租 백여석을 받아서는 本山에 幾十석을 주고 그 餘條와 현재 수입
　　되는 시목에서 나오는 것이 매년 不小하여 불공 시주 등을 합해보면 우선 기십 명의
　　선원 양식은 될 것이니 그대로 사용하고, 그 후에는 선생이 만들어 놓으신 영광 길룡리
　　간석지 방언답이 완전케 되면 근 200석이 되겠다 하니 장차에는 그도 또한 합류할 것
　　이며, 또는 초생지 作畓에서 근 100석이나 나올 것이며, 또는 寺中 山田 이용하는 데에
　　도 기십 석이 나올 것이니, 이대로 차차 주선해가면 장차에는 기백 명의 인재라도 양성
　　하게 될 것이니, 그대로 알으시고 바로 내장사로 오시라"(정산종사, 『불법연구회창건
　　사』 제1편 1회 12년, 제15장)「본회의 창립」).

봉래정사에서 내장사에 이르러 학명 스님과 앞서 보낸 송규 등 5제자를 반가이 만나보고 총부건설에 대한 일을 토의하였다. 산중 승려들의 반대로 스님의 심신이 불안 중에 있다는 것을 알고서 여러 방면으로 스님의 마음을 안심케 하고 제자들을 데리고 내장사를 출발, 서울에 행가하여 한 달 정도 지내면서 서울교당을 발기하고 전주에 행가하여 불법연구회 창립총회를 준비하였다.105) 소태산은 학명스님의 총부부지 선약에 대한 감사의 표출과 현재 스님들의 반대를 인지하여 정읍 내장사 부지에 불법연구회 설립은 없던 일로 하였으며, 동년 익산군 북일면 신룡리에 원불교중앙총부를 건립하였다.

원기 9년(1924), 소태산은 익산에 새 회상을 설립, 불법연구회라 함으로써 불교와의 관계를 돈독히 하려는 의지가 있었다. 다시 말해서 초기교단의 전개과정에서부터 '불법연구회'라고 명명한 것은 불법을 중심으로 한 신앙, 나아가 소태산의 불교 스님들과 깊은 인연을 맺은 데서 비롯된 부분이 적지 않은 것이다. 소태산과 돈독히 인연을 맺었던 학명스님은 원기 13년(1928)에 익산의 중앙총부를 방문하였다. 당시 무진(戊辰) 총회를 앞두고 교단이 분주히 움직일 때에 변산 회상의 지우(知友) 학명스님은 한차례 총부를 다녀갔던 것이다.106) 학명스님이 소태산보다 24세나 연상이었으나, 소태산과의 두터운 도반의 사이였던 관계로 익산총부를 예의 방문했던 것으로 본다.

한편 학명과의 만남이라는 직접적 인연에 대하여 소태산의 불교혁신과 관련한 간접적 인연은 한용운과 백용성 등이다. 사실 학명스님과 소태산은 한용운이 쓴『불교대전』과 관련하여 교감한 바 있다. 왜냐하면 소태산

---

105) 李空田,「蓬萊制法과 益山總部 建設」,『圓佛敎七十年精神史』, 聖業奉贊會, 1989, pp.173-174.
106) 위의 책, p.178.

이 학명을 만나 출간된 지 얼마 되지 않은 『불교대전』을 선물로 받았을 것이다. 한용운의 『불교대전』은 불교의 혁신과 불교의 대중화를 꾀했던 소태산과 학명의 견해에 있어서 서로 일치하는 바가 많았기 때문이다. 이를테면 당시 백용성의 대각교를 통한 불교의 대중화, 한용운의 유신론을 통한 혁신, 학명의 반농반선의 불교실천 등은 소태산의 불교혁신론과 맥을 같이한다.[107] 구한말 조선불교가 역할을 충실히 할 수 없었던 관계로 불교혁신에 대한 의지를 불태웠던 소태산, 백학명, 한용운, 백용성은 새 시대의 불법은 생활지향적인 방향으로 나아가야 한다는 점에서 매우 근접해 있었음을 알 수 있다.

4) 『불교정전』 편찬과 김태흡

불교 스님들과 교류가 지속되는 가운데 소태산은 김태흡 스님을 만나게 된다. 이때 시국의 상황이 일제 식민지 하에 있었기 때문에 원불교는 교단 현안의 수행에 애로가 많았다. 마침 김태흡 스님이 시국 강연회를 한다고 익산에 내려왔다가 원불교 중앙총부에 들렀다. 김태흡 스님이 총부에 와서 소태산을 뵙고는 "아, 많은 스님들을 뵈었지만 대종사님에 비할 사람은 없었습니다. 대종사님을 뵈오니 엄동설한에 따뜻한 방에 앉은 기분입니다"라고 하며 대종사 인품에 찬탄을 하며 협조하려 한 것이다.[108] 오랜 불연의 사이였던 것처럼 둘의 만남은 이처럼 자연스럽게 이루어졌다.

김태흡 스님이 원불교를 방문하던 때는 소태산의 열반 얼마 전의 시기로서 교법을 펼 경전의 발간이라는 중대한 과업이 남아있었다. 원기 25년

---

107) 이정재, 「소태산의 구사일화 분석과 백학명과의 관계 연구」, 『원불교사상과 종교문화』 44집, 원불교사상연구원, 2014, p.112.
108) 박장식, 「장차 세계적 종교가 될 터이니」, 대산종사 추모문집1 『조불불사 대산여래』, 원광사, 2008, pp.63-65.

(1940) 9월부터 소태산은 제자들에게 명하여 초기교서들을 통일 수정케
하고, 27년(1942)부터는 그 편찬을 재촉함과 동시에 인쇄에 부치라 하였
다. "때가 급하여 이제 만전(萬全)을 다하지는 못하였으나, 나의 일생 포
부와 경륜이 그 대요는 이 한 권에 거의 표현되어 있나니, 삼가 받아 가져
서, 말로 배우고 몸으로 실행하고 마음으로 증득하여, 이 법이 후세만대에
길이 전하게 하라."[109] 그러나 교단으로서는 일제의 탄압을 받던 터였기
때문에 교서를 인쇄에 부칠 수 있는 상황이 아니었다. 일제 당국의 출판
허가가 지연되고 있었던 것이며, 당시 교단을 돕기로 하였던 불교시보사
사장 김태흡 스님의 협조와 스님 명의로 허가를 얻어 28년(1943) 3월에야
인쇄를 부치게 되었으며, 마침내 동년 8월에 발행되었다.

　당시『불교정전』의 발간이라는 교단사를 회상하듯 박장식 교무는 다음
과 같이 회고하였다. "모든 성현들이 당대에 경전을 편찬한 분이 안 계신
다. 대종사님은『정전』출간의 길이 막혀 궁지에 처했을 때 뜻하지 않은
김태흡 스님과의 만남으로 그 어려운 작업을 수행할 수 있었다."[110] 스님
과의 교류를 통해 방편적 도움을 얻음과 더불어 만대의 경전으로서『불교
정전』의 발간이라는 중대사를 성취하였던 것이다. 불교의 스님들과의 교
류가 적지 않았는데, 그 가운데 상야 스님과의 인연도 있었으며, 이러한
불연의 인연으로 교단사의 어려운 난관을 극복하는데 도움이 컸다는 것은
다 아는 사실이다.

　『불교정전』의 발간 후 소태산이 열반하자 발인식 때 김태흡 스님이 중
앙총부에 내왕하여 발인식 주례를 맡았고, 시내 승려들을 동원하였다. 이
때 발인식 상황을 살펴보면 1943년 6월 6일 오전 10시, 총부 대각전에서
각지의 수천 대중과 불교연맹 이리7종(宗) 승려들이 참석한 가운데 장엄

109)『원불교 교사』, 제2편 회상의 창립, 제4장 끼쳐주신 법등, 3. 불교정전의 편수 발간.
110) 박장식,『평화의 염원』, 원불교출판사, 2005, p.100.

한 영결식을 거행하였고, 종재에는 총독부 고관들의 존경을 받던 일본 명
승 상야순영(上野舜穎)이 참석하여 설법 중 흐느낌을 금치 못하였다.111)
소태산이 생전에 만났던 불연들을 극진히 대접하였기 때문이기도 하다.
한 승려가 왔는데 소태산이 친히 응접을 하며 화장실까지 안내하므로 시
자가 "그렇게까지 하실 것 뭐 있습니까"라고 하니, "응, 그래야 한다"고
하며 끝까지 친절히 대하셨는데, 그 승려가 돌아가서는 "과연 생불님이더
라"고 하였다.112) 숙겁의 인연으로 만난 소태산과 스님들의 교류는 불법
을 연원으로 한 사실 때문이기도 하다. 불연으로서 불사에 동참한 스님들
과의 인적 교류는 정법대도의 구현이라는 소태산의 경륜과 포부에 맞아떨
어지는 일이었다.

---

111)『원불교 교사』, 제2편 회상의 창립, 제4장 끼쳐주신 법등, 4. 대종사의 열반과 정산종
    법사 추대.
112)『대산종사법문』 3집, 신성편 3장.

6. 불교서적의 열람

1) 깨달음과 경전열람

진리에 대한 깨달음은 그 내역의 객관성 확보와 지혜로의 활용이 필요하다. 소태산은 26세(1916)에 깨달음을 얻고 자신이 깨달은 진리의 내역을 확인해 보고자 이웃종교의 경전들을 열람하였다. 동년 4월 28일 대각을 이룬 소태산은 깨달은 바를 확인하기 위해 과거 성현들이 내놓은 경전들을 열람하였던 것이다.[113] 여러 경전들을 열람하고자 한 것은 자신이 깨달은 진리가 과거 성현들이 깨달은 진리와 어떠한 관련이 있을 것인가를 알기 위함이었다. 대각 후에 열람한 경전들이 대부분 선성(先聖)들의 경전이었다는 사실에서 자신이 깨달은 내역과 서로 통한다는 것을 확인하려는 의도가 있었기 때문이다.

소태산이 대각한 후에 열람한 경서들은 이웃종교의 경서류였던 것은 잘 아는 사실이다. 이를테면 유교의 사서와『소학』, 불교의『금강경』,『선요』, 한용운의『불교대전』,『팔상록』, 도교의『음부경』,『옥추경』, 동학의『동경대전』및『가사』, 기독교의『구약』,『신약』등이다. 이웃종교의 주요 경전은 물론 불교혁신론자의 서적 등도 참조하였으며, 신종교의 경전에 더하여 서구의 기독교 성경도 열람하였다. 그의 유불도 3교의 통합 활용 정신에 부합했던 관계로 이웃종교의 경전들은 자연스럽게 읽혀졌으리라 본다.

---

113) 김정용,『생불님의 함박웃음』, 원불교출판사, 2010, p.16.

우선 소태산이 깨달은 내역의 핵심은 불교 교리와 밀접하였다는 사실에서 그가 참조한 불교 경전들은 무엇인가를 살펴보도록 한다. 그가 본 불경들은 『금강경』, 『선요』, 『불교대전』, 『팔상록』 등이었다. 이 불전들은 소태산 당시 한국 불교사원에서 광범위하게 읽히는 일반적인 불교 문헌들이었으니, 그는 정통적인 경전 해석이나 종파적인 이해에 대한 관심보다는 오히려 불교를 일상성 속에서 이해하고 실천하는 일에 더 관심을 두었다.114) 여기에는 부처님의 법어가 담긴 불경과 더불어 당시 불교 혁신가의 저서들도 포함되어 있었다는 점에서, 불타 법어의 요해는 물론 불교혁신의 의지에서 이웃경전들 가운데 불교경서에 대한 관심은 우선이었으리라 본다.

깨달음을 얻은 이후 소태산이 읽은 불교 경전류는 네 종류에 해당하며, 그것은 『금강경』, 『팔상록』, 『선요』, 『불교대전』으로 이 경전들의 특성은 무엇인가를 살펴보도록 한다. 『팔상록』은 불교에 입문하면서 자연적으로 접하게 되는 책으로 불교를 전문적으로 공부하는 자에게 부교재에 해당된다면, 『선요』와 『금강경』은 주교재에 해당된다.115) 『팔상록』은 저자 미상으로 석가모니불의 탄생과 득도, 전법, 열반 등을 팔상(八相)으로 기록한 일대기이다. 그리고 『선요』는 선(禪)의 요체를 소개한 책으로, 고봉스님이 십 수 년간 법을 설했던 것을 시자가 기록하고 직옹이 편집한 것이다. 이웃종교의 경전은 물론 불교경서의 열람으로 인하여 소태산은 스스로 깨달은 새 불법을 전하고자 하는 의지를 드러낸 것으로 보인다.

---

114) 이민용, 「원불교와 불교의 근대성 각성」, 제28회 원불교사상연구 학술대회 ≪개교100
    년과 원불교문화≫, 원불교사상연구원, 2009.2, p.13.
115) 이정재, 「소태산의 구사일화 분석과 백학명과의 관계 연구」, 『원불교사상과 종교문화』
    44집, 원불교사상연구원, 2014, p.109.

2) 꿈에서 본 『금강경』

각종 경전의 열람 가운데 주목하고자 하는 것은 소태산이 가장 감동을 받은 경전이 무엇이냐는 것이다. 그것은 그로 하여금 깨달음의 내역 그리고 교체(敎體)의 성격과 상통할 수 있다는 점에서 흥미를 가져다주기에 충분하다. 소태산이 깨달은 환희심에서 처음 읽어본 경전으로서, 불교와 구체적인 연원불 설정의 계기를 밝힌 자료로서 『금강경』은 대승경전 성립의 육성취(六成就)에 의해서 보면 불교 교법체계가 갖추어진 석존 만년의 설법으로 상정되어 있다.116) 『금강경』은 설법처가 바라문교의 근거지인 코살라국 사위성이라 전해지고 있으며, 청법 대중의 하나로서 바라문교 출신인 장로 수보리에게 설해진 내용이 바로 불교의 공(空)사상이다.

무엇보다 불경으로서 소태산이 가장 감동적으로 읽은 경전이 『금강경』이라는 사실은, 그가 꿈에서 본 경전이라는 점과 관련된다. 『금강경』은 원기 2년(1917) 사월초파일 전야에 몽중 계시로 책명을 알게 되었으며, 사월초파일 하루 전날 새벽에 한 꿈을 꾸었던 것이 계기가 된다. 소태산은 몽사(夢事)117)를 얻으니, 기골장대하고 풍채 헌앙한 도승 한 분이 찾아와서 인사를 마친 후에 소매 속으로부터 조그마한 책자 하나를 꺼내어 대종사 전에 올리며 "선생님, 이 책의 뜻을 아시겠나이까" 하거늘, 대종사 그 표지를 보니 '금강경' 석 자가 분명한지라, 대종사 답하여 가라사대 "내가 아직 이 책을 읽어 본 적이 없으나 읽으면 혹 알 듯도 하다"고 하였다. 도승 또 말하기를 "이것이 선생님의 종지(宗旨)인 즉 두고 잘 읽어 보십시오"라 하고 표연히 떠났다. 대종사 다음 날 아침에 주변 제자들에게 몽중 소감을 전하고 근처 사찰로 사람을 보내어 『금강경』을 구해오게 한 후

116) 양은용, 「소태산 대종사의 『조선불교혁신론』과 불교개혁이념」, 『원불교사상과 종교문화』 32집, 원불교사상연구원, 2006, pp.117-118.
117) 송도성, 『대종사약전』, 「불법 기연」.

좌우 제자들로 하여금 독송 연구하라 하니 이것이 곧 불교와의 깊은 인연으로 자리매김하였다.

그러면 소태산은 『금강경』을 어디에서 구해 보았는가. 소태산은 영몽으로 『금강경』을 보고, 일산 이재철을 불갑사에 보내어 『금강경』을 얻어오게 하였다.[118] 이보다 먼저 그는 의형 김성섭을 시켜 구하게 하였으나 구할 방도를 모르는데 사월초파일 군서 출신 이재철에게 부탁하였다. 소태산은 일산 이재철에게 "부탁이 하나 있는데 불갑사에 가서 『금강경』이라는 책이 있는가 한번 알아보고, 있거든 하나 얻어오소"(이완철 구술자료)라고 하였다. 당시 불갑사에는 『금강경』 목판이 있었으며, 소태산의 부탁을 받은 일산은 귀가 도중 불갑사에 들러 『금강경』을 가져왔고, 그 뒤 사월그믐(6.18)에 길룡리에 찾아가 소태산에게 전하였다. 불갑사에서 가져온 『금강경』을 본 소태산은 "나보다 먼저 대도를 안 사람이 있었구나"[119]라고 하였다. 『금강경』은 소태산이 불교와의 직접적인 인연으로 연계된 소중한 경전 중의 하나이다.

사실 소태산은 대각 이전까지 불교와의 직접적인 인연은 그렇게 많지 않았으나, 깨달음을 얻은 후 성현들의 경전을 열람하던 중 『금강경』이 그의 깨달은 내역과 상당부분 일치함을 발견하였다. 대각 후 이웃종교의 경전을 열람하던 중 특히 불교의 『금강경』을 보고 각(覺)의 일치를 인식함으로써 불교혁신의 성격을 가진 종교를 세우게 되었다.[120] 그가 본 경전을 열람한 것은 그의 불교사상 섭렵과 새로운 불교의 구상에 직결된 것으로서 그 의의가 크다고 할 수 있다. 다만 '발심한 동기로부터 도 얻은 경

---

118) 김정용, 『생불님의 함박웃음』, 원불교출판사, 2010, p.16.

119) 이병은, 「대산종법사 법문과 일화」, 1967.12.8 법설.

120) 송천은, 「소태산의 일원철학」, 숭산 박길진박사 고희기념 『한국근대종교사상사』, 원광대학교출판국, 1984, p.1083.

로'는『금강경』에 나오는 내용이 아니라 민간에 유행한『본생담』(本生譚),『팔상록』등의 석존 전기에 의한 것임을 간과해서는 안 된다.[121] 소태산이 어릴 적부터 큰 의심을 품고 깨달음을 얻게 된 것은『금강경』열람 자체에 관련되는 것은 아니라는 것이다.

아무튼 소태산이 꿈에 본 경전이라는『금강경』의 주된 내용은 무엇인가.『금강경』의 내용은 무상(無相)과 무아(無我)에 대한 법어가 주로 설해져 있다. 여기에는 공(空)이라는 언어는 사용되고 있지 않으나 석존의 정각에서 체현된 공의 도리, 무상의 논리를 통해, 바라문교의 사성계급제도와 인생 4기에 근거하여 제시된 제사(祭祀) 지상주의와 문명의 사생관을 논파하고 있는 것으로 이해된다.[122] 특히 '약견제상비상 즉견여래(若見諸相非相 卽見如來)'라는 법어는 무상과 무아를 가르치는 것으로『금강경』의 핵심내용을 담고 있다고 볼 수 있다. 이는 수보리와의 대화[123]에 잘 나타난다. "수보리야 네 뜻에 어떠하냐. 가히 신상(身相)으로써 여래를 보겠느냐." "아니옵니다. 세존이시여. 가히 신상으로써 여래를 얻어 보지 못할지니, 어찌한 연고인가 하오면 여래께서 말씀하신 신상이 곧 신상이 아닌 까닭입니다." 부처님께서 수보리에게 고하되 "무릇 형상 있는 바가 다 이 허망한 것이니 만일 모든 상이 상 아님을 보면 곧 여래를 보리라." 형상 있는 모든 것이 허망함을 깨닫는다면 성인의 경지에 오른다는 것이다.

---

121) 양은용, 「소태산 대종사의『조선불교혁신론』과 불교개혁이념」,『원불교사상과 종교문화』32집, 원불교사상연구원, 2006, p.118.

122) 위의 논문, pp.117-118.

123)『금강경』5장, 須菩提야 於意云何오 可以身相으로 見如來不아 不也니이다 世尊하 不可以身相으로 得見如來니 何以故오 如來所說身相은 卽非身相이니이다 佛이 告須菩提하사대 凡所有相이 皆是虛妄이니 若見諸相非相하면 卽見如來니라.

3) 『팔상록』과 『선요』, 『불교대전』

불교경서 가운데 소태산이 열람한 또 다른 경서로는 『팔상록』과 『선요』, 『불교대전』이 있다. 그는 이 불교서적들을 차례로 열람하고 다음과 같이 말하였다. "불법은 천하의 큰 도라, 참된 성품의 원리를 밝히고 생사의 큰일을 해결하며 뛰어난 바 있다"(『대종경』, 서품3장). 그가 불법을 천하의 대도라 밝히며 열람한 불교 경전 중에서 우선 『팔상록』에 대하여 살펴보도록 한다. 『팔상록』은 불경이 아니라 불교계 고소설로서 원래 『팔상명행록』이란 제목을 가진 소설로 알려져 있다. 조선 후기에 불가에서 널리 유행하던 국문소설이었으며, 이 책은 인도와 중국을 통해 형성된 석가의 일대기에 대한 기록으로 고려에 들어와 한문본으로 정착하다가 조선초 석보상절, 월인천강지곡, 월인석보 등에 상세히 국문으로 기록한 데서 기원을 찾아볼 수 있다.[124] 『팔상록』은 현재 15~20편 정도에 그칠 정도로 유실되었으나 필사본, 목판본 및 활자본 등 다양하게 전해온다. 『팔상록』을 구해본 경로는 알 수 없지만 불갑사와 관련되어 있거나 주변 불교를 믿는 사람들로부터 전해 받았으리라 본다.

이어서 소태산이 열람한 『선요』(禪要)에 대하여 살펴보도록 한다. 『선요』는 용어 그대로 선(禪)에 있어 가장 요긴한 것을 제시한 것으로 선의 핵심에 대한 설법집이라 볼 수 있다. 고봉스님(1238~1295)이 도를 깨친 후 20여 년간 설법했던 것을 시자 시정이 기록하고 직옹거사가 편집하여 『선요』라고 이름붙인 것으로, 선원의 지침서로 채택된 것은 조선 성종 때 지엄(智嚴)에 의해서였다.[125] 『선요』는 후에 사집(四集)의 하나로 선방의 주요 교재로 사용되었다. 모두 26장으로 구성되어 있고, 내용의 요체는

---

124) 이정재, 「소태산의 구사일화 분석과 백학명과의 관계 연구」, 『원불교사상과 종교문화』 44집, 원불교사상연구원, 2014, pp.107-108.
125) 위의 논문, p.108.

선의 수련을 통해서 현관(玄關)을 꿰뚫어보라는 것이다. 수행을 중시하는 불교에서『선요』는 수행하려는 불자들에게 지침서가 되었으며, 이러한 영향으로 소태산은 이『선요』를 열람한 것으로 보인다.

그리고 조선불교의 역사를 통틀어 볼 수 있는『불교대전』은 소태산에게 백과사전과도 같은 역할을 하였다. 본 저서는 만해 한용운이 지은 저술로 그가 팔만대장경을 읽고 그 내용을 정리한 것이다. 팔만대장경은 불교 사상의 전반을 담고 있는 경전인 만큼 한용운의 관련 저술은 많은 독서 덕택에 의한 것으로 역작이라 평가되고 있다. 1914년 범어사에서 출간, 국한문 혼용체로 쓴 것으로 일반 대중이나 스님들이 접하기 어려운 자료를 모두 읽어 그 핵심내용을 정리한 점은, 그 자체로의 의미는 물론이고 불교혁신에 관한 여러 가지 의미를 가지는 책이다.[126) 추측컨대『불교대전』은 당시 교류관계 하에 있던 백학명 스님이 소태산에게 선물하였을 것이다.

『불교대전』이 주목되는 점은 소태산이 대각한 후 곧바로 열람했다는 점, 그리고 그가 후래『불교정전』을 저술했다는 점에서 명칭만큼이나 상호 관련성이 없는가에 대한 사실 때문이다.『불교대전』은 한용운이 펼친 불교유신 운동과 관련되어 있으며, 소태산이 저술한『불교정전』역시 새 회상을 펼칠 경전으로서 생활불교를 표방한 경전이라는 점에서 모두가 불교혁신과 관련하고 있기 때문에 주목받을만하다.

본『불교대전』은 한용운의 작품 가운데 경전개혁의 이념을 구체적으로 전개한 것으로 평가된다는 점에서 주목된다. 곧 경율론소(經律論疏)를 망라하여 불보·법보·승보·포교·해탈의 작품으로 촬요함으로써 불교계에 커다란 반향을 불러일으키고, 후일 현공 윤주일(1895~1969)에 의하여 한글본『불교대성전』(1966)으로 확충 보완되고 있다.[127) 한용운이 지은

126) 위의 논문.
127) 양은용,「수양연구요론의 구조와 성격」,『원불교사상』14집, 원불교사상연구원, 1991,

『불교대전』의 발간일(1914)과 소태산이 깨달음을 얻어 본 저서의 열람 시기(1916년)가 근접해 있다는 점에서 소태산에게 많은 영향을 미쳤으리라 본다. 그는 당시 불교 선지식과의 교류를 통해 불교계의 실상을 잘 알고 있었다는 점에서 불교서적의 열람은 불교혁신 운동과 원불교 교서의 발간에 적지 않은 영향을 미쳤다.

4) 초기교단과 『육조단경』

소태산이 접한 불교경전 가운데 대각 직후에 열람한 경전은 아니지만 후래 초기교단의 주요 참고경전으로 활용한 것으로 『육조단경』이 있다. 활용의 근거로서 「일상수행요법」의 제1~3조를 보면 알 수 있다. 육조 혜능이 『육조단경』에서 말한 '자성삼학'이란 자성의 입장에서 계정혜 삼학을 닦는 것으로, 『단경』에서는 "자성이란 그릇됨도 없고 산란함도 없고 어리석음도 없다. 생각 생각이 반야로서 보고 비추고 있기에, 당연히 법상에서 떠나 있는 것이니 어떻게 세울 수 있겠는가. 만약 세울 게 있다면 이는 점(漸)이라는 말이 된다. 이에 따라서 세울게 없는 것이다"[128)라고 말하고 있음을 참조할 일이다. 원기 19년(1934)경에 형성된 「일상수행의 요법」 1조~3조를 보면 심지는 원래 요란함이 없고, 어리석음이 없으며, 그름이 없다고 했는데, 『육조단경』에서는 "마음에 요란함이 없는 것이 자성정이요, 마음에 어리석음이 없는 것이 자성혜요, 마음에 그름이 없는 것이 자성계이다(心地無亂 自性定, 心地無癡 自性慧, 心地無非自性戒)"라

---

p.332(주9).

128) 慧能, 돈황본 『壇經』, "自性無非無亂無癡 念念般若觀照 常離法相 有何可立. 自性頓修 立有漸契 所以不立."(김방룡, 「禪 사상의 관점에서 본 원불교의 마음과 수행법」, 마음인문학 학술대회 ≪불교의 마음과 실천≫, 원불교사상연구원 마음인문학연구소, 2011.12, p.102).

는 표현이 나온다는 점에서 영향을 받았다고 본다.

알다시피『육조단경』은 수행에 있어서 돈오적 경향이 강하다. 이에 비해서 원불교 수행은 점수 공부법을 중심으로 하며 돈오를 이해하는 입장이다. 이를 참고할 경우『육조단경』과 원불교「일상수행의 요법」의 1~3조를 보면 돈오적 심지와 점수적 경계에 대한 해석의 문제에 충돌이 생길 수 있다. 마음공부에 대한『육조단경』식의 선종적 접근은 원불교가 불교를 수용하면서 선종이 위주가 되어 있는 한국불교의 분위기에 상당한 영향을 입고 있다는 것을 반증하는 것이며, 이러한 경향은 불교와 원불교의 관계를 설정하는데 중요한 변수가 될 것으로 판단된다.[129] 원불교는 한국 선종의 영향을 받을 수밖에 없었으며, 그 가운데『육조단경』의 돈오공부가 생활 속의 수행이라는 원불교적 점수공부에 기반이 됨과 동시에 원불교가 혁신불교의 성향을 띤다는 점에서 서로 차별화가 생긴다.

물론『육조단경』에서 돈오적 자성(自性)을 강조한다고 해도 원불교의 경우 점수 수행으로서 생활 속의 불법활용을 강조하는 것으로 이해하면 좋을 것이다. 곧 "불법은 세간에 있으니 세간을 떠나서 도를 깨칠 수 없으며, 세간을 떠나서 도를 찾는 것은 토끼에게서 뿔을 구하는 것과 같다"라고 하였으나 그것은 승려의 생활일 뿐 원불교의 교리체계는 생활을 하면서 불법공부를 할 수 있도록 하였으므로 대종사는 이념적으로만 제시한 것이 아니라 교리체계로 밝힌 것이다.[130] 초기교단에서『육조단경』을 참고경전으로 사용하였던 것은 연원종교로서 불법의 심대함을 공유하는 차원이었으며, 이를 새롭게 원불교적 수행법으로 활용하였다.

사실『육조단경』이 초기교단에서 주요 참고자료로 수용되었다는 것은

129) 정순일,「일상수행의 요법 주석상의 제문제」,『원불교사상과 종교문화』29집, 원불교 사상연구원, 2005, p.98.
130) 한정석,『원불교 정전해의』, 도서출판 동아시아, 1999, p.38.

본 경전이 원불교 초창기의 정기간행물『회보』에 연재되었다는 사실에
있다. 『회보』에서『육조단경』이 연재된 것은 우연한 일이 아니었으니, 당
시「일상수행의 요법」1~3조가 정비될 무렵인 원기 19년(1934)에서 22년
(1937) 경에 교단에서는『육조단경』에 대한 공부를 하던 때였으며, 이 무
렵 동하선(冬夏禪) 중에 공부하던 내역을 살펴보면『육조단경』이 있음을
발견할 수 있다.[131] 『육조단경』 제10장에 '마음에 요란함, 어리석음, 그름
이 없는 것이 자성의 정혜계'라는 것이 일상수행의 요법과 관련되어 있다
는 점은 초기교단에 본 경전이 주요 참고도서로 활용되었음을 증명한다.
또한『육조단경』에 있는 '일행삼매 일상삼매' 역시 교단의『불교정전』표
어로 나타나 있다는 사실을 주목할 필요가 있다.

　이처럼『육조단경』은 원불교 초기교단의 교리정립에 부분적으로 영향
을 주었다. 본 경전에서 보면 계정혜 삼학을 밝혔지만 삼학이 자성 속에
본래 이루어진 삼학으로 되어 있음을 분명히 하였으나, 원불교에서는 이
를 두 가지로 수정했다는 지적이 있다. 첫째 심지는 원래 요란하지 아니
하고 어리석지 아니하며 그르지 아니한 것을 일러 자성의 정혜계라고 순
서를 바꾼 일이라 하겠으며, 둘째 심지의 본래 요란하거나 어리석거나 그
르지 아니한 상태를 인정하면서도 경계를 따라 어리석어지며 그르게 되는
것임을 밝힌 점이다.[132] 그것은 불경의 수용과 이를 원불교의 교리정신에
맞게 활용한 점에서 차별화한 것이라 본다.

　원불교의 교리 형성사에서 볼 때 소태산의 법어를 수필한 구타원 이공
주 종사의『육조단경』사상의 보급이 더욱 주목된다. 구타원은 한글판
『육조단경』을「육조대사 전기」라는 이름으로『회보』제52호(원기 24년

131) 정순일,「일상수행의 요법 주석상의 제문제」,『원불교사상과 종교문화』29집, 원불교
　　사상연구원, 2005, p.97(주10).
132) 한기두,『원불교 정전연구』-교의편-, 원광대학교 출판국, 1996, p.256.

2월)까지 연재하였다. 이때에 연재된 연재물의 이름은 「육조대사 전기대략」 혹은 「육조대사 전기」이다. 그 내용은 한글 투이며 거의 『육조단경』을 한역한 것으로 보이며, 제52호 연재분에는 '계속'이라 되어 있으나 그 이후에는 실리지 않고 있다.[133] 이공주의 한글판 『육조대사 전기』는 자신의 한역이라기보다는 다른 한역본을 참고하지 않았나 하는 견해가 있을 수 있다. 『육조단경』을 깊이 있게 해석할 정도로 불교를 전공할 상황이 아니었을 것이며, 참고도서로 수용하는 과정에서 번역서를 이용하였을 것이다.

---

133) 정순일, 앞의 논문, p.96(주6).

7. 교서결집과 『불교정전』

1) 칠엽굴과 교서결집 단상

각 종교의 교서결집은 비교적 초기교단에서 이루어지는 것이 바람직하다. 더욱이 교서의 결집은 일회적으로 끝나는 것이 아니라 교단의 역사가 깊어질수록 지속되는 성향이다. 불교에 있어서 인도 마우리아 왕조 이후 교리를 기술한 경전은, 석존의 설법 기록이 부분적으로 편찬되어 독송되고 있던 차, 칠엽굴(七葉窟)의 고요 속에서 가섭존자를 받들고 5백 비구와 더불어 첫 결집이 이루어졌다. 뒤이어 아소카왕 때 교단의 내부에 분쟁이 일어나 상좌 장로들은 10사를 비법(非法)으로 의결함과 동시에 바이샬리성에서 700인의 회의를 열어 성전의 결집을 단행했다.[134] 불교 교서의 결집사를 보면 크게 네 가지로 전개되었다. 즉 왕사성에서의 소승경, 바이샬리성에서의 대승경, 파탈리푸트라성에서의 비밀경(秘密經), 카슈미르성에서의 소승경 결집이 이와 관련된다.

불교 경서의 결집이 여러 차례 지속되었던 것은 여러 원인이 있었을 것이다. 예컨대 불교 경서의 제2결집이라는 계기가 된 것은 불타의 가르

---

134) 中村 元著, 김용식·박재권 공역, 『인도사상사』, 서광사, 1983, pp.73-74. 불멸 후 100년쯤 지난 뒤 제2결집이 이루어진다. 당시 승단이 사람들에게 금은의 기부를 권유하고 있었는데, 그것에 반대하는 사람들과의 사이에 싸움이 일어나게 된 것이다. 이 싸움의 옳고 그름을 가리기 위해 열린 700인의 회의는 '10사'의 심의가 목적이었지만, 그 다음에 성전을 결집했다는 설이 스리랑카의 왕통사인 『디파방사』에 있기 때문에 이 700인의 회의를 제2결집 또는 7백결집, 바이샬리 결집이라고 한다(정순일, 『인도불교사상사』, 운주사, 2005, p.174).

침의 참 의미에 대한 논쟁에서 비롯되었으며, 기원전 1세기경부터 시작된 불교의 대승운동은 당시 아비달마 불교의 현학적, 분석적 그리고 학문적인 경향이 너무 지나쳐 일반인으로부터 외면당하기 시작하면서 불타의 진정한 가르침에 대한 동경이 신도들 사이에서 일어나면서 비롯되었다.[135] 경전의 결집은 종교 창시자의 진정한 가르침의 노정, 그리고 교리의 현학적 전개에 따른 원전적 접근 등이 원인이 되며, 또한 새 시대에 부합한 교법전개 등이 요구되기 때문이다.

이러한 요청과 맞물리는 상황에서 5백 명의 비구가 모여 단행한 5백결집이라고도 불리는 칠엽굴에서 불교의 교서결집은 불교사에서 매우 중요했던 것이다. 원불교 교서결집에 지대한 역할을 한 이공전 교무의 불교경전 결집과 관련한 언급이 있어 주목된다. 그는 인도 영축산에서 내려와 아사세왕이 부왕(父王, 빈바사라)을 유폐했던 유궁터를 보고, 죽림정사 터를 그대로 지나 칠엽굴이 있는 바아밤산에 먼저 올랐을 때를 회상한다. 걸어서 2킬로는 충분했으나 정부에서 말끔히 포장을 해놓았고 꼭 오겠다던 첫 결집터라 땀을 흘려도 마음은 한결 가벼웠다며, 굴에 다다르니 이름은 칠엽굴인데 출입구는 삼엽 뿐이고, 굴에서 동북쪽으로는 망망무제한 대평원이 전개되어 첫 결집을 이룰만한 대지로구나 생각되었다[136]는 것이다. 이공전 교무는 여기에서 특별한 감흥으로 심고(心告), 찬송을 드리고 운수의 정을 크게 불렀다고 기록하고 있다. "칠엽굴 고요 속에 가섭존자 받들고 5백 성승(聖僧) 더불어 첫 결집에 동참하기는 그 또한 어느 세월이던가"(범산, 『범범록』, p.260). 원불교의 교서결집에 지대한 역할을 한 범산이 불교경전의 결집현장을 살펴보고 감회가 남달랐으리라 본다.

135) 김순금, 「21세기 원불교의 과제와 방향」, 『원불교학』 6집, 한국원불교학회, 2001, p.111.
136) 원기 69년 8월 19일(이공전, 『凡凡錄』, 원불교출판사, 1987, p.267).

불교경전의 결집현장을 방문한 이공전 교무의 감격은 원불교 교서결집
의 역할을 다한 점에서 지대했을 것이다. 칠엽굴에서의 감격을 안고 가벼
운 걸음으로 순례를 했으나 왕복 4킬로 노정에 땀으로 목욕하였다고 술회
한다. 그는 원기 69년(1984) 8월 19일, 후래 종법사를 역임한 좌산종사와
동행한 칠엽굴 안과 밖에서 여러 장의 기념촬영을 했으며, 여기에서 영감
을 받은 시를 또 지었다. "아난이 이 굴에서 여시아문 하올 적에, 감격한
노비구는 체루비읍(涕淚悲泣) 하였네라, 나 한번 여시아문을 다시 외쳐
보노라, 칠엽굴 어디어디 삼엽굴만 남았어라, 중앙굴 그굴인가 넓기도 한
저이고, 외쳐본 워어이 소리 우렁우렁 메아리."[137] 교서의 결집에 큰 자취
를 남긴 이공전 교무의 결집 단상(斷想)을 새기면서 원불교 교서의 재결
집에 새로운 인재가 또 그러한 역할을 할 것이라 본다.

2) 소태산의 초기교서 결집

19세기 후반에 불법연구회를 창립한 소태산은 만대의 경전이 될 교서
의 결집을 단행하였는데 그것은 불교개혁 운동과 관련되어 있다. 불법을
중심으로 한 생활불교를 표방한 교서의 전반 내용일 것이 분명하기 때문
이다. 교서 결집사에서 보면 이제 그 체계가 갖추어질 상황이라 할 수 있
으며, 원불교의 오늘에 이르는 과정은 소태산의 대각과 교법연원, 교법관,
그리고 불교관과 개혁운동의 기반이 교법과 교리로 틀 잡히는 과정이었
다.[138] 원불교의 교서결집은 구전(口傳)으로 법음을 교조로부터 직접 훈
증을 받던 구술시대(1916~1927)를 지나서 초기교서시대(1927~1943)에 이
르며, 뒤이어 불교정전시대(1943~1962)에 이르렀다. 이러한 일련의 교서

137) 이공전, 『凡凡錄』, 원불교출판사, 1987, p.267.
138) 양은용, 「소태산 대종사의 『조선불교혁신론』과 불교개혁이념」, 『원불교사상과 종교문
화』 32집, 원불교사상연구원, 2006, pp.133-134.

결집사는 원불교 교리가 정착되어가는 과정이며, 그것은 불교를 새롭게 혁신하려는 소태산의 의지가 교서에 반영되어 있는 것이다.

그러면 원불교 교서결집의 단서를 불교와 관련지어 보도록 한다. 초기 교서는 소태산이 승려들과 교제하면서 불교의 교법을 청취한 후 그 초안을 시작하였다. 실제 그는 밖으로 승려들과 교제하여 재래사원의 법도를 일일이 청취하고 안으로 제자들과 더불어 새 회상의 첫 교서초안에 분망하니 『조선불교혁신론』과 『수양연구요론』 등이 차례로 초안되었다.[139] 원기 12년(1927) 최초로 간행된 『불법연구회규약』은 불법연구회가 유래한 상황을 직시하고 취지규약을 드러내고 있다. 여기에서 새 교단의 출발을 천명하였으며, 불법연구회의 유래와 취지 외에도 교리이해 및 연구인의 공부법[140]이 제시되고 있다. 『조선불교혁신론』은 원기 5년(1920)에 구상되었으며, 그 뒤 15년이 지난 원기 20년(1935)에 완성 발간되었다.

그리고 『불법연구회규약』과 거의 동시에 발행된 『수양연구요론』은 초기교단의 전통사상에 대한 관심의 정도를 표출하고 있다. 선서(仙書)와 관련된 『정정요론』 상하의 내용이 나타나 있고, 본 요론에 교강 삼강령 팔조목이 발견되고 있다.[141] 본 교서의 구조를 보면 전 7장으로 구성되어 있으며, 수양과 연구를 중심으로 하여 서술하고 있다. 여기에 더하여 후래 의두요목과 성리에 관련된 문목(問目) 137개가 제시되어 있으므로 초기교단의 공부풍토를 가히 짐작할 수 있다.

불법을 새롭게 하는 『조선불교혁신론』의 구상은 원기 5년(1920) 소태산이 부안 봉래정사에 주석할 때였으며, 대각을 이룬 후 그는 부안 변산의 실상사라든가 월명암을 방문하여 스님들과 교류하였다. 그들로부터의 불

---

139) 한정석, 「교리형성사」, 『원불교70년정신사』, 원불교출판사, 1989, p.381.
140) 류성태, 『정전변천사』, 원불교출판사, 2010, p.143.
141) 위의 책.

교 교리라든가 법도 등에 대한 견해를 새롭게 청취하기도 하였다. 이러한 과정을 거치면서 새 회상을 준비하기 위해 전통불교의 전반에 대하여 공부를 꼼꼼히 하였으리라 본다. 소태산은 새로운 불법에 바탕한 교리를 고안하였으며, 그 결과가 초기교서 등에 자세히 나타나 있기 때문이다.

3) 『육대요령』과 『불교정전』

초기교단의 역사적 사료가 불법연구회 당시에 발행된 정기간행물에 잘 나타난다. 정기 간행물로는 『월말통신』, 『월보』, 『회보』 등이며 여기에서 불경이 번역 연재되면서 불교를 교양으로 소개하였다. 불경번역과 관련된 것으로는 원기 20년(1935) 발행된 『회보』이다. 본 『회보』 14호부터 번역물이 소개되었으며, 일제의 강압적 검열 검속이 한층 가중됨에 따라 회체(會體) 유지에 각별히 유의하면서 서대원, 송규, 송도성, 이공주 등이 불경을 번역하는데 의도적으로 많은 비중을 두었다.[142] 당시 일제 식민당국은 조선의 유사종교를 말살하려는 정책을 펴고자 하였으며 황도불교화를 노골적으로 시도하였다. 초기교단으로서는 연원종교로서의 불법을 배우는 목적 외에도 방편적으로라도 전통불교의 경전 소개에 많은 비중을 둘 수밖에 없었다.

당시 종교탄압의 난관 속에서 원불교의 중대한 역사로 기록될 교서결집이 이루어졌다. 원불교 최초의 『정전』(正典) 성격인 『육대요령』(원기 17년)이 그것이다. 여기에는 원불교적인 교리가 대부분이었으나, 『불교정전』에 이르러 불교적인 내용이 많이 포함되었다. 『육대요령』에서 오늘의 『정전』에 이르기까지 꾸준히 계승되고 있는 것은 교리도, 사은, 사요, 삼학, 팔조, 계문, 솔성요론, 최초법어 등이었지만, 『불교정전』은 편찬 당시

---

142) 박용덕, 『천하농판』, 도서출판 동남풍, 1999, p.115.

의 시대적 영향을 많이 받아서 불교 교리 및 용어가 많이 첨가되었다.[143]
『육대요령』이 간행될 때에는 일제 감시가 적었기 때문에 원불교라는 색
채를 띠며 새 회상을 위한 경전 편찬에 보다 충실하였다. 하지만 그 이후
식민지 말기에 접어들어 일제의 한국종교 탄압이 극심했으며, 여기에서
다소 늦게 발행된『불교정전』(원기 28년)의 교서결집에 영향을 받을 수밖
에 없었던 것이다.

따라서『불교정전』에서 전통불교의 용어가 많이 원용되었던 점을 부인
할 수 없다. 이른바『육대요령』(원기 17년)과『삼대요령』(원기 19년)은
소태산의 새 회상을 향한 포부와 경륜이 실린 초기교단의 교과서로서 역
할을 충실히 하였다. 반면에 원기 25년(1940)부터 일제의 강압에 의해 교
단조직은 10부제에서 5부제로 축소되고,『회보』가 강제 폐간당하고 모든
교과서를『불교정전』으로 통합하는데 여기에서 불서(佛書)를 대폭 편입
하였다.[144] 소태산의 초기교단은 일정당국에 의해 교체의 존립에 위협을
받으면서 부득이 교서편집에 있어서 방편적으로 전통불교의 사상에 대한
할애의 비중을 둘 수밖에 없었던 것이다.

그럼에도 불구하고 소태산은 불교혁신에 관심을 집중, 불교의 경전들
이 어려운 한문으로 되어 있어서 대중이 이해하기 어렵기 때문에 불법연
구회의 교서결집은 쉬운 말과 쉬운 글로 전개되어야 한다고 하였다. 평이
간명한 말과 글로 경전을 편찬하여 유무식 남녀노소가 누구나 쉽게 배울
수 있도록 한다고 했는데, 재래불교의 근대화·대중화의 가장 큰 장애요
인이 어려운 경전에 있다는 사실은 널리 알려져 있었다.[145] 이에 원불교

---

143) 고시용, 「정전의 결집과 교리의 체계화」, 『원불교학』 제9집, 한국원불교학회, 2003,
   p.274.
144) 박용덕, 『천하농판』, 도서출판 동남풍, 1999, p.115.
145) 손정윤, 「문학·예술사」, 『원불교70년정신사』, 원불교출판사, 1989, p.642.

는 경전 문구의 용이한 접근을 가져다 줄 수 있는 교서를 편찬함으로써 전통불교의 경서이해에 있어서 난해함을 극복함과 동시에 새 시대의 대중불교·생활불교를 지향해야 한다는 것이다. 아무리 내용이 유익한 경전이라 하더라도 대중이 접근하기 어렵다면 그러한 경전은 도움이 안 된다는 사실 때문이다. 『대종경』 서품 18장에서 일반 사람이 배우기도 어렵고 알기도 어려운 숙어와 명사로 경전이 되어 있으므로 유무식·남녀노소를 망라하여 가르쳐 주기가 어렵게 되었다는 지적이 이와 관련된다.

소태산이 친히 저술한 『불교정전』은 한문형식의 경전이 아니라 알기 쉬운 한글로 결집된 경전이라는 점에서 불교혁신의 한 단면으로 간행된 것이다. 나아가 오랜 시일을 지내오는 동안에 부연(敷衍)과 주해(註解)가 더하여 오거시서(五車詩書)와 팔만장경을 이루게 되었으니, 그것을 다 보기로 하면 평생 정력을 다하여도 어려우며, 어느 겨를에 수양 연구 취사의 실력을 얻어 출중한 큰 인격자가 되겠는가[146]라는 소태산의 가르침을 새겨봐야 한다. 앞으로의 경전은 평이 간명하면서도 접근하기 용이해야 함을 주문한 것으로 본다.

불교의 팔만장경처럼 한문으로 수록된 수많은 경전을 보기로 하면 평생을 보아도 감당하기 어려운 부분이 있을 것이다. 많은 경전을 다 보기로 하면 경전을 보는데 시간의 희생은 물론 번다한 경전에 의지하게 되면 전래되는 제도와 의식을 유지하는데 그치게 되어 정법시대의 진실 대도를 체험 각득하기가 어렵다.[147] 따라서 많은 경전내용을 집약해서 이해하기 쉬운 교법과 실천 가능한 방법을 밝히는 것은 소태산의 정법시대가 추구하는 새로운 회상의 과업인 이상, 교서의 결집에서 간이 능행한 결집을 주문한 것은 당연한 귀결이었다.

---

146) 『대종경』, 수행품 22장.
147) 한종만, 『원불교 대종경 해의』(上), 도서출판 동아시아, 2001, p.235.

이러한 시대인식에서 결집된 소태산의 친저『불교정전』은 부처가 되는 정로로서 본회 교서 중 가장 중요한 골자가 되는 동시에 천만경전의 진리 통섭경이라고 정산종사는 말하였다. 그에 의하면 이『불교정전』의 의지를 잘 이해할 뿐 다른 일체 경(經)은 우리의 참고 경으로 하는 것이요, 또한『불교정전』에서의 불교는 진리의 총부로서 고금을 일관하고 시방에 편만한 것[148)이라고 하였다.『불교정전』이 갖는 원불교 초기교서의 결집은 후래 현행본『정전』에까지 큰 영향을 미쳤다.

4) 완성태가 아닌 진행형의 결집

현행본『정전』(원기 47년)은 이전의『불교정전』(원기 28년)에 비해 더 쉬운 용어로 결집되어 있으며, 그것은 시대의 흐름에 따라 생활불교의 정체성을 보강하였다는 뜻이다. 이를테면 불교적 표어가 축소되고「일원상」장도 일부 변화가 있었다.『불교정전』의「교리도」는 일원상의 불교적인 유래까지 밝혔으나 현행본『정전』에서는 전통불교적인 부분을 극복하고 보다 새 불법으로서의 원불교적인 특성을 드러내었다.

이에 더하여『불교정전』발간 후 20여년 만에 현행본『정전』으로 결집될 때 교강 삼학도 다소 변화를 보인다.『불교정전』의「삼학」장에서 삼학을 불교의 계정혜와 연결시키는 것이『정전』에서 삭제되었고, 제3 수행편의 염불법 · 좌선법 · 무시선법 · 참회문에 수록되었던 불교적인 인용구 역시 삭제되었으니, 그것은 초기교단의『육대요령』에서 밝혀진 원불교의 기본교리로 환원된 것이다.[149) 일제당국의 감시가 심하던 때 발간의 방편과 용이성을 위해『불교정전』에 불교적인 용어가 방편적으로 삽입된 부

---

148)『정산종사법설』, 제1편 불교정전 義解 1 불교정전이란.

149) 고시용, 「정전의 결집과 교리의 체계화」,『원불교학』제9집, 한국원불교학회, 2003, p.276.

분이 없지 않았기 때문이다. 하지만 해방 후 경전결집이 자유로워진 상황
에서 불교혁신을 가미함과 더불어 교리의 체계화 과정을 거치면서 새 시
대의 교법으로서 생활불교적 성향이 강조되었다.

현행본『교전』결집에 있어서 수행편의 경우, 불교적인 인용구는 삭제
되었다. 곧『정전』제3 수행편에 있어서는 염불법·좌선법·무시선법·
참회문에 인용되었던 불교적인 인용구 등을 삭제하였으니,『정전』의 내
용을 보면『육대요령』에서 밝혀진 원불교의 기본교리가『불교정전』에서
불교화되었던 것이 다시 원불교의 기본교리로 주체가 되어 정비되었
다.150) 다시 말해서『육대요령』에서 원불교의 교강 사은사요와 삼학팔조
와 수행편이 형성되었다면,『불교정전』에서는「일원상」장이 형성됨과
더불어 불교적 색채가 적지 않았던 내용이 현행본『원불교 교전』에서 보
다 주체적으로 재편되었다. 크게 보면『불교정전』시대에서『교전』시대
로 전개되면서『정전』과『대종경』으로 분권되었다.『대종경』의 경우 소
태산 대종사의 언행록이 그대로 전수됨과 더불어 불교혁신과 교조의 활불
적 경륜이 강조되었다고 볼 수 있다.

한편『원불교 교전』의 편수사업에 적극 참여했던 이공전의 교서결집과
관련한 견해가 주목된다. 곧『불교정전』으로부터『교전』편정의 필요성
에 대한 견해 5가지 중에서 크게 두 가지가 불교와 관련된다.151) 첫째,
원불교 교서가 어느 특정한 시대에 한정된 것이 아닌데 조선불교 개선에
만 치우친 인상을 주고 있다. 둘째, 원불교가 어느 특정한 종교에만 국한

150) 한정석,「교리형성사」,『원불교70년정신사』, 원불교출판사, 1989, pp.400-401.
151) 셋째 각편을 통하여 창작 혹은 활용한 자구 가운데 혹 그 본의표현에 충분히 적합지
    못하다고 느껴지는 부분이 없지 않으며, 넷째 編次 관계와 古經論의 인거나 편입에도
    새로이 취사할 점이 없지 않으며, 다섯째 각 편의 원문에 脫衍倒誤도 약간 散見되고
    있다(이공전,「원불교교전 성립의 역사적 顚末」, 제3회『원불교사상총발표회요지』,
    원불교사상연구원, 1984, p.12).

된 것은 아닌데 불교만 개선하려는 인상을 준다는 점이다. 이는 상대적으로『원불교 교전』이전의『불교정전』이 다소 불교적 색채에 편중되어 있었다는 점을 반증하는 것이며, 오늘의『교전』시대에는 과거불교의 용어라든가, 불교에 편중될 수 있는 법어를 결집하다보니 원불교적 시각으로 과도하게 결집되지 않았는가의 우려가 있다.

앞으로도 교서결집의 작업은 지속될 것이라 본다. 원불교 100년에 즈음하여 오자·탈자에 더하여 편집 구성을 망라한 교서결집의 염원과 그 필요성이 있었으나 시도되지 못한 점이 아쉽다. 원불교 100년에 즈음하여 교서결집이 이루어지지 못한 점은 아쉽지만, 앞으로 교서결집이 이루어질 것에 대비하여 ≪원불교 100년 총람≫이 발간 봉고되었으니[152) 주요 참고자료로 활용될 것으로 보이는 등 희망이 보인다. 본 ≪총람≫은 앞으로『원불교 교사』재결집에 직접적인 사료가 되리라 본다.

아울러 교서결집에 있어서 과제로 등장하는 것이 있음을 상기해 보도록 한다. 정산종사의 언급을 보면 유불도 3교를 망라한 경전결집의 필요성이 이와 관련된다. 정산종사는 "원통(圓統) 두 자를 써 놓으라. 유불선 3교와 기타 종교를 통합하여 한 경전을 만들려 한다.『수심정경』도 써 두어라"[153)고 하였으니, 유불선 3교의 통합경전을 편집하려는 의도가 있었던 점을 상기해야 한다. 나아가『수심정경』도 그에 활용할 의향을 가진 것으로 보아 정산종사는『수심정경』을 매우 중시했음[154)을 알 수 있다.

궁극적으로 교서 재결집은 교리의 체계화에 따른 시대적 대응이며, 용어 변천에 따른 해석학적 접근과 맞물린다는 점에서 완성태가 아닌 진행

---

152)『원불교 100년 총람』이 원기 102년(2017) 9월 10일 원불교 중앙총부 일요 예회시간에 발간 봉고식을 가졌다(≪원불교중앙총부예회보≫ 제211호, 102년 9월 10일, 1면 참조).

153)『한울안 한이치에』, 제6장 돌아오는 세상 69.

154) 박혜수, 「송정산의 수심정경 연구」,『원불교사상』 21집, 원불교사상연구원, 1997, p.425.

태라는 것을 염두에 두어야 할 것이다. 불법을 연원으로 한 원불교가 생활불교를 표방하는 점에서 불법의 묘용에 따른 교법의 시대화·생활화·대중화의 측면에서 접근해야 한다. 다만 교서의 용이한 법어전달과 소태산 대종사의 근본정신을 계승하는 측면에서 교서결집이 이루어져야 하리라 본다. 필자는 〈원불교신문〉에 교서 재결집을 주장하는 글을 기고한바 있다. 원불교 교서의 재결집은 원불교 100년대의 핵심과제로 다가서야 하기 때문이다.[155] 아울러 원불교대학원대학교 월례발표회에서 「교서결집에 대한 연구」에 대하여 발표하였다(2017.10.10). 『정전』과 『대종경』은 원불교의 중심교서인 만큼 교도들에게 생명력 있게 다가서야 할 것이며, 이를 위해 『교전』은 시대의 변천과 더불어 교리의 체계화 및 새롭게 변하는 언어에 융통성 있게 대응해야 하리라 본다.

---

155) 류성태, 「대종경 재결집, 원100년의 핵심과제」, 《원불교신문》, [1680회] 2013년 10월 18일, 13면.

8. 『불조요경』의 섭렵

1) 소의경전으로서의 『불조요경』

소의경전이란 무엇인가. 과거 성인이 설한 법설이 소의경론이라면 자기종교의 참고경서가 소의경전이다. 조선의 불교는 『금강경』을 적통으로 하며, 『대장경』이라고 하는 거대한 바구니 속에 삼장(三藏)의 호한(浩瀚)한 경전이 즐비하지만, 우리 민중이 실제로 불교를 생각할 때 가장 많이 독송하고 암송하고 낭송하고 인용하는 소의경전을 꼽으라 하면 그 첫째로 『반야심경』이 꼽히고, 그 둘째로 『금강경』이 꼽힌다.[156] 불자들에게 많이 읽히는 소의경전은 이 두 경전이 대표되는데, 원불교에서도 『금강경』과 『반야심경』은 주요 소의경전으로서 그 위상을 차지하고 있다.

원불교의 주요 경전으로 『원불교 전서』에 편재되어 있는 『불조요경』이 있다. 『불교정전』의 권2의 『불교경전』과 권3의 『조사어록』을 별책으로 하여 『불조요경』이라 한다. 『불조요경』은 『금강경』·『반야심경』 등 연원되는 옛 경전[157]으로 구성되어 있다는 것이다. 소태산 대종사는 깨달음을 얻고 꿈에서 본 경전을 『금강경』이라 하였으며, 이는 원불교 의례에서 『반야심경』과 더불어 독경으로 애용되고 있다. 특히 『반야심경』은 「일원상서원문」과 더불어 원불교 각종의식에 독경으로 주송되고 있다. 여기에는 도피안(到彼岸)으로 "가신님이여, 가신님이여, 저 언덕으로 가신님이

---

156) 김용옥, 『금강경강해』, 통나무, 1999, p.39.
157) 원기 50년, 12월8일 「정화통신」(이공전, 『凡凡錄』, 원불교출판사, 1987, p.130).

여, 저 언덕으로 완전히 가신님이여, 깨달음이여, 영광이 있으소서"라고
번역된다.[158] "아제아제 바라아제 바라승아제 모제 사바하(揭諦揭諦 波羅
揭諦 波羅僧揭諦 菩提薩婆訶)"라는 원문의 번역이 이것이다.

여기에서 불교의 주요 참고경전으로 인용되는『불조요경』의 형성과정
을 보면 원불교 초기교단의 정기간행물『회보』에 소개되면서 그 인연이
되었다. 즉 모든 내용이『회보』에서 공시된 후 편입되고 있다. 서대원 교
무는『회보』14호(원기 20)에서 고경을 번역하였는데, 1월『죄복보응경해』
를 번역하였고, 2~3월『현자오복덕경』(『회보』15호)을 번역하였으며,
5~7월에는『사십이장경』상·하(『회보』17~18호)를 번역하였고『업보차
별경』상·하(『회보』21~22호)를 번역하였다.[159] 소태산 대종사의 제자
중에서 불교 사상에 조예가 깊은 서대원은 스승의 가르침에 따라『회보』
에『불조요경』을 번역, 소개함으로써 원불교에 불경을 알림과 더불어 소
의경전으로 삼은 것이다.

정기간행물에 불경 번역이 이루어진 이유로는 소태산이 불교 사상을
활용하려는 의지에 따른 것이며, 아울러『불교정전』발간의 용이성과 사
상의 섭렵을 위함이었다. 즉 원불교 교서에 불교의 경전을 첨가함으로써
불법을 주체로 한 전통종교의 폭넓은 사상의 수용이라는 성립의 배경이
있는 것이다. 일제는 한국의 민족종교를 유사종교로 간주하여 경찰국에서
탄압을 가했다. 이들 3교를 제외한 유교·천도교 등의 모든 한국종교가
단속의 대상이 되었는데, 교단에서는『조선불교혁신론』의 선포, 불전의
번역을 통하여 불교의 측면을 부각시켰으며, 이는 이후『불교정전』2~3권
을 거쳐 오늘의『불조요경』을 이루는 원전이 된다.[160] 불법연구회는

158) 이기영,「현대에 있어서의 종교의 진리성」,『인류문명과 원불교사상』下, 원불교출판
사, 1991, p.1396.
159) 원불교사상연구원 編,『원불교 인물과 사상』I, 원불교사상연구원, 2000, pp.130-132.

『육대요령』에서 한 걸음 나아가 『불교정전』을 결집하는 과정에서 일제의
감시를 피하기 위해 불교의 경전을 방편적으로 접근한 측면도 있으며, 그
것은 또한 본질적으로 소태산의 깨달음이 불법이라는 사실과도 연계된다.

2) 대오분상의 『불조요경』

소태산 대종사의 포부와 경륜을 그대로 드러낸 『불교정전』에 『불조요
경』이 편재되어 있는 것은 그의 대오분상에서 손수 경서를 편집, 간행했
기 때문에 가능했던 것이다. 「불교정전」의 편차에는 권두에 일원상과 사
대강령 · 표어 · 교리도 · 설립동기 · 서(序) 등이 있고, 전 3권 가운데 권1
에는 제1편 개선론, 제2편 교의, 제3편 수행으로 새 회상의 원경(元經)이,
권2에는 『금강경』 · 『반야심경』 · 『사십이장경』 · 『죄복보응경』 · 『현자오
복덕경』 · 『업보차별경』 등 6편의 불경이, 권3에는 『수심결』 · 「목우십도
송」 · 「휴휴암좌선문」 · 「의두요목」 등 4편의 조론(祖論)이 편입되어 있었
다.[161] 원기 27년(1942) 4월 총회를 기하여 정산종사는 총부교감으로 전
임되면서 『불교정전』 편찬을 담당하였다. 소태산 대종사의 감수 속에서
정산종사는 『불조요경』에 게재될 불경을 편집하는데 조력하였던 것이다.
따라서 경전의 결집과정을 거치면서 원불교 교서로서 현행본 『불조요
경』은 원기 50년(1965)에 이루어졌음을 알 수 있다. 소태산 대종사는 『불
교정전』을 친저, 인쇄하였으나 발행은 보지 못하였고, 정산종사 역시 『원
불교 교전』의 편찬 발행을 보지 못하고 원기 47년 1월에 열반하였다. 대
산종사는 종법사 취임 후 바로 『교전』 편찬을 독려하여 원기 47년(1962)
9월에 원불교의 기본경전인 『원불교 교전』이 발행되기에 이르렀고, 이후

160) 위의 책, p.133.
161) 『원불교 교사』, 제2편 회상의 창립, 제4장 끼쳐주신 법등, 3. 불교정전의 편수 발간.

원기 50년에 『불조요경』, 원기 52년에 『원불교예전』, 원기 53년에 『원불
교성가』, 원기 56년에 『정산종사법어』, 원기 60년에 『원불교 교사』, 원기
62년에 이 모두를 포괄하여 간행한 『원불교 전서』가 간행되었다.[162] 원불
교 창립 50주년에 기하여 『불조요경』이 완비된 것으로, 이는 원불교의 연
원종교이자 소의경전으로서 불경이 갖는 의의가 적지 않음을 알 수 있다.

　『불교정전』의 제2권에 『불조요경』이 편성된 이유는 무엇인가에 대하
여 살펴보고자 한다. 그것은 원불교의 연원종교가 불교라는 점과, 불교에
대한 원불교의 정체성 때문이다. 처음 편집에서 『불교정전』은 3권으로 구
성되었다. 제1권은 원불교 기본사상을 담았고, 제2권은 불경을, 제3권은
조사어록으로 편성하였다. 2~3권에 연원종교의 경전을 선별 편성한 것은
원불교의 입장과 정통성을 확실히 한 것이라고 할 수 있다.[163] 1권은 원불
교의 기본경전을 편집하였다면, 2권과 3권은 분장(分章)을 통하여 원불교
의 정체성을 분명히 함과 더불어 불경을 소의경전으로 참고한 것이다.

　이처럼 교서의 편찬과정에서 처음에는 『교전』 제2~제3권에 『불조요경』
을 분장하기로 하였다. 『불조요경』 중에서도 2권에 주요 불경을, 3권에
여타 불경을 편재하고자 하였지만, 후에 2권이라는 형식으로 『불조요경』
을 합본하였다. 『불조요경』의 편차를 정함에 있어서 편수위원들 사이에
여러 논의가 있었다. 처음 결정에는 『교전』 제2권이라는 이름하에 『금강
경』『반야심경』을 게재하고, 『교전』 제3권에 『사십이장경』『현자오복덕
경』『업보차별경』『휴휴암좌선문』『목우십도송』을 게재하기로 했던 것
을 번복한 것이다. 책 제목을 『교전』 제2권(古經)이라고 표현하는 것이
어울리지 않는다는 의견이 개진되어 책 제목으로는 『불조요경』이라 이름
하고 판권에는 『원불교 교전』(2)라고 표기하기로 결의되어서 『불조요경』

162) 손정윤, 「개교반백년 기념사업」, 『원불교 70년정신사』, 성업봉찬회, 1989, p.320.
163) 이운철, 「출판언론사」, 『원불교 70년정신사』, 성업봉찬회, 1989, p.548.

이라는 이름이 탄생하게 된다.[164] 『불조요경』의 내용이 2권으로 분장될 상황에서 편집위원들로서 분장할 경우 교서의 번다함을 극복하려는 것이었다.

여기에서 주목할 것으로, 현행본 『불조요경』으로 변화된 것은 『죄복보응경』이 편찬과정에서 제외되었다는 점이다. 『불교정전』에 실렸던 ①『사십이장경』, ②『현자오복덕경』, ③『업보차별경』, ④『수심결』, ⑤「목우십도송」, ⑥「휴휴암좌선문」을 편입하고 『죄복보응경』은 약한다[165]는 것이 이와 관련된다. 덧붙여 각 경론은 일률(一律)로 구판의 역본을 준용하며, 국역을 주문(主文)으로 전게(前揭)하고 한역(漢譯)을 하였으며, 목우십도송의 도본(圖本)은 게재하지 않기로 하였다. 여기에서 『죄복보응경』을 넣지 않기로 한 것은 너무 고담(古談) 성격의 서술로 되어 있어서 『교전』의 품위에 어울리지 않을 것이라는 판단 때문이었다.

3) 『불조요경』의 구성

원불교 소의경전으로 자리매김한 『불조요경』의 의의를 고려하여 본 경에 편재되어 있는 각 경전의 의의를 살펴보고자 한다. 교서결집이라는 불사에 실무적으로 조력한 이공전 교무는 새 불교의 연원 고경(古經)으로서 『불조요경』을 발간하면서 이에 대해 언급하고 있다.[166] 즉 『불조요경』은 원불교의 제2교전이니 기독교에서의 『구약』과도 같은 옛날 회상의 중요한 경론(經論)집이라며, 소태산 대종사의 대각 후 몽감(夢感)으로 구해보고 연원을 석가모니에게 정하였다는 제1요경 『금강경』과 남북동서의 각종 각파가 하나같이 받드는 불문 제1서 『반야심경』이 주경으로 편입되었

---

164) 김도공, 「불조요경 결집의 의의와 문제」, 『원불교학』 3집, 한국원불교학회, 1998, pp.290-291.

165) 원기 50년 6월, 『원광』 48호(이공전, 『凡凡錄』, 원불교출판사, 1987, pp.126-127).

166) 원기 50년 12월 8일, 「정화통신」(이공전, 『凡凡錄』, 원불교출판사, 1987, pp.127-128).

다는 것이다. 또한 최초의 동전(東傳) 불경인『사십이장경』, 인과경의 정
요인『현자오복덕경』과『업보차별경』, 보조국사의『수심결』, 보명스님의
『목우십도송』, 몽산스님의『휴휴암좌선문』등이 편입되었다고 한다.『불
조요경』으로써 연원불교를 더욱 이해하고 교법을 더욱 밝힘으로써 우리
의 관(觀)과 행(行)을 더욱 맑히자는 것이다.

　　그러면『불조요경』에 언급된 각 경을 소개하여 본다. 먼저『금강경』을
보면, 구마라집(343~413)이 조칙을 받들어 번역하였으며,『금강반야경』
이라고도 한다. 육조대사는 이 경을 듣고 도를 얻은 후『금강경』은 무상
(無相)으로 종(宗)을 삼고 무주(無住)로 체를 삼으며 묘유로 용을 삼았다
고 하였으며, 소태산은 이 경을 보고 석가모니불은 진실로 성중성이며,
불법은 천하의 대도라 하여 석가에게 연원을 정하였다.[167]『금강경』에 나
오는 '응무소주이생기심(應無所住而生其心)'이나 불교의 공(空), 사상(四
相)의 문제는 원불교에서 깊이 있게 다루어지고 있다.『정산종사법어』경
의편 42장에서는『금강경』의 해설 후, 우리가 무상대도를 닦기로 하면 상
없는 허공의 심경을 가질 것이며, 주함이 없는 공부를 하도록 하였다. 소
태산 대종사 역시『대종경』변의품 19장에서 4상을 언급하며 아상, 인상,
중생상, 수자상의 모습을 극복하여 불보살에 이르라고 하였다.

　　이어서『반야심경』에 대하여 소개해 본다. 본 경의 주요 사상은 공사상
이다. 제법(諸法)은 자성이 없이 텅 비어 있으니 그것이 곧 실상(實相)이
다. 제법이 공함을 깨닫는 것이 반야 즉 지혜이며, 이러한 지혜에 입각하
여 보살은 보살도를 실천하는 것이다.[168]『반야심경』의 공사상을 원시불
교에서 강조하고 있으며, 대승불교에 이르러 공사상은 기본교의로 삼고
있고, 원불교에서『반야심경』은 의례에서「일원상서원문」과 더불어 주요

---

167) 위의 책, p.131.
168) 길희성,『인도철학사』, 민음사, 2007, p.139.

독경으로 주송되고 있다. 일원상 진리의 공사상 이해에 있어서 『반야심경』의 공사상은 소통되고 있으며, 불교와 원불교에서는 공이라는 용어를 자주 사용하는 점[169]에서 독경을 통한 무상의 소식을 체득하도록 하는 것이다.

이어서 『수심결』은 보조국사의 돈오점수와 선(禪)의 강령에 대한 소태산의 관심 정도를 드러낸다. 많은 조사가 선에 대한 천만 방편과 문로를 열어 놓았으나, 한 말로 통합하여 말하자면 망념을 쉬고 진성을 기른다는 것이다. 이에 적적(寂寂)한 가운데 성성(惺惺)은 옳고 적적한 가운데 무기(無記)는 그르며, 또는 성성한 가운데 적적함은 옳고 성성한 가운데 망상은 그르다(『대종경』, 수행품 12장)고 하였다. 소태산은 보조국사의 『수심결』을 깊이 있게 접근하여 선의 강령을 참조하였다. 아울러 보조국사의 「권수 정혜결사문」과 『진심직설』 등을 참조하여 원불교의 선종사상과 선수행에 대한 참고경전으로서 활용했다. 『회보』에 주산종사가 이를 번역하여 연재한 것[170]도 불교수행에 대한 깊은 관심의 정도를 드러낸 것이다.

『업보차별경』은 『대장경』 아함부(阿含部)에 속한 인과경전이다. 본 경은 수나라 구담법지(瞿曇法智)가 번역하였고 고려판 및 송·원·명 각판이 다소의 차이를 보이고 있으나, 원불교에서 참고하는 역본은 고려판을 중심으로 각판을 종합하여 의역되었으며 원전도 그에 따라 각판을 종합하였다.[171] 초기교단에서 『업보차별경』을 번역하여 소개하고 있는데, 서대원 교무는 『회보』 21~22호에서 이를 번역하여 읽기에 용이하도록 하였다. 불교에서 강조되는 선악 인과업보에 대한 것으로 이는 원불교에서 인과법문에서 자주 인용되고 있다.

---

169) 박상권, 「진리인식에 있어서 무」, 『원불교사상과 종교문화』 40집, 원불교사상연구원, 2008, p.21.
170) 박용덕, 『천하농판』, 도서출판 동남풍, 1999, p.116.
171) 원기 50년, 12월8일 「정화통신」(이공전, 『凡凡錄』, 원불교출판사, 1987, p.132).

인과법문으로 인용되는 것으로 또한『현자오복덕경』이 있다. 소태산의 인과관을 상기하면『불조요경』중『현자오복덕경』이나『업보차별경』의 내용으로 미루어 볼 때 소박한 선인작복(善因作福)을 권장한 것으로 볼 수 있으니, 결론적으로 소태산은 불교의 인과원리를 그대로 수용하면서 소박한 의미의 신앙적 인과설을 도입하고 있음을 알 수 있다.172) 그가 깨달은 내용이 불생불멸과 인과보응이라는 점에서『불조요경』에서 이를 인과보응에 대한 법문으로 참고하고 있다.『현자오복덕경』은『대장경』경집부(經集部)에 속한 인과 관련 경전으로 진나라 백법조가 번역하였으며, 본 경전은 포교의 공덕으로 현자가 얻는 다섯 가지 복덕에 대하여 설명하고 있다.

다음으로『불조요경』에『목우십도송』이 편입된 내력을 살펴보도록 한다. 원기 25년(1940)에 소태산은 이공주, 송도성, 서대원 등에게『정전』을 편성하도록 지시하였다. 같은 해 10월, 소태산은 도일(渡日) 준비 차 부산 초량교당에 이어서 남부민교당으로 갔다. 저녁법회에 교도들에게『목우십도송』과 관련한 법어를 설해주었다. 본 송을 설하면서 소태산은 "대단히 좋다. 정전에 넣어야겠다"라고 하면서『목우십도송』과『사십이장경』을 첨가하도록 하였다. 다음해(원기 26년) 4월, 불법연구회 총회 이후 편수 업무를 박장식(총무부 부장)과 이공전(본부 서기)에게 추진하도록 하였다.

사실 소태산의 법설 가운데, 소에 대한 비유는 과거 불가에서도 목우도송으로 나타나기도 하였는데 그것은 수행자가 길들어가는 과정을 소에 비유하여 설명되고 있다.173) 곧 목우(牧牛)로서 수행자의 인격을 발전시켜가는 과정은 이처럼『목우십도송』의「목우도」에서 풍자적으로 접근된다. 주목할 것은 본『불조요경』에 목우도(木牛圖)는 넣지 않도록 하였다는 점

---

172) 한정석, 「원불교 불교관」,『원불교사상시론』1집, 수위단회사무처, 1982, pp.79-80.
173) 이성택, 「원불교 수행론」,『원불교사상시론』1집, 수위단회사무처, 1982, p.30.

이다. 아마도 보명선사가 지은 「목우도」가 원불교의 불교 고경 또는 『교전』의 불교고경 중에 들어있고, 크게 일반화되었기 때문에 생략되었을 가능성도 있다.[174] 목우(木牛) 수행을 하는데 있어서 「목우도」가 원불교 교서에 인쇄, 편재되어 있다면 더욱 용이하게 접근되었을 것이라 사료된다.

4) 『불조요경』의 의의

원불교 교서의 소의경전으로 요긴하게 사용되는 『불조요경』의 몇 가지 의의를 살펴보고자 한다. 『불조요경』(佛祖要徑)이 불조(佛祖)의 사상 접근에 가교가 되고 있기 때문이다.

첫째, 교단의 최초 『정전』 성격인 『육대요령』이 갖는 한계를 극복하면서 『불교정전』의 간행으로 이어졌는데, 『불조요경』을 본 교서에 소속시킴으로써 소의경전으로 유용하게 활용하도록 하였다. 원기 28년(1943) 간행된 『불교정전』은 원기 47년(1962) 간행된 『원불교 교전』 제1권 중 「교의」와 「수행」을 『정전』으로, 2~3권은 『불조요경』으로 재간되었으며, 『불교정전』은 소태산 당대에 완정된 교단의 기본경전이란 점과 대종사의 친저라는 데에 그 의의가 크다.[175] 교조가 친히 편집하였던 『불조요경』은 소의경전으로서 교법의 불교사상 섭렵에 유용하게 접근되었던 것이다.

둘째, 『불조요경』은 원불교의 연원경전으로서 불조(佛祖)의 가르침을 이해하는데 도움을 준다. 『불조요경』은 『불교정전』의 권2~권3을 합본 결집한 것이다. 본 경전은 원불교의 정통성을 정립함과 동시에 소태산 대종사가 연원을 석가모니에게 정한 의미를 뚜렷이 한 것으로, 원불교사상을

174) 송천은, 「숭산종사의 종교관-일원상을 중심으로」, 숭산종사추모기념대회 『아, 숭산종사』, 원불교사상연구원, 2004.12, p.87.
175) 김도공, 「불조요경 결집의 의의와 문제」, 『원불교학』 3집, 한국원불교학회, 1998, p.288.

이해하는데 중요한 의미를 갖고 있으며, 원불교사상과 깊은 관련이 있는 불경과 조사(祖師)의 글을 수록하였다.[176] 원불교가 연원하고 있는 불교의 조사 법어를 섭렵하는데 큰 역할을 하고 있기 때문이다.

셋째, 『불조요경』이 『원불교 전서』에 포함되어 기독교의 『성경』과도 같은 위상을 지닌다는 것이다. 교서 발간에 역할을 한 이공전 교무는 『교전』 제2권으로서의 『불조요경』은 소태산이 일찍이 선택 활용한 『금강경』을 제1부로 하고, 『반야심경』을 제2부로 하며 거기에 다시 제3권을 부설하여 여러 경론들을 선택 편입할 우리의 제2교서이자 '연원되는 옛 경전' (원기 50년 6월, 『원광』 48호)이라 하였다. 따라서 『교전』과 『불조요경』은 마치 기독교에 있어서 신·구약의 관계로서 쌍벽을 이루고 있음을 확인시켜 주고 있다.[177] 『불조요경』을 원불교의 전서에 포함함으로써 관련 불경의 위상을 크게 드러낸 점에서 볼 때 『불조요경』은 원불교 기본교서의 외연 확대 역할을 해온 것이라 본다.

넷째, 『불조요경』은 원불교학의 접근에 있어서 다양성과 체계화에 도움을 준다. 『정전』과 『대종경』이라는 원불교 기본경전의 해석에 있어서 불경은 불교의 교리를 다채롭게 접근할 수 있도록 도움을 주기 때문이다. 교서결집기관이었던 원불교 정화사에 의해 전개된 교서간행의 성과는 『원불교 교전』(1962), 『불조요경』(1965), 『예전·성가』(1968), 『정산종사법어』(1972), 『원불교교사』(1975), 『원불교교헌』(1976) 등 기본교서로 편찬되어 『원불교 전서』(1977) 간행으로 집성되었으며, 이는 원불교 사상의 체계화와 다양한 전개에 필요한 주요 자료였다.[178] 원불교 교리의 체계화

---

176) 이운철, 「출판언론사」, 『원불교 70년정신사』, 성업봉찬회, 1989, p.551.

177) 이공전, 『凡凡錄』, 원불교출판사, 1987, p.126.

178) 고시용, 「정전의 결집과 교리의 체계화」, 『원불교학』 제9집, 한국원불교학회, 2003, p.269.

에 있어서 불교사상의 역할은 『불조요경』이 그 뿌리역할을 하고 있는 것
이다.

하지만 근래 원불교100년 교헌특위가 『불조요경』을 교서로 교헌에 넣
을지 말지를 검토한 적이 있어 아쉬움을 가져다주었다. 2013년 11월 11
일, 교헌특위 위원의 위촉장 수여에서 경산종법사는 "위원들은 교단100년
의 역사를 성찰하고 새로운 100년을 설계하는 영광스럽지만 막중한 책임
을 지게 됐다"고 했으며, 모두(冒頭) 발언에서 김성대 위원은 전면 리모델
링을 위해 교단의 중요사항을 다룰 수 있으며,『불조요경』을 교헌상에 교
서로 넣을지 말지부터 논의의 한계를 두지 말고 책임감 있게 개정안을
만들어가자(원불교신문, 2013.11.15)고 하였다. 소태산 당대에 편집되고,
원기 50년도에 원불교 교서에 『불조요경』이 편재된 이래, 원불교 창립
100년이 되면서 『불조요경』을 교서로 넣을지 말지에 대한 토론이 있었지
만 어떠한 결론도 이루어지지 않았다. 교헌개정위가 교서편찬에 대하여
자유롭게 논의할 수 있을지는 몰라도, 원불교가 불법을 연원으로 한 종교
이며, 소태산 당대에 편집된 『불조요경』을 교서에서 제외할 수도 있다는
것은 사려성의 문제를 포함하여 심각한 논란을 야기하는 문제라 본다.

다만 선택의 폭을 키워서 『불조요경』에 편재되어 있는 일부의 경전을
재구성하는 일은 가능하리라 본다. 『불조요경』의 구성이나 불전의 선택
에 깊은 고려가 있었는지 의심이 있다는 지적이 이와 관련되는데, 당시
교단은 급박한 현실 속에서 속히 불교적 요소로 무장해야 할 필요가 있었
고, 교리의 형성과정에서 그에 응용할만한 불경을 찾을 여지가 적었기 때
문이다.[179] 오늘의 상황에서 원불교학이 체계화되고, 원불교 인재양성의
기관에서 원불교학자들의 다양한 해석학적 접근으로 불경 재편집의 지적

179) 鄭舜日, 제93차 원불교사상연구원 월례발표회 발표요지 「圓佛敎學 探究方向에 관한
一提言」, 원불교사상연구원, 1996.3, p.2.

역량이 갖추어져 있다고 본다. 여기에서 『불조요경』의 경서를 재편집할 수 있는 여지가 충분하다고 보며, 이를 교서에서 제외하는 문제는 단견(短見)에 가까운 것으로 보인다.

앞으로 원불교의 교리정립에 있어서 『불조요경』의 다양한 해석학적 접근이 필요하다. 그것은 원불교가 불교사상을 포괄적으로 접근하여 원불교학 정립의 심화 및 발전을 위함이다. 각산 신도형 교무는 원불교 교서의 하나인 『불조요경』 해석을 시도하였는데 『금강경』, 『반야심경』, 『수심결』, 『목우십도송』, 『휴휴암좌선문』 등 5편의 불전을 해제한 적이 있다.[180] 그리고 원광대학교 원불교학과 예비교역자의 교과과정에 『불조요경』(전공 3학점)이 있는 것도 원불교사상의 외연확대로서 교리의 체계화, 불조(佛祖)정전의 심인(心印), 불교사상의 이해에 도움을 주리라 본다.

5) 『요전』 발간의 과제

원불교 교서결집에서는 『불조요경』이라는 소의경전 외에도 유불도 3교 사상 등을 포함한 교서로서 『원불교 요전』의 발간이라는 과제가 남겨져 있다. 『불조요경』이 불교사상을 수용하는 것이라면, 『요전』은 유불도 3교의 사상을 수용할 보조경전이 될 수 있다는 것도 새겨보아야 하기 때문이다. 원불교 보충교서의 발간에 있어서, 당시 출판관계자의 언급에 의하면 불가, 유가, 선가 및 동서 중요 종교들의 경전의 정요(精要)와 특히 본교에 연원적 의의가 있는 경전의 절목(節目)들을 선취(選取) 편찬하여 본전(本典)을 보충하는 교서를 만들도록 연구 준비한다[181]고 하였다.

---

180) 박광수, 「각산 신도형의 생애와 사상」, 원불교사상연구원 編, 『원불교 인물과 사상』Ⅱ, 원불교사상연구원, 2001, p.204.

181) 이공전, 「교전제2·3권(고경)의 編刊추진에 관하여」, 『원광』 48호, 원불교원광사, 1965.6, p.103.

이처럼『원불교 교고총간』에서는 유불도 3교의 활용정신에 따라『원불교 요전』을 앞으로 발간하기로 하였던 점을 상기할 필요가 있다. 원기 47년(1962) 2월 21일 제5회 임시수위단회에서 정화사는『원불교 요전』발간에 관한 건으로 "종전의 근행법 제2부「불교요목」과 종전의『정전』2권과 3권에 편입된 경론(經論)과 유(儒), 선(仙), 기독교 및 한국 신흥종교의 경전 중에서 정선(精選)한 제교요목(諸敎要目)을 합편하여 보조경전으로 엮되 서명은『원불교 요전』으로 한다"[182]라고 하였다. 원불교 최고의결기관인 수위단회의 결정까지 있었음에도 불구하고 여전히『요전』의 발간이 시도되지 않았다는 점은 아쉬운 일이다.

원불교 수위단회의 의결을 거쳐 종법사가 지정할 보충교서를 1975년(원기 60) 이내에 발간하겠다는 정화사의 결의가 무색해져버렸다는 점에서 본 교서의 발간의 과제를 긍정적으로 모색해야 할 것이다. 원불교에서 교단의 기본교서로 지정하고, 정화사로 하여금 그 편수·간행을 추진하도록 위임한 교서 '9종교서' 외에 수위단회의 의결을 거쳐 종법사가 지정할 보충교서가 몇 가지 있게 될 것이니, 예를 들면『요전』으로서 유불선 등 동서 중요 종교들의 경전의 정요를 모아 엮을 보조경전(원기 50년, 12월8일「정화통신」)이 이와 관련되어 있다. 앞으로 원불교 교서의 재결집에서『원불교 요전』의 발간이 적극 검토되어야 할 것이다.

---

182)『교고총간』제6권, 원불교출판사, 1968, p.303.

9. 『조선불교혁신론』의 의의

1) 선후천 교역기와 원불교

원불교는 불교를 혁신한 생활불교이면서도 한국의 근대사회에 창립된 신종교에 속한다. 근세에 창립되어 붙여진 신(新)종교는 선천시대를 청산하고 후천시대를 담당할 종교개혁의 성향을 지닌다. 원불교의 개혁적 성향을 담은 사상은 곳곳에서 발견된다. 원불교의 개혁적 요소 중 가장 근간이 되는 것은 불교의 개혁이다.[183] 19세기 신종교로 출발한 원불교는 한국의 전통사상 중에서도 불교를 기반으로 한 개혁적 성향을 지녔다는 점에서 다른 신종교들과 차별화를 지닌다. 유교와 도교 및 불교라는 유불도 3교의 정신사적 맥락에서 신종교로서 원불교가 추구한 것은 유불도 3교사상을 회통하면서 불교를 초점으로 개혁하는 것이었다.

근대 한국종교사에서 한국 신종교들은 유불도 3교를 대상으로 개혁하려는 성향을 지녔다. 천도교와 증산교 및 원불교의 경우가 그것으로, 개혁을 통해 새로운 창립의 명분을 지녔던 것이다. 전통사상의 계승과 극복을 주로 불교가 지닌 장단점의 계승과 극복을 통해 이룩하려한 것이 원불교인 만큼, 원불교에서 이미 성리학으로부터 비실제적 약점을 지적받은 불교의 윤리·도덕의 시정·강화를 성리학적 유교윤리에 의해 꾀하였을 가능성은 매우 높은 것이다.[184] 불교사상의 개혁과 더불어 유교윤리를 받아

---

183) 이성택, 「민족주의와 원불교사상」, 『원불교사상』 12집, 원불교사상연구원, 1988, p.51.
184) 尹絲淳, 「制度意識에 있어서의 실학적 변용-원불교와 실학」, 『원불교사상』, 제8집, 원불교사상연구원, 1984, p.290.

들인 원불교는 교조 소태산의 유불도 3교의 통합 활용의 정신을 강조한다. 심오한 진리의 측면은 불교에서, 현실적 사회윤리는 유교에서 그 장점을 수용한 점은 소태산의 전통종교에 대한 통합 활용의 정신과 맞물리는 것이다.

전통종교의 섭렵과 불교개혁에 근거한 원불교의 개혁론은 교리정신에서 모색될 수 있는데, 그것은 시대정신, 생활정신, 대중정신을 지향하고 있기 때문이다. 박창기 교무의 대종사수필 『법설집』에 의하면 불교개혁은 1943년 4월 25일 대각전에서 설해진 시대화·생활화·대중화의 불교를 통하여 생활을 개선하라는 법문에 의한다.[185] 원불교는 전통불교의 심오한 사상을 섭렵하되 교리와 제도의 혁신을 통하여, 과거의 불교를 현재와 미래의 불교로, 산중승려의 불교를 일반대중의 불교로 혁신하되 세간생활에 필요한 인생의 요도를 더 밝혀야 할 것이며, 모든 교리를 운전하는 제도와 방편도 시대와 인심을 따라 쇄신하여야 할 것(「조광」지 1937년 10월)이라 했다. 한국의 신종교로서 출발한 원불교의 교리정신이 시대를 선도하며 생활불교, 대중불교를 지향하는 점에서 불교개혁의 정신이 부각되어 있다.

이 같은 원불교의 교리정신과 관련한 소태산 사상의 특성은 불교에 대한 강력한 개혁론에서 출발한다. 그는 전통불교의 각 종파간 통일된 견해를 기대하기 어렵다는 것을 알고 개혁을 통해서만이 불교 본연의 역할을 할 수 있을 것이라 판단하였다. 불교에 대해 그 진리와 방편의 호대함을 말했거니와 수많은 세월을 거쳐 오면서 불교는 여러 형태의 이질적인 문화와 접하면서 발전 분화해 온 것이다.[186] 이에 소태산은 종교역사를 통

185) 양은용, 「소태산 대종사의 『조선불교혁신론』과 불교개혁이념」, 『원불교사상과 종교문화』 32집, 원불교사상연구원, 2006, p.114(주2).
186) 한정석, 「원불교 불교관」, 『원불교사상시론』 1집, 수위단회사무처, 1982, pp.74-75.

해 형성되어 온 불교에 대하여 현실에 맞는 개혁의지를 보임으로써 새 불교로, 후천개벽시대의 살아있는 새 종교로 남아 있기를 간절히 염원했다.

소태산의 개혁의지에 의한 불교개혁 운동은 구한말 한국종교가 겪은 시대상황에 관련되어 있다. 다시 말해서 원불교의 불교개혁은 한국이라는 대내적 상황에서 불교의 전통을 선택적으로 계승하면서 불교체제의 적응 능력을 모색한 근대적 진보형의 대응의식이었다.[187] 이처럼 원불교의 불교개혁은 불교의 보수적 입장의 경우와 달리 새롭게 개혁해야만 발전할 수 있다는 진보적 성격이었으며, 그것은 조선시대의 반봉건적 한국 민족주의적 성향을 지닌다는 것이다. 폐쇄된 조선 후반의 시대적 상황에서 개벽시대의 열린사회로 유도하는 셈이다.

개벽기의 한국 근대불교의 상황이란 선천시대의 변천에 따른 폐단을 극복하기 위함이었다. 당시의 불교에 있어서 심오한 불교적 교리는 고금을 통하여 전개되어 왔지만, 그 제도의 조직과 운용의 방침에 이르러서는 다소간 병폐됨이 없지 않았음은 또한 간과하지 못할 사실이며, 그것은 시대변천에 따르는 현상이었다.[188] 어떠한 종교든 오랜 세월이 흐르면 정체되기 마련이다. 근대불교의 경우 출세간적 성향이 강하였으므로 당시의 시대와 사회가 요구하는 것에 부응하지 못하였음은 주지의 사실이다.

그리하여 한국불교의 시대적 폐단에 대응한 것이 원불교 창립으로 이어졌으며, 교조의 이러한 포부가 초기교서의 발간에 잘 나타난다. 원기 5년(1920) 4월, 소태산은 봉래산에서 주재하면서 밖으로 승려들과 교제하며 재래사원의 모든 법도를 일일이 청취하고, 안으로 제자들과 더불어 새 회상의 첫 교서초안에 분망하였으니『수양연구요론』은 전문 수양의 방법

187) 이성택,「민족주의와 원불교사상」,『원불교사상』12집, 원불교사상연구원, 1988, p.52.
188)『회보』제38호, 1934.9·10월 합병호, 회설「본회 출현의 근본정신」(박영학,「일제하 불법연구회 會報에 관한 연구」,『원불교학』창간호, 한국원불교학회, 1996, p.183).

과 각항 연구조목을 지정하여 공부인으로 하여금 수양과 연구의 실지경
(實地經)을 밝게 하자는 경전으로 상당한 동안 새 회상 초기교서의 일부
로 사용하였다.[189] 초기교서의 발간을 통해 이론에 치우친 출세간적 성향
의 불법을 극복하자는 것이 이것으로, 삼학(三學)의 균형 잡힌 수행을 통
해 실생활에 직접 도움이 되는 새 불법을 지향하였던 것이다.

불법을 연원으로 하되, 새 불법을 지향한 까닭에 전통불교 교단의 외부
에서 개혁을 시도한 원불교의 성격은 다음의 세 가지로 볼 수 있다. 첫째
는 시대적 현실에 입각한 불법의 원융성 회복이며, 둘째는 불법에 입각한
제 사상의 포용정신이며, 셋째는 불법에 기반한 사회개혁을 전개하고자
한 점이다.[190] 시대적 불법이란 교리정신에 근거한 것으로 불교의 시대
화·생활화 등을 말한다. 여러 종교사상의 포용이란 유불도 3교의 융합이
며, 사회개혁을 도모한 것은 후천시대에 맞는 불법활용이다.

후천시대에 맞도록 불교를 개혁하려 한 내용은 무엇보다도『조선불교
혁신론』에 잘 나타나며, 그것은 출세간의 종교가 갖는 시대적 폐단에 대
한 직접적이고 강력한 개선책으로 등장한다. 1920년(원기 5)에 소태산은
제법성지 내변산의 봉래정사(석두암)에 머물면서 교법초안에 착수하였다.
여기에서 그는 월명암과 실상사의 승려들과 교제하며 재래사원의 교리와
법도에 대해 깊은 관심을 갖고 연구하여『조선불교혁신론』을 구상하였으
며, 여러 과정을 거쳐 1935년(원기 20)에 본 교서를 출판하였다.[191] 그가
『조선불교혁신론』을 구상한지 15년 만에 완성을 보게 된 것이며, 간행역
사를 보면 원기 4년 불법으로의 연원을 천명한 후 원기 5년에 불교혁신을

---

189)『원불교 교사』, 제1편 개벽의 여명, 제5장 교법의 초안, 3. 교강선포와 첫 교서초안.
190) 원영상, 「소태산 박중빈의 불교개혁사상에 나타난 구조 고찰」,『신종교연구』제30집,
    한국신종교학회, 2014, pp.126-130.
191) 차광신,「훈산 이춘풍의 생애와 사상」, 원불교사상연구원 編,『원불교 인물과 사상』Ⅱ,
    원불교사상연구원, 2001, pp.426-427.

구상하여 원기 20년에 완성하였다는 것이다. 이처럼 『조선불교혁신론』의
초안, 발간에 이른 것은 한국 과거불교의 폐단을 직시, 생활불교로서의
불교혁신을 천명한 소태산의 경륜에 따른 조처이다.

교조 소태산의 이 같은 불교혁신에는 그의 수제자 정산종사의 보조적
역할도 적지 않았다. 스승의 분부에 의해 정산은 변산 월명암에서 잠시
머물면서 불교의 법도와 예식 등 제도에 대한 연구를 하였다. 소태산은
당시 월명암 백학명(1867~1929) 스님에게 의탁시킨 정산에게 불경을 보
지 말도록 하면서, 그곳에 머물며 불교의 대체적인 것을 습득하도록 하였
다. 이는 소태산 대종사의 『조선불교혁신론』 초안에 직·간접적으로 도
움을 주었던 것이다. 정산종사는 「창건사」에 다음과 같이 기록하였다.
"이때에 대종사께서 밖으로 승려를 교제하사 재래사원의 모든 법도를 일
일 청취하시고 안으로 수제자로 더불어 본회의 모든 교과서 초안에 분망
하시니…."[192] 소태산이 정산을 월명암에 보내고, 또 스스로 승려들과 교
제하면서 전통불교의 제도와 법도를 연구한 것은 원불교가 지향할 바로서
오랜 역사를 이어온 과거불교의 구폐를 극복하기 위함이었다.

2) 『조선불교혁신론』과 신앙혁신

고금을 통하여 새 시대의 종교가 지녀야 할 설득력으로는 여러 가지가
등장할 것이다. 불교혁신에서 두드러진 점으로 외방불교를 조선불교로,
소수인의 불교를 대중불교로 접근하는 것이 당시로서 보다 설득력이 있었
다. 소태산은 외방의 불교가 아닌 우리의 불교를, 소수인의 불교가 아닌
대중의 불교를, 과거의 예법이 아닌 현재의 예법을, 기복신앙이 아닌 진리

---

192)『창건사』 제14장 시창 5년항(박용덕, 『천하농판』, 도서출판 동남풍, 1999,
    pp.164-165).

신앙을 주장하여 시대에 맞추어 불교를 새롭게 개혁하고자 한 것이다.[193] 이것은 전통적인 불교에 대한 개혁으로서 구시대의 종교를 새 시대의 종교로 방향을 전환하자는 것이며, 여기에는 등상불 숭배를 불성 '일원상'의 포괄적 상징으로 개혁하고, 또 분열된 교화과목에 대해 일관성 있는 통일을 촉구하려는 것이었다.

조선불교를 혁신할 항목 중에서 가장 눈여겨 볼 것은 등상불을 법신불(일원상)로 혁신한 것이라 본다. 혁신론의 후반에 「등상불 숭배를 불성 일원상으로」, 「불성 일원상 조성법」 등을 제시하여 개혁의 핵심적 대안을 일원상으로 규정하고 있다.[194] 전통불교의 신앙대상을 새로운 방향에서 혁신을 도모한 것은 일종의 종교혁명과도 같은 것이다. 종파불교의 대부분은 석가모니 불상에 대한 한결같은 신앙 속에서 분파가 지속되어온 점을 상기하면, 원불교의 경우 불상을 일원상으로 혁신한 것은 가히 신앙혁명과도 같은 것이라 본다.

일원상으로의 혁신은 본회 출현의 근본정신에서도 확인할 수 있다. 『회보』회설에서는 「본회 출현의 근본정신」이라 하여 일원상을 신앙의 대상으로 함을 제시하고 있는 것이다. "본회 일찍이 이에 뜻하여 감연히 불교 혁신의 기치를 높이 들고 스스로 그 궁행실천에 노력하였나니, 이른바 그 혁신내용을 단편적으로나마 간단히 들기로 하면 … 등상불을 폐지하고 진리적으로 일원상을 봉안하여 써 신앙의 대상은 삼되 음식불공법은 제대로 폐지할 사…."[195] 불법연구회가 출현한 근본정신을 『회보』에서 강조하고 있는 것처럼 등상불 숭배를 벗어나서 일원상을 신앙信仰하자는 것이며, 그

---

193) 김방룡, 「보조 지눌과 소태산 박중빈의 선사상 비교」, 『한국선학』 제23호, 한국선학회, 2009, p.183.

194) 정순일, 「일원상 신앙 성립사의 제문제」, 제21회 원불교사상연구 학술대회 ≪21세기와 원불교≫, 원불교사상연구원, 2002.1, p.95.

195) 「회설-본회 출현의 근본정신」, 『회보』 제38호, 원기 22년 9.10월.

것은 진리적 신앙과 사실적 수행을 도모하기 위함이다.

조선불교의 주요 문제점으로 등장한 것은 세간생활과 동떨어진 측면이며 이에 출세간적 성향을 극복하자는 것이다. 불교에 대한 소태산의 입장에는 개혁적인 면이 특히 강조되고 있는데, 출세간적 바탕에서 만들어진 제도와 관행이 일반 대중이 받아들이기 어려운 점 때문이었다.[196] 그것은 직업을 가지면서도 불법을 배우고 가르칠 수 있는 세간적 생활불교를 지향하자는 것이다. 이는 불법의 생활화로써 누구나 불법을 생활 속에서 배우기 쉬운 것으로 이해하면서 대중적 불교를 지향하여 불교의 보편화를 꾀하고자 함이었다.

불교의 출세간적 성향을 극복하려는 당찬 의지와 실행에 대하여 당시 언론에서 불법연구회를 주목하였다. 〈조선일보〉의 기사를 보면, 소태산은 철리(哲理)에 심오한 종교가로서, 웅대한 포부를 가진 철저한 활동가로서 역할을 하고 있다고 했다. 이어서 20년 전에 재래불교의 시대적 종언에 입각하여 과거의 제 단계를 합리적으로 분석한 후, 단연 혁신을 고양하여 불법연구회를 조직하였으나 종교의 시대화·대중화, 물심양면의 개발, 일체 미신의 타도, 정신수양·사리연구·작업취사 등 실로 민중의 현실적 의식을 반영하여 재래종교의 형이상학적·신비적 형태에서 완전 탈각한 대중적 종교를 선도했다[197]고 했다. 그리하여 소태산을 조선불교 사상에 루터라 해도 과언이 아니라고 하였다. 종교혁신의 입장에서 그를 루터와 비교한 것이다.

루터의 종교개혁에 비교될 정도로 원불교의 불교개혁은 등상불에서 일원상으로 한 신앙혁신을 모두(冒頭)로 하여 전개되었다는 점에서 불교종

---

196) 이은봉, 「미래종교에 대한 원불교적 대응」, 제18회 원불교사상연구 학술대회 《少太山 大宗師와 鼎山宗師》, 원불교사상연구원, 1999.2, p.27.
197) 〈조선일보〉 1937년 8월 10일자(박용덕, 『천하농판』, 도서출판 동남풍, 1999, p.268).

단의 개혁과 그 스케일이 다르다는 점이 각인된 것이다. 원불교에서 추구한 개혁내용이 다른 기존 불교종단과의 개혁이념과는 전혀 달랐던 것은 교리와 실천적 생활을 추구하는 이념이 오랜 시간을 두고 구축되었기 때문이다.198) 소태산은 불교의 개혁에 있어서 각종 분파들이 흔히 시도한 제도의 부분적 개혁에 머무르지 않았던 것이다. 새 불교로 새판을 짜는 불교의 혁신을 추구한 그로서는 신앙혁신을 통해 종파불교를 벗어나 새 시대의 불교로서 그 기반을 구축하였다고 볼 수 있다.

3)『조선불교혁신론』과 교서편정

우선『조선불교혁신론』의 불교혁신을 위한 항목들을 소개해 본다.『불교정전』권1「목차」의 제1편「개선론」(改善論)이 이것이다. 즉 제1장 과거 조선사회의 불법에 대한 견해, 제2장 과거 조선승려의 실생활, 제3장 석존의 지혜와 능력, 제4장 외방의 불교를 우리의 불교로, 제5장 소수인의 불교를 대중의 불교로, 제6장 편벽된 수행을 원만한 수행으로, 제7장 과거의 예법을 현재의 예법으로, 제8장 진리신앙과 석존숭배, 제9장 불공하는 법, 제10장 법신불 일원상 조성법, 제11장 심고와 기도이다. 본 항목을 보면 원불교가 체제 밖에서 불교의 개혁을 주장하면서 실질적인 불교혁신을 추구하고 있다199)는 점이다. 그러한 불교의 혁신은 전통불교의 근본사상을 수렴하면서 불교의 제반 문제점을 극복하고자 하려는 의도였다.

이어서 불교혁신의 항목들이『불교정전』과『정전』그리고『대종경』에 재편된 상황을 언급해 본다. 본 교서 판형은 4×6판 반양장 37쪽으로 되어

---

198) 이민용,「원불교와 불교의 근대성 각성」, 제28회 원불교사상연구 학술대회 ≪개교100년과 원불교문화≫, 원불교사상연구원, 2009.2, p.20.
199) 이성택,「민족주의와 원불교사상」,『원불교사상』12집, 원불교사상연구원, 1988, pp.51-52.

있으며, 1963년(원기 47) 『원불교 교전』 편찬 시에는 『정전』과 『대종경』
에 수록되었다. 이처럼 원기 20년(1935) 소태산이 친히 발표한 『조선불교
혁신론』의 내용은 후에 원불교 교서결집에 용해되어 게재되었으므로 원
경인 『불교정전』 및 『정전』, 그리고 소태산의 언행록인 『대종경』 서품을
주목할 필요가 있다. 원기 5년(1920)에 초안한 『조선불교혁신론』의 내용
이 원기 28년(1943) 『불교정전』의 개선론에 밝혀져 있고, 원기 47년
(1962) 『정전』과 『대종경』을 합간(合刊)하면서 개선론은 『대종경』 서품
에 옮겨졌다.

특히 『대종경』과 관련한 것은 「총론」에 밝히고 있듯이 과거 조선사회
의 불법에 대한 견해(『대종경』, 서품 15장), 조선 승려의 실생활(서품 16
장), 세존의 지혜와 능력(서품 17장), 외방의 불교를 조선의 불교로(서품
18장), 소수인의 불교를 대중의 불교로(서품 18장), 분열된 교화과목을 통
일하기로(서품 19장), 등상불 숭배를 불성 일원상으로(교의품 13, 14장)이
다. 그리고 불성 일원상 조성법, 심고와 기도에 대한 설명은 『정전』 제2편
제19장에 게재되었으며[200] 불교혁신의 의지가 이처럼 기본교서에 표출되
어 있는 것이다.

구체적으로 『대종경』에 나타난 조선불교의 혁신과 관련한 법어를 소개
하여 보도록 한다. 소태산에 의하면 과거 불가에서 가르치는 과목으로 경
전을 가르치며, 화두를 들고 좌선하는 법을 가르치며, 염불하는 법을 가르
치며, 주문을 가르치며, 불공하는 법을 가르치는데 그 본의가 어렵고 편벽
되어 있다는 것이다. 그는 이에 말하기를, 경전으로 가르치기도 어렵고
염불과 주문을 읽게 하는 것은 번거한 세상에 사는 사람이 애착 탐착이
많아서 정도에 들기가 어렵다[201]고 했다. 아울러 한곳에 집착하여 편벽된

200) 박용덕, 『천하농판』, 도서출판 동남풍, 1999, p.166.
201) 『대종경』, 서품 19장.

수행길로서 서로 분파를 지어 신자의 신앙과 수행에 장애가 되었다는 것
이다. 소태산은 이에 불교의 선종과 교종의 모든 경전을 단련하여, 번거한
화두와 번거한 경전은 다 놓아 버리고 그 중에 제일 강령과 요지를 밝힌
화두와 경전으로 일과 이치에 삼학(三學)을 병진하게 하였다. 불법을 배
우는 신자로 하여금 수양력·연구력·취사력으로 병진한다면 신자의 수
행은 원만하게 될 것이기 때문이다.

　원불교의 불교개혁은 이처럼 주요 교서에 나타난 것과 같이 새롭게 용
해되어 접근되고 있다. 새 회상의 건설을 위한 새판 짜기의 접근이 이와
관련된다. 전통불교의 시각으로 볼 때 이것은 새로운 회상, 새로운 교상판
석이며, 따라서 새로운 교체(敎體)의 설립으로 생각되는 불교의 종교혁명
일 수 있다.202) 교상판석을 통해서 원불교 교법의 우월성을 드러냄으로써
새 회상의 설립을 위한 명분을 분명히 하고자 함이라 본다. 새로운 교단
을 설립함에 있어서 명분이 약하거나 부족하다면 그것은 신도들로부터 호
의를 얻지 못할뿐더러 기대효과를 상실할 수 있기 때문이다.

　불교혁신의 항목들이 주요 교서에 용해되어 있듯이 교단 발전의 명분
론에 있어서 불교교판은 원불교의 새 교체의 존립근거를 명확히 하는 것
이며, 그것은 불교혁신의 가이드라인을 확립하는 셈이다. 불교혁신에 있
어서 소태산은 불교의 핵심사상을 유지하되 현재와 미래를 통해 대중들이
적절하게 믿도록 일부 교리와 제도를 개선하고 실천해야 한다고 강조하고
있다.203) 어떠한 제도를 비판하는 데에는 그것이 시대에 맞는지, 제도가
대중적인지, 교법실천이 용이한지를 점검하는 것이 필요하며, 이러한 점
검은 불교혁신의 가이드라인으로서 역할을 하는 것이다. 미래의 종교는

202) 이민용, 「원불교와 불교의 근대성 각성」, 제28회 원불교사상연구 학술대회 ≪개교100
　　년과 원불교문화≫, 원불교사상연구원, 2009.2, p.19.
203) 박도광, 「소태산 박중빈의 불교혁신 운동」, 『원광』 265호, 월간원광, 1996.9, p.96.

신도들로 하여금 그 방향설정에 설득력을 얻도록 해야 한다는 뜻이다.

4) 불교혁신과 불교유신

『조선불교혁신론』의 저술과정을 보면 소태산은 한용운이 앞서 발간한 『조선불교유신론』의 내용을 이미 알고 있었을 것이라 본다. 소태산이 대각한 후 열람한 『금강경』을 비롯한 여러 종교의 전적(典籍)을 봉래산 주석기에 참고하였으며, 그중에는 한용운의 주저 『불교대전』도 들어 있었고, 능가산(楞伽山) 실상사의 만허 경화(慶華), 학명 계종(啓宗)을 중심한 선지식과 교류를 통해 불교계의 실상을 잘 알고 있었다.[204] 한용운과의 인연은 『불교대전』을 소태산이 깨달음을 얻은 후 직접 열람하였다는 사실에서 기인한다.

자연스럽게 불교의 혁신이라는 공통점에서 소태산의 『조선불교혁신론』(1935년)과 만해 한용운의 『조선불교유신론』(1913년)은 비교될 수 있다. 한용운의 『조선불교유신론』은 불교 내에서 불교의식을 거의 대부분 혁파할 것을 주장하였다는 점에서 주목을 끌었다. 이 같은 한용운의 『조선불교유신론』은 원불교의 창시자인 박중빈의 『조선불교혁신론』과 같은 역사적 맥락에서 이해될 수 있다.[205] 만해에 의하면 "조선불교는 유신할 것이 없는 탓일까, 아니면 유신할만한 것이 못되는 까닭일까"라는 의문을 제기하면서 조선불교의 유신이야말로 자신의 일로서 회피할 수 없음을 깨닫게 되었다(『조선불교유신론』, 「緖論」)는 것이다. 그는 조선 승려의 전도를 생각하는 처지에 설 경우, 불교의 유신에 도움이 된다면 후일에 그로서는

---

204) 양은용, 「소태산 대종사의 『조선불교혁신론』과 불교개혁이념」, 『원불교사상과 종교문화』 32집, 원불교사상연구원, 2006, p.127.

205) 홍윤식, 「진리적 종교로서의 원불교의 역사적 위치」, 류병덕 박사 화갑기념 『한국철학종교사상사』, 원광대 종교문제연구소, 1990, p.1085.

영광이라고 하였다.

그러면 불교혁신을 주장한 소태산의『조선불교혁신론』과 한용운의『조선불교유신론』의 차이는 무엇일까. 불교개혁을 통한 새 불교의 탄생을 소태산이 실현했다는 점과 비교해보자는 것이다. 한용운의 유신에 있어서 1910년대를 중심으로 형성되기 시작한 불교유신의 방향이 기성종교에서는 결실을 보지 못하였고, 소태산의『조선불교혁신론』에 따른 원불교의 발생을 통하여 역사적인 개혁을 보게 된다는 것으로 여기서 원불교 발생의 역사적 의미를 살필 수 있다.206) 개혁이 현실에서 실현되었느냐의 여부는 쉽게 판단할 수는 없는 일이지만, 소태산의『조선불교혁신론』은 불법연구회를 통하여 실현되는 계기를 마련하였으며 그것은 오늘날 원불교의 발전과 활동상에 관련된다.

어떻든 소태산은『정전』에서 한용운 등이 밝힌 간화선을 비판하고 있다. 이것은 불교를 혁신하려는 소태산이 교판적으로 접근하고 있다는 뜻이다.『정전』「좌선법」에 의하면 간화선을 주장하는 측에서는 혹 단전주법을 무기(無記)의 사선(死禪)에 빠진다 하여 비난을 하지만 간화선은 사람을 따라 임시의 방편은 될지언정 일반적으로 시키기는 어려운 일이라며 다음과 같이 말한다. "만일 화두만 오래 계속하면 기운이 올라 병을 얻기가 쉽고 또한 화두에 근본적으로 의심이 걸리지 않는 사람은 선에 취미를 잘 얻지 못하나니라."207) 소태산은 좌선을 하는 시간과 의두 연마를 하는 시간을 각각 정하고, 선을 할 때에는 선을 하고 연구를 할 때에는 연구를 하여 정(定)과 혜(慧)를 쌍전하도록 하였다.

이와 달리 근세의 불교혁신가인 한용운의『조선불교유신론』에서는 선

---

206) 홍윤식, 「진리적 종교로서의 원불교의 역사적 위치」, 류병덕 박사 화갑기념『한국철학 종교사상사』, 원광대 종교문제연구소, 1990, p.1086.
207)『정전』, 제3 수행편, 제4장 좌선법, 4. 단전주의 필요.

을 생활 속에서 해야 한다고 하면서 선은 간화선을 해야 한다고 하지만, 간화선은 계속 화두에 일단 정성을 집주하는 것으로 일상생활을 할 때는 문제가 생긴다.[208] 일상생활을 하면서 화두에 집중을 할 것인가의 문제와, 일에 집중을 할 것인가의 문제가 발생하기 때문이다. 다시 말해서 화두에 몰두하면 일이 어그러지고, 일에 몰두하면 화두를 연마할 수 없다는 것이다. 이에 소태산은 이사병행과 영육쌍전을 통하여 일도 잘하고 화두 연마를 잘하도록 혁신하였다.

불교수행의 혁신 측면에서 보면 불교의 간화선은 동하 3개월간의 안거 (安居)를 통하여 연마하는 성향인데, 소태산은 불교의 안거를 있는 그대로 받아들이지 않고 정기훈련을 시도하였다. 즉 소태산의 혁신교리와 제도는 재래불교의 안거를 역사적 불교형태의 계승 맥락에서 받아들였다기 보다는 안거가 가지는 본질적 의의와 관련하여 창의적 입장에서 수용하였다고 함이 좋을 것이다.[209] 원불교에서 강조하는 정기훈련에서는 불교의 동하(冬夏) 안거의 형태적 수용과 달리 훈련과목의 전문성, 교리실천의 용이성 등을 개선하고 있다. 특히 원기 10년(1925)에 발표한 정기훈련은 동정간 철저한 수행을 통하여 교법의 생활화를 지향하고 있음을 참조할 필요가 있다. 정기훈련을 밝힌 원불교의 기본교서『정전』과 외정정(外定靜) 내정정 등을 밝힌『대종경』에 조선불교 혁신의 흔적이 그대로 드러나 있기 때문이다.

5) 후천개벽의 이상적 불교상

원불교가 추구한 불교혁신은 오랜 역사를 겪어온 과거불교의 구폐에

---

208) 한정석,『원불교 정전해의』, 도서출판 동아시아, 1999, p.38.
209) 김경일,「정기훈련의 의의와 그 실천의 반성」,『정신개벽』제4집, 신룡교학회, 1985, p.34.

대한 부정적 측면을 극복하기 위함이다. 부정적 측면은 다음 세 가지로
접근해 볼 수 있다. 첫째 신앙의 비진리화 경향, 둘째 종파불교로의 분화,
셋째 출세간불교의 성향 등210)으로 이러한 측면을 극복하자는 것이다. 신
앙의 비진리화는 기복신앙을 언급하는 것으로 인격숭배에 떨어질 경우 진
리적 종교가 되지 못하기 때문이다. 또한 종파불교로의 분화는 무상대도
의 교법을 편벽되게 집착한 결과이므로 이를 벗어나자는 것이다. 아울러
출세간불교의 지양은 미래의 종교가 생활불교여야 한다는 점에서 소태산
이 강조한 새로운 시대의 교법과 관련된다.

　따라서 불교혁신을 추구한 소태산의 근본 의도는 다음 세 가지로 접근
해 볼 수 있다. 곧 전통불교 교단의 외부에서 개혁을 시도한 원불교의 성
격은 첫째, 시대적 현실에 입각한 불법의 원융성 회복이며, 둘째 불법에
입각한 제 사상의 포용 정신이며, 셋째 불법에 기반한 사회개혁을 전개하
고자 한 점이다.211) 전통불교의 부정적 측면을 드러냄으로써 이를 극복하
려는 것이 소태산이 불교를 혁신하고자 한 명분이라면, 원불교 출현의 의
도가 이 같이 현실을 타개하는 생활불교, 모든 종교를 포용하는 원융불교,
사회개혁을 시도하는 민중불교와 직접 관련되어 있다.

　다양한 측면에서 불교를 개혁하려는 운동은 소태산의 『조선불교혁신론』
이 지향하는 이상적 불교상과 맞물려 있다. 그가 말한 이상적 불교상이란
3천년 전 불타가 보여준 근본사상에는 조금도 다름이 없되 시대에 따라
개혁되어야 될 점, 보충하여야 할 기본적인 기준을 세우는데 역점을 둔
불법을 말한다.212) 이것은 모두가 깨쳐서 불법을 생활에 활용하는 시대,

210) 한정석, 「원불교 불교관」, 『원불교사상시론』 1집, 수위단회사무처, 1982, p.84.
211) 원영상, 「소태산 박중빈의 불교개혁사상에 나타난 구조 고찰」, 『신종교연구』 제30집,
　　　한국신종교학회, 2014, pp.126-130.
212) 한기두, 「불교와 원불교」, ≪院報≫ 제46호, 원불교사상연구원, 1999.12, p.24.

나아가 그 시대는 미륵불의 용화회상을 언급하는 것이라 본다. 무명에서
벗어나는 삶, 그리고 무상대도의 불법을 실천하는 불보살의 경지를 촉구
한 소태산은 불교혁신을 통해 미래불교의 이상적 불교상을 드러내었다.
　후천개벽시대의 이상적 불교상에서 볼 때 소태산이 의도했던 것은 불
교를 완성하는 것이었다. 불교가 3천여 년의 오랜 세월을 지내오는 동안
석가모니의 본의가 상실되고 제도와 교리의 편벽된 현상에 고착함으로 인
해 불교 본연의 역할이 상실되는 현상이 적지 않게 비추어졌기 때문이다.
소태산이 의도한 것은 그 동안 있었던 불교의 모든 병폐를 극복하고 불법
의 심오한 근본진리를 주체삼아서 완전무결한 새 종교를 건설하는 것(『대
종경』, 서품 2장)이었으며, 이것은 불교를 개혁하고 더 나아가 불교의 진
정한 완성을 의도한 것이라 볼 수 있다.213) 현대에 맞게 불교를 새롭게
개혁하고 불법의 수월성을 드러내려는 소태산의 역사의식을 상기한다면,
원불교는 불교를 현대사회에서 이상적 불교상을 구현하도록 지속적으로
노력해야 한다고 본다.

6) 불교혁신의 과제

　원불교 초기교단에서 지향하는 불교완성이란 일종의 종교혁명과도 같
은 것이었다. 혁명이라는 용어는 특히 종교계에서 진보적인 용어로 비추
어질지 모르지만, 구습을 타파하고 새로운 이념을 주입함으로써 환골탈태
하는 모습을 말한다. 소태산은 종교혁명의 중심적 과제로서 불교의 개혁
에 착수하였으며, 불교의 개혁으로부터 시작하여 모든 종교의 혁명을 시
도하고자 하였던 것이다.214) 기성종교의 구습을 타파하기 위한 종교혁명

---

213) 신명교, 「원불교 교단관」, 『원불교사상시론』 1집, 수위단회사무처, 1982, pp.26-27.
214) 위의 논문, p.26.

이란 불교만이 아니라 여타 기독교의 경우에도 해당될 것이다. 유대교에서 기독교로의 변신은 일종의 혁명이었고 개신교는 전통의 천주교와 달리 혁명적 변화를 시도하여 새롭게 변신한 것으로 알려져 있다는 것을 상기해볼 필요가 있다.

　　종교혁명을 시도하는 취지에서 불교혁신의 의지를 드러내었던 것은 소태산이 밝힌 원불교 개교동기에도 나타난다. 불교혁신에서 볼 때 원불교의 과제는 과거불교와 생활불교의 정체성을 어떻게 정립해 나가느냐는 것이다. 소태산의 불교개혁에서 개혁의 대상에 대한 본질적인 문제에 주목할 필요가 있으며, 그것은 불교가 선행적으로 해결해야 할 근본적인 문제를 지니고 있는데, 개혁의 대상인 불교 자체에 대한 정체성의 문제이다.215) 원불교로서 전통불교와의 차별화에 대한 큰 과제가 있다는 뜻이다. 전통불교에 대한 원불교 고유의 정체성 확보가 지속적인 불교혁신과 관련되는 것으로, 원불교는 개교동기를 통해 불교의 구폐를 직시하면서 종파불교의 성향을 벗어남으로써 생활불교를 지향하는 점에서 차별화가 가능하다고 본다.

　　원불교가 종파불교와 다르다는 것은 원불교의 고유의 정체성 확립에서 거론될 수 있다. 석가모니불이 연원불이고 법계(法系)가 소태산에서 시작한다는 원불교 교헌의 규정은 불교사에서 자기 정체성을 찾는 종파불교의 경우와 다르다는 것으로 볼 수 있다. 즉 조계종은 도의국사를 종조, 태고보우를 증흥조, 지눌을 중천조로 규정한다는 것이다. 이에 태고종은 태고보우를 종조로 규정하고, 천태종은 천대지의 · 대각국사 · 상월원각대조사를 각각 개립 · 개창 · 중창조로 규정하며, 진각종은 스스로를 '전통종교인 불교를 이 시대 대중들의 근기에 맞도록 새롭게 한 밀교중흥 종단'으로

---

215) 이민용, 「원불교와 불교의 근대성 각성」, 제28회 원불교사상연구 학술대회 ≪개교100년과 원불교문화≫, 원불교사상연구원, 2009.2, p.17.

규정하였다[216]는 점을 참조할 일이다.

여기에서 한 걸음 더 나아가 원불교의 개혁방향을 고려하지 않을 수 없다. 원불교와 불교의 차별화에 대하여 조심스럽게 접근해 보자는 뜻이다. 원불교와 불교의 관계는 '차별화'라는 말은 맞는 것 같지는 않고, 좀 다른 점이 어떤 점이냐는, 오히려 특색을 묻는 것으로 이해해 보자[217]는 것이다. 이는 원불교의 정체성 확보가 불교의 성향과 전혀 다른 것으로 오해할 수 있다는 것을 불식시키는 일이라 본다. 원불교가 성장하면서 지나치게 불교와의 차별화를 추구한다면 그것은 소태산의 본의가 아니기 때문이다. 그가 명명한 '불법연구회'라는 용어를 고려한다면 원불교는 불법을 연구하는 종교로서 출발하였으므로 불교가 전혀 아니라는 점은 그의 본의를 벗어나 있다고 본다.

이에 원불교는 불교개혁에 있어서 한국불교의 폐단을 인지하여 지속적으로 개혁적으로 나아가야 하는 과제를 안고 있다. 만약 불교가 더 개혁적으로 나가려 하고 있다면 원불교의 위기의식은 상대적으로 커지게 되는 셈이다. 언젠가 대구지역의 어느 조계종 사찰에서 성직자를 초빙한다는 광고를 본 적이 있다며, 이제 우리가 정체되었다고 개혁을 부르짖는 불교에서도 성직자를 초빙하는 시대가 되었으니, 개혁이 생명인 새 불교 원불교에선 상상도 못했던 파격 아닌가.[218] 한글 팔만대장경, 한글 반야심경을 지향하는 한국 전통불교를 개혁이 더딘 종교라고만 할 것인가. 원불교가 교화 정체(停滯)의 늪에 빠지지 않기 위해서는 불교를 새롭게 개혁하

---

216) 고병철, 「원불교의 정체성 정치와 위치」, 『원불교사상과 종교문화』 63집, 원불교사상연구원, 2015, p.105.
217) 박혜명 대담, 「불교와 원불교의 만남」, 《원광》 284호, 월간원광사, 1998년 4월, pp.30-31.
218) 김덕권, 「교화칼럼-교무 초빙제 실시하자」, 《圓光》 288호, 월간원광사, 1998년 8월호, p.36.

고자 했던 소태산 대종사의 근본 의지를 환기해야 할 시점이라 본다.

　분명 불교를 개혁하고자 출현한 종교가 원불교인 것은 맞지만 오늘의 상황에서 과연 원불교가 새 시대를 선도하고 개혁적인 종교로서 역할을 하고 있느냐 하는 점은 성찰의 여지가 있다.『조선불교혁신론』이 출현할 때의 상황과 지금의 상황은 달라졌음을 본다면, 기성불교 교단을 산중불교, 은둔불교, 등상불숭배 불교라고 규정할 수 있을 것인가.[219] 교단개혁이라 부르짖고 교헌 개정을 촉구하였던 원불교 100주년 행사가 과연 무엇을 혁신했느냐면 교단이 어떻게 응답할 수 있는가를 성찰해야 하며, 이는 원불교 역사가에 판단을 맡길 수밖에 없다고 본다. 일례로 교단 100주년을 기해 교서 재결집을 부르짖었지만[220] 아무런 결실을 가져다주지 못한 점은 성찰하지 않을 수 없으며, 이러한 과제가 3대3회말(원기 108년)에 이루어질 수 있도록 해야 할 것이라 본다.

　앞으로 원불교가 소태산 대종사의 본의에 따라 개혁불교로 자처하려면, 원불교 100년의 개혁 기회를 놓친, 여전히 개혁에 더딘 안일한 사유로는 교단을 미래지향적으로 향도할 수 없다. 원불교는 초기교단의 불교개혁 정신을 감안, 과감한 의식(意識)개혁과 제도개혁 등을 통해서 세계교화를 선도해야 한다는 점을 잊어서는 안 될 것이다. 현재 세계인의 관심이 불교에 점증하고 있는 이때, 원불교가 혁신불교이면서 혁신종교라는 특징을 더욱 천명함으로써 세계교화에 순풍을 탈 수도 있고, 또한 이것이 소태산 대종사의 본의라고 본다.[221] 원불교 2세기에 진입하여『조선불교혁신론』

---

219) 鄭舜日, 제93차 원불교사상연구원 월례발표회 발표요지「圓佛敎學 探究方向에 관한 一提言」, 원불교사상연구원, 1996.3, p.3.

220) 류성태,「대종경 재결집, 원100년의 핵심과제」,≪원불교신문≫ 1680호, 2013년 10월 18일, 13면.

221) 김영두,「원불교학 쟁점의 해석학적 고찰」,『원불교사상과 종교문화』39집, 원불교사상연구원, 2008, pp.87-88.

을 조명하는 이유가 바로 여기에 있다.

원불교가 근래 보여준 교화정체, 제도개선 지체 등 안일의 덫에 빠지지 않도록 부단한 혁신을 이루어 나가야 한다. 교역자 지원의 감소, 현장교화의 정체, 제도의 혁신부족 등으로는 불교혁신을 논할 수 없다. 물론 원불교의 교세가 다소 미진하더라도 한국의 4대종교에 포함되어 있으며, 군종교화에 큰 역할을 하고 있는 점을 본다면 원불교가 한국사회에서 아직은 건실하게 정착해 왔다고 본다. 사실 원불교가 어느 정도 주목받게 된 이유는 원불교가 지향한 혁신불교의 정신에 바탕하여 오늘날 생활불교·실천불교를 꾸준히 전개함으로써 교육 의료 복지 등 한국사회 전반에 긍정적인 영향을 미친 것으로 평가되기 때문일 것이다.222) 원불교는 앞으로가 과제이며, 과감하고도 지속적인 혁신을 통해 한국사회에서 정착과 더불어 세계를 향도하는 생활불교로서 발돋움해야 할 시점이다.

이제 원불교는 개교의 동기를 다시 한 번 새겨보아야 할 시점에 있다. 그것은 원불교의 성립 자체가 다른 어느 사상보다도 불교와의 일정한 관계, 즉 주로 불교의 개혁의지에서 비롯된 것223)임을 숙고한다면 원기 20년(1935)에 밝힌 소태산의 『조선불교혁신론』은 재조명되어야 할 것이다. 그는 '등상불 숭배를 일원상 숭배로'라는 가장 핵심적인 개혁을 시도하였음을 고려한다면 앞으로의 교단은 새롭게 종교개혁의 의지를 불태워야 한다. 현상유지의 안일한 사고와 근시안적 보수주의에 길들여진다면 원불교는 도태되어 군소종교로 머물기 쉽다는 것을 결코 잊어서는 안 될 것이다.

---

222) 장진영, 「불교와 원불교의 만남」, 『한국불교학』 제61집, 한국불교학회, 2011, p.133.
223) 윤사순, 「濟度意識에 있어서의 실학적 변용-원불교와 實學」, 『원불교사상』 8집, 원불교사상연구원, 1984, p.283.

10. 석가모니와 소태산

1) 교조탄생과 종교역사

각 종교의 교조란 어떻게 탄생하는가. 고통 받는 인간의 구원과 관련하여 본능적 욕구충동이 발생하며, 중생은 절대자에게 의지하고 싶은 종교의 필요성으로 이어진다. 그로 인해 종교창립의 명분이 생김으로써 구원을 책임질 성자가 탄생하는 것이다. 교조에 의해 창립된 종교는 한 인간의 깨달음의 내용을 절대적인 진리로 신봉하는 교단의 조직화가 이루어지면서 그의 언행이나 교리체계는 점차 신비한 것, 초역사적인 것으로 추상화되는 경향을 보인다.[224] 인간의 아픔을 극복할 수 있도록 인류 및 사회구원이라는 사명의식이 발동하면서 선각자는 종교를 창립하는 것이다. 교조의 탄생에 의해 교단이라는 조직이 만들어지고, 교법의 선포와 더불어 구원 방법론이 표명되는 성향이다.

각 종교가 교단으로 구비된다는 것은 무엇보다도 교조의 등장과 그 가르침이 우선할 것이다. 일반적으로 종교가 구비해야 할 요건을 열거해 보면, ① 창시자, ② 교의(敎義), ③ 조직, ④ 사후세계에 대한 언급(구원의 문제) 등이라 할 수 있다.[225] 여기에서 말하는 창시자란 곧 교조이며, 교조의 탄생으로 인해 그의 포부와 경륜이 담긴 교서와 교리가 등장한다.

---

224) 신순철, 「원불교 개교의 역사적 성격」, 『원불교사상』 14집, 원불교사상연구원, 1991, p.6.

225) 宋在國, 「儒學의 宗敎性」, 99 한국종교사학회 추계학술대회 ≪韓國新宗敎 硏究의 諸 問題≫, 韓國宗敎史學會, 1999.11, p.2.

그리고 교조의 사명을 실천에 옮기기 위해서는 교단이라는 조직이 필요하며, 신도들이 그 조직에 합류하면서 종교를 찾는 근본 목적으로서 구원관이 언급된다. 종교의 구비조건은 대체로 이러한 네 가지 사항으로 조직화되는 것이다.

새 종교는 교조가 탄생함으로 인하여 그 역사가 시작된다. 이에 교조의 등장으로 인한 종교성립의 역사를 살펴보는 것이 필요하다. 새 종교의 등장은 그 종교의 역사와 함께 하기 때문이다. 이를테면 원불교의 창립과정에도 역사적인 기록이 있을 것이며, 소태산 역시 역사적 인물로 기록되는 것이다. 정산종사는 「불법연구회창건사」에서 원불교의 역사적 의의를 기록하고 있다. ① 원불교의 사명, ② 시대의 성격, ③ 교조의 인물됨, ④ 교법의 성격, ⑤ 교단성립의 과정, ⑥ 미래의 전망들이 그것이며, 교조의 탄생으로부터 원기 9년(1924) 불법연구회의 창립총회에 이르는 역사를 서술한다는 것은 그로서 교단의 입장을 밝히는 중요한 과제였다.[226] 정산종사는 원불교 창건의 역사적 의의를 부각시킴과 동시에 소태산 대종사를 주세불로 받들게 되었다.

원불교의 역사가 전개되면서 주세불로 그 위상이 세워진 소태산 대종사는 당연히 원불교 교조로 교헌(敎憲)에 명문화되었다. 원기 33년(1948)에 원불교라는 교명을 공포하고, 교헌에 대종사를 교조로 규정함으로써 교조의 위상이 더욱 분명해 졌으며, 교전의 교법 총설과, 새 예전의 대향예법과, 대종사 성비(聖碑)에 그 뜻이 천명되었다.[227] 이처럼 원불교 교서인 『원불교 교사』에 소태산 대종사가 교조로 기록되었음을 보면, 교조의

---

226) 신순철,「불법연구회창건사의 성격」, 김삼룡박사 화갑기념 『한국문화와 원불교사상』,
    원광대학교출판국, 1985, p.901.
227) 『원불교 교사』, 제3편 성업의 결실, 제5장 개교반백년의 결실, 1. 새회상의 확인과 반
    백년 준비.

포부와 경륜이 실현될 수 있도록 후래 제자들의 헌신적 역할이 필요한 일이다.

종교의 창립인물로서 교조에 대하여 신자(교도)로서 공경심을 갖고 교조의 가르침과 창립정신을 실천에 옮기는 신앙적 에너지가 요구된다. 그리하여 신도들은 교조의 정신을 점진적으로 배워가며, 결국은 스스로 깨우쳐가야 한다.[228] 종교신앙을 하는 이유는 교조의 가르침에 의하여 자신을 깨우치는 것이며, 이는 인류구원으로까지 연결되면서 신앙적 욕구를 충족시키는 것이다. 깨우침을 얻고 산다는 것은 무명의 고통을 극복하는 일이며, 나아가 지혜를 통하여 자신에게 주어진 삶을 사회에 환원하는 일이다. 이러한 깨우침과 헌신은 교조의 신봉을 통하여 교단의 창립정신을 체득함으로써 더욱 용이해진다.

2) 각 종교의 교조정신

지구상의 수많은 종교는 인류를 구원할 성자의 출현, 곧 교조의 등장과 더불어 신도들의 깨우침, 그리하여 사회에 헌신적 공헌이 있어왔다. 교조의 포부와 경륜이 실현될 때 그 종교는 사회에서 활동의 입지가 공고해진다. 이에 기성종교의 교조들이 인류를 위해 헌신한 사항들을 언급하면서 교조정신을 드러내고자 한다.

우선 예수(4~30)는 박애 곧 사랑을 위하여 살다간 기독교의 교조이다. 기독교의 창시자로서 예수는 광야에서 40일간의 단식을 하였고, 그가 있었던 광야는 세속과 동떨어진 절대 고독의 장소로서 그 속에서 그는 깊은 내면의 의식세계로 침잠할 수 있다.[229] 기독교 복음서에는 예수가 광야에

---

228) 柳達永, 「원불교에 대한 담밖에서의 제언」, 『원불교개교반백년 기념문총』, 원불교반백년기념사업회, 1971, p.518.

229) 박석, 「명상과 사상과의 관계」, 『원불교사상과 종교문화』 30집, 원불교사상연구원,

서의 고독한 단식을 하였던 것은 명상수련과 관련이 있었다. 예수가 명상
수련을 통하여 자신이 인류구원의 메시아임을 깨달았을 것이다. 하나님의
아들로서 전도활동을 통해 자신의 가르침을 펼치기 시작하였으며, 고통
받는 이들을 위하여 구원의 손길을 내밀었다.

　이슬람교의 교조는 누구인가. 최후 최대의 예언자라고 불리는 마호메
트(570~632)이다. 그는 두 아들이 죽고 난 뒤에 종교적 탐구심에 대한 열
망 때문에 매년 한 달 동안 메카에서 십리 떨어진 히라산의 동굴 속에서
홀로 단식과 기도를 하는 경건한 명상생활을 하였으며, 명상이 깊어지자
6개월 동안 낮에는 사막에서 밤에는 동굴에서 명상생활을 계속하였다.230)
마호메트는 마침내 610년 알라의 계시를 받고 코란을 기록하여 이슬람교
를 창시하였다. 그의 종말론은 잘 알려져 있는데, 알라를 신앙하고 선행을
실천하면 천국에 갈 수 있지만 그를 믿지 않으면 보복으로 고통이 주어진
다는 것이다.

　유교의 교조로서 공자(B.C.551~B.C.479)의 이념은 무엇인가. 공자의
사상은 유교사상의 주축을 이루고 있는데, 성실성과 항구성을 지닌 인간
가치에 관한 사상이며, 그러므로 공자는 인(仁)을 인간행위로서 도덕실천
의 최고 목표로 삼은 것이다.231) 춘추전국시대에 혼란했던 당시의 시대상
을 구제하고자 공자는 인륜을 강조함으로써 평천하(平天下)의 세상을 꿈
꾸었다. 그의 인륜철학은 『논어』를 통하여 오늘날 유교철학의 정수로서
전해지고 있다. 특히 중국 고대의 노나라에서 탄생한 공자는 당시에 타락
한 귀족정치와 패도정치를 극복하고 인정(仁政)을 베풀며 현실구제에 대

　2005, p.5.
230) 위의 논문, pp.5-6.
231) 심우섭, 「仁사상의 재조명-논어와 중용을 중심으로」, 『공자사상과 현대』, 사사연,
　　1986, pp.133-134.

한 강렬한 사명을 전하였다.

도교의 교조는 노자(생몰년 미상)이며, 그는 공자와 동시대인으로서 중국 고대의 춘추전국시대에 살았던 인물이다. 노자가 살았던 시대는 정치질서의 혼미와 전쟁상태가 계속되었다. 각종의 사회기풍은 문란과 타락의 사태를 빚기만 하였는데, 노자의 철학사상은 이와 같은 시대상황에서 허위와 가식으로 점철된 세속적 사고방식이나 가치관에 물들어 타락의 작태를 일삼던 인간 자신에 대하여 냉철한 자기 각성을 촉구하였다.[232] 노자는 중국철학사에 있어서 무(無)의 철학을 주장하였으며, 그것은 부정과 회의의 철학적 논리를 정립하는 계기가 되었고, 이는 유교의 인위적 문명에 대하여 경고를 내린 것으로 이해된다. 오늘날 노자가 지은 것으로 전해오는 『도덕경』은 도가철학의 정수를 드러내는 고전으로 널리 읽혀지고 있다.

불교의 연원격인 자이나교의 니간타 나타푸타(B.C.549~477, 또는 B.C.447~372경)는 교조로서 역할을 다 하였다. 훗날 사람들은 그를 '마하비라(위대한 영웅)'라고 불렀다. 니간타 나타푸타는 밧지의 바이살리에서 왕족의 아들로 태어났으며 30세에 출가하여 수행자가 되고 고행과 명상을 2년간 전념한 후, 모든 옷을 벗어버리고 벌거벗은 고행자로서 12년간 극심한 고행의 생활을 하였다.[233] 마하비라는 완전지(完全知)를 얻어 깨달음과 동시에 독존의 위상으로 자이나교 교조가 되었으며, 30년 동안 교조로서 중생제도를 하는 도중 72세에 열반에 들었다. 그에 의해 만들어진 자이나교는 불살생을 강조하면서 모든 생명체에게 자비를 베풂으로써 오늘날 불교의 연원적 위치를 차지하고 있다.

불교의 교조는 석가모니(B.C.563년경~B.C.483년경)이다. 고타마 시타르타는 인도 카빌라국 왕자로 태어나 부를 누리며 살았다. 그는 무엇 하

---

232) 이종성, 「노자의 자연관」, 『동서철학연구』 제24호, 한국동서철학회, 2002, p.224.
233) 정순일, 『인도불교사상사』, 운주사, 2005, pp.75-76.

나 부족함이 없이 모든 향락을 한 몸에 누리던 궁중생활을 청산하고 굳게
잠긴 성문을 넘어 출가하였으며, 아마도 다른 종교 교조들 중에 출신성분
이 석가모니처럼 좋은 자는 없었을 것이다.[234] 그는 깨달음을 얻은 후 힌
두교의 성지 베나레스 교외에 있는 녹야원에서 5인의 수행자를 교화시켰
다. 석가는 세상을 고통으로 보았으며, 갖은 고행을 통하여 생로병사의
이치를 깨달았으며, 팔정도의 실천을 통하여 무명 중생에 대한 깨우침의
구원활동을 전개하였다.

이제 한국 근대종교의 교조들에 대하여 살펴보도록 한다. 백용성
(1864~1940)은 조선불교가 박해와 멸시의 대상이 되었을 때, 개화기에 밀
려오는 일제의 압박 속에서 불교인들의 각(覺)을 새롭게 인식시키고 각의
실현을 주창하기 위해 1921년 대각교를 창립했다.[235] 그는 대각교를 통해
서 생활화운동을 전개하였다. 생활화운동이란 불교의 진면목을 깨달아서
불교 고유의 가르침을 얻고, 외래불교를 멀리하여 한국불교의 정수를 확
고히 하자는 것이다. 그는 참선을 대중화하였고, 교단의 정화작업과 영농
을 통한 불교 경제의 자립을 도모하였다.

다음으로 동학을 창시한 최수운(1824~1864)은 탁월한 능력을 갖게 되
는 종교체험을 통하여 1860년 한국 민중종교를 창립하였다. 수운 최제우
는 서학에 대항하여 동학을 창도하면서 향방을 가누지 못하는 서민 대중
을 흡인하려고 하였으니 제폭구민(除暴救民) 광제창생(濟度蒼生)을 외치
다가 끝내 순교하고 말았지만, 그의 뜻은 전봉준에 의하여 동학란이라는
격랑을 겪게 됨으로써 민중종교로 발전하기에 이르렀다.[236] 동학은 3대 교

234) 김지견, 「불교사상과 원불교」, ≪院報≫ 제46호, 원불교사상연구원, 1999.12, p.39.
235) 김귀성, 「한국 근대불교의 개혁론과 교육개혁」, 『원불교학』 제9집, 한국원불교학회,
    2003, pp.326-327.
236) 이을호, 「원불교 교리상의 실학적 과제」, 『원불교사상』 8집, 원불교사상연구원, 1984,
    p.254.

주 손병희에 의하여 천도교로 개칭되었으며(1906), 구한말 난국의 상황에서
천도교는 천지개벽에 부응한 민족종교의 효시로서 자리매김하게 된 것이다.

  강증산(1871~1909)은 자신이 곧 대선생(代先生)이라고 말하고, 새 세상
의 주세성자가 뒤이어 출세하여 인류구원의 회상이 건설될 것을 예언하였
다. 그는 신선을 최고의 이상적 존재로 내세우고 지상선경의 건설을 목표
로 제시하였다. 신선임을 자처한 증산은 말하기를 "하루는 종도들에게 일
러 가라사대, 나의 얼굴을 잘 익혀두라. 후일에 내가 출세할 때에는 눈이
부시어 보기 어려우리라. 또 가라사대 예로부터 신선이란 말을 전설로만
들어왔고 본 사람이 없었으나, 오직 너희들은 신선을 보리라"(『대순전경』,
9장 7절)고 하였으니, 그 스스로 능력을 자유자재한 권능, 또는 조화력(造
化力)을 지닌 경지로 묘사하고 있다.[237] 그는 삼계의 대권을 주재하여 선
천의 도수를 뜯어고치고 후천의 무궁한 신선낙원을 이룰 것이라 하였으
니, 천지공사를 통하여 해원 상생의 용화선경을 도모하였다.

  선후천 교역기에 기성종교는 아노미 현상으로 무기력해졌으며, 이 같
은 신구 교역기에 당하여 소태산(1891~1943)은 정신개벽을 슬로건으로
삼아 원불교를 창립하였다. 수운, 증산과 더불어 후천개벽의 명분을 통하
여 개교의 동기를 선포하며 원불교를 창건한 것이다. 새 회상은 불법을
주로 연원하되, 모든 종교의 교지(敎旨)도 이를 통합 활용하여 광대하고
원만한 종교를 이룩하자는 것이 소태산 대종사의 본회(本懷)였으니, 그를
계승한 정산종사(1900~1962)는 원기 33년(1948)에 원불교라는 교명을 공
포하고 교헌에 대종사를 교조로 규정하였다.[238] 최수운은 유교를 개혁하

237) 김낙필, 「한국 근대종교의 삼교융합과 생명·영성」, 『원불교사상과 종교문화』 39집,
    원불교사상연구원, 2008, pp.38-39.
238) 『원불교 교사』, 제3편 성업의 결실, 제5장 개교반백년의 결실, 1. 새회상의 확인과 반
    백년 준비.

였고, 강증산은 도교를 개혁하였으며, 소태산은 불교를 새롭게 개혁하였으니 후천개벽시대의 종교적 성자들의 역할이 더욱 주목되는 시대가 도래한 것이다.

3) 말세와 성자의 역할

종교 역사를 되돌아보면 성현이나 교조의 탄생은 난세 혹은 말세와 관련되어 있다. 소태산 대종사의 가르침에 의하면, 세상이 말세가 되고 험난한 때를 당하면 반드시 한 세상을 주장할 만한 법을 가진 구세성자가 출현하여 능히 천지기운을 돌려 그 세상을 바로잡고 그 인심을 골라놓는다(『월말통신』 제1호(1928.5)라고 했다. 「강자로 약자되는 법문」에서는 진시황, 항우, 독일의 빌헬름2세 등을 예로 들었다.[239] 불교의 석가모니는 물론 기독교의 예수도 험난한 말세에 탄생하여 세상을 구원하고자 하였던 것이다.

정산종사 역시 말세에 성자가 탄생하는 것을 자연스럽게 거론하였다. 예컨대 생육신·사육신도 순경으로 벼슬을 높여주고 녹을 준다며 끌어들였으나 끝내 말을 듣지 않자 철퇴로 머리를 치고 칼로써 목을 자르며 어떠한 형벌을 가해도 뜻을 옮기지 않았기에 충신으로 드러난 것이며, 부처나 예수도 온갖 마구니가 순경과 역경으로 유혹하고 굴욕을 주어도 꼼작하지 아니하여 성현이 된 것[240]이라고 하였다. 일제의 압박 속에서 식민지화된 한민족의 고통을 고스란히 안고 민중의 희망을 불러일으키기 위해 소태산은 자수자각(自修自覺)을 하였으며, 마침내 원불교의 교조로서 말세의 세상을 구원하려는 경륜을 전개하였다.

---

239) 신명국, 「소태산 역사의식」, 『원불교사상시론』 제II집, 수위단회 사무처, 1993, p.125.
240) 『정산종사법설』, 제2편 공도의 주인 51장.

말세에 교조가 등장하는 이유는 교조의 가르침이 당시의 사회 난맥상을 치료하는 약제(藥劑)이기 때문이며, 그가 추구하는 이념이 인류구원의 등불이자 희망이기 때문이다. 뭇 생명을 살리기 위한 교조의 의지에는 '말세'라는 시대적 고통을 극복하고 무한한 은혜의 생명력을 인류에게 선사하려는 염원이 가득한 것이다. 따라서 무한 생명력을 부처는 자비라고 하였으며, 공자는 인(仁)이라 하였고, 예수는 사랑이라 하였으며, 소태산 대종사는 한 기운을 깨닫고 그 경지를 은(恩)으로 표현하였다.241) 교조의 등장은 말세의 횃불과도 같은 자비와 은혜의 표출로서 인류구원의 등불로 자리하였던 것이다.

알다시피 교조의 초기시대는 그 종교의 가장 순수한 황금시대였으나 세월이 지나면서 말세적 현상이 나타나 퇴색되는 성향이 있다. 교조정신과 그 역할이 충실해지는 시간은 주로 초기교단의 시대이기 때문이다. 어떤 종교든 말할 것 없이 그 종교의 황금시대는 초기의 시대로서, 탁월한 교조와 그의 순수한 신념을 직접 이어받아 광휘를 세상에 밝히게 된다.242) 교조의 성자혼은 세월이 흐르며 지속되지 못하는 경우가 많다. 교세에 따른 신자들이 증가하고 교단의 조직이 확대되어 장엄과 기복이 시작되면서 그 종교는 교조정신이 사라지고, 분파 내지 권력 다툼이 일어나는 경우가 적지 않았기 때문이다. 물질 추구로 인한 세속주의와 더불어 부패로 이어지는 경우가 태반이었던 것이다.

한국 신종교의 교조들은 이 같은 기성종교의 아노미현상으로 새 종교를 창립하는 명분을 분명히 하였다고 볼 수 있다. 수운, 증산, 소태산과 같은 신종교의 교조들은 스스로 깨달은 체험을 통하여 기성종교의 개혁을

---

241) 柳炳德, 『脫宗敎時代의 宗敎』, 圓光大學校 出版局, 1982, p.363.
242) 柳達永, 「원불교에 대한 담밖에서의 제언」, 『원불교개교반백년 기념문총』, 원불교반백년기념사업회, 1971, p.516.

외치고 있다는 점에서 공통적이다. 모든 새 종교는 그 창시자의 독특한 종교체험을 기초로 형성되며, 한국 근대 민중종교를 대표한다고 할 수 있는 동학의 최수운, 증산교의 강증산, 원불교의 소태산 등은 모두 독특한 종교체험을 가진 뒤에 각각의 종교를 창시하고 있다.[243] 이러한 종교체험에는 기성종교의 구폐가 드러남과 동시에 이의 극복을 위해 새로운 창교(創敎)의 이념을 내세움으로써 종교창립의 명분을 갖게 되는 것이다. 그것은 오랜 세월동안 무기력했던 기성종교의 매너리즘적 폐단이 중생제도에 효력이 없게 되었다는 사실을 인지하였기 때문에 새 종교의 출발을 암시하는 것이기도 하였다.

4) 소태산의 불타관

과거불교의 새로운 혁신을 들고 나온 소태산은 생활불교로서 원불교를 창립하였다. 인류구원과 불교혁신이란 모토를 들고 출현한 종교라는 사실로 인해 석가모니와 소태산의 상관성에 대하여 살펴볼 필요가 있다. 양자의 상호 비교는 소태산이 바라본 석가모니의 시각에서 다음과 같은 네 가지 측면이 거론될 수 있으리라 본다.

첫째, 소태산의 성인관으로 그는 석가모니를 지고의 성인이라 하였다. 소태산은 26세에 큰 깨달음을 얻고 『금강경』을 열람한 후 말하기를 "석가모니불은 진실로 성인들 중의 성인이라"[244] 하였던 것이다. 그는 스승의 지도를 받지 않고 도를 깨달았지만, 발심동기와 도를 얻은 경로가 과거 석가모니와 부합되는 바가 적지 않았다고 하였다. 그가 깨달은 진리가 석가모니가 깨달은 것과 같다는 점에서 여러 성인들 가운데 석가모니를 위

---

243) 박맹수, 「원불교의 민중종교적 성격」, 추계학술대회 《소태산 대종사 생애의 재조명》, 한국원불교학회, 2003.12, p.20.
244) 『대종경』, 서품 2장.

대한 성인이라 칭송하였던 것이다. 깨달은 내역은 불생불멸과 인과보응의
이치로서 이미 석가모니가 깨달았던 내용임을 파악한 소태산은 그를 성인
중의 성인으로 존숭하기에 이른다.

둘째, 소태산은 석가모니를 연원불로 삼았다. 선후천 교역기인 구한말
에 탄생한 소태산은 자수자각 후에 석가모니에게 연원을 정하여 불법을
주체로 해서 새 회상을 열고자 하였다. 자수자각은 자칫 독각(獨覺)이 될
수 있으며 벽지불이 될 수 있지만, 소태산은 겸허하게 석가모니를 연원불
로 삼은 것이다. 소태산은 스승 없이 혼자서 대각했지만, 석가모니를 본사
로 삼았으니 본사는 곧 연원불이 되는 것이다.245) 자수자각이라는 깨달음
을 통해서 자신을 지고의 존재로 보아 독존으로 위상을 높일 수도 있었겠
지만, 그는 겸허함으로 석가모니를 연원불로 삼음으로써 불법의 대류(大
流)에 합류하고자 하였다.

셋째, 석가모니가 창립한 불교는 무상대도라는 점에서 소태산은 불법
의 호대성을 석가모니와 공유하고자 하였다. 소태산은 불법을 무상대도로
파악하였으며, 그것은 한량없이 높고 한량없이 깊고 한량없이 넓으며, 그
지혜와 능력은 입으로나 붓으로 다 성언하고 기록할 수 없다. 무상대도인
이유는 다생(多生)의 이치, 우주만유의 본래이치, 중생 선도의 능력, 고락
과 복락 수용의 이치까지 훤히 알기 때문이라는 것이다.246) 따라서 육도
사생으로 변화하는 인간은 생사해탈을 얻고, 우주 만유를 시방오가로 아
는 공부를 해야 한다는 것이며, 이러한 무상대도의 이치를 깨달은 소태산
은 불법의 호대성을 공유하고 있는 것이다.

넷째, 석가모니에 의해 창립된 불교가 그 역할을 다 하지 못함에 따라
소태산은 새 불교운동으로 불교혁신에 초점을 두었다. 석가모니의 본의가

245) 한종만, 『원불교 대종경 해의』(上), 도서출판 동아시아, 2001, pp.517-518
246) 『대종경』, 서품 17장.

오늘날 실행되지 못한 것에 대한 안타까움에서 소태산은 현대의 한국불교를 혁신하고자 하였다. 불교의 근본정신이 정법 상법 과정을 지나오는 동안에 퇴색되어서 지금은 기복신앙으로 바뀌었으며, 각 종교마다 교조 당시부터 얼마 동안은 창교이념의 순수함, 즉 종교 본질적 생명력이 살아 꿈틀거렸으나 많은 세월을 지나는 동안에 오염이 되어 문제를 남기고 있다.[247] 여기에서 소태산은 불교혁신을 도모하고자 하였으며, 이는 석가모니의 근본정신을 회복하자는 본연의 의지가 자리하고 있는 것이다.

주지하듯이 소태산의 불타관은 현행본『정전』과『대종경』등에 잘 나타나 있다.『정전』총서편의「교법의 총설」은 불법에 대한 기본적인 시각을 제공하고 있으며,『대종경』「서품」은 불교와의 만남과 연원불의 설정과 불법을 주체한 교법선언 및 불교혁신의 방향을 제시하고,「불지품」은 부처님의 지혜와 불타관을,「전망품」은 미륵출세와 용화회상관을 제시한다.[248] 특히『대종경』서품 17장에는 소태산의 불타관이 잘 나타나 있으며, 그것은 부처의 지혜와 능력을 언급하는 내용이다. 그가 밝힌 부처의 지혜와 능력은 대자대비라는 점에서 자신이 행하고자 하는 것과 공유되고 있기 때문이다.

5) 고苦와 은恩의 세계관

불교와 원불교의 불법(佛法)이라는 상호 공감대 속에서 석가모니와 소태산의 관계설정이 필요한 일이다. 소태산 대종사를 계승한 정산종사와 제자 사이의 대화에서 그 관계설정의 실마리가 풀린다. 한 제자 묻기를, 우리 회상에서는 소태산 대종사에 대하여 봉대하는 정성이 석가모니에 비

247) 이광정,『주세불의 자비경륜』, 원불교출판사, 1994, p.38.
248) 양은용,「소태산 대종사의『조선불교혁신론』과 불교개혁이념」,『원불교사상과 종교문화』32집, 원불교사상연구원, 2006, p.116.

하여 더 깊은데, 석가모니와 대종사와의 관계는 어떠하며 그 신봉하는 도는 어떻게 구분되느냐고 하였다. 여기에서 연원불과 소태산의 관계를 가늠하는 계기가 된다.

정산종사는 석가모니와 소태산 대종사의 관계를 분명히 하고 있다. 소태산은 대각을 이룬 후, 모든 종교 가운데 불교가 제일 근본이 되고 모든 성현 가운데 부처님이 제일 거룩한 것을 알고 당신 스스로 부처님에게 연원을 정하였다며, 정산종사는 다음과 같이 말한다. "우리들은 또한 대종사의 회상을 만나서 대종사에게 법을 받았으니, 그 관계를 말하자면 서가모니불이 조부님과 같고 대종사는 아버님과 같으며, 신봉하는 도에 있어서도 조부님은 조부님으로 받들고 아버님은 아버님으로 받드나 그 윤기와 인정이 직접 아버님께 더 쏠리는 것이 또한 피할 수 없는 일이니라."[249] 양자의 관계를 조부와 아버지의 관계로 설정하여 상호관계를 언급하고 있음이 주목된다. 이들에 대한 신봉의 정도를 가족관계와 비유한 것으로, 석가모니와 소태산을 향한 신봉의 정서가 자연스럽게 표출되고 있다.

이처럼 소태산 대종사를 계승한 정산종사는 연원불과 소태산의 관계를 한 가족으로 보고 있는데, 여기에는 불교를 혁신한 소태산과 불교를 창립한 석가모니의 큰 공감대가 있다는 것을 암시한다. 석가모니 출현의 목적은 고해(苦海)에서 구제하는 일이라면, 소태산의 경우 이 세상을 은혜로 만드는 일이다. 세상을 바라보는 출발점이 부정과 긍정이라는 차이가 있음에도 불구하고 성불제중이라는 면에서 상호 소통한다. 사실 석가모니는 이 세상을 고해로 보고 그 고해로부터 구원의 길을 열어 주었고, 소태산 대종사는 이 세상을 은(恩)의 덩치로 보고 모든 관계를 은혜의 관계로 발전시켜 그 은혜가 충만한 세상으로 구원의 길을 열어 주었다.[250] 세상을

249) 『정산종사법어』, 예도편 12장.
250) 좌산상사법문집 『교법의 현실구현』, 원불교출판사, 2007, p.123.

바라보는 시각은 고통의 세상이냐, 은혜의 세상이냐의 관점 차이가 있음
에도 불구하고 상구보리 하화중생, 성불제중 제생의세라는 면에서 상통하
고 있음을 확인할 수 있다.

세상을 고(苦)로 보느냐, 아니면 은혜로 보느냐는 교조의 세계관 차이
로 나타나는 것이며 그럼에도 불구하고 종교의 사명인 인류구제를 향한
기본 약재는 같다고 본다. 석가와 소태산이라는 양대 종교의 교조가 중생
구원이라는 점에서 서로 만난다는 것은 불법을 통하여 세상을 구원하려는
교의적 측면에서 접근이 가능하다는 것이다. 결국 석가모니와 소태산은
자신들의 고(苦)와 은(恩)이라는 관점에 의하여 우주의 원리를 알고 체득
하여 그 이치를 인간의 문제에 적용시켜 해결할 수 있는 지혜를 성취하여
자신의 삶의 문제를 해결하였다.251) 세상을 고통으로 본 것은 생로병사의
순환이라는 인간 고통의 측면을 부각하였을 것이고, 은혜로 본 것은 세상
이 사은(四恩)의 은혜로 충만한 상생관계를 부각하였을 것이다. 양대 성인
의 세계를 보는 시각은 긍정과 부정이라는 미소한 차이가 있지만, 궁극적
으로 무명의 중생들이 깨달음을 얻어 불국토에 살 수 있게 하는 것이었다.

6) 연원불과 당래불

『원불교 교헌』에서는 연원불과 법계(法系)를 규정하고 있다. 여기에서
연원불과 법계를 다르게 접근한 것으로, 석가모니를 연원불로 규정한 부
분은 원불교와 불교의 연관성을 보여주고 있으며, 법계의 시작을 소태산
으로 규정한 부분은 소태산이 석가모니의 가르침을 통해 대각한 것이 아
니라는 인식, 결과적으로 원불교가 석가모니의 가르침을 특성화한 종파불

---

251) 황근창, 「물리학과 일원상의 진리」, 창립10주년기념 추계학술회의 ≪원불교 교의 해
석과 그 적용≫, 한국원불교학회, 2005.11, p.50 참조.

교가 아니라는 인식을 보여주고 있다.[252] 연원불을 설정한 소태산의 본의
는 원불교와 불교가 불생불멸과 인과보응의 이치를 깨달은 내역이 같다는
것이며, 이에 대해『교헌』에서 법계를 소태산으로 규정한 것은 원불교는
불교의 종파가 아니라 새 회상으로서 생활불교라는 점을 분명히 하기 위
함이다.

여기에서 불교와 원불교의 교조가 존립하는 명분이 생기게 되었다. 원
불교는 불교를 연원종교로, 부처님을 연원성인으로 하고, 소태산 대종사
를 창시주로 하는 새로운 불교교단이며 새로운 종교교단[253]이라는 사실
이 이와 관련된다. 종교 창립의 명분은 이처럼 신앙의 대상, 교리의 해석,
제도 방편의 차이에서 오는 당연한 귀결이다. 소태산은 불법의 대체는 수
용하면서도 교의(敎義)의 방편을 달리한 것이다. 불교의 사제, 팔정도, 십
이인연에 대한 원불교의 일원상, 사은사요, 삼학팔조의 전개가 다름 아닌
새 불교로서의 교법체계를 세운 소태산의 포부와 경륜인 셈이다.

무엇보다도 새 불교로서 원불교가 불교혁신을 외친 이유는 소태산이
혁신된 새 교법에 의해 미래적 교단을 만들기 위한 결단 때문이었다. 소
태산 당시 불교의 위상이 많은 부분에서 혁신이 요청되던 때인데, 석가모
니를 본사로 모신다는 선언은 미래를 통찰한 선언이라 여겨진다.[254] 선천
시대의 교법에 대한 후천시대의 교법을 등장시킨 소태산의 의도는 미래를
투시하는 영성의 직관력 없이는 불가능한 일이었던 것이다.

영성이 함유된 종교의 진리관에서 원불교와 불교가 상당부분 회통하고
있는 것은 사실이지만, 원불교 내에서는 소태산이 주세불로 모셔지고 있

다는 점은 새 회체(會體)로서 어쩔 수 없는 일이다. 원불교는 기본적 진리 관에서 불교임을 분명하게 표명하면서 불교의 과거 칠불설을 신앙적으로 받아들이면서도 스스로 재래불교와 주세불을 달리하고 용화회상 또는 미륵불회상임을 표명하고 있기 때문이다.[255] 원불교가 연등불 불교라는 점에서 석가모니불의 불교와 만나는 것은 사실이나, 원불교 신앙인들은 석가를 성인중의 성인으로 모시면서도 소태산을 주세불로 받들고 있다. 새 회상으로서 소태산을 후천시대의 주세불로 받들며 생활불교를 표방하는 이유가 여기에 있다고 본다.

한편, 석가와 소태산은 둘 다 이상향인 불국토를 지향하고 있지만 여전히 풀리지 않은 궁금증이 있다. 그것은 소태산이 석가모니를 성자라 하면서 전통불교가 아닌 새 종교를 창립한 이유가 무엇인가에 대한 것이다. 소태산은 석가모니를 성인중의 성인이라고 칭송하면서도 전통불교와 선을 긋고 새 불교를 창립하였는가를 보면, 선후천 교역기에 따른 불교혁신의 필요성을 가졌을 것이며, 그것은 구한말 기성종교의 무기력함 때문이었다. 소태산은 당시의 모든 종교로는 개인은 물론이고 국가와 사회가 구제되기 어렵다는 확고한 신념이 있었으니, 당시까지 이 민족을 이끌어오던 전통종교인 불교나 유교, 도교 등이 시대를 감당할 능력을 상실하고 있음을 역력히 보았다.[256] 기성종교의 아노미적 무기력함에 대한 적극 대응의 차원에서 소태산은 불교혁신을 도모하기에 이른다.

당시 소태산의 제자에 비추어진 종교적 상황도 같은 맥락에서 이해된다. 훈산 이춘풍 교무는 생각하기를, 복희의 하도 팔괘, 노장의 귀근정(歸根靜), 공자의 일이관지, 석가의 대자대비가 다 각기 한 가지씩 자법(自

---

255) 김성관, 「원불교와 재래불교」, ≪院報≫ 제46호, 원불교사상연구원, 1999.12, pp.47-48.
256) 이은봉, 「미래종교에 대한 원불교적 대응」, 제18회 원불교사상연구 학술대회 ≪少太山 大宗師와 鼎山宗師≫, 원불교사상연구원, 1999.2, p.11.

法)으로 돌아가고 법의 가르침이 오래되어 폐단이 생겨 오히려 세계는 침침장야혼몽(沈沈長夜渾夢)이 되었으며, 이 가운데 후천운수 다시 돌아와 대성사(大聖師)가 대각본체 하고 대원지원(大圓之圖) 새 가르침을 펴게 된 것257)이라고 하였다. 기성종교 교조들의 근본정신이 세월의 흐름과 더불어 무기력하게도 정체되었기 때문에 부득이 새 개벽시대에 맞는 종교가 탄생할 수밖에 없었다는 것이다.

따라서 석가모니의 시대와 3천년이 지난 오늘의 시대는 시공간적으로 너무 달려졌으며, 인류를 구제하는 방식도 이에 따라 달라질 수밖에 없을 것이다. 소태산과 석가모니 두 성인은 근본진리에 있어 뜻을 같이 하였으나 대각을 통해서 불타와 만나는 소태산의 불교관은 3천년 전 당시의 불타와 여러 가지 의미에 있어서 합치되는 것만은 아니었다.258) 두 성인 사이에 3천년이라는 시차 속에서 불법의 각적(覺的) 이해는 같을지라도 제도 방편은 달라질 수밖에 없으므로 소태산이 불교를 연원종교로 하면서도 새 불교를 지향하는 상황으로 전개된 것이다.

석가모니를 연원불로 삼은 이상, 깨달음의 불법 체득을 통한 원불교와 불교의 회통방안을 찾는 방안 마련이 요구된다. 경산 종법사가 원기 92년(2007) 대각개교절 법문과 중도훈련원에서의 교무하계훈련 법문 중에 '석가모니불을 연원불로 모시는 소태산 대종사의 정신을 살리는 일과 불교와의 유대방안'을 모색하도록 한 적이 있는데, 이를 실현하는 실제적인 일도 원불교가 새 교단이라는 전제조건 후 불교협의회에 참여하여 활동하는 일이라고 본다.259) 열린 마음으로 불교와 합력하여 활동한다면 호대한 불교

---

257) 박용덕, 『천하농판』, 도서출판 동남풍, 1999, p.10.
258) 한기두, 「불교와 원불교」, ≪院報≫ 제46호, 원불교사상연구원, 1999.12, pp.22-23.
259) 김영두, 「원불교학 쟁점의 해석학적 고찰」, 『원불교사상과 종교문화』 39집, 원불교사상연구원, 2008, p.87.

와의 상생적 관계 속에서도 원불교의 역할은 커지게 되며, 국내외적 범불교협의체의 동참을 통해 상호 이해의 폭을 넓혀나가야 한다.

앞으로 원불교는 교리이해나 종교적 대외활동의 면에서 근본적으로 불교를 멀리할 수 없다고 본다. 좌산종사에 의하면 「우리 교단의 자랑 네 가지」의 하나가 성중성인 석가모니를 연원불로 받들고, 집군성이대성(集群聖而大成)인 원각성존 '소태산 대종사'를 당래불 교조로 모신 점260)이라는 것이다. 원불교가 석가모니를 연원불로 모신다는 점은 소태산의 깨달은 내역이 불교진리와 본질적으로 같기 때문이다. 그리고 그가 깨달은 후 열람한 『금강경』을 보고 석가모니를 성중성(聖中聖)으로 모셨던 점을 보면, 소태산은 이 시대에 당래한 당래불(當來佛)의 위상으로서 새로운 불법을 통해서 자비교단의 활동영역을 확대한 것으로 볼 수 있다. 연원불 석가모니와 당래불 소태산의 불불계세(佛佛繼世) 성성상전(聖聖相傳)의 소식을 아는 지혜가 필요하다. 소태산이 시대화된 불교를 천명한 현실 앞에서 전통불교와 진력으로 합력한다면 불법 편만한 세상을 기대하는 일은 어렵지 않다고 본다.

---

260) 구체적으로 다음과 같이 말하였다. "1) 무궁한 묘리와 무궁한 보물과 무궁한 조화가 하나도 빠짐없이 다 갖추어 있는 '법신불 일원상'을 신앙의 대상과 수행의 표본으로 모신 점, 2) 우리 '교법'은 무상묘의의 원리에 근거하면서도 사사물물의 지류까지 통하게 하여 사통오달로 활용되게 한 점, 4) 교리체계 속에 신앙문·수행문을 함께 설정하고, 인생길·공부길을 모두 갖추어 대도로 다듬어서, 영육을 쌍전하고 이사를 병행하며, 신앙·수행·생활을 일체화시켜서 물샐 틈 없는 교법으로 사반공배의 길을 거두게 한 점 등이다"(좌산종법사, 「우리 교단의 자랑 네가지」, 《출가교화단보》 제115호, 2001.11.1, 1면).

11. 성자의 초기제자

1) 성자의 사제관계

학교나 종교 등의 집단에는 반드시 스승과 제자가 있기 마련이다. 종교의 경우 사제관계의 중요성은 아무리 언급해도 지나치지 않으며, 그것은 교단 계승, 그리고 신앙심의 공유와 인류구원의 지속이라는 과제를 해결할 수 있는 것이기 때문이다. 사자상승으로 종교의 교법을 전수하는 일이 중요하다는 사실에서 사제관계는 강조되는 경향이 있다. 스승이 법을 새로 내는 일이나, 제자들이 그 법을 받아서 후래 대중에게 전하는 일이나, 또 후래 대중이 그 법을 반가이 받들어 실행하는 일이 삼위일체 되는 것이며, 그 공덕도 또한 다름이 없다[261]는 소태산의 가르침이 이와 관련된다.

고금을 통하여 기성종교의 교조와 제자들에 있어서 교단의 법통이 지금까지 지속적으로 전개되고 있다. 석가의 십대제자, 공자의 공문십철, 예수의 십이사도, 소태산의 구인제자가 있어 그 종교의 교법을 부단히 계승해 오고 있다. 대산종사(1914~1998)에 의하면 성현이 회상을 펼 때에는 첫 제자를 만나는 것이 가장 큰 일이며, 부처는 십대제자와 천이백오십인이 받들었으므로 오늘날까지 그 법이 전해오고 있으며, 공자는 십철과 칠십이현이 있어 전하였고, 예수도 십이사도가 있어서 법을 전하였으며, 소태산 대종사 역시 9인제자가 있어 법을 전했다[262]는 것이다. 십대제자, 공

---

261)『대종경』, 부촉품 19장.
262)『대산종사법문』 3집, 제1편 신성 6장.

문십철, 십이사도, 구인제자라는 고유의 용어는 바로 고금을 통하여 각 종교 성자들의 교법을 신성의 수제자들이 전수받은 상징으로 여겨지고 있다.

그러면 우선 공문십철에 대하여 살펴보고자 한다. 공자(B.C.551~B.C. 479)는 유교를 창립한 교조로서 인(仁)을 통하여 세상을 구원하고자 하였다. 그를 따랐던 제자를 '공문십철(孔門十哲)'이라 하는데, 이는 『논어』「선진편」에 나오는 열사람을 말한다. 덕행의 안회, 민자건, 염백우, 중궁, 언어의 재아, 자공, 정사(政事)의 염유, 계로, 문학의 자유, 자하가 그들이다. 하나같이 그들은 공자를 스승으로 받들고 그의 가르침을 실행에 옮기고자 하였던 것이다. 그리고 공자의 편찬 중에서 『춘추』, 『서경』, 『시경』, 『예경』, 『악경』도 잘 알려져 있다. 공자는 『춘추』를 통해서 대의명분을 바로잡고 왕도의 참 정신을 밝히고자 하였다.263) 만년기에 노나라를 떠나 13년 동안 철환천하하며 전국을 돌아다녔으며, 68세에 다시 노나라에 돌아와 제자교육에 진력하였다. 그를 따르는 제자는 3천여 명이었으며, 그 가운데 72명의 현명한 제자들을 두었다.

이어서 예수는 70인이나 되는 제자를 둔 것으로 알려져 있다. 그를 가장 잘 따르는 제자로는 12사도였다. 『마태복음』에 나오는 12사도는 시몬(베드로), 그의 형제인 안드레, 제배데오의 아들 야고보, 그의 형제 요한, 빌립, 바돌로매, 도마, 세리 마태, 알패오의 아들 야고보, 다대오, 열심당원 시몬, 예수를 배반한 가룟 유다(『마태복음』 10 : 2~4)이며, 이 명단은 『누가복음』 6장과 『마가복음』 3장에 실려 있다.264) 베드로는 예수의 수제자이며 본 이름은 시몬이다. 안드레는 베드로의 동생이며, 예수는 그를 사람 낚는 어부로 불렀다. 야고보는 제배데오의 아들로서 요한의 형이다.

263) 유정동, 『동양철학의 기초적 연구』, 성균관대학교출판부, 1986, p.16.
264) 박정훈 · 손정윤, 『開闢繼聖 鼎山宋奎宗師』, 원불교출판사, 1992, p, 89(네이버 지식백과 12사도, 『바이블 키워드』, 2007.12.24, 도서출판 들녘).

요한은 예수가 가장 사랑하였던 제자이며 『요한복음』과 『요한묵시록』을 기록하였다. 빌립은 안드레아와 베드로의 마을인 벳사이다 출신이다. 바돌로매는 1세기경 치즈 상인이었으며, 미장공이자 석고세공인이었다. 도마는 디디모라 불리며 예수가 부활한 것을 직접 확인하였다. 마태는 복음사가이며 예수가 세관에 앉아 있던 세리에게 "나를 따라 오시오" 하고 언급한 그레위이다. 야고보는 알패오의 아들이었고 다대오는 야고보의 형제였다. 시몬은 가나안 사람으로 불리었고 혁명당원이었으며, 유다는 이스가리옷의 자리에 선택되었다.

공자, 석가, 예수의 제자들은 모두가 삶의 어려움 속에서도 스승의 가르침을 전수하며 신성을 바쳤다. 이와 관련하여 중국 담사동(1865~1898)의 언급을 소개하여 본다. "모든 교주와 교도는 공언(空言)을 세상에 펼쳤고, 직접 행하는 데는 이르지 못했고, 후세 사람들의 욕과 비난과 능멸을 당하더라도 돌아보지 않았다. 예수는 살신했으며 그의 12제자들도 다 제명에 죽지 못했다. 공자는 겨우 살신은 면했으나 그의 70제자들 중 영달한 자는 적었다. 부처와 제자들은 모두 굶주림과 곤궁 속에서 걸식하며 고행으로 끝마쳤다."[265] 담사동이 성현의 제자들을 비판한 것처럼 부정적인 시각도 있지만, 기성종교의 교조를 따르던 현명한 제자들은 돈독한 신앙생활 속에서도 궁핍과 고난의 길을 걸었던 것이다.

흥미롭게도 석가모니의 일부 제자들은 개종하여 제자가 되었다. 석존의 2대 제자 사리불과 목건련도 처음에는 육사외도(六師外道)인 산자야의 제자였지만, 후에 동문의 250인을 이끌고 석존에게 귀의하기에 이르렀다.[266] 불교는 서구의 유일신교처럼 타종교를 불허하는 구원 독점론이 아

---

265) 譚嗣同, 『仁學』, 凡敎主敎徒, 皆以空言垂世, 而不克及身行之, 且爲後世詬訾戮辱而不顧也, 耶殺身, 其弟子十二人, 皆不得其死, 孔僅免於殺身, 其弟子七十人, 達者蓋寡, 佛與弟子, 皆飢㒼乞食, 以苦行終.

니라는 점에서 호대한 불법의 포용성을 지닌 종교로 알려져 있다. 육사외
도의 한 부류인 산자야의 회의론을 극복하고 사리불과 목건련이 불교에
입문한 것은 불법의 원융무애한 교법에 신뢰를 가졌기 때문에 가능한 것
이었다.

소태산의 제자들 중에는 타종교에서 개종한 경우도 있었다. 그는 깨달
음을 얻은 후 제자들을 모으기 위한 방편으로 치재송주(致齋誦呪)하여 사
람들의 주의를 끌게 하고 40여인의 제자를 모았던 것이다. 그리고 백용성
문하의 대각사 신도였던 민자연화, 이성각, 김영신이 대종사 문하로 개종
하여 고기를 못 먹는다 하자 소태산은 언급하기를, "교화하러 나가서 회원
들이 정성스럽게 맛있는 고기반찬 올려놓으면 안 먹어서 되겠느냐"[267]라
며 계문의 연고(緣故)조항을 상기시켰다. 봉래제법지에서 소태산을 시봉
하였던 김남천과 송적벽도 강증산을 믿던 신자들이었는데 소태산을 생불
로 모시고 개종하였다. 양대 교조에 있어서 제자들의 개종 여부 자체가
중요한 것이 아니라 새 시대의 성자출현에 대한 불법의 인연으로서 스승
에 대한 절대신봉의 정신에서 새겨볼만한 일이다.

그렇다면 석가모니와 소태산은 스승이 있었는가와, 그 스승은 누구였
는가에 대한 의문을 제기해봄직한 일이다. 석가는 29세의 나이에 출가하
였다. 당시에 명망이 높던 선정 수행자 알라라 칼라마와 웃다카 라마풋타
를 차례로 사사해 비상비비상처정(非想非非想處定)과 무념무상처정(無念
無想處定)이라는 그들 수행의 최고 경지에까지 올랐다. 하지만 석가는 이
에 만족하지 않고 그를 지도하려는 스승들의 요청을 거절하고 고행에 매
진하여 스스로 깨달음을 얻게 된다. 석가는 잠시 사사를 받았다고 하지만
그가 원하는 바의 답을 얻지 못하고 고행 정진하여 스스로 깨달음을 얻게

---

266) 中村 元著, 김용식 · 박재권 공역, 『인도사상사』, 서광사, 1983, p.48.
267) 제자 김영신의 회고담이다(박용덕, 『금강산의 주인되라』, 원불교출판사, 2003, p.297).

된 것이다.

소태산 역시 어린 시절 서당에서 훈장어른의 한문 가르침을 몇 개월 받은 적이 있을 뿐 깨달음으로 인도해준 스승은 없었다. 그는 자수자각(自修自覺), 다시 말해서 스승의 지도 없이 스스로 닦고 홀로 깨친 다음 만법을 하나로 삼고 스스로 새 회상을 열었으되 연원을 부처에게, 주체를 불법에 둘 것을 스스로 작정하고 이를 실행에 옮겼다.[268] 소태산은 우주 대자연의 변화에 대한 의심을 품고 간고한 성리연마로써 홀로 깨달음을 얻었을 따름으로 스승이 없었으며, 다만 깨달음을 얻고 보니 석가모니가 깨달은 내역과 같음을 알고 그를 연원불로 삼았던 것이다. 석가모니의 10대제자, 소태산의 9인제자는 다행히 스승의 지도로 정법수행에 정진하였지만, 정작 석가와 소태산은 올바른 스승의 지도 없이 어렵게 수행 정진하여 큰 깨달음에 이르렀다.

소태산은 기위 불법에 근원하였으며, 석가모니를 연원불로 삼았으니 소태산의 스승은 석가모니가 아니냐고 반문할 수 있다. 스승관계를 언급할 때 역사적 실존의 스승이냐와, 깨달음을 얻은 후 불법이 호대하여 연원 스승로 삼느냐는 차이가 있다는 사실을 이해해야 한다. 석가가 소태산 당대의 역사적 실존의 스승이라면 원불교는 불교의 종파라 해도 틀린 말은 아닐 것이다. 그러나 불교의 종사(宗師)는 사제관계를 갖지만 소태산 대종사는 불교와 어떠한 사제관계를 갖지 아니하였으며, 구도와 대각의 경로가 독자적이었다.[269] 소태산의 스승론을 언급할 때 석가모니는 연원불로서의 스승일 따름이며, 실제 도움을 준 역사적 인물로서 스승이 아니다. 다만 이들 성자들은 독실한 제자들을 두어서 그의 교법 전수가 가능했다는 점을 새겨둘 일이다.

---

268) 이공전, 「원불교와 불교의 관계」, 《院報》 제46호, 원불교사상연구원, 1999.12, p.9.
269) 한종만, 「원불교와 불교의 관계」, 『원불교사상』 13집, 원불교사상연구원, 1990, p.487.

2) 불타의 십대제자

석가모니는 '전법선언'[270]과 관련된 최초의 제자가 5인이었다. 그는 녹야원에서 5인의 비구에게 최초의 설법을 하였음은 다 아는 사실이며, 바라나시 장자의 아들을 비롯한 60명의 제자가 생겼을 때 그들에게 모든 생명들의 이익과 행복을 위해 가르침을 널리 전할 것을 부촉한 것이 전법선언이다.[271] 최초의 제자 5비구는 녹야원에서 초전법륜으로서 4제와 8정도의 가르침을 듣고 큰 깨달음을 얻었다. 그들은 오온(五蘊)을 살핌으로써 아라한의 깨달음을 얻음과 동시에 안반념(安般念)이라는 수행법을 통해서 사념처(四念處)의 수행, 칠각지(七覺支)의 실행을 통하여 지혜를 얻음과 동시에 해탈을 이루었다.

석가의 제자를 언급함에 있어서 5비구, 60여명의 제자 또는 1,250대중을 거론하곤 한다. 그는 사실 직속제자 1,250명을 거느리고 49년간 법을 설하며 불제자의 하화중생(下化衆生)에 정성을 다하였다. 많은 제자들을 대동하며 전 세계 중생을 위하여 청법대중의 처지와 환경을 보아 설법을 하였으니, 수기설법을 통하여 유현미묘(幽玄微妙)한 진리를 설하고, 인과법을 설함으로써 환희심이 나게 하고 참회개과심도 나게 하였다.[272] 팔만

---

270) 「불타의 전법선언」 "나는 하늘나라의 올가미와 인간세계의 올가미, 그 모든 올가미에서 벗어났다. 수행승들이여, 그대들도 하늘나라의 올가미와 인간세계의 올가미, 그 모든 올가미에서 벗어났다. 많은 사람들의 이익을 위하여, 많은 사람들의 안락을 위하여, 세상을 불쌍히 여겨 하늘사람과 인간의 이익과 안락을 위하여 길을 떠나라. 둘이서 같은 길로 가지 마라. 수행승들이여, 처음도 훌륭하고 가운데도 훌륭하고 마지막도 훌륭한 내용이 풍부하고 형식이 완성된 가르침을 펴라. 오로지 깨끗하고 청정한 삶을 드러내라. 더러움에 덜 물든 사람도 있다. 그들은 가르침을 듣지 못했기 때문에 버려지고 있지만 가르침을 들으면 알 수 있을 것이다. 수행승들이여, 나도 역시 가르침을 펴기 위해서 우루벨라의 쎄나니 마을로 가겠다."

271) 김용표, 「붓다의 교육원리와 隨機的 교수법」, 『종교교육학연구』 제25권, 한국종교교육학회, 2007, p.3.

272) 구타원종사 법문집 편집위원회 편, 『인생과 수양』, 원불교출판사, 2007, p.25.

대장경의 법어는 석가모니가 49년 설법한 내용 그대로인 것이다. 그가『금강경』을 설하자 청법대중이 감응하여 큰 깨우침을 얻은 것은 팔만대장경의 법어처럼 일생 교화방편의 자재한 여래설법 덕택이었음은 잘 아는 사실이다.

그렇다면 천이백대중의 제자들 중에서 가장 신심이 장하고 큰 깨달음을 얻는 제자들은 누구였는가. 석가의 많은 제자들 중에서 십대제자를 거론하지 않을 수 없다. 석가의 제자 중 수행과 지혜가 뛰어난 10명은 사리불, 목건련, 가섭, 아나율, 수보리, 부루나, 가전연, 우바리, 라후라, 아난다273)이다. 이들은 석가의 법설에 자주 등장하여 만인의 사표가 될 수 있도록 권면의 상징인물로 거론되곤 한다. 여기에서 십대제자의 특징들을 살펴보고자 한다.

제자들 가운데 사리불은 지혜가 뛰어나며, 그는 원래 바라문족 출신으로 바라문교를 믿었으나 목건련과 함께 불교에 귀의하였다. 목건련은 신통력이 뛰어나며 바라문 출신으로 죽림정사에서 부처를 만나 제자가 된 것이다. 석존은 인연 닿는 대로 출가를 권장하였고, 그의 감화력은 많은 제자를 거느리게 되었으며, 사리불이나 목건련 같은 뛰어난 제자들은 그들과 함께 수행하던 수많은 사문들과 함께 석존에 귀의하였다.274) 사리불과 목건련은 지혜와 신통력이 뛰어남과 더불어 석가에게 공경심으로 신봉함으로써 후래 지혜와 신통력의 모본을 보였던 것이다.

가섭은 번뇌를 없애고 불도 수행에 성의를 다하는 두타(頭陀) 제일이다. 대가섭, 마하가섭이라고도 불리며, 부처의 심인(心印)을 전수받고 부처 입멸 후에는 500명의 장로를 모아 1차 불경결집을 주도하였다. 원불교 교서의 결집에 실무를 맡았던 범산 이공전 교무는 인도를 여행하면서 다

---

273) 박정훈・손정윤,『開闢繼聖 鼎山宋奎宗師』, 원불교출판사, 1992, p.87.
274) 정순일,『인도불교사상사』, 운주사, 2005, p.155.

음의 글을 남긴다. "필발라굴 고요 속에 가섭존자 받들고 5백 성승(聖僧) 더불어 첫 결집에 동참하기는 그 또한 어느 세월이던가. … 항산, 좌산 두 정제(貞弟)와 함께 두고두고 그리던 마음의 고향 부처님 4성지의 순례 길에 오른다."275) 부처가 입멸한 후 한 때 교단을 통어하였던 가섭의 결집을 새기면서 교서결집의 중요성을 누구보다도 깊이 새겼을 것이다.

아나율은 원근, 전후, 상하, 주야를 마음대로 볼 수 있는 눈, 곧 천안(天眼)을 지닌 것으로 유명하다. 석가의 사촌동생으로 아난과 함께 출가하였으며 부처가 설법할 때 졸다가 꾸중을 들은 뒤 밤잠을 자지 않고 정진을 다해 도를 얻었다. 이명으로 아니루타라고도 부르며, 무리한 수행으로 눈이 멀었으나 모든 것에 통하지 않는 것이 없었으므로 천안통을 했던 인물로 알려져 있다.

수보리는 사위국 바라문족 출신으로 지혜가 총명하였으며, 불교의 심오한 공(空)의 이치를 깨달았다. 그는 부처의 제자 가운데 공에 관한 진리를 가장 잘 이해한다고하여 해공(解空)제일 수보리라고 불릴 정도로 공 도리에 대한 안목이 열린 제자였다.276) 제자들 중에서 나이가 많아 오늘날 수좌(首座)를 수보리라고 부르기도 한다. 『금강경』12장에서 불타는 다음과 같이 말한다. "수보리야 따라서 이 경을 설하되 이에 사구게 등에 이르면 마땅히 알라. 이 곳은 일체 세간 천인(天人) 아수라가 다 마땅히 공양하기를 부처님의 탑묘와 같이 할 것이어든, 어찌 하물며 사람이 있어 다 능히 받아 가지며 읽어 외움이겠느냐."277) 부처는 심오한 진리를 수보리에게 설하여 공의 이치를 깨닫게 한 것이다.

---

275) 원기 69년(1984) 8월 11일(이공전, 『凡凡錄』, 원불교출판사, 1987, p.260).
276) 장응철 역해, 『생활속의 금강경』, 도서출판 동남풍, 2000, p.18.
277) 須菩提 隨說是經 乃至四句偈等 當知此處 一切世間天人阿修羅 - 皆應供養을 如佛塔廟 何況有人 盡能受持讀誦.

부루나는 바라문족 출신으로 설법을 매우 잘하는 제자였다. 당시 포악한 수로나국에 가서 500여명을 설법 감화를 시켰으며, 이에 500개의 사원을 세웠다고 전한다. 『분별무정경』(分別無諍經)에서 설법제일 부루나에게 불타는 다음과 같이 말한다.[278] "서방의 수나아(輸盧那) 사람들은 거칠고 모질며 가볍고 성급하며 폐스럽고 사나워 싸우기를 좋아한다. 부루나여, 네가 만일 그들에게서 거칠고 모질며 가볍고 성급하며 폐스럽고 사나우며 꾸짖기를 좋아하며 헐뜯고 욕하고 말을 들으면 어떻게 하겠는가." "저는 이 서방의 수나아 사람들은 어질고 착하며 지혜가 있어, 비록 내 앞에서 거칠고 모질며 폐스럽고 사나워서 나무라고 꾸짖더라도 나는 아직 그들이 손이나 돌로 나를 치는 것을 보지 못하였다고 생각하겠나이다." "다시 손이나 돌로써 친다면 마땅히 어찌하겠느냐." "저는 수나아 사람들은 어질고 착하며 지혜가 있어, 비록 칼이나 몽둥이로 내게 대하지마는 죽이는 것을 보지 못한다고 생각하겠나이다." "착하고 착하도다, 부루나여. 너는 욕됨 참기를 잘 배웠구나. 너는 이제 수나아 사람들 속에서 살 수 있을 것이다." 본 대화에 나와 있듯이 부루나는 인욕으로써 신명(身命)을 아끼지 않은 포교의 사례이다.

가전연은 논의(論議)를 잘 하였으며, 마하 가전연 또는 가전연자라고도 부른다. 서인도의 아반티국 찰제리족 출신으로 왕명을 받들어 부처를 영접하러 왔다가 출가하였으며, 잘잘못을 가려 논박을 잘하는 제자였다.[279] 잘못을 가려서 진리에 맞게 시비판단을 잘 하는 것은 부처의 지혜를 실천하는 본보기라 볼 수 있을 것이며, 잘못을 비판하는 것은 선행을 도모하기 위함이다.

---

278) 조용길, 「불교의 포교이념과 현대불교의 포교 경향」, ≪교화방법의 다각화 모색≫, 원불교대학원대 실천교학연구원, 2006.11, pp.9-10.
279) 十大弟子, 『네이버 백과사전』 참조.

우바리는 계율을 잘 지켰으며, 수다라족 출신으로 본래는 샤카족 왕가
의 이발사였다. 샤카족의 남자를 따라 출가하려 할 때 천민 출신이라는
이유로 다른 사람들이 꺼렸으나 부처가 출가를 허락하였다. 곧 샤카족의
귀족을 위한 이발사였던 우바리가 있었으니, 그는 후에 계율준수를 통하
여 적공을 함으로써 불교 내에서 훌륭한 인물이 되었다. 곧 불교의 계율
준수나 참회공부는 부처와 대중이 모여 우바리 존자가 계문을 읽고 대중
가운데 죄를 범한 사람이 있을 때 참회를 하기 시작했다고 한다.[280] 자신
의 신분 고하에 관련 없이 계문 준수와 참회를 통하여 새로운 인품을 지
닌 큰 인물이 될 수 있음을 우바리 존자가 확인해준 셈이다.

라훌라는 부처의 아들로 밀행(密行) 제일이었다. 밀행의 본뜻은 비밀히
다니는 것을 말한다. 그는 비밀스럽게 다니는 것처럼 남모르게 수행을 열
심히 하였다. 석존은 성도하고서 입멸할 때가지 45년 동안 마가다국과 코
살라국을 중심으로 한 중인도 지방을 유행하면서 인연 따라 사람들에게
법을 설하였다. 갠지스 강을 건너 바이샬리에서 리챠비족의 나라로 들어
가고, 거기에서 북상하여 쿠시나가라를 거쳐 서쪽으로 자신의 고향인 카
빌라바스투에 도착한 후 석존은 부왕과 가족들을 만나게 되며, 자신의 아
들인 라훌라를 출가시킨다.[281] 아들 라훌라가 출가를 하게 되자 근방 샤
카족의 젊은이들도 성도 수행을 위하여 출가를 단행하였다.

아난다는 부처의 법문을 가장 많이 청취한 제자로 아난이라고도 한다.
부처의 사촌동생으로 부처를 가까이 모시며 설법을 들었던 것이다. 석존
이 열반에 들기 전, 수바드라를 마지막 제자로 삼고, 뭇 제자들에게 설법
을 한 후에 의심나는 바를 묻게 하였다. 아난다가 말하였다. "지금 이 자

280) 문집간행위원회, 발타원정진숙종사 문집1 『법을 위해 몸을 잊고』, 원불교출판사,
　　 2004, p.247.
281) 정순일, 『인도불교사상사』, 운주사, 2005, p.109.

리에 모인 수행자들 중에는 부처님의 가르침에 대하여 의문을 지닌 사람은 없습니다." 아난다의 말을 들은 석존은 마지막 가르침을 폈다. "너희는 각자가 자기 자신을 등불로 삼고 스스로를 의지처로 하여라. 진리를 등불 삼고 진리를 의지하여라. 이밖에 다른 것에 의지해서는 안 된다."[282] 그리하여 석가는 제자들에게 서로 화합 공경을 하게 함으로써 다툼이 없도록 당부한다. 불법을 배우고 수행하는데 부지런히 하면 깨달음을 얻을 것이라 하였다. 다문제일(多聞第一)인 아난다는 대가섭과 제1결집에 협력하였다.

이처럼 불타에 대한 신심이 돈독한 제자들은 수행정진의 표본이 되었던 것이다. 불타의 제자들은 정진하며 계율을 잘 수행하였으며, 불타는 감각의 문들을 잘 관리하며 다양한 통찰력을 얻었던 관계로 사성제의 진리와 팔정도와 악업의 종식을 깨닫고 이제 더 이상 나갈 곳이 없는 곳까지 도달하였다.[283] 스승의 통찰력과 불법 천명으로 불타의 십대제자들은 수행을 철저히 하였으며, 이를 계기로 불교는 널리 퍼져서 세계적 종교의 위상으로서 자리매김한 것이다.

그럼에도 불구하고 유마힐은 불타의 십대제자를 비판하였다. 사실 『유마경』은 유마힐이라는 재가의 자산가(居士)가 주인공이 되어서, 출가인인 석존의 10대 제자 등의 사상 혹은 실천수행 방식의 잘못을 지적하는 장면을 보여주며, 오히려 재가인 유마힐이 그들 출가자들에게 참된 진리를 밝히고 그들을 지도한다는 내용을 담고 있다.[284] 그가 추구하는 궁극의 목표는 불이법문(不二法門)이다. 유마힐이 불타의 십대제자를 비판한 이유는 불교의 생활화 곧 재가불교를 꿈꾸어온 것과 관련된 것으로 보인다.

282) 위의 책, p.114.
283) 프랭크 호프만(선학대 강사, West Chester大 교수), 「초기불교의 회심과 기적」, 『미래 세계와 새로운 도덕』, 원광대도덕교육원, 2003.5, p.18.
284) 中村 元著, 김용식·박재권 공역, 『인도사상사』, 서광사, 1983, pp.102-103.

출가자의 불교가 아니라 재가자의 불교로서 생활불교를 지향한 유마거사의 의지와 직결되어 있기 때문이다.

스승의 가르침에 잘 따르는 제자가 있는가 하면, 비판적 시각을 가진 제자도 있을 것이다. 유마거사도 불타의 제자임은 사실이나 십대제자를 비판한 것은 바람직한 재가불교의 길을 촉구한 것이라 보아도 좋다. 불교의 가섭, 아난이나 유교의 안연, 민자건 같은 인물은 희귀한 것이며 결함 있는 수도인들도 있는 것은 사실이다.[285] 무엇보다도 불타를 따랐던 십대제자는 불법을 솔선하여 실천한 인물들로 보아야 할 것이며, 불교창립의 주요 제자로서 불법의 전수에 심혈을 기울인 공(功)을 인정해야 하리라 본다.

3) 소태산의 불타 제자관

소태산 대종사의 불타 십대제자에 대한 언급이 있어 주목을 끈다. 그에 의하면 석가의 십대제자들은 당시 대중의 표준이 되어 솔선 실행하였다는 것이다. 소태산은 말하기를, 어느 시대를 물론하고 새로운 회상을 세우기로 하면 근본적으로 그 교리와 제도가 과거보다 우월하여야 할 것은 말할 것도 없으나, 그 교리와 제도를 널리 활용할 동지들을 만나지 못하면 성공하기가 어렵다면서 십대제자를 거론한다. 즉 과거 부처님 회상에서도 1,200 대중 가운데 십대제자가 있어서 각각 자기의 능한 대로 대중의 표준이 되는 동시에 부처님이 무슨 말씀을 내리면, 그 분들이 먼저 반가이 받들어 솔선 실행하며 여러 사람에게도 장려하여 각 방면으로 모범적 행동을 하였으므로 대중은 항상 십대제자의 교화한 예를 들어 말한다[286]고

285) 宋天恩, 『열린 시대의 종교사상』, 원광대학교 출판국, 1992, p.174.
286) 『대종경』, 교단품 42장.

하였다. 불타를 따랐던 십대제자를 언급한 소태산은 그들을 불법 수행의 표준인물로 보아 칭송을 마다하지 않았다.

석가의 십대제자들이 솔선 실행한 예를 소태산은 구체적으로 언급하고 있다. 청법대중 가운데 어떤 사람이 잘못하는 일이 있었는데 직접 잘못을 꾸짖으면 역효과를 내게 될 경우에 대비하여 십대제자의 두세 명이 조용히 의논하고, 그 중 한 사람이 일부러 그 잘못을 하면 곁에서 보던 한 사람은 그 사람을 불러놓고 엄중히 훈계를 하고, 그 사람은 순순히 그 과실을 자백하여 감사한 태도로 개과를 맹세한다는 것이다. 이어서 그 과실을 고침으로써 참으로 잘못하던 사람이 은연중 참회할 생각이 나며 무언중 그 과실을 고치게 하였다.[287] 이처럼 잘못을 대신함으로써 반면교사가 되도록 한 것이 십대제자의 교화방편이었다고 소태산은 전한다.

십대제자의 솔선 실행은 여러 가지로 언급되고 있음을 소태산은 간파하였다. 어느 경우에는 대중을 인도하기 위하여 아는 것도 모르는 체하고 잘한 일도 잘못한 체하며, 또는 탐심이 없으면서도 있는 듯이 하다가 서서히 탐심 없는 곳으로 전환도 하며, 애욕이 없으면서도 있는 듯이 하다가 애욕을 끊는 자리로 전환하기도 한다[288]는 것이다. 이는 부모가 자녀를 기르듯 암탉이 달걀을 품듯이 모든 자비를 베풀었으므로 부처의 제도사업에 있어서 모든 대중도 쉽게 정법의 교화를 받게 되었음을 뜻한다. 소태산은 이들 십대제자의 자비심이 얼마나 장하며 그 공덕이 얼마나 광대한가를 법어로 전하고 있다. 석가의 십대제자에 있어 사제(師弟) 간의 무한 방편교화를 오늘의 상황에서 교훈으로 삼자는 것이다.

사실 불교의 십대제자들은 자신의 잘못은 아니지만 교화의 용이성을 위해 불법의 무량 방편교화를 시도하였다는 점에서 오늘날 시사하는 바가

---

287) 『대종경』, 교단품 42장.
288) 『대종경』, 교단품 42장.

크다. 그들은 잘못을 깨우쳐 주는 방편교화를 하였고, 탐심이나 애욕이 없어도 있는 체해서 부모가 자녀 가르치듯 하니, 이것은 10대 제자의 교화방법만이 아니라 원불교 교역자들의 교화방법이며 차원이 높은 교화방법이다.[289] 3천 년 전에 있었던 불타의 교화법이 개벽시대의 원불교 교화방편으로 새겨질 수 있는 것은 석가모니를 연원불로 한 원불교의 불법활용이라 본다.

4) 소태산의 구인제자

종교적 가풍으로 사자상승(師資相承)의 정신을 새기고 석가의 십대제자를 상기하면서, 원불교를 창립한 소태산의 구인제자에 대하여 언급하여 보고자 한다. 소태산은 원기 원년(1916) 7월 경, 친히 신종교 교파선전원을 청하여 치성하는 절차를 물어, 마을 사람들과 함께 특별한 정성으로 7일 치성을 지냈다. 이때 그는 보통 생각으로는 가히 추상할 수 없는 말씀과 태도로 좌우 사람들의 정신을 황홀케 하니, 이웃 각 처에서 믿고 따르는 사람이 40여명에 달하였다.

소태산을 따르던 40여명의 제자들과 서로 내왕한 지 4~5개월이 되었으나, 그 해 12월 이 가운데 특별히 신심 굳은 여덟 사람을 먼저 선택하였으니 김성섭, 김성구, 박한석, 오재겸, 이인명, 박경문, 유성국, 이재풍 등이었으며, 그 후 송도군(宋道君)을 맞아들였으며, 이들이 곧 새 회상의 첫 구인제자이다.[290] 소태산은 아홉 제자들에게 말하기를, 사람은 만물의 주인이요 만물은 사람의 사용할 바이며, 인도는 인의(仁義)가 주체요 권모술수는 그 끝이며, 우리가 먼저 마음을 모으고 뜻을 합하여 쇠퇴해가는

---

289) 한종만, 『원불교 대종경 해의』(下), 도서출판 동아시아, 2001, p.480.
290) 『원불교 교사』, 제1편 개벽의 여명, 제3장 제생의세의 경륜, 3. 첫 제도의 방편과 구인 제자.

세도인심을 바로 잡아야 할 것으로, 회상창립의 주인들이 되라(『대종경』,
서품 5장)고 하였다. 창립제자들의 교단적 사명이 무엇인지 설파하고 있
는 것이다.

　석가모니의 십대제자에게 특징이 있듯이, 소태산의 구인제자들에게도
사적 인연관계 등의 특징이 있다. 구인제자 가운데 첫 제자 김성섭은 본
래 소태산 대종사의 가정과 교의(交誼)가 있어 친절함이 형제 같았으며,
박한석은 소태산 대종사의 친제이고, 유성국은 외숙이며, 박경문은 족질
(族姪)이고 이인명·김성구·오재겸은 이웃 친우이며, 이재풍은 오재겸의
인도로 제자가 되었고, 송도군은 경북 성주 사람으로 정법을 찾아 방황하
다가 원기 3년 3월에 대종사의 제자가 되었다.[291] 송도군(정산종사)은 소
태산의 수제자로서 제2대 종법사가 되어 그의 법통을 계승하였다.

　구인제자는 정산종사를 제외하고 인근의 동리사람들이었다. 영광 길룡
리에는 박동국 유건 김광선의 생가터가, 경북 성주에서 이주해 온 송규
가족들이 살았던 집터가, 길룡리 이웃마을인 천정리에는 이순순 김기천
박세철의 생가터가, 학산리에는 오창건의 생가터가, 영광읍 학정리에는
이재철의 생가터가 남아있다. 이들 생가터의 유적들은 원불교 초기의 신
앙공동체 형성에 있어 상징적 인물들인 구인제자와 관련한 유적이라는 점
에 중요한 의미가 있다.[292] 일반적으로 고향사람들과의 인연관계는 지피
지기(知彼知己)의 관계로서 서로 신뢰를 쌓기가 쉽지 않은 상황인데도 소
태산은 근동 사람들의 돈독한 신성으로 함께 하여 회상창립의 구인제자로
삼았던 것이다.

　구인제자들 중에는 소태산보다 연상이나 촌수가 높음에도 불구하고 소

---

291) 이성은, 「조직제도 변천사」, 『원불교70년 정신사』, 성업봉찬회, 1989, p.420.
292) 박맹수, 「원불교 종교문화유산의 보존 및 활용방안」 소태산사상연구원 학술세미나
　　≪근대종교 문화유산의 보존과 전승≫, 한국역사민속학회, 2004.9, p.85.

태산을 스승으로 돈독히 받들었다. 초기제자들은 소태산에 대해서 경어를
쓰게 되었음은 물론 외숙이니 연상이니 하는 관념이 없어졌으며, 그동안
무어라 부르기 거북한 호칭을 '당신님'이라 부르며[293] 교조로 받들었던 것
이다. 첫 제자였던 팔산 김광선은 소태산보다 12년이나 연상이었음에도
불구하고 사제관계를 맺은 후로는 후세의 영원한 스승으로 받들었다. 소
태산의 외숙인 유건도 소태산을 종사주로 받들고 일호의 사심 없이 신성
으로 대하였던 것으로 보아, 구인제자들은 소태산을 사적 인연관계에 연
연하지 않고 영생 구원의 스승으로 받들었던 것이다.

돌이켜 보면 소태산의 구인제자들은 당시 사회계층 가운데 평범한 민
중이었다. 즉 소태산의 최초제자가 된 신분을 보면 소태산 주변의 인척
또는 지인들이 대부분이었으며, 사회·경제적으로 소태산과 같은 당시대
의 주변인들이었고 피지배층으로서 민중들이었던 것이다.[294] 이는 당시
동학을 비롯하여 증산교의 창립제자들은 한결같이 민중 출신이었던 것과
궤를 같이 한다. 구한말 봉건사회의 막바지에 이른 때였고, 민중종교의
핍박을 받던 민중들로서 구원의 메시아를 기다리던 사람들이었다.

아울러 구인제자는 궁촌벽지의 궁핍한 살림을 이끌어왔다. 가난하고
고단한 구인제자는 인류구원의 스승을 만나 희망을 갖게 되었으며 교단
창립의 험난한 일을 마다하지 않았다. 간척의 방언공사에 있어서 기계 하
나 보조를 받은 바 없고, 자갈이나 시멘트를 넉넉히 살만한 재산도 없었으
니 구인제자들의 당시 기상이 과연 어떠하였고, 고생이 과연 어떠하였으
며, 공력과 정성이 과연 어떠하였겠는가.[295] 고생을 감내하며 어떠한 난

---

293) 박용덕, 선진열전 1-『오, 사은이시여 나에게 힘을 주소서』, 원불교출판사, 1993, p.160.
294) 박맹수, 「원불교의 민중종교적 성격」, 추계학술대회 ≪소태산 대종사 생애의 재조명≫,
　　　한국원불교학회, 2003.12, p.24.
295) 원기 40년 『원광』 12호 사설(이공전, 『凡凡錄』, 원불교출판사, 1987, p.87).

관도 극복하여 교단창립의 주역이 되었으니 원불교 100주년 기념성업에서 구인선진의 법위(法位)를 모두 출가위로 추존296)하였음은 다소 늦은 감이 있으나 다행이다.

구인제자들은 학문적 배움도 없었다. 1920년대 소태산의 제자들은 거의 농촌출신으로 소학교 정도를 수료하였거나 한학을 배운 제자들로서 당시 조선 농촌사회의 지식수준이라든가 교육정도는 낮아 외부정세에 대한 견문이 몹시 어두웠다.297) 그로 인하여 그들은 주경야독의 수학을 하였다. 소태산은 구인제자와 더불어 불법연구회기성조합을 창립하고 영육쌍전, 주작야선(晝作夜禪)을 통하여 배움의 길을 닦았다. 낮에는 공동작업을 통하여 의식주를 해결하고 밤에는 공부함으로써 불법을 연마하여 정신의 의식주를 마련하기에 이른 것이다.

주경야독이 가능했던 것은 소태산과 구인제자들이 무지 무명의 극복과 더불어 공동체적 삶을 구현하였기 때문이다. 다시 말해서 원불교의 공동체는 교조인 소태산 대종사가 구인 제자를 만남으로서 이루어졌으며, 방언공사와 저축조합을 통해 본 영육쌍전의 정신, 기도를 통해 보여준 영성적인 부분은 당시 초기교단의 공동체정신의 근간이 되었다.298) 소태산은 구인의 제자들과 영산에서 인류구원의 사업을 하고자 목탄업, 간척사업,

---

296) 제214회 임시 수위단회에서 수위단원들은 구인선진에 대한 출가위 법위 추존과 종사 법훈 서훈을 만장일치로 승인해 신앙의 축을 새롭게 세웠다. 그동안 정산종사와 삼산 김기천 종사를 제외한 7인은 구인선진이라는 위상에 걸맞지 않게 법강항마위와 대봉도·대호법의 법훈으로 불려왔다. 13일 진행된 임시 수위단회에서 구인선진의 출가위 법위추존과 종사 법훈서훈이 통과됨에 따라 일산 이재철, 이산 이순순, 사산 오창건, 오산 박세철, 육산 박동국, 칠산 유건, 팔산 김광선 선진이 법강항마위에서 출가위로, 대봉도·대호법위에서 종사위로 추존됐다(원불교신문, 2017.9.29).
297) 원불교사상연구원 編, 『원불교 인물과 사상』I, 원불교사상연구원, 2000, p.95.
298) 황민정, 「교역자 공동체 생활 모색」, 2000학년도 ≪학술발표회요지≫, 원불교대학원대학교, 2000.12, p.78.

산상기도 등을 수행하였다. 가난했던 초기교단의 실상에서 구인제자들이 어떠한 불평도 하지 않고 창립의 어려움을 감내하며 혈성으로 합력한 것은 교조 소태산과 더불어 인류구원의 과업을 수행하기 위함이었으며, 소태산을 구원의 메시아로 받들었기 때문에 가능한 일이었다.

소태산은 대대로 물려온 가난을 극복하고 경제적 기초를 마련하고자 구인제자들과 간척의 방언공사를 수행하였다. 경제적인 기초를 만들기 위해서 이소성대(以小成大)를 천리의 원칙으로 삼아 공동출역으로 간척사업을 하였다. 길룡리 앞 바닷물 내왕하는 간석지에 언답을 만든 것은 자연에 대한 대불공이며, 뒤이어 구인제자와 산상기도에서 백지혈인의 이적을 나타낸 것은 진리불공의 실지를 체험시킨 것이다.[299] 소태산은 구인제자와 더불어 창립의 과정에서 방언의 간척사업을 통하여 경제적 기초의 확립과 혈인기도를 통한 진리의 인증을 얻었다. 이들은 소태산의 분부대로 구수산 구인 봉우리에서 각각 100일간 정성스럽게 기도를 하였다.

구인제자들의 창립정신은 방언공사에 뒤이어 행해진 법인기도에서 모태가 된 것이다. 소태산을 받들고 하나같이 뭉쳐서 그 거창한 방언 대역(大役)과 법인성사를 장엄하게 원만 회향해준 아홉 어른들의 기본적 정신자세, 그것이 다름 아닌 우리 회상 창립정신의 대본이다.[300] 필자는 원불교 100년 기념성업으로 원광대 원불교사상연구원에서 발행한『원불교 대사전』의 '창립정신' 조항을 기술하였는데, 이소성대, 일심합력, 사무여한에 더하여 절대신봉과 근검저축을 거론하였다. 이 모두가 구인제자들이 소태산을 교조로 받들면서 초기교단의 저축조합과 방언공사, 혈인기도 등을 통하여 이루어낸 정신적 유산인 것이다.

구인제자들은 궁촌 벽지의 대를 이어 물려받은 가난한 가업의 농민으

299) 박장식,『평화의 염원』, 원불교출판사, 2005, p.230.
300) 이공전,「창립정신론」,『원광』제53호, 원불교원광사, 1966.11, p.46.

로 평생을 어렵게 살아갈 상황에서, 후천개벽시대에 원불교를 창립한 소태산 대종사를 만난 기쁨은 이루 형언할 수 없었다. 다음은 구인의 혈인기도(원기 4년)에서 언급한 내용이다. "저희 등이 본래 종사주를 만나지 못하였다면 평생에 궁촌 농민으로 그 사상이 항상 한 가정에 벗어나지 못하였을 것이어늘, 이제 저희 등 심중에 시방세계를 일가로 보는 넓은 생각을 얻게 되었으니 그 사상 발전에 어찌 큰 영광이 아니며 … 이 일 저 일을 생각하면 생각할수록 마음이 기쁘고 기운이 활발하여 자연 중 그 희색이 외면에 나타난 것 같습니다."[301] 소태산은 회상창립의 주역 구인제자들의 다짐을 일일이 경청하고 공을 새기면서 후래 성불제중의 창립주로 삼게 하였다.

5) 구인제자의 특성

원불교의 구인제자들은 어떠한 품성을 지녔으며, 교단에 어떠한 족적을 남겼는가. 이에 구인제자들의 대체적 특징에 대하여 언급해 보도록 한다. 여기에서는 일부에 한하여 그 특성을 살펴보고자 한다.

소태산 대종사의 제자 가운데 가장 관심을 가질만한 인물은 정산종사이다. 정산종사는 대종사의 수제자였기 때문이다. 대종사는 원기 3년(1918) 정산종사를 처음 만난 후 사제관계를 맺으면서 교단창립의 중추적 역할을 맡겼다. 불교혁신과 교법제정을 위해 원기 5년(1920) 부안 봉래정사에 거처를 옮기고, 그곳에서 교법을 제정할 당시 전통불교의 교리와 제도를 직접 관찰하고 참고하기 위해서 당신의 수제자인 정산종사를 월명암에서 잠시 머물도록 보내었다. 구인제자의 한 사람인 정산종사는 후에 원

301) 정산종사, 『불법연구회창건사』 제1편 1회 12년, 제12장 「단원의 기도-일화 : 致齋에 對한 靈驗」(박정훈 편저, 『한울안 한이치에』, 원불교출판사, 1982, pp.220-221).

불교 최고의결기관인 수위단회의 중앙단원으로서 대종사를 보필하기도 하였다. 원기 28년(1943) 6월 교조가 열반하자 정산종사는 종법사위에 오른 후 대종사의 경륜을 받들어 20여 성상을 4대경륜으로 교단발전의 지표를 삼았고 삼동윤리로 일원대도를 실현할 길을 천하에 밝혔다.[302] 수제자 정산종사는 종통을 계승하여 원불교 제2대 종법사로서 그 임무를 성실히 수행하였던 것이다.

　이어서 구인제자 중 팔산 김광선 종사에 대하여 언급해 보고자 한다. 팔산은 구인제자 가운데 소태산의 첫 제자였다. 12살이나 손위인 김광선은 스스로 한 가지 자부하는 것이 있었다. 일찍이 광산김씨 문중에 대동보(족보)를 수찬한 관계로 한문 실력을 뽐내었던 것이다. 하루는 스승 소태산이 말하였다. "붓대 한번 잡아보소." 서슴없이 붓 끝에 듬뿍 먹물을 묻히고 글을 쓰다가 혼쭐이 났다. "이건 이렇게 쓰면 되지 않소." 팔산은 소태산의 한문실력에 기가 질렸으며, 후래 엮어진 글들은『법의대전』에 남게 되었지만, 이마저 나중에 신비한 것으로 여겨질까 불사르게 하였다. 소태산은 병환 중 어려운 일은 꼭 팔산을 불러 처리하도록 하고 모든 시중을 맡기며 말하기를 "팔산과 나는 영생 겁래의 부자지간으로, 형제지간으로, 사제지간으로 지냈으므로 이 땅에 와서도 제일 허물이 없다"라고 하였다.[303] 나이가 많았지만 스승으로 받든 팔산 김광선의 신성은 대단하였다.

　삼산 김기천 종사는 소태산 대종사보다 나이가 한 살이나 많았다 해도 어렸을 때에는 이웃친구 사이였다. 구인제자 중에서 한문 제일이었으며,

302) 김주원,「대산종사의 사상과 경륜」, 대산 김대거 종사 탄생 100주년 기념학술강연『진리는 하나 세계도 하나』, 원불교100년기념성업회 대산종사탄생 100주년 기념분과, 2013.6, pp.6-7.
303) 팔산의 자 김홍철 전언(박용덕,『금강산의 주인되라』, 원불교출판사, 2003, pp.304-305).

스승으로부터 최초로 견성인가를 받았다. 이와 관련한 내용이 『대종경』
에 나타난다. "오늘 내가 비몽사몽간에 여의주를 얻어 삼산에게 주었더니
받아먹고 즉시로 환골탈태하는 것을 보았는데, 실지로 삼산의 성리 설하
는 것을 들으니 정신이 상쾌하다"(성리품 22장). 원기 13년(1928) 12월 5
일 밤에 삼산은 한 꿈을 얻었다. 대종사가 청정한 초당에 좌정하였는데
그 뒤 벽상을 본즉 거기에 한 글귀가 걸려 있었다. "풍후강산정(風後江山
靜) 일초우주명(日初宇宙明) 적본이가족(賊本爾家族) 귀순도대성(歸順道
大成)." 너무나 뚜렷한 꿈이라 조실에 사뢰니 소태산은 그 글귀가 천어(天
語)라고 했다.[304] 견성을 최초로 인가받은 구인제자가 바로 삼산인 점에
이유가 있는 듯하다.

다음으로 일산 이재철 종사에 대하여 언급해 본다. 이재철은 성품이 부
드럽고 온유하였으며, 키가 크고 영광의 인물이라는 평을 받았다. 효성이
지극했던 이재철은 "창생을 위하여 자신의 한 몸 죽는 것은 여한이 없으
나 홀로 계신 모친이 걱정된다"고 하였으며, 소태산은 그의 효성이 지극함
을 알고 "모친의 시봉은 내가 책임질 테니 안심하라"고 하자, 일산은 창생
을 위해 기꺼이 이 한 몸 바치겠다고 서약하였다.[305] 소태산이 『금강경』
을 꿈에서 보았다고 했는데, 불갑사에서 『금강경』을 가져온 제자가 바로
이재철이다.

구인제자 중 가장 공훈이 많고 공심이 제일이었던 제자는 사산 오창건
종사였다. 이와 관련한 글이 초기교단의 정기간행물 『회보』에 나타나 있
다. 김영신의 「사산 선생님의 공심」이라는 감상을 소개해 본다. "본회 시
창주 8, 9인 중 1인으로 가장 공훈이 많으시고 공심으로 유명하신 사산선
생의 미행 몇 가지를 적어보려 합니다. 본회 시창 초부터 본 지부를 물론

304) 『월말통신』 8호, 夢見詩(박용덕, 『금강산의 주인되라』, 원불교출판사, 2003, p.214).
305) 류성태, 『대종경풀이』 상, 원불교출판사, 2015, pp.50-51.

하고 회관건축에 감역도 많이 하시고 더욱이 종사주에 대한 신성과 본회사업에 난 백절불굴의 열렬한 활동가이시며, 일반 동지를 친애하시되 한 몸같이 여기시는 사표적 인물이십니다."[306] 그리하여 김영신 교무는 사산종사를 덕이 풍부하며 여자 이상으로 자비심이 많으므로 여학원생들은 '어머님'이라고 부르기까지 하여 인자함 그대로라고 하였다. 사산종사의 품성이 그대로 나타나고 있다.

제자들 가운데 주목할 것으로 육산 박동국 종사는 소태산의 친동생이었다. 소태산은 모친의 열반기념제에서 다음과 같이 회고하고 있다. "어머님께서는 … 소자의 공부 말씀에도 더욱 신념을 가지시며 저의 아우 동국을 데리시고 안락의 생활을 하시면서 오직 소자의 경영사업에 발전을 희망하였을 뿐이었습니다."[307] 이처럼 소태산은 친제가 가정을 책임지고 부모를 모셨던 일을 회상한 것이다. 친제를 구인제자로 삼은 것은 다소 생소할지 모르지만, 외숙 유건 역시 그의 제자가 되었던 것이다. 소태산의 제자들은 고향사람들로 구성되어 있으며, 그보다 나이가 많은 팔산을 비롯하여 친척이나 나이 고하를 불문하고 스승을 오롯이 받들었던 점이 특징이다.

소태산을 받들고 창립정신을 몸소 실천한 구인제자 모두에 대한 특징을 거론할 수는 없을 것이다. 하여튼 구인선진은 하나같이 소태산 대종사를 구세주로 받들고 가르침을 새기었다. 팔산 김광선은 이에 말하기를, 소태산 대종사를 우러러 흠모하여 행하고자 하되 그 만분의 일도 아직 감히 능하지 못하며 스승의 인품을 순일무사한 공심, 시종일관한 성의, 청탁병용하는 포용[308]이라고 하였다. 구인제자들은 소태산 대종사의 운

---

306) 김영신, 「感想-사산 선생님의 공심」, 『회보』 제42호, 원기 23년 2-3월호.
307) 소태산 대종사 親制 「희사위 열반 공동기념제사」 기념문(≪圓佛教新聞≫, 1997년 5월 9일, 2면).

심처사를 배워서는 도저히 알 수 없는 학이불능(學而不能)이라고 하였다. 교조 소태산의 일동일정은 대자대비였으므로 구인제자는 스승을 인류구원의 등불이자 주세불로 받들었던 것이다.

스승을 '학이불능'이라며 받든 구인제자들은 창립혈성으로 소태산을 신봉, 제생의세 사업을 솔선하고자 하였다. 이들은 교단 초창기에 교화방편의 한 조직인 십인일단(十人一團) 단조직의 구성원이 되어 교화사업에 진력하게 된다. 소태산 대종사는 제자들의 공부와 사업을 효과적으로 지도하기 위하여 단조직을 하였으며, 이들 9인 제자와 더불어 정수위단을 조직한 것이다.[309] 소태산은 남자 수위단을 조직함으로써 교화단 조직을 공식화하였는데, 단장에 소태산 대종사, 건방단원에 이재풍, 감방단원에 이인명, 간방단원에 김성구, 진방단원에 오재겸, 손방단원에 박경문, 이방단원에 박한석, 곤방단원에 유성국, 태방단원에 김성섭, 중앙에 송도군이었다. 구인제자는 교단창립과 교화활동의 선진들로서 십인일단 단조직을 통해서 신의를 일관하여 창립정신의 실천과 교화의 기초를 확립한 것이다.

6) 창립제자의 선구자정신

불법을 신앙하는 사람들은 다행히 대도회상의 큰 스승을 만났으므로 십대제자와 구인제자가 성인(부처) 받든 심법을 모델삼아 인류구원과 회상발전에 큰 일군이 되어야 할 것이다. 소태산은 이에 다음과 같이 당부하고 있다. "그대들도 대중생활을 하여 갈 때에 항상 이 십대제자의 행하던 일을 모범하여 이 회상을 창립하는 데에 선도자가 되고 중추인물이 되기를 부탁하노라."[310] 인류의 큰 스승을 만나 무명 중생을 벗어난 기쁨

---

308) 『대종경』, 실시품 47장.
309) 김홍철, 「불법연구회통치조단규약 해제」, 『원불교사상』 제7집, 원불교사상연구원, 1983, p.267.

으로 낙도생활을 한다면 십대제자와 구인제자가 그랬던 것처럼 불법의 지혜를 통하여 세상을 밝히는 선도자가 될 것이다.

불법이 천하의 대도인 점을 밝힌 소태산은 앞으로 구인제자를 비롯하여 출중한 인물이 많이 나올 것이라 하였다. "내가 다생 겁래로 많은 회상을 열어 왔으나 이 회상이 가장 판이 크므로 창립 당초의 구인을 비롯하여 이 회상과 생명을 같이할만한 인물이 앞으로도 수를 헤아릴 수 없이 많이 나리라."311) 삼세를 통하여 누겁을 살아온 불자들은 큰 스승을 만나 오롯한 신성으로 신앙과 수행에 적공한다면 불법의 큰 회상을 세상의 주교로 인지할 것이며, 여기에는 십대제자와 구인제자를 뒤따르는 혈심혈성의 출중한 인물들이 나타날 것이다.

과거의 부처 제자들이 그러했던 것처럼 누구나 불법을 무상대도로 간주하며 살아간다면 과거 7불을 포함한 현재의 부처 제자라 할 수 있다. 우리는 부처의 제자일진댄 부처가 가르쳐 주고 깨우쳐 준 인생관을 믿고 받듦이 옳을 것이다.312) 삼천년 전후의 불제자들, 그리고 오늘의 불자들 역시 과거칠불과 개벽시대의 성인 제자들인 셈이다. 삼세를 통하여 부처를 오롯한 신성으로 받들며 살아간다면 십대제자와 구인제자를 뒤이어 불제자로서 불법이 무상대도임을 알고 수행 정진할 것이며, 자비의 불법전파에 진력하리라 본다.

하여튼 참 스승은 제자의 인격 성숙에서부터 사회구원에 이르기까지 무한한 책임을 지는 성자인 것이다. 스승이 있어 구원의 손길이 쉬울 수 있을 것이며, 반면 스승이 없어 고통이 뒤따를 수 있기 때문이다. 근래(원기 91년 11월 5일) 경산 장응철 종사는 종법사 취임법어에서 스승 소태산

310) 『대종경』, 교단품 42장.
311) 『대종경』, 부촉품 10장.
312) 청하문총간행회, 『묵산정사문집』, 원불교출판사, 1985, p.23.

을 오롯이 따랐던 구인제자의 창립정신을 새기도록 하였다. 곧 우리 회상은 창립초기에 구인선진이 보여준 혈성과 단결, 봉공과 근검 정신을 본받았다며 다음과 같이 말한다. "헌신적인 삶을 살아온 전무출신 여러분들의 지극한 정성과, 재가교도 여러분들의 크신 합력에 힘입어 국가와 일반사회로부터 두터운 신뢰와 기대를 받게 되었을 뿐만 아니라, 해외에서도 널리 주목받는 모범적 종교로 성장하게 되었다." 구인제자의 창립정신을 새기며 우리 모두 교단 만대를 이끌어가도록 당시 종통을 계승한 대사식 법어에서 이와 같이 말하였던 것이다.

교단 창립초기에 스승에게 일호의 의심도 없이 신성을 바치며 그를 따랐던 창립제자들은 오늘날 불자들의 스승이기도 하다. 교조의 정신을 계승해준 그들이 있어서 시공의 간격 속에서 구전심수의 역할을 해주었기 때문이다. 이러한 맥락에서 원불교 구인제자의 후손을 위한 초청행사가 있었다. 2005년 7월, 「대종사 및 구인선진 후손 초청행사」로서 익산·영산성지 순례를 순례하며 창립정신 기렸던 것이다. "어디에 계시든 교단과 인연을 깊이 맺고, 맥을 대며 살기 바란다." 좌산 종법사는 동년 7월 31일 삼동원에서 대종사·구인선진 후손들에게 이렇게 당부했으며, 거기에는 원불교를 창립한 구인선진들의 후손으로서 창립 가문의 맥이 이어지기를 바라는 마음이 담겨있다.[313] 창립정신을 계승하고, 9인선진의 정신을 추모하며, 법인정신을 기리기 위해서 열린 구인선진의 후손 초청회가 시사하는 것은 선·후진, 스승과 제자의 오롯한 신성을 깊이 새겨볼만한 일이다. 성자의 초기제자들에게서 창립정신을 계승한 선구자적 삶을 발견할 수 있기 때문이다.

---

313) 문향허, 「창립가문의 맥 이어가자」, ≪원불교신문≫, 2005년 8월 12일, 1면.

12. 팔상과 십상

1) 성스러움의 흔적

인간의 여러 가치 가운데 성스러움의 가치란 무엇인가. 자신을 철저히 희생시키는 성직자들만이 할 수 있는 힘든 일이며, 결국 성직자는 성스러움의 가치에 몸을 완전히 바치는 사람들인 셈이다.[314] 인류를 위해 자신을 철저히 희생시키는 성자의 삶이 지고의 성스러움이라 본다. 고대 석가모니의 삶이 그러했고, 공자와 예수의 삶 역시 성스러움의 흔적을 남기었다. 마찬가지로 근대 한국사회에서 최수운, 강증산, 소태산의 삶이 성스러움의 흔적으로 남았다. 성자의 삶은 범상한 삶이 아니었으므로 값진 성스러움의 결실을 맺어 인류의 성자로 추앙받고 있는 것이다.

성자들의 일생은 범상한 사람들과는 다르다. 그들은 세상을 바라보는 시각이 달랐으며 그들이 살다간 세상은 일반인들과 달랐던 것이다. 그것은 고행과 깨달음을 통하여 인류구원이라는 점에서 성스러운 삶의 자취를 남겼다는 뜻이다. 불교를 창립한 석가모니는 인간사에 대한 의심을 통하여 고행 끝에 깨달음을 얻었으며, 고해에서 고통 받는 사람들을 자비심으로 구제하였다. 원불교를 창립한 소태산 역시 우주변화에 대한 의심을 통하여 구도 끝에 깨달음을 얻어 제생의세의 중생제도에 헌신하였던 것이다. 다시 말해서 석가모니는 6년의 설산고행을 통하여 깨달음을 얻었고,

---

314) 김종서, 「전환시대의 성직자상」, 『전환시대의 성직자 교육 현황과 전망』, 영산원불교대학교 출판국, 1997, p.15.

소태산은 7세부터 우주 의심을 시작하여 20여 년 간의 한결같은 구도 일
념 끝에 대각을 이루었다.[315] 이러한 성자들의 일생 자취를 특징화하여
이를 성스러운 흔적으로 기리는 것은 제자들로서는 지당한 일이다.

성자의 성스러운 흔적으로서 석가모니가 일생의 자취를 남긴 것을 팔
상(八相)이라 하며, 소태산의 경우 십상(十相)이라 한다. 팔상이든 십상이
든 그를 따르던 제자들이 성자의 거룩한 일생을 신화화 내지 장엄화를
유도하는 것은 신앙을 중심으로 하는 종교집단에서 자연스러운 일이라 본
다. 예컨대 팔상을 법화(法畵)로 활용하다 보니 그 내용이 대중들에게 감
명을 줄 수 있도록 신성하게 조직되기 마련인데, 이 팔상은 영웅적 일대기
를 구비하면서 신화적 속성을 다양하게 함장할 수밖에 없었다.[316] 성자의
일생을 특징화하여 범인들과는 달리 장엄 불사하여 교조의 지존(至尊)을
기림은 물론 교화방편으로 삼기에 충분하다.

따라서 세계의 성자로서 불교의 교조는 석가모니이고, 원불교의 창시
자는 소태산 대종사라는 점에서 이들의 흔적을 특징화하여 장엄하고 신앙
심을 유도하는 일은 제자들로서 당연한 일이다. 흔히 불보살이 이 세상에
출현하여 중생을 제도하려고 일생 동안 나타내어 보이는 것을 8가지로
집약해 부처의 팔상이라고 하며, 같은 맥락에서 소태산 대종사가 이 세상
에서 보인 일을 10가지로 나타내어 10상이라 하므로, 소태산의 십상은 부
처의 팔상과 구조적 상응을 이룬다고 볼 수 있다.[317] 이들은 깨달음에서
열반에 이르기까지 중생교화를 위해서 성스러움의 굵은 흔적을 남기었던
것이다. 모든 사람들이 일생 살아가면서 흔적을 남기겠지만, 성자의 흔적

---

315) 안정진, 퇴임 기념문집 『아름다운 42년』, 원불교출판사, 2003, p.35.
316) 김진영, 「팔상의 구조적 특성과 소설적 전이」, 『불타생애의 팔상에 대한 문화사적 조명』,
    중도불교문인협회, 2001, p.22.
317) 박진영, 「불교와 원불교의 관계」, 『원불교학』 제3집, 한국원불교학회, 1998, p.262.

에 미치지 못한다고 본다. 성현은 개인을 위한 삶을 살았던 것이 아니라 인류 구제라는 희생적 삶을 살았기 때문이며, 그것은 자비와 은혜의 산물로서 모두가 성자로 받드는 이유가 된다.

2) 불타의 팔상

석가모니의 일생을 장엄화한 팔상(八相)이란 무엇인가. 우리가 불교를 수행하고 그 사상을 참구·연역하는데 있어 불타의 행적을 그 전범·준거로 삼는 것은 너무도 당연한 일이며, 이에 불타의 행적을 전기적 유형에 따라 찬연한 일대기로 완성한 것이 바로 팔상이다.[318] 이 팔상은 팔만대장경을 포괄하면서도 그 요체는 다음과 같이 거론된다. 즉 도솔래의, 비람강생, 사문유관, 유성출가, 설산수도, 수하항마, 녹원전법, 쌍림열반이 바로 석가의 팔상이다.

대승불교시대에 정립되었던 석가의 팔상은 초기불교시대에는 사상(四相)으로 구분되기도 하였다. 사상으로는 출생 → 성도 → 전법륜(轉法輪) → 입열반(入涅槃)이다. 또는 탁태 → 출유(出遊) → 출가 → 항마가 대표적으로 거론된다.[319] 8상을 축약해서 4상이라 하며, 또는 4상을 확대해서 8상이라 한다. 첫 번째 경우의 팔상을 보면 출생은 룸비니 동산에서 태어난 것을 의미하며, 성도는 보리수에서 깨달음을 얻는 것을 말한다. 전법륜은 녹야원에서 설법한 것을 뜻하고, 입열반은 쌍림열반상을 말한다. 두 번째의 경우, 탁태는 출생과 같은 입장에서 볼 수 있으며, 출유는 4문유관상을 말하고, 출가는 유성출가상으로 표현되며, 항마는 수하항마상으로

---

318) 사재동, 「불타 팔상행적의 문화적 실상과 위상」, 『불타생애의 팔상에 대한 문화사적 조명』, 중도불교문인협회, 2001.4, p.5.

319) 김창균, 「불교미술에 나타난 팔상」, 『불타생애의 팔상에 대한 문화사적 조명』, 중도불교문인협회, 2001.4, pp.19-20.

대신한다. 이처럼 석가모니의 행적을 4가지로 축약할 수 있으며 8가지로 확대할 수도 있다.

이제 역사적 시각에서 팔상의 전래역사에 대하여 살펴보고자 한다. 팔상의 전개는 다음 네 가지[320]로 접근이 가능하다. ① 석가불의 전기는 그 자체가 불교의 교리이자 불교의 유래를 설명해주고 있기 때문에 근본불교 시대로부터 지대한 관심의 대상이 되어왔다. ② 이후 부파불교시대부터는 팔상을 조각과 그림으로 즐겨 표현함으로써 전생(前生)설화와 함께 불교 미술의 주류를 이루게 되었다. ③ 초기에는 네 가지 장면으로 압축·묘사하는 사상(四相)이 유행하였으나, 대승불교에서는 여덟 가지 장면인 팔상으로 묘사하는 것이 일반화되었다. ④ 인도로부터 중국을 거쳐 전래된 우리나라의 팔상도는 팔상전(八相殿) 이외에 영산전(靈山殿)에서도 봉안하고 있다. 팔상은 근본불교시대, 부파불교시대, 대승불교시대를 거치면서 정착되었으며 팔상도는 인도에 이어 동북아의 대승불교 국가인 중국, 한국에서 현재 봉안되고 있다.

불자들에게 한국의 팔상은 중국에 비해 더욱 칭송되었다. 한국에서는 중국에 비하여 이 팔상관이나 팔상사상 내지 팔상신앙이 보다 강화되고 보편화되어 그에 상응하는 불전이 새롭게 찬성되었으며, 이러한 현상은 삼국·신라를 통하여 이미 나타났을 것이나, 그것이 올바로 정립되기는 고려시대부터이다.[321] 고려후기 찬자 미상의 『석가여래 십지수행기』에 있는 불타의 전생담 9편과 팔상의 일대기 1편이 유통되었다는 것이다. 팔상은 인도에서 시작되어, 대승불교 때에 완성됨과 더불어 한중일 등 불교권에서 성행하였으며, 특히 한국의 『월인석보』 내지 『팔상록』 등이 대표

---

320) 위의 논문, p.19.
321) 사재동, 「불타 팔상행적의 문화적 실상과 위상」, 『불타생애의 팔상에 대한 문화사적 조명』, 중도불교문인협회, 2001.4, pp.6-7.

적으로 거론되고 있다.

3) 원불교의 팔상이해

소태산이 큰 깨달음을 이룬 후 각 종교의 경서를 열람한 것 가운데 불교의『팔상록』이 눈에 띤다.『팔상록』은 불경이 아니라 불교계 고소설로서 원래『팔상명행록』이란 제목을 가진 소설류이다. 조선 후기에 불가에서 유행하던 국문소설이었으며, 현재는 그 자료가 15~20편 정도에 지나지 않아 유실되었다.『팔상록』은 필사본, 목판본 및 활자본 등 다양하게 전해오고 있는데, 인도와 중국을 통해 형성된 석가의 일대기에 대한 기록이 고려대에 들어와 한문본으로 정착하다가 조선초 석보상절, 월인천강지곡, 월인석보 등에 상세히 국문으로 기록한 데서 기원을 찾아볼 수 있다.[322]『팔상록』이 소설로 전해지는 것은 그만큼 대중성을 지녔다는 뜻이다. 본 소설은 영웅집과도 같았으니, 소태산이 열람한 이유로서 그가 구사고행을 하던 때를 상기하면 그에게 감명을 주기에 충분한 것이었다. 그는 당시의 민중소설인『조웅전』『박태부전』을 읽었던 것을 상기하면『팔상록』은 석가모니가 성인중의 성인이라는 것을 확인시켜 주는 매우 중요한 불교서적이었으리라 본다.

석가모니의 성자적 흔적으로 팔상의 유성출가상에 대하여 소태산은 언급하였다. "서가세존께서는 돌아오는 왕위도 버리시고 유성 출가하셨으나 거기에 조금도 애착됨이 없으셨나니, 이 분들의 부귀에 대한 태도가 그 얼마나 담박하였으며 고락을 초월하는 힘이 그 얼마나 장하였는가"(『대종경』, 인도품 27장). "과거 서가모니불도 한 나라 태자의 모든 영화를 다

322) 이정재,「소태산의 구사일화 분석과 백학명과의 관계 연구」,『원불교사상과 종교문화』 44집, 원불교사상연구원, 2014, pp.107-108.

버리시고 성을 넘어 출가하사, 육년 동안 갖은 난행과 고행을 겪으셨으며…"(『대종경』, 교단품 27장). 석가모니의 유성출가상은 범상한 사람으로서는 상상하기 어렵다. 한 나라 왕의 아들로서 풍요로운 의식주가 제공되었음에도 불구하고 구도를 위해 스스로 출가하여 고행을 마다하지 않았기 때문이다.

이어서 대산종사는 불타의 팔상을 원불교의 수행과 연계하였다. 그의 법어[323]를 소개하여 보도록 한다. 첫째 도솔래의상으로, 중생들은 업력에 끌려 나고 죽고 하나 부처는 도솔천 내원궁의 호명보살로 있다가 마음대로 오가나니, 우리도 육도세계를 마음대로 오갈 수 있도록 마음의 자유를 얻는 공부를 해야 한다. 둘째 비람강생상으로, 인천대중이 갈망하고 환영하는 가운데 최존의 부귀를 갖추고 일국의 태자로 탄생하였으니, 우리도 대중을 위해 노력해서 대중의 진실한 환영 속에 오고 가도록 해야 한다. 셋째 사문유관상으로, 사문 밖에서 생로병사의 고와 일체 해탈상을 본 후 인생무상을 느끼고 명상에 잠겼으니, 우리도 대각의 뿌리요 열쇠인 의심을 낼 줄 아는 공부를 해야 한다. 넷째 유성출가상으로, 재색명리의 욕망을 넘기 위해 태자의 지위를 버리고 출가하였으니, 우리도 집에 있거나 출가하였거나 욕망을 뛰어넘는 공부를 해야 한다.

이어서 다섯째 설산수도상으로, 수도할 때 순역 설산이 있었으니, 우리도 수도하는 경로에 무서운 설산이 있음을 각오하고 그것을 녹이는 공부를 해야 한다. 여섯째 수하항마상으로, 보리수 아래에서 마군을 부수고 항마를 하였으니, 우리도 몸 아래에 있는 팔만사천 마군을 부수어 항복받는 공부를 해야 한다. 일곱째 녹원전법상으로, 교진여 등 다섯 사람에게 법을 전하기 전에 당신 몸부터 법륜을 굴리었으니, 우리 몸부터 불일을

323) 『대산종사법어』, 동원편 22장.

밝히고 법륜을 굴리는 공부를 해야 한다. 여덟째 쌍림열반상으로, 언어도 단하고 심행처가 멸한 원적무별의 자성 본래에 안주하는 선(禪) 공부를 하여 최후 열반에 든 것이니, 우리도 평소 원적무별한 정(定) 공부를 하여 해탈 열반에 드는 공부를 해야 한다.

그리고 소태산 대종사를 보필하며 교조의 법어를 꼼꼼히 기록에 남긴 선진으로서 법낭(法囊)이었던 구타원 이공주 종사는 부처 팔상에 대해 다음의 언급을 하였다. "생사대사를 해결하고 영생불멸의 진리를 깨쳐보기로 결정하신 태자는 인간의 향락과 부귀는 초개같이 보고 주소일념이 출가수도를 꾀하다가 유성출궁을 단행하였고 설산고행을 겪었으며 수하항마, 녹야전법 등 헤일 수도 없는 무진(無盡) 노고를 거듭하신 결과 삼계의 대도사요 사생의 자부이며 복의 근본과 혜의 원천을 얻었던 것이다."[324] 구타원 종사의 이 같은 언급을 보면, 불생불멸의 이치를 깨닫기 위해 부귀향락을 버리고 유성출가와 더불어 설산고행을 통해 항마와 녹야원 전법 등을 했으니 석가모니야말로 지존의 성인이라는 것이다. 그의 언급에 팔상의 핵심 부분이 용해되어 있음을 확인할 수 있다. 원불교가 사생의 자부인 석가모니를 연원불로 모시는 자부심이 살아 있음을 알 수 있다.

석가모니를 연원불로 하는 원불교인 만큼, 원불교의 4축2재 중에서 4월 초파일 석가탄신일과 관련하여 의례식순에서 부르는 원불교 성가 37장은 「석존성탄절 노래」(5절)로서 팔상을 연상시킨다. 이와 관련한 성가가사를 소개하여 본다. "1. 일체중생 제도키로 우리석존 탄생할 제 이십팔천 도솔궁에 서기타고 내리셨다. 2. 삼십이상 좋은 풍채 거룩키도 하려니와 사문유관 하신 뒤에 생로병사 깨쳤도다. 3. 오백생에 쌓인 공덕 장하기도 하려니와 육년설산 갖은 고행 그 아니 자비런가. 4. 칠십구세 열반락은 불생불

---

324) 구타원종사 법문집 편집위원회 편, 『인생과 수양』, 원불교출판사, 2007, pp.24-25.

멸 하여있고 팔만사천 무량법문 사생의 자부로다. 5. 구품연화 높은 대상
장엄할사 금색광명 시방세계 통하여서 만만겁에 빛나도다." 석가모니의
일생을 기리는 뜻에서 원불교에서 성가가사를 새기는 것은 다름 아닌 연
원종교를 예우하는 측면에서도 바람직한 일이라 본다.

4) 소태산의 십상

성자의 일생 행적을 특징화·장엄화하는 것은 신앙집단에서 교조신봉
이라는 면에서 얼마든지 가능한 일이다. 그것은 후래 불자들의 성업(聖
業) 불사라는 점에서 교조 신성의 정신은 아무리 강조해도 지나치지 않기
때문이다. 성인이 행적을 좇으면 성인의 행이 되며, 하려고 하는 일과 하
는 일이 그대로 이뤄져서 자기의 인(因)에 따라 과(果)가 나타난다.[325] 성
자의 행적을 장엄하고 순례하는 것은 후래 제자들에게 종교적 영성과 인
품의 함양의 동인이 되기 때문이다.

성자의 일생 행적으로 석가모니의 팔상이 있다면 소태산의 십상이 있
다. 소태산 대종사의 십상은 누가 설정하였는가. 그를 이어 종통을 계승
한 정산종사는 석가모니의 팔상과 대종사의 십상을 언급하였다. 정산종사
에 의하면, 과거 부처님의 일대는 팔상으로 기록하였거니와 대종사의 일
대는 십상으로 기록한다며 소태산 대종사의 십상을 다음과 같이 정리하였
다. 첫째 하늘 보고 의문낸 상(觀天起疑相), 둘째 삼밭재에서 기원한 상
(蔘嶺祈願相), 셋째 스승 찾아 고행한 상(求師苦行相), 넷째 강변에서 입
정한 상(江邊入定相), 다섯째 노루목에서 대각한 상(獐項大覺相), 여섯째
영산 앞에 방언한 상(靈山防堰相), 일곱째 혈인으로 법인받은 상(血印法

認相), 여덟째 봉래산에서 제법한 상(蓬萊制法相), 아홉째 신룡리에서 전법한 상(新龍轉法相), 열째 계미년에 열반한 상(癸未涅槃相)이다.326) 그는 교조 소태산의 일생을 10가지로 정리하여 그의 행적을 장엄화한 것이다.

이처럼 소태산의 십상은 교조의 일대기를 깨달음과 교단창업, 자비교화의 자취와 관련하여 상징화된 것으로, 대체적 특징으로 그가 탄생한 영산성지에서 7상이 묘사되고 있다. 전라남도 영광군 백수읍 길룡리에 자리한 원불교 영산성지는 '근원성지'라 불릴 만큼 가장 성스러운 공간으로 인식되고 있으며, 소태산의 일생을 열 시대로 나누어 설명하는 '대종사 십상'에서 일곱 시대를 차지할 정도로 영산성지 관련 비중이 절대적이다.327) 성적지의 공간으로 볼 때 부안 변산과 익산이라는 곳에서 교조 소태산의 성스런 행적을 나타낸 것이다. 오늘날 영산, 변산, 익산은 원불교의 4대 성지로서 만덕산(초선터)과 더불어 성지순례의 코스가 되고 있다.

그러면 소태산 대종사가 원불교를 창립한 교조인 만큼 그의 일생을 열 가지로 특징화한 십상(十相)을 하나하나 소개하여 보도록 한다.

첫째, 관천기의상(觀天起疑相)이다. 소태산은 유년기인 7세 되던 해에 우주 변화에 대한 큰 의심을 발하였다. 어느 날 일기가 심히 화창하고 하늘에는 한 점의 구름이 없으며 사방 산천에는 청명한 기운이 충만하여 대자연의 풍광을 바라보더니 문득 다음과 같은 의심이 떠올랐다. "저 하늘은 얼마나 높고 큰 것이며 어찌하여 저렇게 깨끗하게 보이는가." 뒤이어 "저와 같이 깨끗한 천지에서 우연히 바람이 통하고 구름이 일어나니 그 바람과 구름은 또한 어떻게 되는 것인가."328) 석가모니는 인간의 생로

---

326) 『정산종사법어』, 기연편 18장.

327) 박맹수, 「원불교 종교문화유산의 보존 및 활용방안」 소태산사상연구원 학술세미나 ≪근대종교 문화유산의 보존과 전승≫, 한국역사민속학회, 2004.9, p.79.

328) 정산종사, 『불법연구회창건사』 제1편 1회 12년, 제2장 대종사의 유시와 발원동기, 일화2-보는 것마다 의심을 내신 일(박정훈 편저, 『한울안 한이치에』, 원불교출판사,

병사에 대한 의심을 품었다면 소태산은 우주 대자연의 변화에 대한 의심을 품었던 것이다. 하늘은 왜 푸르며, 풍운우로는 왜 발생하는가에 대한 의심을 한 것으로 하늘을 보고 의심을 일으켰기 때문에 관천기의상이라 했다.

둘째, 삼령기원상(蔘嶺祈願相)이다. 소태산은 한번 원을 발한 후로는 세월이 지날수록 마음이 간절하여 주소(晝宵) 일념으로 소원성취를 위해 정성을 기울이던 11세 때 10월 15일에 마읍리 선산 시제에 참례하였다. 제례에서 산신을 먼저 제사하고 조상을 나중에 제사하자 이에 궁금하여 친척에게 연유를 물어보았다. 산의 주재자인 산신을 먼저 제사하고 조상을 뒤에 제사한다고 하자, 산신의 권능이 참으로 신령하여 그 조화능력이 말로 다 형용하지 못할 것을 알고서 산신을 만날 수 있다는 친척의 답을 들을 수 있었다. 그날부터 소태산은 산신 만나고자 일천 정성을 올렸다. 집으로부터 4km 떨어진 삼밭재(蔘嶺) 마당바위에 올라가 과일을 진설하고 전후 사방을 향하여 종일토록 예배하기를 하루도 빠짐없이 하여 만 4년 기도정성을 다하였지만 산신을 만나지는 못하였다.[329] 갈수록 의심은 해결될 기미가 없자 산신 만나는 것을 포기하는 상황에까지 이르게 된 것이다.

셋째, 구사고행상이다. 소태산은 15세에 근동에 사는 양하운 규수와 결혼한 후 16세 되던 정월, 환세 인사차 처가에 갔다. 마침 그곳 마을사람들이 고대소설『박태부전』과『조웅전』등을 읽고 대화하는 것을 듣던 중, 그 소설의 주인공이 천신만고 끝에 도사만나 소원을 성취했다는 소리에

1982, pp.184-185).

329) 정산종사,『불법연구회창건사』제1편 1회 12년, 제3장 대종사의 구도 정성과 고행,「自始創前 15年 至始創前 4年」(박정훈 편저,『한울안 한이치에』, 원불교출판사, 1982, pp.188-189).

소태산은 자신의 의심을 풀어줄 산신을 만나지 못했으니 스승을 만나고자 결심하였다. "나도 이제부터는 저 소설의 주인공 같이 도사만나는 데에 정성을 들인다면, 도사는 사람이라 반드시 없지도 아니하리라" 생각하고, 전날의 결심을 도사 만날 결심으로 돌리었다.[330] 이러한 결심을 통하여 지나가는 사람이 도사와 같은 기인이 있는가를 찾아 나섰으며, 심지어 걸인을 도사인 줄 알고 그를 집에 초대하기도 하였다. 구사고행의 기간은 6년간이나 지속되었지만 결국 간절히 염원하던 도사를 만나지 못하였다.

넷째, 강변입정상이다. 도사를 만나지 못한 소태산은 의심에 의심이 꼬리를 물고 해결될 기미가 없는 상태가 지속되다보니 이제는 식사하는 것을 잊고 세수하는 것도 잊는 등 좌탈입망의 상태가 빈번하였다. 어느 날 부인이 조반을 준비하여 상을 올리고 아직 진지가 끝나기 전에 전작으로 제초가 바쁜 것을 생각하여 밭에 가서 그 일을 마치고 정오가 거의 지난 후에 귀가한즉, 소태산은 그때까지 진지상을 앞에 두고 밥은 비빈 채로 수저를 놓고 묵연히 앉아 있는데 온 방 안에 파리 떼가 모여들어 그 밥과 반찬을 빨아먹고 있었으며, 또 어느 때는 법성포 시장을 간다 하고 집에서 출발하여 선진포 부근에서 망연히 서 있었으니, 얼른 그곳에 가서 모셔왔다.[331] 소태산은 "장차 이 일을 어찌할꼬"하며, 온 몸은 종기가 나고 깨달음의 길은 아득해 보였던 것이다.

다섯째, 장항대각상이다. 소태산의 간절한 염원이 이루어지지 않고 좌탈입망의 상태가 지속된 끝에 1916년 4월 28일 그의 나이 26세 되던 이른 새벽에 대종사 홀연한 상태에서 마음이 쇄락해짐을 느꼈다. 이상히 여기어 밖에 나와 사면을 살펴보니, 천기가 심히 청랑(晴朗)하자 맑은 공기를

---

330)『원불교 교사』, 제1편 개벽의 여명, 제2장 소태산 대종사, 3. 대종사의 구도.

331) 정산종사, 『불법연구회창건사』 제1편 1회 12년, 제4장 입정 상황, 「일화 1-입정 당시의 實景」(박정훈 편저, 『한울안 한이치에』, 원불교출판사, 1982, p.194).

호흡하며 뜰 앞을 두루 배회하였다. 문득 이 생각 저 생각이 마음에 나타더니 마침내 "만유가 한 체성이며 만법이 한 근원이로다. 이 가운데 생멸 없는 도와 인과보응 되는 이치가 서로 바탕하여 한 두렷한 기틀을 지었도다"332)라는 진리의 소식을 체득, 큰 깨달음을 이루게 되었다. 그동안 품었던 모든 의심이 해결되자 이것이 꿈이 아닌가 생각될 정도였다. 그는 어떠한 스승으로부터 가르침을 배운 적이 없고, 어떤 종교의 교의(敎義)에 의해 진리를 터득한 바가 없이 스스로 대각을 성취하였던 것이다.

여섯째, 영산방언상이다. 소태산은 대각을 이루고 원기 3년(1918) 간척사업인 방언공사를 시작하였다. 길룡리 간척공사는 조수간만의 차가 심하여 계속할 수 없었고, 조금 기간에만 일을 할 수 있었다. 공사기간 동안 자금난에 빠지기도 하였지만 조합원이 가산을 정리하여 출자하거나 차용하기도 하였다. 사실 방언공사의 비용은 조합원들의 금주금연 근검절약과 소태산 대종사의 가산 정리, 보탬에 의해 가능한 일이었다. 많은 어려움에도 불구하고 길룡리 간척사업은 1년 만에 무사히 마친 결과, 간척이 이루어진 5년 뒤인 1924년에는 염분피해로 도조 10여석만을 수취하였고, 1930년부터는 100~130석, 1935년에는 200석을 거두어들였다.333) 이는 초기교단의 구인선진들에게 복록의 근원을 알게 하는데 도움이 되었으며 또한 경제적 기반 마련에 도움이 되었다.

일곱째, 혈인법인상(血印法認相)이다. 원기 4년(1919) 3월부터 10월까지 방언공사를 마친 후, 소태산은 9인단원과 함께 백지혈인(白紙血印)이라는 기적의 법인성사를 이룬 기도를 하게 되었다. 기도과정에서 백지혈인의 이적이 있었던 8월 21일(음 7월 26일)을 법인절로 경축하고 있으며,

---

332)『원불교 교사』, 제1편 개벽의 여명, 제2장 소태산 대종사, 5. 대종사의 대각.
333) 박재상, 제162차 원불교사상연구원 월례발표회「일제초기 국유미간지 정책과 불법연구회의 간척사업」, 2008.12, 원불교사상연구원, p.6.

법인기도봉은 교조 소태산의 탄생과 성장 구도지였던 전라남도 영광군 백수면 길룡리에 있는 노루봉을 중심으로 직선거리 500m 이내에 흩어져 있으며, 이는 구인선진과 관련한 산봉우리를 말한다.[334] 여기에서 구인선진이 혈성으로 기도를 함께하면서 사무여한·무아봉공의 창립정신을 보였던 것으로 잘 알려져 있다.

여덟째, 봉래제법상(蓬萊制法相)이다. 소태산은 원기 4년(1919) 가을 전북 부안군 산내면으로 처소를 옮겨 실상사 부근에 초당을 짓고 5년간 주석하게 된다. 원불교 교강(敎綱)은 당년 12월 소태산이 부안에 주석하면서 준비, 이듬해 4월에 발표하였다. 그 구조는 인생의 요도 사은 사요와 공부의 요도 삼강령 팔조목이 골격인데, 『수양연구요론』이 『조선불교혁신론』과 함께 당시에 초안된 것으로 전해지고 있어서 흥미롭다.[335] 소태산은 여기에서 소중한 인연들을 만나며 봉래정사에서 5년간 머물면서 원불교 기본교리를 만들게 된 것이다. 특히 깨달음의 성리법문이 이곳에서 주로 설해졌다는 점은 흥미로운 일이다.

아홉째, 신룡전법상(新龍轉法相)이다. 원기 9년(1924) 소태산 대종사는 부안에서 익산으로 처소를 옮겨 익산총부 건설의 터전을 확정하였다. 부안의 봉래정사는 장소가 협소하여 내왕객에게 불편함을 주면서도 교통이 불편하자, 서중안 교무 등의 건의에 의해 처소를 옮기기로 하였다. 부안의 봉래제법에서 익산의 신룡전법시대로 전환한 것이다. 소태산은 그의 본거지를 영광군 백수면 길룡리에서 익산군 북일면 신룡리로 옮긴 후 임시교명을 불법연구회라 칭하였으며, 이는 일제의 눈총을 피하려는 하나의 방

334) 신순철, 「원불교 법인기도의 9인 기도봉 위치검토」, 『원불교사상과 종교문화』 35집, 원불교사상연구원, 2007, p.213.
335) 『원불교사』, 제1편 5장 참조, 전서 1122쪽 참조(양은용, 「수양연구요론의 구조와 성격」, 『원불교사상』 14집, 원불교사상연구원, 1991, p.331).

편이었고 이로부터 원불교의 종교활동은 새로운 첫발을 내디디게 되었다.336) 소태산은 익산총부로 처소를 옮긴 후 전무출신의 공동체생활을 이루어가며 어려운 초기교단의 생활을 시작하였다. 여기에서 주경야독과 영육쌍전을 수행하면서 원기 10년(1925)에는 최초의 훈련법을 선포하고 정기훈련을 실시함으로써 본격적으로 전법교화를 시작한 것이다.

열째, 계미열반상(癸未涅槃相)이다. 소태산은 전법교화를 시작한 지 28년 되던 1943년 6월 열반에 들었다. 살아생전 제자들에게 먼 수양길을 떠나겠다고 했지만 우매한 제자들은 이것이 열반을 암시하는 것인 줄 알지 못하였으니 애석한 일이 아닐 수 없었다. 회상을 창립하고 유래에 없는 재가·출가의 남녀제자에게 원만 평등하게 일원대도를 전해주고 열반에 들었으니, 진실로 구아주(求我主), 구가주(求家主), 구국주(求國主), 구세주(求世主)가 되었으니 영천영지 모앙무극(慕仰無極)하고 모두 함께 구원을 받자337)고 하였다 그의 뒤를 이어 정산종사가 종통을 계승하여 소태산 대종사의 유업을 기렸으며, 대산종사, 좌산종사, 경산종사에 이어 오늘에 이르고 있다.

위에서 열 가지로 언급한 대종사 일생 행적의 십상은 원불교 교조를 설명하는데 있어서 용이하다. 노무현 전 대통령이 익산의 중앙총부를 방문했을 때 소태산 십상을 자세히 소개받는 시간을 가졌다. 노대통령이 현직 대통령으로서는 2007년 6월 8일 처음으로 원불교 중앙총부를 방문, 경산종법사와 함께 대종사 성탑으로 자리를 옮겨 재배를 올렸으며, 이성택 교정원장과 함께 성탑 주위를 돌며 대종사 십상에 대한 설명을 들었다.338) 현직 대통령이 원불교 중앙총부를 방문한 것은 환영할만한 일이었

---

336) 이을호, 「원불교 교리상의 실학적 과제」, 『원불교사상』 8집, 원불교사상연구원, 1984, pp.259-260.
337) 『대산종사법어집』 1, 수신강요 2, 5. 대종사십상.

으며, 원광대학교를 방문하여 명예박사학위를 받은 후 30분 정도 익산총
부에 머물러 환담을 나누었던 것이다.

5) 십상의 장엄

십상에서는 소태산 대종사의 성적(聖蹟)을 성화(聖畵)로 표시하고 있
다. 앞으로 원불교 신앙체험 프로그램 일환으로 돈독한 출가 혹은 재가교
도가 관련 성화를 통해 예술로 창작할 수도 있다. 성화 속에는 신앙적 열
정을 지닌 화가의 성자혼이 스며있어야 그 빛을 발할 수 있다. 소태산 대
종사 십상도(十相圖)를 비롯한 원불교 성화는 신앙과 수행의 체험이 투철
한 화가에 의해 제작되어야 한다는 것으로, 문학·연극·무용 등 모든 예
술도 이제는 원불교적 특성을 살려야 할 때이다.[339] 아무리 훌륭한 조각
가나 화가라 하더라도 원불교적 신앙체험이 가슴에 용해되어 있지 않다면
그것은 조각이나 화폭에 원불교의 심혼이 담겨지기 쉽지 않기 때문이다.

실제 원불교 교조의 십상은 원불교 신앙인이 제작하였으니 이는 매우
고무적인 일이다. 회화부분으로는 원기 65년(1980) 4월 소태산 대종사 10
상도가 제작되었다. 원광대학교 정도상 교수가 7년의 노력으로 교단 최초
의 소태산 대종사 십상도를 제작한 것으로, 이 성화는 액자로 또는 병풍으
로 만들어져 교단에 널리 보급되고 있고 원불교 미술발전의 큰 계기를
마련해 주었다.[340] 교조의 십상도는 뒤이어 원기 71년(1986)에 정진웅씨
에 의해 다른 형태로 제작되기도 하였다. 앞으로도 십상은 예술부분에서

---

338) 2007년 6월 8일 오전 원광대에서 명예박사학위를 수여한 노무현 대통령이 이날 오후
　　중앙총부를 방문했다(우세관 교무가 2007년 6월 8일 오후 원티스의 교역자광장 자유
　　게시판에 올린 내용이다).
339) 손정윤, 「문학·예술사」, 『원불교70년정신사』, 원불교출판사, 1989, p.669.
340) 위의 논문, pp.655-656.

얼마든지 다른 화가들에 의해 만들어질 수 있다고 보며, 다만 교단의 공인
된 십상이 탄생하여야 하리라 본다. 화가의 예술적 감각과 소태산 대종사
일생의 성적을 장엄하는 측면이 잘 조화되어야 하리라 본다.

십상이 연극으로도 접근된다면 소태산을 예술과 문화적으로 기리는 효
과를 누릴 수 있다고 본다. 원기 54년(1969) 원광대 원불교학과(당시 불교
교육과) 예비교역자 등이 중심이 되어 6·1대재를 맞아 대종사 추모법회
행사의 하나로 소태산 대종사의 일대기 '대종사십상'을 각색하여 무대에
올리기도 했으며, 이후 원불교학과에서는 '13세각' '영산방언상' 등의 각본
을 만들어 소규모 공연을 가졌다.[341] 원불교는 예술작품을 통해 얼마든지
종교 성화가 신앙체험의 장으로 전개될 수 있으며, 그것은 다양한 종교예
술로 탄생할 수 있는 계기가 되리라 본다.

참고로 소태산 대종사를 계승한 정산종사의 십상도 있다. 소태산 대종
사의 십상을 정산종사가 정리하여 주었듯이, 정산종사의 십상은 그를 계
승한 대산종사가 법어로써 정리해 주었다. 정산종사의 10상[342]을 보면 ①
앙천기원상(仰天祈願相)으로 큰 뜻을 품고 가야산으로 출발한 상이다. ②
심사해원상(尋師解願相)으로 가야산에서 뜻을 이루지 못하고 전라도로
행하여 대원사에 이르러 진묵대사와 증산천사 등 전성들의 법연을 갖던
중 우연히 화해리에서 수개월을 지내다가 대종사가 찾아주었던 상이다.
③ 중앙기법상(中央機法相)으로 대종사는 숙겁의 법연을 맞이하기 위해
3년을 기다리며 중앙을 비운 후 정산을 그 자리에 앉히었다. ④ 봉래조법
상(蓬萊助法相)으로 월명암에서 석두암을 왕래하며 법을 제정하는 대종
사를 도와 역할을 한 상이다. ⑤ 초도교화상(初道敎化相)으로 익산총부를
건설하기 전에 만덕산에 보내준 대종사의 성지(聖旨)를 대행하여 교단 교

341) 위의 논문, p.658.
342)『대산종사법어』, 제1신심편 41장.

화만대의 초선지를 정하였다. ⑥ 개벽계성상(開闢繼聖相)으로 법위에 올라 대종사를 새 주세불로 받든 상이다. ⑦ 전란불휴상(戰亂不休相)으로 8·15 혼란 중 교명을 선포하고 6·25 전란을 당하여 재가 출가의 희생자가 없도록 무사히 회상을 이끌어온 상이다. ⑧ 교서정비상(教書整備相)으로 회상 성업을 계승하는 가운데 7대 교서 중『대종경』과 육대교서 전반을 친감, 교서를 정비한 상이다. ⑨ 구년치병상(九年治病相)으로 9년 대병의 내복외환을 겪으면서도 대종사의 일원대도를 시방세계에 전하려는 원력의 상이다. ⑩ 임인열반상(壬寅涅槃相)으로 1962년 1월 24일 열반하기 직전에 게송 삼동윤리를 전한 상이다.

13. 초전법륜과 최초법어

1) 깨달음의 메시지

깨달음과 계시를 통해 종교를 창립한 교조들의 경륜은 인류를 구원하려는 메시지에서 드러난다. 불타 초전법륜과 예수의 산상수훈, 소태산의 최초법어가 이와 관련된다. 불타가 도를 깨치고 녹야원에서 최초로 사제법문을 설하였으니, 고집멸도라는 사제법문은 불교의 근본교리가 되는 내용임은 주지의 사실이다. 불교의 초전법륜 사제나 예수교의 산상수훈은 간단한 체계이면서도 내용은 그 종교의 핵심적인 내용을 밝힌 것이며, 최초법어도 원불교 사상의 핵심적인 내용을 밝힌 것이다.[343] 자신의 깨달음과 인류구원이라는 메시지는 교조의 상징적 가르침이 스며있다는 사실에서 초전법륜, 산상수훈, 최초법어가 그 상징성을 갖기에 충분하다.

예수의 산상수훈은 많은 신자들에게 절대적 메시지로 다가서 있다. 산상수훈이 설해진 산은 갈릴리 바다(호수) 북단에 있는 가버나움 부근 타브가 지역에 있으며, 이 자그만 동산에서 예수는 "가난한 그대들이여, 복이 있나니 하나님의 나라가 너희 것이라"고 외쳤고, "주린 그대들, 부드러운 그대들, 자비를 베푸는 그대들, 마음이 깨끗한 그대들, 평화를 만드는 그대들, 나로 인하여 핍박받는 그대들이여, 그대들이야말로 천국의 지복을 누릴 자격이 있다"고 외쳤던 것이다.[344] 이 산상수훈은 예수의 외침

343) 한정석, 『원불교 정전해의』, 도서출판 동아시아, 1999, p.550.
344) 김용옥, 『도마복음한글역주』 2, 통나무, 2010, p.31.

에 가난한 자들만이 몰려든 것이 아니었다. 자비를 베푸는 사람들, 영혼이 맑은 사람들, 평화를 소중히 여기는 사람들이 예수의 가르침을 받들며 복음을 전파했던 것이다.

예수 출현의 메시지는 자신의 인격을 존중하는 것처럼 상대방도 사랑해야 한다는 박애정신으로 나타났고, 석가모니 출현의 메시지는 고해에서 헤매는 중생을 구원해야 한다는 자비정신으로 나타났다. 그러면 소태산이 전하려는 메시지는 무엇이었는가. 후천개벽에 당하여 큰 깨달음을 얻고 낙원을 건설하자는 것이다. 새로운 천지도수를 담당한 주세성자가 갈파한 메시지는 대단히 중요한 의미가 있는데, 비록 그 표현이 우리 일반과 같은 방식이었다 하더라도 그 지향하는 의미는 같을 수가 없으므로 거기에는 깊은 깨달음의 지혜가 작용되어 있고, 깊은 자비가 어려 있다.[345) 소태산의 자비심은 물질개벽에 따른 정신개벽을 선언하는 메시지였던 것이다.

2) 초전법륜과 최초법어의 의의

'최초'라는 말은 관심을 끌기에 충분하다. 그것은 과거 어느 때도 없었던 가장 처음 발생하는 일이기 때문이다. 이를테면 법을 예로 들어보자. 인류 최초의 법(法)은 B.C.2050년께 수메르의 우르나무 법전이지만, 우리에게 잘 알려져 있듯이 가장 유명한 것은 B.C.1700년께 바빌로니아의 함무라비 법전이다. 우르나무 법전이라든가 함무라비 법전은 최초·최고의 수식어가 뒤따르므로 우리에게 관심을 끌기에 충분하다. 종교의 가르침에 있어서 최초의 법어는 과연 무엇인가. 종교적 성자들의 가르침을 새기면서 석가의 초전법륜과 소태산의 최초법어가 이에 해당하며, 그것들이 지니는 의의를 다음 세 가지 측면에서 접근해 보고자 한다.

---

345) 이광정, 『주세불의 자비경륜』, 원불교출판사, 1994, p.30.

첫째, 고행(苦行) 후 깨달음을 이루고 성자의 대열에 올라서서 곧바로 설해졌다는 것이다. 『아함경』에서는 열반에 도달한 자를 아라한이라 하는데, 석가모니 자신도 아라한의 한 사람이라고 자칭하였고, 그가 녹야원에서 초전법륜을 설할 때에 교진여 등 5비구가 아라한을 증득하였다고 수기하면서 여기에 6아라한이 있다고 설파하였다.[346] 본 경전에 의하면 원시근본불교에서 불타란 아라한이 되어 고통이 없는 열반에 이른 성자를 말한다. 중요한 것은 석가모니가 온갖 고행을 겪은 끝에 아라한이 되어 다섯 제자 비구들을 모아 녹야원에서 초전법륜을 설하였다는 것이다. 녹야원에 많은 순례자들이 모여든 것은 석가모니가 최초로 법을 설한 곳이며, 그곳에서 석가모니의 깨달음과 법을 설한 흔적을 경건하게 확인하기 위함이라 본다.

소태산도 어린 시절부터 청년에 이르기까지 갖은 고행 끝에 대각을 이루고 성자의 대열에 오른 후 최초법어를 설하였다. 성자가 이 땅에 탄생하고 또한 구도 고행을 하여 마침내 깨달음을 얻은 후에 그 깨친 혜안으로 제중의 경륜과 포부를 집약해서 실시한 것을 최초법어라 하며, 이 최초법어는 초기교단의 원불교 교리체계의 근간을 이루고 있는 것이다.[347] 소태산은 오랫동안 고행을 하였다. 이러한 고행이 마침내 26세(1916)의 젊은 청년이 대각을 이루는 계기가 되었으며, 대각을 이룬 후 제자들에게 최초의 법을 설하였으니, 그것이 바로 최초법어로서 소태산의 중생구제라는 본의가 그대로 드러나 있다.

둘째, 성자로서 인류구원을 위해 최초(最初)로 설해졌다는 점에 의의가 있다. 최초라는 용어를 고려할 때, 초전법륜은 석가가 깨달음을 얻은 후

346) 조용길, 「불교의 포교이념과 현대불교의 포교 경향」, ≪교화방법의 다각화 모색≫, 원불교대학원대 실천교학연구원, 2006.11, p.3.
347) 이은석, 『정전해의』, 원불교출판사, 1985, p.226.

최초로 인류구원을 위해 설한 법어이다. 부처의 많은 가르침은 석가모니가 깨달음을 얻은 직후에 설했다고 전해지는 최초의 설법에 모두 들어있으며, 최초로 법의 바퀴를 굴렸다는 의미에서 초전법륜(初轉法輪)이라고 하는데 최초 설법의 가장 중요한 내용으로는 사성제 즉 고집멸도의 네 가지 진리를 말한다.[348] 중생제도를 위해 처음으로 법륜을 굴렸는데, 이 처음이 갖는 상징성은 크기만 하다. 최초의 설법이란 자신의 깨달음에 바탕하여 생령구원을 위한 성자의 포부와 경륜의 원형이기 때문이다.

소태산 대종사 역시 대각을 이룬 후 최초법어를 설하였다. 그가 대각을 이룬 후, 「최초법어」를 설하여 인류구원의 포부를 펼쳤는데 수신의 요법, 제가의 요법, 강자 약자의 진화상 요법, 지도인으로서 준비할 요법이 이것이다. 최초법어는 자신의 깨달음을 바탕으로 사회를 정화하기 위해 보인 최초의 행동이었다.[349] 창립사업으로 저축조합과 방언공사를 시작하여 초기교단의 경제적 기초를 쌓고, 진리의 감응을 받을 수 있도록 법인기도를 올렸다. 교단 공동체가 성립하려면 경제적 기반이 필요한 것이며, 또한 진리의 인증을 받을 수 있는 기도가 필요한 일이기 때문이다. 교조의 포부와 경륜이 최초법어에 나타나 마침내 교화사업이 전개되기 시작하였다.

셋째, 초전법륜과 최초법어는 공히 인간의 고통을 인지하고 고통에서 벗어나도록 하는데 의의가 있다. 불타가 생로병사라는 인간고통의 문제로부터 시작하여 자수자각하고 깨달음을 얻은 후 초전법륜에 고집멸도라는 사제를 근본교리로 하고 있는 것처럼, 소태산의 구도와 대각 후 제생의세의 경륜을 펼침에 인간의 고락 문제로부터 착안하고 현 시국을 관찰하여 그 문제현황과 대안을 내놓은 것이 바로 최초법어였다.[350] 석가와 소태산

---

348) 박진영, 「불교와 원불교의 관계」, 『원불교학』 제3집, 한국원불교학회, 1998, pp. 262-264.
349) 김영민, 「원불교 性理의 활용방안」, 『원불교사상』 23집, 원불교사상연구원, 1999, p. 89.
350) 한종만, 「원불교의 삼학수행과 고락의 문제」, 『원불교사상』 17·18집, 원불교사상연구

에 있어서 인간의 생로병사와 우주 변화의 이치를 깨달은 후 일생 포교 및 교화에 진력하였으므로 고통으로부터 벗어나도록 하려는 의지가 반영되어 있는 것이다.

특히 석가모니는 인도의 사성제라는 인간의 차별제도를 극복하고 평등을 강조하였으며, 소태산은 일제 식민지라는 극한 고통의 시대적 상황에서 후천시대의 정신개벽을 주장하였다. 그의 대일(對日) 민족관은 한국과 일본을 약자와 강자로 비유하여 설한 「최초법어」 중의 「강자 약자의 진화상 요법」에 극명하게 나타난다.351) 본 강자 약자 진화의 도는 무력적 대응이 아니라 상생의 원리와 약자의 자력확충을 통한 강자로 거듭남이다. 강자와 약자의 폭력적 대립보다는 상생의 윤리에 따라 강자는 약자를 보호하고, 약자는 강자를 선도자로 삼아 자력을 확충함으로써 강자로 가는 길을 제시하고 있으며, 소태산의 최초법어는 이 같은 시대적 어려움 속에서 전개되고 있는 것이다.

시대적 고통의 말세에 성자가 출현함으로써 신앙을 통한 구원의 희망을 갖도록 하는 것이 종교의 보편적 역할이다. 초전법륜이 설해진 것은 불교 교단의 형성이라는 중요한 신앙적 의미가 있으며, 석가모니의 깨달음 후 신앙행위의 첫 출발로서 최초의 설법이 이루어진 것이다. 다시 말해서 초전법륜이 불교에 있어서 가장 중요한 사건이었던 것은 말할 필요도 없는데, 그 이유는 불법승이 그것에 의해 성립되었기 때문이다.352) 석가모니라는 불(佛)의 등장과 더불어 사제법문이 당시 5비구에게 설해진

원, 1994, pp.366-367.

351) 梁銀容, 「정산종사의 韓國觀」, 제17회 원불교사상연구 학술대회보 ≪鼎山思想의 현대적 조명≫, 원불교사상연구원, 1998.2 p.114.

352) 田中典彦, 「불교적 영성의 일고찰-불성의 자각과 전개」, 제19회 국제불교문화학술회의 ≪지식정보화사회에 있어서 불교-생명과 영성≫, 원광대 · 일본불교대, 2005.9, p.39.

점이 삼보의 형성으로 이어진 것이다. 불교의 신앙적 자비교단의 희망이
이러한 초전법문의 형성에 의한 것임은 잘 아는 사실이다.

소태산이 원불교를 창립한 개교의 동기도 최초법어의 실현과 관련이
깊다. 최초법어는 내용이 원불교 기본교리를 모두 내포하고 있는데 대체
의 강령을 말하자면 "물질이 개벽되니 정신을 개벽하자"라는 개교표어에
초점을 맞출 수 있으며, 정신개벽을 통해 개인과 가정 사회를 진화시키자
는 실천적 교리로 구성되어 있다.[353] 원불교가 개교하게 된 목적이 다름
아닌 원불교의 신앙적 공동체의 출현으로서 이는 최초법어의 내용에 잘
나타나 있다. 즉 수신, 제가, 강약진화, 지도인의 준비요법이 원불교 개교
동기의 정신과 맞물려 자신은 물론 인류를 구원하고자 하는 것으로, 그것
은 최초법어의 구현이 되는 셈이다.

3) 최초법설의 배경과 대상

불타와 소태산의 두 성자가 초전법륜과 최초법어를 설한 나이는 석가
모니와 소태산이 큰 깨달음을 얻었던 때임은 주지의 사실이다. 석가모니
는 29세에 당시의 사문들처럼 출가하여 걸식하면서 마가다(Magadha)국
에서 6년간이나 선정과 고행을 했으며, 어느 날 가야(伽倻)라는 곳에 있는
한 보리수 밑에서 명상을 하다가 진리를 깨달아 불타가 되었으니 그의
나이 35세 때의 일이었다.[354] 성도를 한 후에 그는 같이 고행을 했던 다섯
비구들에게 베나레스(바라나시)의 녹야원에서 초전법륜을 전한 것이다.
갖은 고행으로 성도를 한 그는 애욕과 고행의 양극을 극복해야 하는 의미
에서 사성제와 팔정도를 설하였으니 그것이 초전법륜으로 탄생한 것이다.

353) 박상권, 『소태산의 최초법어 연구』, 원광대학교 박사학위논문, 1993, p.31.
354) 길희성, 『인도철학사』, 민음사, 2007, p.53.

여기에 대하여 소태산은 26세에 최초법어를 설하게 된다. 그는 원기 원년(1916) 4월 대각을 이루고 안으로 모든 교법을 참고한 후 다시 밖으로 시국을 살펴보았으며, 같은 해 5월 시국에 대한 감상과 그에 따른 새 세상건설의 대책을 최초법어로 발표하니 곧 수신의 요법, 제가의 요법, 강자 약자의 진화상 요법, 지도인으로서 준비할 요법이었다.[355] 7세에 하늘을 보고 의심을 일으키기 시작한 이래 25세까지 고행과 돈망의 시간을 보내다가 마침내 26세에 깨달음을 이루게 된 것이다. 불생불멸과 인과의 이치를 깨달은 그는 26세에 최초법어를 설하여 자신구원과 인류구원의 의지를 만방에 선포하기에 이른 것이며, 그것이 곧 최초법어이다.

그러면 두 성자가 젊은 나이에 초전법륜과 최초법어를 설한 배경은 무엇인가. 곧 석가모니가 초전법륜 설한 배경으로는 인간의 고통을 극복하려는 것에서 출발한다. 초전법륜에서 밝힌 바와 같이 불교 사제(四諦)의 핵심적인 의미가 바로 고를 극복하는 문제이며, 불타는 이러한 고의 극복 방법으로 팔정도를 들었는데, 이 수행을 통해서 멸(滅)이라는 열반의 증득을 수행의 구극처로 삼았다.[356] 중생들이 겪는 고통을 그냥 넘길 수 없는 것이 성자의 자비심이기 때문에 석가는 중생들의 고통을 극복할 수 있도록 법어를 설하였으며, 그것이 고집멸도에서 보면 고제와 집제에 관련되는 것이다. 고와 집을 극복하는 것이 멸이고 멸에서 해탈을 얻는 것이 도이며, 초전법륜이 설해진 상징적 의미가 이러한 사제법문과 관련되어 있다.

이어서 최초법어를 설한 배경으로 소태산은 우리나라의 시국에 대한 진단과 우려를 전하는 것에서 출발하는데, 시국에 대한 감상이 최초법어

---

355) 한정석, 「교리형성사」, 『원불교70년정신사』, 원불교출판사, 1989, pp.379-380.
356) 한종만, 「원불교의 삼학수행과 고락의 문제」, 『원불교사상』 17·18집, 원불교사상연구원, 1994, p.370.

의 발단이었다. 소태산은 안으로 모든 교법을 참고한 후, 다시 밖의 시국을 살펴보고 정신도덕의 부활과 사회구제의 시급함을 알게 된 데에 기인하며, 그는 시국에 대한 감상과 그에 따른 새 세상건설의 대책을 최초법어로 발표하였다. 정산종사가 기술한 「불법연구회창건사」에는 최초법어의 처음 제목이 '대종사 현 사회를 보신 첫 감상'이라 되어 있다.[357] 당시의 혼란한 사회상과 국가의 난국을 어떻게 하면 극복할 수 있을 것인가에서 그의 최초법어가 출현한 것으로, 이는 수신, 제가, 강약진화(치국), 지도인으로서 준비할 요법(평천하)이라는 구체적 방법이다.

여기에서 성자들이 최초의 법설을 설한 대상은 누구였는가. 물론 처음 따르던 제자들이었는데, 석가모니는 5비구에게 설하였고 소태산은 9인 제자들에게 설하였다. 즉 불타의 최초법어는 녹야원에서 교진녀 등 5비구에게 설한 고집멸도라는 사제법문으로, 그 대상을 어디에 두느냐 하는 문제로 고심하다가 같이 고행하던 교진녀 등 5비구에 설하였으니, 이것이 불타의 초전법륜이다.[358] 석가모니는 아버지 정반왕의 아들로 인도의 가비라성에서 태어나 인생의 고뇌가 깊어지자 유성출가하여 6년간 설산 고행을 하다가 큰 깨달음을 얻었으며, 그 지혜를 5비구에게 설한 것이다. 석가모니의 초전법륜이 제자들에게 전수되면서 오늘날 고집멸도라는 가르침으로 그 빛을 발하고 있다.

소태산 역시 원기 원년(1916) 깨달음을 얻은 후 제자들에게 법어를 전하였다. 즉 그를 따르던 40여명의 제자들 중에서 특히 신심이 있는 8~9인을 선별하여 가르침을 전하던 해 5월 최초법어를 설하였다. 그리하여 최초법어는 소태산 여래가 대각을 이루고 새 회상을 열어 처음 모인 제자들에게 최초로 설해준 법문이기 때문에 최초법어라 한다.[359] 그를 따르던

357) 한정석, 『원불교 정전해의』, 도서출판 동아시아, 1999, p.551.
358) 이은석, 『정전해의』, 원불교출판사, 1985, p.226.

제자들은 스승이 깨달은 진리를 통하여 성불제중을 염원한 독실한 제자들
이었다. 최초법어를 9인제자가 받들고 방언공사, 저축조합, 법인기도 등
을 기반으로 하여 인류를 구원할 방법을 구체화하였다.

초전법륜과 최초법어의 구체화로서 제자들에게 어떻게 확산되었는가.
석가모니는 초전법륜을 5비구에게 설하였지만, 여기에 국한하지 않고 뒤
이어 많은 제자에게 확산토록 한 것이다. 석가는 스스로 깨달은 진리를
전파하고자 전도의 여행을 시작하여 녹야원에서 5인의 비구에게 최초의
설법을 하였으며, 그 후 바라나시 장자의 아들 야사(耶舍)를 비롯한 60명
의 제자가 생겼을 때, 그들에게 모든 생명들의 이익과 행복을 위해 가르침
을 널리 전할 것을 부촉한 것이 '전법선언'이다.[360] 60여명뿐만 아니라 천
이백대중 등 불법을 따르는 모든 제자는 불타의 초전법륜을 불교의 핵심
교리로 인지하면서 자신 제도는 물론 타인 구제의 교리로 확산시켰던 것
이다.

아울러 소태산의 최초법어도 8, 9인만이 아니라 만 중생들에게 귀감이
되고 있다. 소태산은 9인 제자와 더불어 창립의 준비를 하면서 많은 제자
들을 접하게 되며, 봉래제법지의 인연들에게 전법 선언적 의미가 있다.
그는 원기 5년(1920)에 변산에서 교리의 강령을 초안할 때 수많은 창립인
연들을 만났던 것이다. 최초법어를 설한 후 방언공사, 저축조합, 법인기도
를 올린 후 봉래제법지에 가서 교법을 구상하면서 창립의 지중한 인연들
을 만났으며, 봉래제법지에서 최초법어에 근간하여 교강(敎綱)을 제정하
고 이를 널리 전파하기에 이른다.

359) 안이정, 『원불교교전 해의』, 원불교출판사, 1998, p.809.
360) 김용표, 「붓다의 교육원리와 隨機的 교수법」, 『종교교육학연구』 제25권, 한국종교
    육학회, 2007, p.3.

4) 최초법설의 실천방법

초전법륜과 최초법어 실행의 단계에도 유사점이 있다. 성자의 법어를 실행함에 있어서 단계적 접근법을 언급할 경우, 초전법륜은 자신의 고를 없애면서 해탈에 이르는 단계적 방법이 주안점으로 되어 있다. 석가모니 최초의 제자가 된 다섯 비구가 므리가다바에서 초전법륜을 통하여 4제와 8정도의 가르침을 듣고 오온(五蘊)을 관찰함으로써 아라한의 깨달음을 얻었고, 또 안반념(安般念)이라는 수식관(數息觀)으로서 호흡조절 수행법으로 정신을 통일하고 4념처를 수행한 다음, 7각지를 실수하고, 이를 완전히 익히면 지혜와 해탈을 얻고 마침내 깨달음에 도달한다는 수행법을 설한 것이다.361) 초전법륜이 고집멸도라는 점에서, 단계적으로 고에서 집으로 이어지며, 이를 멸하는 방법을 찾아 궁극적으로 깨달음에 이르는 도(道)를 얻게 되는 것이다.

소태산이 설한 최초법어의 실천방법은 자신으로부터 세계로 이어지는 대상의 점진적 확산에 있다. 최초법어에 담고 있는 소태산의 가르침은 궁극적인 낙원세계를 향해 먼저 실천해야 할 지도자의 자세를 제시했으며, 동시에 이를 사회적으로 확대 실현하기 위한 단계적 형성과정도 이 최초법어를 통해 구사하고 있다.362) 개인으로서의 수신, 가정으로서의 제가(齊家)가 단계적으로 실천하는 방법이다. 이어서 가정을 다스린 후 치국(治國)과도 같은 강자 약자 진화의 요법을 실행하고, 평천하의 길로는 지도인으로서 준비할 요법을 실행하는 것이 개인, 가정, 국가, 세계라는 단계적 실천법으로 이어지고 있다.

그리고 성자들이 설한 최초설법의 실천방법에 있어서 주목해야 할 것

361) 정순일, 『인도불교사상사』, 운주사, 2005, p.142.
362) 류병덕, 『소태산과 원불교사상』, 원광대학교출판국, 1995, p.53.

으로, 초전법륜이나 최초법어는 공히 교리의 강령으로 정착되었다는 것이
다. 그것은 성자의 최초설법인 만큼 교의강령(敎義綱領)이라는 점이며,
여타의 교리가 여기에 영향을 받았다. 초전법륜에 있어서 설해졌던 것은
기본적으로 사제(四諦) 또는 연기(緣起)였으며, 이 가르침을 체득한 5비구
로서는 집착을 벗어나는 것이며, 마음이 청정하게 되는 것이다.363) 불교
의 초전법륜이 이러한 사제 팔정도 십이인연으로 이어지며, 이는 강령적
의미를 지닌다는 의미로서 불교의 기본교리가 초전법륜과 밀접하게 관련
되어 있다.

　원불교의 최초법어 역시 교리에 연계할 경우 교강실천의 의미가 있다.
원불교 교강으로서 삼학 팔조가 원기 5년(1920)에 제정되었는데, 이미 원
기 원년(1916)에 최초법어가 설해진 이래 자연스럽게 교강 제정에 영향을
주었던 것이다. 최초법어를 기반으로 하여 교리의 기본강령인 삼학팔조와
사은사요가 형성된 것이다. 「수신의 요법」 구성에 있어 1조는 시대에 적
응한 과학적 학문의 능력을, 2조는 분수를 지키는 데에 안정을 얻으며 희
로애락의 경우를 당하여도 정의를 잃지 아니하는 정신수양을, 3조는 허위
와 사실을 분석하여 시비와 이해를 바르게 판단하는 사리연구를, 4조는
응용할 때에 취사하는 주의심을 놓지 아니하는 지행합일의 작업취사를 상
징하고 있다.364) 이처럼 원불교의 교강인 삼학의 기초는 원기 1년(1916)
대종사 대각 후 설한 최초법어의 「수신의 요법」에 근거를 두고 있다.

---

363) 田中典彦, 「불교적 영성의 일고찰-불성의 자각과 전개」, 제19회 국제불교문화학술회
　　의 ≪지식정보화사회에 있어서 불교-생명과 영성≫, 원광대・일본불교대, 2005.9,
　　p.42.
364) 한정석, 「교리형성사」, 『원불교70년정신사』, 원불교출판사, 1989, p.380.

5) 초전법륜과 최초법어의 상징성

초전법륜과 최초법어의 위상을 상기하면서 그것이 갖는 상징성을 언급하고자 한다. 초전법륜의 경우, 인생은 고에서 비롯되므로 '해탈'이라는 지고의 목적이 상징되어 있다. 인생의 고통과 번뇌를 야기하는 이기적 에너지가 해탈을 향한 노력으로 전환되어야 하며, 그 인격적 모델이 바로 보살인 점365)을 상기한다면 고통 속에서 살아가는 중생들은 해탈을 궁극 목적으로 삼고 불법을 실천해야 한다. 초전법륜은 인생의 고통을 상정하고 집과 멸의 과정을 거쳐 도(道)라고 하는 해탈의 세계에 나아가는 것으로서의 상징성을 지닌다. 고집멸도의 4단계를 좁히면 고와 도의 직결됨이며, 고통의 극복이 해탈이라는 것을 염두에 둔다면 초전법륜은 해탈을 목표로 하는 상징적 의미가 드러나 있는 것이다.

이러한 맥락에서 원불교 최초법어와 초전법륜에 공통점이 있으며 그것은 수신-평천하로 직결된다는 것이다. 곧 소태산은 깨달음의 소식을 최초법어로 설하였는데 그것은 사제의 고집멸도가 지니는 4가지 단계와 유사하게 수신, 제가, 강약진화의 도, 지도인의 요법이라는 4가지 단계를 설하였으며, 이를 좁혀 보면 수신-평천하라는 것이다. 고(苦)-도(道)라는 두 단계를 설정하는 불교의 경우처럼 원불교의 경우 수신(자신 구제)-지도인의 요법(평천하)의 관계를 두 단계로 연계하여 보자는 것이다. 초전법륜이나 최초법어는 네 단계에서 두 단계로 직결되는 특징을 지닌다.

하여튼 수많은 사람들이 최초의 설법이 설해진 곳의 성지순례를 통해서 신행을 돈독히 하는 상징적 의의가 있다. 초전법륜지는 불법 수행자들의 성지순례 코스로 잘 알려져 있다. 필자도 2003년 7월 16일, 경건하게

---

365) 정병조,「21세기의 불교」, 다이쇼대학교·금강대학교 불교문화연구소 공편,『현대사회와 불교』, 씨아이알, 2015, p.182.

순례한 적이 있는데, 범산종사의 사라나드 녹야원 순례길 감상을 소개해 본다. "녹야원은 바라나시 북쪽 약 10키로 지점에 있다. 사라나드, 사라나드, 무엇인가 부드러운 음색, 살아나다 살아나다로도 들린다. 부다가야에서 대각한 부처님은 그 기쁨을 가슴에 앉고 먼 길을 걷고 또 걸어, 당시 많은 종교자들이 모여 있는 바라나시에 오셨을 것이고, 거기서 다시 고행 시대의 옛 친구들을 생각하며 교외의 아늑한 동산 녹야원을 찾았을 것이다."366) 이처럼 초전법륜지의 성지순례는 신앙심을 돈독히 하는데 상징성을 지닌다.

아울러 소태산의 최초법어가 설해진 곳은 '이씨제각터'로서 성지순례코스였다. 지금은 아쉽게 화제로 소실되었으므로 빠른 복원이 필요하다. 그곳의 역사를 돌이켜 보면 1918년(원기 3) 10월, 새 회상의 첫 교당인 옥녀봉 구간도실이 지어졌으며, 그 동안 조합원들의 모이는 장소가 일정치 못하여, 처음에는 이웃마을 범현동의 이씨재각 한편을 빌려 썼으니367) 그곳이 최초법어가 설해진 곳이다. 원불교 100년대를 맞이하여 빨리 복원되어야 할 곳이 이곳이며, 소태산의 최초의 경륜을 기리는 성지순례의 필수코스가 될 것이다. 교조의 시국에 대한 감상으로서 최초법어를 설한 성적지이기 때문이다.

궁극적으로 석가의 초전법륜이나 소태산의 최초법어가 지니는 상징성은 깨달음 후에 전한 인류구원의 첫 메시지라는 것이다. 석가가 큰 깨달음을 얻은 후 5비구에게 최초로 법어를 설하였으므로 석가의 첫 메시지이다. 원불교 최초법어가 지니는 상징성 역시 소태산이 인류구원을 위한 첫 메시지이다. 곧 최초법어는 인류의 헌장이며, 인류헌장 표어로서 ① 솔성은 도로써 하고 인사는 덕으로써 하며, ② 도로써 세계를 밝히고 덕으로

---

366) 원기 69년 8월 16일(이공전, 『凡凡錄』, 원불교출판사, 1987, pp.263-264).
367) 박정훈, 『정산종사전』, 원불교출판사, 2002, pp.121-122.

써 창생을 건진다[368]는 것이다. 자신의 고통을 극복하는 수신으로부터 인류구원이라는 평천하의 길로 나아가도록 최초로 전한 메시지라는 점에서 상징성은 아무리 강조해도 지나치지 않다.

---

368) 신도형, 『교전공부』, 원불교출판사, 1992, p.496.

14. 삼신불과 법신불

1) 삼신불의 등장배경

불교에는 본래 삼신설이 없었지만 석존 멸후 신앙의 변화 양상으로 삼신불의 탄생을 가져왔다. 초기불교는 스스로 청정한 삶 속에서 불법을 실행하는 가르침을 유도하였다. 그로 인해 불교에서는 의례나 수행과정에서 숭배의 대상이 존재하지 않았다. 석존 멸후 불타는 법륜·불족적(佛足跡)·보리수 등을 통하여 상징적인 형태의 숭배, 불탑과 불상이 출현하면서 불타는 숭배의 대상으로 이어지며, 대승불교에 이르러 보신불·화신불 따위의 사상이 정착되고 여러 보살들도 증가하여 유신론적 신앙형태로 성립되어 간다.369) 삼신불은 이처럼 법륜이나 부처의 족적 숭배 등을 거치면서 소승불교를 지난 후 본격적으로 등장한 것이다.

원시불교나 소승불교를 지나 불교가 대중화되기 시작하면서 대승불교의 시대에 와서 삼신설이 정착되고 있음을 알 수 있다. 소승에서는 과거불(過去佛)들은 열반에 들어서 생사의 현실계와 어떤 관련을 맺지 않는 성향이었다. 대승불교의 사상가들은 이러한 불타관의 변화를 밑받침하기 위하여 불타의 삼신설을 전개했으니, 불타에는 3가지 몸이 존재한다는 것이다.370) 즉 중생교화를 위해 현실계에 태어난 화신불(불타)이 첫째이다. 그리고 보신으로서 보살의 원을 발하여 오랜 수행을 통해 보살도에 이르

---

369) 정순일, 『인도불교사상사』, 운주사, 2005, pp.40-41.
370) 길희성, 『인도철학사』, 민음사, 2007, pp.135-136.

는 아미타불이 둘째이며, 어떤 보이는 형태도 초월하며 모든 부처의 근원
으로서의 진여의 법신불이 셋째이다.

　법신 · 보신 · 화신이라는 삼신설의 역사적 정착을 보면 법상종의 증조
인 인도의 무착세친이 언급했으며, 그것은 대승불교에 이르러 보편화되기
시작한다. 다만 법신불과 육신불과의 구별은 일찍이 있었다. 당시의 법신
불은 후세 삼신설에 의하면 오히려 보신불에 가까운 내용이라 볼 수 있다.
용수보살에 이르러서도 삼신의 내용이 명확하게 되지 않고 법화 이신(二
身)만을 설하였으며, 법신이라 하는 것도 보신(報身) 법신(法身)의 설중에
서 어느 것에 속하는지도 불분명하다.371) 알다시피 무착의 『섭대승론』에
서는 자성신 수용신 응화신(自性身 受用身 應化身)을, 세친의 『법화론』에
법신 보신 응화신을, 『대승기신론』에는 법신 보신 화신을 언급한 것으로
알려져 있다. 또한 법상종의 사신설(四身說), 『화엄경』의 십신설(十身說)
등도 후래에 등장하였던 것이다.

2) 원불교의 삼신불 접근

　법신불 일원상을 신앙하는 원불교에 삼신불이 소개된 근거는 어디에
있는가. 소태산이 원기 28년(1943) 간행한 『불교정전』의 「교리도」에서,
그리고 동년 간행한 『근행법』에서 삼신불 중 법신불을 먼저 언급하였다.
『불교정전』 「교리도」에서 법신불 일원상을 설명하면서 '청정법신 비로자
나불'이라는 설명을 달았으며, 이는 불교의 삼신불 주해에도 있는 내용이
지만 원만보신 노사나불은 보신불, 그 다음에 천백억화신은 화신불이라
한 것이다.372) 그리고 삼신불을 언급한 『근행법』의 목차를 보면 제1편에

371) 박길진, 「일원상연구」, 『일원상진리의 제연구』(상), 원광대학교출판국, 1989, pp.9-10.
372) 송천은, 「법신여래 일원상」, 제30회 원불교사상연구 학술대회 ≪인류정신문명의 새로
　　운 희망≫, 원불교사상연구원, 2011.1, p.14.

서는 법신불 일원상을 언급하고 있으며, 제2편에서는 3장에 삼신불을 언급하고 있다. 이처럼 소태산은 그의 열반 직전에 법신불과 삼신불을 언급하고 있는 점은 불법의 심오한 이해가 뒤따랐음을 알 수 있으며, 특히『불교정전』의 출판에 불교 김태흡 스님의 협조가 있었으니, 그것은 출판허가와 관련한 불교용어의 적극적 수용과 관련된 것으로 이해된다.

또한 소태산의 삼신불에 대한 간접적인 언급이 있다. 원기 28년(1943) 4월 13일 야회에서 대종사는 선원 제자들에게 질문하기를, 불법의 신앙생활은 어떠한 것이며 종교심은 어떠한 것인가라고 하였다. 이에 제자 송도성은 불제자들은 불·법·승 삼보를 신앙한다고 하면서, 불(佛)은 삼신불 즉 법신·보신·화신불을 다 신앙하여야 한다고 하였다. 이에 소태산 대종사는 말하였다. "과거에는 불법승 삼보를 신앙하는 데에만 그쳤으나 우리는 삼보를 신앙하면서 불법을 생활에 부합시켜 활용하나니, 이것이 곧 산 불법의 신앙생활이라"373)고 하였다. 따라서 제자가 삼보 가운데 불을 설명하면서 삼신불을 언급하자 소태산은 이를 보충하며 생활불법의 실행에 옮기도록 하였다.

다음으로 삼신불의 의미에 대하여 살펴보고자 한다. 삼신불의 법신불은 근본의 체이며, 보신불은 수행의 공덕으로 얻어진 복혜가 양족한 것이며, 화신불은 형체가 나타난 것이다.374) 쉽게 말해서 법신불이란 불교에서 영원히 변함이 없는 본체를 형용한 비로자나불을 말하며, 보신불이란 고행 난행 끝에 깨달음을 얻어 복혜가 족족한 부처의 덕상을 상징한 것으로 아미타불을 말한다. 그리고 화신불은 부처가 중생을 제도하기 위해 현세에 나타난 것으로 석가모니불을 말한다. 삼신불은 곧 법신불 보신불 화신불을 통칭한 용어이다.

373)『대종경선외록』, 선원수훈장6.
374) 한종만,『원불교 대종경 해의』(下), 도서출판 동아시아, 2001, p.94.

　　이러한 삼신불에 대하여 소태산을 계승한 정산종사는 어떻게 의미를 부여하고 있는가. 정산종사는 한 제자의 질문에 다음과 같이 말한다. "법신불은 본연 청정하여 제법이 개공(皆空)한 부처님의 자성 진체를 이름이요, 보신불은 원만한 영지로써 부처님의 자성에 반조하는 반야의 지혜를 이름이요, 화신불은 천백억 방편으로 중생을 교화하신 부처님의 분별심과 그 색신을 이름이니라."[375] 또한 그는 『정산종사법설』 제7편 「불법대해」에서 말하기를, 법보화 삼신설은 여러 해설이 있어왔다면서 그 하나로써 법신불은 불타의 성품을 이름이요, 보신불은 불타가 성취한 청정 원만한 마음을 이름이며, 화신불은 불타의 육신을 이름이라 하였다. 이어서 그는 말하기를, 법신불은 불의 진여 평등한 무한절대의 실재이며 보신불은 우주만물의 개령이며 화신불은 우주만상에 형형색색으로 나타나 있는 현상 세계라고 설명하였다. 그에 있어서 삼신불의 다양한 해석이 불교의 불신관에 대한 깊은 이해를 도모하고 있다.

　　이어서 대산종사의 삼신불에 대한 이해를 소개해본다. 그에 의하면[376] 청정법신불은 증감, 구정(垢淨), 대소, 청탁, 생사에 거짓이 없는 자리이며, 원만보신불은 청정법신불을 보아 낸 것으로 완전히 회복한 자리로서 그 자리를 본받아 행하고 그 진리에 복귀하여 이 공부 이 사업에 합심, 협력하는 것이라 한다. 이어서 천백억화신불은 청정법신불을 나토는 것이며 나누어 주는 것으로, 이 공부 이 사업을 천하 사람이 다 하도록 협력하는 것이며 제도의 방편이 천만 가지로 나타나서 수기응변 하는 것이라 한다. 삼신불에 대하여 비교적 자세히 의미를 부여하고 있는 것으로, 그는 법신불을 공(空), 보신불을 원(圓), 화신불을 정(正)으로 풀이하고 있는 것(『정전대의』, 3. 일원상)도 새롭다. 삼신불을 공원정으로 풀이하는 것은

---

375) 『정산종사법어』, 경의편 46장.
376) 「대산종사법문」 3집, 제2편 교법 3장.

소태산 대종사가 『대종경』 교의품 7장에서 일원상 진리를 요약하면서 설한 법어의 구체적 응용이라 본다.

3) 삼신불과 법신불의 위상

같은 법신불이라 해도 불교의 법신불과 원불교의 법신불에는 차이가 있다. 불교에서는 삼신불의 토대 위에서 법신불의 체적인 의미로 이해하지만 원불교의 법신불은 우주 만유로서 보신, 화신까지도 법신불화했다.[377] 이것은 원불교에서는 신앙의 대상으로서 법신불(일원상)을 말하며, 단지 체적인 법신불만이 아니라 보신불과 화신불을 망라하고 있다는 것이다. 원불교신앙의 대상으로서 법신불이 삼신불을 포괄함으로써 갖는 함의가 전체신앙의 호칭으로 가능하기 때문이다. 원불교 신앙론에 있어서 삼신불을 포괄하지 않고 체성으로서의 법신불만을 의미한다면 그것은 원불교 신앙호칭의 상징적 의미가 없어지는 것이다.

법신불(일원상)의 이러한 포괄적 상징성에 대하여 정산종사는 의견을 다음과 같이 피력하고 있다. 일원상은 무엇을 뜻하는가라는 질문을 통해, 그것은 법·보·화 삼신이며 삼신즉일(三身卽一)[378]이라고 했다. 그리하여 삼신불을 달에 비유하면 법신불은 달의 체이요, 보신불은 달의 광명이며, 화신불은 일천 강에 비치는 달의 그림자라고 하면서, 과거불교에서는 화신불인 불(佛)의 등상을 신앙의 대상으로 모셨으나 우리는 법신불을 신앙의 대상과 수행의 표본으로 삼았다[379]고 하였다. 따라서 원불교의 법신불이란 불교의 삼신불 중 하나에 머물지 않고 보신과 화신을 포함한 신앙의 대상으로 삼신즉일(三身卽一)이라 하면서 이 일(一)을 일원상으로 언급하였다. 쉽게 말해서 일원상은 삼신불을 포괄한 법신불이요, 여기에서 말하는 법신불은 원불교 신앙의 대상인 '법신불 일원상'을 말한다.

원불교 신앙의 대상으로서 법신불 일원상은 엄밀한 의미에서 보신불이나 화신불을 포괄하는 '근원불'로 이해된다. 즉 일원상은 개별적인 현상이나 개인 인격의 화신불의 성격을 넘어서 있다. 그것은 만유의 근원인 진리 그 자체로서의 불(佛), 즉 법신불을 가리키는 것으로서 이때의 법신불이라 함은 진리의 체성 뿐 아니라 진리의 작용까지도 동시에 포함한 절대 보편의 통일체로서, 우주 만유의 근본과 우리 마음의 본성을 둘로 나누어 볼 수 없는 근원불을 의미하는 것이다.[380] 우주 만유의 체용(體用)을 포괄하는 통일체로서의 근원불이 원불교에서 말하는 법신불이다.

따라서 법신불 일원상이란 근원불이면서도 원불교의 출현을 가능하게 한 본원불로서의 접근이 가능하다. 소태산 자신도 강조했듯이 색신불(등상불)보다는 법신불을 신앙하는 입장에서 원불교의 개교 자체를 가능하게 해주는 본원불로서의 법신불이 되어야 한다.[381] 본원불로서의 법신불이면서도, 그것은 본원불로서의 활현(活現)의 입장에서 보면 화신불로서 소태산으로 연결될 수 있다. 소태산이 깨달음을 통해 법신불 일원상을 만방에 선포하였으며, 그러한 본원불의 활불이 다름 아닌 교조 소태산이기 때문이다. 원불교 신앙의 대상인 법신불은 일원상으로서 본원불이며, 본원불로의 접근은 현상계의 화신불로서 소태산 대종사를 거론할 수 있지만 여기에서 소태산은 법신불이 아닌 만큼[382] 신앙의 대상이 아니다.

380) 노대훈, 「원불교의 불타관」, 『원불교사상시론』 제Ⅲ집, 원불교 수위단회, 1998, p.76.
381) 김성관, 「원불교와 재래불교」, ≪院報≫ 제46호, 원불교사상연구원, 1999.12, pp.49-50.
382) 류성태, 「대산종사법어 신심편의 성찰적 접근」, 『원불교사상과 종교문화』 제72집, 원불교사상연구원, 2017, p.107(원불교의 신앙대상이 공식적으로 등상불이라면 법신불과 소태산의 等値가 가능할 것이다. 그러나 원불교의 신앙의 대상은 법신불 일원상이

따라서 법신불과 달리 현상계에 출현한 화신불이 어느 특정한 성자에게 한정될 수는 없을 것이다. 그것은 원불교의 입장에서 본다면 제불(諸佛)로서의 석가모니일 수도 있고 소태산일 수도 있다. 다만 자신이 속한 종교의 교조적 위상에서 볼 때 불교에서는 석가모니이며, 원불교에서는 소태산이다. 하지만 소태산은 겸허하게 자신이 깨달은 진리를 이미 석가모니가 깨달았다고 하며 연원불로 삼았다. 다시 말해서 소태산은 근원적 진리인 일원(一圓)의 세계가 석가의 깨달음으로 인해 우리에게 알려진 것으로 보고, 이를 각각 법신과 색신(화신) 여래로 나누되 불이(不二)의 관계로 보고 있으며, 다만 신앙대상으로서 법신불 일원상을 진리의 상징으로 삼고 있다.383) 불자들로서 법신불에 대한 화신불의 의미를 새겨보면서 이를 불이(不二)로 직관할 수 있는 지혜가 필요한 것도 사실이지만, 원불교는 삼신정족(三身鼎足)의 화신불(등상불) 신앙과 달리 화신불을 신앙의 대상으로 삼지 않는다는 것은 이미 언급하였다.

불신론에서 법신과 화신의 이신설(二身說)은 불교의 보성론에서 언급하고 있다. 보성론은 행(行)에 있어서 삼신(三身)의 설명이 이신(二身)으로 귀결되고 있음을 주목할 일이다. 곧 법신의 상(常), 불가사의(不可思議)에서도 법신·색신의 불타관이 거론되고 있는데, 이러한 이분법은 또한 보성론 제3장 「법신의 공덕」에서는 제일의신(第一義身), 세속신(世俗身)으로 나타나고 있다.384) 보성론에서 말하는 불타관은 두 가지 즉 제일의신·세속신을 전제로 한 불타관이며, 이를 여래장에서 본다면 보성론의

며, 원불교 회상에 대종사와 정산종사 그리고 대산종사 등을 위시하여 수많은 성인이 앞으로 출현하겠지만, 그들은 추앙의 대상일 수는 있으나 신앙의 대상일 수는 없다).
383) 원영상, 「소태산 박중빈의 불교개혁사상에 나타난 구조 고찰」, 『신종교연구』 제30집, 한국신종교학회, 2014, pp.133-134.
384) 정호영, 「여래장사상의 인간이해」, 『한국불교학』 제11집, 한국불교학회, 1986, pp.413-414.

이분법이 논리적으로 타당하다는 결론에 이른다. 이신설은 초기불교에 그 원형인 법신과 색신 또는 실신과 부모생신이라는 이신설로 나타났다. 즉 초기 대승불교의 용수에 이르러서는 이들을 종합하여 진공·묘유의 양면을 강조하는 심화된 법신과 생신이라는 이신설이 전개된 것이다.

다시 주목되는 점으로, 원불교의 법신불(일원상)이 불교의 삼신불을 포괄하고 있다는 것이며, 그 이유는 다음과 같다. 즉 법신불은 원불교 신앙의 대상으로서 '법신불 일원상'이라 병칭되고 있기 때문이며, 신앙체로서의 법신불은 불교 삼신불을 포함하는 진리의 통일체가 되는 것이다. 원불교에서 신앙의 대상에 대한 호칭은 다양하게 불린다. 즉 법신불 일원상, 법신불 사은, 법신불, 부처님, 진리부처님, 원불님 등 다양하게 사용되고 있으며, 법신불이란 말은 불교에서 사용하는 법신불·보신불·화신불 중의 법신불과 혼돈될 우려가 있다.[385] 이것은 법신불(일원상)이 불교의 보신불과 화신불 가운데 하나라는 점에 대한 환기차원으로, 원불교의 법신불은 다양한 신앙호칭의 정점에 있는 신앙대상으로서의 보신불과 화신불을 포함하는 것이다.

이에 더하여 법신불 일원상은 본존으로서 법보화, 체상용, 이지비를 총섭하는 원불교 진리의 최고 종지로서 일원화(一元化)의 의미를 지니고 있다. 즉 법신불 일원상은 법·보·응의 삼신과, 체·상·용의 삼대 및 이·지·비의 삼원(三圓)이 섭진(攝盡)되고 일원화된 포괄적 의미의 법신불이며, 원불교는 이러한 일원불(一圓佛)의 불교이다.[386] 원불교 교헌에서 원불교는 법신불 일원상을 본존으로 한다고 하여, 법신불을 원불교의 최고 종지로 삼고 있다. 따라서 원불교의 법신불이란 삼신불의 하나인 협의의

385) 손정윤, 「문학·예술사」, 『원불교70년정신사』, 원불교출판사, 1989, p.643.
386) 노권용, 「불교와 원불교-교주문제를 중심으로」, 『원불교사상』 13집, 원불교사상연구원, 1990, p.485.

법신불만이 아니라 보신과 화신을 포괄하고 있음을 알아야 한다. 원불교의 법신불 일원상은 우주 만유를 포괄하는 상징체로서 진리의 최고 종지(宗旨)가 되며, 그것은 이분법, 삼분법 모두 일원론으로 접근되는 진리의 한 덩치이기 때문이다.

원불교 신앙의 대상인 법신불 일원상이 원불교 최고 종지로의 접근이 가능한 것은 법신불이 궁극적 원리로서의 위상을 지닌다는 사실에 있다. 법신불의 법신(法身)은 본래 인도의 말 '다르마(Dharma)'를 번역한 것으로 중국적인 말로서는 도(道)와 통하며, 대체로 최고원리, 궁극원리, 근본 진리, 법칙, 일반질서의 뜻을 가진 말이다.[387] 궁극적 원리란 최고의 원리요 달리 말하면 근본진리이자 법칙을 말한다. 따라서 원불교에서 말하는 법신불은 우주 만유의 본원이요, 제불제성의 심인이요, 일체중생의 본성으로 이해되며, 그것은 일원상 진리의 의미론적 접근이다. 법신불이란 또한 일원상이기 때문이며, 이 법신불 일원상은 무소부재하며, 모든 존재의 법칙이자 궁극적 실체를 의미하기도 한다.

물론 『화엄경』에서도 법신불은 지고의 교주와도 같이 접근되고 있다. 일반적으로 『화엄경』의 교주는 법신불이며, 화엄교학에서도 주불로 여겨졌지만 수많은 불신(佛身)과 화엄 신중(神衆) 등도 함께 등장하게 되며, 여기에는 그 하나하나의 대상을 법신불로 모시자는 취지가 담겨있다.[388] 화엄사상에서 법신불을 교조화한 것은 어느 특정한 대상을 고려하지 않는 무주(無住)의 상정으로서 이는 동아시아 불교에 영향을 주었던 것도 사실이다. 법신불은 시공을 초월하면서도 항존(恒存)하며, 그것은 무형, 무색,

---

387) 송천은, 「법신여래 일원상」, 제30회 원불교사상연구 학술대회 ≪인류정신문명의 새로운 희망≫, 원불교사상연구원, 2011.1, p.17.

388) 장진영, 「화엄교학과 원불교의 법신불사상과 그 실천적 특징」, 『원불교사상과 종교문화』 제62집, 원불교사상연구원, 1014, p.73.

무취인 것으로 거래를 자유로이 한다. 하지만 법신불의 체현은 깨달음을 통해 가능한 것으로 대승경전에서 법신불이 이미 표방된 것처럼, 신앙의 대상이나 수행의 표본으로 삼는 성향으로 전개되었다. 자타력을 겸한 법신불 신앙은 궁극적 진리와 현상적 세계의 근원으로서 신행(信行)의 겸전을 지향하는 것으로 접근된 것이다.

불신론의 발달사에서 보면 궁극적 진리의 의미를 지닌 법신불은 신앙에 있어서 화엄신앙, 밀교신앙, 원불교 일원상 신앙으로 이어진다는 점이 주목된다. 특히 원불교의 법신불신앙 운동이 진리신앙 운동으로 전개되고 있다. 홍윤식 박사는 이에 주목하면서 불교신앙에 있어 법신불을 신앙의 대상으로 삼는 것은 법신불 비로자나불에 의한 화엄신앙, 법신대일여래에 의한 밀교신앙, 그리고 법신불 일원상에 의한 원불교신앙을 들 수 있다고 하면서도, 법신불의 신앙체계는 법신불 자체만으로는 성립되지 아니하고 법신·보신·화신의 삼신체계에 의해서만이 가능한 것389)이라고 하였다. 이는 보신과 화신을 포괄, 초월하는 원불교 법신불 신앙에 대한 비판이라 본다.

하지만 법신불 신앙의 해석에 있어서 소통하는 점이 없지는 않다. 위에서 언급한 것처럼 밀교와 원불교의 법신불을 주목한다면 원불교는 진리적 종교임을 표방하는 종교이다. 그리고 원불교는 법신불 일원상을 그 신앙과 수행의 구심으로 삼고 있으며 여기서 법신불은 화엄교학을 통해 그 궁극적 의미가 해명된 것으로, 일원상은 선가에서 중시된 불성·자성·심불 등을 지칭하는 의미로 사용된 것이다.390) 화엄사상과 밀교에 이어 원

---

389) 홍윤식, 「韓國佛敎史上의 원불교」, 기념사업회편, 『인류문명과 원불교사상』, 원불교출판사, 1991, pp.451-452. 양은용, 「소태산 대종사의 『조선불교혁신론』과 불교개혁이념」, 『원불교사상과 종교문화』 32집, 원불교사상연구원, 2006.2, pp.130-131.
390) 홍윤식, 「원불교와 불교」, 《院報》 제46호, 원불교사상연구원, 1999.12, p.30. 장진영, 「화엄교학과 원불교의 법신불사상과 그 실천적 특징」, 『원불교사상과 종교문화』 제62집, 원불교사상연구원, 1014, p.76.

불교에서의 법신불 신앙이 갖는 의미가 해석학적으로 소통되고 있다.

4) 법신불 사은과 삼신불

원불교에서 신앙하는 법신불과 불교 삼신불의 관계에서 법신불의 차별성 모색은 원불교 신앙의 고유성을 찾아볼 수 있는 계기를 마련해 준다. 화엄, 밀교의 경우와 원불교의 법신불 신앙체계에 있어서 특징이 있다는 점을 감안하면서, 원불교에서 말하는 법신불과 사은의 관계를 몇 가지로 접근해 본다.

첫째, 불교의 화엄 및 밀교 법신불과 달리 원불교 법신불은 사은(四恩)과 직결되어 있다는 점에서 독자성을 지닌다. 물론 불교에도 사은이 있지만 불교의 사은은 법신불과 신앙적으로 관련이 없다. 그러나 원불교는 법신불과 사은을 통틀어 신앙의 대상으로 삼고 있다. 원불교 신앙의 대상은 '법신불 사은'이며, 법신불이나 일원상의 표현은 불교와 통용되지만 원불교적 의미는 사은인 것으로, 불교의 화엄이나 밀교에서 법신의 표현을 쓰지만 원불교 법신불 사은은 내용이나 신앙행위 면에서 독자성을 갖는다.[391] 원불교 신앙호칭은 창립에서부터 오늘에 이르기까지 다양한 호칭으로 전개되어 왔으나 오늘날 법신불 사은으로 통칭되고 있다는 점을 새겨볼 일이다.

둘째, 법신불은 사은의 본원이라는 점을 눈여겨 볼 일이다. 법신불(일원상)이 '사은의 본원, 여래의 불성'이라는 표어처럼 사용하게 된 것은 일원상 교리의 선포 이후 오래지 않은 때에 이미 나타났고, 정산종사의 '법신불 찬가'에도 나타나 있다.[392] 법신불은 사은의 본원뿐만 아니라 우주

---

391) 한종만, 「원불교와 불교의 관계」, 『원불교사상』 13집, 원불교사상연구원, 1990, p.486.
392) 송천은, 「법신여래 일원상」, 제30회 원불교사상연구 학술대회 ≪인류정신문명의 새로운 희망≫, 원불교사상연구원, 2011.1, p.13.

만유의 본원이라고도 한다. 법신불의 근원성을 밝히는 것으로, 법신불은 제불제성의 심인이요 일체중생의 본성이라는 것도 법신불 일원상으로서의 본원성이 잘 드러나 있다. 사은(四恩)은 현상의 네 가지 측면을 드러내는 것이라면 법신불은 이 사은의 본원으로서의 의미를 지닌다.

셋째, 법신불이 사은과 상즉성을 지닌다는 점이다. 양자의 상즉성은 일원상 신앙의 특징과도 관련된다. 그것은 삼신불 상즉의 신앙체계에 입각해 보면 일원즉 사은이라는 신앙체계와 대비될 수 있으리라는 것이다.393) 삼신불이 상즉성을 지니듯이 일원상즉 사은이라는 논리는 법신불즉 사은이라는 논리와도 같다. 법신불이 사은의 본원이면서도 사은과 상즉한다는 논리는 이해하기 쉽지 않을 수도 있다. 하지만 원불교 신앙호칭으로 '법신불 사은'이라 부르는 것은 법신불이 곧 사은임을 대변하는 것으로 이해되며, 이것은 상즉성을 말하는 것으로서 법신즉 사은이 미분(未分)으로 접근된다는 뜻이다.

따라서 불교 삼신불의 상즉성에 대한 원불교의 법신불 사은의 상즉성은 소태산의 불교혁신 차원에서 접근이 가능하다. 이를테면 불교의 청정법신 비로자나불, 원만보신 노사나불, 백억화신 석가모니불 중 진리의 근본자리인 법신불과 사은을 함께 하여 진리적 불공과 현실적 불공을 아울러 할 수 있도록 법신불 사은이라 호칭하는 것이다.394) 따라서 진리불공으로서 법신불과 현실불공으로서 사은은 불교의 불공을 혁신한 것으로 이해된다. 즉 불교의 등상불 숭배에 대한 혁신으로서 원불교의 법신불 숭배는 법신불을 사은과 상즉시킴으로써 새롭게 신앙운동을 지향하는 불교혁신과 관련되어 있다. 불교의 색신신앙을 법신신앙으로 돌리는 것이기 때

393) 양은용,「소태산 대종사의『조선불교혁신론』과 불교개혁이념」,『원불교사상과 종교문화』32집, 원불교사상연구원, 2006, p.112.
394) 박장식,『평화의 염원』, 원불교출판사, 2005, p.194.

문이다.

이러한 원불교의 법신불(일원상)과 사은의 상즉관계는 소태산이 추구하는 개벽시대의 정법신앙 운동과 연결된다. 일원상과 사은의 관계가 법신과 보신·화신의 관계임을 단적으로 드러내는 것으로 이러한 원리 속에 소태산의 신앙적 위치가 석존과 다름이 분명해지며, 그것은 한마디로 정법회상이며, 정산종사의 「대종사성비명」에서는 정·상·말 삼시(三時)사상에 입각한 정법운동으로 정리하고 있다.[395] 이러한 정법신앙의 운동은 불교혁신의 원리와도 같다. 소태산은 후천개벽시대에 적합한 신앙을 통하여 개벽시대의 신앙운동을 전개하였다. 그것은 오랫동안 등상불 숭배로부터 파생된 불가의 인격신앙 및 기복신앙의 우려를 벗어나려는 불교혁신으로, 진리적 종교의 신앙과 사실적 도덕의 수행을 개벽시대의 새 불교로서 전개한 것이다.

결과적으로 원불교의 법신불이란 불교 불신관의 발달과정에 나타난 총체적 의미를 지향하고 있다. 과거불교의 불신관은 삼신불에 근거한 석가모니를 중심으로 한 신앙을 전개해온 것이라면, 원불교의 법신불은 보신불과 화신불을 포함한 일원상 신앙인 것이며, 이를 통칭하여 법신불 사은(일원상) 신앙으로 정착시켰기 때문이다. 원불교의 법신불이란 법·보·화라는 삼신불의 하나인 협의의 법신불이라기보다는, 불교의 교리발달사 전반을 통하여 심화되고 발전되어온 제 불타관 내지 진리관의 총체적 의미를 조화적으로 종합 지향한 광의의 법신불을 의미한 것이다.[396] 원불교의 법신불론은 이처럼 불교의 불신관을 망라한 총체적 신앙으로 수용되고 있다.

395) 양은용, 「소태산 대종사의 『조선불교혁신론』과 불교개혁이념」, 『원불교사상과 종교문화』 32집, 원불교사상연구원, 2006, p.132.
396) 노권용, 「원불교 신앙론의 과제」, 『원불교학』 창간호, 한국원불교학회, 1996, p.25.

5) 개벽시대의 법신불

소태산이 천명한 법신불신앙의 신앙혁신을 보면 원불교의 법신불관은 개벽시대에 맞는 총체적 신앙임을 뒷받침한다. "내가 오랫동안 그대들을 가르쳐 왔으나 마음에 유감되는 바 셋이 있으니, 그 하나는 입으로는 현묘한 진리를 말하나 그 행실과 증득한 것이 진경에 이른 사람이 귀함이요, 둘은 육안으로는 보나 심안으로 보는 사람이 귀함이며, 셋은 화신불은 보았으나 법신불을 확실히 본 사람이 귀함이니라."397) 그는 마음에 있어서 유감스러운 것을 삼신불과 관련지어 언급하고 있다. 19세기 한국불교 신앙의 문제점이 거론되는데, 화신불 중심으로 신앙이 진행되다 보니 인격신앙으로 흐르게 되는 것을 감지하였기 때문이다. 이에 진리신앙으로서 법신불의 진체를 깨달아야 기복적 인격신앙을 극복할 수 있다는 것이다.

한편, 원불교에서 염불을 할 때 아미타불을 주송하는데, 아미타불은 원래 삼신불의 보신불을 의미한다. 이 역시 원불교에서 아미타불을 협의의 보신불이 아니라 전체불로서의 법신불로 이해한다는 점이다. 원불교 염불법에서 염불은 곧 자심미타를 발견하여 자성극락에 돌아가기를 목적하는 것이므로 원불교에서 아미타불은 법신·보신·화신의 어떠한 불신으로 한정하거나 미타불이 머무는 땅 또한 특별히 규정짓지 않고 있다.398) 법신불을 신앙의 대상으로 삼기 때문에 '나무법신불'이라 해야 옳다는 지적이 있을 수 있지만, 염불법에서 유일하게 아미타불을 주송하고 있는 점은 불교의 염불방법을 그대로 수용한 것이다. 하지만 원불교의 아미타불 호칭은 삼신불을 포함하고 있다는 점에서 법신불의 의미와 다름이 아니다.

또 특이한 점은 원불교에서 신앙인이 추구하는 것은 미륵불이요 화신

---

397) 『대종경』, 부촉품 11장.
398) 박혜훈, 「원불교 염불관에 대한 연구」, 『원불교학』 제9집, 한국원불교학회, 2003, p.295.

불이라는 점이다. 원불교의 주세불론은 한편에서 보면 정법, 상법, 말법의 3시 교법에 의한 말법시에 출현한 부처가 되며, 이는 과거 현재 미래의 3세불 체계에 의한 미륵불을 표방한 것이고, 다른 한편 법신, 보신, 화신의 삼신불 체계에 의한 화신불을 표방하고 있는 것임을 알 수 있다.[399] 원불교 신앙의 대상은 법신불 일원상이라면, 이와 달리 화신불로 거론되는 것은 깨달은 사람이면 누구나 성취 가능한 일이며, 불법을 깨달아 실천하는 활불이라면 미륵불로도 거론될 수 있다. 소태산은 여기에서 주세불로서 화신불의 의미를 지니지만, 법신불로서의 의미는 아니다. 그는 신앙의 대상이 아니기 때문이다. 그러나 불교의 화신불은 석가모니이며, 동시에 신앙의 대상인 점에서 원불교의 신앙체계와 다르다는 점이 또한 드러나 있다.

실제 소태산은 법신불을 기점으로 하여 보신불과 색신불로 접근한 것이 두드러진다. 다시 말해서 불교에서는 색신 불타를 기점으로 하여 궁극적으로 법신까지를 찾아들어 갔다는 뜻이며, 소태산의 경우 법신불을 기점으로 하여 보신 화신의 경지까지를 법신불화하였다.[400] 여기에서 삼신불을 체·용으로 구분한다면 법신불은 법신은 체성적인 면, 보신과 화신은 작용적인 면을 지닌다. 불교의 경우 화신불과 보신불의 위력이 현실 작용면에서 더욱 활력이 있으며, 법신불은 진리의 체성으로서 절대적 성향을 지닌다. 하지만 원불교의 경우 체성과 작용을 아울러 보는 것이 법신불로서, 이는 삼신불 총체의 함의를 지닌다고 본다.

아무튼 삼신불이니 법신불이니 하는 쟁점을 숙고해 볼 때 원불교의 불타관은 어떻게 규명할 수 있을 것인가. 원불교는 대승불교 불신론과의 조

---

399) 홍윤식, 「정산종사의 새로운 회상관이 갖는 의미」, 제19회 원불교사상연구 학술대회 ≪鼎山宗師의 信仰과 修行≫, 원불교사상연구원, 2000.1, p.4.
400) 한종만, 「원불교와 불교의 관계」, ≪院報≫ 제46호, 원불교사상연구원, 1999.12, p.15.

화 내지 회통시킨 종합적 불타관이라는 결론에 이른다. 즉 불교사상사 내지 신앙발달사에 비추어볼 때, 법신불 개념은 불교교리의 중심을 이루면서 초기불교로부터 대승말기의 밀교에 이르기까지 다양한 불타관과 불신론이 발전되어 왔으며, 원불교의 법신불관은 그러한 제불타관 내지 불신론의 종교적 의미 요소들을 종합 지향한 이상적 불타관이라 할 수 있다.[401] 특히 원불교의 법신불관은 일원상을 본존으로 하면서도 미륵불, 용화회상, 화신불의 측면을 강조하는 관계로 불법과 생활이 일체되어 왔으며, 이것은 불교의 불신관에 대한 새로운 전개라는 뜻이다.

401) 노권용, 「교리도의 교상판석적 고찰」, 『원불교사상과 종교문화』 45집, 원불교사상연구원, 2010, p.262.

제3편

종교사상의 공유

1. 신앙관

1) 신앙론 비교의 타당성

자기 종교의 신앙론 정립에는 주변종교의 신앙론을 충분히 검토하여 참조할 필요가 있다. 기독교를 살펴보면 베드로, 바울시대를 지나 로마시대에 와서 400~500년이 흐르면서 주변 사상을 종합해서 내놓은 것이 기독교 사상이며, 불교도 대승불교가 출현하여 300~400년 뒤에 내놓은 것이 불교사상이므로 이를 비추어 볼 때, 원불교 신앙론의 연구에 주변사상들을 충분히 종합 수렴해서 그 방향이 이뤄져야 할 것으로 본다.[1] 기독교, 이슬람교, 불교 등의 신앙론을 점검하는 교학의 임무는 원불교 신앙론의 정립에 필요할 뿐만 아니라 이웃종교간 상호 이해에 도움이 되기 때문이다.

이러한 맥락에서 불교와 원불교의 신앙론을 거론할 필요성은 소태산이 직접 불교신앙을 언급하고 불법을 연원한 것에 관련되며, 양교 신앙론의 비교는 원불교 신앙론의 정립에 있어서 도움이 될 것이다. 여기에서 원불교의 법신불 일원상의 설명법을 개괄적으로 살펴봄은 물론, 불교의 제반 진리 설명법들과 비교해보는 가운데, 원불교의 신앙론에 있어 고려되고 보완되어야 할 문제점들과 과제들의 해결을 위한 이상적 진리해석의 방향을 모색할 필요가 있다.[2] 원불교 신앙론의 정립에 있어서 여타 종교의

---

1) 최광선 정리, 「교리테마토론-일원상 진리구조와 신앙적 의미」, ≪院報≫ 제46호, 원불교사상연구원, 1999.12, p.79.
2) 노권용, 제139차 월례발표회 「일원상 진리구조와 신앙적 의미」, 원불교사상연구원, 2004.5, p.1.

신앙론과 비교하는 일은 교학정립의 측면에서도 필요한 일이며, 불교 신앙론과의 비교는 소태산의 불교 혁신의 정신에 부합하는 일이라 본다.

특히 기성종교와 신앙론을 비교하는 것은 그 종교의 신앙론을 심화시키고 교학적 성숙을 얻기 위함이며, 이는 원불교의 경우도 예외는 아니다. 원불교의 이상적 신앙관 정립을 위해서는 무엇보다도 일원의 진리에 대해 보다 깊고 폭넓은 검토의 통찰이 선행되어야 하며, 나아가 불교·유교·도교·한국고유사상·힌두교·기독교 등 제종교 신앙과의 폭넓은 비교종교학적 검토작업도 수반되어야 하리라 본다.3) 타종교 신앙에의 폭넓은 접근은 그 종교 교의(敎義)의 정점에 있는 과제 해결만큼이나 중요한 일이기 때문이다. 어느 종교든 신앙론 재정립이 교학 연구의 핵심적 사항이다.

사실 원불교학을 이웃사상과 비교 연구하는 과제는 그 연구의 주제 가운데 신앙론만큼 큰 비중은 없다. 따라서 이웃종교의 신앙론과의 비교 접근은 앞으로도 지속적으로 필요한 이유이다. 원불교학은 나아가 힌두교와 기독교 등 인류정신사에 나타난 제유형의 종교신앙과 비교종교학적 검토작업 또한 요청되는 것이며, 인류의 신앙사에 있어 원불교의 법신불신앙이 지니는 위상과 의의 등을 조명해 내지 않으면 안 된다.4) 원불교의 법신불 신앙론이 지속적인 변화와 정착의 과정에 있다는 것이며, 그것은 원불교 창립 100년대라는 짧은 역사에 즈음하여 있으므로 신앙론의 정착을 늦출 수만은 없다.

기성종교의 신앙론 변천사처럼 원불교 신앙론은 변천의 과정을 겪었으며, 그것은 불교적 상황과 크게 다르지 않았다. 소태산의 후기가 되면서 신앙적 변천의 몇 가지 흐름을 살펴보도록 한다. 첫째 교리의 골격이 이

---

3) 최광선 정리, 「교리테마토론-일원상 진리구조와 신앙적 의미」, 《院報》 제46호, 원불교사상연구원, 1999.12, p.70.

4) 노권용, 「원불교 신앙론의 과제」, 『원불교학』 창간호, 한국원불교학회, 1996, p.20.

루어지면서 일원상을 정점으로 한 본체론을 형성해야만 할 필요가 발생하였고, 둘째 소태산 이후의 카리스마를 대신해야 할 종교적 권위를 지닌 신앙의 대상이 필요하였으며, 이러한 필요에 의하여 대두된 것은 사은, 심불, 일원상 등이었으니, 이러한 변화는 교단의 불교적 경도와는 무관한 것이 아니었다.[5] 원불교는 소태산 생애의 후반기에 들어서면서 종교적 권위의 신앙체계로 확립하는 단계를 거치는 과정에 있다. 돌이켜 보면 초기교단의 신앙호칭으로 천지신명, 천제(天帝)를 시작으로 해서 일원상, 사은 등으로 정착되기에 이르러 오늘날 공식 신앙호칭은 법신불 사은이며, 이 호칭 또한 변화의 과정 중에 있다는 사실을 직시해야 할 것이다.

2) 신앙론의 교판적 접근

불교 신앙론과 원불교 신앙론을 조망함에 있어서 원불교학연구자들의 입장은 교판적으로 접근하는 성향을 지니고 있다. 이는 시각의 객관성 여부를 떠나서 교판적 논의의 쟁점이 되고 있다. 먼저 서경전 교수에 의하면, 일원상 사상에서 일원대도의 부처님은 모든 사람에게, 즉 대중이 믿을 수 있고 숭배할 수 있는 대중화 불상으로 이끌었다며, 소태산은 새로운 불신관을 내놓아 과거의 의식에 치우친 우상적 신불(身佛)을 극복하려한 점이 역력히 보인다[6]는 것이다. 모든 죄와 복, 즉 죄를 빌고 복을 비는 심정의 자세에서, 과거불교 방식의 등상불이 아니라 원불교의 법신불 즉 일체불 만유불 속에 죄를 빌고 복을 짓는 자세를 갖도록 하였다는 의미이다.

또한 불교에 대한 원불교 신앙론의 교판적 입장에 있는 한종만 교수는 일원상 신앙을 소태산의 시대적 선견지명과 관련짓고 있다. 소태산은 이

5) 정순일, 「일원상 신앙 성립사의 제문제」, 제21회 원불교사상연구 학술대회 ≪21세기와 원불교≫, 원불교사상연구원, 2002.1, p.102.
6) 서경전, 『교전개론』, 원광대학교 출판국, 1991, p.94.

시대 인류의 지견이 장년기에 들고 있는 것으로 보아, 장년기는 인간 생애 중에서 모든 사리분별이 명확해지고 합리적인 사고가 지배하는 시기이므로 이러한 시기에 들게 된 인류가 불상숭배에 대한 방편의 허구성을 인식하게 되리라는 것이다.[7] 소태산이 기복적 불상숭배에서 진리적 신앙으로 전환한 당위성을 거론하고 있으며, 이의 구체적인 대안으로 일원상 신앙을 제시하고 있기 때문이다. 불교학적 시각에서 본다면 이러한 비판을 수렴하기 쉽지 않겠지만, 이것은 어디까지나 생활불교를 표방한 원불교의 입장에서 접근한 교판론이라 보아야 한다.

송천은 교수는 불법신앙에 있어서 인격신앙보다 진리불로서 현실적 감응을 주장하였다. 곧 새 불교로서의 원불교와 전통불교가 경향상 다르다고 볼 수 있는 점은, 인격불 신앙보다 법신불 일원상이라고 하는 근원진리를 상징하는 신앙과 그 현실적 응용을 강조하는 점[8]이라는 것이다. 신앙에 있어서 인격신앙이 있고 진리신앙이 있는데, 소태산이 강조했던 진리신앙의 중요성을 송교수는 밝히고 있다.

노권용 교수의 입장도 같은 맥락으로, 불교의 인격신앙이 갖는 한계를 원불교의 법신불 신앙에서 극복하고 있다고 하였다. 『원불교 교헌』에 "본교 법신불 일원상을 본존으로 한다"라고 명시하듯이, 사상적으로 뿐만 아니라 모든 신앙의례에서조차 석가불 등 일체의 개체적 인격불을 신앙의 대상으로 모시지 않고 법신불 그 자체를 직접 신앙의 대상으로 모시는 것이다.[9] 이는 원시불교 내지 부파불교의 불타관이 인간 존재로서의 석가불을 중심으로 하는 것과는 근본적으로 다르며, 나아가 대승초기의 과거불·미래불·현재타방불 그리고 그 통일불로서의 구원석가불을 신앙대

---

7) 한정석, 「원불교 불교관」, 『원불교사상시론』 1집, 수위단회사무처, 1982, p.85.
8) 송천은, 「불교와 원불교의 관계」, ≪院報≫ 제46호, 원불교사상연구원, 1999.12, p.37.
9) 노권용, 「원불교 신앙론의 과제」, 『원불교학』 창간호, 한국원불교학회, 1996, pp.33-34.

상으로 하는 차원과도 다르다면서 노교수는 원불교 진리신앙의 수월성을
강조하였다. 불교에 대한 원불교 신앙의 혁신적 의의가 적극 표명되는 셈
이다.

물론 불교적 시각에서 볼 때 원불교의 법신불숭배에 대해 비판적 관점
을 가질 수 있다. 불교는 석가불을 중심으로 한 삼신불을 숭배하기 때문
이다. 불교에서 불(佛)이라 하더라도 본체불이 있고 현전불이 있고, 주지
불(住持佛)이 있는데, 본체불이란 무상보편의 진리 자체를 말하고, 현전불
이란 역사적으로 현전한 석가모니불을, 또한 주지불이란 불교의 구체적
해석인 불상류를 말한다.[10] 이와 같은 불교의 여러 부처를 불교는 상관관
계에 의해 신앙의 대상으로 삼지만, 불교학자의 입장처럼 원불교는 진리
신앙으로서 본체불(법신불)만 신앙의 대상으로 삼고 현전불은 그렇지 않
다는 점에서 비판을 가하고 있다.

이 같은 원불교 신앙론에 대한 비판을 가하는 경우에 대하여 반론을
펴는 견해도 있다. 한종만 교수에 의하면 불교에서는 색신불에서 법신으
로 찾아들어 갔으나, 소태산은 법신불을 기점으로 하여 보신과 화신을 법
신불화하였다[11]는 것이다. 불교학자와 원불교학자 견해의 시비 여부를
떠나서 양대 종교의 신앙론에는 당연히 논쟁의 여지가 있다고 본다. 어디
까지나 각 종교의 시각에서 교판을 전개할 수 있는 것은 상호 차별화된
학문의 입각지에서 접근이 가능하기 때문이다.

원불교 초기교단에서 전통불교의 등상불 숭배를 비판하고 법신불 신앙
을 강조하자 불교인들의 항의를 받은 적도 있다. 원기 23년(1938) 남원에
서 순교를 하던 정관음행이 경찰에 끌려가 1주일간 구류를 살았음을 상기
해 보도록 한다. 원불교에서 좋은 법문한다는 소문이 나자 절에 다니는

---

10) 홍윤식, 「원불교와 불교」, ≪院報≫ 제46호, 원불교사상연구원, 1999.12, p.30.
11) 한종만, 「원불교와 불교의 관계」, ≪院報≫ 제46호, 원불교사상연구원, 1999.12, p.15.

신도들이 교당에 모여들었다. 한 번은 남원 향교리에서 기독교 장로출신
인 원불교 조송광 회장이 설교하기를, 더러운 흙으로 빚어서 만든 인형을
우리가 숭배해서 쓰겠느냐, 등상불을 숭배하는 것은 미신종교이며 새로운
시대에 맞지 않으니 새 시대에 맞는 진리적 종교의 신앙을 해야 한다고
하였다. 이 설교가 불교신자들의 자존심을 건드려 연판장을 돌리고, 남원
군내 유력인사들까지 이에 동조하여 경찰서에 진정서가 들어가자 경찰의
조사를 받았으며, 단지 불교를 비방했다는 이유만으로 별스런 혐의가 없
자 1주일 만에 정관음행은 풀려났다.[12] 이때 불법연구회 회원들은 경찰에
불려가 "회관에 가서 무엇을 배웠느냐, 얼마나 돈을 바쳤느냐, 교당은 어
떻게 지었느냐"는 등의 조사를 받기도 했다.

　여전히 기복신앙의 구폐를 지닌 신앙행위는 고금을 떠나 문제의 소지
가 적지 않다. 일원상 신앙과 관련한 원불교학 논문을 1960년대에 원불교
학계에 처음 밝힌 숭산 박광전(원광대 초대총장) 박사는 전통불교의 교조
인 불타의 본의와 달리 후래 신자들의 불상에 대한 기복신앙을 비판하였
다. 그에 의하면 불타는 고뇌 후 법신불을 증득했지만 이것을 모르고 등
상불이나 하나님에게 죄복을 비는 종교형태가 되었던 관계로 소태산 대종
사는 종교와 도덕의 본원을 천명하였다[13]고 하였다. 이처럼 숭산은 불타
의 본의를 잊고 기복신앙으로 불상에 접근한다면 종교인들의 바람직하지
못한 신앙행태라고 비판하고 있는 것이다.

12) 박용덕, 『천하농판』, 도서출판 동남풍, 1999, p.271.
13) 원불교사상연구원 編, 『崇山論集』, 圓光大學校 出版局, 1996, p.48.

3) 등상불신앙과 일원상신앙

원불교신앙의 상징인 일원상의 대각전 봉불(奉佛) 이전, 곧 일원상신앙이 정착되기 전 원기 17년(1932)『육대요령』에는 사은신앙이 나타난다. 본『육대요령』의 교리도는 상단에 사은사요를, 중단에 삼강령 팔조목을, 하단에 훈련조목을 밝히었다. 이에 대하여 원기 28년(1943) 발간된『불교정전』의「교리도」에는 상단에 일원상을 봉안하고 그 밑에 ① 이상원공(以上圓空)은 우주만물의 본원이요, ② 제불조사 정전의 심인이요, ③ 청정법신비로자나불이요, ④ 자각선사는 고불미생전(古佛未生前)에 응연일상원(凝然一相圓)이라 하고, ⑤ 혜충국사는 형식으로써 이 원상을 그려서 법으로써 그 제자에게 전하였다(『교고총간』4권, 140쪽)라고 했는데, 이는 일원상이 방편상 불교적임을 강조하고자 함이었다.[14] 불교 선가에서 화두 연마의 방법으로 일원상이 언급되고 있는 것과 자연스럽게 관련지은 것이다.

원불교 교사에 의하면 일원상신앙은 원기 20년(1935)부터 본격적으로 등장한다. 원불교신앙의 대상으로서 일원상이 중앙총부 대각전에 정식 봉안되던 해가 바로 당년도였기 때문이다. 대각전 봉안 이후 이와 관련한 글들이 등장하는데, 당시 발표된 일원상 관련자료를 열거하면 다음과 같다. 삼산의 가사「심월송」재발표(『회보』24호), 주산의「신앙과 수양」(『회보』34호), 정산의 가사「원각가」재발표 및「일원상에 대하여」(『회보』38호), 소태산「일원상을 모본하라」(『회보』40호), 소태산의「일원상과 인간의 관계」(『회보』46호), 소태산의「심불 일원상 내역급 서원문」(『회보』49호), 회설의「신앙생활의 정도와 그 통일책」(『회보』49호), 교무부 공문의「심불봉안식에 대하여」(『회보』49호), 팸플릿『불법연구회 교강』

---

14) 한정석,「교리형성사」,『원불교70년정신사』, 원불교출판사, 1989, pp.396-397.

(원기 24년), 원산의 「일원상의 유래와 법문」(『회보』 54호~56호, 원기 24
년), 소태산의 「일원상의 진리」(『회보』 55호)¹⁵⁾가 이와 관련된다.

주지하듯이 원기 20년(1935)에 봉불된 '일원상' 상징은 동년 『조선불교
혁신론』과 시대적 흐름을 같이하며, 주목할 것은 원기 28년(1943) 발간된
『불교정전』의 「일원상의 유래」에서는 불교 선사들을 많이 거론하고 있다
는 점이다. 『불교정전』 제1편 「개선론」은 『조선불교혁신론』의 내용과 대
동소이하고, 「교의편」에는 「일원상」 장이 독립되었다. 「일원상」 장의 내
용은 현행 『정전』의 내용과 거의 일치하나 그중에 「일원상의 유래」라 하
여 자각선사의 '고불미생전 응연일상원' 화두를 소개하고 남양 혜충국사
의 일원상을 전한 법맥이 위앙종을 이루어 선가의 중심이 되었음을 말하
여 불교적 연관성을 강조하고 있다.¹⁶⁾ 선사들의 일원상을 소개한 의도는
교서편찬의 용이성, 그리고 소태산이 불교를 연원으로 삼은 종교회통의
정신과 통한다고 볼 수 있다.

불교를 연원종교로 삼았던 소태산의 불교혁신 가운데 가장 핵심적인
것은 등상불 숭배를 법신불 일원상숭배로 바꾸었다는 점이다. 일원상신앙
을 언급하면 원불교 입장에서는 불교에 대하여 비판적으로 접근할 수밖에
없다. 『조선불교혁신론』은 불교의 현실을 비판하고 한국인에게 쉽게 홍
보하고 신행케 할 수 있는 대중화된 불교, 시대화된 불교, 생활화된 불교
를 지향하고, 신앙대상을 등상불 대신 법신불 일원상(진리불)으로 할 것
을 천명하고 있다.¹⁷⁾ 이처럼 불교의 등상불 신앙에 대한 한계를 지적하여
진리신앙으로 유도하여 죄복의 근원을 찾아서 불공과 서원을 합리적으로

15) 박용덕, 「정전의 일원상 진리는 정산종사 作이 아니다」, 원티스 교역자광장 자유게시
판(http://www.won.or.kr/index.jsp), 2009. 2. 1.
16) 정순일, 「일원상 신앙 성립사의 제문제」, 제21회 원불교사상연구 학술대회 ≪21세기와
원불교≫, 원불교사상연구원, 2002. 1, p.99.
17) 이운철, 「출판언론사」, 『원불교 70년정신사』, 성업봉찬회, 1989, p.547.

제시하였다. 이는 소태산이 강조한 진리적 종교의 신앙과 사실적 도덕의 훈련을 제시한 원불교 개교의 동기와 관련된다.

원불교가 창립된 개교동기에 부합하도록 등상불숭배를 일원상숭배로 혁신하였는데, 이 일원상숭배는 달리 심불(心佛)이라 호칭하기도 했다. 그것은 신불(등상불)에 대한 심불(일원상)로 나누어볼 수 있는데, 주산 송 도성(1907~1946)은 「신앙과 수양」이라는 글에서 다음과 같이 말하고 있 다. "나는 여기서 우리 신앙표준인 심불 일원상에 관하여 잠간 몇 말씀하 고자 합니다. 심불 일원이란 글자 그대로 즉 마음 부처님이니 재래 사찰 에서 모셔오던 등상불은 부처님의 육체를 대표한 진리적 부처님이라 할 것입니다."18) 이처럼 심불(心佛) 일원상과 신불(身佛) 등상불을 나누어 언 급한 것은 진리적이고 사실적인 신앙을 위해서이다. 과거불교의 등상불이 갖는 한계를 원불교는 신앙혁신으로 다가선 것이다.

심불이란 물론 불교와 전혀 이질적인 것은 아니다. 그것은 일종의 불교 의 전통적 신앙의 권위를 부여한 것이다. 즉 불법연구회의 『예전』(1935 8월)에서 심불의 출현은 신앙사적인 면에서 중요한 의미를 지니는데, 사 은의 범신적 용어에 대한 심불은 일원적이며 형이상학적인 경향이 강하다 고 볼 수 있으므로 이 심불은 '불(佛)'이라는 불교의 신앙대상을 원용함으 로써 불교의 전통적인 신앙적 권위를 부여받은 용어라 볼 수 있다.19) 등 상불에 대응한 심불이 갖는 차별화도 있겠으나, 둘 다 불(佛)이라는 용어 가 공유되는 관계로 원불교 신앙의 대상은 불교의 신앙과 상관성을 지니 고 있다고 할 수 있다.

아울러 일원상은 불교에서도 거론되고 있다. 『불교정전』「일원상의 유

---

18) 『회보』 34호, 원기 22년 4 · 5월.
19) 정순일, 「일원상 신앙 성립사의 제문제」, 제21회 원불교사상연구 학술대회 ≪21세기와 원불교≫, 원불교사상연구원, 2002.1, p.94.

래」에서 언급한 것처럼, 자각선사가 표명한 '고불미생전 응연일상원'의 일
상원(一相圓)은 곧 일원상이라는 점에서, 불법의 근본진리로서 일원상은
불교와 원불교는 일치한다.[20] 다만 위앙종의 종지와 원불교의 상징이 다
른 것은 사실이다. 위앙종의 일원상은 견성을 위한 화두로서 등장한다면,
원불교에서의 일원상은 화두 연마의 일원상이 아니라 사은의 본원으로서
의 일원상인 관계로 그것은 신앙대상인 것이다.

4) 일원상신앙과 종파불교

일원상신앙을 차별화하는 측면에서 과거 유행했던 종파불교와 원불교
를 비교해 보고자 한다. 원불교의 일원상은 우주의 본체와 현상을 아우르
는 법신불신앙이라는 면에서 선종 및 밀교와 관련지을 수 있다. 소태산의
일원상신앙은 구심적으로 보면 본체의 측면과, 원심적으로 보면 현상의
측면을 아우르고 있다는 점에서 일원상신앙은 본체와 현상의 양면이 통합
되어 있다. 따라서 구심적으로는 선종에 일치하고 원심적으로는 화엄, 천
대, 밀교사상과 일맥상통한다[21]는 것이다. 다만 선종과 소태산의 일원상
은 궁극적으로는 한 진리에 대한 인식이지만 활용 면에서는 차이가 있는
것도 사실이다. 공(空)의 원리를 조명한 선종은 일원상신앙에 잘 수용되
어 있지만 선종의 일원상이 불가사의한 제1의 공에 치중한 격외논리와
관련된다면, 원불교의 일원상은 불가사의한 제일의 공 외에도 원만구족
지공무사한 심불을 표현하고 있기 때문이다.

이와 관련하여 원불교의 자타력 신앙과 연결해 본다면 원불교의 신앙
은 선종의 자력신앙의 측면보다는 화엄과 천태, 밀교적 사상과 관련되어

---

20) 한종만, 「원불교와 불교의 관계」, ≪院報≫ 제46호, 원불교사상연구원, 1999.12, p.20.
21) 송천은, 「소태산의 일원철학」, 숭산 박길진박사 고희기념『한국근대종교사상사』, 원광
　　대학교출판국, 1984, p.1092.

있다. 즉 원불교의 일원상이 자타력 병진신앙이라는 점에서 선종의 자력 신앙에 더하여 타력신앙까지를 포함하고 있다. 선종은 자아의 발견과 회복에 몰두하여 타력의 의미를 소홀히 하는 경향이 많지만, 사은신앙과 처처불상 신앙을 타력신앙으로 정립하고 일원상 신앙에 이를 수용한 것도 선종과의 상이한 경향이다.[22] 이러한 점에서 원불교 신앙은 선종과 부분적으로 소통하면서도 화엄적, 천태적, 밀교적 사상에 근접해 있다는 점을 발견하게 된다.

하지만 원불교신앙과 화엄 및 천태의 신앙 사이에도 차이점이 나타난다. 화엄 · 천태는 원불교와 달리 우주만유 법신을 신앙화하지 못했다는 점이다. 즉 화엄 · 천태에서 우주만유가 법신이라는 원리는 밝혔으나 이를 신앙의 대상으로 하지는 못하였으니, 불교는 석가모니 불타가 신앙의 초점이 되기 때문이다.[23] 화엄과 천태에 있어서 일원상의 이해나 법신불의 접근은 화두나 깨달음의 교의 파악에 관련될 따름이며, 그것은 원불교에서 신앙화한 것과 차별화된다는 뜻이다. 원불교에서 법신불 일원상은 신앙의 대상으로서 존숭되고 있기 때문이다.

원불교와 화엄 · 천태, 밀교의 관계는 교학의 비교 접근에서 논의의 여지가 많지만 상호 신앙대상은 다르다는 점이 분명해진다. 원불교 신앙의 대상은 법신불을 일원상이며 밀교는 대일여래의 불상을 숭배하고 있기 때문이다. 사실 밀교적 신앙체계에서 원불교적 신앙체계의 변화는 밀교가 중세사회를 배경으로 전개된 것이라면, 원불교는 근대사회를 배경으로 발전, 전개되었다는 점에서 역사적 의의를 찾을 수 있다.[24] 밀교에 있어서

---

22) 위의 책.
23) 한종만, 「원불교와 불교의 관계」, 《院報》 제46호, 원불교사상연구원, 1999.12, p.16.
24) 홍윤식, 「정산종사의 새로운 회상관이 갖는 의미」, 제19회 원불교사상연구 학술대회 《鼎山宗師의 信仰과 修行》, 원불교사상연구원, 2000.1, p.6.

법신불은 중생의 구원요청에 감응하는 존신(尊信)이라면, 원불교는 본체의 일원상과 현상의 사은 곧 법신불 사은을 신앙의 대상으로 삼은 관계로 인하여 본원불이면서도 우주 만유불이다.

5) 법신불신앙의 회통성

원불교는 과연 불교인가라는 질문은 일원상을 법신불로 지칭하고 있는 데서 그 해법이 가능하다고 본다. 곧 원불교는 불교인가 아닌가라는 물음에 분명히 불교라는 회답을 내리고 싶으며, 그것은 원(圓)이란 단서를 부치고 있지만 불교란 명칭을 그대로 사용하고 있을 뿐 아니라 신앙의 대상으로 삼고 있는 일원상을 법신불로 지칭하고 있다는 것도 불교의 불신관을 떠나서 생각할 수 없기 때문이다.[25] 불법을 신앙하는 원융무애의 사유에 의하면 원불교는 불교를 떠나서 생각할 수 없다는 것으로 원불교는 불교가 아니라는 입장은 잘못되었다는 시각에 설득력이 있다고 본다.

더욱이 법신불 일원상은 불교의 무상 보편적 진리의 본체불을 지칭한다. 다시 말해서 일원은 법신불이니 우주만유의 본원이요, 제불제성의 심인이요, 일체중생의 본성이라 하고 있음은 불교에서의 무상 보편의 진리인 본체불을 지칭하고 있는 것이다.[26] 법신불이 우주 만유의 본원이라는 것도 본체불이요, 제불제성의 심인이라는 것도 본체불이요, 일체중생의 본성이라는 것도 본체불이다. 본체불과 현상불이라는 양면성을 고려할 때 일원의 세 가지 시각에서의 본원, 심인, 본성이라는 것은 법신불의 본원불 내지 본체불의 다른 표현으로 불교의 신앙적 세계와 같은 흐름이다.

이처럼 원불교신앙을 불교신앙과 관련하여 거론할 때 서로 접근이 가

---

25) 홍윤식, 「원불교와 불교」, ≪院報≫ 제46호, 원불교사상연구원, 1999.12, p.30.
26) 위의 논문.

능한 일이다. 즉 무한방편으로서의 일원상신앙은 불교의 관세음보살 신앙과도 관련된다는 주장이 있다. 소태산은 생전 일본에 가려던 일이 중단되고 부산에서 더 체류하면서 부산교화에 심혈을 기울이게 되었다. 당시 부산진교당을 지으려던 이기설은 자신의 집 2층에 법신불을 봉안하면서 소태산 대종사를 모시었고, 본래 불교신자였다가 입교하여 이것저것을 질문하였다. "제가 원래 불교를 신앙하며 관세음보살을 모시고 있었는데, 이제 입교하고 보니 관세음보살상을 어떻게 할지 모르겠나이다." 이에 대종사는 "법신불 일원상 진리를 공부하게 되면 그 안에 관세음보살이 있는 이치를 알게 될 것이니, 공부를 많이 하고 보면 관음상을 모시지 않아도 될 때가 올 것이다"[27)라고 하였다. 위의 대화를 음미하면 법신불 일원상은 불교의 관음신앙과도 회통이 가능하다는 점에서 법신불신앙과 불교신앙에 관련된 연구가 필요하다.

좌산종사에 이어서 원불교 종통을 계승한 경산종사도 일원상 신앙을 『금강경』 사상에서 찾아보라고 화두를 던지고 있다. "일원상의 진리를 깨달으려면 멀리 밖에 있는 이치는 찾기가 어려우니 가장 가까운 내 마음속에 있는 『금강경』 도리를 찾아야 가장 손쉽게 알게 될 것이며 실천하기가 용이할 것이다."[28) 일원상의 진리는 공사상을 포함하여 불법의 진리를 담지하고 있기 때문에 불교사상과도 회통한다고 보았다. 『금강경』만이 아니라 가깝게는 원불교 소의경전으로 삼고 있는 『불조요경』 전반의 소식이 일원상 진리와 벗어나 있지 않은 것이다.

소의경전을 원불교의 교서로 사용하고 있는 점을 보면, 원불교신앙과 불교신앙을 관련지을 수 있는 것은 법신불 용어로서 가능한 일이다. 원불교 「교리도」에 의하면, 그 머리에 해당하는 부분에 일원상(○)이 있고,

---

27) 박장식, 『평화의 염원』, 원불교출판사, 2005, p.90.
28) 장응철 역해, 『생활속의 금강경』, 도서출판 동남풍, 2000, p.4.

바로 아래 몸통 상단 부분에는 "일원은 법신불이니, 우주만유의 본원이요, 제불제성의 심인이요, 일체중생의 본성이다"라 하고 있다. 이 '일원은 법신불'이라는 기본명제는 소태산이 대각한 궁극적 진리인 일원(○)이야말로 다름 아닌 법신불을 상징화한 것으로, 이는 원불교의 종교적 성격을 이해하는데 있어 중요한 의의를 지닌다.[29] 불교 삼신불에서 법신불을 고려하면, 소태산이 깨달은 진리가 법신불 일원상이며, 그것은 불법에 연원 삼은 점에서 본다면 소태산의 각적(覺的) 안목이 불타사상과 회통의 측면을 지녔다는 뜻이다.

다만 불교와의 회통성을 거론할 때 원불교에서는 교판적으로 접근되고 있는 점이 특징이다. 한 제자가 일원상과 인간과의 관계를 질문하였다. 이에 소태산은 답하기를, 우리 회상에서 일원상을 모시는 것은 과거 불가에서 불상을 모시는 것과 같으나, 불상은 부처님의 형체를 나타낸 것이요, 일원상은 부처님의 심체(心體)를 나타낸 것이므로, 형체라 하는 것은 한 인형에 불과한 것이요, 심체라 하는 것은 광대무량하여 능히 유와 무를 총섭하고 삼세를 관통하였다[30]는 것이다. 이어서 그는 말하기를, 불가에서는 청정법신불이라 하였지만 원리에 있어서는 모두 같은 것으로서 비록 어떠한 방면 어떠한 길을 통한다 할지라도 최후구경에 들어가서는 다 이 일원의 진리에 돌아간다고 했다. 이는 불교의 불상숭배와 원불교의 일원상 숭배의 특징을 밝힌 것으로, 형체에 대한 심체라는 교판의 시각에서 바라본 것이다.

원불교의 법신불(일원상) 신앙의 행위에 있어서도 불교 교판성을 지닌다. 한 제자가 이와 관련하여 질문을 하자 소태산은 일원상을 신앙의 대

---

29) 노권용, 「교리도의 교상판석적 고찰」, 『원불교사상과 종교문화』 45집, 원불교사상연구원, 2010, p.261.
30) 『대종경』, 교의품 3장.

상으로 하고 그 진리를 믿어 복락을 구한다며 다음과 같이 말한다. "일원
상의 내역을 말하자면 곧 우주만유로서 천지만물 허공법계가 다 부처 아
님이 없나니, 우리는 어느 때 어느 곳이든지 항상 경외심을 놓지 말고 존
엄하신 부처님을 대하는 청정한 마음과 경건한 태도로 천만 사물에 응할
것"[31]이라 했다. 이것은 일원상 신앙의 당처에 직접 불공하도록 하는 것
으로 편협한 신앙을 원만한 신앙으로 돌리는 일이며, 미신적 신앙을 사실
적 신앙으로 돌리는 것으로서 원불교 신앙의 특징이기도 하다. 편협한 신
앙이나 미신적 신앙에 노출된 전통종교의 성향을 비판하는 것으로 일원상
신앙이야말로 진리신앙, 사실신앙으로서 당처불공하자는 것이다.

6) 원불교 신앙론의 재정립

원불교 신앙론의 정립에 있어서 우선 현재의 법신불 사은신앙이 지니
는 특성이 무엇인가를 살펴보도록 한다. 이러한 특성파악은 앞으로 원불
교 신앙론이 직면한 문제점과 이의 해법 제시에 도움이 되기 때문이다.

우선 원불교 신앙론에 있어서 '법신불 사은'이 지니는 용어는 복합적 성
격을 지니는데, 그것은 법신불(일원상)로서의 본체와 사은으로서의 현상
을 아우르는 용어이다. 다만 본체로서 법신불 일원상을 현상으로서 사은
과 상즉관계로 볼 경우 일원즉사은으로 언급할 수 있으며, 그것은 불교의
'색즉시공'과 관련된다. 숭산 박길진 박사는 「일원상연구」에서 일원과 현
상만유의 관계를 불교의 개념인 색즉시공, 공즉시색의 상즉 개념으로 설
명하고 있는데, 일원상의 진리는 현상만유에 내재되어 일원상의 진리와
현상 만유 사이에는 시간적 선후 관계가 없으므로 두 요소는 상즉적 관계
로 설명될 수 있다[32]는 것이다. 원불교 신앙의 대상으로서 법신불 사은

---

31) 『대종경』, 교의품 4장.

(법신불+사은)의 병용호칭을 불교의 사유로 접근해 보면 색즉시공, 공즉
시색(공+색)으로 상즉하고 있음을 알 수 있다. 다만 이것은 원불교 신앙
호칭의 이중성이라는 신앙성 약화요인이 되고 있다.

또한 원불교의 일원상 신앙은 법신불 사은신앙을 말하는데, 불교 불신
론(佛身論)의 측면에서 본다면 법신불 사은신앙은 밀교의 '법신불 육대'라
는 것으로 유추해 볼 수 있다. 불교신앙의 발달사를 살펴볼 때 우리는 화
엄불교 또는 밀교를 통해 이와 비슷한 예를 찾아볼 수 있는데, 특히 대승
불교 불타관의 종합이요 결론이라 볼 수 있는 밀교에서는 지수화풍공식
의 육대를 체로 하는 법신불을 그들 나름대로 '대일여래'라 부르고 있음은
좋은 예라 본다.[33] 법신불 사은(四恩)과 법신불 육대(六大)라고 하는 숫자
상에서 밀교와 회통하는 바가 있다. 다만 밀교에서는 법신불 육대를 대일
여래라 하듯이, 원불교의 법신불 사은을 '부처님(일원불, 원불님)'이라 하
는 것이 신앙호칭의 단일화 내지 호칭의 이중성 극복에 도움이 될 수도
있다고 본다. 불교 불신관의 변천사에 나타나듯이 이는 원불교 신앙호칭
정립의 방향설정에 도움이 될 것이다.

원불교 신앙은 법신불 신앙임에도 불구하고 사은신앙이 부속, 병칭되
는 것은 사은이라는 당처에 직접 불공하는 현실적 감응의 측면과 직결되
어 있기 때문이다. 소태산의 입장에서 보면 불교의 경우 등상불에 불공하
는 것이지만, 원불교 신앙으로서 사은(四恩)이라는 당처불공이 강조되고
있다. 일원을 해석하면 곧 사은이요, 사은을 분석하면 곧 삼연한 우주 실
제로서 천지만물 허공법계가 불성을 갖추고 있으므로 어느 때 어떠한 곳
이든지 항상 경외심을 놓지 말고 존엄한 부처 대하듯이 청정한 신념과

32) 박상권, 「원불교 일원상 진리와 사은의 관계에 관한 논의고찰」, 『원불교사상과 종교문
화』 52집, 원불교사상연구원, 2012, p.5.
33) 노권용, 「원불교 신앙론의 과제」, 『원불교학』 창간호, 한국원불교학회, 1996, pp.32-33.

경건한 태도로써 천만사물에 응할 것이라 했다. 재래사찰에서 등상불 전에 불공하는데 우리는 천만사물의 당처에 직접 불공하기를 위주로 하여 현실적으로 복락을 장만할 것[34]이다. 당처에 불공하는 것(사은신앙)이 한 곳에 모셔진 법당의 불상보다 감응력이 크다고 해도 불교의 '부처님' 신앙 호칭이 갖는 돈독한 신앙심 유발을 참조할 필요가 있다.

처처가 불상이나 당처에 직접 불공하는 감응의 정도를 고려하면 원불교 법신불 사은신앙의 구체적 실천방안으로 처처불상 사사불공이라는 용어가 접근되지만, 불교 화엄사상에서 거론되는 신앙의 화현 또한 무시할 수 없다고 본다. 물론 원불교의 처처불상 사사불공은 하나하나가 다 보물임을 깨닫는 불공임은 잘 아는 사실이다. 이에 사람은 누구나 만나는 사람마다 대하는 것마다 다 귀중하게 여기지 않을 수 없으므로 이 금강보주를 알아가는 일이 화엄사상이라며, 상산 박장식 종사는 이에 말한다. 즉 대소유무의 이치를 배우면 인다라망, 이법계 사법계 이사무애법계 사사무애법계를 깨치게 되며, 그것이 바로 처처불상 사사불공이며, 팔만장경이 교리와 다 연결된다[35]는 것이다. 처처불상 사사불공의 원불교 신앙론이 화엄의 인다라망과 관련된다는 견해가 주목된다.

교판적으로 이를 접근할 때 불교의 화엄사상은 영명한 면이 결여되어 있다면 처처불상은 위력과 경외를 가져다준다고 볼 수 있다. 곧 화엄의 법계무애설과 천태의 제법실상설은 처처불상의 진리관에 상통되나 영지의 광명이란 종교적 영명성이 결여되어 있으며, 일심법계관이나 관법은 선종의 내조법에 흡수되어 선법과 뜻을 같이 한다[36]는 것이다. 이를 주목하면 원불교의 처처불상은 불교의 관법이나 내조법에 흡수되지 않고 사사

---

34) 소태산, 「일원상과 인간과의 관계」, 『회보』 제46호, 불법연구회, 1938년 7, 8월.
35) 박장식, 『평화의 염원』, 원불교출판사, 2005, p.217.
36) 한종만, 「원불교와 불교의 관계」, 《院報》 제46호, 원불교사상연구원, 1999.12, p.18.

불공이라는 경천, 경인, 경물의 우주적 행동으로 나아간다는 것이다. 이에 사사불공은 일체처 일체시에 눈앞의 처처불상에 경외의 심경으로 다가서는 것으로 곧 당처불의 위력을 얻는다고 볼 수 있다.

여기에 대하여 불교학의 시각은 다를 수 있다. 처처불상 사사불공도 결과적으로 불교의 사상과 같다고 보기 때문이다. 곧 처처불상 사사불공의 불공법도 불교라는 시각을 고려해 보면, 우선 불상이니 불공이니 하는 용어부터가 불교이며, 우주만유는 법신불의 응화신이니 당하는 곳마다 부처님이라고 함은 밀교가 우주만물이 모두 부처라는 철저한 긍정주의를 취하고 있음과 같다.[37] 이처럼 처처불상과 사사불공을 불교와 차별화하는 사고에서 참조할 것으로, 불상이니 불공이니 하는 용어가 처음부터 불교용어라는 점에서 불법의 진리에서 보면 큰 차이가 없다는 것이다.

앞으로 원불교 신앙론의 정립에 있어서 법신불 사은신앙에 대한 체계적인 연구가 요구된다. 불교와 원불교의 신앙론은 교학연구의 주제에 있어서 가장 중요한 핵심사항이기 때문이다. 원불교학 연구의 선구자로서 류병덕 박사는 「원불교학계의 당면문제」의 하나로서 '신앙론의 체계화 문제'를 직접 거론하고 있어[38] 교학연구에 있어서 신앙론이 차지하는 비중은 크다. 법신불 사은신앙이 지니는 장점에서 한 걸음 나아가 오늘날 원불교 신앙이 약하다는 지적이나 신앙호칭의 이중성 문제 등은 원불교 2세기의 교학연구 과제 중에서 가장 큰 비중을 두어야 할 것[39]이라 본다.

---

37) 홍윤식, 「원불교와 불교」, ≪院報≫ 제46호, 원불교사상연구원, 1999.12, p.31.

38) 류병덕, 「한국종교 연구의 회고와 전망」, 『전환기의 한국종교』, 집문당, 1986(양은용, 「원불교 학술활동의 현황과 과제-원불교사상연구원의 학술·연구활동을 중심으로」, 『원불교사상과 종교문화』 47집, 원불교사상연구원, 2011, p.149).

39) 필자는 원불교 100년의 과제 57항목 중에서 첫째 항목으로 신앙문제를 거론하였다. 즉 "원불교 신앙호칭의 통일이 요구된다"고 하면서, 신앙감정이 쉽게 우러나올 수 있으면서도 원불교의 정체성을 살리는 신앙호칭으로의 통일이 요구된다고 하였다(류성태, 『원불교 100년의 과제』, 2015, 학고방, p.245).

이에 원불교 신앙론 정립에 있어서 불교 신앙론과의 비교 분석은 뒤로 미룰 일만은 아니다.

더욱이 신앙론의 비교연구 등에서 법신불 사은신앙의 정체성을 거론할 때, 신흥종교들이 교조를 신앙의 대상으로 한 것과 달리 소태산은 인격신 앙이 아니라 법신불 사은 신앙이라는 했던 점에서 원불교 신앙론의 수월 성을 지니고 있다. 초기교단에서 소태산을 신앙하려는 움직임도 있었으나 이를 배격하고 법신불 신앙을 강조한 소태산의 본의를 고려하면 그것은 개체신앙과 기복신앙의 우려 때문이다. 이에 법신불 일원상을 강조할 때 이웃 종교들과의 관계 설정이 유리한 반면, 소태산 신앙을 강조하면 원불 교가 우상숭배의 기복신앙의 유혹을 벗어날 수 없다.[40] 우상숭배의 한계 를 극복하고 교리의 수월성을 고려할 때 원불교 신앙론의 이웃종교와의 비교는 그 의의가 크다고 본다. 하지만 오늘날 교단에 남겨진 신앙의 이 중적 호칭으로 인한 신앙약화의 극복이라는 과제가 남아있다.

---

40) 강돈구, 「원불교의 일원상과 교화단」, 『한국종교교단연구』 5집, 한국학중앙연구원 문 화종교연구소, 2009, p.29.

2. 진리관

1) 진리의 속성

우리가 근본원리로서 추구하는 진리의 속성은 과연 무엇인가. 어떠한 입장에서 진리를 서술할 것인가에 따라 진리의 속성은 다양한 시각으로 노정될 수 있을 것이다. 진리의 속성을 여러 개념으로 기술하려는 것은 진리의 다양한 인식을 통해 그에 합당한 가치를 추출해 내기 위함일 것이다. 예를 들면 그것은 진리를 형이상학적으로 접근하여 본질을 인식하려는 목적, 또는 진리의 작용을 인간의 다단한 삶에 적용하려는 목적, 또는 진리를 인격화에 접합시키려는 목적 등에 관련된다.[41] 의학계, 과학계, 철학계, 종교계에서의 진리추구는 각기의 입장에 의해 그 진리가 지니는 보편적이고 특수한 가치에 공감대를 형성해나가는 속성을 지닌다.

상호 공감대를 지니는 진리의 속성에 대하여 몇 가지 언급해 보고자 한다. 즉 다른 영역에서 조망되는 진리관이지만 서로 공유될 수 있는 이유가 무엇인가에 대해서 다음 다섯 가지를 중심으로 언급해 본다.

첫째, 진리는 우주에 생생약동하는 기운으로 영원히 변화 작용하는 모습 그대로이다. 우주의 성주괴공, 사시의 춘하추동, 인생의 생로병사가 현재의 모습 그대로 전개되는 것이 곧 진리의 모습이기 때문이다. 백장회해(百丈懷海, 749~814)는 진리의 바탕이 현재의 모습 그대로 드러나 있다[42]

---

41) 박상권, 「진리인식에 있어서 무」, 『원불교사상과 종교문화』 40집, 원불교사상연구원, 2008, p.17.
42) 김호귀, 『선문답 강화』, 도서출판 석란, 2009, pp.12-13.

고 했다. 현재 우리가 살고 있는 주변환경의 변화 자체가 진리의 작용이다. 생명체의 생로병사가 있는 그대로 그 활동을 전개하고 있는 현재 이 순간의 모습이 바로 진리의 작용인 셈이다. 만일 우주적 생명활동이 우리에게 현재의 모습으로 생생하게 작동하지 않는다면, 춘하추동 생로병사의 질서와 변화를 얻지 못하는 관계로 이것은 진리적이라고 할 수 없다.

둘째, 진리는 고금을 통하여 불변한다. 2,500년 전의 석가모니가 왕위까지 사양하고 찾아 나선 영원불변의 진리[43]가 오늘날에도 영원히 변함없이 종교의 진리로 통한다. 세월의 변화에도 영원불변의 이치가 있으며, 소태산이 깨달은 일원상 진리 역시 불생불멸의 진리인 것이다. 진리의 속성이 영원히 불변하기 때문에 그것은 진리이다. 석가모니와 소태산이 깨달은 불법의 진리가 불생불멸과 인과의 이치이며, 이는 고금을 통하여 불법의 두 축으로서 항존(恒存)의 근본진리로 작용하고 있다.

셋째, 종교에서 말하는 진리는 그 종교의 교조가 주장하는 교리와 통용되며 그것은 절대적이라는 점에서 하나의 신조(信條)로 작용하는 성향이 있다. 동서성철에 있어 노자는 진리를 도(道) 내지 자연이라고 하였고, 공자는 천(天)이라 하였으며, 예수는 신이라 하였고 불타는 법신불이라 하였으며, 원불교의 창시자인 소태산 대종사는 일원(一圓)이라 하였다.[44] 힌두교에 있어서 만유의 진리가 브라흐만이라 하였으며, 이처럼 각 종교의 진리를 특수성에서 접근한다면 자기종교의 교의에 있어서 신조로 구축되었던 것이다.

넷째, 진리는 객관적이고 합리적인 성향을 지닌다. 우리가 과학을 가장 신뢰할만한 진리체계로서 수용하는 이유는 인간의 이성이 인류사에 있어서 어떠한 인간의 정신활동보다도 객관적이고 합리적이고도 보편적인 지

43) 장응철 역해, 『반야심경 강의-자유의 언덕』, 도서출판 동남풍, 2000, p.23.
44) 장응철 역해, 『노자의 세계』, 도서출판 동남풍, 2003, p.20.

식체계를 제시해왔기 때문이다.[45] 객관과 합리와 보편이라는 용어는 주술적·신화적·초월적 지식이라는 이름으로 전개되는 허구를 극복하게 하는데 도움을 주는 것이다. 이에 근거한 진리는 특히 사실적으로 증명할 수 있으므로 1+1은 2라는 것은 사실이요 보편적 원리이며, 물은 100도에 끓는다는 것도 보편적 진리이다. 이것은 합리적으로 증명할 수 있으니 보편적 진리인 것이다. 어떠한 가설들을 합리적·객관적으로 증명할 수 없다면 그것은 진리의 공감대를 지니지 못하고 허위와 거짓으로 전락된다.

2) 무상대도의 진리

만물의 영장인 인간이 매사 신중하고도 이성적으로 행동하는 이유는 무엇인가. 여기에 지식, 지혜, 철학, 사상, 진리라는 용어가 등장할 법한 일이다. 우리가 공부하는 목적을 언급한다면 지혜를 얻기 위한 진리터득일 것이다. 만해 한용운에 의하면 "배움에도 요령이 있는가"라고 하며, 지혜로 자본을 삼고, 사상의 자유로 법칙을 삼고 진리로 목적을 삼음이 그것이니, 배우는 이는 이 셋 중에서 어느 하나도 결여해서는 안 된다[46]면서 진리터득을 목적 삼으라 하였다. 인간이 교육을 받고 이성적 활동을 하는 것은 깨달음의 진리터득을 목적 삼을 때 가능한 일이다.

따라서 진리를 추구하려는 목적을 지닌 자는 이에 도달하는데 각자 나름의 방법이 있으며, 특히 종교적 측면에서 본다면 목표성취를 위한 적공의 수행자가 되어야 한다. 진리를 추구하는 사람은 자신의 최고 목적을 위하여 모든 것을 버려야 하는데, 가혹한 수행을 쌓고 욕망을 몰아내며 슬픔과 멸시를 견뎌내는 것이 요구된다.[47] 종교의 진리를 추구하는 삶 속

45) 김용옥, 『논어 한글역주』 1, 통나무, 2009, p.49.
46) 한용운, 『조선불교유신론』, 5.승려의 교육, 1913(이원섭 역, 만해사상연구회), p.38.

에서 자신의 수행정진이 지속될 때 결국 자신의 종교가 추구하는 진리를 깨달아 지혜로운 삶을 살아가는 것이다. 따라서 종교를 믿는 목적은 진리를 추구하고 깨달음의 지혜를 얻기 위함이다.

깨달음을 향한 불교의 진리는 불자들에게 무상대도로서 이는 가장 큰 진리라고 믿는다. 사람마다 지닌 불성이 같고 진리가 원래 하나인 까닭에 방법과 과정이 달라도 동일한 결론으로 돌아가고 만 갈래가 하나를 받들게 되는 것이니, 불교는 철리의 큰 나라와 같다.[48] 불법의 진리가 무상대도라는 말은 불교를 믿는 신앙인들이 자주 언급하는 것으로 새삼스러울 것이 없다. 불멸의 이치와 인과의 진리를 설하고 있는 불교야말로 무명 중생에게 바른 길로 향도하는 깨달음의 종교라는 면에서 이러한 주장은 설득력을 지닌다.

같은 맥락에서 소태산은 불법을 무상대도(無上大道)라 하였다. 무상대도란 원융 회통한 진리이기 때문이다. 그는 이에 말하기를, 부처님의 무상대도는 한량없이 높고, 한량없이 깊고, 한량없이 넓으며, 그 지혜와 능력은 입으로나 붓으로 다 성언하고 기록할 수 없다(『대종경』, 서품 17장)고 하였다. 또한 불법은 천하의 큰 도가 되는 이유로 참된 성품의 원리를 밝히고 생사의 큰 일을 해결하며 인과의 이치를 드러내고 수행의 길을 갖추어서 능히 모든 교법에 뛰어나다고 하였다. 모든 종교의 교리 가운데 불법이 무상대도로서 모든 교법의 뛰어난 진리를 간직하고 있는 것은 성품의 원리, 인과의 이치, 수행 길 등을 갖추고 있기 때문이다.

성품, 인과, 수행길을 밝히는 불법은 무상대도인 까닭에 소태산은 여러 종교 가운데 불법을 연원 삼은 것이다. 특히 우주와 자심(自心)의 원리를 오득한 소태산의 대오분상(大悟分上)에 비친 불교의 모습은 그 근본진리

---

47) 라다크리슈난 저, 이거룡 옮김, 『인도철학사』 I, 한길사, 1996, p.74.
48) 한용운, 『조선불교유신론』, 2.불교의 성질, 1913(이원섭 역, 만해사상연구회), p.25.

와 수행의 길이 탁월하여 무상대도로 투영된 것이다.[49] 이에 종교인으로
서 추구할 근본진리란 인과 및 생로병사의 이치를 깨달은 석가모니, 그리
고 불생불멸과 인과이치를 깨달은 소태산의 가르침을 새기며 살아야 한
다. 수행자는 불법의 무상대도를 근간으로 하면서 맑고 밝은 자아의 불성
을 드러내어 삶에서 행복을 추구하는 것이 적공인 셈이다.

3) 불법의 회통적 진리관

다양한 분야의 보편가치로 작용하는 진리의 영역을 좁혀서 종교의 궁
극적 진리와 관련시켜 보고자 한다. 각 종교인은 교조의 법어를 진리로
신봉하고 깨달음을 얻고자 한다. 모든 종교가 궁극적 실재를 지고의 가치
로 간주하는데, 궁극적 실재를 무엇이라고 호칭하던지 그것은 신자에게
텅 빈 절대적 진리가 되기 때문이다. 이를테면 도, 법성, 하느님, 무극,
태극, 공, 무라 호칭되어 그 실재는 개인이나 특정 공동체가 완전히 도달
할 수 없는 무제약자이며 텅 빈 충만이다.[50] 원불교에서는 이러한 진리를
회통하면서도 일원화를 지향하고, 그것을 일원상이라 한다. 소태산은 26
세에 깨달음을 얻었는데, 그 내용이 일원상 진리였던 것이다.

원불교에서는 일원상 진리를 전통적 진리관 내지 불교적 진리관과 회
통하는 것으로 이해한다. 소태산이 깨달음을 얻고 신앙의 대상으로 상징
한 일원상과 그 진리는 그 스스로의 대각에 의하여 드러난 독자적 진리관
일 뿐 아니라, 그것은 그 깨달음에 바탕하여 동양의 전통적 진리관, 특히
불교적 진리관의 정수를 계승 발전한 것이기 때문이다.[51] 일원상의 진리

49) 한정석, 「원불교 불교관」, 『원불교사상시론』 1집, 수위단회사무처, 1982, p.75.
50) 김경재, 「기조발표-동서종교사상의 화합과 회통」, ≪춘계학술대회 요지-동서종교사상
의 화합과 회통≫, 한국동서철학회, 2010.6, p.15.
51) 노권용, 「교리도의 교상판석적 고찰」, 『원불교사상과 종교문화』 45집, 원불교사상연구

는 원불교의 진리로서 독특성을 강조하기에 앞서 전통종교로서 유불도 3 교의 진리를 통합 활용하는 소태산의 가르침과 같이 한국 전통종교의 진리관을 계승하고 있음을 주목할 일이다.

원불교가 유불도 3교의 진리관, 특히 불교의 진리관을 수용한 예를 들어보도록 한다. 원불교에서 생로병사의 이치, 인과보응의 이치, 육도사생의 이치를 가르치는 것은 불가법을 의미하였고, 사은 사요는 유가법을 의미하였고, 장생불사와 노년에 수양하는 것은 선가법을 의미하였다[52]는 견해를 참조할 일이다. 불교에 교법을 연원삼음으로써 그 주체성을 불법에 두면서도 유교의 사상이라든가, 도교의 사상을 폭넓게 활용한 것이다. 전통적 진리관과 회통한 원불교의 진리가 호대한 이유이다.

사실 불교와 원불교의 만남은 불타가 설한 진리와 소태산이 깨달은 진리가 하나로 만나는 점에서 가능한 일이다. 불교와 원불교의 근원적인 만남은 소태산 대종사의 깨달음에서 비롯되었으며, 불생불멸과 인과보응이란 깨달음의 내용은 바로 불교의 진리관과 하나로 만나는 비롯[53]이라고 하였다. 근본 진리관에 있어서 불교와 원불교는 다를 바가 없다는 것이다. 삼천대천세계를 두루 비추고 법계에까지 그 빛을 드러낸 부처의 설법은 하화중생을 위한 진리의 설법이며, 일원상 진리가 우주에 편만하고 사은 사요가 모든 생명체에 두루 미치는 것 역시 소태산 대종사의 각증(覺證) 설법과 직결되는 것이다.

근본 진리에 있어서 두 성자의 깨달음이 상통할 수밖에 없는 이유는 '불법'이라는 회통성을 지닌 진리의 속성 때문이다. 「원불교와 불교의 관

원, 2010, p.261.

52) 『회보』 4호 법설(한종만, 「교전에서 본 삼동윤리의 근거」, 제21회 원불교사상연구 학술대회 ≪21세기와 원불교≫, 원불교사상연구원, 2002.1, p.34).

53) 박혜명 대담, 「불교와 원불교의 만남」, ≪원광≫284호, 월간원광사, 1998년 4월, p.29.

계」 논문을 참조하면, 불법의 근본진리는 불생불멸과 인과보응의 진리이며, 소태산이 대각한 근본진리도 생멸 없는 도와 인과보응의 진리인 것으로, 이러한 면에서 불법의 근본진리와 원불교의 근본진리는 일치한다[54]고 하였다. 석가모니가 깨달은 진리의 내역이나 소태산이 깨달은 진리의 내역이 같다는 것으로 진리관의 일치인 셈이다. 서로가 신봉하는 불법에서는 삼세를 통하여 영원불멸한 진리관이 그 체성으로 자리하고 있으며, 소소영령한 선악인과의 이치가 그 묘용으로 자리하고 있다는 점이 이와 관련된다.

　불교계의 한 스님도 원불교와 불교의 진리관은 같은 흐름이라고 하였다. 즉『금강경』에 대한 말씀이나 불법에 대한 언급 등에서 살필 때 원불교와 불교는 진리관이나 교리관에서 같다고 말한 송월주 전 총무원장은 원불교에 대해서 대단히 친근감을 가지고 있다[55]고 하였다. 한 때 한국불교의 중대한 책임의식을 지녔던 큰 스님의 견해는 그것이 비록 사견이라 해도 불법대해(佛法大海)의 장대한 흐름에서 합류하는 대승적 시각에서 가능한 일이라 본다.

4) 깨달음의 종교와 진리

　깨달음의 세계인 견성에서 볼 때 인과의 예증(例證)은 불교의 일즉다(一卽多) 다즉일(多卽一)이라는 화두를 연마할 법한 일이다. 소태산은 "견성을 하고도 인과의 이치를 알려면 성품자리를 떡 주무르듯 능숙해야 알 수 있다"고 하였는데, 가만히 그 말씀을 생각해 보면, 불교에서는 그 자리를 일즉다 다즉일이요, 일즉일체 일체즉일이니 우리가 진리를 연마해 가

---

54) 한종만, 「원불교와 불교의 관계」, 『원불교사상』 13집, 원불교사상연구원, 1990, p.485.
55) 박혜명 대담, 「불교와 원불교의 만남」, ≪원광≫ 284호, 월간원광사, 1998년 4월, p.27.

는데 많은 도움이 된다는 것이다.56) 견성이란 깨달음이요, 깨달음의 세계는 일체가 하나요 하나가 일체라는 불법의 진리는 중생의 어둠을 밝혀주는 부처의 지혜광명으로 나타난다. 삼천년 전의 불타와 개벽시대의 소태산이 호대한 불법의 진리에서 소통하고 있는 셈이다.

소태산이 깨달았던 인과의 이치가 석가모니가 깨달아 인류에게 밝힌 인과의 진리와 상통하는 점에서 불법의 진리는 만법의 진리 중에서도 탁월한 것이라 본다. 좌산종사는 이에 말하기를, 석가모니불이 우리 중생에게 크게 밝혀준 것은 인과의 진리이며, 인과의 세계를 속속들이 다 밝히며 삼세의 윤회와 진급 강급으로 연계된 이치까지 밝혀준 것은 일찍이 그 유래를 찾아볼 수 없다57)고 하였다. 소태산은 원기 원년(1916) 4월 28일 만유가 한 체성임을 깨달았고, 인과의 이치를 깨달았는데, 그 깨달은 내역이 부처의 깨달음과 같음을 알고 곧바로 연원불로 삼았던 것이다.

성자의 깨달음과 더불어 그들이 밝힌 진리의 명칭들을 볼 때, 원불교에서 말하는 진리란 일원상에 근거하며 여기에는 여러 가지로 접근이 가능하다. 즉 일원상 진리의 이명(異名)으로 심불, 심인, 자성, 불성, 법신불, 심지, 성품, 진리 등의 명칭이 소태산 교조에 의해 사용되었다.58) 그가 설한 일원의 진리는 일체차별과 언설을 초월한 무분별의 통일체이면서도 현상세계와 상즉(相卽)하기도 하여 용어이해에 난해하게 보일 수 있다. 하지만 이를 용이하게 접근한다면 진리의 다른 표현으로 심불(心佛)일 수도 있고, 자성(自性)일 수도 있으며 성품 내지 법신불일 수 있다. 이 모두가 불교와 원불교에서 자유롭게 사용되는 진리의 명칭들이다. 생활화된

56) 박장식, 『평화의 염원』, 원불교출판사, 2005, pp.218-219.
57) 좌산종법사, 「인과와 隨喜功德」, ≪출가교화단보≫ 제123호, 2002.8.1, 1면.
58) 송천은, 「소태산의 일원철학」, 숭산 박길진박사 고희기념 『한국근대종교사상사』, 원광대학교출판국, 1984, p.1084.

불교는 미래사회의 불법으로서 다양한 호칭으로 본연자성에 접근할 수 있는 길을 열어두고 있는 것이다. 그 이유로는 불멸의 진리와 인과의 이치를 우리가 적공을 통해 실제의 삶에서 깨달을 수 있기 때문이다.

사실 전통종교의 교리 중에서도 불법이 미래교화의 핵심이므로 생로병사와 인과보응의 진리를 깨우치는 것이다. 모든 교법 중에서도 불법을 신봉해야 교화의 주인역할을 한다고 본 소태산의 미래회상에 대한 견해를 요약해 본다면, 생로병사의 이치와 인과보응의 이치를 자각케 하는 가르침이라는 점이다.[59] 유불도를 포함한 전통종교에는 강령적 진리가 있을 것이다. 인류에 대한 진리의 메시지로서 원불교가 불생불멸과 인과보응이라는 진리의 교강으로 투영되어 인류구원의 메시지로서 역할을 하는 것이야말로 미래 교화의 고등종교에서 발견이 가능한 일이라 본다.

깨달음의 종교라는 고등종교가 전하는 불법의 진리 중에서 생사해탈의 문제에 대해 언급하고자 한다. 불교가 2,500년 동안 내려오면서 생사해탈의 실증으로 죽을 때 시해(尸解)를 한다든지 좌탈입망을 하는 경향도 있었으며, 원불교의 생사해탈은 죽어갈 때 큰 정력을 쌓기도 하지만 세상에 살면서 시시각각으로 생사해탈하는 것이 더 중요한 것이다.[60] 불교나 원불교 모두 생사해탈의 진리를 깨닫고 해탈의 심법으로 살아가는 것이 필요하다. 다만 생사해탈에 있어서 불교의 경우 좌탈입망이나 시해법, 또는 화장 후의 사리 등이 중시되는 성향이 있으나, 원불교는 이러한 기행을 멀리하며 일상의 삶에서 생사에 집착하지 않고 살아가는 생활화된 불법을 지향하고 있다.

---

59) 류병덕, 「불교와의 관련」, 《院報》 제46호, 원불교사상연구원, 1999. 12, p.12.
60) 한종만, 『원불교 대종경 해의』(上), 도서출판 동아시아, 2001, p.546.

5) 만유통섭의 일원상진리

불교와 원불교의 교리에 있어서 특히 인과의 진리를 거론할 경우, 불교와 원불교가 서로 일치한다. 현재 우리에게 일어나는 일이 우연이 아니라 과거 우리가 지은 것이라는 인과 원리의 체득에는 필연의 인과를 각인하자는 것이다. 음조와 음해는 현재 모르고 있지만 과거에 지은 바를 오늘에 받는 것으로, 불교나 원불교의 입장에서는 우연이라는 것은 있을 수 없으니 인과의 철칙이다.[61] 설사 우연하게 찾아오는 고락을 언급할 수 있을지 모르겠지만, 그 역시 전생에 지은 바의 인과에 의함이다. 인과를 불신하고 산다면 그것은 자행자지의 삶이 되므로 선업의 불살생을 중시하는 불법에서는 용납하기 쉽지 않은 일이다.

필연의 인과진리에 대한 불교와의 공유 속에서도 원불교 고유의 인과론이 발견된다면 그것은 무엇인가. 우선 원불교는 불교의 인과를 유교적 사유와 회통시켰다. 즉 소태산은 천지에 사시 순환하는 이치를 따라 만물에 생로병사의 변화가 있고 우주에 음양상승(陰陽相勝)하는 도를 따라 인간에 선악 인과보응이 있게 된다고 하였다. 또 겨울은 음이 성할 때이나 음 가운데 양이 포함되므로 양이 차차 힘을 얻어 봄과 여름이 되며, 여름은 양이 성할 때이나 양 가운데 음이 포함되어 있으므로 음이 차차 힘을 얻어 가을과 겨울이 되는 것과 같다면서 이에 말한다. "인간의 일도 또한 강과 약이 서로 관계하고 선과 악이 짓는 바에 따라 진급·강급과 상생상극의 과보가 있게 되나니, 이것이 곧 인과보응의 원리니라."[62] 소태산이 깨달은 인과의 진리는 불교의 인과원리를 수렴하면서도 유교의 음양상승 원리와 연계한 것이다.

---

61) 위의 책, p.452.
62) 『대종경』, 인과품 2장.

이처럼 인과와 음양의 두 용어가 묘합(妙合)되어 원불교의 인과원리가 설명되고 있다. 곧 유명(有名)이라는 것은 그 무명의 바탕에서 무궁무진한 조화를 일으키는 창조의 작용을 나타내는데 이것을 음양의 이치라고 할 수 있으며, 인과의 법칙이라고도 한다.[63] 불교의 인과와 더불어 유교의 음양을 아우르는 통합적 시각에서 소태산은 인과의 진리를 설명한 것이다. 인과보응의 이치와 음양상승의 원리가 동시에 거론되는 것은 소태산이 유불도 3교의 진리를 폭넓게 회통한 결과이다.

이어서 원불교의 영혼불멸과 인과론적 진리관을 불교의 무명 업설의 인과와는 차별화해야 한다는 지적이 있다. 김성장교수의 「원불교 인과론 해석의 제문제」라는 논문을 참고하면, 영혼불멸의 인과론은 원불교적 인과론 해석의 특징이라고 말할 수 있는데, 이것은 불교의 무명에 의한 업력 인과설과는 구별되어야 할 문제라고 본다는 것이다.[64] 그것은 소승불교적 삼세윤회론에 의하면 결정론적 운명론에 의해 적극적 삶의 회피현상이 나타나기 쉽기 때문이라는 뜻이다. 불교의 인과진리에 있어서 인과를 운명론 중심으로 접근한다면 나의 의지에 의한 창조적 모험을 회피하는 현상이 벌어진다. 그리고 그것은 세속적 삶의 비현실이라는 모순에 빠질 우려가 있고, 아울러 일체개공·제법무아의 원시불교의 관점에서 볼 때 유아윤회라는 개령의 삼세윤회는 인정하기 쉽지 않다는 것이다.

또한 인과의 업인이 마음속에 심어진다고 한 것은 불교의 유식학에 바탕하고 있지만, 업인이 허공법계에 심어진다는 원불교의 시각과 차이점은 있다. 마음을 가지고 따지는 것은 유식학과 선종이며 원불교의 수행론에서는 마음을 중시한다. 유식학에서는 업인이 7식, 8식으로 들어간다고 하

---

63) 장응철 역해, 『노자의 세계』, 도서출판 동남풍, 2003, p.21.
64) 김도공 정리, 「교리테마토론-원불교의 윤회관」, ≪院報≫ 제46호, 원불교사상연구원, 1999.12, p.66.

며 원불교의 경우 『대종경』 인과품 3장의 원리에서는 허공법계에 심어진
다고 하였으니 이것이 원불교 인과론의 특징이다.[65] 업인이 마음에 심어
진다는 것은 철저히 마음 중심으로 접근하는 선종과 유식학의 입장이며,
원불교의 경우는 이를 이해하면서도 업인이 허공법계에 심어진다 하여 우
주만유 허공법계를 망라하는 법신불 일원상의 진리와 연계하고 있다.

　소태산은 인과의 진리를 설명함에 있어 불교만이 아니라 유불도 3교의
사상을 통합 활용하는 원융회통의 진리를 지향하였다. 그는 무상대도인
불교의 방편이 호대한 진리를 인정하면서도 어느 한 종교의 교화방법에
치우치는 것을 지양하였다. 이에 너른 세상의 많은 중생을 제도할 수 있
는 유불도 3교 교지(敎旨)의 일원화에서 '세계 모든 종교의 교리며 천하의
모든 법'으로 원융 회통하는 교의사상을 선명하게 부각시키고 있다.[66] 그
가 깨달은 진리는 일원상이며, 이 일원상의 진리에 나타나듯이 모든 교법
을 두루 통섭함으로써 유불도 사상의 정수를 수렴, 활용하고 있다.

　이처럼 소태산은 모든 종교의 진리를 통합 활용하였음에도 불구하고
제도와 방편을 달리하여 교파가 달라져온 현실을 안타깝게 여기며 진리는
하나라고 강조하였다. 『정전』「교법의 총설」에서 세계의 모든 종교도 그
근본되는 원리는 본래 하나라고 하였듯이, 모든 종교가 근본적으로 하나
의 원리를 가르치는 것인데 다만 제도와 방편이 상황에 따라 달라진 것
뿐[67]이라는 것이다. 하나의 원리에 바탕한 진리는 소태산 대종사가 언급
한 것처럼 일원의 진리이며, 이것은 정산종사의 삼동윤리에서 동원도리로

65) 한종만, 『원불교 대종경 해의』(上), 도서출판 동아시아, 2001, p.431.
66) 양은용, 「소태산 대종사의 『조선불교혁신론』과 불교개혁이념」, 『원불교사상과 종교문
　　화』 32집, 원불교사상연구원, 2006, p.120.
67) 소광섭, 「대산 김대거 종사의 四大眞理 사상」, 대산 김대거 종사 탄생 100주년 기념학
　　술강연 『진리는 하나 세계도 하나』, 원불교100년기념성업회 대산종사탄생 100주년 기
　　념분과, 2013.6, p.45.

용해되고 있으며, 대산종사의 경우 종교연합운동으로 실천되고 있다.

따라서 각 종교는 서로 다른 진리관에 고착되어 있지 말고, 두루 회통할 수 있는 진리관의 섭렵이 필요하다. 유일사상이니, 무신론이니 하는 사상논쟁에 집착을 극복하자는 것이다. 중요한 것은 진리를 체득하는 수행에 관심 가져야 할 것이며, 진리를 향한 세계 성자들의 가르침에 귀 기울일 필요가 있다. 이에 소크라테스, 불타, 공자, 예수, 모하메드의 가르침을 설파한 야스퍼스와 리토머스의 저서에 관심을 갖지 않을 수 없다. 그들에 의하면 불법의 진리는 단순한 수도원의 생활만도 아니며, 명상, 이해, 철학적 사변, 수도원의 에토스, 이 모든 것들이 모두 그의 진리 일부를 이루면서도 저마다 독립적인 역할을 하며, 상호 보조적으로 공헌한다[68]고 하였다. 세계의 성자들이 설한 진리를 교파적으로 접근하는 것보다 회통적으로 접근하여 세계평화와 인격함양에 도움이 되는 진리관을 확립할 필요가 있다고 본다.

(68) 칼 야스퍼스·헨리 리토머스 著, 황필호 譯,『소크라테스, 佛陀, 孔子, 예수, 모하메드』, 종로서적, 1994, p.45.

3. 수행관

1) 수행의 기원과 목적

종교 수행의 기원은 어디에 근거할 수 있는가. 종교의 나라 인도를 살펴보면 그 실마리가 풀린다. 인도에서는 오래 전부터 나무숲 밑에서 정좌·명상을 하는 일이 허다하였다. 그 기원은 인더스문명 시대의 원주민과 관련된다. 그들은 처음에는 그 경지를 즐기며 안락을 추구하고 있었지만 후에는 점차로 종교적인 의미가 강해져서 의(意)를 제어하는 실천법으로서 존중되었으며, 일상생활의 상대적 동요를 초월한 저편에 절대 정(靜)의 신비경이 있어서 절대자와의 합일이 실현된다고 생각했다.[69] 이를 수행과 관련한다면 요가라고 부르며, 그 수행자를 요가행자라 하고, 완성경지에 이른 자를 모니(牟尼, muni)라고 부르기도 했다. 오늘날도 인도의 수행자들은 정좌(靜坐) 명상을 통해 지고의 경지에 이르고자 하며, 이는 열반락을 수용하려는 것으로 이해되기도 한다.

모든 잡념을 없애려는 인도의 명상의식에 나타나듯이 수행은 마음의 평정을 유지하는 것으로, 오늘날 종교교리의 실천행위로 여겨지는데 수행이란 과연 무엇인가. 인간의 인품함양과 관련되는 것으로 그것은 마음공부, 즉 구체적으로 말해서 체험을 통한 성숙된 인격을 이루는 것이라 할 수 있다. 수행이라는 말은 일반적으로 사람으로서 사람됨의 행실을 닦아서 인격을 형성해 나가는 것으로, 이러한 수행은 종교에서 더욱 강조되었

---

69) 中村 元著, 김용식·박재권 공역, 『인도사상사』, 서광사, 1983, p.117.

고 다양한 방법으로 발전되어 왔다.[70] 인간은 이성적 동물이면서도 감정
에 치우치는 성향이 있으므로, 격렬한 감정 행위를 자제하는 것으로 마음
공부가 필요하며, 이 마음공부를 통해 자신의 품격을 갖춘 인격이 형성되
는 것이다. 수행이란 일상의 시행착오 등을 거치며 지속적인 교정을 통해
자신 마음의 고요함을 유지하도록 하는 일종의 적공이다.

적공으로서의 종교적 수행은 기독교적 의미로 언급한다면 영성을 심화
시키는 작업이다. 오늘날 영성과 관련한 용어들이 즐비하다. 웰빙문화와
다이어트를 통한 심신건강의 문제가 등장하고 있고, 영성 함양의 노력들
이 과거 어느 때보다도 활발히 전개되고 있다. 21세기에 들어서면서 인간
이 어떻게 살아야 건강하게 잘 살 수 있는가 하는 문제부터 시작하여, 영
성에 대한 관심은 수행문화로 이어질 것이고, 최근에 각종 수행과 선(禪)
에 대한 관심이 높아지고 있는 것은 이러한 문화적 경향이라고 볼 수 있
다.[71] 오늘날 의식주의 풍요에 따른 정신문화의 고갈현상이 적지 않으며,
이러한 정신문화의 고갈을 극복하려는 노력은 영성을 살찌우는 일과 직결
되어 있다.

하지만 오늘날 수행에 장애되는 요소가 산재해 있다. 산업사회의 과열
에 따른 환경공해, 자본주의의 이기성에 따른 지나친 생존경쟁 등이 인간
의 무한 욕심으로 치닫게 한다. 마음을 닦는데 장애가 되는 요소는 위빠
사나 수행에서 5가지 장애로 언급되고 있다. 이 장애는 수행자의 지혜를
약화시키는 것으로 감각적 욕망의 장애, 성냄의 장애, 혼침과 졸음의 장
애, 들뜸과 회한의 장애, 의심의 장애 등을 가리킨다.[72] 무한욕심이나 개

---

70) 이성택, 「원불교 수행론」, 『원불교사상시론』 1집, 수위단회사무처, 1982, p.29.
71) 김성장, 「단전주선과 간화선의 응용」, 『한국교수불자연합학회지』 제18권 제1호, 한국
　　교수불자연합학회, 2012, pp.232-233.
72) 김순금, 「원불교 마음공부 본질에 관한 서설(1)」, 『원불교사상과 종교문화』 44집, 원불
　　교사상연구원, 2010, p.18.

인의 집착으로 인해 인간의 자유가 억압당하며, 그것은 결국 불행으로 이어진다. 자신의 심신을 속박하는 요인들을 제거하지 못하는 것이 수행의 장애요인으로 나타나는 것이다.

따라서 불가에서 언급하는 수행의 목적은 무명으로부터의 탈피, 곧 진리의 깨달음을 통한 번뇌의 극복과 선정에 이르는 것이다. 일체의 욕망을 억제하고, 집착을 떠나 계율을 지키며, 선정을 유지하고 법의 진상(眞相)에 통달해야 하며, 그리하여 수행의 구극 경지에 도달한 사람은 아라한(존경받는 사람)이라고 불린다.[73] 소태산 역시 수도인이 구하는 것은 마음의 자유를 얻고 생사를 초월하며 죄복을 임으로 하는 것이라(『대종경』, 요훈품2)고 하였다. 수행의 목적은 마음의 자유를 얻어 무명과 삶의 애착에서 벗어남으로써 윤회의 해탈이라는 열반락의 경지를 누리는 것이라 할 수 있다.

2) 불교와 원불교의 수행

불교와 원불교의 수행을 거론함에 있어서 우선 불법의 측면에서 양교의 수행이 무엇인가를 몇 가지로 살펴보고자 한다.

첫째, 불법을 신봉하는 출가·재가에 있어 일상생활의 반조(返照)가 수행이다. 즉 불교와 원불교에서 공히 거론할 수 있는 것은 성직자들은 물론 재가들이 불법에 의거하여 생활을 반조하는 모습이 수행이라 할 수 있다. 『잡아함경』(『고려장』 제18책, 『대장경』 제2책)에 의하면, 출가는 '집이 있는 곳(有家)에서 집이 없는 곳(非家)으로 넘어가는 것'을 의미하는데, 출가자들은 치열한 수행을 통해 내면의 힘을 기른 뒤에 온몸을 던지는 것[74]이라 하였다. 출가로서 치열한 수행을 통해 성불제중의 길을 가는 것

---

73) 中村 元著, 김용식·박재권 공역, 『인도사상사』, 서광사, 1983, pp.86-87.

이며, 재가 역시 출가의 지도 속에서 불법을 일상생활에서 반조하며 살아
가는 것이다.

둘째, 인격수련에 있어서 삼학(三學)의 균형을 이루는 것이 수행이다.
불교와 원불교에서 삼학이 언급되고 있으며, 전자의 경우 계정혜, 후자의
경우 정혜계라는 순서로 접근된다. 불교에 있어 윤회전생을 면하고 니르
바나에 들어가려면 계정혜의 삼학도를 닦아야 한다는 것으로 고(苦)로부
터 이탈하기 위해서는 번뇌가 일어나지 않도록 해야 한다.[75] 원불교의 수
행 강령도 삼학으로 정신수양(정), 사리연구(혜), 작업취사(계)를 통해서
온전한 생각으로 취사를 하자는 것이다. 이른바 신앙의 강령은 사은이며,
수행의 강령은 삼학으로 언급되는 것이 원불교 수행이라 할 수 있다.

셋째, 일상생활에서 삼매를 누릴 수 있는 선법(禪法)으로 마탁하는 것
이 수행이다. 이를테면 불교의 수행방법 중 좌선은 참다운 생활을 이끌어
가는 수행법으로 이는 정신통일, 내적 평온과 영혼의 안정을 갈망하는 종
교인들에게 일반화되어 가고 있다.[76] 정신이 산란하여 고통이 유발되며,
마음의 울화가 심신을 어지럽게 하므로 영혼이 어두워지는 현상을 극복하
기 위해 수행을 하는 것이다. 참선은 불교의 신자들만이 아니라 이웃종교
신자들도 참여하는 것이 오늘날의 현상이며, 특히 미국이나 유럽 등에서
참선은 심신의 평화를 위해 널리 이용되고 있다. 원불교에서도 무시선법
이나 좌선법[77]이 거론되며, 수행에 있어서 온전한 심신을 유지하도록 선
정의 삼매를 목표로 한다.

---

74) 고영섭, 「국가불교의 호법과 참여불교의 호국」, 『불교학보』 제64집, 동국대학교 불교
   문화연구원, 2013, p.91.
75) 中村 元著, 김용식 · 박재권 공역, 『인도사상사』, 서광사, 1983, pp.86-87.
76) 이재영, 「수행과정 공유를 통한 종교간의 대화에 관한 연구」, 『종교교육학연구』 제20
   권, 한국종교교육학회, 2005, p.173.
77) 『정전』, 제3 수행편, 제4장 좌선법.

넷째, 원불교의 전문 수행은 달리 말해서 '훈련'이라고 하는데, 불교에서 동안거·하안거를 통해 1년에 두 차례 정기수련을 수행하듯이, 원불교에서는 정기 및 상시 훈련법으로서 마탁하되 정기훈련 11과목 등을 중심으로 훈련한다. 특히 원불교 훈련법에서는 다양한 수련의 방법이 있는데, 『정전』의 수행편 중에서 수행과목 즉 훈련법이나 솔성요론, 계문 등에 의하여 인격이 양성되는 것이다. 정기훈련 11과목으로는 삼학의 성향을 지니는데 『정전』에 의하면 '염불 좌선은 정신수양 훈련과목이요, 경전 강연 회화 의두 성리 정기일기는 사리연구 훈련과목이요, 상시일기 주의 조행은 작업취사 훈련과목'이라고 하였다.[78] 이에 원불교의 전문수행 과정을 보면 정기훈련 11과목이 대체적인 수행의 방법으로 인지되는 성향이다.

이러한 수행론의 접근에 있어서 불교와 원불교의 수행에는 두 가지의 방향이 거론된다. 그 하나는 불교와 원불교의 수행방법에 큰 차별을 두지 않는 방법으로서 회통적 접근이라는 것이다. 묵산 박창기에 의하면 「선(禪)의 요결(要訣)」 중의 하나로서 다음과 같이 언급하고 있다. "현재 자기가 하고 있는 좌선과 제불조사의 좌선과의 사이에는 일호의 간격과 미진(微塵)할만한 우열이 없다는 대(大) 자각을 가지고 행할지니라."[79] 그는 원불교 수행법으로서 좌선이 불교 제불조사의 좌선과 조금도 차이가 없다는 심경에서 참선의 삼매에 들라고 하였다. 이것은 양교간 소통의 측면에서 삼매의 경지를 누리라는 뜻으로 이해되는 것이다.

사실 소태산은 전통종교에 대한 갈등보다는 활용을 통해서 불법의 수월성, 불법의 수행에 많은 관심을 보였다. 원불교는 새로운 교체(敎體)의 선언과 더불어 새 회상을 설립하였기 때문에 전통적인 체제에 대한 직접

---

78) 이성택, 「정기훈련 11과목의 구조적 조명」, 『원불교사상』 14집, 원불교사상연구원, 1991, pp.186-187.
79) 청하문총간행회, 『묵산정사문집』, 원불교출판사, 1985, pp.169-170.

적인 도전이나 충돌에는 관심이 없었으며, 새로운 결사운동과 같은 불법의 수행에 더 많은 관심을 집중했다.[80] 만일 소태산이 불교를 도전의 시각에서 불법을 혁신하고자 하였다면 불교를 부정하였을 것이며, 석가모니를 성인중의 성인이라고 하지 않았을 것이다. 불법은 천하의 대도라는 점에서 미래의 종교는 불교가 주교가 될 것이라는 언급은 원불교가 회통적 입장에서 불교의 수행론에 많은 관심을 보였던 증거이다.

다른 하나는 불교수행을 교판적으로 접근하는 것이다. 원불교에 있어서 과거불교에서 개혁되어야 할 점은 개혁해야 하는 것이 불법을 더 실천할 수 있는 계기가 될 것이며, 그것은 미래 불법의 혜광을 밝히는 일이라 본다. 소태산은 전통불교의 제도나 수행법을 종파간 대립현상으로 치부하여 종파불교의 수행과 제도를 혁신해야 할 것으로 보았다. 어느 노스님은 다음과 같이 언급하였다. "불교가 수행에 너무 치우치고, 기복신앙에 치우치고, 감성에 치우치고 … 결국 불교가 달라져야 한다, 대중화·현대화되어야 한다는 생각의 결론에 이르렀다."[81] 불교발전을 위한 자성적 비판이야말로 불교발전의 초석이 되리라 본다. 소태산이 언급한 바대로 과거불가에서 편벽된 수행 길로서 서로 파당을 지어 신자의 신앙과 수행에 장애가 되었다(『대종경』, 서품 19장)는 것이 과거불교의 폐단을 혁신하려는 뜻이다.

위의 언급은 원불교 수행의 정체성 확보와도 관련될 것이다. 과거불교는 정적인 수행에 치우친 성향이 있음을 부인할 수 없으며, 이에 동적인 생활불교로서 원불교의 출현과도 관련되기 때문이다. 소태산은 그의 한 제자가 독공을 위해 입산하여 불교에 경도되고 수양 위주의 생활을 한다

---

80) 이민용, 「원불교와 불교의 근대성 각성」, 제28회 원불교사상연구 학술대회 ≪개교100년과 원불교문화≫, 원불교사상연구원, 2009.2, pp.14-15.
81) 박혜명 대담, 「불교와 원불교의 만남」, ≪원광≫284호, 월간원광사, 1998년 4월, p.36.

고 질책을 하였다. 제자 서대원은 이에 말하기를, 자신의 입산설의 오해가 있음을 인정하고 있지만, 불경이나 보고 사원을 왕래하며 정양을 위주로 하려는 것이 아니라고 했다. 입산한다는 말이 그리 별것이 아니라며, "설 사 입산할 생각이 났다 할지라도 대도(大道) 초창에 참예한 인사로 해서 라도 본회 창립한도 36년 내로는 고락을 같이 하려는 것이 저의 근본 심 리이니 불경 좀 보고 사원 좀 내왕하는 것으로 입산을 간주하는 것은 재 고의 여지가 있지 않을까 생각되옵니다."[82] 제자의 입산동기가 구구하게 설명되는 것으로 보이며, 하여튼 소태산은 그의 제자가 입산을 하여 정적 인 수행에 치우치는 것을 경계했다.

주지하듯이 불교나 원불교는 깨달음을 목적으로 정법 수행을 하는 종 교라 본다. 기독교는 계시의 종교라 하고 불교는 깨달음의 종교라 하는 것은, 기독교는 기도를 중시하고 불교는 수행을 중시하는 측면이 있기 때 문이다. 불교는 독특한 종교라고 할 수 있으며, 한 인간이 인간존재의 고 통으로부터 벗어나려는 수행의 시도에서 발생했다.[83] 원불교 역시 원만 구족 지공무사의 근본심을 드러내기 위해 부단한 수행을 한다. 계시의 종 교는 하나님을 중심으로 기도를 중시하지만 깨달음의 종교는 인간을 중심 으로 수행을 중시하는 것이며, 깨달음의 종교로서 원불교와 불교는 성불 제중 · 제생의세를 위해 수행하는 것이다.

3) 수행의 교리적 접근

수행을 통한 인격함양의 이념적 근거를 보면 불교는 공(空)에서, 원불

---

82) 서대원, 「동지제위께 고함」, 『회보』 57호, 1939.8(원불교사상연구원 編, 『원불교 인물 과 사상』Ⅰ, 원불교사상연구원, 2000, pp.141-142).

83) Bruce W 外 5人 공편, 김명권 외 7인 공역, 『자아초월심리학과 정신의학』, 학지사, 2008, p.163.

교는 일원상(〇)에서 모색된다. 인간의 삶에는 부정과 긍정이 동시에 있으면서, 그것을 초월해 있으므로 일체 존재의 참된 모습은 이러한 것임을 깨달아서 그것을 나의 것으로 하는 것이 수행이며, 이러한 공(空)이 실천되고 있는 것이 중도(中道)의 실천이기도 하다.[84] 그리고 『정전』「일원상의 수행」에 밝혀져 있듯이 일원상과 같이 원만구족하고 지공무사한 각자의 마음을 알며, 또는 일원상과 같이 원만구족하고 지공무사한 각자의 마음을 양성하며, 또는 일원상과 같이 원만구족하고 지공무사한 각자의 마음을 사용하는 것이다.

나아가 일원(一圓)의 진리를 수행함으로써 망념이 쉬고 진성에 합하는 것으로 일원의 체성과 위력에 함께 하는 것(일원상서원문)이 원불교의 수행이다. 일원의 진리를 깨달아 자신의 일상생활에 몸소 실천하는 것을 일원상 수행이라 하는 것이며, 불교의 공이나 원불교의 일원상 진리의 체성에 합일하는 행위야말로 수행의 이념에 계합하는 것이다.

구체적으로 불교와 원불교의 수행에 있어서 교리적 접근을 시도해 보도록 한다. 불교에 있어서 석가는 수행의 표준으로 삼법인, 사제, 팔정도, 십이인연, 육바라밀 등을 제시하였다. 이에 대해 원불교 수행의 가장 정점에는 일원상이 있고, 이 일원상 수행을 하는 데에는 삼학병진이라는 원리가 살아있다.[85] 정신수양 사리연구 작업취사라는 삼학병진 속에서 이를 촉진할 수 있는 팔조(八條)의 실천도 주목된다. 진행4조로서 신분의성(信忿疑誠)과 사연4조(捨捐四條)로서 불신 탐욕 나태 우치라는 팔조는 삼학을 실천하는 원동력이 되기 때문이다. 이 외에도 『정전』「교리도」의 수행문에 있듯이 무시선·무처선의 실천을 통한 원불교 수행은 교리적으로 접

84) 불교신문사 편, 『불교에서 본 인생과 세계』, 도서출판 홍법원, 1988, p.103.
85) 김도공, 「원불교 수행론 연구의 현황과 과제」, 『원불교사상과 종교문화』 30집, 원불교사상연구원, 2005, p.74.

근이 가능해진다.

　교리적 접근은 물론 수행의 표준이 중요한데, 일상적 삶에 있어서 불교의 수행표준은 보살도 및 육바라밀 및 오사(五事) 등이 있고, 원불교 일상수행의 표준은 「일상수행의 요법」이 거론된다. 대승불교의 출가 재가 공히 보시 지계 인욕 정진 선정 지혜의 육바라밀을 실천하는 보살계가 있다. 보살의 실천적 수행을 경전에서는 다음과 같은 다섯 가지로 요약한다. 첫째 부처님의 정법을 펴서 무량중생을 깨닫도록 하는 일, 둘째 외도의 사악한 견해를 부술 수 있는 이론적 힘을 갖추는 일, 셋째 불법을 잘 가르치기 위하여 연구하고 다듬는 일, 넷째 중생의 여러 고통을 없애주는 실천적 자비수행, 다섯째 중생의 재리(財利)를 갖추게 하기 위하여 선방편을 구사하는 일 등의 오사가 이것이다.[86] 그리고 원불교의 「일상수행의 요법」은 출가 재가 모두 일상의 생활상에서 수행의 9가지 표준으로 인식하고 있으며, 이를 실천하면 누구나 성불할 수 있다고 믿는다.

4) 수행단계와 염불 · 좌선

　불교와 원불교에 있어서 수행의 단계로는 무엇이 거론될 수 있는가. 먼저 불교수행에 있어 신(信)과 관련하여 거론한다면 이것을 십신(十信)이라 할 수 있다. 그 다음에 자리이타의 수행을 통한 한 단계 더 발전된 깨달음과 실천에로 나아가는데, 십행(十行)과 십회향(十廻向)이 그 단계로서 십지(十地)는 이미 신(信) · 해(解) · 행(行)이 완전해진 증(證)의 단계에 있다.[87] 원불교에 있어서 자신의 마음공부로서 불성을 회복하는 수

---

86) 정병조, 「21세기의 불교」, 다이쇼대학교 금강대학교 불교문화연구소 공편, 『현대사회와 불교』, 씨아이알, 2015, pp.176-177.

87) 이기영, 「현대에 있어서의 종교의 진리성」, 『인류문명과 원불교사상』(下), 원불교출판사, 1991, p.1394. 십신심(十信心) · 십심(十心)은 보살이 처음 닦아야 할 열 가지 마음

행단계가 있는데 그것이 법위등급이다. 기본 6단계(보통급, 특신급, 상전급, 항마위, 출가위, 여래위)가 있는데, 엄밀히 11단계가 있어서 자신 수행의 근기에 따라 그 단계를 밟아간다. 이는 수행자의 마음공부로서 궁극적으로 최고단계에 해당하는 여래위에 이르기까지 부단히 적공하는 성불의 사다리라 본다.

그리고 원불교 수행의 핵심강령(혹은 단계)이 삼학임을 인지할 필요가 있다. 불교와 원불교의 삼학수행을 거론함에 있어서 불교의 계정혜에 대한 원불교는 정혜계의 순서로 접근이 가능하다. 불타가 제시한 구체적인 수행방법의 내용은 계정혜 삼학이었으며 삼학의 실천방향은 중도적이었다.[88] 다만 불교의 삼학은 지계로서 계(戒)가 우선적으로 강조되었고 이어서 정과 혜의 단계로 인지되었다. 소태산은 정신수양(정), 사리연구(혜), 작업취사(계)라는 것으로 삼학을 거론하고 있다. 공부의 순서(단계)를 보면 불교의 계정혜와 달리 정혜계(定慧戒) 순서로 전개되고 있으며, 정신수양으로서 정(定)을 우선으로 하되 삼학병진이 강조되고 있다. 계(戒)를 우선으로 인지하느냐, 정을 우선으로 하느냐에 대한 시각을 달리하여 이해되는 성향이다.

또한 삼학수행 중에서도 원불교는 불교와 차별성을 지니는 것이 있는데 그것은 염불과 좌선의 경우이다. 다시 말해서 정혜계 중에서 정(定)의 실천과목으로 염불과 좌선이 거론된다는 점이다. 정 곧 정신수양은 안으

을 말하며, ① 信心-부처의 가르침을 믿음, ② 念心-부처의 가르침을 명심하여 잊지 않음, ③ 精進心-힘써 정진함, ④ 定心-마음을 한곳에 모아 흐트러지지 않게 함, ⑤ 慧心-모든 현상의 본성을 꿰뚫어 앎, ⑥ 戒心-계율을 지켜 청정함, ⑦ 廻向心-자신이 쌓은 공덕을 깨달음으로 향하게 함, ⑧ 護法心-마음을 다스려 번뇌가 일어나지 않게 함, ⑨ 捨心-재물을 아끼지 않고 베풀어 줌, ⑩ 願心-원하는 것을 이루기 위해 수행함(네이버 지식백과) 십신(十信)(시공 불교사전, 2003.7. 30, 시공사).

88) 한정석, 「원불교 불교관」, 『원불교사상시론』 1집, 수위단회사무처, 1982, pp.80-81.

로 분별성과 주착심을 없이 하며 밖으로 산란하는 경계에 끌리지 않는
것으로, 정신수양을 효과적으로 실행하기 위하여 염불과 좌선을 응용한
것이며 원불교 수행에서 염불과 좌선을 겸하므로 불교와 같다고 할 수는
없다.[89] 즉 불교의 정토종 계통에서는 염불이 신앙행위로 접근되며, 원불
교에서는 수행방법으로 접근되는 것이 그 차이라고 볼 수 있다.

그러나 불교학자의 시각에 의하면 원불교 정신수양의 주장도 불교의
수행법과 다를 것이 없다고 보는데, 원불교의 좌선과 염불은 원래 불교의
수행법이라는 것이다. 이를테면 원불교학의 골격인 진리적 종교를 표방하
는 법신불 교학체계는 밀교와 같으나 수행법은 밀교가 신구의 3밀가지법
을 쓰는 대신, 원불교는 좌선 염불 등을 쓰고 있어 한국불교의 수행법과
다를 바 없다[90]고 본다. 본래 염불이나 좌선은 불교의 신행에 있어서 방
법론으로 접근된다. 다만 원불교에서 염불과 좌선은 신앙과목이 아니라
정신수양의 과목으로 접근된다는 점이 차이라고 볼 수 있지만, 불교학자
의 시각은 이 모두가 불교의 신행이라는 점이다. 염불 좌선, 특히 염불은
불교 신앙행위와 원불교 수행방법의 차이점으로 다가서지 말자는 뜻이다.

위의 언급처럼 염불 좌선은 불교와 원불교 공히 수행이라는 면에서 불
교와 다를 것이 없다는 견해가 주목된다. 불교의 신앙행위로 염불, 원불교
의 수행행위로 염불·좌선이라 규정하는 것은 원불교 식의 논리로는 가능
하지만 불교학에서는 너무 분별적이라는 주장으로 들릴 수 있기 때문이
다. 이에 신앙과 수행을 포괄한 불교 신행(信行)으로서의 포괄적 함의를
지닌다는 주장에 설득력을 지닌다. 즉 불교의 염불에는 '나무아미타불'을
구칭하는 타력염불도 있으나, 관상염불 자력염불 등 원불교의 염불법과
같은 염불법이 있어 원불교의 염불법이 불교와 다른 것이 아니라는 것이

89) 한종만, 「원불교와 불교의 관계」, 《院報》 제46호, 원불교사상연구원, 1999.12, p.21.
90) 홍윤식, 「원불교와 불교」, 《院報》 제46호, 원불교사상연구원, 1999.12, p.32.

다.[91] 불교의 자력염불을 고려할 경우, 이 역시 원불교적 사유에 의하면 수행으로 분류될 수 있다. 염불이 정토종 계통의 타력적 신앙의 행위로 표출되기도 하지만, 불교의 관상염불에서 볼 때 자력염불 성향인 점을 고려한다면 원불교와 불교의 염불은 큰 차이가 없다는 뜻이다.

5) 불교선법과 단전주선

수행의 방법에 있어서 불교선법과 원불교선법의 특색을 살펴보면, 간화선과 단전주선으로 접근할 수 있다. 즉 조계종과 원불교의 선법의 차이에 대하여 말할 때, 흔히 조계종의 선법은 간화선이며, 원불교의 선법은 단전주선이라고 말한다. 하지만 이러한 대비(對比)가 원불교의 선법의 특징을 드러내는데 타당하지 않다고 보는데, 원불교의 선은 당연히 무시선, 무처선으로, 무시선이란 원불교 수행문의 총체적인 결론[92]이라 보는 경우도 있다. 설사 간화선과 단전주선의 차이가 있다고 해도 원불교의 경우, 단전주선 보다는 수행의 본류인 무시선으로 가늠해야 한다는 뜻이다.

원불교에서 언급하는 단전주 선법의 유래에 두 가지가 있으며 그 하나는 불교선법에 연원을 삼으며, 다른 하나는 도교에 그 연원을 삼는 것으로 이해되는 성향이 있다. 첫째 『정전』의 전신인 『불교정전』(원기 28년)에서 밝힌 단전주의 유래를 존중하고 원불교의 불법주체 정신을 고려하여 불교의 선법에서 그 연원을 찾자는 것이며, 둘째 단전주 선법의 주요 내용이 초기교단의 문헌인 『수양연구요론』(원기 12년)에서 이미 시사되었다고 보아 『수양연구요론』의 저본인 『정심요결』의 전래과정을 추적하여 도교의 내단수련에서 그 연원을 찾는 것이다.[93] 『수양연구요론』의 전반부로

---

91) 위의 논문, p.31.
92) 김방룡, 「보조 지눌과 소태산 박중빈의 선사상 비교」, 『한국선학』 제23호, 한국선학회, 2009, p.167.

서 『정정요론』에서는 정정(定靜)의 원리와 방법을 언급하고 있으며, 이는 원불교 수행론의 기반이 되었다는 점에 일리가 있다. 또 도교의 수련법인 복기(服氣), 도인(導引)의 방법들 중에서 내단수련이 강조되고 있다.

한편 좌선의 단전주 선법은 도교적 성향임이 분명한데, 일본불교의 이론을 가져왔다는 비판이 있다. 불교적 색채는 『불교정전』의 좌선법을 제시하는 데에도 나타나는데, 좌선법은 『정정요론』의 주된 줄기를 수용한 것으로 그 내용상 명백한 도교의 단전주선임에도 불구하고 특히 일본불교 선사들의 이론을 끌어대어 단전주의 정당성을 주장하는 것과 맥락을 같이 하는 것으로 보인다.94) 그럼에도 불구하고 단전주를 불교의 좌선법이라고 한 점은 불교적 수행론을 단전주선 및 단전호흡에 융섭하고자 하는 의도였던 것 같다.

다음으로 고려 지눌과 소태산의 선법을 비교하여 본다. 곧 지눌의 간화선과 돈오점수에 대하여, 소태산은 간화선과 묵조선을 아우르는 성향임과 돈오점수의 수용이라 할 수 있으며, 소태산은 이를 무시선(無時禪)으로 유도해내려는 것이다. 지눌의 돈오점수와 간화선 그리고 소태산의 무시선은 한국 선종사에서 큰 획을 긋는 수행법임에 분명하다. 소태산이 중시한 무시선의 목적과 같이 자유자재의 힘을 갖춘 사람은 일단 자신에게 객관화된 경계를 어떻게 보느냐, 그리고 이러한 경계를 어떻게 넘어섰느냐 하는 수행의 근본문제를 해결한 사람임을 알 수 있으며, 대자적인 경계는 무시선 수행의 핵심적인 요소임을 알 수 있다.95) 좌선의 시공 제한적 수

93) 김낙필, 「내단사상과 원불교 단전주선법」, 『원불교사상과 종교문화』 30집, 원불교사상연구원, 2005, p.88.

94) 정순일, 「일원상 신앙 성립사의 제문제」, 제21회 원불교사상연구 학술대회 ≪21세기와 원불교≫, 원불교사상연구원, 2002.1, p.100.

95) 원영상, 「선사상사에서 본 무시선법의 구조고찰」, 『원불교사상과 종교문화』 42집, 원불교사상연구원, 2009, pp.45-46.

행에 대해 언제 어디서나 할 수 있는 무시선(무처선)이 원불교 수행의 장점으로 그것은 일상에서 자유자재의 힘을 얻게 해주는 것으로 이해된다.

하지만 소태산의 무시선도 불교선법의 연장이라 보는 경우도 있다. 원불교가 수행법으로서 무시선 무처선을 행하고 있는 것도 불교이며, 이는 묵조선에 가까운 선법으로 보인다는 주장[96]이 이것이다. 원불교의 무시선은 한국의 선종이 전통적으로 수용하고 있는 간화선과 차이가 있다고 해도 불교의 선법과 전혀 관련이 없다고만 할 수 없다. 무시선 역시 일종의 선법으로 그것이 간화선과 묵조선에 대한 원불교의 차별화된 선법으로 단정하지 말라는 뜻이다. 무시선이 묵조선의 연장으로 볼 수 있다는 견해는 숙고해볼 일이다. 어떻든 소태산이 불교선법의 혁신으로 밝힌 무시선은 간화선과 묵조선의 시공에 한정된 것에 대한 어느 때나 어디에서 할 수 있는 개혁된 선법이라는 면에서 보다 차별화된 선법임에 틀림없다.

흥미를 끄는 것은 원불교의 단전주선을 불교의 묵조선과 연계하여 조화를 이룰 수 있다면 좋을 것이라는 견해가 있다. 간화선을 무조건 배타적 자세로만 보지말고 묵조선과 병행하는 차원에서 화두선으로 간화선을, 묵조선으로 단전주선과 비교한다면 원불교와 불교 수행론의 풍요로움을 더할 것이기 때문이다. 김성장 교수에 의하면 그동안 여러 수행법을 섭렵하면서 원불교 단전주선에 대한 새로운 해석과 경험으로 단전주선 프로그램을 연마하였는데, 간화선에 대해서는 깊은 체험을 하지 못한 아쉬움이 있었던 중 안국선원 프로그램은 간화선을 이해하고 경험할 수 있는 좋은 기회가 되었다고 한다. 단전주선을 즐기고 그 공덕을 입는다는 그로서는, 묵조선으로 단전주선을, 화두선으로 간화선을 응용하여 수행할 수 있다면 더 효과적일 것[97]이라고 한다. 단전주선의 장점과 묵조선의 장점을 응용

---

96) 홍윤식, 「원불교와 불교」, ≪院報≫ 제46호, 원불교사상연구원, 1999.12, p.31.
97) 김성장, 「단전주선과 간화선의 응용」, 『한국교수불자연합학회지』 제18권 제1호, 한국

하여 조화를 이룰 수 있다면, 선법의 대중화를 위한 새로운 방법이 될 수 있을 것이라는 주장은 원불교 수행의 불교 회통적 접근방법으로 볼 수 있다.

6) 원불교 수행의 방향

무엇보다 평상시의 수행을 강조하는 원불교의 「일상수행의 요법」 9조 가운데 1~3조를 불교와 관련하면 육조 혜능의 『육조단경』이 비교될 것이다. 「일상수행의 요법」 1조의 "심지는 원래 요란함이 없건마는 경계를 따라 있어지나니, 그 요란함을 없게 하는 것으로써 자성의 정(定)을 세우자"를 자세히 살펴보도록 한다. 이는 원래 『단경』의 '심지무난자성정(心地無亂自性定)'을 응용한 것으로 '마음에 산란함(요란함)이 없는 것이 자성의 정(定)이다'라는 의미이다.[98] 그 원문을 보면 "심지에 그릇됨이 없음이 자성의 계요, 심지에 산란함이 없음이 자성의 정이요, 심지에 어리석음이 없음이 자성의 혜이다"(『육조단경』, 342b. "心地無非自性戒 心地無亂自性定 心地無癡自性慧"). 교단 초창기에 『육조단경』을 참고서로 공부하였던 바, 「일상수행의 요법」 1~3조가 이의 영향을 받았을 것으로 본다.

그러나 혜능은 돈오돈수의 입장에서 자성문 정혜라 했으므로 점수를 주장하지 않았으나, 원불교는 돈오점수의 입장에서 현실의 경계에 따라 나타나는 행실을 수행하도록 하였으니 북종 신수 및 보조국사의 수행적 성향을 지닌다. 혜능과 소태산의 수행에 있어 차이가 난다는 것인가. 그것은 혜능의 돈오적 성향에 대하여 원불교는 점수적 성향의 수행이 위주가 되어 있기 때문이다. 『육조단경』의 경우 돈오적 경향이 강한 사상임에

비하여 원불교의 경우 점수적 성향의 공부법을 소화한 위에 설정한 교법
이라는 해석을 할 수 있다는 것이다.[99] 그럼에도 불구하고 원불교의 「일
상수행의 요법」에 있어서 『육조단경』의 접근은 원불교가 불교를 섭렵하
면서 선종이 위주가 되어 있는 한국불교의 분위기에 영향을 받았다고 할
수 있다. 이에 원불교의 일상수행을 불교의 수행과 연계하여 해석학적인
접근이 요구된다.

수행론에서 거론되는 돈수와 점수를 언급하면 혜능 수행은 공(空)에 바
탕한 본래 맑은 자성회복의 돈오수행이라면, 원불교는 생활 속에서 경계
를 접하여 점진적 수행이라는 점에 차이가 있다. 수행의 측면에 역점을
둔 원불교의 '자성불 삼대력'의 설명은 선종 사상과도 매우 흡사한 것이라
고 보겠으나, 선종이 비교적 제일의공(第一義空)의 입장에서 실존적 자성
회복에 역점을 두고 있다면, 원불교에서는 원만구족하고 지공무사한 자성
불을 인간의 실제적 사회생활 속에서 실천적으로 전개해 가는, 이른바 동
정간불리자성의 생활선적, 생활불교적 경향을 띠고 있다.[100] 불교 선종의
수행은 다소 출세간적 성향의 수행으로 간주된다는 점은 있겠으나, 원불
교의 경우 실생활에서 경계를 따라 나타나는 마음의 작용을 닦아가는 생
활불교의 특성으로 이해하면 좋을 것이다.

나아가 인간 생활의 동정간 수행에 있어서 불교는 정적인 수행이라면,
원불교는 동정을 아우르는 성향이라 볼 수 있다. 소태산의 불교혁신적 의
미를 부각시켜 보자는 것이다. 과거의 불교는 정할 때 공부를 주로 하였
지만, 원불교의 동정일여는 정할 때 공부를 완전하게 하고 동할 때 공부도

---

99) 정순일, 「일상수행의 요법 주석상의 제문제」, 『원불교사상과 종교문화』 29집, 원불교
  사상연구원, 2005, p.98.
100) 노대훈, 「원불교의 불타관」, 『원불교사상시론』 제Ⅲ집, 원불교 수위단회, 1998년,
  pp.85-86.

완전하게 하라는 것이다.[101] 불교의 전문적 수행의 입장에서 보면, 안거(安居) 때 선방에서는 하루에 8시간 좌선을 하는데 원불교에서는 새벽 1시간 정도 하고 낮에는 보은 봉공, 밤에는 감사 기도에 집중하는 점이 차이로 나타난다.

그렇다고 수행법에 있어서 원불교의 불교교판에 치우치지 않고, 불교의 전문 수행에 관심을 가지면서도 불법의 생활화를 도모할 필요가 있다. 이는 불법의 회통적 측면에서 성자정신으로 돌아가자는 뜻이다. 조계종 성철스님은 "내 말에 속지 말라" 하였고, 원불교 좌산종법사는 "일과에서 득력하라" 하였다며, 성자들은 이렇게 하나로 가르치는데 여기에 무엇이 있나 저기에 무엇이 있나 하고, 이곳저곳 두리번거리는 이들, 참으로 딱하기만 하다[102]는 지적을 새겨볼 일이다. 불교와 원불교의 수행방법에 다소의 차이가 있을 것이나 모두가 성불제중이라는 대승적 견지에서 본다면 인격함양을 위한 수행의 상호 공통점에 관심을 가져야 한다.

오히려 불교의 전문적인 수행을 참조하자는 견해도 있으니, 이는 수행의 전문성 심화의 측면에서 고려해볼 사항이다. "아침 좌선활동을 정형화하자. 하루의 일과는 아침에 시작된다고 한다. 원불교의 교리에 입각한 활동은 새벽 좌선과 심고라 할 수 있다. 그러나 이 행사가 너무 왜소하게 진행되고 있다. 비교적으로 이야기하자면 불교의 절처럼 성대하고 거대하게 매일 진행되어야 한다."[103] 본 지적처럼 원불교가 생활불교를 지향하며 불교개혁을 외치다 보면 오히려 불교 전문수행의 장점을 간과할 우려가 있다. 오늘의 불교는 3천년 동안 정진 적공하는 스님들의 역사적 자취

---

101) 한정석, 『원불교 정전해의』, 도서출판 동아시아, 1999, pp.32-33.
102) 조정근, 『일원화를 피우소서』, 원불교출판사, 2005, p.139.
103) 최상태, 「원불교 교무상의 시대적 모색」, ≪원불교교무상의 다각적인 모색≫, 원불교 사상연구원, 2003.2, p.18.

이며, 불교의 철저한 자기수행을 원불교에서 배우자는 견해는 설득력을
지닌다.

따라서 원불교는 불교의 수행법을 참조할 필요가 있으며, 그 위에 시대
에 맞는 원불교 수행의 구체적 방법론을 창출할 필요가 있다. 불교는 전
통적인 세계종교로 성장하고 있다는 점을 상기하면, 원불교는 불교의 전
문 수행법을 참조해야 한다. 곧 원불교는 불교와 힌두교의 마음원리와 수
행방법론을 비롯하여 현대사회에서 주목받고 있는 선, 요가, 위빠사나, 선
도, 기공수련, 영성심리학 등 동서의 다양한 수련법과 명상법에 대한 종합
적 검토가 요청된다.[104] 원불교 수행의 심화는 쉽게 말해서 불교 수행의
전문성을 본받을 필요가 있으며, 현대불교의 변화된 수양론도 참조할 필
요가 있다. 원불교가 100년대에 진입하여 수행의 전문화와 구체화를 도모
하는데 게을러서는 안 된다는 것으로, 오히려 현대불교의 개혁적 성향을
놓칠 수 있음을 상기하자는 뜻이다.

---

104) 노권용, 「교리도의 교상판석적 고찰」, 『원불교사상과 종교문화』 45집, 원불교사상연
　　구원, 2010, p.288.

4. 불법관

1) 주교主教로서의 불교

소태산은 스승의 지도 없이 대각을 이룬 후 각 종교의 경전을 열람한 후 진리의 심천(深淺)은 없지만 불법이 제일이라고 하였다. 그는 깨달음을 얻은 후 마음에 홀로 기쁘고 스스로 충만함(心獨喜自負)을 감지하였다. 대각 후 그가 열람한 각 종교의 경전은 유교와 불교, 선가의 경전이었으며, 심지어 한국 신종교 동학의 『동경대전』『가사』를 열람하고 기독교의 『구약』『신약』도 열람하였다. 그 중에서 『금강경』은 꿈에서 알았다고 하였다. 또 모든 경전의 뜻이 대개 적절하여 별로 버릴 바가 적으나, 그 근본적 진리를 밝히기로는 불법이 제일[105]이라고 하였다. 장차 회상을 열 때에는 불법으로 주체를 삼는다고 했으며, 여기에서 그의 연원적 불법관이 나타난다.

여러 종교의 경전을 열람하고 수운과 증산의 사상도 융섭하였지만 소태산이 불교에 주체를 둔 이유는 무엇인가? 불교에서 말하는 불법, 그리고 이에 바탕한 진리관 및 교법관에서 회통하기 때문이다. 소태산은 기본적으로 수운과 증산의 역사인식과 사회개혁 방향을 존중하면서도 불교에 주체를 두었으며, 정신개벽이란 모토를 제시하고 자각을 통한 진정한 정신개벽을 달성하기 위해서는 불교정신이 살아나야 한다고 믿었다.[106] 그

---

105) 『원불교 교사』, 제1편 개벽의 여명, 제3장 제생의세의 경륜, 1. 교법의 연원.
106) 김낙필, 「한국 근대종교의 삼교융합과 생명·영성」, 『원불교사상과 종교문화』 39집, 원불교사상연구원, 2008, p.49.

가 생각한 여러 종교 가운데 불교가 새 시대의 주교로서 역할을 할 것이므로 불교에 기반을 두면서도 후천시대의 정신개벽을 주창한 것이다.

따라서 소태산은 새로운 회상을 열고 '불법연구회'라 하였으며, 그가 구상한 새 불교를 염두에 두면서 당시 전통불교에 대하여 그 존재감을 인지하였다. 『조선불교혁신론』이 초창기에 초안되었다는 말은 불법에 연원을 천명한 이후의 소태산 대종사를 중심한 초기교단의 구성원에 있어서, 전통불교의 존재형태는 매우 중요한 관심사의 대상이 되었기 때문이다.[107] 삼국시대로부터 전래되어온 한국 전통불교의 위상을 누구보다도 깊이 느꼈을 소태산은 유불도 3교가 우리나라에 큰 영향을 미치고 있는 상황을 직시, 불교를 주체삼아 불법연구회라는 명칭을 사용하였다.

앞으로 이 나라는 불교가 주교가 될 것이라 전망했는데, 소태산이 말한 미래의 불교는 전통불교가 아닌 새 시대의 새 불교라야 한다는 것이었다. 원기 4년(1919) 10월 6일, 소태산은 '불법연구회기성조합(佛法研究會期成組合)'이라 명명하고, 모든 기록에도 일제히 불법의 명호(名號)를 쓰게 하였다. 이제 그 근본적 진리를 발견하고 참다운 공부를 성취하여 일체 중생의 혜복 두 길을 인도하기로 하면 이 불법으로 주체를 삼아야 할 것이며, 불교는 장차 이 나라의 주교(主敎)가 될 것이요, 또한 세계적 주교가 될 것이라 했다.[108] 하지만 과거불교의 불법과 달리 미래의 불법은 직업을 갖고 신앙생활을 할 수 있고 재가·출가의 차별이 없는 생활불법이 되어야 할 것이라 하였다.

---

107) 양은용, 「수양연구요론의 구조와 성격」, 『원불교사상』 14집, 원불교사상연구원, 1991, p.334.
108) 『원불교 교사』, 제1편 개벽의 여명, 제5장 교법의 초안, 1. 불법에 대한 선언.

2) 종파불교의 개혁

1916년 4월, 원불교를 창립한 소태산은 어느 전통불교에 소속된 신자가 아니었으며, 그가 말한 불법은 어느 특정한 종파불교의 불법이 아니었다. 소태산은 기존 불교의 어느 종파에서 공부했다거나 현실적으로 불교와 연원된 사실이 없음에도 불교가 아닌 불법이라고 표현한 점에 주의해야 한다.[109] 만일 전통불교의 어느 교파에 소속되었다면 그는 종파불교를 벗어나지 못했을 것이다. 원불교가 전통불교의 어느 교파에도 소속되지 않고 새로운 불법으로서 새 불교를 창립한 이유가 여기에 있다.

새 불법이라는 것은 원불교가 개혁불교라는 점이며, 개혁불교는 불교와 전혀 이질적으로 크게 벗어나 있지 않는다는 점을 참고해 볼 일이다. 근래 한국종교를 보면 동아시아에 불교가 토착화되는 과정이 유불도 내지는 지역 전통과의 습합과정에 있었다는 점을 고려할 때, 원불교의 사상적 연원은 불교를 기반으로 한 불교의 역사적 전통마저 계승하고 있음을 알 수 있다.[110] 이른바 소태산이 대각을 통해 펼친 혁신의 불법은 전통 불교의 인과 이치를 골간으로 한 불법(佛法)의 성격을 벗어나 있지 않다는 점이다.

어떻든 원불교와 불교에 있어서 불법의 차별화란 있다는 것인가. 그것은 소태산이 창립한 종교가 전통불교의 종파가 아니므로 그가 교법의 주체로 삼은 불법은 미래불법이기 때문에 종파불교와 차별화는 가능하다는 것이다. 소태산의 새로운 해석과 방향 정립은 전통불교의 내용을 불교와 불법으로 나누어 해석하고, 전통불교를 불교로 규정하여 석가모니의 깨달

---

109) 류병덕, 「21C의 원불교를 진단한다」, 제21회 원불교사상연구 학술대회 ≪21세기와 원불교≫, 원불교사상연구원, 2002.1, p.8.
110) 원영상, 「소태산 박중빈의 불교개혁사상에 나타난 구조 고찰」, 『신종교연구』 제30집, 한국신종교학회, 2014, p.125.

음의 근본진리를 불법으로 나누어 정의한다.[111] 전통불교의 교파적 불교
와 소태산의 미래불법과는 차별화를 지향하고 있는 것도 사실이다. 불교
혁신을 주도한 그의 창립슬로건이 후천개벽기의 정신개벽이라는 것을 간
과할 수 없기 때문이다.

3) 불법과 불교

전통불교에 있어서 불법과 불교라는 용어가 지니는 의미는 무엇인가.
근본적으로 불(佛)은 기독교의 신처럼 인격적 절대자, 유일자, 창조의 주,
따라서 모든 피조물 위에 군림하는 지배자, 최후의 심판자, 법(法)과 떠나
서 존재할 수 없는 존재로서 법(法)이 곧 불(佛)의 본체이다.[112] 즉 불법
은 서구종교의 신이 아니라 깨달음을 이룬 석가모니(佛)가 설한 지고의
가르침(法)이라는 것이다. 법과 불은 동전의 양면으로 볼 수도 있으나, 법
(Dharma)은 영원성을 지닌다. 석가모니는 유한한 삶을 살았던 인간이라
면 법은 영원히 변함없는 지고의 진리이기 때문이다. 불교는 이러한 불법
을 깨달은 석가모니가 창립한 회상을 말한다. 석가모니를 교조로 한 불교
는 세월이 흐르면서 그 본의보다는 시대의 방편을 따라 등장한 종파불교
들이 탄생하였다. 이러한 종파불교의 분파활동으로 인해 전통불교가 비판
을 받는 경우가 자주 지적되어 왔다.

불법과 불교의 중요성에 비해 오늘날 불법과 불교의 관계에 대한 연구
가 별로 되어 있지 않다. 이의 차별화적 연구가 심화된다면 전통불교의
역사성과 종파불교의 한계가 등장할 수 있다고 본다. 또 불법의 심원한

---

111) 이민용, 「원불교와 불교의 근대성 각성」, 제28회 원불교사상연구 학술대회 ≪개교100
    년과 원불교문화≫, 원불교사상연구원, 2009.2, p.17.
112) 이기영, 「현대에 있어서의 종교의 진리성」, 『인류문명과 원불교사상』 下, 원불교출판
    사, 1991, p.1396.

가치가 더욱 부각될 것이며, 이는 본질적으로 석가모니의 근본정신으로 회귀하는 계기가 되리라 본다. 현재 원불교에서 불법과 불교에 대한 연구가 되지 않고 있으며, 이는 소태산의 근본 교지(敎旨)에서 멀어져 가는 폐습으로 잘못되면 교체종교로 전화될 수 있다[113]는 것을 우려하는 목소리도 있다. 불교와 불법의 관계를 심도 있게 접근하는 것이 종파불교의 극복을 위해 필요하리라 보며, 원불교에서 이와 관련한 연구를 통하여 원불교와 불교의 미래적 관계를 설정할 수 있다.

불교와 불법이라는 영역의 문제가 깊이 있게 연구되지 않았다 해도 이 문제를 지속적으로 거론하는 이유는 무엇인가. 원불교에서 사용하는 불교와 불법이라는 용어가 처음부터 체계적이고 일관성 있게 사용된 것은 아닐지라도 상호 구분은 타당하다고 보며, 이는 회상이라는 연원 불법과 교단이라는 불교 구분이 가능할 것이기 때문이다. 즉 원불교에서 사용하는 영산회상에 인연한 새로운 회상은 무상대도인 불법을 주체로 삼지만, 이 회상에서 천명하는 구세이념을 실천하는 교단은 불교에 한정할 수 없다는 것이다.[114] 원불교에서 불교와 불법을 차별화하여 접근하는 이유가 바로 여기에 있다.

불법과 불교에 대한 깊은 천착을 위한 교학적 연구가 요청되는 것도 사실이다. 원불교가 연원종교로서의 불교와 정법대도로서의 불법에 상관성이 있다는 점에서 양자에 대한 정리가 요구된다. 곧 불법을 주체로 한다고 하였기 때문에 불교와의 관계는 교학적으로 객관성 있게 정립되어야 할 것이며, 약 2500년 전 인도의 석가모니에 대한 소태산의 일방적인 연

---

113) 류병덕, 「21C의 원불교를 진단한다」, 제21회 원불교사상연구 학술대회 ≪21세기와 원불교≫, 원불교사상연구원, 2002.1, p.16.

114) 양은용, 「소태산 대종사의 『조선불교혁신론』과 불교개혁이념」, 『원불교사상과 종교문화』 32집, 원불교사상연구원, 2006, p.121.

원관계 선언만 가지고 불교와의 관계를 설명하기엔 설득력이 없다.[115] 원불교학의 정립에 있어서 전통불교를 깊이 이해하고 새로운 불법으로서 원불교 교법을 적극 드러내야 할 필요성이 많아지고 있는 상황임을 고려해야 한다.

이러한 차별화의 필요성에 따라 원불교의 시각에서 불교와 불법을 보다 체계적으로 정립해야 한다고 본다. 소태산의 불교에 대한 교설 중에서 불교와 불법이라는 표현을 구분하여 사용하고 있으므로 관련 연구가 필요하다는 것이다. 불교의 근본진리를 불법으로, 역사적으로 전개되어진 개혁의 대상인 전통불교를 불교로 구분하는 것[116]이 원불교의 시각이다. 앞으로 원불교와 불교의 관계를 체계적으로 재정립하기 위해서는 다양한 해석학적 접근이 시도되어야 하리라 본다.

4) 불법해석의 다의성

원불교에서 불교와 불법을 접근함에 있어서 비판적으로 접근하는 성향이라는 점은 이미 전장에서 밝혔다. 소태산의 불교관을 고려할 때 불교의 근본진리를 불법으로, 역사적으로 전개되어진 개혁의 대상인 전통불교를 불교로 구분하기 때문이다. 불법은 천하의 큰 도로 보고 이를 주체 삼으려는 것이며, 불교는 부분적인 교리와 제도 혹은 편벽된 수행에는 비판과 아울러 강력한 개혁의지를 보이고 있는 것이다.[117] 이러한 불교 교판의 시각이 원불교 정체성과 맞물려 불교계에서 쟁점이 될 수도 있다.

---

115) 김성장, 「원불교학 연구의 당면 과제」, 《원불교학 연구의 당면》, 한국원불교학회, 2002.12.6., p.13.
116) 한정석, 「원불교 불교관」, 『원불교사상시론』 1집, 수위단회사무처, 1982, p.75.
117) 양은용, 「소태산 대종사의 『조선불교혁신론』과 불교개혁이념」, 『원불교사상과 종교문화』 32집, 원불교사상연구원, 2006, p.121.

원불교학의 입장에서는 당연히 원불교 호교론적 접근이 있을 수밖에 없다. 소태산의 눈에 비친 과거불교는 부분적이고 편파적이고 지엽적인데 치우쳐 지극히 편벽된 신앙과 수행을 하는 종교였다는 것으로, 소태산의 종교적·사상적 연원은 불교 이외의 그 어떤 것도 아니었으나 현장에서 불교를 보는 그의 시각은 전혀 다른 것이었다.[118] 소태산은 선후천 교역기인 구한말 한국불교의 한계를 직시한 후 새로운 불법을 선양하는 새 시대의 불법, 곧 정신개벽을 주창할 새 시대의 불교를 지향한 것으로 보아야 한다.

원불교는 굳이 과거불교를 비판, 새 시대의 불교를 지향하는 이유가 무엇인가. 먼저 그것은 소태산의 원불교 창립명분과 관련된다. 곧 과거불교의 문제점은 두터운 울을 치는 데에 있으며, 각종각파로 분열되어 불법의 의미를 국한시키는가 하면, 출가승 중심의 출세간적인 형태로 되어 일반인과는 유리되는 폐단을 지니고 있었다[119]는 것이다. 소태산이 조선불교의 혁신을 부르짖은 원인은 바로 전통불교의 종파적 성향에 의해 나타난 과거종교의 폐단에 기인한다. 종파불교가 갖는 한계, 출세간 중심으로 오랫동안 지속되어온 불교의 정체된 모습이 바로 소태산의 새 교체(敎體) 선언과 불교혁신을 강조한 것으로 원불교가 과거불교와 차별화를 통해 창립의 명분을 가지게 된 것이다.

다음으로 새 회상으로서 경세(經世)의 현실적 종교를 지향함이다. 현실의 건실한 경영이 뒤따르지 않는 불법의 논리는 하나의 관념적 유희이듯이 자기완성과 함께 불교의 경세철학적 성격을 특히 강화하려고 하는데 소태산 교조의 특성이 있다.[120] 불법이 지나치게 관념의 유희로 떨어질

118) 이민용, 「원불교와 불교의 근대성 각성」, 제28회 원불교사상연구 학술대회 ≪개교100년과 원불교문화≫, 원불교사상연구원, 2009.2, p.14.
119) 한기두, 『원불교 정전연구』-교의편-, 원광대학교 출판국, 1996, pp.72-73.

수 있는 현상에 대한 비판적 시각을 갖자는 것이다. 불교로 하여금 현실 치유의 적극성으로 사회를 선도할 수 있는 종교를 주문하는 뜻에서 원불교의 경세적 성격을 지향하는 것은 바람직하다고 본다. 바꾸어 말해서 원불교의 교법이 과거의 종교처럼 관념의 유희가 될 소지는 없는가, 사회참여에 무관심하고 있지는 않는가에 대한 성찰이 이와 관련된다.

하지만 원불교를 불교와 너무 차별화를 위해 비판적으로 접근하는 것은 바람직하지 않다. 이보다는 불교와의 회통이 필요하다고 지적한다.[121] 이를테면 불조(佛祖)의 대도(大道)를 일면에 국한시켜서는 안 되며 선(禪)의 심경으로 생활하는 것이 불교의 전체로서, 원불교는 각종 통합인 것으로 보자는 것이다. 또한 『정전』 「교법의 총설」은 불법을 주체로 모든 교법이 제불제성의 본의를 실현하는 종교의 방향을 제시하고 있다. 각 종교의 제도적인 차이, 이념적인 차이는 구별의 대상이지 차별의 대상이 아니므로 모든 종교는 회통정신의 결여로 융통하지 못함을 성자의 입장에서 비판하고 있다. 범불교적인 통합을 강조하면서 모든 종교가 회통의 정신을 갖자는 것이다.

이처럼 불교와 원불교의 차별화 내지 회통의 양면적 시각이 존재하는 상황에서도 오늘날 상기해야 할 사항이 있다. 불교가 석가모니 열반 후 많은 교파로 분파되었던 관계로 그 폐단을 심각히 인지하자는 것이다. 불타의 마지막 날들에 관하여 상세히 전하고 있는 소승불교의 『대반열반경』에 의하면, 불타는 그의 입적을 앞두고 아난다에게 다음과 같이 말했다. "아난다여, 너희들 가운데 어떤 사람은 '스승의 가르침이 끝났다. 우리에게는 더 이상 스승이 안 계신다'고 생각할는지 모른다. 그러나 아난다여,

---

120) 송천은, 『일원문화산고』, 원불교출판사, 1994, p.148.

121) 원불교사상연구원 편, 『숭산논집』, 원광대학교 출판국, 1996, p.263. 서경전, 『교전개론』, 원광대학교 출판국, 1991, p.124.

너희는 그렇게 생각해서는 안 된다. 내가 너희들에게 가르쳐 주고 제정한
법과 율을 나의 사후에 너희들의 스승으로 삼아라." 그러나 문제는 불타
의 입멸 후 법과 율에 대하여 그의 추종자들 가운데서 서로 다른 해석과
전승들이 생겨나게 되었다.[122) 불타 열반 후 불교는 오랜 세월이 흐르면
서 교조정신이 희석됨으로 인하여 나타난 종파불교의 문제점들이 적지 않
았기 때문이다.

　여기에서 원불교는 불교를 연원하고 불법의 회통을 거론하면서도 불교
와 차별화를 강조하여 호교론적 해석에 치우치는 경우는 없는가를 성찰해
야 한다. 물론 원불교는 불교의 종파가 아니므로 종교사적인 면에서 보면
불법의 근본진리를 주체로 한 3교수용의 종교이며, 불법의 면에서 보면
정법 상법 말법의 삼시를 거친 새로운 정법으로서의 불법이라는 것이
다.[123) 오늘날 성찰해야 할 것으로, 원불교보다 불교가 더 혁신적으로 발
전해간다는 사실을 직시한다면 불교를 혁신하고 나온 원불교의 존재감은
약화될 것이다.

　요컨대 석가 당시에 설해졌던 불법의 해석에 있어서 시대의 흐름과 더
불어 오늘날 다양한 해석이 가능한 시대가 되었다. 불교에서는 실체적 혹
은 기능적인 나를 상징하는데 반대했지만, 그러나 무수히 많은 법
(Dharma)을 인정한 관계로 우리들의 현실 존재 가운데에는 다수의 불법
이 작용하고 있다.[124) 어느 한 시대 종교만의 전유물로 된다면 불법은 원
융회통의 교법으로서 그 생명력은 상실될 것이다. 예수의 복음이 천주교
와 개신교 어느 하나의 종교만의 전유물로 된다는 논리는 설득력이 없는

122) T.W. Rhys Davids, trans., Buddhist Suttas, SBE, Vol. XI, Oxford, 1881, p.112(길희성,
　『인도철학사』, 민음사, 2007, pp.61-62).
123) 한종만, 「원불교와 불교의 관계」, ≪院報≫ 제46호, 원불교사상연구원, 1999.12, p.21.
124) 中村 元著, 김용식·박재권 공역, 『인도사상사』, 서광사, 1983, p.57.

것과 마찬가지이다. 인도 자이나교에 대한 불교의 출발이 그러했듯이, 불법의 해석도 이와 같이 새 시대가 요구하는 혁신불교로서 접근될 수 있으며, 그것이 미래 불법으로서 생명력을 지속하는 길이다.

5) 불법의 원융성과 생활불교

원불교에서는 '불법'의 일치를 강조하면서도 '불교'와의 차별화를 드러내는 면이 적지 않다. 이러한 양면성 속에서도 원불교는 불교를 연원으로 삼아 미래의 종교 가운데 으뜸종교로 해석함으로써 불교를 주체로 하는 근거로 삼는다. 원불교의 교리에 입각한 새로운 불법은 모든 종교를 서로 상통시키는 원만한 교리가 되도록 소태산 대종사는 불교를 주체로 삼았으며, 정산종사는 삼동윤리로써 하나로 연결됨을 밝혀주었다.[125] 대산종사 역시 원융한 불법을 통해 종교연합의 정신에서 모든 종교를 종교화합의 장으로 유도하고자 하였다.

그렇다면 원불교에서 불법의 원융성이 강조된 배경은 무엇인가. 전통불교의 교세에 편승하거나 오랜 전통사상으로서의 기득권에 합류하려는 뜻은 아닐 것이다. 불법은 불생불멸의 진리와 인과보응의 이치를 밝힌 것인데, 이 이치를 깨달아 참된 생활로 누구나 영원히 잘 살도록 하는 것이 불법이므로 소태산은 누구나 이 불법을 쉽게 깨달아 알아서 실생활에 활용할 수 있도록 법을 짜주었다.[126] 불생불멸의 이치와 인과보응의 이치를 밝힌 것이 불법의 핵심진리이며, 소태산의 각증(覺證)에서 이를 드러내보였다는 것에서 불법의 원융성이 드러난다.

소태산이 각증한 불법은 석가모니의 경륜과 통하고 있다. 그 이유로는

---

125) 박장식, 『평화의 염원』, 원불교출판사, 2005, pp.245-246.
126) 안이정, 『원불교교전 해의』, 원불교출판사, 1998, p.74.

삼천년 전의 불법이나 오늘의 불법에는 성불제중이라는 성자정신이 간직
되고 있기 때문이다. 소태산이 오득한 불법은 삼천년 전에 불타와 심혼이
통하는 여래지의 본연 소식이었으며, 이 경지에 이른 불법은 일체중생을
남음 없이 제도하리라는 원력이 뭉쳐진 한 마음임에 틀림없다.127) 그럼에
도 불고하고 불교에 각 분파가 일어나 불법을 다르게 해석한 결과 낡은
제도와 방편에 고착하는 현실로 전락한 것이다.

　제도와 방편에 고착된 분파불교를 벗어나 새 불교를 지향하려는 뜻에
서 불교의 불법이나 원불교에서 말하는 불법은 다르지 않다는 점을 소태
산은 주시하였다. 즉 깨달은 안목에서 보면 모두가 불법이요, 원리이면서
서로 다른 교법이 아님을 그대로 인정할 줄 아는 것이 그 중심사상이며,
원불교의 교법은 근본적으로 불법 그 자체인 동시에 불법을 새로운 시대
에 알맞게 펼친 새 불법인 것이다.128) 불생불멸과 인과보응의 이치를 깨
달은 소태산은 불법의 지혜활용 측면에서 불법연구회와 전통불교를 둘로
보지 않았으며, 그것은 깨달음의 연원불을 석가모니로 삼았기 때문이다.
자신이 깨달은 불법이 이미 석가모니가 깨달은 것임을 알고, 그를 성인
중의 성인이라 하였으며 불법은 미래 사회를 이끌어갈 불법이 될 것이라
고 하였다.

　이처럼 원불교는 불법의 원융성에서 생활불교를 표방하고 있음에도 불
구하고 불교가 출세간주의적 성향으로 떨어져 생활과 불법이 유리된 면을
직시하였다. 원불교에서 말하는 불법활용은 곧 생활과 불법을 둘로 보지
않는 것이니, 재래불교는 출세간주의로 세간의 모든 것에 간섭하지 않는
것으로 교법이 제정되어 아무런 하는 일 없이 앉아서 화두만을 들고 세상
일은 일체 모른 체 하였다는 정산종사의 언급이 주목된다.129) 출세간의

불교는 인간사의 의무나 사회적 책무, 나아가 자녀교육도 등한히 할 수밖에 없었다는 것으로 이해된다.

하지만 원불교가 전통불교의 보수성보다는 생활불교의 혁신성에 더욱 관심을 기울인 것은 원불교의 실제 지향적 정신에 기인한다. 원불교에서는 제도(濟度) 의식을 종래의 불교보다도 더 적극적으로 구현하기 위해 불법의 생활화를 제창하는데, 불법이 곧 생활이며 생활이 곧 불법임을 역설할 정도로 불법의 생활화를 고취함으로써 철저한 불법의 생활화를 지향하는 의지가 불교보다 두드러진 것이 원불교의 실제 지향의 정신이다.[130) 원불교의 교리표어 가운데 「불법시생활 생활시불법」이 있으며 이것은 불법과 생활, 생활과 불법의 일치를 도모하는 것으로 불법의 생활화, 시대화, 대중화를 꾀하고 있음을 알 수 있다.

대중불교 및 생활불교를 지향하는 원불교는 정법으로서의 불법을 무상대도로 여기고 있다. 그 불법은 종파불교의 불법이 아니며 시대화된 대중불법이라는 특징이 있다. 이는 불법을 주체로 해서 새로운 종교를 창립한다는 선언으로 이렇게 미래를 향한 새로운 불법으로서의 원불교를 등장시킨 것이다.[131) 이는 소태산의 「불법에 대한 선언」에서 증명된다. 곧 미래에 돌아오는 불법은 재래 불법의 제도가 아니라 사농공상을 여의지 아니하고 또는 재세·출세를 물론하고 공부하는 불법이 될 것이며, 부처를 숭배하는 것도 한갓 개별적 등상불에만 귀의할 것이 아니라 우주만물 허공을 다 부처로 알라는 것이다.[132) 등상불 숭배를 극복하고 우주만물 허공

129) 오선명 엮음, 『정산종사법설』, 월간원광사, 2000, p.366.
130) 윤사순, 「濟度意識에 있어서의 실학적 변용-원불교와 實學」, 『원불교사상』 8집, 원불교사상연구원, 1984, p.285.
131) 한정석, 「조축조합과 방언공사」, 『원불교 70년정신사』, 성업봉찬회, 1989, pp.102-103.
132) 정순일, 「사은신앙의 형성사적 연구-법신불 사은연구1」, 『원불교사상』 21집, 원불교사상연구원, 1997, pp.340-341.

법계를 부처로 알라는 것은 대표적인 불교혁신의 측면이다. 즉 원기 20년 (1935)에는 등상불 숭배를 불성 일원상 숭배라는 것으로 신앙의 대상을 혁신하게 된다.

신앙의 대상을 혁신함과 같이 실제지향의 원불교 정신은 불교의 제도 혁신을 꾀하려는 것이며, 그것은 참 불법을 실천하는 길이기도 하다. 소태 산은 불교와 조선의 인연관계를 밝혔고, 장차 교문을 열 때 불법을 주체로 하되 부분적인 교리와 제도를 혁신하여 소수인의 불교를 대중의 불교로, 편벽된 수행을 원만한 수행으로 돌리자고 하였으니,『대종경』서품 16장 의 언급은 원불교의 한 특징이 되었다.[133]『대종경』은 소태산의 일생 언 행록으로 원불교 교서로서 통경(通經)이며, 특히 서품은『대종경』법어의 전반부에 해당하여 원불교의 개혁방향을 가늠할 수 있는 상징법어로 새겨 지고 있다.

불교의 개혁을 추구하면서도 소태산이 불법을 무상대도라 규정한 것은 무슨 이유인가. 불법이 무상대도인 점은 대각 후 다른 종교들과 비교한 후의 결론이며, 그것은 첫째 불법이 진리의 본체를 가장 잘 드러냈다는 점, 둘째 소태산 자신의 깨달음의 내용과 대체로 일치한다는 점 등이다.[134] 원 불교 개교의 모티브가 불교혁신이며, 그 근본 원리에서 불법이 진리의 본 체라는 것은 석가모니의 깨달음과 일치하기 때문이다. 성자의 깨달음에서 각인한 불법의 원융성을 고려할 때, 불법도 불교만의 불법이거나 원불교만 의 불법은 아니다. 불법의 참뜻은 하나의 극락(낙원)을 건설하는 것이며, 이에 일체중생을 남음 없이 제도하는 큰 불법이다. 따라서 원불교는 불법 의 호대함을 드러내는 생활불교로서 전법교화에 진력해야 할 것이다.

---

133) 朴吉眞,『大宗經講義』, 圓光大學校 出版局, 1980, p.23.
134) 한종만, 「원불교와 불교의 관계」, 《院報》 제46호, 원불교사상연구원, 1999.12, p.17.

5. 교리관

1) 교리의 개념과 속성

일반적으로 각 종교의 교리는 교조의 깨달음이나 계시와 더불어 중생제도를 위한 구체적 인식과 실천방법으로 형성된다. 그것은 교리가 교조의 구도와 깨달음을 통해서 종교를 창립한 동기와 직결되어 있기 때문이다. 구체적으로 말해서 종교의 사상이나 교리는 자연인으로서의 한 개인이 역사적·사회적 제 조건 속에서 개인적인 구도의 과정과 경험을 통하여 도달된 진리와 인간과 세계에 관한 인식체계라 할 수 있다.[135] 교조의 깨달음 속에서 제시된 교리가 인간구제의 지혜로 구성, 실행되어야 하는 사실 때문이다. 그가 인류구제를 위해 설한 법어가 체계화되어 교리의 정립으로 이어지는 것이 일반적 현상이다.

종교의 형성과 더불어 교조가 탄생하므로 교조의 가르침이 역사의 기록으로 전수되면서 체계화된 교리가 탄생하는데, 이것은 불교의 경우 삼보 가운데 법보(法寶)라고 하며, 구체적으로 팔만대장경이 여기에 포함된다. 교리는 이처럼 경전으로 보전되는 관계로 불자들에게 소중한 법보로 전달되며 그로인해 인간은 법보의 활용을 통해 바른 길로 인도되는 것이다.

법보는 원불교에서도 중시되며, 그것은 『원불교전서』를 말한다. 여기에는 『정전』과 『대종경』을 포함하여 『정산종사법어』, 『대산종사법어』 등

---

135) 신순철, 「원불교 개교의 역사적 성격」, 『원불교사상』 14집, 원불교사상연구원, 1991, pp.5-6.

7대교서를 망라하고 있다. 어느 종교든 법보의 중요성으로 인해 경전으로 출판, 계승되는 것이 당연하다. 예컨대 법보의 중요성을 인지하여『원불교 전서』외에도『원불교 법보』전 3권을 발간한 적이 있는데, 여기에는 원기 72년(1987)까지 열반한 재가 · 출가 유공인 3,774인 역사를 수록하였다(원불교신문, 2000.11.17). 다시 말해서 소태산 대종사가 진리를 대각, 원불교 회상을 출발시킨 원기 원년 이래 2대말인 원기 72년까지, 원불교의 역사를 일궈온 출가 · 재가 유공 열반인의 역사와 영상을 수록한『원불교 법보』라는 이름으로 발간되었다는 뜻이다.

성자의 가르침과 교단창립의 소중한 역사를 기록하는 법보에는 대체로 통찰력과 지혜의 교리가 밝혀져 있어서 그 교리에 종교의 구원관이 담겨 있다. 불타의 교리는 통찰력에 의한 구원으로, 참다운 지식은 그 자체가 구원이다.[136] 기독교의 성경이나 불교의 불경, 나아가 원불교의『교전』은 교조의 통찰력과 깨달음, 계시의 지혜를 그대로 드러내고 있어서 이를 정독함으로써 삶의 안정을 얻고, 인생의 방향을 찾게 되는 소중한 보배로서 법보의 역할을 하는 것이다.『정전』은 특히 교조 통찰의 가르침이 원불교 교리로 구체화되면서 제자들에게 정로를 찾도록 삶의 지혜를 가져다준다.

종교적 영성의 지혜를 가져다주는 교조의 법설이 교단발전과 더불어 교리로 체계화되는 과정이 뒤따른다. 교리는 하루아침에 이루어지지 않는다는 것으로 그 종교의 역사와 같이하기 때문이다. 특정종교의 교리는 결코 쉽게 이루어지지 않으며 고정불변한 형태로 계승되기만 하는 것도 아니므로 항상 새롭게 태어나야 그 본연의 생명력을 지속하고 생기 있게 된다.[137] 하나님의 말씀, 부처님의 법설, 소태산의 법어가 그 교단의 교리를

---

136) 칼 야스퍼스 · 헨리 리토머스 著, 황필호 譯,『소크라테스, 佛陀, 孔子, 예수, 모하메드』, 종로서적, 1994, p.43.
137) 김탁,「원불교 사요교리의 체계화 과정」,『인류문명과 원불교사상』(上), 원불교출판

담은 법보로 계승되면서 후래 교리의 정착화 과정이 뒤따른다.

따라서 교리가 정착되면 그것은 교단에서 결함 없는 절대진리로 탄생한다. 아무리 사회적인 역할을 수행하지 못하는 종교의 경우라도 그 교리의 체계만은 결함이 없음을 우리는 발견한다.[138] 교조의 권위가 존숭되고 종교의 역사가 흐르면서 제자를 인도하는 교리로 정착되는데, 교리가 체계화됨과 더불어 신앙인들의 보배로운 경전에 수록되는 것이다. 경전은 그저 산문체로 쓰인 수필집으로 머물지 않기 때문이다. 불교의 교리가 오랜 세월에 걸쳐 삼법인, 사제, 팔정도, 십이인연으로 체계화된 것처럼 원불교의 교리도 신앙의 대상인 일원상진리를 중심으로 하여 사은사요 삼학팔조로 체계화되었다. 원불교 창립 2세기에 진입하면서 교리의 응용, 체계화는 원불교학 정립의 지속적인 과제이기도 하다.

체계화된 불교와 원불교의 교리는 이를 법보로 삼아 실천에 옮겨야 하는 관계로 신자들에게 개방성을 지닌다. 불법을 배우는 관계로 불교승가의 특질은 교리개방의 성격을 지닌다[139]는 것이다. 원불교는 개방성을 지닌 불교의 무상대도를 연원으로 삼았다. 폐쇄된 종교 교리의 경우 도그마에 떨어져 이질감으로 작용하여 갈등을 야기하는 경우가 있지만 이와 달리 대도정법의 교리는 개방성이 뒤따르는 장점을 지닌다.

아울러 교리의 정착에는 이웃종교의 영향을 받는다는 사실이다. 불교의 교리는 자이나교 교리에 영향을 받았고, 그 이전의 힌두교 교리에 영향을 받았다는 것은 다 아는 사실이다. 유대교와 천주교, 개신교의 교리도 상호 영향을 주고받으며 체계화된 것이다. 원불교 교리의 경우, 삼대력

사, 1991, p.287.

138) 이성택, 「정기훈련 11과목의 구조적 조명」, 『원불교사상』 14집, 원불교사상연구원, 1991, pp.177-178.

139) 불교신문사 편, 『불교에서 본 인생과 세계』, 도서출판 홍법원, 1988, p.130.

수행이 불교의 삼학수행과 맥락을 같이 함은 주지의 사실이나, 삼강령 팔
조목의 교리형성사를 통해 볼 때 거기에는 유불도 3교의 진수가 종합 수
렴된 것임을 부인할 수 없다.[140] 각 종교의 교리가 정착되는데 이웃종교
와 울을 넘나들며 서로 영향을 주고받는 것이며, 각 종교 성자의 가르침이
인류구원과 세계평화라는 점에서 소통하고 있기 때문이다.

그러므로 인류구원과 세계평화를 위해 각 종교의 교리는 교리 자체만
으로 충분하지 못하며 여러 의식과 의례로 실천되면서 그 효율성을 더한
다. 이에 종교간 의식과 의례가 영향을 주고받으면서 교리는 더욱 활력을
얻게 된다. 즉 성스러움의 구현과 인류구원에 있어서 각 종교의 의식과
의례는 그 종교가 가지고 있는 교리를 전달, 실현하기 위한 상징적 도구이
므로 의식과 의례에 대한 연구는 각 종교의 교리를 온전히 이해하는 용이
한 방법 가운데 하나이다.[141] 자기 종교의 교리가 세계의 구원을 위한 의
례로 응용되지 못한다면 그 교리는 효용성이 결여되어 결과적으로 무기력
한 종교로 전락되고 만다.

2) 교리개방과 수용성

어느 종교든 교조의 깨달음과 더불어 이를 추종하는 신도들을 교화하
기 위한 가르침, 즉 신조(信條)로서 교리가 있기 마련이다. 하지만 자신
종교의 신조를 과신한 나머지 자기종교의 교리 우월론에 떨어지는 경우가
있다. 여러 종교들이 각각 자신의 교리와 신념체계만을 배타적으로 주장
하고 고집하는 것은 사회적 조화와 세계의 평화를 위해서도 바람직하지
않으며, 민주사회는 개방사회이고 다원화된 사회이기 때문이다.[142] 21세

140) 노권용, 「교리도의 교상판석적 고찰」, 『원불교사상과 종교문화』 45집, 원불교사상연
  구원, 2010, pp.286-287.
141) 김응기, 『영산재 작법무 범패의 연구』, 원광대학교 박사학위논문, 2004, p.1 참조.

기는 다종교사회에 접어들었으므로 더욱 종교간 화합과 평화의 사회참여
가 요청되며, 자기 교리에의 지나친 신념은 종교대화에 장애가 된다.

일부 서구종교를 포함하여 중동의 유일신적 신앙은 자기종교 교리의
우월론에 잡착한 나머지 종교간 갈등과 종교전쟁이 한동안 지속되었다.
그럼에도 불구하고 불교 승가의 특질은 교의(敎義) 개방의 성격을 지니는
데 이는 교리 상에서 불교의 목적이 평등이었음을 증명한다.[143] 나아가
자기종교 교리의 개방성은 종교간 화해의 장을 마련해 준다고 본다. 불교
의 교리가 폭넓게 이해되고, 이웃종교와 큰 마찰 없이 원효사상처럼 화쟁
(和諍)의 논리로 다가선 것은 불교의 평화와 평등적 교리관이 그 기저에
깔려 있기 때문이라고 볼 수 있다.

어느 종교의 교리든 개방성을 지닌 채 시간의 흐름을 따라 변천의 과정
을 겪기 마련이다. 불교의 교리가 3천년의 역사 속에서 변화의 과정을 거
쳐 왔으며, 원불교 교리도 이러한 변화의 과정을 겪어온 지가 1세기가 넘
어 2세기에 접어든 상황이다. 이른바 특정종교의 교리는 일순간에 이루어
지는 것이 아니며, 고착되는 것도 아니므로 시대에 따라 생명력 있게 지속
발전하는 것이다.[144] 석가모니와 소태산 대종사가 설파한 교리가 개방성
을 지니고 시공을 달리하여 온 만큼 교리변천의 과정이 있기 마련이다.
원불교의 교리는 특히 불법을 대도정법으로 인식, 개방적으로 수용하면서
변화해온 만큼 불교의 교의와 상당부분 유사한 면을 지니고 있다.

따라서 자기종교의 정체성에 크게 문제가 되지 않는 한 전통종교의 개
방적 교리를 수렴할 수 있다고 본다. 각 종교는 자기 교단의 교리나 사상

을 사람들에게 의식화시키기 위하여 타종교의 형식을 채택할 수 있으며, 그 형식에 자기의 내용을 담을 수 있는 것으로, 이를테면 힌두교 전통에서 비롯된 사마타 명상은 기독교 신앙을 위해 유익한 명상법이라고 본다.145) 그것은 명상이 현대인들의 정서를 순화시키고 마음을 안정시키는 보편적 수행의 방법이기 때문에 어느 종교든 개방적 수용이 가능하다는 뜻이다. 밀교에서 제천(諸天)에 호소하여 기도하며 외우는 진언(眞言), 즉 만트라는 제 종교에 개방성을 지닌 것으로 기독교에도 신앙심을 북돋을 수 있는 수양법이며, 만트라의 속성은 마음의 집중에 더하여 교리를 내면화시키는 데 효과가 큰 것으로 알려져 있다.

3) 교리 체계화와 소통정신

어느 종교든 교리의 체계화 과정에는 이웃종교와의 교리적 접근이 있어왔다. 이에 원불교와 불교의 밀접한 관련성에서 볼 때 교리정착과 관련한 연구는 중요한 것이다. 서로 유사한 종교는 교리의 상호 영향을 주고받으며 체계화 과정을 걷기 때문이다. 특정종교의 교리가 어떻게 형성되기 시작하였으며, 변화되어 교리로 체계화되었는지를 알아보는 작업은, 현재의 그 종교가 있기까지의 성장과정을 이해하고, 또한 교리의 체계화 과정에 대한 연구를 통해서 앞으로 원불교 교리가 지향해 나아가야 할 올바른 방향을 제시할 수도 있다.146) 기성종교의 교리가 체계화된 것도 시대의 흐름과 이웃종교와의 영향을 주고받으며 나타난 면들이 적지 않고, 이에 원불교도 그 영향을 주고받기 때문이다.

---

145) 이재영, 「수행과정 공유를 통한 종교간의 대화에 관한 연구」, 『종교교육학연구』 제20권, 한국종교교육학회, 2005, pp.179-180.

146) 김탁, 「원불교 사요교리의 체계화 과정」, 『인류문명과 원불교사상』 上, 원불교출판사, 1991, p.260.

따라서 원불교에서 불교 교리의 체계화를 참조하면서 전통 불교사상과의 호혜적 접근은 바람직하다. 여기에서 교리의 상관적 비교접근이 시도된 것도 사실이다. 원불교학의 과제를 요약하면, ① 전통사상과 원불교사상의 소통, ② 호교론적 입장의 해석학 연구, ③ 교학의 종합적 체계화를 거론하고 있다.147) 전통사상과 원불교사상의 소통이란 유불도 3교를 언급할 수 있으며, 이를 구체적으로 말하면 불교사상과 원불교사상의 접근이라 볼 수 있다.148) 근래 불교학과 원불교학의 연구가 유교나 도교사상에 비해 많다. 이는 불법에 연원을 둔 원불교 교리의 체계화 과정에서 당연히 필요한 일이다.

원불교 교리의 체계화 과정에 있어서 전통종교와의 비교, 특히 불교와의 비교는 자연스러운 일이며, 그것은 원불교의 교리관이 회통성을 지닌다는 점에서 더욱 그렇다. 소태산의 이와 관련한 언급을 살펴본다. "우리는 이 모든 교리를 통합하여 수양·연구·취사의 일원화(一圓化)와 또는 영육쌍전 이사병행 등 방법으로 모든 과정을 정하였나니, 누구든지 이대로 잘 공부한다면 다만 3교의 종지를 일관할 뿐 아니라 세계 모든 종교의 교리며 천하의 모든 법이 다 한 마음에 돌아와서 능히 사통오달의 큰 도를 얻게 되리라."149) 한국 전통종교의 교리는 물론 세계 모든 종교의 교리와 사통오달할 수 있는 교법을 지향한다는 것은 교조 소태산의 경륜에 따라 교리를 통합 활용하려는 정신에서 비롯된 것이다.

원불교 교조의 통합활용 정신은 이방인들에게도 알려진 사실이다. 철학자 김용옥의 견해가 이와 관련된다. "원불교에서 내가 가장 상찬(賞讚)

---

147) 한기두, 「개교 3대를 향한 원불교학의 과제와 전망」, 『원보』 27호, 1988, 3쪽(양은용, 「원불교 학술활동의 현황과 과제-원불교사상연구원의 학술·연구활동을 중심으로」, 『원불교사상과 종교문화』 47집, 원광대·원불교사상연구원, 2011.2, p.150).
148) 본 저술에서 「저술의 목적과 방법」으로 이미 「선행연구의 분석」에서 이를 밝혔다.
149) 『대종경』, 교의품 1장.

하는 것은 바로 그 핵심교리에 있어서 모든 교리의 포용, 인간세의 모든 종교와의 화해를 적극적으로 표방하고 또 실천하고 있다는 것이다."[150] 소태산은 영광의 백수라는 시골구석에서 태어났지만 사유의 표용성은 세계의 여타 종교의 편협성을 뛰어넘는 면이 있다는 것으로, 이는 원불교 교리가 갖는 회통정신이자 원융정신이요 통합 활용의 정신에 기인한다고 보는 것이다.

그러면 원불교 교리가 불교와 회통의 특성을 지니는 이유는 무엇인가. 이는 두 가지로 접근 가능하다는 것으로 불법이 무상대도라는 점, 종파주의적 교리를 지향하는 점이 그것이다. 무상대도인 불교의 진리와 방편이 호대함을 인정하고 있으면서도, 과거와 같이 종파주의에 떨어진 교화방법으로는 너른 세상의 많은 중생을 제도할 수 없다는 시각에서 원불교의 교리는 모든 종교의 교지로 확대 적용하고 있다.[151] 모든 종교의 교지(敎旨)에 회통할 수 있는 것은 소태산이 밝힌 것처럼 원불교의 교리가 유불도 3교 교리와 소통, 일원화하는 것에서 비롯된다. 그는 '세계 모든 종교의 교리며 천하의 모든 법(『대종경』, 교의품 1장)'과 원융 회통하는 교리의 원융성을 부각시키고 있다. 원불교가 불교와의 회통을 강조하는 것은 불법에 연원한 점, 소태산의 각증(覺證)에도 나타나듯이 무상대도로서 불교 교리가 심원한 점, 그리하여 모든 종교의 교리를 활용하려는 원불교의 교리정신에 관련된 것이라 본다.

---

150) 김용옥, 『도올 김용옥의 금강경강해』, 통나무, 2003, p.34(박윤철, 「원불교 예비교무 지원자 감소 원인과 대응방안 연구」, 일원문화 연구재단, 2004.4, p.3).
151) 양은용, 「소태산 대종사의 『조선불교혁신론』과 불교개혁이념」, 『원불교사상과 종교문화』 32집, 원불교사상연구원, 2006, p.120.

4) 사은 · 삼학의 교강敎綱

불교와 원불교의 교강(敎綱)을 비교해보도록 한다. 원불교의 교강으로는 사은 · 사요 삼학 · 팔조가 있는데, 불교의 사은과 삼학 및 원불교의 사은과 삼학이라는 용어에서 서로 접근이 가능하다. 먼저 사은에 대하여 상관성을 살펴보고자 한다. 불교 사은은 각 경전에 의하면 다음의 네 가지 종류가 있다.[152] 첫째, 『정법념처경』(正法念處經) 제61에 나오는 것으로서 모은(母恩) 부은(父恩) 여래은(如來恩) 설법법사은(說法法師恩)을 사은이라고 한다. 둘째, 『대승본생심지관경』(大乘本生心地觀經) 제2에 나오는 것으로서 부모은 중생은 국왕은 삼보은을 사은이라고 한다. 셋째, 『석씨요람』(釋氏要覽) 권중(卷中)에 나오는 사장은(師長恩) 부모은 국왕은 시주은의 네 가지가 있다. 넷째, 『대장법수』(大藏法雛) 권23에 나오는 것으로 천하은 국왕은 사존은(師尊恩) 부모은의 네 가지가 있다.

원불교의 사은은 위의 네 가지 중에서 『대승본생심지관경』의 사은과 유사성을 지닌다. 다시 말해서 천지은과 국왕은, 부모은과 부모은, 동포은과 중생은, 법률은과 삼보은이 서로 비교가 가능한 것으로, 원불교 사은과 불교 사은의 회통적 접근이 용이하다고 판단된다. 교리의 회통 속에서도 불교 사은과 달리 원불교 사은은 교강으로서 신앙의 대상으로 격상되었다는 점을 간과할 수 없다.

이어서 원불교 교강에 속하는 삼학과 불교삼학과의 교리적 접근도 흥미롭다. 사은이라는 용어와 삼학이라는 용어가 양교에서 동시에 거론되는 것은 이질성 극복에도 도움이 된다. 수행자로서 깨달아 인품을 수양하기 위해서는 세 가지의 방법이 있는데, 이를 양교에서 삼학이라 한다. 불교의

---

152) 정순일, 「사은신앙의 형성사적 연구-법신불 사은연구1」, 『원불교사상』 21집, 원불교사상연구원, 1997, p.342(주22).

삼학에는 율법을 지키는 계학(戒學), 마음을 정하게 하는 정학(定學), 그리고 마음의 지혜를 밝히는 혜학(慧學)이 있다면, 원불교에도 또한 교리의 실천으로 삼학이 있으며, 그것은 정신수양(定) 사리연구(慧) 작업취사(戒)이다.[153] 물론 불교와 원불교 삼학의 순서는 다르게 접근되고 있다. 정신수양은 정학에, 사리연구는 혜학에, 그리고 작업취사는 계학에 부합되는데, 불교의 계정혜 순서와 원불교의 정혜계 순서가 이와 관련된다.

양교 교리의 접근성에서 볼 때, 소태산의 삼학이 불교회통의 정신에서 조망되고 있다는 점에서 새롭게 다가온다. 특히 한국은 선종의 입장에서 여러 종파의 정신을 회통하고자 하는 정신이 계승되고 있으며, 원불교는 이러한 맥락에서 불교혁신을 통하여 분파적 난맥상을 극복하고자 하였다. 이에 소태산은 회통불교를 지향하고 있다고 보며, 구체적으로 종래의 삼학을 정신수양 사리연구 작업취사로 재편하고 그 위에 현대적인 해석을 가하여 체계화하였다.[154] 원불교의 교법관이 선종의 시각과 소통하고 있으며, 그것은 소태산이 밝힌 세계 모든 종교의 근본 원리가 하나이므로 이를 통합 활용하려는 원불교의 기본정신과 직결된다고 본다.

소태산의 불교회통 정신을 계승한 정산종사는 양교의 삼학에 대하여 다음과 같이 해석하고 있다. "과거에도 삼학이 있었으나 계정혜와 우리의 삼학은 다르나니, 계(戒)는 계문을 주로 하여 개인의 지계에 치중하셨지마는 취사는 수신 제가 치국 평천하의 모든 작업에 빠짐없이 취사게 하는 요긴한 공부며, 혜(慧)도 자성에서 발하는 혜에 치중하여 말씀하셨지마는 연구는 모든 일 모든 이치에 두루 알음알이를 얻는 공부며, 정(定)도 선정에 치중하여 말씀하셨지마는 수양은 동정 간에 자성을 떠나지 아니하는

---

153) 박진영, 「불교와 원불교의 관계」, 『원불교학』 제3집, 한국원불교학회, 1998, p.264.
154) 원영상, 「소태산 박중빈의 불교개혁사상에 나타난 구조 고찰」, 『신종교연구』 제30집, 한국신종교학회, 2014, p.129.

일심공부라."155) 그는 우선 만사의 성공에 있어서 삼학공부를 해야만 가능하다고 하였다. 그리고 불교와 원불교에 있어서 삼학의 순서와 범주에 다소의 차이가 있음을 알고 원불교 삼학의 고유성을 드러내고 있다.

교리의 시대적 적용에 있어서 원불교의 삼학은 오늘의 시대에 부합한 접근이라는 점은 교판적 시각으로 받아들일 필요가 있다. 불타 당시의 수행법은 삼학을 통하여 견지되어 왔지만 오늘날에는 각각 그 종파의 입장을 따라 염불만 지향하는 염불종(정토종)이 있으며, 불립문자로서 좌선에 일관하는 선종이 있고, 여러 경전을 중심으로 교리를 연마하는 교종이 있으며, 계율만을 숭상하는 율종이라는 종파가 있다는 것이다. 그러나 한국불교는 분화된 종파를 통합하려는 움직임은 지속되었다. 이는 한동안 회통이니 겸학이니 쌍수니 하는 용어로 불리어 왔으며, 조상들이 염원했던 통합의 원리를 소태산은 삼학의 원리에서 찾음으로써 분열된 수행법을 두루 닦아나갈 구체적 방법을 제시했다.156) 불교혁신의 의지가 삼학의 시대에 맞는 현대적 응용이라는 점에서 새겨볼 필요가 있다.

여기에서 원불교 삼학은 불교의 삼학과 일치하는 점도 있지만, 이를 확대하면 유불도 3교의 교리가 용해되어 있다. 삼학의 초기교단 용어가 삼강령 팔조목이었으며, 그것은 유교『대학』에 나오는 공부법으로 유교용어를 원용하고 있다. 삼강령 팔조목의 교리형성사를 통해 볼 때 유불도 3교의 진수가 종합 수렴된 것으로, 구체적 실천방법은 물론 그 총체적 지향점 등에 관하여 불교 외에도 유교와 도교, 나아가서는 힌두교와 기독교 등 세계 제 종교사상의 수행원리와 명상법 등을 비교 고찰하여 조화롭게 수렴하는 작업이 절실히 요청된다.157) 원불교 수행론의 핵심으로서 자성

---

155)『정산종사법어』, 경의편 13장.
156) 한기두, 「소태산의 불교관」,『원불교사상』2집, 원불교사상연구원, 1977, p.189.
157) 노권용, 「교리도의 교상판석적 고찰」,『원불교사상과 종교문화』45집, 원불교사상연

불 삼대력 수행이 불교의 삼학수행과 그 맥락이 통하면서도 통종교적 수
행의 측면을 열어놓았다는 점으로도 이해된다. 『대종경』에서 유불도만이
아니라 기독교 신앙을 언급한 점을 보아, 세계 모든 종교의 교지를 통합
활용하였다는 『정전』 「교법의 총설」의 언급을 간과할 수 없다. 모든 종교와
종파의 근본원리를 소통함으로써 제불제성의 본의를 융해하려는 것이다.

삼학의 교리에 기성종교의 수행방법이 융해되어 있으므로 삼학수행의
원융성을 간파할 수 있으며 삼학 실천의 원동력으로는 팔조목이 거론된
다. 용어의 유사성도 무시할 수 없으며, 원불교의 팔조목을 폭넓게 비교할
수 있는 것으로는 유교 외에도 불교의 팔정도가 있다. 곧 삼학은 구체적
으로 팔조목으로 이어지는데, 불교에서 삼학의 실행 즉 중도의 완전한 수
행으로 팔정도를 가르치고 있고, 이 삼학은 보살정신을 강조하는 대승불
교에 와서 삼학에 세 가지를 더하는 육바라밀로 발전하여 보살수행의 가장
기본사항으로 중요시되어 왔다.[158] 불교의 삼학에 더하여 육바라밀이라는
용어의 상징성을 통해볼 때 원불교 교리에서도 삼학에 세 가지 조목을 덧
붙인 생활의 육대강령이 있어 정혜계와 의식주를 나열할 수 있다.

따라서 원불교의 팔조 역시 불교 교리와의 관련성을 살펴볼 수가 있다.
원불교에서 말하는 팔조는 공부의 요도로서 신분의성이라는 진행4조와
불신 탐욕 나(懶) 우(愚)라는 사연4조가 있다. 불교의 한 교서인 『선요』
(禪要)에 신분의 3조가 거론되어 있음은 주지의 사실이다. 소태산이 대각
후 참고로 열람한 불경의 하나로 『선요』가 있어서 쉽게 『선요』의 '신분의'
라는 조항을 인식했을 것으로 본다. 나아가 『수심정경』류의 문헌에도
『선요』가 인용되면서 신분의성의 중요성을 강조하고 있는데, 불신 탐욕
나 우라는 사연4조는 『선요』에 언급이 없으나 『수심정경』류의 문헌에는

구원, 2010, pp.286-287.
158) 박진영, 「불교와 원불교의 관계」, 『원불교학』 제3집, 한국원불교학회, 1998, pp.264-265.

서봉도사의 말을 인거하면서 직접적으로 나타나 있다.[159] 이로 미루어 볼 때 8조는 소태산이 열람한 불교의 『선요』와 선가서 『수심정경』류의 조항들에서 참고했을 것이라 판단된다.

이처럼 양교 교리의 상호 비교는 교리형성사에서 흥미롭게 다가온다. 근본진리, 신앙대상, 교리체계에 있어서 원불교와 불교 및 전통종교를 대조하면서 원불교가 근본 진리에서는 전통종교와 소통하지만 교리·제도의 체계에서 독창성을 지니고, 교리체계에서는 일원상, 사은사요, 삼학팔조의 교리체계가 불교의 교리체계와 공통되는 면이 있지만 내용·체계에서 독자적이다.[160] 모든 종교의 교리는 그 교리의 형성과 발전사에서 볼 때 상호 영향을 줄 수 있다고 본다. 더욱이 불법을 주체로 한 원불교의 교리, 그리고 유불도를 활용한 경우를 감안하면 원불교 교리의 이웃종교와의 비교연구는 더욱 요구된다.

5) 교리구조와 교리반야

불교와 원불교의 관계는 여러 측면에서 언급이 가능하다. 그 가운데 교리를 통하여 몇 가지의 상호 관련성을 접근해 본다. 불교와 원불교의 관계를 밝히기 위해 원불교의 교리상의 구조를 통해 전통불교와의 관계정립, 곧 교리 구조의 유사점과 상이점이 어떻게 현실적 종교 실천에 영향을 미치는가에 대한 숙고가 필요하다.[161] 원불교에서 사용하는 종교적 용어

159) 박병수, 「송정산의 수심정경 연구」, 『원불교사상』 21집, 원불교사상연구원, 1997, pp.446-447.
160) 한종만, 「원불교와 불교의 관계」, 『원불교사상』 13집, 원불교사상연구원, 1990, pp.485-487. 이글은 1987년 2월4-5일의 '제6회 원불교사상연구원 총발표회'에서 발표된 것이다(고병철, 「원불교의 정체성 정치와 위치」, 『원불교사상과 종교문화』 63집, 원불교사상연구원, 2015, p.107 & 주22).
161) 박진영, 「불교와 원불교의 관계」, 『원불교학』 제3집, 한국원불교학회, 1998, p.261.

나 원불교 핵심교리가 불교 교리와 상당부분 관련되어 있다는 점이나, 그리하여 양교의 교의(敎義)가 회통, 실제의 삶에 응용할 수 있는 점에서 원불교와 불교의 접근이 관심을 유도할만하다.

우선 불교와 원불교의 교리구조를 비교해 보면 유사점이 발견된다. 핵심적 교리의 틀이라든가, 교강의 구조, 신행(信行)방법 등에서 원불교의 교리는 불교의 교리로부터 적지 않은 영향을 받았다. 이에 불교와 원불교의 교리구조에 대한 대조를 통해 우리는 원불교가 불교거나, 혹은 아니라는 단답식 이해가 아니라 원불교와 불교를 연결하는 일정한 관계를 찾아볼 수 있다.[162] 그것은 원불교에서 사용하는 교리 용어들이 불교용어와 같거나 유사하다는 점에서 원불교는 불교와 관련이 없다고 단언하는 것은 무리라고 본다.

특히 원불교는 불교용어로서 인과, 윤회, 업이라는 용어를 교리의 중심 용어로 공용(共用)하고 있음을 알아야 한다. 이 같은 불교용어의 사용, 불교 기본교리의 원용, 교리구조의 유사성을 상기하면서, 성자의 깨달은 내역에서 간과할 수 없는 것은 인과의 교리이다. 소태산이 대각을 통하여 인과를 깨닫고 보니 석가모니가 이미 깨달은 사실을 알고 그를 성인중의 성인이라 하였다. 소태산은 일원상의 진리와 인과보응의 진리를 깨달음으로써 그로부터 불교를 연원종교로 삼는 근거가 이루어졌다.[163] 만일 소태산이 깨달은 진리의 내역이 불교의 인과론과 관련이 없다면 그것은 원불교 교리가 불교교리와 이질적인 면이 적지 않았을 것으로 보인다. 두 성자가 깨달은 인과의 이치는 양교의 교리에서 골격이 되기 때문이다.

그렇다면 불교의 기본교리는 무엇이며, 원불교의 기본교리와 어떤 관련성이 있는가에 대한 논의가 필요하며, 여기에서 공통점과 차이점이 자

---

162) 위의 논문, p.265.
163) 송천은, 「정산종사의 불교관」, 『원불교사상』 15집, 원불교사상연구원, 1992, p.331.

연스럽게 나타나리라 본다. 불교의 기본교리는 삼법인, 사성제, 팔정도 등이다. 이처럼 불교는 사제, 팔정도, 십이인연의 교리체계를 갖고 있으며, 원불교는 대종사의 대각 내용에 입각해서 일원상, 사은사요, 삼학팔조의 교리체계를 갖는데, 불교와 원불교의 교리체계는 공통되는 면도 있지만 내용이나 체계 면에서 독자적 성향도 지닌다.[164] 교리 구조의 큰 틀은 성불제중이라는 목적에 비추어볼 때 유사성을 지닌다고 볼 수 있으나 교리 강령의 구체적 조항들은 다른 성향을 지닌다. 그것은 불법에 연원한 점을 고려하면서도 원불교 창립의 독자성, 나아가 불교개혁을 시도한 소태산의 포부와 경륜에 시대적 의지가 반영된 것이라 본다.

결국 원불교는 불교의 기본교리를 원용하고 있으며, 석가모니를 연원 불로 삼은 소태산의 성자정신에서 중생의 지혜를 밝혀주는 지혜의 창출이 요구된다. 여기에서 불법에 대한 심도 있는 접근이 필요하며, 원불교가 불교교리와 회통 및 활용하는 교리정신에서 볼 때 그것은 교리반야이다. 이를테면 부처가 반야의 진리를 깨달아 실생활에서 실천할 수 있도록 갖가지 방법을 마련하였는데 이를 일컬어 교리반야라고 하며 이것이 바로 계정혜 삼학, 사제 팔정도 등의 법문이다.[165] 원불교가 회통의 측면에서 이러한 불교의 교리반야를 체득한다면 그것은 지복(智福)을 장만할 수 있게 되는 것이다.

교리반야의 터득과 관련하여 우선 불교의 사제에 대한 원불교의 기본 해석이 있다. 즉 소태산 대종사의 법통을 계승한 정산종사는 불교의 사제 교리에 대하여 비교적 자세히 설명하고 있다. 한 학인의 사제법문 설명을 듣고 정산종사는 다음과 같이 말하였다. "고제의 팔고 가운데 생로병사 등 앞 사고(四苦)는 이미 어찌할 수 없는 자연적 고요, 구부득고 등 뒷

---

164) 한종만, 「원불교와 불교의 관계」, 『원불교사상』 13집, 원불교사상연구원, 1990, p.486.
165) 장응철 역해, 『반야심경 강의-자유의 언덕』, 도서출판 동남풍, 2000, p.26.

사고는 새로이 지어가는 작용적 고라 할 것이며, 집제 가운데 지수화풍 4대의 소집인 색신은 또한 어찌할 수 없는 자연적 집이요."[166] 이어서 정산종사는 집제에 대하여 설명하기를, 수상행식 사온(四蘊)의 소집인 의식은 늘 새로이 지어 일으키는 작용적 집이라 하였다. 또 자연적 고나 집은 편안히 달게 받아나가는 것이 공부가 되고, 작용적 고나 집은 편안하고 즐거운 선업으로 지어나가는 공부가 된다고 하였다. 정산종사의 사제에 대한 설명은 불교의 교리를 깊이 있게 이해하고 있다는 증거이며, 불교의 기본교리에 대한 소통은 그가 밝힌 삼동윤리 중 동원도리와 관련된다.

---

166)『정산종사법어』, 경의편 44장.

6. 삼보관

1) 삼보의 신앙

불교 삼보(三寶)신앙의 형성사를 살펴보면 석가모니 생존 당시의 초전법륜과도 관련이 있다. 초전법륜이 불교에 있어서 중요한 사건이었으며, 불·법·승이 그것에 의해 성립되었기 때문이다. 팔리어 '율장(律藏)'에 의하면, 석가가 5비구에 대한 초전법륜으로부터 이전 라쟈아타나 나무 아래에서 결과부좌를 하고 있던 때에 재가신자로서 타풋사와 발리카의 두 상인을 받아들였고, 두 사람은 "존사(尊師)와 법에 귀의하옵나이다"라고 불(佛)과 법(法)에 귀의했다는 것으로 되어 있으나 가르침을 통해 구체성을 가지는 것은 초전법륜 때까지 기다려야 했다.[167] 언급된 것처럼 불과 법에 이어 승(僧)이라는 삼보가 이러한 초전법륜 당시에 성립된 것이며, 삼보란 불타·경전·승려라는 것으로 불교에서 가장 중시하는 세 가지 보물(三寶)인 셈이다.

원시불교에서도 삼보신앙은 절대적이었다. 인도 원시불교에 있어서 재가들의 종교생활은 삼보에 귀의하여 5계를 지키며 승가에 필요한 물질적 보시를 하는 것이 거의 전부였고, 일상생활의 관습 속에 깊이 파고들어 그들의 행위를 지배하는 것은 베다시대 이래로 계속해서 내려오는 제의적(祭儀的) 행위의 전통이었다.[168] 삼보신앙과 더불어 우파니샤드 시대 이

---

167) 田中典彥, 「불교적 영성의 일고찰-불성의 자각과 전개」, 제19회 국제불교문화학술회의 《지식정보화사회에 있어서 불교-생명과 영성》, 원광대·일본불교대, 2005.9, p.39.

래로 고대 인도인들 가운데 윤회와 업보에 대한 믿음이 보편화되면서 선한 행위로서 좋은 과보를 받을 수 있는 것에 관심을 갖지 않을 수 없었다. 아소카왕은 스스로 불법승의 3보에 귀의한 불교신자였으며, 그가 불법을 천하에 전파한 의도는 주로 선행을 지향하는 것이며, 그것은 불교의 부처님, 경전, 승려라는 삼보에 대한 신앙행위를 돈독히 하는데 도움이 되었다.

사실 삼보귀의는 불교의 신앙행위에 있어서 가장 중요한 것이라 본다. 이에 불교 신앙사에 있어 이 삼보에 대하여 지속적인 논의와 그에 향한 귀의신앙이 강조되어 왔다고 볼 수 있다. 삼보 가운데 가장 중심을 이루고 있는 것은 '불(佛)'에 관한 문제이며, 불법승 삼보는 결국 부처님의 실상을 중심으로 전개된 것이다.169) 불타의 법신여래, 나아가 불타의 가르침이자 경전인 법보, 불타를 대신한 승가들 교화로서의 승보 모두가 불교에 귀의하는 신앙의 행위이다. 불자들의 신앙행위는 불타를 중심으로 하면서도 법보와 승보 역시 귀의, 공경하는 마음으로 신앙하는 것이야말로 불제자들의 깨달음과 구원을 향한 길이라 본다.

불교에서는 오늘날 각종 의례 때 삼보를 주제로 하여 찬불가에서 부르고 있다. 일반 신도는 불법승의 3보에 귀의하고, 그들이 지켜야 할 계율에는 5계가 있는데 불살생, 불투도, 불사음, 불망어, 불음주의 다섯 가지이다.170) 모든 사람들이 일단 불교에 입문하면 불보, 법보, 승보에 귀의하여 경의를 표하여 신앙적 경건성을 유지해야 하는 것이며, 그것은 마치 계율을 지키는 것과 같이 삼보와 오계는 같은 맥락에서 이해되고 있다. 불교에서 재가불자로서 삼보에 귀의함과 더불어 거론되는 것으로 수행법은 사불괴정(四不壞淨)이 있는데, 청정한 신앙을 의미하며 불타에 대한 절대적

---

168) 길희성, 『인도철학사』, 민음사, 2007, pp.85-86.
169) 노권용, 「원불교 신앙론의 과제」, 『원불교학』 창간호, 한국원불교학회, 1996, p.21.
170) 中村 元著, 김용식 · 박재권 공역, 『인도사상사』, 서광사, 1983, pp.64-65.

신앙이 불불괴정(佛不壞淨)이며, 법에 대한 절대적 신앙이 법불괴정(法不壞淨)이며, 교단에 대한 절대적 신앙이 승불괴정(僧不壞淨)이며, 계에 대한 절대적 신앙이 계불괴정([戒不壞淨]이다.

2) 삼보의 원불교적 접근

삼보신앙에서 하나의 의심이 생길법한 일이다. 그것은 불교의 삼보가 법신불 신앙을 하는 원불교에서 어떻게 접근되는가에 대한 궁금증이다. 삼보의 등치가 원불교 신앙에서 무엇인가에 대한 것인데, 이를 법신불 사은으로 보자는 견해가 있다. 불교에서 가장 중요한 보물 세 가지를 삼보라 하듯이, 원불교에서 가장 중요한 보물이 무엇인가를 생각해 볼 필요가 있다. 원불교적 의미에서 보면 불법승 삼보신앙을 법신불 사은신앙으로 보아야 한다는 견해가 있다. 곧 불법승은 법신불 사은 안에 포함이 되는 것이며, 『정전』에 나오는 「참회문」의 불법승 삼보를 타력신앙이라는 면으로 보면 모두가 법신불 사은인 것이다.[171] 원불교에서 천지은, 부모은, 동포은, 법률은이라는 것은 사은(四恩)으로 불리며, 이에 원불교 법신불사은을 다름 아닌 불교의 삼보의 대열로 놓자는 뜻이다.

그렇다면 삼보를 원불교의 사은과 관련하여 언급해 보고자 한다. 알다시피 불교의 사은과 원불교의 사은이 있는데, 전자의 경우 사은 속에 삼보은이 있어서 주목을 끄는데, 원불교의 사은 중 그러한 삼보은을 어떻게 접근하느냐에 대해 관심을 가질만하다. 전통불교의 사은에는 여러 가지가 있는데, 원불교가 제시한 천지은 부모은 동포은 법률은의 사은은 실제 전통불교의 부모은·중생은 사상을 계승한 것이며, 국왕은 삼보은 시주은을 빼고 그것을 천지은 법률은으로 보충한 것이다.[172] 즉 불교의 사은 가운

---

171) 한종만, 『원불교 대종경 해의』(下), 도서출판 동아시아, 2001, pp.219-220.

데 삼보은을 원불교 사은 속에서 보면 천지은과 법률은으로 보자는 것이다. 앞으로 불교와 원불교의 사은을 통한 삼보의 접근에 있어 교학의 다양하고도 심층적인 해석이 요구된다고 본다.

원불교에서 말하는 사은은 법신불 사은을 말하는 것으로, 불교학자로서 『인류문명과 원불교사상』에 논문을 기고한 이기영 박사는 불교의 불법승 삼보가 원불교의 법신불(사은)과 관련될 수 있음을 시사하고 있다. 즉 불법승 삼보 상호간의 관계를 말할 것 같으면, 불(佛)은 법(法)을 깨닫고 법대로 살며 법을 가르치면서 법이 실현되도록 노력하는 존재(僧)로서, 법신불은 대체로 영원한 본체로서의 불을 의미한다.[173] 원불교신앙에서 말하는 법신불(불)은 법과 승을 포함하는 것으로 이해된다. 불법승 삼보를 법신불이 포함한다는 면에서 신앙의 대상으로 호칭되는 것이며, 불교의 삼보라는 신앙용어에 대하여 원불교에서 법신불이라는 신앙호칭으로의 접근이 가능하다고 본다.

이러한 맥락에서 원불교 「참회문」에 나타나는 '불법승 삼보 전에'라는 용어를 원불교에서 법신불 사은으로 대치해야 한다는 주장이 있어 주목을 끈다. 즉 「참회문」에 보이는 '불법승 삼보전에'라는 불교 전용의 문구도 '법신불 일원전에' 또는 '법신불 사은전에'라는 원불교적 신앙정서를 지닌 문구로 대치할 필요가 있다[174]는 것이다. 원불교인들이 참회를 함에 있어서 신앙의 대상에 고백하고 서원을 하는 경우를 상기한다면 당연히 '삼보전에'라는 용어 대신에 '법신불 사은전에'라는 용어를 사용하자는 것이다.

---

172) 방립천, 「사은사상과 세계의 조화」, 『원불교사상과 종교문화』 36집, 원불교사상연구원, 2007, pp.5-6.

173) 이기영, 「현대에 있어서의 종교의 진리성」, 『인류문명과 원불교사상』 下, 원불교출판사, 1991, pp.1405-1406 참조.

174) 노권용, 「교리도의 교상판석적 고찰」, 『원불교사상과 종교문화』 45집, 원불교사상연구원, 2010, p.295.

앞으로 원불교의 교서결집에서 거론할 수 있는 사항이라 본다.

그러나 「참회문」의 '삼보전에'라는 말을 반드시 수정해야 한다는 것인가라는 점은 고려해 볼 사항이다. 해석학적으로 이를 접근해 볼 필요가 있기 때문이다. 이를테면 삼보란 불법승을 말하는데 불보에 참회함으로써 우주적 진리인 법신불과 진리를 깨친 제불제성에게 간절히 빌고 반성함으로써 자기 잘못을 뉘우치는 것이며, 법보에 참회함으로써 모든 성현이 밝혀놓은 경전의 법에 자기 잘못을 사하여 달게 받는 것이요, 승보에 참회함으로써 이러한 불타의 경전, 대종사의 『대종경』을 전하여 밝히는 성직자에게 잘못을 고백하여 자기의 죄과를 달게 받는 것이다.[175] 이처럼 『정전』에 있는 불교용어를 원불교 해석학적으로 의미를 부여함으로써 얼마든지 참회를 유도할 수 있다는 긍정적 측면도 고려할 일이다.

한편 불교의 삼보를 수도인의 삶과 관련하여 의미지을 필요가 있다. 정산종사는 다음과 같이 말한다. "우리가 참다운 도를 얻고자 할진대 부처님의 힘과 진리의 힘과 나의 힘이 합함으로써 완전한 삼보에 귀의할 수 있을 것이니라. 무릇 불은 청정한 마음이요, 법은 공정한 자리이며, 승은 일일반조하여 성성불매(惺惺不昧)한 자리이니, 이 이치를 힘써 궁구하라."[176] 삼보를 신행과 관련하여 풀이한 것이 이것으로, 불을 우리 자성불로 접근해 볼 필요가 있다. 아울러 법은 일상의 삶에서 공정한 불법을 실행하는 점에서 이해한다면 의미 있게 다가설 것이다. 승은 교역자로서 일상수행에서 자신의 삶을 반조해보는 것으로 이해한다면 삼보의 의의는 더욱 드러난다.

이어서 원불교의 삼보를 초기교단의 탄생과 관련하여 설정할 수는 없는 일인가. 교단창립의 초기와 관련하여 삼보를 상정함직한 일이기 때문

---

175) 서경전, 『교전개론』, 원광대학교 출판국, 1991, p.407.
176) 『정산종사법설』, 제7편 불법대해 5장.

이다. 소태산 대종사(佛)가 대각하고, 최초법어(法)를 설하고, 구인선진 (僧)의 혈인성사를 이룬 것을 보면 이미 영산에서 원초적으로 삼보가 이루어졌다.177) 교단의 창립기에는 소태산 대종사, 최초법어, 9인 제자들이 삼보로 거론될 수 있다고 본다. 오늘날의 경우 원불교에서 신앙의 대상으로 받드는 법신불 일원상을 불보라 하고, 『원불교 교전』을 법보라 하며, 소태산 대종사의 분신으로서 출가한 교역자를 승보라 할 수 있을 것이다.

이러한 맥락에서 원불교 삼보를 불교적 사유에서 접근한다면 법신불, 교서, 교역자로 규정할 수 있다. 좌산종사도 『교법의 현실구현』이라는 법문집에서 불보와 법보를 다음과 같이 풀이하고 있다. 경전이란 삼보 중 법보며 진리의 뜻이며 주세불의 자비와 태양 같은 지혜라 하였고, 교화자 (교역자)란 삼보 중 승보며 종법사의 분신이자 일원대도의 전법사도178)라 하였다. 삼보를 구분해본다면 당연히 불보는 법신불로 보아야 하는 것이다. 혹자는 불보를 소태산 대종사로 볼 수 있겠으나, 불교의 불보를 보면 신앙의 대상으로 자리한 불타를 고려하면, 원불교의 불보 역시 신앙의 대상인 법신불이어야 함은 당연한 일이다.

다만 교단삼보와 교사삼보를 구분하여 볼 경우, 법신불 일원상과 소태산 대종사가 대등하게 접근된다. 이와 관련하여 상산 박장식 교무는 불교의 삼보와 원불교의 삼보를 다음의 도표179)를 통해 상호 대비적으로 비교하였다.

177) 박장식, 『평화의 염원』, 원불교출판사, 2005, p.230.
178) 좌산상사법문집, 『교법의 현실구현』, 원불교출판사, 2007, pp.96-98.
179) 박장식, 『평화의 염원』, 원불교출판사, 2005, p.184.

삼보		佛	法	僧
불교	一體삼보	평등여여	차별변화	調和
	現前삼보	서가모니불	설법	십대제자
	住持삼보	불상	藏經	승려
원불교	일체삼보	평등여여	차별변화	조화
	教史삼보	대종사	불교정전	구인선진 교화단
	教團삼보	법신불일원상	교전 교서	종법사중심교화단

불교의 경우 일체삼보, 현전삼보, 주지삼보를 언급하고 있으며, 원불교의 경우 일체삼보, 교사삼보, 교단삼보를 언급하고 있어서 매우 흥미 있게 삼보론을 해석하고 있다.

3) 삼보의 교서기록

원불교 교사 내지 교서의 기록에 근거하여 삼보론을 언급해 보고자 한다. 소태산의 삼보 언급과 관련한 교서의 접근은 그가 대각을 이룬 후 불교 경서 등을 열람한데서 그 근거를 찾아야 할 것이다. 소태산이 대각을 이룬 후 열람한 불교 교서로는 『금강경』『선요』를 비롯하여 만해 한용운의 『불교대전』이다. 본 교서는 불교유신운동을 주도한 것으로, 경율론소(經律論疏)를 망라하여 불보·법보·승보·포교·해탈의 작품으로 촬요함으로써 불교계에 커다란 반향을 불러일으켰다.[180] 그가 열람한 경전은 불법승 삼보 가운데 법보로서, 기록에 의한 삼보의 흔적을 간접적으로나마 파악하였으리라 본다.

또한 『원불교 성가』에 삼보에 귀의한다는 '삼귀의'가 있다. "귀의불(歸依佛) 양족존(兩足尊), 귀의법(歸依法) 이욕존(離欲尊), 귀의승(歸依僧) 중중존(衆中尊)"이라는 성가 가사가 이에 관련된다.[181] 삼귀의는 초기교

---

180) 양은용, 「수양연구요론의 구조와 성격」, 『원불교사상』 14집, 원불교사상연구원, 1991, p.332(주9).

단에서 법회시간에 염송했었다. 그러나 원불교 교서가 정비되면서 예회에 삼귀의 염송이 생략되어온 과정이 있다. 원불교는 불교를 연원종교로 삼고 있으며, 석가모니불을 연원불로 모시는 상황에서 원불교 성가에 삼귀의가 속해 있으며, 아울러『정전』「참회문」에 삼보라는 용어가 있는 관계로 불교의 삼보관에 대한 이해가 필요하다고 본다.

물론 원불교 기본교서에 삼보라는 용어는 흔하게 등장하지는 않는다.『정전』「참회문」에 삼보 용어가 사용되는데 삼보와 관련한 설명 없이는 쉽게 이해되지 않는 용어이다. 그만큼 삼보라는 용어가 원불교 교서에 자주 나타나지 않는다는 증거이다. "참회의 방법은 두 가지가 있으니, 하나는 사참이요 하나는 이참이라, 사참이라 함은 성심으로 삼보 전에 죄과를 뉘우치며 날로 모든 선(善)을 행함을 이름이요"[182] 사실 '삼보전에' 죄과를 뉘우친다는 말은 원불교 신앙적 정서에 의하면 '법신불전에' 죄과를 뉘우친다고 해야 보다 자연스러운 말일 것이다. 이는 원불교가 불교의 참회론을 회통의 측면에서 원용하였음을 의미하며, 불법의 수용을 통해서 자연스럽게 삼보라는 용어가 등장한 것으로 이해된다.

이어서 원불교교서인『정산종사법어』에 삼보라는 용어가 한번 등장한다.「국운편」2장이 이것으로 원기 30년(1945) 7월 부산에 방문한 적이 있다. 원불교 초량교당에 가서 법당에 '사은상생지 삼보정위소(四恩相生地 三寶定位所)'라 써서 붙였으며, 이어서 당시의 혼란한 시국을 안정시키기 위해 기도를 하였던 것이다. 그가 여기에서 글로 남긴 삼보는 법신불 사은과 병칭한 것으로, 부산지역의 방편적 불교교화와도 관련되었을 것으로 보인다.

원불교 교서에서 삼보라는 용어가 발견되는 것은『불조요경』에 편재된

181)『원불교 성가』39장.
182)『정전』, 제3 수행편, 제8장 참회문.

『업보차별경』이다. "또한 중생이 결정보를 받는 것은 불법승 삼보에 대하여 신앙심과 향상심을 가지고 보시를 많이 하여 이 선업으로써 사후에 왕생할 곳을 서원하여 자기의 서원한 그대로 곧 왕생함이요."[183] 이어서 말하기를, 중생이 부정보(不定報)를 받는 것은 누구에게 보시도 않고 아무 원도 없으며 선업도 닦지 않아서 되는대로 수생함이라 했다. 선업선보의 복된 보를 받음에 있어서 삼보에 지성으로 신앙심을 드러내고, 향상심을 드러내야 한다는 것으로 선업작복의 필요성을 밝히고 있다. 지은 악업은 참회하고 날로 선업을 짓는데 삼보에 돈독한 신앙심으로 다가서라는 것으로, 소의경전으로서 불경을 『원불교 전서』에 포함시킨 이유이다.

4) 주법의 삼보이해

소태산 대종사의 『정전』 참회문에 나오는 삼보의 용어에 이어서, 그의 종통을 계승한 정산종사의 삼보이해는 일상의 생활에서 실천, 참회 대조하는 공부와 관련되고 있다. 참회와 관련하여 말하기를, 참회하는 공부는 형식에 있는 것이 아니요, 불법승 삼보전에 지성으로 해야 할 것[184]이라 했다. 이어서 불(佛)은 법신불 일원상이니 매사를 당할 때마다 일원상 같이 원만하게 알았는가, 원만하게 닦았는가, 원만하게 행하였는가를 대조하여 법신불과 같이 원만구족한 힘을 양성하는 것이라 했다.

또한 법(法)은 깨친 분이 그 깨달은 진리와 체험한 것을 기술한 것으로 우리 회상에서는 『정전』이니 항상 『정전』대로 실행하였는가 못하였는가를 반조하여 결함됨이 없게 하라는 것이다. 승(僧)은 진리를 터득하기 위하여 법을 행하는 선지식이니 초입자는 항상 이 선지식의 가르침에 잘

---

183) 『업보차별경』 22장, 復有業하야 能令衆生이 得決定報함은, 若人이 於佛法僧及持戒人에게 所以增上心施하며, 以此善業으로 發願廻向하야 即得往生이라 是名決定報業이요.
184) 『한울안 한이치에』, 제3장 일원의 진리 50장.

따르고 일체를 사실대로 고백하여 선악시비의 감정을 얻어 행하라고 하였다. 정산종사는 이와 같이 하고 보면 반드시 불법승 삼보에 귀의하는 대보살이 될 것이라는 확신을 심어주었다.

이어서 대산종사는 삼보의 이해를 자성불과 관련하여 언급하고 있다. 원래에 불법승 삼보가 각각 분류되지만, 그는 불법승이 하나의 모습으로 나타나며, 자성불만 깨치게 되면 불법승 삼보가 삼위일체와 합하여 한 상으로 나타나는 것이라 했다.[185] 불법승 삼보를 삼위일체로 풀이하여 준 대산종사의 삼보관은 독특하면서도 설득력을 가져다준다. 그는 불교의 삼보용어와 다른 성격에서 도교의 삼보를 거론하고 있다. 곧 노자 삼보(三寶)로서 자(慈)는 남을 호리라도 미워하는 마음이 없음이며, 검(儉)은 무슨 물건이든지 내일을 위하여 다 쓰지 않고 늘 아껴 두는 것이며, 불감위천하선(不敢爲天下先)은 천하의 제일 뒤에 밑받침이 되어서 천하 사람을 다 먼저 좋게 해주는 덕을 기름이라[186] 하여 처세의 교훈삼보라 하고 있다. 불교의 삼보를 도교의 삼보와 관련지어 관심을 끌고 있다.

좌산종사는 불교의 삼보를 수행정진과 구제사업에 관련시켜 언급하고 있다. 그에 의하면 불교는 원래 믿음만을 요구하는 종교가 아니라 각(覺)·행(行)·증(證)으로 이어져서 제도사업에 헌신하는 것을 요구하며, 이것은 불법승 삼보의 귀의로 시작한 후, 수행 정진하여 깨닫고 드디어는 궁극적 원리를 증득하며 고해 생령들의 구제사업에 헌신하는 것[187]이라 하였다. 수행자로서 깨달음과 행동으로의 솔선하는 삶이 필요하며, 이는 삼보에 간절한 염원으로 다가서서 기도하는 심경으로 임해야 한다는 뜻이다. 수행자로서 신앙의 간절함이 바로 삼보에 귀의함이라 볼 수 있다.

---

185) 『대산종사법문』 5집, 6. 無心訣, 自現一體佛法僧(大珠).
186) 『대산종사법문』 1집, 진리는 하나, 2. 도교.
187) 이광정, 『주세불의 자비경륜』, 원불교출판사, 1994, p.38.

이어서 경산종사 역시 삼보를 참회와 관련시켜 중생이 제도를 받도록 하는 것으로 이해하고 있다. 참회는 자력적으로 하는 방법이 있는가 하면, 타력적으로 하는 방법이 있는데 삼보는 이의 후자가 된다는 것이다. 곧 대승불교의 경우에는 죄업의 근본인 무명업장을 씻어내서 죄 없는 본래 자성을 회복하는데 주력하는 이른바 자력참회가 주가 되지만, 소승불교에서는 잘못한 행위를 불법승 삼보 전에 고백하고 그것을 참회하여 제도를 받도록 하는 타력참회가 주가 된다고 했다.[188] 삼보를 타력참회의 면에서 언급하고 있음을 보면, 불자들이 삼보에 귀의하여 타력의존으로 접근하는 한계가 있으므로 자력참회를 아울러 하라는 의도로 이해된다. 원불교의 참회는 자성불과 타력불, 곧 자타력 병진신앙으로 접근하는 것이 바람직한 일이기 때문이다.

5) 삼보와 자타력병진

불교에서 원용된 삼보신앙은 원불교에서 자력과 타력을 아우르면서도 위기의 상황에 처하면 타력적인 측면이 부각되는 것이다. 전장에서 밝혔듯이 정산종사는 난국의 상황에서 교당을 방문하여 '삼보정위소(三寶定位所)'라는 글을 써서 붙였다. 이에 박장식 교무에 의하면, 우리의 삼보정신은 교리도의 자타력 병진정신과 같으며, 기도를 할 때 "거룩하신 법신불 사은이시여" 하는데, 정산종사는 광복 직전에 미군이 부산을 향하여 함포사격을 한다는 등 위급한 소식이 들리자 부산에 내려가 초량교당에서 기도를 드릴 때 법신불 사은 밑에 써 붙이기를 '사은상생지 삼보정위소(四恩相生地 三寶定位所)'라 하였다[189]는 것이다. 원불교에는 이미 '법신불 사

---

188) 장응철, 『죄업으로부터의 자유-참회문 해설』, 도서출판 동남풍, 2005, p.49.
189) 박장식, 『평화의 염원』, 원불교출판사, 2005, pp.182-183.

은'이라는 신앙대상 호칭이 있음에도 불구하고 '삼보정위소'를 쓰고 기도 올린 이유는 불법승에서 '불'이 갖는 타력적 신앙의 위력을 덧붙이자는 것이다.

원불교 신앙의 특징에서 볼 때 삼보는 타력만이 아니라 자타력 병진신앙으로 새겨보아야 한다. 삼보를 법신불 일원상과 같은 위상으로 보아 자타력 병진신앙이라는 것으로 이해하는 것이 바람직하다. 일원상은 타력신앙의 의미도 있겠지만, 자성불이라는 자력신앙의 의미를 포함하고 있기 때문이다. 삼보를 타력신앙·자력신앙으로 접근할 때 일원상의 신앙과 수행이 하나 되어 신행일여(信行一如)가 되며, 불교에서는 삼보가 최상의 권위를 가지고 있다고 해도 소태산은 삼보의 관계를 자타력으로 언급하였다.[190] 불교 삼보신앙의 타력적 측면을 소태산은 법신불의 자타력 병진신앙으로 접근하도록 하였으니, 삼보신앙을 새롭게 이해하는 지혜를 가져야 할 것이다.

사실 불교신앙의 변천사에서 볼 때 외부로부터 타력신앙으로 전개되었던 불교의 삼보가 후래에 내면으로부터 자력신앙으로 접근할 수 있는 대승불교의 운동이 전개되었다. 석가모니는 브라만이라는 절대자를 내 마음에서 찾으라고 했다. 그 뒤에 불교의 역사가 오랫동안 절대자를 밖에서 찾는 경향이 있었는데, 불법승 삼보도 밖에서 찾으려 했고 사홍서원도 밖을 향해 있었지만 혜능이 불법승 삼보도 내 마음에서 찾으라, 사홍서원도 내 마음에서 찾으라는 사상을 전개하였다.[191] 혜능은 삼보나 사홍서원을 나의 마음으로 접근하여 선종이 발전된 것으로 보았다. 따라서 자력적 측면을 환기시키면서 한국 선종이 발전해 온 것을 유추해볼 수 있다.

오늘날 불교의 타력적 삼보신앙으로부터 극복하자는 견해가 있다. 즉

---

190) 위의 책, pp.183-184, p.208.
191) 한종만, 『원불교 대종경 해의』 上, 도서출판 동아시아, 2001, pp.505-506.

불교적 구원의 방편은 참 자아의 진리등불을 밝히기 위해 정진함으로써
스스로 득도함에 있기 때문이라는 것이다. 엄밀하게 말하면 삼보에 귀의
하여 해탈하고 극락왕생한다는 대중적 신앙체계는 불교적 실존이해의 변
용태요 심하게 말하면 변질형태이며, 수행정진을 통한 자기 진면목의 깨
달음이 불교적 구원의 방편이라는 것이다.[192] 타력적으로 삼보신앙에 귀
의하는 행위에 그치지 않고 자기 스스로의 자성불을 찾아서 해탈에 이르
는 것이 참 불교의 길이기 때문이다.

　하여튼 소태산의 불교혁신의 입장을 고려, 삼보와 원불교의 대대(待對)
관계의 접근을 시도한 연구가 흥미롭다. 소태산의 불교개혁사상의 구조를
보면 ① 불보와 법신불 일원상을 상정하여 일원의 세계가 불타의 깨달음
과 관련되며, ② 법보와『정전』텍스트를 상정하여『불교정전』을『원불
교 교전』으로 재편하였으며, ③ 승보와 승가의 사회화를 상정하여 소태산
은 출가와 재가가 평등한 존재로 불법 공동체를 이루고자 한 대승정신을
계승한 것으로 평가할 수 있다.[193] 소태산은 이처럼 전통불교를 혁신함으
로써 과거 소승불교의 타력적 삼보신앙에서 대승불교의 자타력 병진의 삼
보신앙을 수용하였으며, 나아가 전통의 불법승을 일원상,『정전』, 교역자
로 해석하여 새 불교로 거듭나도록 하였다.

192) 김경재,「기조발표-동서종교사상의 화합과 회통」,≪춘계학술대회 요지-동서종교사상
　　의 화합과 회통≫, 한국동서철학회, 2010.6.4., p.18.
193) 원영상,「소태산 박중빈의 불교개혁사상에 나타난 구조 고찰」,『신종교연구』제30집,
　　한국신종교학회, 2014, pp.133-144.

7. 생사관

1) 생명의 기원과 죽음

각 종교는 태초의 생명기원에 대해서 저마다 의견을 표명하고 있다. 신이 만물을 창조했다는 창조론이 그 대표이다. 그리고 『리그베다』에 나타난 '창조송(Hymn of Creation)'을 소개하여 본다. "태초에 유(有)도 없고 비유(非有)도 없었다. 공기도 없었고 그 위의 하늘도 없었다. … 사(死)도 그때는 없었고 불사(不死)도 없었으며 밤이나 낮의 표징도 없었다. 일자(一者)만이 그 자체의 힘에 의하여 바람도 없이 숨 쉬고 있었고, 그 외에 아무것도 없었다. 처음에 어둠이 어둠에 가리어 있었고 어떠한 표징도 없이 이 모든 것이 물이었다. 허공에 의하여 덮여진 것, 그 일자가 열에 의하여 생겨났다. 처음에 그 일자 속으로 욕망이 들어갔다."[194] 그리하여 생각의 산물, 그 최초의 씨, 현인들이 마음에 지혜로서 찾으며 비유(非有) 속에 유(有)의 연결을 발견했다는 것이다. 일자를 언급하고 유무의 문제를 거론하면서 생명의 기원에 관심을 표명하고 있다.

또한 『리그베다』의 '창조송'에 의하면, 태초에 창조적 힘과 비옥한 힘이 있었고, 아래에 에너지 위에는 충동이 있었다고 한다. 제신(諸神)도 이 세계의 창조 후에 태어났지만, 누가 이 세계가 어디로부터 생겼는지 알 수 있는가라고 했다. 가장 높은 하늘에서 세계를 살피는 자, 그만이 생명탄생

---

194) S. Radhakrishnan and C. A. Moore, ed., A Sourcebook in Indian Philosophy, Princeton, New Jersey : Princeton University Press, 1957, pp.23-24(길희성, 『인도철학사』, 민음사, 2007, pp.24-25).

의 비밀을 알 것이라 하면서도 또 모를 수도 있다고 하였다. 종교와 철학에서는 저마다의 생명탄생의 기원을 자신의 신조 내지 교의에 바탕하여 언급해 온 것이다.

불교에서는 연기론에 따라 생명체의 생사론을 거론하고 있는데「구사론」에서 밝힌 생사과정은 다음과 같다. 49일간 중유(中有)의 기간에 있다가 몸을 받게 되며, 49일이 지나면 새 몸을 받는 것으로 천도재를 지낸다는 것이다. 다시 말해서『구사론』에서 사유설을 밝히고 있는데, 태어남은 생유(生有)이며, 태어나서 죽을 때는 본유(本有)이고, 죽음은 사유(死有)이며, 죽어서 다시 몸으로 태어남은 중유(中有)라는 것이다. 특히 선악의 업인(業因)이 있어서 그 업인에 따라 생로병사를 거듭한다는 것이 불교 연기론으로, 이 12인연의 연결고리를 통해 생사의 반복작용이 이루어진다고 본다. 이는『능가경』의 사상과 궤를 같이하며, 여래장 연기 혹은 진여 연기를 논하고 있는 것이『대승기신론』으로, 기신론은 진여문과 생멸문을 일심(중생심)의 양면으로 보고 있다.[195] 즉 일심법계의 무차별상은 진여이며, 일심법계의 차별상은 생멸의 세계라고 본다. 여래장의 아뢰야식에서는 생멸과 불생멸이 작용하는데, 아뢰야식의 불각(不覺)에 의하여 인연의 연기론(緣起論)이라는 수연유전(隨緣流轉)의 생사세계가 전개된다는 것이다.

원불교에서도 진리본체는 시지불견(視之不見)하고 영원불멸하여 생멸이 없는 것이나 현실에서는 인간 육신의 생사작용이 있다고 하였다. 정산 종사에 의하면, 인간 세상에 나타나는 모든 법과 만상은 유한하여 변천이 지속된다고 했다. 또한 만법의 근원적인 생명은 또한 생멸이 없으나 만법의 생명에는 장단이 있으니, 사람이 살다가 오늘 죽으매 내일에는 그 자취

---

195) 길희성,『인도철학사』, 민음사, 2007, p.156.

조차 찾아볼 수 없는 그런 인간의 삶은 다 육체가 멸함과 동시에 영원히 죽어 없어진다[196]고 하였다. 소태산은 일원상의 진리를 깨닫고 「일원상서 원문」에서 언어도단의 입정처임과 동시에 유무초월의 생사문을 밝혔다. 언어도단의 입정처란 생멸이 없는 불교의 진여문과 같다면 유무초월의 생사문이란 생멸이 지속되어 생명체의 탄생과 죽음이 반복된다는 생멸문과 같다. 현실세계에서 생명체의 생로병사는 생사문(생멸문)과 연계할 수 있고, 영원불멸이라는 진여문에서는 생사는 본래 없다고 보았다.

그렇다면 현실세계에서 죽음이란 무엇인가. 우선 성현의 죽음에 대한 언급을 소개하여 본다. "활(活)이란 생명체는 자성진여이며, 사(死)란 무기심(無記心)의 영멸(永滅)이다"라고 하였으며, 이는 『선문정로』(禪門征路)의 생명과 죽음의 요지인 것이다.[197] 살아있다는 것은 깨어있다는 것으로서 그것은 자성진여를 간직하는 것으로 이해되며, 이는 일생을 수행 정진으로 나아갈 때 더욱 수월하게 이를 수 있다고 본다. 그리고 죽음이란 무명에 의해 의식이 완전히 없어지는 것으로 심신의 활동이 영멸하는 것을 의미한다.

인도종교에서 생사를 구분하는 것은 호흡의 유무(의식의 영멸 여부)로 결정짓는다. 힌두교에서는 방금 전까지 온전히 활동하던 육체가 갑자기 그 기능을 상실하고 모든 것을 의식하지 못하는 것을 죽음으로 보았다. 그들은 호흡이 있느냐 없느냐로 판단하여 호흡이 없고 의식이 없을 때 죽었다고 한다. 목숨과 온기와 의식은 몸이 사라질 때 함께 사라지는 것이며, 목숨과 온기가 사라지고 모든 감각기관이 파괴되어 몸과 생명이 분리되는 것을 죽음이라[198]고 언급한 사실을 새겨볼 필요가 있다. 고대 힌

---

196) 『정산종사법설』, 제8편 편편교리, 22장 현실의 불멸.
197) 불교신문사 편, 『불교에서 본 인생과 세계』, 도서출판 홍법원, 1988, pp.70-71.
198) 『雜阿含』 卷21(『大正藏』 2, p.150b9). 『中阿含』 卷24(『大正藏』 1, p.548a1).

두교나 불교적 사유에서 볼 때 우리의 생명에 호흡이 중요함을 일깨워주고, 또 죽음에 이르면 온기가 사라져 결국 육체는 호흡도 사라지면서 지수화풍으로 흩어진다고 보았다.

이러한 맥락에서 불타와 그의 제자 사이에 있었던 대화에서 죽음의 참의미를 알게 된다. 즉 불타가 제자들에게 사람의 목숨이 얼마 사이에 있느냐고 하였다. 한 제자 대답하되 수일 사이에 있다고 하자, 불타는 그에게 아직 도가 능하지 못하다며 다시 다른 제자에게 물었다. 그 제자 대답하되 밥 먹는 사이에 있다고 하였으나 불타는 또한 그 사람도 도가 능하지 못하다고 하였다. 다시 다른 제자에게 물으니 그 제자 대답하되 숨 한번 쉬는 사이에 있다고 사뢰자, 불타 답하되 그대가 참으로 도를 알았다[199]고 하였다. 인간의 목숨이란 이처럼 순간순간 전개되는 호흡의 유무에 달려 있으며, 우리가 죽는다고 하는 것은 숨을 쉬지 않음에 있다는 불타의 소박한 죽음인식이 사실적으로 다가온다.

불교에서는 또한 육신의 죽음은 오온(五蘊)이 사라지는 것으로 보고 있다. 여기에서 개별적인 온(蘊)은 찰나(滅)의 존재로서 인과론에서 벗어날 수 없다. 인간이 오온의 화합에 의해서 성립된 것이지만 그 화합이라는 조건이 깨지면 인간으로서 성립할 수 없는 것으로, 죽음이란 오온이 화합하는 조건이 사라지는 것을 의미하며, 태어나는 것은 오온이 화합하는 조건이 성립하는 것이다.[200] 고집멸도에서 볼 때 고가 멸한 상태는 열반이며, 이 열반에는 과거의 업과 현재의 오온을 그대로 지닌 채로 경험하는

---

199) 『사십이장경』 38장, 佛問諸沙門하사대 人命이 在幾間고 對曰- 在數日間이니이다. 佛言-子未能爲道로다 復問一沙門하사대 人命이 在幾間고 對曰-在飯食間이니이 佛言-子未能爲道로다 復問一沙門하사대 人命이 在幾間고 對曰-呼吸之間이니이 佛言- 善哉라 子知道矣로다.
200) 이용주, 「설일체유부의 윤회관」, 『원불교사상과 종교문화』 40집, 원불교사상연구원, 2008, p.228.

유여열반(有餘涅槃)과 오온이 해체된 후 사후에 주어지는 무여열반이 있다. 일반적으로 범부와 중생은 유여열반의 경지를 느끼는 편이지만, 아라한과 이상을 얻은 자는 생사해탈의 자성진여를 체득한 상태로서 이 무여열반을 얻음과 동시에 오온이 공멸한 지고의 열반 경지를 체험한다는 것이다.

그렇다면 원불교의 죽음관은 어떠한가. 불교의 인연연기론과 일치하는 점에서 본다면 죽음이란 소멸이 아니라 새로운 시작을 말한다. 원불교에서 죽음은 결코 본래성이 회복된 인간 존재의 완성이나 소멸이 아니라 삶의 형태가 바뀐 새로운 가능성의 시작이라는 것이다. 나고 죽는 순환왕래의 괴로움과 즐거움이 모두 공하므로 마음이 그 자리에 그쳐 있기만 하면 생사업보가 모두 없는 것이니, 죽음이야말로 한 마음작용에 따라 얼마든지 조절할 수 있는 무한한 가능성이자 새로운 삶의 다른 양식이 될 수도 있다.[201] 여기에서 죽음을 공포의 대상으로 보는 것보다는 극복해야 할 대상으로 보아야 한다는 종교적 신념이 함께한다. 죽음은 또 다른 시작이라 함으로써 환희의 삶을 맞는 수행자적 지혜가 따르게 된다. 육체가 늙으면 죽지만 이를 변화로 알 뿐 끝이 아니며, 영혼이 불멸함을 깨닫도록 하는 생사윤회와 생사해탈을 아울러 말하는 것이 원불교의 죽음에 대한 기본해석이다.

여기에서 어떠한 생명체라도 죽음을 피할 수 없으며 반드시 죽게 된다는 정업(定業)을 알아야 할 것이다. 모든 생명체에게 찾아오는 죽음은 예외가 없기 때문이다. 특히 인간의 육체는 사대(四大)의 화합작용에 의해서 형성된 것이며 이것이 멸하면 죽음에 이른다. 어떤 종교에서든 삼세의 시간론에서 자신 개체의 존재로 인정하며, 이에 수반되는 에너지의 전환

---

201) 김순금, 「죽음의 원불교적 해석」, 『원불교사상과 종교문화』 36집, 원불교사상연구원, 2007, p.106.

및 출입을 경험하면서 생과 사로 물질의 생명을 설명하는 것과 같이, 불교에서는 유기물질인 육체를 사대(지수화풍) 화합의 작용이라 하고 있다.[202] 인간의 육체는 지수화풍의 모임에 의한 생명체 세포로부터 시작되는 성장, 구성, 조절, 자극반응, 물질대사, 증식 등으로 생명체의 끊임없는 물질의 출입과 변화를 겪게 되지만, 흩어지면 이 모든 것들이 사라지는 것으로 죽음은 어쩔 수 없이 맞이해야만 하는 정업인 것이다.

불교의 『열반경』에서도 생이 있기 때문에 죽음이 있는 것이라 하였다. 곧 「성행품」 제19에서는 다음과 같은 비유가 있다.[203] 언젠가 부자집 주인이 절세의 미인을 만났으며 그의 이름은 공덕대천(功德大天)이라 했다. 부자는 반가워서 정중하게 맞았지만 얼마 후 다른 여자가 집으로 왔다. 그는 얼굴이 추한 여자로서 그녀의 이름이 흑암(黑闇)으로 재물을 없애는 구실을 한다는 것이다. 그러자 부자는 나를 망하게 한다고 생각하고 욕설을 하면서 내쫓았다. 그러나 흑암이 도망가면서 말하기를 "댁에 맞아들인 여인은 나의 언니인데 나는 언제나 언니와 함께 있게 되어 있다. 나를 내쫓으면 언니도 나와야 한다"라고 말하는 것이었다. 또 당신이 나를 사랑한다면 그도 사랑해야 한다고 했다. 부잣집 주인은 이 두 자매를 함께 내보내고 말았는데, 언니는 생(生)을 나타낸 것이요 동생은 죽음을 상징한 것이다. 생이 있는 곳에 죽음이 있기 때문에 생사를 떠날 수 없는 운명을 나타낸 것으로 죽음은 정업이라는 사실을 일깨워주고 있다.

이 세상에 탄생의 유무와 상관없이 죽음은 이미 정해져 있다. 불교에서 연기(緣起)의 법칙이란 정업과 관련되는 것으로 이는 불타가 깨달은 진리이다. 어느 때 불타가 기원정사 즉 제타바나 숲속의 정사에서 "비구들이여, 연기란 어떤 것일까. 이를테면 생(生)이 있으므로 노사(老死)가 있다

---

202) 불교신문사 편, 『불교에서 본 인생과 세계』, 도서출판 홍법원, 1988, pp.65-66.
203) 위의 책, pp.77-78.

고 하는 이 사실은 내가 이 세상에 나오든 나오지 않든 정하여져 있다. 법으로 정해지고 확립되어 있다는 말이다. 그 내용은 상의성(相依性)이다. 그것을 나는 깨달았다. 깨닫고 이제 너희들에게 가르치고 설명하여 너희들도 보라고 말하는 것이다."204) 이처럼 불교의 생사에 대한 가르침은 우주에 존재하는 생명체에게 모두 죽음이 정해져 있다는 예정조화설과도 같다. 운명적으로 죽음이 정해져 있는 것을 정업이라 하는 이유이다.

죽음을 맞이하는 것은 성자라 해도 예외가 없다. 예수나 석가모니도 죽음을 면할 수 없었으며, 원불교의 교조인 소태산 대종사도 정업으로 열반에 들었다. 더욱이 그가 생존 당시에 자제가 열반에 이르자 인력으로 좌우할 수 없다고 하였다. 인사를 다하지만 지킬 수 없는 것은 명(命)이니 이는 가히 어찌할 수 없는 것이라며, 평소처럼 공사(公事)나 설법이 조금도 평시와 다르지 아니하였다.205) 만일 죽음을 면할 수 있다면 그것은 인간이 아니며, 어떤 생명체도 아니다. 그것은 인간이 설정한 신만이 가능한 일인지 모른다.

하지만 정업을 어쩔 수 없이 맞이해야 하는 운명으로만 돌릴 수는 없다. 종교적 수행을 통해 열반의 기쁨을 누리자는 것이 불법의 해탈론이기 때문이다. 이에 정업을 돌파하는 것으로 천업(天業)을 돌파하라고 언급한다. 부처의 경지에 이르면 육도사생이라는 천업의 과정을 돌파하여 마음대로 수용하는 생사자유의 경지에 이르게 되는데, 이는 천도에 순응하는 보살의 능력에서 천도를 활용하는 능력으로 진보하였음을 뜻한다.206) 소태산은 이에 말하기를, 범부 중생은 육도의 윤회와 십이인연에 끌려 다니

---

204) 『相應部經』 12. 20緣(雜阿含經12. 14 [서緣法. 조용길, 「불교윤리의 현실성」, 『한국불교학』 4(한국불교학회 편, 한국불교학 제6집), 불교학술연구소, 1995, p.95.
205) 『대종경』, 실시품 32장.
206) 김기원, 「원불교 자유관」, 『원불교사상시론』 1집, 수위단회사무처, 1982, p.159.

지마는 부처는 천업을 돌파하고 거래와 승강을 자유 자재한다(『대종경』, 불지품 6장)고 하였다. 인간에게 주어진 죽음이라는 운명은 누구도 피할 수 없지만 이 죽음의 공포에서 벗어나기 위해 천업을 돌파하는 부단한 해탈의 수행을 당부한 것이다.

2) 생사의 중요성

현대인은 생명의 끝이 어디인 줄 모르고 생존경쟁에 뛰어들고 있으며, 물질의 영위를 통해서 현실 안주에만 만족하는 삶을 살아가고 있지는 않는지 궁금하다. 결국 죽음으로 끝을 맺고야 마는 삶을 지켜보면서 무상한 생사의 실상을 간과하지 말고 참 삶이 무엇인가를 화두로 삼고 살아야 할 것이다. 동서고금을 막론하고 인간은 목전의 현실이나 감각적 현상이나 자신이 살고 있는 현 세계 등에 안주하는데 만족할 수가 없었으며, 죽음으로 끝을 맺는 삶의 모습에서도 인간은 불멸의 세계가 존재하기를 갈구한다.[207] 이러한 생사의 실상들을 들추어내고 죽음을 맞이하는 고통스런 감정에 솔직해질 필요가 있다.

인간의 감정에 중요성으로 다가오는 화두 곧, 종교에 있어서 생명이란 무엇인가. 종교의 주 기능의 하나가 죽음의 고통을 치유하는 것이므로 죽음을 포함한 생명의 의의를 드러낼 필요가 있다. 생명에 관심이 없는 종교는 그 존재의 의의가 약화될 것이다. 따라서 생명체가 성장하지 않는다면 그것은 죽는다는 것을 뜻하므로 종교는 생명의 건전한 성장을 위해서 있다.[208] 여기에서 생명의 성장만큼이나 죽음을 초연히 맞이하도록 하는

---

207) 아베 마사오, 「선과 서양사상」(존 스태프니 外/김종욱 편역, 『서양철학과 禪』, 민족사, 1993, p.19).
208) 柳達永, 「원불교에 대한 담밖에서의 제언」, 『원불교개교반백년 기념문총』, 원불교반백년기념사업회, 1971, p.517.

데 종교의 역할이 중요하다. 어쩌면 생명의 건전한 성장과 생명을 마칠 때 초연한 마음의 자세를 갖는 것이 종교인의 자세라 본다. 더욱이 우주 전반의 생명성에 대한 이해와 인간의 생사에 대한 초연의 마음을 선사하는 종교는 주된 역할을 수행하고 있다고 할 수 있다.

종교의 주된 역할을 자각한 이상, 불교와 원불교의 생사관이 무엇인가를 알아보는 것이 우선이라 본다. 그것은 불법을 신앙하는 종교라는 공감대 속에서 생사의 의미를 거론하고 생사해탈의 방법론을 모색함으로써 가능한 일이다. 자연스럽게 불교와 원불교의 생사를 이해하는 장이 마련될 것이며, 그 가운데 두 종교의 생사관에 대한 정체성이 드러나리라 본다. 소태산은 생사란 불생불멸이라는 불교의 사상을 수용하면서 이는 제 종교와 비교하여 생사의 원리를 가장 잘 드러낸 것이며, 생사의 문제를 해결할 원리라 보고 있다.[209] 이처럼 생사의 원리와 생사해탈의 문제에 대하여 일치하는 점이 대부분이며, 다만 교조의 생사법문에 따라 그 고유성이 드러날 것이다.

생사해탈과 관련된 죽음의 고통스런 문제는 비단 불교계만 관심을 가지고 거론해야 할 것은 아니다. 고대로부터 동서 철학계와 서구종교에서 생사를 이해하는데 많은 노력들이 있어왔다. 인간은 죽을 수밖에 없는 존재이며, 이렇게 볼 때 평화의 문제는 인간의 죽음에 대한 자각과 이에 따른 불안·공포와 불가분의 관계가 있음을 알 수 있으므로 고대로부터 이 생사의 문제를 해결하려는 노력들이 줄기차게 이어져오고 있다.[210] 인간이 원초적으로 지니게 되는 불안이란 우리가 죽는다는 사실 때문이며, 또 죽음은 엄청난 고통과 불안이 엄습해온다는 것을 알기 때문이다. 이러한 사실로 인하여 동서고금을 통해서 수많은 지성인들이 죽음의 고통을 인지

209) 한정석, 「원불교 불교관」, 『원불교사상시론』 1집, 수위단회사무처, 1982, p.78.
210) 불교신문사 편, 『불교에서 본 인생과 세계』, 도서출판 홍법원, 1988, p.117.

하고 이를 치유하기 위해 고뇌해왔다.

특히 불교에서 종교적 신념과 신앙적 체험을 통해서 생사해탈에 대한 많은 관심을 드러내었으며, 그것이 불타의 법어로 전달된 것이다. 생사의 문제를 해결하도록 하는 것이 불법의 핵심교의 중의 하나라는 사실을 보면 이를 잘 알 수 있다. 불교는 인간의 생사문제를 다루는 것으로부터 출발하였으며, 불교가 설파하고 있는 인과보응에 따른 업보설과 윤회론은 불교 교의에서 중요한 사상적 골간을 이루고 있다.[211] 석가모니의 가르침 가운데 생사에 관한 법어를 제외한다면 불교의 교의(敎義)는 그 핵심을 비켜가는 것이라 본다. 석가모니는 인생무상을 느끼며 오랜 구도를 통해 생로병사의 원리를 알고 구원의 길을 제시하였기 때문이다.

원불교를 창립한 소태산 역시 우주 변화와 인간 무상을 깨닫고 불법이 무상대도인 이유를 생사와 관련짓고 있다. 그에 의하면 불법은 천하의 큰 도며, 참된 성품의 원리를 밝히고 생사의 큰일을 해결하며 인과의 이치를 드러내고 수행의 길을 갖추어서 능히 모든 교법에 뛰어난 바 있다(『대종경』, 서품 3장)고 하였다. 그가 불법이 무상대도임을 밝힌 이유는 생사의 큰 일을 해결, 즉 불생불멸과 인과보응의 두 가지 이치로 집약된다.[212] 생사의 원리를 밝힌 불법이야말로 앞으로의 세상에서 무상대도일 것이라는 소태산의 자신감이 노정되어 있다. 무상대도를 실천하는 길이 곧 생사의 원리를 깨닫고, 생사의 고통을 극복하여 해탈하는 일에 공을 들이는 것이기 때문이다.

21세기의 종교는 불법의 무상대도를 선양하는 교리여야 한다는 것이 원불교에서 강조되고 있다. 이에 원불교의 여러 과제 중의 하나 무엇인가

---

211) 이종희, 「불교 연기설과 윤회론에 관한 소고」, 『한국종교사연구』 제13집, 한국종교사학회, 2005, p.109.

212) 한정석, 「원불교 불교관」, 『원불교사상시론』 1집, 수위단회사무처, 1982, p.76.

를 고려하면, 21세기의 원불교는 무상대도에 근거한 생사관의 확립이 필요하다. 이미 원불교 생사관은 경산종사도 관심을 갖고 과거에 논문으로 발표한 바 있다. 삼생관(三生觀)이라는 육체는 전생과 현생과 내생으로 전변(轉變)하지만 영혼은 항존하는 것[213]이라 했다. 그가 발표한 「원불교 생사관」의 목차를 보면 단생관·이생관·삼생관을 전반부에 전개하면서, 그 요점을 영혼의 불멸(개령의 상존), 자작자수의 원리, 내생의 전개, 육도의 세계로 구성하였다. 원불교 생사관의 전반을 알 수 있도록 하였는데 생사관의 언급은『대종경』의 천도품,『정산종사법어』의 생사편 등에서 구체적으로 드러나 있다.

　원불교의 교서에서 생사문제를 심도 있게 다루고 있다는 것은 생사란 인간의 삶에 있어서 궁극적 관심사이기 때문이다. 인간이 태어나고 죽는 것보다 더 본질적인 관심사는 없을 것이다. 종교는 생의 궁극적 의미를 제공하는 인간에게 삶의 방법, 그리고 죽음의 확실성을 인식시키고 괴로운 현실을 정당화하는 모든 일련의 상징적 표현과 활동영역이며, 그러므로 모든 종교는 궁극적 관심 또는 궁극적 관심의 대상이 될 수 있는 것을 취급하려든다.[214] 이 같은 종교의 속성에 나타나듯이, 원불교 역시 생사의 중요성을 인식하여 생사의 원리와 생사해탈의 방법을 성자의 법어로 전하였다.

213) 장응철,「원불교 생사관」,『원불교사상시론』1집, 수위단회사무처, 1982, pp.64-67. 그 외에도 김순금의「죽음의 원불교적 해석」(『원불교사상과 종교문화』36집, 원불교사상연구원, 2007) 등이 있다.
214) 박영학,「문명충돌과 한국의 종교·언론 과제」, 제21회 원불교사상연구 학술대회 ≪21세기와 원불교≫, 원불교사상연구원, 2002.1, p.89.

3) 생사의 고통

석가모니는 인간이 생사로부터 겪는 고통을 벗어나가는 방법을 찾기 위해 출가를 단행하였다. B.C 6세기경 인도에서 창립된 불교는 고타마 시타르타의 깨달음에서 비롯되었다. 그가 자신의 신분인 왕자로부터 출가하여 깨달음을 얻은 것은 인류가 겪고 있는 생로병사의 고통을 극복하기 위함이었다. 사성제 가운데 고(苦)성제가 있는데, 생로병사의 고통이야말로 평범한 인간이면 누구나 느끼고 당하는 실상이라는 것으로, 원래 불타가 출가하게 된 것도 고를 발견하고 극복할 수 있는 길을 찾으려는데 있었다.215) 그의 출가에 대한 문제의식이 인간의 고통에서 멸도에 이르는 것이었다.

이처럼 석가가 출가를 단행하여 오랜 고행 끝에 생로병사의 무상함을 깨달은 것이다. 석가의 생사에 대한 관심은 불교의 시작이요, 생사의 해탈은 불교의 끝이라 할 수도 있을 것인데, 그가 깨달은 12인연의 연기원리는 사람이 죽는다 해서 무(無)로 돌아가는 것이 아니라 다시 몸을 받아 영원한 생을 윤회 전생한다는 원리에 바탕한 것이며, 이러한 사실을 달관하는 자는 생사를 해탈한다는 것이다.216) 해탈의 시작은 생로병사의 고통과 윤회를 벗어나려는 심신자재의 적공에서 출발하며, 석가는 이러한 해탈을 얻기 위해 출가 후 6년간의 설산 고행의 수도를 했다.

출가와 고행을 통해서 석가는 생사를 해결하고 영혼불멸 진리를 깨달았다는 점에서 세계적 성자가 되었다. 소태산도 출가를 통해서 우주 대자연에 대한 화두에 이어서 인생사에 대한 화두를 연마함으로써 깨달음을 얻고 마침내 생사를 해탈하고 불생불멸과 인과보응의 이치를 전하였다.

---

215) 中村 元著, 김용식·박재권 공역, 『인도사상사』, 서광사, 1983, p.59.
216) 한정석, 「원불교 불교관」, 『원불교사상시론』 1집, 수위단회사무처, 1982, p.78.

소태산은 기나긴 구도를 통해 깨닫고 보니 자신이 깨달은 내역이 석가모
니의 깨달음과 같은 것임을 알게 되었다. 사실 불타는 생사대사를 해결하
고 영생불멸의 진리를 깨친 것이다. 그는 인간의 향락과 부귀를 초개같이
보고 주소일념이 출가수도를 꾀하다가 유성출궁을 단행하였고 설산고행
을 겪었으며 수하항마, 녹야전법 등 헤아릴 수 없는 노고를 거듭한 결과
삼계의 대도사요, 사생의 자부가 되었던 것이다.[217] 불교를 창립한 동기
도 이러한 생사고통의 극복에 있으며, 그리하여 불생불멸한 영원의 세계
와 해탈 열반의 소식을 이 세상에 전하고자 하였다.

성자가 전한 불법을 신수봉행하면 보살도에 이르러 결국 생사와 열반
이 하나로 통하는 길이 열린다. 의상대사의 법성게를 보면, "처음 발심하
온 때가 정각을 이룬 때요, 생과 사의 큰 열반이 항상 서로 함께했고 이와
사가 아득하여 분별할 길 없는 것이 열 부처님 보현보살 큰 사람의 경계
라"[218]라고 하였다. 생사와 열반이 함께 한다는 것은 생사를 해탈하여 열
반락을 누린다는 것으로 이해된다. 의상대사는 이처럼 망상을 여의고 참
된 불법의 세계에서 선정에 들도록 적공의 자세를 견지하도록 하였다.

우리가 선정에 머물지 못하는 경우 생사의 고통은 번뇌로 다가와 고통
의 나날을 맞이해야 할 것이다. 생사를 초탈하지 못하는 것은 번뇌가 치
성하기 때문이다. 이러한 번뇌를 초탈하는 것이 결과적으로 열반에 이르
는 것이며, 그것은 윤회의 업을 돌파해야 가능하다. 모든 번뇌는 인간을
오염시켜 3계의 생사를 벗어나지 못하게 되며, 이러한 번뇌의 근원을 보
고 철저하게 다스리지 않으면 열반의 경지에 도달할 수 없는 것이다.[219]
번뇌란 윤회 업보로 인하여 반복되는 생로병사의 고통에 직결되어 있다.

---

217) 구타원종사 법문집 편집위원회 편, 『인생과 수양』, 원불교출판사, 2007, pp.24-25.
218) 初發心時便正覺 生死涅槃常共和 理事冥然無分別 十佛普賢大人境.
219) 정순일, 『인도불교사상사』, 운주사, 2005, p.292.

이러한 번뇌를 극복하려면 윤회의 굴레를 벗어나야 할 것이다.

그러나 중생들은 태어나고 죽는 것이 끝도 없어서 번뇌가 치성할 수밖에 없다. 『팔대인각경』에 의하면 부처의 한 제자가 항상 지극한 마음을 발하여 여덟 가지로써 대인(大人)이 깨쳐야 할 법을 외우고 생각할 것이라 했다. 마지막 여덟 번째로서 일체 세간에 나고 죽는 것이 끝이 없고 고통과 번뇌가 한이 없으니 보살이 이에 대승심을 발하여 널리 세간을 제도하기로써 서원하되, 내가 일체 세상에 고통 받는 모든 중생을 위하여 대신 그 고를 받고 중생으로 하여금 필경 한 가지 안락을 얻게 하리라는 큰 마음을 깨쳐야 할 것[220]이라 하였다. 중생을 벗어나 보살도의 경지에 이르기 위해서는 현세에 끝없이 지속되는 생사의 번뇌를 극복해야 한다는 것이다. 그것은 번뇌를 야기하는 윤회의 업보를 끊을 때 가능해진다.

우리는 번뇌에 따라 죽음에 이를 때 윤회 전생한다는 사실을 잘 알고 있으면서 이를 벗어나지 못하는 경우가 적지 않다. 불타는 수보리에게 말하기를, 모든 보살들은 중생 모두를 한량이 없는 불국 정토에 인도하여 제도하겠다는 큰 서원을 세우고 스스로도 번뇌 망상을 고요하게 밝고 자비로운 마음으로 전환하도록 마음공부를 실답게 해야 한다(『금강경』 3장)고 했다. 이는 중생이 겪는 번뇌 정도에 따라 죽어서 생을 바꿀 때에 윤회 전생하는 현실의 생령세계를 설명한 것이며, 실로 중생들의 마음속에는 한량이 없는 번뇌 망상이 들끓고 있어서 마치 바다의 파도처럼 출렁이고 있다.[221] 번뇌가 치성하는 생사의 바다를 건너 열반에 이르도록 하는 것

---

220) 이는 한때 부처님께서 왕사성 耆闍山 중에 계시사 모든 비구와 보살에게 향하여 법을 설하였다(정산종사 번역, 『팔대인각경』(시창 21년 『회보』 23호), 『한울안 한이치에』 제6편 『금강경』, 「팔대인각경」).
221) 佛이 告須菩提하사대 諸菩薩摩訶薩이 應如是降伏其心이니 所有一切衆生之類에 若卵生 若胎生 若濕生 若化生 若有色, 若無色 若有相, 若無相, 若非有相, 非無相을 我皆令 入無如涅槃하야 而滅度之호리니(『금강경』 3장). 장응철 역해, 『생활속의 금강경』, 도

이 불법의 가르침이다.

그렇다고 현세의 생사를 무조건 벗어나 초탈의 열반에 심취하는 것만이 참으로 번뇌로부터 자유롭다는 것인가. 우리가 현재 살아가는 이 세상에는 생로병사의 순환이 지속된다는 사실을 잊지 말아야 할 것이다. 무착의 저술 『섭대승론』은 『대승아비달마집론』이나 미륵의 『대승장엄경론』에 의거한 논서로서 유식사상에 입각하여 대승불교의 특성을 10개 항목으로 논한다. 그 가운데 아홉째가 '과단분(果斷分)'으로 수행 적공의 결과로서 얻는 보살의 무주처(無住處)열반인데, 무주처열반이란 보살들이 얻는 열반으로서, 모든 번뇌로부터 자유로운 상태이기는 하나 생사의 세계와 절단되지 않고 모든 중생을 위하여 활동하고 있는 상태의 열반을 말한다.[222] 생사의 고통이 지속되는 사바세계에서 살면서도 보살도를 끊임없이 행하는 가운데 참 열반을 얻으라는 것이다.

참 열반을 얻지 못하고 겪는 사바세계의 생사고통이란 무엇인가. 생사의 현존, 즉 생과의 갈림길인 죽음에 대한 막연한 공포 내지 불안감이 이와 관련된다. 인도의 힌두교 세계관을 지배하는 주신은 시바 외에 브라흐마와 비슈누 등이 있으며 여기에는 파괴의 고통이 따른다. 생성과 소멸, 삶과 죽음을 거듭하는 윤회가 있으며, 이에 따라 브라흐마 신은 창조의 신이며, 비슈누는 유지의 신이며, 시바는 파괴의 신이다. 생사의 고통은 브라흐마와 시바신의 조화작용이며, 현재 살아가는 동안 나의 생명유지는 비슈누신이 그 역할을 담당한다는 것이다. 현상 유지되는 유한한 존재자가 있는 곳에는 반드시 파괴라는 허무가 있으므로 생명이 있는 곳에서 반드시 죽음이 있다.[223] 생사의 고통은 결국 시바에 의해 파괴되는 허무

서출판 동남풍, 2000, pp.28-29).

222) 길희성, 『인도철학사』, 민음사, 2007, pp.159-160.

223) 니시타니 게이이치 저, 정병조 역, 『종교란 무엇인가』, 대원정사, 1993, p.30.

로 인해 나의 육신이 죽음에 이른다는 것이다.

이러한 생사의 고통은 어디에서 오는가를 보면 자신의 심신이 집착하는 곳에 있으며 그로 인하여 인생은 고통으로 전개된다. 인간은 누구나 현상적인 것만 실재하고 가치 있는 것으로 보는 습관에 젖어있기 때문에 참다운 인생을 알지 못하지만, 생사를 함께 버리고 이를 초월하는 곳에 깨달음이 있으며 영원한 삶이 있다.[224] 불교의 경우도 힌두교의 영향을 받아 생사윤회가 지속되는 고통을 언급하고 있으며, 이러한 생사의 고통을 감내해야 한다는 것이다. 특히 심신의 집착으로 인해 오는 생의 고통을 불교에서는 심각하게 인지하고 있으며, 이 때문에 육신이 흩어지는 죽음에 대해서 집착하지 말도록 하고 있다. 집착하면 할수록 생사의 고통은 지속되기 때문이다.

심신의 집착이란 구체적으로 말해서 생로병사가 진행되는 과정에 나타난 탐진치라는 삼독심 때문에 나타난다. 소태산은 이에 이 육신을 버리고 새 육신을 받을 때에는 영가의 평소 짓던 일에 즐겨하여 애착이 많이 있는 데로 좇아 그 육신을 받게 되며, 여기에 고통이 따른다고 하였다. 이를 알고서도 평소 짓던 바에 대해 집착하여 탐진치가 치성하면 그 곳에서 그 육신을 받아 무량겁을 통하여 놓고 무수한 고를 얻을 것[225]이라고 하였다. 삼독심에 끌려 사는 집착이 얼마나 무서운가를 소태산은 전하고 있다. 육체의 불로장생 집착이나, 살아생전의 물욕에 집착하는 탐심, 계교하는 일상생활로 인한 치심, 상대방에 대하여 화가 치밀어 오르는 진심 등은 모두가 삼독심에 의함이며 그 고통은 끝이 없게 된다.

삼독심에 의한 생사의 고통을 극복하려면 생사고락이 텅 비어 있음을 알아야 하는 것이다. 욕심 많은 것이 고통이 되어 나고 죽는 사이에 피로

---

224) 불교신문사 편, 『불교에서 본 인생과 세계』, 도서출판 홍법원, 1988, p.78.
225) 『대종경』, 천도품 5장.

하나니, 탐착을 좇으면 욕심이 일어나고 욕심을 적게 하면 마음이 항상 청정해지는 이치를 깨칠 것[226]이라 하였다. 우리가 육신에 대한 욕심이 발동하면 그것은 불로장생을 추구하는 것으로 이러한 욕심의 극치가 다가오는 죽음을 더욱 고통스럽게 만든다. 욕심은 그것이 이루어지지 않았을 때 그 고통의 가중되기 때문에 생사에 대한 탐욕을 극복해야 하는 것이 적공하는 수행인의 지상과제인 셈이다.

4) 생사의 정의

생사를 거론할 때는 윤회를 알아야 하는데, 불교의 윤회론은 힌두교 윤회설의 영향을 받았다. 생사순환의 윤회론을 거론하는 것은 힌두교 생사관과 불교의 생사관이 공통기반이 된다는 뜻이다. 불교의 세계관은 힌두교와 유사한 순환론적인 윤회 전생설을 지니고 있지만 궁극적으로 그러한 생사의 끊임없는 순환으로부터 해탈하는데 목적이 있다.[227] 일반적으로 생과 사는 단절되는 것으로 파악되며, 죽으면 영멸하는 것으로 이해되지만 힌두교와 불교의 기본사유에 의하면 다시 태어난다는 생사의 내세관이 작용하는 것이다. 따라서 불교의 생사 이해에는 생과 사, 사와 생의 두 가지가 나뉜 것이 아니므로 돌고 도는 생사 순환론적 윤회의 시각이 필요하다.

불교의 생사 순환론의 근거는 어디에서 비롯되는가. 불경에 의하면 중생이 전생과 내생에 있어 같거나 다르지 않은 불일불이(不一不二)의 상태를 유지하면서 여러 생에 걸쳐 생존을 계속한다고 한다. 그리고 삼계의

---

226) 이는 한때 석가모니가 왕사성 耆闍山 중에 주재하며 모든 비구와 보살에게 향하여 법을 설한 내용이다(정산종사 번역, 『팔대인각경』(시창 21년 회보 23호). 『한울안 한이치에』 제6편 『금강경』, 「팔대인각경」).

227) 불교신문사 편, 『불교에서 본 인생과 세계』, 도서출판 홍법원, 1988, p.14.

중생은 육취(六趣)에 윤회하기를 화륜(火輪)이 도는 것과 같다고 하면서 윤회는 갖가지의 탐욕이 있어서 생기는 것이라 하여, 삼계육도를 순환하는 생사의 연속은 마치 차륜이 회전하는 것과 같다고 하였다.[228] 이처럼 생사순환은 육취(六趣)로 윤회한다는 것이다. 육취란 천상, 인도, 수라, 축생, 아귀, 지옥으로서 육도를 의미하며 모든 생명체는 이러한 육도의 세계에서 윤회 순환한다.

생사의 윤회 순환에 있어서 분명한 사실은 윤회의 과정을 통해 인간은 진급과 강급을 반복하게 된다는 것이다. 소태산은 이에 우주의 성주괴공과 만물의 생로병사와 사생의 심신작용을 따라 육도로 변화를 시켜 혹은 진급으로 혹은 강급으로 혹은 은생어해로 혹은 해생어은으로 이와 같이 무량세계를 전개한다[229]고 하였다. 육도의 세계에서 순환함으로써 진급과 강급이 되는 이유는 사생의 심신작용 때문이다. 인과보응의 이치에 따라 선연선과 악연악과의 원리를 통해서 진급이 되고 강급이 된다는 것이다. 천상과 인도에 수생하려면 육도의 변화에 있어서 부단한 선행과 적공이 아울러야 함을 알 수 있으며, 생과 사는 단멸이 아니라 순환한다는 원리를 인지하고 적공한다면 진급의 길에 들어설 수 있다.

다음으로 불교의 생사관을 언급함에 있어서 생사는 인생사에 있어서 대사(大事)라는 것이다. 우리가 자주 주고받는 대화가운데 인생사에 있어서 가장 중대한 것은 무엇인가. 여기에는 각자의 시각에 따라 여러 견해가 있다. 결혼이라 할 수 있을 것이고, 취직이라 할 수 있을 것이며, 생사라 할 수 있을 것이다. 우리가 살아감에는 무엇이 가장 중대한 문제가 무

---

228) "三界衆生 輪廻六趣 呂旋火輪." "一切衆生 從無始終 由有種種恩愛貪欲 故有輪廻"(『大乘本生心地觀經』卷3 報恩品 第2. 김의숙, 「국문학에 나타난 불교윤회사상 是非考」, 『한국불교학』4, 한국불교학회 편, 『한국불교학』제6집, 불교학술연구소, 1995, p.124).
229) 『정전』제2 교의편, 제1장 일원상, 제4절 일원상서원문.

엇인가를 보면, 보통 세속에서는 혼인대사라 하지만, 불가의 견지에서 보면 그것은 생사대사이다.[230] 종교나 철학의 측면에서 보면 인간으로서 태어남과 죽음이 가장 중요한 문제라고 본다. 우리가 태어나고 죽는 것보다 중요한 일이 없는데, 생과 사에 최대 의미가 부여되기 때문이다.

석가모니의 유성 출가 역시 생사대사를 해결하기 위함이었다. 그가 출가를 하게 된 동기는 생로병사의 덧없음을 알고 생사를 초탈하는 것이었기 때문이다. 생사대사를 해결하고 영생불멸의 진리를 깨쳐보기로 결정한 석가모니는 인간의 향락과 부귀는 초개같이 보고 주소(晝宵) 일념으로 출가수도를 꾀하다가 유성출궁을 단행하였다.[231] 석가가 출가한 본래의 뜻은 생사가 인생사에 있어서 가장 중요하고, 반드시 해결해야 할 것으로 알고 왕자의 신분임에도 불구하고 출가를 단행한 것이다. 불교에서 수행목적의 하나가 생사의 원리를 깨닫고 생사를 초탈함이며, 그로 인해 불교에서 생사는 인간의 대사로 여겨질 수밖에 없었다.

소태산도 인생사에서 생사를 대사로 알고 이에 많은 법어를 설하였다. 그에 의하면 범상한 사람들은 현세에 사는 것만 큰 일로 알지마는, 지각이 열린 사람들은 죽는 일도 크게 안다는 것이다. 왜냐하면 잘 죽는 사람이라야 잘 나서 잘 살 수 있으며, 잘 나서 잘 사는 사람이라야 잘 죽을 수 있다[232]는 사실 때문이다. 그리하여 이 문제를 해결하는 데에는 시간의 조만(早晩)이 따로 없지만 나이가 사십이 넘으면 죽어가는 보따리를 챙기기 시작하여야 죽어갈 때에 바쁜 걸음을 치지 않는다는 것이다. 우리가 생사를 대사로 알고 생과 사에 임하는 자세를 진지하게 하여 생사대사를

---

230) 청하문총간행회,『묵산정사문집』, 원불교출판사, 1985, p.24.
231) 구타원종사 법문집 편집위원회 편,『인생과 수양』, 구타원종사기념사업회, 2007, pp.24-25.
232)『대종경』, 천도품 1장.

해결하라는 뜻이다.

생사대사를 잘 대처하려면 어떻게 살아가야 하는가. 그것은 당연히 생
사대사를 화두로 삼고 연마해야 한다. 생사대사에 대하여 공부한 사람과
하지 않은 사람에 차이가 있는 것이다. 소태산은 말하기를, 노년기에는
경치 좋고 한적한 곳에 들어가 세간의 애착 탐착을 다 여의고 생사대사를
연마하라[233]고 하였다. 고통으로 다가오는 생사대사를 연마하려면 수양
을 주로 하여 일상생활에서 결함됨이 없는 삶을 맞이하라는 것이다. 그는
원기 28년(1943) 5월 16일, 열반 15일 전의 최후법문으로 "생사가 큰일이
니 해결해야 한다"면서 「솔성요론」 1조의 "사람만 믿지 말고 그 법을 믿을
것이요"라고 하였다. 그가 먼 수양길을 떠나야겠다며 자신의 열반을 암시
하면서 자신에게 의존하는 제자들에게 정법신앙을 강조하면서 생사는 대
사이니 미리미리 연마해야 한다고 말한 것이다.

불교의 생사관을 정립함에 있어서 또한 거론될 수 있는 것은 생사란
본래 없다는 사실이다. 불교는 인도에서 탄생한 관계로 인도철학의 영향
을 받았으며, 특히 생사관에 있어서 인도의 리그베다에 의하면 생도 없고
사도 없다. '유(有)도 아니고, 무(無)도 아닌 것'을 설명하는 찬가(Ⅹ, 129)
에 있어서 범신론적 사색에 의하면, 태초에는 무도 없고 유도 없고, 하늘
도 공중도 없고 사(死)도 불사(不死)도 없고, 밤과 낮의 구별도 없고 암흑
에 덮여 있었다[234]는 것이다. '그 유일자'만이 바람 없이 호흡하고 있었으
며, 그 유일자에게 의욕(karma)이 나타났다. 카르마로 인하여 만유가 생
성하게 되었고 또한 생멸하게 되었다는 것이다.

이러한 인도 리그베다의 사유에 영향을 받은 불교에서도 생사는 본래
없다고 본다. "피차가 없는 즉 오고 가는 것이 없고, 오고 가는 것이 없는

233) 『대종경』, 서품 18장.
234) 中村 元著, 김용식·박재권 공역, 『인도사상사』, 서광사, 1983, p.23.

즉 나고 죽는 것이 없고, 나고 죽은 것이 없는 즉 과거와 현재가 없고, 과거와 현재가 없는 즉 미하고 깨침이 없다."[235] 우리의 분별사량에 의하면 피와 차가 있어 피차간에 서로 자기견해를 주장하기에 급급하며, 오고 감이 있는 즉 생과 사에 의해 공포를 느끼며 죽음을 무섭게 아는 것이다. 그러나 본래 유무, 피차, 거래, 생사가 없는 이치를 아는 것이 해탈이며, 그것은 깨달음에 의해서 가능한 것으로, 불교의 생사관은 여기에 기반하고 있다.

원불교 일원상의 진리에 의하면 생사는 본래 없다고 한다. 소태산은 『정전』제2 교의편에서 「일원상의 진리」를 설명함에 있어서 일체중생의 본성이며, 대소유무에 분별이 없는 자리며, 생멸거래에 변함이 없는 자리며, 선악업보가 끊어진 자리라고 하였다. 이 진리는 원(圓)으로밖에 표현을 하지 못하여 생사거래가 없고, 증애가 없고, 무시무종하며 원만무애하며 근원이 동일하므로 사람들은 이 진리를 다르마, 즉 법신이라고 하였다.[236] 일원상 진리의 인식에는 유상과 무상이라는 체용의 방법으로 접근해 들어간다. 즉 일원상 진리의 분별없는 본체적 측면에서 본다면 생멸거래, 생로병사의 변화조차 없는 경지를 소태산은 설하고 있는 것이다.

여기에서 생사는 본래 없다는 사실을 깨달아야 생사윤회의 업보에서 벗어날 수 있다는 사실을 터득하게 된다. 원불교 초기교단의 기록물로서 「불법연구회 창립총회취지」를 보면 화피초목 뇌급만방 이 시대에 자행자지 낭유세월로 무료도일 하지 말고, 정신이나 수양하여 부처님의 이르신 생사 없다는 이치와 복족혜족이라 하는 이치와 고되고 낙되는 이치를 넉넉히 연구하라[237]고 하였다. 원기 9년(1924)에 익산의 보광사에서 불법연

---

235)『修心訣』19章, 無彼此則無往來하고 無往來則無生死하고 無生死則無古今하고 無古今則無迷悟하며….
236) 원불교사상연구원 편, 『숭산논집』, 원광대학교 출판국, 1996, p.51.

구회 창립총회를 개최하였는데, 창립총회를 개최한 취지를 설명하는 글에서 생사 없는 이치를 깨달아 복혜가 구족한 경지를 체득하라 했다. 생사가 본래 없는 진리를 깨닫는 것은 생사의 경계에 끌리지 않고 자유로이 낙도생활을 하라는 뜻으로 이해된다.

불교의 생사관 정립에 있어서 또한 자주 거론되는 것으로 생사는 거래(去來)에 불과한 것으로 '생사일여'라는 것이다. 생사일여의 입장 역시 인도 사람들의 내세관으로, 생사문제에 있어서 생사는 둘이 아님을 알게 해준다. 인도인의 인생관에 의할 것 같으면, 삶과 죽음은 두 개의 반대현상이 될 수 없으며, 단지 죽음으로써 생(生) 자체나 혹은 생에 대한 책임이 회피될 수 있는 것도 아니며, 그것은 죽음의 반대편에서 또 하나의 생을 의미하기 때문이다.238) 살아 있는 현재와 죽음 후의 내세를 구분하지 않고 상즉적으로 바라볼 수 있는 생명관은 인도인들의 삶에 커다란 영향을 미치고 있다. 그들은 죽음을 두려워하는 것보다는 현재의 삶에서 죽음에 초연할 수 있는 명상과 수행을 중시하는 삶을 지향하고 있기 때문이다.

이러한 맥락에서 불교의 무이론(無二論)을 연상하게 하는데, 그것은 생사일여로 이어진다. 불교의 무(無)는 단지 부정의 원리로 끝나지 않고 부정의 대립을 초월하면서 긍정으로 환원시키는 절대 긍정의 원리를 선호하는 것이다. "유무 이견(二見)을 떠난다"는 것은 유무의 문제를 대립과 분별에 얽매이지 않는 것이다. 이와 같은 분별심을 벗어난 무분별지의 경지에 이르도록 하는 논리는 일체의 이변(二邊)을 떠나서 불이법(不二法), 곧 일여로 돌아갈 것을 가르치는 논리이다.239) 유무가 둘이 아님은 생사가

---

237) 불법연구회 창립총회 취지(李空田, 「蓬萊制法과 益山總部 建設」, 『圓佛敎七十年精神史』, 聖業奉贊會, 1989, p.176).

238) 길희성, 『인도철학사』, 민음사, 2007, p.13.

239) 박상권, 「진리인식에 있어서 무」, 『원불교사상과 종교문화』 40집, 원불교사상연구원, 2008, pp.10-11.

둘이 아님과 같은 논리로 작용하는 것이다. 원효대사도 "예토와 정국(淨國)이 본래 일심이요 생사와 열반이 결국 두 가지 다른 것이 아니다"(『무량수경종요』兩卷)라고 하였다. 생사가 둘이 아닌 경지를 언급한 원효의 사상 역시 불교의 생사일여의 입장을 견지하고 있는 것이다.

불교 「보성론」에서도 번뇌즉 열반을 설하여 생사일여의 입장을 견지한다. 본 경서에서는 다음과 같이 말한다. "실로 반야에 의해 보살은 욕망의 경향을 남김없이 끊었기 때문에 자리(自利)를 위해 열반에 들어가는 즐거움을 가지며, 열반의 종성이 없는 자와 같이 생사에만 주(住)하지 않는다."240) 생사의 번뇌를 열반으로 승화하는 지혜는 보살의 경지에서 가능한 일이다. 이에 생이라는 즐거움이 끝나고 죽음이라는 괴로움이 오는 것이 아니라는 사실을 아는 것이 중요하다. 번뇌가 들끓는 생사를 극복, 열반의 경지를 체험하라는 것이다. 생과 사가 둘이 아님을 볼 때 거기에 불이(不二)의 지혜가 나타난다. 현재의 삶이 축복이요 자비행이라는 마음의 자세, 죽음이라는 것은 또 하나의 축복이라는 자세에서 번뇌가 사라지고 열반의 기쁨을 누리게 되는 것이며, 여기에서 생사일여의 지혜를 얻게 된다.

원불교의 경우 대도(大道)의 시각에서 볼 때 생사는 둘이 아니라는 입장을 견지하고 있다. 소태산은 말하기를, 대도는 원융하여 유와 무가 둘이 아니며 생과 사가 둘이 아니고 동과 정이 둘이 아니며, 둘 아닌 문에는 포함하지 않음이 없다241)고 하였다. 대도란 여기에서 원융무애한 것으로, 이는 일원상의 진리를 말한다. 일원상의 진리에서 보면 유무를 융섭하고, 생사를 하나로 보며, 동정이 함께 하므로 원융한 것으로 이해된다. 특히 일원상의 진리에서 본다면 본체의 경지에서 대소유무에 분별이 없다고 하

---

240) 『大正』 31, 833b(정호영, 「여래장사상의 인간이해」, 『한국불교학』 제11집, 한국불교학회, 1986, p.418).
241) 『대종경』, 성리품 4장.

였으며, 생멸거래에 변함이 없다고 하였다. 생멸거래에 변함이 없음은 생사일여의 입장에서 언급된 것이다. 생·사의 별리(別離)가 아니라 생즉사요, 사즉생이라는 일여의 시각이 중요한 이유이다. 1943년(원기 28) 5월 16일, 열반 며칠 전 마지막 법회시간에 소태산은 "생사가 둘이 아닌 이치를 알아서 생사에 자유를 얻으라"는 최후의 법문을 내렸음을 참조할 일이다.

생사가 둘이 아님을 깨닫는다는 것은 생사에 대한 초연한 입장을 견지할 수 있는 힘을 얻는 것을 말한다. 여기에는 일원상 진리에 따라 분별사량에 의한 사심잡념을 극복하고 여여한 심경을 견지하는 일이 요구된다. 즉 일원상은 만유가 한 체성에 바탕해 있는 것으로 유무, 대소, 생사, 선악 등 일체의 분별 이전의 세계이면서도 동시에 유와 무를 총섭하되 유도 아니요 무도 아닌 절대 유일의 본원세계를 상징한 것[242]임을 알고 일원상 신앙과 수행에 진력해야 할 것이다. 이처럼 생사일여의 경지를 깨닫고 해탈에 몰두할 때 생사의 윤회에 대한 구속을 떨쳐버리고 생사자유의 경지를 얻게 된다.

원불교 생사관의 정립에 있어서 또 주목할 것은 생사는 주야와 같고, 옷 갈아입는 것에 불과한 것으로 단순한 변화에 불과할 뿐 영이별이 아니라는 것이다. 생과 사가 실재한다는 허황된 꿈 곧 허상에의 집착을 극복해야 한다는 것을 숙고해야 한다. 우리는 낮의 활동을 실재요 생명이라고 믿고 밤에 잠을 자면서 죽음과 같은 적막감을 체험하지만, 그 꿈에서 깨면 그것이 허상임을 알 것이니 생사대몽(生死大夢)에서 완전히 깨인 무상정등각(無上正等覺)[243]을 이루어야 하는 것이다. 낮에는 생명의 활동이며, 밤에는 우리의 의식이 없으니 생명의 멈춤이라는 사실을 인지하면서 생사가 실재한다는 허상에 사로잡혀 사는 무명의 중생심을 어떻게 반조해야

---

242) 노대훈, 「원불교의 불타관」, 『원불교사상시론』 제Ⅲ집, 원불교 수위단회, 1998년, p.76.
243) 불교신문사 편, 『불교에서 본 인생과 세계』, 도서출판 홍법원, 1988, p.125 참조.

할 것인가.

이에 생사는 영이별이 아니라 눈을 떴다 감았다 하는 것에 불과하다는 생사해탈의 수행이 요구된다. 생사에 대한 소태산 사상의 대체가 그의 언급처럼 눈을 떴다 감았다 하는 것과 같고, 숨을 들이쉬었다 내쉬었다 하는 것과 같으며, 잠이 들었다 깨는 것과 같다는 것이다. 사람의 생사는 한번 태어났다 죽는 것이라 하지만, 불생불멸의 이치에서 보면 순간일 뿐, 깨친 사람은 변화라 하고 깨치지 못한 사람은 생사라 하는 것으로 일원상 진리의 조화로 만물이 나타났다 숨었다 하는 것이다.[244] 눈을 떴다 감았다 하는 비유가 비록 어색하게 들릴지 모르지만 눈을 떠 있는 상태가 생이요, 눈을 감은 상태가 사라는 측면에서 '찰나'라는 것으로 이해할 수 있다.

찰나의 시각에서 본다면, 온갖 허상에서 깨어나면 죽음이란 옷을 갈아입는 것에 불과하다는 것으로, 이는 이미 인도의 사유와 관련된다. 인도에서 죽음이란 것은 낡은 옷을 벗고 새 옷을 갈아입듯이 새로운 생명을 얻어 껍질을 벗는 새롭고도 영원한 의식의 재생으로 파악되는 것이며, 죽음은 바로 생명과정의 하나이며, 새롭게 형성되는 생명의 순간이다.[245] 옷을 갈아입는다는 것은 실제로 옷을 갈아입는 것으로 보는 것보다는 비유법으로 이해, 새 옷을 입으면 생이며 그 옷을 벗으면 그 생명의 삶이 멈춘다는 것이다. 우리는 일상의 생활에서 옷을 갈아입으며 생활을 한다. 이처럼 생사를 흔연히 보라는 뜻으로, 인도철학과 불교의 사유에 의하면 생사를 옷 갈아입는 것처럼 편안한 마음으로 초연히 하라는 것이다.

원불교에서도 죽음은 옷 갈아입는 것에 불과하다는 표현을 한다. 소태산은 『대종경』에서 말하기를, 사람은 이 육신이 한 번 나고 죽는 것은

---

244) 한종만, 『원불교 대종경 해의』(下), 도서출판 동아시아, 2001, p.158.
245) 김의숙, 「국문학에 나타난 불교윤회사상 是非考」, 『한국불교학』 4(한국불교학회 편, 한국불교학 제6집), 불교학술연구소, 1995, p.124.

옷 한 벌 갈아입는 것에 조금도 다름이 없을 것이니, 변함에 따르는 육신은 이제 죽어진다 하여도 또 다시 다른 육신을 받게 된다(천도품 6장)고 하였다. 죽음 그 자체가 단지 옷 갈아입는 변화에 불과한 것으로 보지만 그 변화 뒤에는 무속신앙의 저승 개념이나 유일신 종교에서 보는 다른 차원의 세계가 존재하는 것이 아니라 단지 몸과 위치를 바꿀 따름이며 다른 세상이 따로 있는 것이 아닌 것이다.[246] 죽음이란 육신이 영혼을 여의는 것인데 그것은 영원한 이별이 아니다. 잠시 옷을 갈아입는 듯이 하라는 풍자적 언급에서 생사해탈의 자세가 숙연함을 알게 해준다.

불법의 측면에서 생사는 또한 무상하다는 것이다. 우리가 영원히 죽지 않을 것 같지만 생사는 변화하는 무상의 진리라는 점을 알아야 한다. 불타는 모든 존재의 상변성(常變性)을 강조하는데, "모든 것은 불타버린다. 사람의 눈과 형상은 불타버린다. 무슨 불에 타는가. 열정의 불, 증오의 불에 타고 만다. 출생, 연륜, 죽음, 슬픔, 비참, 절망으로 불타버린다"[247]고 하였다. 불에 타서 없어지는 우리의 육신은 지수화풍으로 흩어지기 때문에 무상한 것이다. 즉 모든 생물체는 4대(지수화풍)의 작용에 의해 집산(集散)하며 영원불멸의 생명체는 아니라는 사실을 알아둘 필요가 있다. 브라만의 창조신을 믿는 고대 인도인들도 인간 육체와 더불어 삼라만상의 만물은 지수화풍의 4대로서 구성하고 있다고 믿어왔으며 이는 불교에서도 그대로 수용되고 있다.

무상하게도 범부의 입장에서 지수화풍으로 흩어지면 죽는다는 사실을 상기한다면 인간의 생사는 유한하다는 것을 알게 된다. 신라시대 원효가

---

246) 김순금, 「죽음의 원불교적 해석」, 『원불교사상과 종교문화』 36집, 원불교사상연구원, 2007, p.100.
247) 칼 야스퍼스 · 헨리 리토머스 著, 황필호 譯, 『소크라테스, 佛陀, 孔子, 예수, 모하메드』, 종로서적, 1994, p.48.

태어나지도 말고 죽지도 말라고 한 것은 어쩌면 주어진 삶과 죽음의 유한을 뼈저리게 느낌으로써 더욱 더 삶과 죽음의 사이, 즉 삶의 과정을 충실히 하도록 권유한 것으로 받아들여야 할 것이다.[248] 고려조의 보조국사 역시 생사는 덧없이 무상하다고 하였다. 이 몸과 목숨은 나고 죽음이 덧없어서 찰나도 보장하기 어려움에 있기 때문에 그것은 부싯돌의 불이나 바람 앞의 등불이나 흐르는 물이나 지는 해로도 비유할 수 없는 것이라고 『권수정혜결사문(勸修定慧結社文)』(『선문촬요』 하권)에서 밝히고 있다. 이처럼 무상한 육신에 매달리지 말고 인간이 지닌 유한의 한계성을 극복하는 간절한 적공이 요구되는 것이다.

원불교에서도 생사는 무상하다는 생사관을 공유하고 있으며, 이에 무상한 진리를 알지 못하면 죽음에 임하여 허망함에 떨어지기 쉽다. 원기 28년(1943) 5월 16일, 소태산은 열반 보름 전 총부법회에서 다음의 법어를 설하였다. "육신의 생사는 불보살이나 범부 중생이 다 같은 것이니, 그대들은 또한 사람만 믿지 말고 그 법을 믿으며, 공왕공래가 없도록 각별히 주의하라. 생사가 일이 크고 무상은 신속하니 가히 범연하지 못할 바이니라"[249]고 하였다. 아기가 커서 어른이 되고, 범부가 깨쳐 부처가 되며, 제자가 배워 스승이 되는 것이라며 부지런히 공부하여 제생의세 사업에 선도자들이 되라는 부촉법어를 설하면서 이러한 생사 무상의 진리를 전한 것이다.

무상의 진리를 일상의 삶에서 실천에 옮기려면 죽음에 맞닥뜨려서 죽음을 초연하도록 할 것이 아니라 평소 죽음공부를 해야 한다. 생사는 무상한 것이므로 집착하지 말아야 할 것이며, 생과 사는 단절된 것이 아니라

248) 김충렬, 『유가윤리강의』, 예문서원, 1994, pp.40-41.
249) 『대종경』, 부촉품 14장. 『원불교 교사』, 제2편 회상의 창립, 제4장 끼쳐주신 법등, 4. 대종사의 열반과 정산종법사 추대.

변화에 불과하다는 것을 알아야 할 것이며, 일원상에서 보면 가고 오는 것이요, 오고 가는 것[250]임을 알고 무명에서 벗어나는 실제 공부를 해야 한다. 우주의 성주괴공에 따라 춘하추동이 돌고 돌며, 이에 동식물도 생로 병사로 순환한다는 사실을 알고 일상의 삶에서 무상의 이치를 깨닫는 공부를 해야 할 것이다. 유한한 인간의 생활에서 일원상 진리를 연마해야 할 것이며, 그것이 무상의 이치를 깨달아 실천하는 길이라 본다.

5) 공空사상과 생사문제

인도의 중관철학에서는 공(空)에 의해 차별상의 세계를 극복하고 생사가 공(空)이라고 한다. 이는 세계의 다양성을 무지의 소치로 보고 하나의 실재만이 세상에 존재한다는 일원론적 세계관에 바탕하고 있다. 이러한 관점은 우파니샤드에서 찾아볼 수 있지만 본격적인 이론으로 전개된 것은 대승불교의 철학과 불이론(不二論)의 베단타철학이다. 특히 중관철학에서는 모든 세계의 차별상을 공(空)에 의하여 부정하며 이 공이 곧 실재이자 열반인 것[251]으로 본다. 대승불교의 불이론에서는 생사가 곧 공(空)이며 열반으로 이해되며, 그것은 이 세상의 차별상이 무지의 소산이라는 환술(幻術)이며 가명으로서만 인정될 뿐이라는 사실 때문이다.

불교 『반야경』의 공사상은 제법이 공하다는 것이며 그것이 제법실상(諸法實相)의 이론으로 전개된다. 이에 본 경전에서는 제법이 공함을 깨닫는 것이 반야이며, 이 공관에 의거하여 『금강경』은 '응무소주이생기심(應無所住而生其心)'이라 하는데, 여기에서는 세간과 출세간, 열반과 생사의 차별이 극복된다. 특히 유도 무도 아닌 공(空)에 머물 때 해탈한다는

---

250) 朴古眞, 『大宗經講義』, 圓光大學校 出版局, 1980, p.253.
251) 길희성, 『인도철학사』, 민음사, 2007, p.267.

용수에 의하면 "우리들의 존재를 구성하는 오온에 집착하지 않고, 혹은 인연에 의해 생사 왕래하는 상대에 대하여 따르지 않고 집착하지 않을 때에는 그것이 곧 니르바나라고 설명할 수 있다"고 하였다.[252] 어떠한 집착도 벗어날 때 그것이 해탈이자 열반의 세계이며 여기에서 공관에 바탕한 생사초탈의 경지를 체험하게 되는 것이다.

이러한 초탈경지의 체험을 위해서는 육신과 오온이 공하다는 것을 깨닫는 것이 요구된다. 정산종사는 불경의 하나인 『팔대인각경』의 번역을 하면서 불교의 공관에 대하여 소개하고 있다. 부처의 제자가 항상 지극한 마음을 발하여 여덟 가지로써 대인이 깨쳐야 할 8가지 사항 중의 하나로, 세간이 무상하고 국토가 위태하며 사대(四大) 육신의 근본이 공하고 오온(색수상행식)의 본래가 없어서 생하고 멸하고 변하고 달라짐이 모두 허망하여 실상이 없으니 점점 생사를 떠날 것이라 하였다.[253] 따라서 우리 인간이 육신에 집착하는 것을 극복해야 한다고 하였다. 지수화풍 4대로 이루어진 육신과 현상계의 오온이 모두 공함을 알아야 해탈의 경지에 진입하는 것이다.

원불교에서도 공의 속성에 진입하는데 일원상 진리를 체험해야 가능하다. 돈공, 공, 진공의 체로 표현된 일원상 진리의 속성은 생사의 거래가 끊어지고 시간적인 변화가 없을 뿐만 아니라, 일체의 형상이 공했으나 또 모든 형상에 깃들어있는 하나의 성격인 법신을 칭한다.[254] 일원상의 진리는 차별이 끊어진 본체의 세계와 차별이 나타난 현상의 세계가 함께 전개되는 것을 공유하며, 양면적 진리의 인식을 전개할 수 있는 기반을 제공해준

---

252) 中村 元著, 김용식 · 박재권 공역, 『인도사상사』, 서광사, 1983, pp.108-109.

253) 한때 부처님께서 왕사성 耆闍山 중에 계시사 모든 비구와 보살에게 향하여 법을 설함 (정산종사 번역, 『팔대인각경』(시창 21년 회보 23호), 『한울안 한이치에』 제6편 금강경, 「팔대인각경」).

254) 이성택, 「원불교 수행론」, 『원불교사상시론』 1집, 수위단회사무처, 1982, p.31.

다. 여기에서 전자의 경우 대소유무, 언어명상, 생로병사의 세계가 무차별의 경지에서 인지되는 것이며, 이는 진리의 본체적 세계로의 전개를 의미한다. 그것이 바로 우주만유의 본원이며, 제불제성의 심인이며, 일체중생의 본성으로서 요해되는 것이다.

공의 본체세계와 달리 현상세계에서 차별상으로 나타나는 인간의 생사는 중대사가 아닐 수 없다. 인간의 중대사로서 생사의 고통을 극복하기 위해서는 공관에 바탕하여 생사가 본래 없는 체험이 필요한 것이다. 이에 소태산은 말하기를, 우리가 이와 같이 예회를 보는 것이 마치 장꾼이 장을 보러 온 것과도 같나니, 이왕 장을 보러 왔으면 매매를 통하여 생활에 도움을 얻어야 장에 온 보람이 있을 것이라 했다. 이러한 과정에서 각자의 지견에 따라 유익될 말은 대중에게 알려도 주고 의심나는 점은 제출하여 배워도 가며 남의 말을 들어다가 보감도 삼아서 공왕공래(空往空來)가 없도록 각별히 주의할 것인 바, 생사가 일이 크고 무상은 신속하니 가히 범연하지 못할 것[255]이라고 하였다. 생사가 크다는 인생대사로서 생사의 고통을 극복하기 위해서는 무심코 죽음에 닥치는 허망한 꼴을 벗어나는 일이 요구되며, 공왕공래의 생사이치를 불교의 참 공관에 의해 깨닫지 않을 수 없다.

원불교에서 수행목적의 하나로서 공(空)의 원리를 깨달아 생사자유를 누리는 것이다. 공의 원리를 유도하는 일원상 수행을 통하여 생사자유를 누리도록 한 것이니, 그것은 소태산이 깨달은 일원상의 진리가 불생불멸하기 때문이다. 그는 이에 말하기를, 범부 중생은 육도의 윤회와 십이인연에 끌려 다니지마는 부처는 천업(天業)을 돌파하고 거래와 승강을 자유자재한다(『대종경』, 불지품 6장)고 하였다. 부처에 이를 수 있도록 일원

---

255) 『대종경』, 부촉품 14장.

상 진리를 깨달음과 더불어 삼대력을 쌓는 것이 일원상 수행이다. 이에 정산종사는 삼대력 즉 일심과 알음알이와 실행력을 얻으면 생사의 자유와 죄복의 자유와 육도에 자유를 얻게 되나니 이밖에 다시 구할 것이 무엇이며, 무진장의 보고가 또 어디 있겠는가[256]라고 하였다. 공의 원리를 터득하는 노력 곧 일원상 진리의 깨닫고 일원상 수행을 통한 삼대력을 갖출 때 생사의 자유를 얻을 수 있다.

누구나 수행 정진하면 생사의 자유를 얻을 수 있는 능력을 갖추는데, 대산종사는 인간의 능력 중에서 생사자유 능력이 가장 큰 능력이라 하였다. 그의 자문자답을 소개하여 본다. "네가 무슨 능력이 있는 것 같이 생각하니 생사를 자유할만한 능력이 있느냐."[257] 생사를 자유할 능력이 쉽지 않다는 뜻이다. 왜냐하면 중생은 유무 모두 공한 원리를 모르고 무명에 가리어 단생만 알고 영생의 길은 모르기 때문이다. 이러한 무명의 고통을 극복하는 것에는 불법에 의한 수행 정진뿐이라 본다. 자신의 무명을 깨우칠 수 있도록 부단한 수행을 통해서 단생에서 영생이 있는 길을 찾는다면 생사의 자유를 누릴 수 있는 권한을 누릴 수 있다.

6) 연기론과 윤회

불교의 연기법이란 인간의 생로병사 과정이 서로 유기적인 관계로 작

---

256) 『정산종사법설』, 제1편 마음공부 9장.
257) 대산종사의 6가지 자문자답은 다음과 같다. "네가 신심이 있는 것 같이 생각하니 영겁 다생에 불퇴전할 만한 신심을 가졌느냐. 네가 큰 공부를 하는 것 같이 생각하니 마음을 허공과 같이 지키느냐. 네가 무엇을 얻은 것 같이 생각하니 너의 自家 摩尼寶珠를 얻었느냐. 네가 무슨 능력이 있는 것 같이 생각하니 생사를 자유할 만한 능력이 있느냐. 네가 깨끗한 것 같이 생각하니 시방국토를 맑힐만한 청정심이 되었느냐. 네가 포부를 가진 것 같이 생각하니 시방일가의 살림을 할만한 역량이 있느냐"(『대산종사법어』, 제11교훈편 73장.).

용하는 것을 의미한다. 연기법은 우리 존재의 발생과 소멸, 즉 생과 사의 과정을 상의성(相依性)의 법칙에 의해 보여주면서 우리 존재가 고정불변적인 아(我)와 같은 것이 아니라는 것, 즉 무아적인 것이라는 것을 설명해주고 있다.[258] 내가 존재하는 것은 영원한 것이라든가 독립적인 것이 아니라 덧없는 것이며, 좌우 인연과의 상관성으로 관련되어 있다는 것이다. 불교의 연기론은 인도사상의 영향을 받았는데, 힌두교의 세계관과 관련되어 연기론이 형성되었다고 볼 수 있다.

불교에서는 석가가 겪은 것처럼 생사의 고통이 심하고, 그것이 인간의 마음을 짓누르기 때문에 이에 초연히 접근할 수 있는 연기론을 거론하고 있다. 불교적 사유에 의하면 모든 법이 상호 의존적으로 생기(生起)하기 때문에 어떤 것도 독자적이지 않고 상대적, 조건적, 그리고 일시적인 존재로 이해하고 있다. 이에 불타의 연기설은 우파니샤드의 철학처럼 인간과 우주의 어떤 궁극적인 제1원인이 되는 브라만이나 아트만과 같은 실재를 인정하지 않는다. 오직 무상한 제법(諸法)이 상호작용에 의해 생멸하므로 무명으로부터 윤회의 지속적인 과정으로 생사의 과정이 되풀이되는 것이다.[259] 즉 힌두교 아트만의 유아윤회적 사유에 대한 불교의 무아윤회적 사유가 이후에 정착되었다고 볼 수 있다.

인도에서 차별적인 연기론으로 접근되는 불교의 교설에 의하면, 인과 연기론으로서 12연기론을 거론한다. 이 십이연기설은 인간이 생명의 자연스러운 흐름에 역행함에 따라 가지게 되는 생사의 고통에 대해 설명하고 있으며, 인간의 고통과 죽음은 진리에 대한 자신의 무지에서 연기한 것을 보여주고 있다.[260] 십이인연은 무명(無明), 행(行), 식(識), 명색(名

---

258) 이종희, 「불교 연기설과 윤회론에 관한 소고」, 『한국종교사연구』 제13집, 한국종교사학회, 2005, p.112.
259) 길희성, 『인도철학사』, 민음사, 2007, p.56 참조.

色), 육입(六入), 촉(觸), 수(受), 애(愛), 취(取), 유(有), 생(生), 노사(老死)
로 연계되어 있다. 12연기론은 여러 가지로 해석되는데 대체로 무명과 행
은 전생을 의미하며, 식, 명색, 육입, 촉, 수, 애, 취, 유는 현생, 생과 노사
는 내생을 가리키는 것으로 연기설을 이해하고 있다.

따라서 생사 윤회론에서 주목해야 할 것은 인연연기로 전개되는 십이
인연의 연결고리이다. 『잡아함경』 권12에 십이인연의 설명으로서 전개과
정이 자세하게 언급되고 있다. 무명으로 말미암아 행(行)이 있고, 행으로
말미암아 식(識)이, 식으로 말미암아 명색(名色)이, 명색으로 말미암아 육
입(六入)이, 육입으로 말미암아 촉(觸)이, 촉으로 말미암아 수(受)가, 수로
말미암아 애(愛)가, 애로 말미암아 취(取)가, 취로 말미암아 유(有)가, 유
로 말미암아 생(生)이, 생으로 말미암아 노사우비뇌고(老 · 死 · 憂 · 悲 ·
惱 · 苦)가 생기며 모든 고온(苦蘊)이 생긴다.[261] 이러한 불교의 십이인연
은 인간의 생사가 상의상자의 인연연기로 전개되는 불타의 사상으로 정착
된 것이다. 인간이 생명을 받아 윤회하는 연기론을 삼세 12개의 연결고리
로 묘사하고 있다.

십이인연의 전통적 해석은 이처럼 삼세(과거, 현재, 미래)에 걸친 인간
의 유전(流轉)을 연기론적으로 접근하고 있다. 이미 언급한 것처럼 무명
과 행은 현세에 태어나기 이전의 과거세상, 식으로부터 유까지는 현재세
상, 그리고 생과 노사는 미래세상을 가리킨다. 불타의 이러한 십이연기설
에 의하면 인간존재의 여러 측면을 가리키고 있으며, 인간의 생사는 우연
히 무질서하게 전개되는 것이 아니라 일정한 필연적 규칙성 내지 법칙성

260) 이종희, 「불교 연기설과 윤회론에 관한 소고」, 『한국종교사연구』 제13집, 한국종교사
학회, 2005, p.115.
261) 『雜阿含經』 卷12(『大正藏』 2, p.83 下), 所謂緣無明行 緣行識 緣識名色 緣名色六入處
緣六入處觸 緣觸受 緣受愛 緣受取 緣取有 緣有生 緣生老 · 死 · 憂 · 悲 · 惱苦.

을 가지고 상호관계 속에서 생멸한다는 것이다.[262] 인간이 무명에 의하여
몸을 받기 시작한 이래 생로병사를 거듭하는 흐름이 이처럼 12개의 계단
을 밟고 전개되는 것과 같이 비유되고 있다.

십이인연을 역으로 추적해 올라가면 더욱 흥미롭다. 곧 십이연기의 역
추리의 설명에 의하면 인생의 대표적 고통인 노사(老死)는 생(生)으로 연
결되었고, 생은 유(有 : 생존 · 생활)로 연결되었고, 유는 취(取 : 아집)로
연결되었고, 취는 애(愛 : 갈애)로 연결되었고, 애는 수(受 : 감각)로 연결
되었고, 수는 촉(觸:주객의 만남)으로 연결되었고, 촉은 육입(六入 : 여섯
감각기관)으로 연결되었고, 육입은 명색(名色 : 정신과 물질의 존재)으로
연결되었고, 명색은 식(識 : 의식)으로 인하여 연결되었고, 식은 행(行 : 의
지)으로 연결되었고, 행은 무명으로 연결되었다[263]는 것이다. 역으로 추
리하여 해석하면 생로병사의 십이연기론적 이해에 흥미를 더한다.

원불교에서도 인연 연기법의 중심이 되는 불교의 십이인연에 대하여
생사해탈의 측면에서 적극 섭렵한 것으로 본다. 소태산은 십이인연과 관
련하여 언급했는데, 제자와 대화를 나누는 과정에서 범부 중생과 부처의
윤회에 대한 차이에서 십이인연을 설명하였다. 범부 중생은 육도의 윤회
와 십이인연에 끌려 다니지마는 부처는 천업(天業)을 돌파하고 거래와 승
강을 자유 자재한다[264]는 것이다. 원불교에서도 중생은 12개의 사다리를
하나하나 거치면서 유전하는 삶을 살아가기 때문에 생사의 고통에서 벗어
날 수 없으며, 이와 반대로 부처의 경지는 이러한 십이인연의 윤회 업장을
벗어난다.

정산종사도 십이인연에 대하여 깊은 관심을 가지고 범부와 부처의 차

262) 길희성, 『인도철학사』, 민음사, 2007, pp.55-56.
263) 中村 元著, 김용식 · 박재권 공역, 『인도사상사』, 서광사, 1983, p.62.
264) 『대종경』, 불지품 6장.

이점을 언급하면서 부처가 무명에서 초극하는 이유를 밝히고 있다. 한 제자가 십이인연에 대하여 설명하는 것을 듣고 이에 가르침을 설하였다. 십이연기는 부처나 중생이 한 가지 수생하는 과정이지마는, 부처는 그 이치와 노정을 알기 때문에 매하지 아니함이 다르며, 그 중에도 현재 삼인(三因)인 애(愛)와 취(取)와 유(有)에 특별한 공부가 있다[265]는 것이다. 그로 인하여 부처는 천만사물에 대하여 갈애(渴愛)하거나 주착하지 아니하므로 일체 모든 업이 청정하여 윤회에 미혹됨이 없다고 본 것이다. 삼세업장에 대하여 윤회 해탈이라는 말이 있으며, 그리하여 부처는 무명으로 수생함이 없이 자유로이 수생한다(『정산종사법어』, 원리편 54장)고 하였다. 중생들은 무명으로 인해 생사의 고통을 받음에 대한 생사해탈의 공부를 강조하는 것으로 이해된다.

이처럼 불교의 생사에 대한 십이연기론이 원불교의 생사관에 접목되어 있다. 석존 일대교설의 진수를 "이것이 있으므로 저것이 있고, 이것이 생하므로 저것이 생한다. 이것이 없으므로 저것이 없고, 이것이 멸하므로 저것이 멸한다"는 시간적 · 공간적으로 중중무진하게 전개되는 것을 연기(緣起)로 본다면, 소태산에 있어서는 이를 '없어서는 이 존재를 보전할 수 없는' 은(恩)으로 비교해 볼 수 있을 것이다.[266] 원불교에서는 이러한 은혜를 신앙의 대상으로 삼고 사은(四恩)으로 분류하고 있다. 모든 생명체는 이러한 네 가지의 은혜로 이루어져 있으며, 그것은 상의상자적이라는 것이다. 불교에서 언급하는 상의상자적 십이연기론을 원불교에 원용하면서 네 가지 은혜와 관련짓고 있는 점이 특성으로 나타난다.

다음으로 윤회론적 생사관에 대하여 살펴보고자 한다. 고대 인도인들

---

265) 『정산종사법어』, 경의편 45장.

266) 양은용, 「소태산 대종사의 『조선불교혁신론』과 불교개혁이념」, 『원불교사상과 종교문화』 32집, 원불교사상연구원, 2006, p.131.

은 인간의 운명이란 윤회에 의해 생사가 반복된다고 하였다. 우파니샤드
에 와서 인도인들은 인간의 운명이란 카르마의 법칙에 의하여 윤회의 세
계에서 끝없는 생사를 되풀이해야 하는 것이라고 믿게 되었다.[267] 이것은
풀벌레가 한 잎사귀에서 다른 잎사귀로 옮겨가는 것과 마찬가지로 사람은
일생이 끝나면 다른 모습으로 다시 태어난다는 것으로 이해하는 것이다.
그들은 이 윤회론적 생사의 반복에서 벗어나는 것, 즉 생사윤회에서 해방
될 수 있는 방안마련에 골몰하였다. 죽음으로 생을 마감하는 일회적인 것
이 아니며, 이는 다시 생으로 순환한다는 것으로『리그베다』철학의 언급
처럼 윤회 반복한다는 것이다. 불교의 석가모니에 이르러 이와 관련하여
업(業)의 주체와 관념이 정립되기에 이른다.

　이같은 생사윤회는 불교 교설에서 자주 거론되는 것으로, 윤회라는 용
어의 기원이 주목된다. 생사는 미혹의 세계에서 유전(流轉)하는 모습을
나타내는 대표적인 것이며 동시에 윤회를 뜻하기도 한다. 사실 윤회라는
용어는 초기 경전에서부터 단독으로 또는 생사, 유전, 고, 열반 등과 함께
빈번하게 사용되었으며, 여기에서 문제는 윤회설이 불교에서 발생한 것이
아니라 브라흐마니즘에서 발전하여 우파니샤드에서 구체적인 모습을 드
러낸 사상이라는데 있다.[268] 오늘날 윤회가 불교사상의 핵심으로 나타나
있지만 그것의 기원은 힌두교 사상에서 기원하고 있다.

　힌두교의 윤회론이 불교의 핵심교리로서 생사윤회로 정착된 것은 있는
그대로 수용된 것이 아니라 변용된 것이다. 즉 불교의 윤회론이 다른 종
교사상에서 유래된 것이지만, 시대를 거쳐 오면서 변이·수용되어 정연한
논리체계를 이루고 있는 바에는 고유한 불교사상일 수밖에 없다.[269] 이

267) 길희성,『인도철학사』, 민음사, 2007, p.31.
268) 이용주,「설일체유부의 윤회관」,『원불교사상과 종교문화』40집, 원불교사상연구원,
　　　2008, p.212.

같은 불교의 윤회설이 생사와 관련되어 반드시 해탈해야 할 것으로, 윤회 해탈의 적공이 강조되기에 이른다. 생사윤회를 운명의 수동적 자세가 아니라 적극 초탈하는 방법을 모색하는 수행자들의 자세가 요구된다.

원불교의 윤회 역시 불교의 윤회론을 섭렵하되 적극적 윤회론을 선호하고 있다. 소태산은 윤회되는 이치를 자주 설하였고, 삼세 윤회에 대해서도 깊은 관심을 표명하였다. 소태산은 제자들에게 무상한 모든 유(有)에 집착하지 말고 심신의 자유를 얻으라 했다. 심신의 자유를 얻으면 만상의 유무와 육도의 윤회를 초월하여 육신을 받지 아니하고 시방세계에 주유할 수도 있고, 금수곤충의 세계에도 임의로 출입하여 도무지 생사거래에 걸림이 없으며, 어느 세계에 들어가 색신을 받는다 할지라도 거기에 조금도 물들지 않고 길이 낙을 누리게 될 것이니 이것이 곧 극락이라[270]고 하였다. 소태산이 육도윤회를 자유로이 수용하라는 것은 해탈이며, 그것은 우파니샤드뿐만 아니라 불교에서 자주 거론되는 것으로, 오늘날 원불교에서는 이 윤회사상을 생사해탈과 관련짓고 있다.

7) 영혼불멸과 생사

생사문제를 영혼불멸과 관련하여 언급해 보고자 한다. 인도 고대의 내세관에 있어서 영혼불멸이라는 믿음이 확고하였다. 당시 인도의 사유에 의하면 육체는 죽음과 함께 멸하지만 영혼은 불멸이라고 보았던 것이다. 영혼의 관념은 마음, 호흡을 의미하는 말에 의해서 표현되어 있으며, 죽은 자의 혼은 이미 돌아간 아버지나 할아버지가 다니는 길로 영원한 광명이 있는 낙토를 향하여 가고, 거기에서 자신의 혈연들과 재회한다고 하였

269) 김의숙, 「국문학에 나타난 불교윤회사상 是非考」, 『한국불교학』 4(한국불교학회 편, 한국불교학 제6집), 불교학술연구소, 1995, p.123.
270) 『대종경』, 불지품 16장.

다.[271] 천계의 낙토세계에 가기 위해서는 특히 제사를 지내고, 계문을 지킴과 동시에 고행의 수행을 해야 한다. 육체의 무상함에 대한 영혼의 불멸을 인정하는 것은 내세관이 뚜렷할 때 나타나는 것으로 이는 불교사상에 직접적인 영향을 미쳤다.

고대 인도인들에 있어서 비록 영혼불멸을 믿으나 그 개념은 애매한 것이 사실이었다. 그것은 불멸하는 영혼관을 견지하면서 인간이 카르마의 법칙에 따라 끝없는 윤회의 세계에서 생사를 되풀이해야 한다는 것이며, 그에 수반되는 해탈의 이상은 아직 찾아볼 수 없는 것으로, 대체로 인도 베다인들의 세계관은 낙천적이며 현세적이었기 때문이다.[272] 그들에 있어서 세계(물질과 영혼)는 브라흐만의 현현으로서 실재하는 것으로 보면서 라마누자와 같이 세계의 실재성을 인정하면서도, 샹카라와 같이 생사의 세계를 무지의 산물로 본다. 이 때문에 영혼불멸론을 견지하면서 육신은 지수화풍으로 흩어진다는 이중적 시각이 공존하였다.

영혼불멸론은 불교에 많은 영향을 미쳤으며, 그것은 또한 원불교의 사유에 그대로 전승되었다. 곧 인간을 영적 구조와 육적 구조로 나누어 영혼은 영원한데 비하여 육체는 한시적이라고 보는 성향이 있다는 것이다. 이러한 사상의 출발은 희랍의 오르픽 종교인데 이는 희랍 본토의 올림포스 종교가 이방의 격정적 종교인 디오니소스의 종교를 수용하면서 발생한 것이며, 그 둘은 인도의 브라만교 사상과 이를 계승한 불교사상이다. 특히 불교사상은 원불교사상과 기본적 견해에서 일치를 보인다.[273] 오르픽교와 브라만교에 뒤이어 불교사상이 정착되고, 원불교는 이러한 불교의 영

271) 中村 元著, 김용식·박재권 공역, 『인도사상사』, 서광사, 1983, p.23.
272) 길희성, 『인도철학사』, 민음사, 2007, pp.25-26.
273) 김성관, 「원불교의 심성관」, 숭산 박길진박사 고희기념 『한국근대종교사상사』, 원광대학교출판국, 1984, pp.1191-1192.

혼불멸론을 수렴하면서 또한 생사관의 골격으로 자리한다.

이처럼 불교의 영혼불멸론은 원불교에서도 견지되며, 죽으면 육신이 지수화풍으로 흩어지지만 영혼은 불멸이라는 소태산의 시각이 그것이다. 그리하여 지수화풍 4대로 된 육체는 비록 죽었다 살았다 하여 이 세상 저 세상이 있으나 영혼은 영원불멸하여 길이 생사가 없다(『대종경』, 천도품 16장)고 밝히었다.[274] 영혼불멸이라는 것은 개령의 삼세 윤회론과 관련되며, 본래 생사가 없다는 시각에서 비롯되는 것이다.

이처럼 불교의 영혼불멸론은 불생불멸의 이치와 인과보응의 이치를 깨달은 소태산의 진리관과 상호 관련되어 있다. 불교『능엄경』에서는 현상의 발생은 마음의 나타남이니, 인과가 마음으로 말미암아 체를 이룬다고 하였다. 이에 불교와 원불교는 마음이 곧 우주이며 우주가 곧 마음인 것으로, 불생불멸과 인과보응의 이치를 깨치는 것도 마음의 움직임이며, 생사를 해탈하고 복락을 수용하는 것도 마음의 움직임이다.[275] 생사해탈과 복락수용은 영혼불멸을 깨닫고 삼세윤회를 해탈하는 마음의 자세가 필요하다는 것이다. 이에 힌두교의 유아윤회적 개령의 항속적 진행을 불교에서는 무아윤회로써 극복하였다는 점을 상기한다면 해탈이라는 자유를 인지하게 되리라 본다.

생사의 자유를 언급하는 것은 인도사상이 불교에 영향을 준 것으로 생사해탈은 수행자적 삶에 있어서 하나의 목표이다. 불교의 연원격인 자이나교의 경우 수행이 완성되면 업의 속박이 멸해져 완전한 지혜를 얻은 사람을 생·사, 현세, 내세도 바라지 않는 해탈·적정·열반의 경지에 도달하게 된다는 것이다.[276] 여기에서 생사의 해탈과 열반의 경지를 얻게

---

274) 김도공 정리, 「교리테마토론-원불교의 윤회관」, ≪院報≫ 제46호, 원불교사상연구원, 1999.12, p.67.
275) 한종만, 『원불교 대종경 해의』(上), 도서출판 동아시아, 2001, p.142.

되며, 그것은 죽음을 고통으로 보는 것이 아니라 해탈의 안락을 가져다주는 종교적 내세관과 관련된다. 이는 불교의 경전에서도 언급하고 있는데, 『능가사자기』(楞伽師資記) 1권 승찬조에서 '생사자유'라 했고 『임제록』에서도 생사에 오고 감이 자유롭다고 하였다.

석가모니는 당시 인도에 사성제가 있던 상황에서 어떠한 사람이든지 돈독한 수행을 통하여 생사 어디에도 구애됨이 없도록 하였다. 『장아함 소연경』(長阿含 小緣經)에서 불타는 말하기를, "우리는 모두가 똑같은 사람이다. 누구든지 번뇌가 없어지고 청정한 계행이 성취되어 생사의 무거운 짐을 벗어버리고 완전한 지혜를 얻어 해탈의 도를 이루었다면 그 사람이야말로 사성 중에서 가장 뛰어난 사람이라고 할 수 있을 것이다. 왜냐하면 진리만이 이 세상에서 가장 높은 것이기 때문이다"[277]라고 하였다. 바라문이든, 평민이든, 천민이든 자기 수행에 진력한다면 차별 없이 해탈을 누리게 되어 생사에 자유로움을 만끽할 것이다.

생사해탈을 누리게 된다면 그것이 부처의 경지를 얻게 되는 것과 같다. 규봉 종밀도 생사가 끊어진 부처의 경지에 머물라고 하였다. 그에 의하면 모든 상이 공임을 알게 되면 마음 자체에 망념이 없고 망념이 일어나면 깨달음에 이른다는 것이다. 공함을 발견하여 망념을 여의고 보면 생사의 자유를 누릴 수 있다. 그래서 종밀은 이미 모든 상이 상아님을 알게 되면 자연 닦아도 닦는 것이 없어져서 번뇌가 다할 때 생사가 끊어지고 생멸이 멸함에 적조(寂照)가 현전한다[278]고 하였다. 종밀은 부처가 누리는 적멸의 경지를 잘 드러내고 있으며, 생멸의 멸함이 곧 부처라고 하였기 때문이다.

---

276) 中村 元著, 김용식·박재권 공역, 『인도사상사』, 서광사, 1983, p.52.
277) 불교신문사 편, 『불교에서 본 인생과 세계』, 도서출판 홍법원, 1988, p.109.
278) 宗密, 『禪源諸詮集都序』, 旣了諸相非相 自然無修之修 煩惱盡時生死卽絶 生滅滅已 寂照現前(원영상, 「선사상사에서 본 무시선법의 구조고찰」, 『원불교사상과 종교문화』 42집, 원불교사상연구원, 2009, pp.58-59).

8. 삼세관

1) 삼세와 인도종교

각 종교는 나름의 교의에 따라 내세를 인정하는 여부에서는 서로 다른 견해를 가질 수 있다. 여러 종교 가운데 불교의 삼세관이 갖는 특징에 나타나듯이 일반 서구종교들이 보는 세계관과 달리 생사에 대해 확연한 시각을 드러내고 있다. 기독교는 현생과 하나님 나라인 영생의 2세관을 가지고 있는 것에 반해, 유교는 죽은 후 내세의 영혼이 영속하다는 생각을 인정하지 않는다.[279] 도교의 경우 단생만을 인정함으로써 현생의 불로장생이 수련의 목적으로 자리한다. 여기에 대해 불교의 삼세관은 생사윤회와 업이라는 이름으로 전생과 내생이 그 골간으로 하여 종교적 생사해탈이라는 수행을 강조하고 있으며, 원불교도 이러한 점에서 일치한다.

돌이켜 보면 불교의 삼세관은 인도종교의 영향을 받았다. 인도의 브라만교에서 시작하였던 물심(物心) 이원론적 입장과 삼세윤회 사상은 불교사상으로 계승되면서 논리화되었고 철학화되었다.[280] 불교의 유심(唯心) 사상은 초기불교의 「아비달마구사론」에서 주장하는 업감연기설의 사상체계에서 발견된다. 이 구사론 계통에서는 '삼세실유 법체항존(三世實有 法體恒存)'을 거론한다. 여기에서 삼세(三世)로서 전생, 현생, 내생이 유추될 수 있는 것이다.

---

279) 김낙필, 「한국 근대종교의 삼교융합과 생명・영성」, 『원불교사상과 종교문화』 39집, 원불교사상연구원, 2008, p.27.
280) 김성관, 「원불교 인간관」, 『원불교사상시론』 1집, 수위단회사무처, 1982, p.57.

구체적으로 말해서 원시불교 설일체유부의 삼세론이 불교 초기의 시각
으로 접근될 수 있다. 윤회와 관련한 생명존재의 형태에 있어서 설일체유
부의 가장 중요한 이론 가운데 하나가 삼세실유설(三世實有說)이다. 이
삼세실유설은 유부의 극단적인 사변체계를 드러내는 이론의 대표로서 모
든 법(dharma)이 삼세(三世)에 존재한다고 하며, 이 같은 삼세실유의 체
계가 성립하기 위해서는 세 가지 원칙이 있다는 것이다. 첫째는 모든 유
위법이 찰나멸(刹那滅)이어야 하며, 둘째로 모든 유위법이 엄격하게 기계
적이라고도 할만한 인과의 법칙에 지배되어 있고, 셋째로 모든 인식은 대
상을 가져야 하며 무소연심(無所緣心)은 허락되지 않는다.[281] 따라서 우
주 만유의 모든 존재는 인과의 법칙에 따른다는 삼세론이 불교에 정착되
기 시작했으며, 불법을 수행의 대상으로 삼는 종교라면 이 같은 삼세론이
상의상자적 인과의 중요한 과정으로 전개된다.

2) 삼세와 인과윤회

불교의 삼세론은 삼세와 관련한 인과의 용어에 더 익숙해 있다. 인과와
삼세가 밀접한 관련이 있다는 뜻이다. 불교의 업감연기설에서는 4가지로
과보의 시기를 밝혔으며, 현생에 지어서 현생에 받는 것, 현생에 지어서
내생에 받는 것, 현생에 지어서 내 후생에 받는 것, 시기가 정해지지 않는
부정업 등이다.[282] 삼세를 통해 지은 업이 인과로 연결되는 것이며, 이러
한 인과론은 불교 교리의 중심이다. 인간은 삼세를 통해 신구의 삼업을
짓게 되어 결과적으로 선인선과와 악인악과로 현생의 개인에게 적용되는
것이다. 여기에서 현생은 물론 전생과 내생의 업인이 삶의 행복에 중요한

281) 櫻部建, 『俱舍論の硏究一界』・根品』, 京都 : 法藏館, 1969, p.109(이용주, 「설일체유부
    의 윤회관」, 『원불교사상과 종교문화』 40집, 원불교사상연구원, 2008, p.226).
282) 한종만, 『원불교 대종경 해의』(上), 도서출판 동아시아, 2001, p.475.

영향을 미치므로 신구의 삼업으로 지은 인과를 알고 선행을 통해 복락을 마련해야 한다.

　이처럼 인과윤회의 축으로 삼세론이 거론되며, 당연히 삼세와 윤회라는 두 용어가 '삼세윤회'라는 하나의 단어로 자연스럽게 불리는 것이다. 삼세를 통해서 윤회하는 인간의 고통도 여기에서 거론될 수 있다. 불교 교리에 있어서 삼세를 통한 윤회 전생설을 중시하고 있으나 그것은 어디까지나 업보에 의한 윤회전생을 말한 것으로, 오히려 그 업보 윤회를 벗어나 무아열반을 이루고자 함이 그 근본취지라고 본다.[283] 삼세를 통해 지속되는 윤회의 고통스런 업보를 해탈하는 것을 목적으로 하는 것이 불교수행이다. 극락의 수용이란 삼세윤회를 해탈해야 가능하기 때문이다.

　이 같은 삼세윤회의 구조는 불교 12연기의 순서에서 접근이 가능하다. 즉 무명과 행은 전생의 원인이며, 식·명색·육처·촉·수·애·취·유는 현생의 업보이며, 생·노사는 미래세의 과(果)이다. 여기에서 3세에 걸쳐서 두 가지의 인과 관계가 있음으로 인하여 3세양중인과라 하며, 이들 윤회에는 업이 동력이 된다고 하여 업감연기라 하기도 한다.[284] 근래 불교학자들에 의하면 유부의 12연기에 대한 입장을 태생학적 해석이라 한다. 이에 인간의 세계관은 현생만 있는 것이 아니라 전생과 현생, 내세가 공유되고 있으며, 서로 중첩되어 있는 삼세인과를 알아서 영생을 두고 선연선과를 맺는 일이 중요하다.

　그러나 삼세인과를 모르고 일생사가 현생에서만 전개되는 줄 알고 내세의 과보를 모른 채, 현생만 중시하는 삶을 이끌어가는 중생의 삶이 있다. 불법의 진리를 모르는 무명 중생에 있어서 불교의 인연과의 법칙이 삼세를 거쳐 전개된다는 사실을 알 수가 없기 때문이다. 삼세에 걸쳐서

---

283) 노권용, 「원불교 신앙론의 과제」, 『원불교학』 창간호, 한국원불교학회, 1996, pp.36-37.
284) 정순일, 『인도불교사상사』, 운주사, 2005, p.314.

상속할 수 있는 상속적 개아는 현생의 사(死)와 함께 그치는 육체적 구조가 아니라 단생이라는 시간과 공간에 제약을 받지 않는 영식(靈識)이 되어야 하며, 이러한 점에서 삼생윤회의 사상과 인과보응의 진리론은 서로 요청적인 관계 속에 있다.[285] 현생에 치우친 자행자지의 삶을 벗어나 삼세가 인과의 원리와 함께 전개되고 있음을 알아야 하는 이유이다.

소태산은 인과와 삼세가 함께하고 있음을 일원상 진리의 큰 깨달음을 통해서 밝히고 있다. 그가 대각하고 "생멸없는 도와 인과보응 되는 이치가 서로 바탕하여 한 두렷한 기틀을 지었도다"라고 한 것이 바로 삼세 윤회설이며, 이에 『대종경』「천도품」에서는 간절하게 죽음을 준비하는 사람이나 죽어가는 사람이 귀를 기울일 수 있도록 하였다.[286] 일원상 진리의 깨달음에 의하면 인과보응의 이치가 영원히 지속되므로 일생밖에 모르고 사는 촉박한 삶이 아니다. 영생의 이치를 깨닫고 보면 전생·현생·내생의 원리에 따라 생멸 없는 항존의 세계에 살게 되는 것이다.

삼세 윤회를 이해하지 못하거나 해탈하지 못한다면 그것은 무명(無明)의 고통을 받게 된다. 부처도 십이인연에 따라서 삼세를 거래하고 중생도 마찬가지로 삼세를 거래하지만, 중생은 무명으로 거래하기 때문에 윤회를 하고 부처나 수도인은 알고 거래하기 때문에 윤회에 자유로울 수 있다.[287] 무명으로 윤회를 한다는 것은 생사의 집착으로 인해 죽음에 임하여 그 고통이 뒤따르는 것을 말한다. 그러나 부처의 경지에서 12개의 연결고리에 의한 윤회에서 해탈의 심경으로 살기 때문에 생사에 집착하지 않는다.

따라서 무명의 고통을 벗어나기 위해서는 삼세를 자각하며 살아야 한

285) 김성관, 「원불교 인간관」, 『원불교사상시론』 1집, 수위단회사무처, 1982, p.60.
286) 김정용, 『생불님의 함박웃음』, 원불교출판사, 2010, pp.32-33.
287) 장응철 역해, 『자유의 언덕-반야심경 강의』, 도서출판 동남풍, 2000, pp.104-105.

다. 삼세를 모를 경우 불법의 인과를 모르며 자연히 윤회도 모를 것이며, 그것은 삼세부모까지 부정하는 결과를 초래하기 때문이다. 이와 관련하여 정산종사의 「원각가」를 소개해 본다. "이런 이치 불신하면 과거 미래 어찌 알며, 과거 미래 모를진댄 현재 시비 어찌 알까. 삼세이치 몰랐으니 화복귀천 어찌 알며, 화복귀천 몰랐으니 영원발원 있을손가."[288] 삼세의 이치를 모르고 산다면 화복귀천을 알지 못하게 되며, 그로인해 무명의 윤회에 고통스러울 뿐이라는 것이다. 다만 삼세의 원리를 알아서 적공한다면 영생의 이치를 자각하고 선연선과의 삶을 살 수 있다는 당위성으로 귀결된다.

　삼세의 이치를 자각한다는 것은 결과적으로 영혼불멸을 확신하는 것이다. 무명으로부터 벗어나 영생을 깨달은 경우 죽음에 대한 관념도 달라지기 때문이다. 즉 영혼은 불멸이며 윤회를 거듭하여 죽은 후 내세에는 현세와는 다른 삶을 살게 되고, 천상·인간·수라·축생·아귀·지옥의 육도를 아는 지각이 열리는 것이다. 부처에 의하면 영혼은 불멸하여 삼세를 통해 12인연으로 윤회한다고 하였다.[289] 소태산은 대각 후 인과보응 되는 이치를 언급하여 이 같은 삼세 윤회설을 밝히었고, 『대종경』 천도품 16장에서 영혼불멸의 세계를 확신시켜 주었다. 곧 영혼은 영원불멸하여 길이 생사가 없으므로 아는 사람에 있어서는 인생의 생로병사가 마치 춘하추동 사시 바뀌는 것과 같고, 저 생(生)과 이 생이 마치 거년과 금년 되는 것 같다는 것이다.

---

288) 『월말통신』 38호, 원기 17년 7월호(박정훈 편저, 『한울안 한이치에』, 원불교출판사, 1982, p.293).
289) 김정용, 『생불님의 함박웃음』, 원불교출판사, 2010, p.32.

3) 삼세의 세계관

불교의 기본 교의(敎義)에 의해 삼세 인과론이 언급되는데, 여기에서 삼세의 공간개념 속에는 저승과 이승이라는 개념이 있다. 우리가 현재 살고 있는 곳을 이 세상이라 하고 생을 마감한 후 죽은 다음에 가는 곳을 저 세상이라고 하는데 인간은 이 세상과 저 세상을 공유한다.[290] 원불교에서도 이와 관련한 언급이 있다. 『대종경』「천도품」16장을 보면 우리가 죽어도 그 영혼이요 살아도 그 영혼이건마는 죽으면 저승이라 하고 살았을 때에는 이승이라 한다는 것이다. 이승과 저승이라는 공간개념은 불교나 원불교의 삼세론에서 공유되고 있다.

아울러 삼세론은 시간에 대한 새로운 세계관을 낳는다. 우리는 시간적으로 현생만 있는 줄 알고 죽으면 끝난다는 생각을 갖기가 쉽다. 그러나 불교의 시각에서 본다면 전생, 현생, 내생이라는 시간개념을 설정하고 있는데 삼세를 통해 지속되는 시간을 영생이라 한다. 인간은 대부분 지구 이외는 미래의 세계 또 전생의 세계로 간주하고 있지만 번뇌에 가려 널리 보지 못한 탓이며, 또 과거 현재 미래 등 삼세를 나누어 보는 습관이 있기 때문이다.[291] 무명 중생은 시간적으로 현생만을 강조한 나머지 죽음 후의 내생을 모르며, 또한 현재의 우리는 전생의 우리가 있었다는 사실도 모르며 살아간다는 것이다.

위의 언급처럼 삼세론은 시간과 공간의 개념을 불교 특유의 시각으로 접근할 수 있다. 또 삼계육도설과 십이연기설에서 시공간의 삼세론이 접근되기도 한다. 이를테면 윤회가 이루어지는 공간적 세계와 관련하여 삼계육도설(三界六道說)이 있고, 윤회의 시간적 전개와 관련하여 십이연기

---

290) 우룡스님. 『영가천도』, 도서출판효림, 2004, p.18.
291) 불교신문사 편, 『불교에서 본 인생과 세계』, 도서출판 홍법원, 1988, p.39.

설(十二緣起說)이 있는데, 그 결과 참 열반에 이르지 못한 중생의 경우 그가 지은 업이 원인이 되어 삼계육도의 공간 속에서 전생 현생 내생을 끊임없이 반복하게 된다.[292] 이는 불교의 윤회론으로 내세구원을 위한 천도재가 필요하다. 즉 시간과 공간이 어우러진 상황에서 인간은 삼계육도와 십이연기에 의해 전개되는 생로병사의 윤회 해탈이라는 과제가 발생하며, 여기에서 사자천도의 필요성이 제기된다.

조상이나 친척이 열반한 경우 천도재를 올릴 때 조상의 범위는 삼세의 부모임을 알 수 있다. 유교의 경우 현생의 부모에 대한 효성이 지극함을 강조하여 자녀로서 당대 부모의 제사를 올리지만, 불교의 경우 현생 부모만이 아니라 삼세의 부모를 대상으로 하여 천도재를 올리는 포괄적 부모 섬김의 의식이 있다. 원불교의 경우 조상범위는 삼세의 제불제성과 삼세의 부모 조상으로, 조상의 범위를 삼세로 규정하는 것은 개별교당에서 진행되는 삼세 해원상생기도 등을 통해서도 확인할 수 있다.[293] 삼세 부모의 섬김이란 물론 혈연으로 접근하는 것이 아니라 종교적 인연연기의 범주로 접근하는 것이다.

인연연기로서 삼세의 부모를 위해 효도 및 천도하는 것은 물질만이 아니라 정신봉양도 포함된다. 그것은 현생의 부모 봉양은 물질적 측면이 적지 않으나, 삼세의 부모봉양에 있어서 정신적 봉양의 측면이 크기 때문이다. 특히 불교의 효사상은 현세의 물질적·정신적인 부모봉양으로 끝나는 것이 아니고 윤회 속의 고통과 괴로움을 궁극적으로 해결하고자 하는 삼세의 효행이다.[294] 삼세부모는 나의 부모에 국한되는 것이 아니라 일체중

---

292) 장광수, 『천도재의 근거와 절차에 대한 교학적 검토』, 동국대 불교문화대학원 석사학위논문, 2011, p.82.
293) 편집부, 『죽음과 천도』상, 월간원광사, 2001, p.94. 삼세 부모 선조는 혈연적 존재의 근거, 삼세 제불제성은 종교적 현존의 근거라고 할 수 있다(고병철, 「원불교의 조상의례와 천도」, 『종교연구』제69집, 한국종교학회, 2012, pp.55-56).

생의 부모를 나의 부모로 섬기며 영적으로 천도하는 동체대비의 마음이 크게 다가오기 때문에 정신적 봉양의 성격으로 다가온다.

이 같은 삼세론의 자각과 불공은 오랜 불법수행의 과정이라는 자기적 공과 관련된다. 석가모니의 위대한 인격은 삼세로 볼 때 단순히 금세의 수행에 의해 완성된 것이 아니고 과거 다수의 생애에 있어서 오랜 수행의 힘에 기인한 것으로, 그는 과거세에 있어서 대단한 공덕을 쌓고 선행을 했기 때문에 현세에 있어서 이와 같은 초인적 존재로서 출현한 것이다.[295] 원불교에 있어서 공부인이 응용할 때 주의사항 중 제1조와 6조에 의하면, 현재 미래 과거의 삼세를 밝히는 법을 강조하였다[296]고 본다. 삼세를 통하여 과거와 현재, 미래에 걸쳐 수행인으로서 지속적인 적공의 과제가 남겨진 것이다.

4) 삼세의 적공과 자비

수행적공에 관심을 가진 자라면 불법에 귀의한 후 누년에 걸친 적공을 통해 중생제도의 자비행으로 이어져야 하는 것이며, 이것은 보살행으로서 자신은 물론 타인구원에 도움이 된다. 과, 현, 미의 삼세에 걸쳐보면 만물 동격이며 나와 너의 구분경계가 무너질 수밖에 없으므로 사생이 일신이요, 모든 존재가 생명의 끈을 잇고 있으므로 이 생명존중 사상은 동체대비의 행으로 나타나게 된다.[297] 사생일신의 자비심으로 살아간다면 어떠한

294) 정수동, 「유교와 불교의 효사상」, 『동아시아 불교문화』 제7집, 동아시아불교문화학회, 2011, p.260.

295) 中村 元著, 김용식·박재권 공역, 『인도사상사』, 서광사, 1983, p.72.

296) 이공주, 「매일 성적조사법 이행에 대하여」, 『월말통신』 19호, 원기 14년, 9월.

297) 양은용, 「생명·영성의 문제와 불교」, 『원불교사상과 종교문화』 39집, 원불교사상연구원, 2008, p.14.

생명체에게라도 경외심을 갖고 대할 것이며, 그것은 삼세를 통하여 지속될 때 동체대비의 부처행을 하게 되는 것이다.

삼세를 통하여 전개되는 자비행은 복록 마련으로서 영겁(永劫)이라는 시간의 영원성에 합일을 가져다준다. 부처의 인품을 가지고 살아간다면 영겁을 통하여 열반적정의 경지에 이를 수 있다는 뜻이다. 삼세를 통하여 짧은 시간과 긴 시간이 있는데 짧은 시간은 찰나(10분의 1초)라 하고 긴 시간을 겁(劫)이라 하며, 흐르지 않는 본체의 시간 속에 들어가면 즉 열반하면 시간의 길고 짧은 것이 없는 것이다.298) "시방삼세 어느 법이 이 법 외에 또 있는가. … 영겁에서 영겁으로 찬송하고 찬송하세." 이 성가가사는 서대원이 작사한 '대종사 찬송가(2절)'이다. 삼세의 영겁이라는 세월 속에서 본다면 성자출현과 자비행에 대한 제자의 숙연한 감상을 알 수 있다.

영겁을 통하여 계승된 불불계세(佛佛繼世)의 성자론은 대승불교의 다불(多佛)사상을 낳는다. 곧 과거 · 현재 · 미래의 다불로서 구원석가불, 시방편만불, 내재불로 이어지는 불타관은 흥미를 더한다. 대승 초 · 중기의 불타관은 제불타관의 본질에 관한 불신론(佛身論)으로 활발히 전개되었고, 대승말기에 이르러서는 법신불에 역점을 둔 밀교에 의하여 제불타관 내지 제불신론을 종합 수렴한 법신 대일여래(大日如來) 사상으로 종합 발전한다.299) 역사적인 석가에 국한을 두지 않고 삼세를 통하여 제불조사의 출현을 강조하는 것이다. 누구나 불성이 있으며, 깨달아 자비행을 실천하면 부처가 될 수 있다는 점에서 이러한 다불사상은 삼세를 두고 지속되어 온 불신관이다.

다불 삼세론에 있어서 미륵불 내지 화신불을 거론할 수 있다. 미래불로서 미륵불이라든가, 현재의 활불 내지 화신불이 이와 관련된다. 원불교의

---

298) 불교신문사 편, 『불교에서 본 인생과 세계』, 도서출판 홍법원, 1988, pp.54-55.
299) 노대훈, 「원불교의 불타관」, 『원불교사상시론』 제Ⅲ집, 원불교 수위단회, 1998, p.71.

주세불은 한편에서 보면 정법 상법 말법의 3시 교법에 의한 말법시에 출현한 부처가 된다는 것이며, 이는 과거 현재 미래의 3세불 체계에 의한 미륵불을 표방한 것이고, 다른 한편 법신 보신 화신의 삼신불 체계에 의한 화신불을 표방하는 것이다.[300] 원불교에서는 미륵불의 출현을 기대하고 있으며, 활불로서 활동하는 부처상을 주로 거론하고 있는 것을 참조할 일이다. 소태산은 미륵불이란 법신불의 진리가 크게 드러나는 것이며, 용화회상이란 크게 밝은 세상이 되는 것이니, 곧 처처불상 사사불공의 대의가 널리 행하여지는 것(『대종경』, 전망품 16장)이라고 하였다. 삼세를 통해 법신불의 진리가 드러나는 세상은 정토극락의 세상이 되는 것이다. 불교와 원불교에서 바라보는 제불제성의 심인(心印)으로 삼세를 통해 부단히 자비행을 함으로써 인과와 윤회를 해탈하는 경지에 이른다고 본다.

---

300) 홍윤식, 「정산종사의 새로운 회상관이 갖는 의미」, 제19회 원불교사상연구 학술대회 ≪鼎山宗師의 信仰과 修行≫, 원불교사상연구원, 2000.1, p.4.

9. 천도관

1) 천도와 중음의 개념

'천도(薦導)'란 용어에 나타난 것과 같이 중음신을 이승에서 저승으로 옮겨(薦) 극락으로 인도한다(導)는 뜻이다. 자의적 개념에 기반을 두면서도 천도의 개념은 불교의식으로 잘 알려진 '천도재'라는 용어를 통해서 개념의 접근이 더욱 용이하다. 49재로서 천도재는 죽은 이가 남기고 간 삶의 문제를 해결해 주는 해원의 기능이 담겨 있으며, 천도재를 지내는 가족들의 문제를 해결하는 역할을 하는 다종교 복합적인 종교의식으로 되어 있는 것이다.[301] 그것은 민속종교에서도 넋을 달래어 천상으로 인도하는 의식으로 전개되고 있으며, 불교의 천도재와 같은 의례의 성격에 속한다.

천도재를 통해서 영가를 구원하는 것이므로 천도는 구령법(救靈法)이라고도 한다. 세상에는 여러 가지 법이 있을 것인데, 실정법으로서의 국가법이 있을 것이며, 양심과 도덕법으로서의 종교법이 있을 것이다. 종교법 가운데 열반한 영가의 영혼을 다스리는 법이 있으며 그것이 구령법이다. 구령(救靈)의 의식을 통해서 영가가 천상으로 인도되며, 그것이 천도의례이다. 천도재는 인간세상을 실정법으로 다스리는 규율이 아니라 성인들이 진리를 보아 영계를 구제하기 위해 제정한 구령법이며 영계들의 도덕률이다.[302] 구령법이란 영가를 구제하는 법이라는 것으로 천도와 관련한 법설

---

301) 구미래, 「한국불교 천도재의 중층적 위상」, 『역사민속학』 28, 2008, pp.234-235 참조.
　　　 김도공, 「원불교의 죽음교육과 생사관」, 『신종교연구』 24집, 한국신종교학회, 2011,
　　　 p.52.

을 통해서 영가를 안락정토의 세계로 인도하는 것이다.

천도개념과 직결되는 것으로, 영가로 하여금 집착하는 생각을 없애도
록 함으로써 영가의 영식에 구원의 길을 열어주는 것이 사실적 천도개념
으로 다가온다. 천도란 체(體)가 없는 업식(業識), 말하자면 몸은 없어도
마음작용인 영식(중음신)에 영향을 미치는 것을 말하는데, 사람이 죽어
몸을 버렸지만 마음은 과거에 살던 습(習)대로 체가 있는 줄 알아 이미
벗어났음에도 불구하고 악업 · 선업에 발이 묶이게 되기 때문이다.[303] 중
음의 업식이 집착에 의해 영가에게 여전히 고통을 가져다주는 경우가 적지
않으며, 천도를 통해서 이러한 집착의 윤회 고리를 놓도록 인도하는 것이다.

결과적으로 천도란 영가를 구원하여 극락세계에 머물게 한다. 인간은
태어나면 죽게 되어 정업(定業)을 피할 수 없다. 그래서 종교적으로 생각
한 것이 사는 것과 죽는 것을 반복하지 않는 초연의 극락세계를 설정한
것이며, 그곳에 왕생하기를 바라는 것으로, 천도는 죽은 사람을 극락세계
로 왕생시켜 생사윤회의 고통을 면하도록 죽은 자에 대한 산자의 선행공
덕이라 정의할 수 있다.[304] 천도의 개념이자 목적이 이러한 죽은 자의 영
혼을 달래줌으로써 정토극락에 안주하도록 도와주는 것이다.

안주 개념을 상기할 때 원불교에서 말하는 천도의 개념은 다음 몇 가지
로 정리할 수 있다. ① 생사연마의 마음공부, ② 중음인도와 법공양, ③
추선(追善)과 공덕선양, ④ 업장소멸과 왕생극락이 이것이다.[305] 그것은

---

302) 전이창, 『죽음의 길을 어떻게 잘 다녀올까』, 도서출판 솝리, 1996, p.241. 서경전, 「원
   불교 천도의식과 사회윤리」, 『원불교사상』 20집, 원불교사상연구원, 1996, pp.56-57.
303) 무주, 「아뢰야식을 통하여 살펴본 천도재의 의미」, 『석림』 제35권, 동국대학교석림회,
   2001, p.334.
304) 조용길 · 백성, 『불교천도재와 사찰학춤 작법』, 한지디자인, 2007, p.9.
305) 장지환, 「원불교 천도론 연구-원불교 천도의례를 중심으로-」, 원광대학교 박사학위논
   문, 2016, pp.26-44 참조.

생사와 관련되는 것이며, 중음을 인도하는 것이 천도의 본령임과 동시에 영가의 공덕을 선양하고 궁극에 가서는 업장을 소멸함으로써 극락세계에 안주할 수 있다. 이러한 원불교의 천도개념은 불교 천도개념의 영향을 받았음은 주지의 사실이다.

다음으로 중음의 개념에 대하여 살펴보도록 한다. 인간은 태어나면 죽게 되는 것이 운명이라는 점에서 생사는 피할 수 없는 것이다. 피할 수 없는 생사는 인간의 중대사이므로 생에서 사로 가는 찰나과정의 종교적 이해가 요구된다. 불교에서는 이를 '중음(中陰)'이라 한다. 원불교는 불교와 같이 사람이 죽으면 49일간 중음에 머문 후 새 몸을 받는다고 믿는다. 즉 원불교는 윤회에 기초한 죽음관을 견지하고 있으므로 사람이 죽는 것은 마치 잠자는 것과 같으며, 다시 태어나는 것은 잠을 깨는 것과 같다고 하면서, 죽으면 영혼과 육체가 분리되고 약 49일 동안 영혼은 중음에 머물다가 새로운 육신을 얻게 된다.[306] 생과 사 사이에 전개되는 중음에 대한 이해가 생사윤회로 인식되며 이는 불교와 원불교에 있어서 공통된 시각이다.

중음은 중유(中有)라고도 하며, 중유기에 있는 영혼은 일종의 영가라 표현해도 좋다. 영가는 중유기에 있을 때 천도재의 대상이 된다. 천도의 대상인 영가의 개념에는 이미 새 생을 받은 존재까지도 포함된다. 이에 49일은 대체로 중유(中有)의 최장 존속기간을 뜻하므로 중간단계의 존재를 의미하는 중유 등의 경전상 용어를 영가의 개념으로 이해하고 사용하여도 무난하다.[307] 중유기에 있는 영혼은 영가로서 생에서 사로 가는 중간과정에 있으며, 새 몸을 받기 직전에 있다고 볼 수 있다.

---

306) 윤승용, 「한국신종교의 생사관과 상장례」, 『신종교연구』 제23집, 한국진종교학회, 2010, p.22.
307) 『유가사지론』 권1(대정장 30, p.282b). 한글대장경, 『유가사지론』 제1권, p.28(장광수, 『천도재의 근거와 절차에 대한 교학적 검토』, 동국대 불교문화대학원 석사학위논문, 2011, pp.27-28).

중유의 개념이해에 덧붙여 중유의 기간에는 여러 설이 있다. 일반적으로 열반 후 49일이면 천도재를 올린다는 점에서 이 기간을 중유기라고 한다. 이와 관련한 여러 견해가 있는데, 첫째는 정해진 기간이 없으며 생의 연(緣)과 화합하지 않는 한 항상 존재한다는 것이고, 둘째는 그 기간이 최장 7일이며 만약 이 기간에 생연(生緣)을 만나지 못하면 죽었다가 다시 태어나기를 몇 번이고 되풀이 한다는 것이며, 셋째는 그 기간이 최장 49일이라는 것이다.308) 이처럼 중음기의 해석에는 몇 가지가 있는데 불교에서는 49일을 상정하여 천도재를 올려준다. 원불교에서는 중음기간을 불교의 경우와 공유하며, 육신과 갈릴 때에는 육신의 기식이 완전히 끊어진 뒤에 뜨는 것이 보통이라 했다. 그러나 아직 육신의 기식이 남아있는데 영혼만 먼저 뜨는 수도 있으며, 영혼이 육신에서 뜨면 약 7x7일 동안 중음으로 있다가 탁태되는 것이 보통이나, 뜨면서 바로 탁태되는 수도 있고, 또는 중음으로 몇 달 혹은 몇 해 동안 바람같이 떠돌아다니다가 탁태되는 수도 있다(『대종경』, 천도품 13장)는 것이다.

영가가 새 몸을 받는 중음기간에 대한 다양한 접근이 가능하며, 중음기 전후에는 생사가 네 가지로 설정된다. 곧 생명이 태어나서 죽을 때까지를 중유(中有), 생유(生有), 본유(本有), 사유(死有)라는 네 가지의 단계를 생존과정으로 접근한다. 이러한 사유(四有)를 통해서 전생과 이생과 내생으로 연결되는 윤회의 현실을 깨달아야 그것에서 벗어날 수 있다는 윤회해탈론이 거론된다. 쉽게 말해서 태어나는 찰나를 생유라 하고 그로부터 죽을 때까지의 중간 일생을 본유라 하며, 죽음의 찰나를 사유라 하며, 사

<hr/>

308) 또 하나의 견해는 중유로 머무는 기간은 짧은 시간이라는 것인데, 이는 생유를 즐거이 희구하기 때문이라고 한다(대정장 29, p.46c. & 한글대장경, 『아비달마구사론』 제9권, pp.412~413. 장광수, 『천도재의 근거와 절차에 대한 교학적 검토』, 동국대 불교문화대학원 석사학위논문, 2011, pp.27-28).

유로부터 새로운 생유에 이르기까지의 중간을 중유라고 한다.[309] 중음기로서 중유(中有)에 이르러 영가는 자기가 태어날 곳을 찾는데, 교파에 따라 이를 인정하지 않기도 한다. 곧 유부에서는 중유를 인정하지만 부파에 따라서 중유를 인정하지 않기 때문이다.

원불교에서 보는 사유(四有)는 어떠한가. 원불교는 기존종교에서 사용하는 사유의 개념을 통해 사람의 생사를 정리하고 있다. 곧 중음개념이 인지되어 사람이 죽으면 죽는 것으로 끝이 아니므로 사람이 죽은 후 49일 동안 재를 올리며, 죽은 영혼이 그 동안에 불법의 가르침을 받아들여 다음 생에 좋은 곳으로 갈 수 있도록 기원한다.[310] 불교의 사유설을 원불교에서 수렴하고 있으며, 그로 인해 천도재의 의식교화도 활발하게 전개하고 있다.

2) 중음기와 내세관

중음신(中陰身)에도 몇 가지의 종류가 있다. 이 중음신들은 임종중음, 실상중음, 투생중음의 세 가지로 분류된다.[311] 이를테면 임종중음은 죽음을 맞이한 순간에 맞는 중음이며, 실상(實相)중음은 죽은 후 3일 반부터 12일 반까지의 중음을 말하며, 이때 죽은 지를 스스로 모르다가 장례식 때 자신의 이름을 부르면 죽음을 확인하는 것이다. 투생(投生)중음은 죽은 지 12일 반부터 49일까지를 말하며, 해탈의 기회를 놓친 중음신들이 태어나는 과정을 겪는다. 이처럼 중음신은 현생의 죽는 순간부터 내생의 새 몸을 받기까지 윤회의 업을 받으며 고통스런 기간을 보내는 것이다.

---

309) 정순일, 『인도불교사상사』, 운주사, 2005, p.275.
310) 김도공, 「원불교의 죽음교육과 생사관」, 『신종교연구』 24집, 한국신종교학회, 2011, p.51.
311) 강명화, 『천도재에 대한 이론과 실제』, 원광대동양학대학원 석사학위논문, 2004, p.5.

중음에 대한 이론은 불교 내세관의 특징으로 나타나며, 이와 관련한 내용은 불교의 경전에 나타난다. 곧 불교의 내세관에 따르면 모든 유정의 존재들은 스스로 지은 업보로서 육도를 윤회하며 살아가게 되며, 이때의 아귀(餓鬼)는 죽은 뒤 아직 다음 생을 받지 못한 중유·중음의 본체를 나타내는 것이며, 2세기 중엽에 발간된 『아비달마 대비바사론』에서는 사람이 죽은 후 다음 생을 받기까지의 상태를 중음이라 하여 이 기간에 대한 여러 설 가운데 중음 7x7 설이 최초로 등장하였다.312) 이후에 저술된 『아비달마 구사론』, 『유가사지론』에서는 영가는 죽음 직후 여러 7일을 경과하여 최대기간이 7x7이라고 하여 중음기간은 최소한 7일, 최대한 49일이라 한다. 원불교 역시 이러한 이론을 그대로 수용하고 있다.

중음에 대해 언급한 『구사론』의 구성 및 내용은 어떠한가. 그것은 분별계품, 분별근품, 분별세간품, 분별업품, 분별수면품, 분별현성품, 분별지품, 분별정품, 파집아품으로 구성되어 있다. 중음을 거론한 품은 분별세간품이다. 여기에서는 세간과 기세간에 대하여 논하여 3계 5취와 죽은 뒤의 세계인 중유를 거쳐 생처에 이르기 위한 존재와 12인연 등을 밝히고, 전생(轉生)과 윤회의 이론과 사실들을 상세하게 설명하여 유정의 세간을 논하고 있다.313) 불교의 업감연기설이 이것으로서 중음의 세계가 언급되고 있으며, 그것은 생사의 12인연에 대하여 설명하고 있는 것이다.

한편 중유를 인간의 심식(心識)으로 접근해서 설명할 수 있다. 중음신이 새 몸을 받는데 49일이 걸리는데, 이는 전5식, 제7말나식이 7x7=49일 동안 소멸되는데 걸리는 기간이라고 하지만, 맨 마지막에 남은 제8아뢰야식만이 업력에 의하여 다음생을 받는다는 것이다.314) 불교에서는 생사윤

312) 구미례, 「사십구재의 의례기반과 지장신앙의 특성」, 『정토학연구』 제15권, 한국정토학회, 2011, pp.112-113.
313) 정순일, 『인도불교사상사』, 운주사, 2005, pp.232-234.

회에 있어 생유(生有)와 본유(本有), 사유(死有), 중유(中有)가 있는데, 각
자의 업력이나 아뢰야식이 모태에 의탁하여 사람으로 출생하는 때를 생유
라 한다. 제7 말나식이든 제8 아뢰야식이든 새 몸으로 태어나는 것을 심
식으로 설명할 수가 있다.

중유는 이처럼 심식으로 접근되는데, 이는 대승불교에서 도입된 개념
이다. 대승불교에 이르러 제8식인 아뢰야식이라는 심식의 개념이 도입되
고, 그곳에 인간의 모든 행위와 생각이 발현 가능태로서 저장되며, 저장된
것은 수많은 업인(業因)의 연기(緣起)에 의해 다음 세상에 발현한다고 했
다.[315] 인간은 따라서 전생에 자신이 지은 업보에 맞추어 태어나게 되는
것이다. 선악업보에 의한 자신의 전생사가 내생사에서 그대로 적용된다는
것이며, 중유기에는 대승불교의 제8식으로서 새 몸으로 받아들여진다고
한다.

그리하여 중유에서 새 몸을 받아 태어나는 것은 곧 '종자'로 설명되고
있다. 인간의 생사는 오온(五蘊)의 이합집산으로 성립되며, 오온이 소멸
하면 인간으로서 성립할 수 없다. 이에 태어나는 것은 오온이 화합해야
하며, 이 중유라는 것은 (이전의) 죽음과 (이후) 생의 존재 사이에 생겨나
는 것으로서, 이르러야 할 곳에 아직 이르지 못한 까닭에 생겨난 것(존재)
이 아니며, 이것이 경량부에서는 종자, 즉 씨앗으로 설명되고 있다.[316] 중
음기에 있는 영혼은 생사윤회의 과정 중 죽음에서 다시 새 몸을 받아야
할 시기이므로 종자식이라 볼 수 있다.

---

314) 이경숙, 『마음의 여행』, 정신세계사, pp.130-131. 무주스님, 「아뢰야식을 통하여 살펴
본 천도재의 의미」, 『석림』 제35권, 동국대학교석림회, 2001, p.327.
315) 윤승용, 「한국신종교의 생사관과 상장례」, 『신종교연구』 제23집, 한국진종교학회,
2010, p.8.
316) 이용주, 「설일체유부의 윤회관」, 『원불교사상과 종교문화』 40집, 원불교사상연구원,
2008, p.228.

3) 중음기의 심판

중음기에 새 몸을 받기까지 거치게 되는 심판과정이 흥미롭다. 곧 명부(冥府)와 염라대왕, 명부사자의 심판이 이와 관련된다. 죽은 후 저승에는 인간이 새로운 몸을 받기 위해 존재하는 중음계인 명부가 있고, 그곳에는 염라대왕을 포함한 칠왕(七王) 또는 시왕(十王)이 주석하고 있어서 죽은 자의 영혼을 생전의 업에 따라 심판하여 다음 생에 받을 몸을 지정한다고 한다.[317] 알다시피 명부란 사람이 죽을 때 심판받는 장소이다. 그리고 명부사자는 그 심부름하는 사자이며, 시왕은 영가의 선·악업을 판단하여 재판하는 대왕으로서 진광대왕, 초강대왕, 송제대왕, 오관대왕, 염라대왕, 변성대왕, 태산대왕, 평등대왕, 도시대왕, 오도전륜대왕이 있다.

원불교의 교조 소태산은 명부사자에 대하여 언급하였다. 그는 선원 대중들에게 "염라국(閻羅國)과 명부사자(冥府使者)를 아는가"라고 질문하면서 다음과 같이 말한다. "염라국이 다른 데가 아니라 곧 자기 집 울타리 안이며 명부사자가 다른 이가 아니라 곧 자기의 권속이니, 어찌하여 그런고 하면 보통 사람은 이 생에 얽힌 권속의 정애(情愛)로 인하여 몸이 죽는 날에 영이 멀리 뜨지 못하고 도로 자기 집 울안에 떨어져서 인도 수생의 기회가 없으면 혹은 그 집의 가축도 되며 혹은 그 집안에 곤충류의 몸을 받기도 하나니…."[318] 이에 예로부터 제불조사가 다 착 없이 가고 착 없이 행하라고 권장한 것은 악도에 떨어지는 것을 면하도록 하기 위함이라는 것이다.

명부사자에 대한 견해는 불교와 같지만 명부 곧 염라국에 대한 해석에 있어서는 다소 다르다. 염라국은 불교에서 염라대왕이 다스리는 저승인

317) 윤승용, 「한국신종교의 생사관과 상장례」, 『신종교연구』 제23집, 한국진종교학회, 2010, p.8.
318) 『대종경』, 천도품 18장.

바, 염라대왕이 있는 곳이다. 염라국과 명부사자를 매우 현실적인 시각에
서 접근한 소태산은 염라국이란 자기 집 울타리 안에 있는 것이며 명부
사자가 자기의 권속이라 하였다. 이러한 해석은 방편적 장엄세계의 접근
보다는 현실적 불법실천의 삶이 중시되는 생활불교의 시각과 관련된다.

어떻든 중유세계에서 심판을 받으면 육도의 하나에 태어나는 것이다.
그것은 불교의 내세관에 따라 선악 인과보응에 따라 나타나는 결과이다.
특히 불교의 내세관은 지옥, 아귀, 축생, 인간, 아수라, 천상 등에 이르는
수직구도의 단계적인 세계를 갖추면서, 사람이 죽으면 일정기간 중음의
존재로 머문 뒤 생전의 업에 따른 심판을 받아 육도의 한 곳에 태어난다
고 보고 있다.[319] 이는 불교의 세계관으로서 인간이 죽게 되면 윤회 해탈
을 하지 못할 때 육도에 머문다는 논리인 것이다. 윤회 해탈이 불교 적공
의 목적과 관련되는 이유이다.

만일 중음계에서 악업의 심판을 받으면 삼악도에 떨어지는 것은 당연
하다. 이에 임종 전후에 즈음하여 탐진치를 극복하느냐의 여부에 따라 악
업의 심판을 벗어날 여지가 있다는 것이다. 영가가 중음에 들게 되면 가
장 중요한 것이 최후의 청정일념이다. 하지만 평소 지나친 욕심에 빠져
있다면 탐진치가 이끄는 대로 윤회에 들어 한없이 고통을 받음에 대하여,
탐진치를 극복한 영가는 중음의 세계를 거쳐 또 다른 몸을 받을 때에 그
생사거래 간에 질적인 차이가 나타난다.[320] 삼악도를 벗어나기 위해서는
탐진치를 극복해야 한다는 논리이다.

319) 구미례, 「사십구재의 의례기반과 지장신앙의 특성」, 『정토학연구』 제15권, 한국정토
학회, 2011, p.110.
320) 김도공, 「원불교의 죽음교육과 생사관」, 『신종교연구』 24집, 한국신종교학회, 2011,
pp.47-48.

4) 중음의 천도

원불교에서는 중음에 있는 영가의 천도를 위한 특별법문이 있다. 그것은 「천도법문」으로 여기에는 영가로 하여금 탐진치를 벗어나야 한다는 소태산 대종사의 가르침이 그대로 표출되어 있다. 중음의 영가가 이 육신을 버리고 새 육신을 받을 때에는 평소 짓던 것에 즐겨하여 애착이 많이 있는 데로 좇아 그 육신을 받게 된다며 다음과 같이 법어를 설한다. "그 즐겨하는 바가 불보살 세계가 승(勝)하면 불보살 세계에서 그 육신을 받아 무량한 낙을 얻게 될 것이요, 또한 그 반대로 탐진치가 승하고 보면 그 곳에서 그 육신을 받아 무량겁을 통하여 놓고 무수한 고를 얻을 것이니라."[321] 탐진치를 벗어나지 못한 영가는 중생으로서 육신의 애착에 의한 것이요, 이를 벗어난 영가는 불보살의 세계에 태어나 낙도생활을 한다는 것이다.

결과적으로 악도 중생의 경우 무명에 가리게 되어 고통스런 윤회의 세계에 머물지만, 발심 적공을 하는 수행인의 경우 탐진치에서 벗어나 해탈을 할 수 있다. 중음에서 새 몸을 바로 받는 것과 받지 못하는 것의 차이가 나는 것은 수행의 여부와 관련되므로 적공을 통해서 악도 중생의 윤회를 벗어나야 한다는 것이다. 영가가 집착의 무명에 가릴 경우 한없는 고통에 노출되기 때문이다. 이에 무명에 가리어 생사윤회를 반복하며 어디로 가는지조차 모르는 중음신을 불법으로 인도하여 지은 모든 악업을 소멸시킬 수 있도록 해야 할 것이다.[322] 무명에 가린 중음신을 위해 천도가 필요한 이유이며, 또한 영가로서도 생전 적공이 필요한 이유이다.

여기에서 천도가 왜 필요한지 알 수 있다. 천도의례를 통해 망자와 함

321) 『대종경』, 천도품 5장.
322) 무주스님, 「아뢰야식을 통하여 살펴본 천도재의 의미」, 『석림』 제35권, 동국대학교석림회, 2001, p.335.

께 무주고혼을 구원하는 것이 가족 친지로서 당연한 일이다. 49재가 천도
재의 정점에 놓이는 것은 영가가 중유에 머물며 내세가 결정되는 동안
살아있는 자들이 보다 좋은 곳을 갈 수 있도록 공덕을 쌓아주기 때문이며,
아울러 횡액 등으로 억울하게 죽었으나 재를 지내줄 사람이 없는 영혼은
천도되지 못한 망자와 무주(無主)고혼을 초청하여 왕생극락의 의례를 치
루는 것이다.323) 중음에 있는 영가들에게 법문을 통해 인도를 하는 것이
천도이며, 그들에게 애착 탐착을 벗어나도록 번뇌의 불길을 없애려는 것
이 천도 본연의 목적이다.

　천도의 목적을 상기하면서 천도성립의 역사를 살펴보도록 한다. 인류
의 역사가 시작되면서 가족의 열반에 명복을 빌었던 것은 당연하며 그
방식에는 다소의 차이가 있었다. 인도의 경우, 브라만교에서도『리그베다』
를 비롯한 각종 베다에 이미 사후세계와 이를 바탕으로 한 의례가 나타난
다. 초기불교에서도「설일체유부」에 의해 사상적으로 천도를 뒷받침하는
논리가 만들어지기 시작하였으며, 여기에서 체계화된 사유(四有)에 대한
관념과 개념은 대승불교에서도 이어지게 되었고, 중국에서도 관련 의례들
이 등장하였다.324) 이를테면『범망경』이 한역(漢譯)되면서 각종 의례들이
형성되었는데, 4~5세기의 동진(東晉)에서는 중음법회가 유행했으며, 당과
송대 때 49재가 성행했다.325) 우리나라도 불교의 49재와 유교의 제례에서
망자를 위로하고 극락으로 가도록 하는 의식들이 전개되어 왔다.

　이제 중음에 있는 영가를 인도하는 천도재의 의의를 살펴보도록 한다.
천도(遷度)에는 옮긴다(遷)는 의미와 구한다(度)는 의미가 있다. 옮긴다는

---

323) 구미례,「사십구재의 의례기반과 지장신앙의 특성」,『정토학연구』제15권, 한국정토
　　학회, 2011.6, p.115.
324) 안경식,「불교천도재의 교육적 의미」,『종교교육학연구』제46권, 한국종교교육학회,
　　2014, p.99.
325) 김정희,『조선시대 지장시왕도 연구』, 일지사, 1996, pp.13-21.

것은 영가(靈駕)를 중음신의 상태에서 극락으로 왕생하도록 옮긴다는 의미이며, 구한다는 것은 어려움에 빠져 있는 중생을 제도(濟度)한다는 의미이고, 재(齋)는 제사형식(祭)과는 구별되는 불교의례의 한 형식인데, 베푼다는 의미를 지니고 있다.326) 이처럼 천·도·재는 글자마다 각각의 의미를 지닌다. 결국 무명에 가린, 혹은 전생에 악업을 지은 영가로 하여금 천도의식을 통해 극락으로 구원하려는 가족친지의 망자에 대한 불공의식이 곧 천도재인 것이다.

다음으로 천도의 종류에 대하여 살펴보도록 한다. 죽은 사람의 넋을 극락으로 인도하는 일이 천도인데, 그 종류로는 불보살의 명호를 외우는 염불천도법, 광명진언 츰부다라니 천수대비주 등을 외우는 주력천도법, 공덕이 큰 경전을 읽어주는 독경천도법, 경전을 정성껏 쓰면서 행하는 사경천도법과 일반 사람들이 많이 행하는 재(齋)의식을 통한 천도법이 있다.327) 다양한 천도의 방법이 있는 것은 불교의 다양한 의식진행에 따른 불교 계파와도 관련이 있다고 본다.

천도법에는 여러 종류가 있지만 중음에 있는 영가에게 새 몸을 잘 받도록 하는 점에서 그 공통성이 있다. 불교 천도의식의 특성으로 죽은 자의 영혼을 정좌시키는 정좌의식(正坐儀式), 그 영혼에게 음식을 베푸는 시식(施食)의식, 죽은 자의 영혼을 이승으로 보내는 봉송(奉送)의식, 영혼에게 새로운 몸을 받아 새 옷을 입히는 창의(唱衣)의식 등은 영혼의 실재를 전재로 하는 주요한 사례들이다.328) 그리고 영산재, 수륙재, 우란분재와 같은 천도재는 이같이 영혼을 천도하는 의례들이라 할 수 있다.

---

326) 안경식, 앞의 논문, p.98.

327) 현장스님. 『중음신 제도법』, 우리출판사, 2003, p.52.

328) 윤승용, 「한국신종교의 생사관과 상장례」, 『신종교연구』 제23집, 한국진종교학회, 2010, p.8.

천도의 종류와 의식들이 발전해 온 것처럼 우리가 천도에 공들여야 하는 이유가 있다면 그것은 무엇인가. 임종에 처한 중음의 영가들을 불법에 귀의토록 하여 극락왕생을 염원하자는 것이다. 천도를 위해 불공하는 길 가운데는 영가를 위한 헌공희사도 포함된다. 헌공금은 공익사업에 쓰이는데 그로 인해 음덕의 기운이 영가의 영로를 밝힐 수 있고, 모든 업장을 벗어나 바로 선도에 돌아오거나, 미한 중음계에서 후생 길을 찾지 못하다가 찾아가거나, 잠시 착에 걸려 있다가 그 착심을 놓고 천상·인간에 자유하여 복락을 수용하도록[329] 하기 위함임을 알아야 한다.

그리고 헌공금 외에 49일 동안 독경을 해주는 것도 영가의 법공양에 관련된다. 천도의식과 천도법문을 설하는 법사의 법력도 중음신 제도에 중요한 역할을 한다. 가족과 친지로서 천도에 공들이는 것도 필요하지만 영가의 착 없는 공부가 중요하며 생전예수재와 같은 것이라든가, 열반에 임한 당사자가 살아생전 법력을 길러 생전천도를 위한 법력을 키우는 것도 필요하다. 궁극적으로 천도는 영가의 극락왕생이 목표이므로 정성스럽게 공들이는 것이 중요하다.

여기에서 불교의 예수재에 대한 원불교의 견해는 어떠한가. 소태산의 계승자였던 정산은 생전예수재에 대한 학인의 질문에 답하기를, 그것은 자기의 수용을 절약하여 빚은 덜 지고 보시하자는 것이라며 다음과 같이 말한다. "생전예수재의 본 뜻은 생전에 미리 마음을 닦고 복을 지으라 함이거늘, 공부의 대중없이 끼니만 굶은들 무슨 실효가 있으며, 실지의 공덕이 없이 죽을 임시에 큰 재 한 번 지낸 복이 어찌 큰 공덕이 되리요"[330]라고 하였다. 공부의 대중을 잡고 평소 공을 들여야 한다는 것이며, 실지의

---

329) 『대종경』, 천도품 29장, 30장 참조(고병철, 「원불교의 조상의례와 천도」, 『종교연구』 제69집, 한국종교학회, 2012, pp.77-78).
330) 『정산종사법어』, 경의편 56장.

공덕을 쌓는 일이 천도재 한번 지냄보다 효력이 크다고 하였다. 불교의 전통에서 예수재를 지내는 뜻은 그 기간 동안만이라도 청정한 마음으로 복덕을 지으라는 의미이지만, 실제 살아서 활동하는 기간에 자신이 스스로 공부하고 복덕을 짓는 것이 자기천도에 더욱 도움이 된다[331]는 것을 부각시키려는 것이다.

이 같은 불교의 전통적인 천도의식과 달리 원불교의 천도의식은 나름의 특징이 있다. 원불교 천도재에서는 유족을 포함한 49재 참석자들이 의례의 내용을 보다 잘 이해하고 상호 소통할 수 있는 의식을 마련하고 있다는 것이다. 「고사」와 「천도법문」을 통하여 망자와 가족들의 정곡(情曲)을 풀어주는 시간을 마련하고 있으며, 천도의식에 가장 중요한 법문인 천도법문은 한글로 만들어진 내용으로 조금만 관심을 기울이면 망자나 가족들이나 죽음에 대한 인식의 차원을 높일 수 있는 내용으로 구성되어 있다.[332] 천도의 의미라든가, 영가의 중음기간이 49일인 점, 천도의식을 집행하는 천도재라는 점에서 불교의 경우와 대동소이하지만 원불교는 생활불교인 점에서 천도의식의 수월성과 고유성이 있다.

5) 생전천도와 생사해탈

생사의 해탈에는 천도라는 자타의 불공작업이 필요하다. 인도 힌두교의 경우 사후해탈도 있으나 생전해탈에 관심이 적지 않았다. 힌두교에서는 생전해탈이라 하여 죽은 후의 해탈과 구분하는데 생전해탈을 한 사람은 더 이상 나에 대한 집착도 없으며 육신을 벗어버린 해탈이 도래할 때까지 남과 세계를 위해 봉사하는 자유인으로 산다.[333] 인도적 사유가 사

---

331) 김도공, 「원불교의 죽음교육과 생사관」, 『신종교연구』 24집, 한국신종교학회, 2011, p.47.
332) 위의 논문, p.52.

후천도를 중시하는 것으로 인식될 수도 있으나 살아생전 해탈을 강조하는 면이 있음을 알아야 한다.

죽음 이전에 해탈에 이르는 근거의 하나로서 인도 상키야 학파에 있어 해탈의 직접적인 원인이 지혜의 발휘에 의함이라는 것이다. 생존해 있는 상태에서 지혜를 발휘함으로써 얻는 생전해탈이라 한다면, 사후에는 이 원(푸루샤, 프라크리티)이 완전하게 분리된 것을 이신(離身)해탈이라고 칭하는데, 여기에서 푸루샤의 독존이 되어 본래 고유의 순수 정신성을 발휘하는 것이다.[334] 인도에는 생전해탈이 강조되고 있으며, 후래 인도불교에 이르러 삼세론이 강조됨과 더불어 생전천도와 사후천도에 있어서 사후천도를 더 강조하는 성향으로 전개되었는데 그것이 49재 천도의례이다. 오늘날 불교의 경우 생전천도보다는 사후천도가 중시되어온 측면이 적지 않음을 알 수 있다.

원불교가 열반 후 49일에 천도재를 올리며 영가를 천도하는 것은 불교의 생로병사의 윤회사상과 깊은 관련이 있다. 다시 말해서 죽은 영혼을 위한 49일 동안의 천도재 의례를 통해 새로운 생명으로 다시 태어나는 의식을 거행하는 것도 불교의 삼세 윤회사상을 받아들이기 때문이다.[335] 원불교는 불교처럼 사후천도의 중요성을 간과하지 않지만, 오히려 생전천도의 중요성을 더 강조한다.[336] 원불교의 천도론에서 사후천도를 위해 정성스럽게 천도재를 올리는 것은 불교의례의 영향이지만, 소태산은 살아생

---

333) 김도공 정리, 「교리테마토론-원불교의 윤회관」, ≪院報≫ 제46호, 원불교사상연구원, 1999.12, p.63.

334) 中村 元著, 김용식·박재권 공역, 『인도사상사』, 서광사, 1983, p.116.

335) 박광수, 「원불교 후천개벽 세계관」, 『원불교사상과 종교문화』 44집, 원불교사상연구원, 2010, p.86.

336) 장지환, 「원불교 천도론 연구-천도의례를 중심으로」-, 원광대 박사학위논문, 2016, pp.111-124 참조.

전에 천도가 중요함을 역설하였다. 사람이 죽어갈 때 해탈하려는 온전한 마음을 가져야 하지만, 살아생전에 자신의 생사해탈을 추구하면서 살아가는 것이 현실중시의 원불교 교법관에 드러나 있기 때문이다.

따라서 원불교의 생사해탈은 죽음에 임박했을 때보다 살아있을 때 해탈이 더 중시되는 성향을 지닌다. 과거에는 권위시대였기 때문에 수도를 하더라도 기이한 자태를 보여야 존경을 받을 수 있어서 좌탈입망의 모습을 보였다. 앞으로의 활불시대에는 기이한 모습이 아니라 현재의 생활에 도움을 주고 대중에게 유익을 줄 수 있도록 하는 것이다. 원불교의 교법에서 생사해탈은 그동안 대체로 사(死)에 중점을 두어왔지만 실제로는 현재의 생로병사에 대한 해탈 등 전체적으로 생각해야 한다.337) 생사해탈의 시각이 죽음에 임했을 때로부터 살아있을 때로 이동하는 것이 바람직하다는 것이 원불교의 성향이다. 원불교는 생활불교의 특성을 지니기 때문이다.

따라서 생전에 자기 스스로를 천도하는 것이 더 효과가 있다고 보는 것이 원불교의 천도의 성향이라 할 수 있다. 천도에는 생사가 다름이 없으므로 죽은 후에 다른 사람이 하는 것보다 생전에 자기 스스로 하는 것이 더욱 효과가 있으며, 생사를 해탈하고 윤회를 자유로이 하는 것은 자기가 스스로 쌓은 마음의 힘이 매우 중요하다는 것이다. 그것은 삼대력을 얻어야 모든 것을 자유자재할 수 있다는 사실 때문이다.338) 이에 생전에 자신 천도를 위해 많은 수양의 공을 들여야 할 것이며, 이러한 생전천도의 공을 가미할 때 죽음에 임하여 천도를 더욱 용이하게 할 수가 있다.

사람이 죽은 후에만 천도를 받느냐는 한 제자의 질문에 소태산은 생전천도가 매우 중요함을 밝히고 있다. 그는 말한다. "천도에는 생사가 다름이 없으므로 죽은 후에 다른 사람이 하는 것보다 생전에 자기 스스로 하

---

337) 남궁성, 「생로병사의 해탈」, 《원광》 제373호, 월간원광사, 2005.9, p.102.
338) 한종만, 『원불교 대종경 해의』 下, 도서출판 동아시아, 2001, pp.206-207.

는 것이 더욱 효과가 있으리라."[339] 이에 평소에 자기 마음을 밝고 조촐하고 바르게 길들일 것을 주문하였다. 그것은 육식(六識)이 육진(六塵) 가운데 출입하되 물들고 섞이지 아니할 정도에 이르면 남을 천도하는 데에도 큰 능력이 생기기 때문이라는 것이다. 아울러 생전에 자신천도를 마치는 것은 삼세의 수도인들이 모두 바쁘게 수도한 이유와 관련되는 것이라 보았다. 이처럼 원불교 생사관의 특징으로 생전천도의 중요성을 간파할 필요가 있다.

---

10. 계율관

1) 인생과 계율

계율에 대한 관심은 나와 상대방의 인격함양과 관련되는 수행인만큼 누구나 새겨볼만하다. 각 종교가 주장하는 계율에 대한 관심은 그 종교수행의 성향을 알게 해준다. 지구상에서 종교적 신행(信行)에 관심을 갖는 사람이라면 더욱 그렇다. 필자도 계문에 대한 논문을 쓴 적이 있는데[340] 계문에 대한 관심은 종교인이 갖추어야 할 인격 내지 개인윤리·사회윤리와 관련되는 것이다. 원불교적 시각에서 계율에 대한 선행연구가 적지 않은 점[341]을 보면, 계율이 종교인의 신앙 수행에 많은 영향을 미치기 때문이라 본다. 이에 불교와 원불교의 입장에서 계율에 대하여 조명하고자 한다.

"우리는 행복한가"라고 자문한다면 과연 얼마나 많은 사람들이 "예"라고 자신 있게 대답할 수 있을 것인가. 현실의 삶이 녹록치 않다는 것이며, 그만큼 현실생활에 만족을 느끼지 못하고 고통스런 삶을 살아가고 있기

---

340) 류성태는 「유교와 원불교의 언어계율에 관한 비교연구」(『원불교사상』 제13집, 1990)에서 유교의 지언수양과 원불교의 구업수행을 중심으로 한 비교연구를 시도하였으며, 「원불교 계율에 관한 연구」(『한국종교』 제19집, 1994)를 통하여 원불교 계문의 특징과 삼십계문 준수의 방향 등을 포괄적으로 서술하고 있다(박혜훈, 「원불교 계문의 성립과 현대적 조명」, 『원불교사상과 종교문화』 48집, 원불교사상연구원, 2011.6, p.102. 주2).
341) 권도갑의 「계문실천과 교당교화·훈련의 방향」(『정신개벽』 제4집, 신룡교학회, 1985)이라든가, 박상권의 「계율정신의 연구」(『원불교사상』 제10·11집, 1987), 남유화의 「계율의 현실 적용성에 대한 조사연구」(원광대학교 석사학위논문, 1998)라든가, 박혜훈의 「원불교 계문의 성립과 현대적 조명」(『원불교사상과 종교문화』 48집, 원불교사상연구원, 2011)의 연구는 원불교 계율에 대한 관심의 정도를 알 수 있다.

때문이다. 인간이 살아간다는 자체가 고통일 수밖에 없으며, 생존경쟁이라는 현실에서 수많은 사람들이 고통을 당하고 있다. 현재 우리에게 직면한 고통을 줄이는 일은 쉽지 않다고 본다. 그것은 우리가 본능적 집착으로 이어지는 육신을 가지고 있기 때문이며, 육신이란 본능의 욕심을 따르는 성향이 강하다는 면에서 고통은 지속되며, 스스로 행복한 삶을 살아가고 있다고 답변하는 사람은 그리 많지 않을 것이다.

인간의 삶이 불행한 삶이라고 부인한다고 해도 스스로 만족하며 살아가고 있다고 자신할 수 없는 것은 우리가 생로병사를 겪고, 희로애락에 끌리는 삶을 살아가기 때문이다. 석가모니는 세상을 '고해(苦海)'라고 하였으며, 이에 12인연의 윤회 고리를 상기하지 않을 수 없다. 이 모두가 욕심의 집착이요 이러한 욕심은 '나'라는 존재가 상존하기 때문이다. 12인연의 하나인 취(取)를 보면 4가지(欲取·見取·戒禁取·我語取)가 거론되며, 욕심세계의 잡음, 소견의 잡음, 계율의 잡음, '나'의 잡음으로서 집착을 말한다.[342] 4취로서 탐욕, 사견에 끌림, 금계(禁戒)의 미신적 행위(戒禁取), 자기설법의 실체적 견해(我語取에 의한 取着)가 이것이다.

이처럼 계율의 4취가 거론되지만, 무엇보다도 절제하고 삼가 금지해야 할 사항들이 많은 것은 인간이 미완인 관계로 3독심에 사로잡힌 탓일 것이다. 탐진치에 자아를 잃고 자행자지하는 삶을 살아가는 사람들의 고통을 상기하지 않을 수 없다. 보조국사는 다음과 같이 말한다. "멋대로 탐욕과 분노와 질투와 교만과 방종으로 명예와 이익을 추구하면서 헛되이 세월을 죽이고 너절한 말로 천하의 일을 논한다. 행여나 계율을 지킨 덕도 없으면서 부질없이 신도의 보시를 받아들이고 남의 공양을 받으면서 부끄러워할 줄 모른다."[343] 지눌은 인간의 허물이 한없다고 하였으며, 이를 덮

---

342) 이종희, 「불교 연기설과 윤회론에 관한 소고」, 『한국종교사연구』 제13집, 한국종교사학회, 2005, pp.114-115.

어둘 수 없으니 슬퍼하지 않을 수 있을 것인가라고 하였다. 계율 준수의 간절한 호소가 탐진치의 고통을 극복하기 위함일 것이다.

범부가 겪는 탐진치의 고통을 염두에 두면서, 인간의 번뇌에 따른 고통을 무어라 정의할 수 있는가. 인간의 번뇌에는 탐진치 등 여러 가지가 있지만 고통의 근본을 갈애(渴愛)로 간주하며, 그것은 갈증으로 목이 탈 때 물마시고 싶어서 어쩔 수가 없는 맹목적인 충동과 같은 것이다.[344] 갈애와 같은 욕심으로 인해 고통스런 윤회를 벗어나지 못하는 이유이다. 인간은 자신에 집착함으로써 갈애가 나타나며, 그것은 무명의 탐욕으로 인함이다. 나 자신에 집착함으로 인하여 욕심이 발동하며, 그것이 자신도 모르게 악업의 인과를 짓게 되는 것이다.

고통의 악업을 벗어나기 위해 우리는 현실의 삶에서 불법의 지혜를 터득해야 한다. 그것은 우리가 오탁악세에서 해탈을 추구하는 종교적 존재이기 때문이다. 인간은 고통을 극복하기 위해 종교인으로서 세속에서 지켜야 할 사항들이 생겨나게 되었다. 신라 7세기 초반부터 유학승들의 왕래가 잦아졌으며, 그 가운데 원광과 자장이 대표적으로 거론되고, 원광이 지은 세속오계를 통해 불교를 전파할 뿐만 아니라 사회윤리의 정립을 위해서도 힘썼다.[345] 사군이충(事君以忠)은 충성으로써 임금을 섬기며, 사친이효(事親以孝)는 효도로써 어버이를 섬기며, 교우이신(交友以信)은 믿음으로써 벗을 사귀며, 임전무퇴(臨戰無退)는 싸움에 임해서는 물러남이 없으며, 살생유택(殺生有擇)은 산 것을 죽임에는 가림이 있다는 것이다. 신라 당시 세속오계를 잘 지키는 것이 윤리적으로 충족된 삶을 살 수

---

343) 鏡虛禪師 編, 이철교 역, 「高麗國 普照禪師 勸修定慧結社文」, 『禪門撮要』 下卷, 민족사, 2005, pp.310-311.

344) 中村 元著, 김용식·박재권 공역, 『인도사상사』, 서광사, 1983, p.58.

345) 韓國哲學思想研究會, 『韓國哲學』, 예문서원, 1995, p.120.

있었으며, 나아가 삶을 행복하게 할 수 있었다. 인생을 행복하게 지내려면 여러 방법이 있겠지만 종교적 측면에서 볼 경우 각 종교가 설정한 계문의 준수가 필요하다. 행복하고도 유쾌한 생활은 집착을 하지 않는 데에서, 계문을 지키는 데에서, 과실을 번민하지 않는 데에서 가능하다[346]는 주장처럼 신앙인으로서 행복한 삶을 위해서는 계문준수가 요구되는 것이다.

불교의 계문준수를 강조하는 의미에서 부처님은 계행을 지키는 사람을 공양하라고 하였다. 범상한 사람 100을 공양하는 것이 착한 사람 하나를 공양하는 것만 같지 못하고, 착한 사람 1천을 공양하는 것이 다섯 가지 계행 지키는 사람 하나를 공양하는 것만 같지 못하다[347]고 하였다. 우리가 아무리 세상에 공양한다고 해도 불법을 돈독하게 실천에 옮길 수 있는 계율 준수가 얼마나 중요한지를 알게 해준다. 공양의 가치가 큼에도 불구하고 공양만 하고 계율을 준수하지 않는다면 그 공양의 공덕도 빛바랠 것이기 때문이다.

불교에서는 아주 평범한 일상의 삶에서도 계문준수를 주문하고 있다. 1999년 4월, 조계종 10대 종정이 되었던 혜암(慧菴)스님은 제자들에게 늘 강조하는 몇 가지의 계행이 있었다. 첫째로 밥을 많이 먹지 말라는 것이며, 둘째 도를 닦다 죽으라는 것이며, 셋째 정진하고 남을 도울 것이며, 넷째 일의일발(一衣一鉢)로 청빈하게 살라는 것이었다. 매우 일상적인 계율 항목들이다. 밥을 많이 먹으면 게을러지며, 도를 닦지 않으면 악업을 짓는 것이며, 정진하지 못하면 깨달음이 없는 것이며, 일의일발하지 않으면 화려하게 사는 것이다. 인생에 있어서 계행이 일상의 삶과 연계되어 있는 관계로 특별한 것이 아님을 알 수 있다.

---

346) 원불교사상연구원 편, 『숭산논집』, 원광대학교 출판국, 1996, p.63.

347) 『사십이장경』 11장, 佛言- 飯凡人百이 不如飯一善人이요 飯善人千이 不如飯持五戒者 一人이요.

그렇다면 인생과 계율의 관계는 과연 어떻게 설정될 수 있을 것인가. 원불교 초기교단의 기관지로서 1929년(원기 13) 7월에 발행된 『월말통신』 3호에는 송도성 수필의 「인생과 계율과의 관계」(『교고총간』 1권, pp.21-22)라는 내용이 실려 있다. 그 내용을 살펴보면, 계율로 인하여 오히려 종교의 제도를 받지 못할 수 있다는 기독교 목사의 질문에 대하여 소태산은 원불교에서 계문을 주는 방식과 그 특징에 대하여 설명하고 있다.[348] 『대종경』 교의품과 수행품을 보면, 처음 원불교에 입문한 사람에게는 보통급 10계를 주고, 시일이 흘러 수행이 순숙되면 특신급 10계, 그리고 법마상전급 10계를 주는 것이라 하였다. 인생에 있어서 인격성숙과 관련된 계율을 준수하지 못한다면 제도를 받을 수 없다는 것으로 원불교 교서에 그 법문 내용이 수록되어 있다.

이처럼 불법에 의해 제도 받을 수 있도록 계율을 지켜야 한다는 당위성을 고려해 볼 때 계문의 원리를 터득하는 것이 필요하다. 원리파악이 분명할 때 계율의 실천이 용이해지기 때문이다. 계문의 원리는 자기 사랑에서 출발하고 있는데, 불교에서는 기본계로서 10선업계가 있으며 여기에 그 첫 항목으로 불해(不害)로서 자기 자신을 사랑하는 이는 남을 결코 해칠 수 없다는 것이다.[349] 자기를 진실로 사랑하는 마음을 가져야 자신의 행동을 되돌아볼 수 있으며, 자신의 행동을 되돌아볼 때 타인을 배려할 수 있기 때문이다.

계문이 국가적 관심사로 떠오른 경우도 있었다. 독일의 시사 주간 슈테른지(2001년 12월 27일)에서는 오늘날 독일인이 지켜야 할 '새로운 십계

348) 박혜훈, 「원불교 계문의 성립과 현대적 조명」, 『원불교사상과 종교문화』 48집, 원불교 사상연구원, 2011, pp.113-114.
349) 권도갑, 「계문실천과 교당교화·훈련의 방향」, 『정신개벽』 제4집, 신룡교학회, 1985, p.9.

명'을 선정, 발표했다. ① 모든 인간의 가치를 존중하라. ② 너나 다른 사람에게 일어나는 부당한 일에 맞서라. ③ 책임을 회피하지 말라. ④ 인간은 서로 다르다는 사실을 인정하라. ⑤ 살인하지 말라. ⑥ 약속을 지켜라. ⑦ 자연을 보호하고 지켜라. ⑧ 네 자녀를 사랑하라. ⑨ 다른 사람의 비용으로 살지 말라. ⑩ 신앙의 선택은 자유이지만 타인에게 고통을 주지 말라. 이 모든 것이 타인에 대한 배려와 윤리적 가치 존중이라는 것으로 모든 항목이 인격함양의 성향을 지닌다. 10계명은 여러 가지가 있을 것이다. 자연보호십계명이라든가, 부부십계명(최남선 주장), 태교십계명 등 관심사항에 따라 얼마든지 거론될 수 있는 문제이다.

2) 이웃종교의 계율

계문을 지키는 것은 종교적으로 의미부여를 한다면 자신의 거룩함을 간직하는 것이다. 유대교에서도 계명을 지키는 것은 거룩함의 의미를 새기는 것이라 하였다. 유대인 랍비들은 「신명기」 6장 6절의 "오늘날 내가 네게 명하는 이 말씀을 너희는 마음에 새기라"는 계율의 해석을 "너희가 나의 모든 계명을 기억하고 준행하여 너희의 하나님 앞에 거룩하리라"(민 15 : 40)[350]고 할 수 있다. 유대교 계율에서 새겨보듯이, 각 종교가 지향하는 바는 거룩함, 즉 성스러움이라는 점에서 공통점이 있으므로 이웃종교가 부여한 계율에는 일면 통하는 것이 적지 않다. 각 종교에 있어서 소망하는 것처럼, 세속적 욕망에서 벗어나도록 계율을 지킴으로써 거룩한 모습을 간직하라는 뜻이다.

세속의 욕망에 의하여 무화과를 따먹은 인간은 신의 계율을 저버린 비존재자이며, 이에 자아부정이야말로 기독교에 있어서 제1계명이라 본다.

---

350) 현용수, 『IQ는 아버지 EQ는 어머니 몫이다』, 國民日報社, 1997, p.74.

기독교 신앙인에게 자아부정에 대한 교리는 절대자와의 관계를 위하여 지켜야 할 요건으로, 인간은 창조 후 창조주가 내린 계명을 지키지 않아 비존재로 전락하였기 때문이다.[351] 무화과를 따먹지 않았어야 하는데, 신의 계율을 어긴 관계로 인간은 신을 버리고 자기욕심을 채운 자기중심의 존재가 되어버린 것이다. 세속적 욕망을 충족시킨 인간의 자기중심적 생활은 결국 원죄를 지은 자신을 인정할 수밖에 없는 것이다.

원죄를 지은 인간으로 태어난 이상 기독교의 예수는 세속적 삶에서 계명을 주며 속죄하도록 하였다. 예수는 "아버지께서 나를 사랑하신 것 같이 나도 너희를 사랑하였으니 나의 사랑 안에 거하라"고 하였으니, 예수 자신의 계명은 "내가 너희를 사랑한 것 같이 너희도 서로 사랑하라"는 것이다.[352] 세상 사람들을 사랑하라는 것은 예수의 가르침 곧 율법과 예언서의 정신에서 본다면 유교의 추기급인(推己及人)처럼 우리가 남에게 원하는 대로 남에게 하라는 뜻이다. 이것은 기독교의 계명에서 강조되는 사랑과 결부되는 것이다. 예수가 아무리 원한이 쌓인 원수라도 사랑하라고 한 가르침이 이와 관련된다.

기독교계율 중의 하나로서 "원수를 사랑하라"고 했는데, 모세오경을 보면 사회에서 가난한 사람, 도움을 기다리는 사람도 사랑하라는 것으로 확장되고 있다. 여기에는 하나님이 이스라엘 백성에게 선을 행하라고 말하는 부분이 많이 나오는데, 이스라엘 백성에게 선을 행하되 특별히 고아와 과부와 나그네를 돌보라는 것이다. "만약 너희가 고아와 과부와 나그네를 선대하지 않는다면 나를 선대하지 않는 것과 똑같이 알고 나도 너희를 시험하리라"(출 22 : 22~24, 신 10 : 18, 16 : 14)고 하였다.[353] 기독교의 율

---

351) 이재영, 「수행과정 공유를 통한 종교간의 대화에 관한 연구」, 『종교교육학연구』 제20권, 한국종교교육학회, 2005, pp.171-172.
352) 박도광, 「예수의 율법정신」, ≪원광≫통권 320호, 월간원광사, 2001.4, pp.94-95.

법이 이처럼 원수일지라도, 또 구제의 대상에게도 수행해야 할 사랑과 직결되어 있으며 이러한 사랑의 계명은 사회를 구제하려는 성자의 가르침으로 전달되는 것이다.

따라서 기독교 계율정신의 근간을 보면 『성경』의 계율조목들이 도덕윤리의 근본과 직결되어 있다. 『성경』에서 언급되는 계명은 여호와의 율례와 법도를 알고 지켜 행하는 것이며, 성경말씀 자체가 기독교인이 마땅히 지켜야 할 도덕과 윤리의 기본이 되기 때문이다.[354] 기독교의 계명만이 아니라 어떠한 종교라 하더라도 그것이 계율로 나타난다면 그 종교의 윤리와 직결되어 있다는 것을 알 수 있다. 종교의 윤리정신이 계율과 벗어나 있지 않기 때문이다.

이러한 종교적 윤리정신의 일례로서 천주교 수행자들에게 재색명리의 욕구를 억제하도록 하는 것은 신의 계율실천에 자신을 몰입하는 것과 관련된다. 수도원의 수사, 수녀는 성욕 억제뿐 아니라 재물을 추구한다거나 편안함을 추구하는 등의 일반적인 다른 욕구도 마찬가지로 엄격히 억제해야 했는데, 그것은 궁극적으로 신의 엄격한 계율에 생활을 종속시킴으로써 평생을 통해 신에게로 다가가려는 뜻이다.[355] 종교 신앙을 돈독히 하는 수행자로서 사회적 윤리와도 같은 재색명리에 초월적 기준을 두고, 금욕주의적 계율로 나아가는 측면이 적지 않았음을 참조할 일이다.

재색명리에 더하여 술이나 담배 등을 금하는 것도 이웃종교의 계율에 잘 나타난다. 특히 회교에서의 계율은 일상의 술을 금지하는 것에서 발견된다. 정성스레 차려놓은 양고기 음식과 과일, 그러나 엄격한 회교도들답

---

353) 현용수, 『IQ는 아버지 EQ는 어머니 몫이다』, 國民日報社, 1997, p.82.
354) 위의 책, p.75.
355) 조해인, 「유교적 금욕주의와 한국의 경제발전」, 계간 『전통과 현대』, 도서출판 전통과 현대, 1997·겨울, p.107.

게 흥겨운 저녁식사에도 맥주나 다른 술은 없다.[356] 대체로 회교를 믿고 있는 중동국가에서 술을 금지하는 것은 이들의 계명으로서 술이 금지되고 있기 때문이다. 물론 회교에서 돼지고기가 금지되고 있다는 사실에서 이웃종교의 계명은 독특하며, 이처럼 계율정신에서 볼 때 그 다양성이 드러나 있음을 알 수 있다.

힌두교의 경우 소고기를 먹는 것이 금지되고 있는 것 역시 이웃종교의 계명이 갖는 다양성과 관련된다. 인도에서는 힌두교가 그들의 종교로서 소를 우상화하기 때문에 소고기를 먹으면 중벌에 처하므로 그들과 기독교인의 도덕, 윤리적 가치관은 공통점도 있지만 서로 다른 면이 많다.[357] 인도의 거리에 많은 소들이 거닐고 있어도 큰 제재를 하지 않는 것은 소가 힌두교 신앙의 측면에서 숭배되고 있기 때문이며, 이에 힌두교 계명에서 소를 먹는 것은 절대 금기시되고 있다.

동양종교로서 유교의 계율을 보면 또한 흥미를 끌고 있다. 공자는 삼계(三戒)라 하여 젊은 시절에는 여색을, 장년에는 다툼을, 노년에는 이욕을 경계하라 하였으며, 정직한 벗, 성실한 벗, 박식한 벗과 같이 도움이 되는 세 벗(三益友)을 가까이 하고, 영합하여 비위를 잘 맞추는 벗, 말만 번지르르하고 실천이 없는 벗, 줏대가 없고 겉만 부드러운 척하는 벗을 손해 보는 세 벗(三損友)이라 하여 이들을 멀리하라[358]고 하였다. 공자가 말한 삼계 역시 이웃종교의 계율로서 인생의 바른 삶을 유도하는 점에서 유익하다고 본다.

이처럼 각 종교의 계명은 나름대로 설득력이 있으므로 다른 종교를 비

---

356) 한비야, 『바람의 딸 걸어서 지구 세바퀴 반』 1, 도서출판 金土, 1999, p.54.
357) 현용수, 『IQ는 아버지 EQ는 어머니 몫이다』, 國民日報社, 1997, p.30.
358) 『論語』「季氏」, 孔子曰, "君子有三戒, 少之時, 血氣未定, 戒之在色, 及其壯也, 血氣方剛, 戒之在鬪, 及其老也, 血氣旣衰, 戒之在得.

난하지 않는 것을 하나의 계명으로 삼을만한 일이다. 대산종법사는 다음
과 같이 언급하였다. "나는 이곳(신도안)에서 계명을 준다. 다른 종교의
단점을 말하지 말 것, 우리가 무슨 일이고 먼저 실천으로 보여줄 것, 원
없는데 억지로 권하지 말 것이다."[359] 원불교서는 종교대화를 거론하며
상호 신앙존중의 정신에서 종교회통을 강조하고 있다. 유일신의 독단적
신앙보다는 종교다원주의의 시대에 접어든 시점에서 거론될 수 있는 종교
윤리 차원에서 이는 더욱 설득력을 지니는 법문으로 다가온다.

　제반의 여러 종교들이 지키는 계율이 다른 종교에도 공통되는 것이 적
지 않다는 점에서 상호 이해가 필요하다. 유일신을 신앙하는 10계명에는
"살생하지 말라, 간음하지 말라, 도적질하지 말라, 이웃에 대해 거짓 증언
하지 말라, 이웃의 아내나 노예, 가축 등 네 이웃에 속하는 것은 아무것도
탐내지 말라"(「출애굽기」 20 : 1-17)는 계명이 있다. 이는 불교의 5계에 상
응하는 계명과 관련된다고 본다. 이처럼 기독교의 계율로서 「출애급기」
의 10계명 중 전반부의 네 계명은 신을 믿는데 있어서 지켜야 할 계명이
며, 후반부의 여섯 계명은 인간 사이에 지켜야 할 계명으로 구성되어 있는
데, 불교의 신행체계로 보면 삼보에 귀의를 서약하는 귀명삼보계(歸命三
寶戒)는 신에 대한 네 가지 계율에 배대되고 오계는 인간에 대한 계명과
유사한 면이 있다.[360] 불교와 기독교의 계율에서 공통되는 점이 있다는
것이다.

　이러한 맥락에서 기독교와 원불교의 계율비교에 있어서 대산종사를 계
승한 좌산종법사의 언급이 주목된다. 「기독교와 원불교」라는 법어에서

359) 「대산종사법문」 1966.8.31(東山文集編纂委員會, 동산문집 1 『동산에 달오르면』, 원불
　　교출판사, 1994, p.92).
360) 김용표, 「불교 오계의 지구윤리적 지평과 종교교육」, 『종교교육학연구』 제20권, 한국
　　종교교육학회, 2005, pp.30-31.

"기독교는 십계명이 있는데 원불교는 30계문이 있고 그것도 공부정도 따라 3단계별로 지키도록 했다. … 기독교는 하나님만 조물주라 했는데 원불교는 우주만물이 각각 자기 조물주는 자기라 너는 너의 주물주요, 나는 나의 조물주라 했다."[361] 이웃종교인 기독교와 원불교를 직접적으로 비교함에 있어서 기독교의 10계명과 원불교의 30계문을 언급하고 있다. 기독교와 원불교의 이 같은 계율을 보면 살도음과 같은 사회윤리로 금기시하는 것이 포함되어 있으며, 이웃종교의 윤리적 시각이 원불교의 계율윤리에도 나타나 있는 것이다.

이어서 유교와 불교의 계율에 대한 비교에 있어서 유교의 안지추라는 학자가 있었다. 그는 불교의 오계(五戒)와 한유(漢儒) 이래 전해온 오상(五常)을 동일한 것이라 하여, 인(仁)은 불살계(不殺戒), 의는 불도계(不盜戒), 예는 불사계(不邪戒), 지는 불음계(不淫戒), 신은 불망계(不忘戒)에 해당한다고 하여, 유교가 중시하는 것은 불교도 중시한다고 하였다.[362] 불교의 오계를 유교의 오상과 관련짓는 것은 그 의미에 있어서 서로 통하는 점이 적지 않기 때문이다. 동양의 종교로서 유교와 불교의 계율에 대한 상관성을 거론하는 점이 주목된다.

계율의 상관성이 적지 않은 이웃종교들은 계율을 설정함으로써 수행인이자 신앙인으로서 보편적 인격을 함양하도록 하며, 나아가 사회윤리를 강화하기도 하였다. 이는 종교의 수양론적 역할과 사회정화의 기능을 도모하는 것이다. 그것이 국가의 실정법과 같은 강력한 형법의 대상은 아니라 해도 양심을 중시하는 종교정신에서 볼 때, 종교간 계율에 차이가 다소 있다고 해도 '번뇌의 발동을 억제하고 일상생활에서 심신을 통제하는'[363]

---

361) 좌산종법사, 「기독교와 원불교」, 유인물(영산익산 예비교무의 종법사 배알시간에 나누어준 자료, 2005.2.27).
362) 가노 나오키 著, 吳二煥 譯, 『中國哲學史』, 乙酉文化社, 1986, p.329.

계율의 근본정신에서는 서로 통한다고 본다.

3) 계문범과의 빈도

여러 계문 중에서도 자주 범하는 계문조항이 있다. 그것은 인간의 욕심에 따른 본능적 측면의 범계와 관련된다. 인간이 자주 범하는 계율항목들로는 대체로 살·도·음과 관련된다. 불교의 연원종교인 자이나교의 살·도·음 계율은 불교에 영향을 미쳤다. 불상해(不傷害)의 계율은 자이나교 윤리의 근본 덕목이며, 도적과 관련되는 탐욕에 대한 무소유의 계는 물건의 소유를 엄격하게 금하는 것으로 고행을 중요시하는 수행과 관련이 있다.[364] 음욕 역시 인간의 본능에 관계되는 것으로 육체가 갖는 욕심의 금계항목에 포함되는 것이다.

불교를 창시한 석가모니 역시 살·도·음을 금하고 있다. 라자그리하에 사는 한 가정의 주인인 쉥갈라는 부친의 유언을 지켜, 아침에 일어나 몸을 깨끗이 한 후 교외로 나가서 동서남북과 상하의 6방을 예배하는 것을 일과로 삼았다. 마침 탁발을 위해서 그곳을 지나가던 석존은 이 광경을 보고 뚜렷한 이유도 없이 천지사방에 예배하는 것은 무의미하다고 말하고, 도덕률의 기본으로서 살생·절도·사음·거짓의 사악에서 벗어나 욕망·분노·어리석음의 마음을 억누르고 매일 매일 살아가야 한다[365]고 하였다. 살생·도적·간음이 이와 관련되며, 인간의 본능적 유혹에 해당하는 세 가지를 범계하지 말라는 의미이다.

이제 각종 불경에서 살·도·음과 관련한 금계에 대하여 살펴보고자

---

363) 박상권, 「계율정신의 연구」, 『원불교사상』 10·11집, 원불교사상연구원, 1987, p.245.
364) 김용표, 「불교 오계의 지구윤리적 지평과 종교교육」, 『종교교육학연구』 제20권, 한국종교교육학회, 2005, p.30.
365) 정순일, 『인도불교사상사』, 운주사, 2005, p.112.

한다. 『잡아함경』이나 『본생경』에 보면 도적은 말할 것도 없고 비록 합법적인 직업이라 하더라도 어부, 사냥꾼, 도살자와 같이 살생을 직업으로 한다든지 또는 사형 집행자 등도 바르지 못한 직업이라 하고 있다.[366] 불교에서는 5계를 거론하여 살·도·음을 언급함과 더불어 술이라든가 담배와 같은 것도 해로운 것이라 금하고 있다.

소승경전에 의하면 살·도·음을 범하는 것은 도덕성이 없는 일이라 비판하고 있다. 팔리어로 된 소승경전의 하나인 『사문과경』에 의하면 첫째, 푸라나 카사파라는 사람은 살생, 도적, 간음, 망어 등의 행동을 스스로 하거나 남에게 하도록 가르쳐도 악이 아니며, 악한 업보를 받지 않는다는 업의 법칙을 부정하는 무도덕설(無道德說)을 주장했다.[367] 아예 업을 거부하는 것으로 살생이나 도적이나 간음을 범하는 것은 아무렇지 않다는 이단의 설을 전한 것이다.

그럼에도 불구하고 전통불교에서는 살·도·음을 범한 자로서 스님이 되지 못하였으며, 다만 불교에 있어서 출가하고자 하는 사람은 인종이나 계급의 차별 없이 허가되었다. 지망자는 우선 입단 후의 지도자가 될 우팟자야(和尙)를 구하며, 부모의 허락을 받지 못한 자, 빚이 있는 자, 전에 살·도·음을 범한 자 등 구족계를 받을 수 없는 조건이 20여 가지가 있어서 출가승이 되지 못하도록 하였던 것이다.[368] 구업을 청정히 하여 수도생활을 능히 할 수 있는 자에 한하여 출가의 길이 열리는 것은 불교윤리로서 당연한 일이라 본다.

기독교에서도 살·도·음 계율을 범하지 않도록 했다. 예수는 가난한 자들에게 재산은 나눠줄 것이며, 싸우지 말 것이며, 간음을 범하지 말 것

---

366) 불교신문사 편, 『불교에서 본 인생과 세계』, 도서출판 홍법원, 1988, p.169.
367) 길희성, 『인도철학사』, 민음사, 2007, pp.44-45.
368) 정순일, 『인도불교사상사』, 운주사, 2005, p.162.

을 가르쳤지만, 그럼에도 불구하고 구교도·신교도들은 이런 점에서 예수
의 가르침을 실천하려는 강한 의욕을 보여준 일이 없다[369]고 러셀은 당시
의 종교인들을 비판하였다. 물론 기독교의 십계명은 구약성서의 「출애
굽기」 20장과 「신명기」 5장에 기록되어 이스라엘의 모든 율법의 기초가
되었다. 본 십계명의 6조~8조를 보면 ⑥ 살인하지 말라. ⑦ 간음하지 말
라. ⑧ 도둑질하지 말라는 것이다. 이처럼 대부분의 종교는 살생과 도적,
간음을 금하도록 하고 있으며, 그것은 인간의 본능적 행위로서 법을 어기
는 것과 관련되어 있기 때문이다.

원불교에도 살·도·음을 금하도록 하고 있다. 원불교를 창립한 소태
산 대종사의 가사 「몽각가」에는 4종의 주문이 실려 있는데, 이 가운데 마
지막 주문을 주목해 보도록 한다. 곧 살생 도적 간음 거짓말 등 11가지를
하지 말아야 부처님의 밝은 광명을 얻을 수 있다고 하였으며, 이 11가지
사상은 원불교 30계문에 포함되어 있는 내용들이다.[370] 오늘날 원불교의
보통급 10계문을 보면 1조~3조가 이와 관련되는데, 연고 없이 살생을 말
며, 도둑질을 말며, 간음을 말라고 하였다.

이제 살·도·음 가운데 우선 살생을 금하는 계율에 대하여 살펴보도
록 한다. 살생과 관련한 계율의 하나로 세속오계(世俗五戒)가 있다. 이것
은 모든 생명체까지도 살생하지 말라는 것인가. 신라의 고승 원광은 그를
찾아온 신라의 젊은 두 사람에게 세속오계를 설하였는데 ① 사군이충(事
君以忠), ② 사친이효(事親以孝), ③ 교우이신(交友以信), ④ 임전무퇴(臨
戰無退), ⑤ 살생유택(殺生有擇)이며, 불살생계와 관계되는 것은 임전무
퇴와 살생유택이다.[371] 생명경외의 정신은 그대로 간직하되 인간의 생명

---

369) 버트런드 러셀 著, 송은경 譯, 『나는 왜 기독교인이 아닌가』, 사회평론, 1999, p.43.
370) 신순철, 「몽각가와 소태산가사 수록 문헌 연구」, 『원불교사상과 종교문화』 29집, 원불
교사상연구원, 2005, pp.276-277.

을 해롭게 하는 해충에 대한 살생의 타당성은 예외로 하는 것이 당연한
일이다.

생명경외의 정신에서 볼 때 불교의 불살생계는 가장 주목받는 계율이
다. 사실 불살생은 불교에서 중시하는 계율 중의 하나로서 불교인의 정신
생활에 많은 영향을 미쳤으며, 백제의 법왕(599 즉위)은 즉위한 해의 12월
에 명령을 내려 살생을 금하게 하고 민가에서 기르는 매를 놓아주게 하였
으며 어렵(漁獵)의 기구를 불태우게 했다.[372] 신라시대의 법흥왕도 불교
신앙을 공인한 다음 해(529)에 살생을 금하는 왕령을 내리고 있음(『삼국사
기』권4, 신라본기4)을 알 수 있다. 도가에서 생명체 보존에 대하여 엄격
한 계율을 적용하는 것은 종교 본연의 역할에서도 필요하다고 본다. 원불
교에서 보통급 10계 가운데 첫 번째 계문(살생을 하지 말며)이라든가, 사
은 가운데 동포은의 「동포보은 조목」 5조에서는 초목금수도 연고 없이
꺾거나 살생하지 말라고 하였다.

다음으로 남의 물건을 훔치지 말라는 계율은 불교의 탐욕과 관련된다.
이를테면 보물 및 곡식이나 가축 등 네 이웃에 속하는 것은 아무 것도
탐내지 말라는 계명은 불교의 불탐(不貪)에 해당된다.[373] 알다시피 불교
의 10선계를 보면 탐욕과 성냄과 사견(邪見)을 버리라는 계율이 있음을
주목할 일이다. 남의 물건을 훔치다보면 서로 쟁투가 일어나고 결과적으
로 악업을 짓는 일이므로 어떠한 일이 있어도 투도(偸盜)하는 마음을 비
워야 할 것이다. 투도하는 마음은 인과의 법칙과도 어긋나는 일이므로 불
법의 근간을 흔드는 행위이기 때문이다. 원불교에서 보통급 10계 가운데

---

371) 송천은, 『열린시대의 종교사상』, 원광대출판국, 1992, pp.263-264.
372) 『삼국사기』, 백제본기, 법왕조. 『삼국유사』, 法王禁殺條(송천은, 『열린 시대의 종교사
상』, 원광대출판국, 1992, p.263).
373) 김용표, 「불교 오계의 지구윤리적 지평과 종교교육」, 『종교교육학연구』 제20권, 한국
종교교육학회, 2005, p.32.

두 번째 계문(도적질을 하지 말며)이 이와 관련된다.

간음의 계율도 모든 종교에서 계율로 엄격히 금하고 있다. 『경덕전승록』에는 다음의 글이 있다. "만약에 만물에 무심하면 욕정이 음(淫)이 되지 않는다."[374] 무심하라는 의미로서 간음을 경계하고 있다. 불교의 팔계를 보면 불음욕(不淫欲)이라 하여 음탕한 짓을 하지 말라고 하였다. 또한 불교 오계(五戒)의 4계로 순결을 강조하는 것으로서 불사음(不邪淫)에 관한 계율은 부부가 아닌 사람과 간음하는 것을 금하고 있다. 세속의 삶에서 남녀 간의 윤리문제가 부각되는 것은 이처럼 불건전한 사음행위와 관련되어 있기 때문이다. 원불교에서 보통급 10계 가운데 세 번째 계문(간음을 하지 말며)이 이와 관련된다.

또한 계문범과에서 자주 범하는 계율로는 음주와 관련한 계율이다. 불교의 「사미·사미니」 10계의 하나를 보면 제5조에 "목숨이 다하도록 술을 마시지 마라"[375]이다. 술을 마시지 말라는 것을 강조하는 의미에서 '목숨이 다하도록'이라는 문구를 넣은 것으로 보인다. 그리고 팔계의 5조를 보면 '불음주'라 하여 술을 마시지 말라고 하였다. 주목할 것으로 불교의 재가신자에게는 삼귀의 계문과 '음주로부터 벗어날 것'을 맹세하는 오계(五戒)와 팔재계(八齋戒)가 있다. 불교에서는 사람들이 흔히 범하기 쉬운 계율들의 하나로써 음주와 관련한 계율이 있음을 참조할 일이다. 원불교에서 보통급 10계 가운데 네 번째 계문(연고 없이 술을 마시지 말며)이 있음을 참조할 일이다.

위의 언급처럼 살·도·음은 범인으로서 범하기 쉬운 빈도의 계율이다. 일상의 의례문화를 보면 일반사람들이 범하는 계율의 정도를 가늠할 수

374) 『景德傳燈錄』 권4(김용표, 「불교 오계의 지구윤리적 지평과 종교교육」, 『종교교육학연구』 제20권, 한국종교교육학회, 2005, p.29).
375) 목정배, 『계율학개론』, 장경각, 2006, pp.87-90.

있다. 불전에 올리는 공물(供物)은 계율에 의해 금지된 고기류나 주류는 일체 쓰지 않으며 불도(佛道) 향상에 도움이 된다고 생각되는 육법(六法) 공양에 의거하고 있음을 명심하여야 된다.[376] 의례는 일상의 삶에 용해되어 있기 때문에 의례문화에 있어서 전개되는 공물에서조차 살생에 관련된 범계의 어떤 실마리도 허용하지 않고 있다.

원불교에서 소의경전으로 삼고 있는 『업보차별경』에 나타난 살·도·음 계율에 대하여 언급해 보고자 한다. "또한 중생이 인도에 태어나는 것(人趣報)은 열 가지 선업이 있어서 그리 되나니 첫째는 살생을 아니함이요, 둘째는 도둑질을 아니함이요, 셋째는 간음을 아니함이요."[377] 열 가지의 선업 가운데 첫째항목에서 셋째항목까지는 살·도·음의 범계를 조심하도록 환기시키는 내용이다. 열 가지 선업을 다 지키기란 어려운 일이지만 가장 중요한 것으로서 살·도·음은 반드시 피해야 한다는 것을 인지할 필요가 있다. 이를 범하면 사안의 중요성 때문에 국가의 형사법에 의해 제재를 받는다. 『원불교 전서』 가운데 소의경전인 『불조요경』에 편재되어 있는 『업보차별경』의 선업과 관련한 내용이 주로 계율과 관련되어 있다.

정산종사는 불교의 『불설멸의경』을 번역하였는데, 여기에도 살·도·음과 관련한 내용들이 나타난다. 본 경전에 의하면 술을 마시고 고기를 먹으면 안 된다고 하였으며, 설법강사가 음주를 금하여 계행을 지키지 않으면 안 된다고 하였다.[378] 만일 살생을 하여 고기를 먹거나 술을 마시는 등의 범과하기 쉬운 일에 대하여 방관한다면 이는 구원받을 수 없다는

---

376) 홍윤식, 「진리적 종교로서의 원불교의 역사적 위치」, 류병덕 박사 화갑기념 『한국철학 종교사상사』, 원광대 종교문제연구소, 1990, p.1077.

377) 『업보차별경』 20장, 復有十業하야 能令衆生이 得人趣報하나니, 一者는 不殺이요, 二者는 不盜요, 三者는 不邪淫이요.

378) 송천은, 「정산종사의 불교관」, 『원불교사상』 15집, 원불교사상연구원, 1992, p.318.

것을 환기하는 차원에서 정산종사는 본 경전을 번역하였다. 불경번역을 통해서 초기교단의 불법연원이라든가 계행청정을 도모하였을 것으로 보인다.

한편 살·도·음 가운데 직업상에서 범과하기 쉬운 것으로 살생과 관련한 것임은 잘 아는 사실이다. 부산의 교도 몇 사람이 와서 스승 소태산에게 여쭙기를, 어업을 하는데 살생을 범하지 않는 계율을 지키기가 어렵다(『대종경』, 교의품 26장)고 하였다. 소태산은 이에 근심하지 말라며, 그대들의 받은 삼십 계문 가운데에 그 한 계문은 비록 범한다 할지라도 그밖의 스물아홉 계를 성심으로 지킨다면 사회에 무량한 공덕이 나타난다고 하였다. 즉 계율범과를 금하고 많은 선행을 통해서 사회에 무량한 공덕을 쌓을 것을 주문하였다.379) 우리가 일상생활에서 범하기 쉬운 살·도·음의 계율을 범하지 않고 살아갈 수 있는 인품을 지녀야 사회 윤리적으로도 바람직할 것이다.

4) 성불과 계문

일단 종교계에 들어오면 종교적 신앙심에 의지하여 구원의 간절함 곧 자타의 인격함양이라는 입문목적을 위해 최선을 다해야 한다. 이를테면 불문에 입참할 때 사회에서 죄를 많이 지어 곤란하다고 할 수 있으나 입문하여 진심으로 수행하고 보면 그 죄과를 넘어서서 성불의 문에 들 수도 있다.380) 자신의 과거행동에 대한 성찰과 참회를 통해 부처님을 향해 간절한 적공의 기도를 올린 경우도 있다. 부처 당대에 연화색(蓮花色) 비구니가 그 당사자로 매춘행위로 생활을 해왔으나 발심하여 성불한 경우가

---

379) 한종만, 『원불교 대종경 해의』(上), 도서출판 동아시아, 2001, pp.140-141.
380) 朴吉眞, 『大宗經講義』, 圓光大學校 出版局, 1980, p.56.

그것이다.

자기구원 가운데 자신을 성찰하는 계율준수가 그 효력을 크게 발한다. 선과 명상, 기도에 더하여 일상의 삶에서 자신의 품행을 바르게 할 수 있는 적절한 방법이 불교의 계율준수이기 때문이다. 불교의 승려는 매일매일 사고와 언행에 있어서 진실됨의 지시를 받으며, 계율에 있어서 순결하고, 음주를 삼가고, 도둑질하지 말고, 살생하지 않고, 자비, 동정, 기쁨, 악에 대한 침착성의 지시를 받는다.[381] 도덕성에 따른 순결과 관련하여 간음을 하지 않는 것이며, 심신을 취하게 하는 음주를 금하고 탐욕의 도둑질을 하지 않는 것이 불교의 가장 중요한 계율에 속한다.

만일 계율을 지키지 않는 경우 파계(破戒)라 하며, 승려의 경우 파계승이 되는 것이다. 출가한 승려로서 파계를 극복하기 위해 사소한 계율에도 세심함이 뒤따라야 한다. 호혜삼소(虎蹊三笑)라는 예화가 전해온다. 중국 진나라 승려 혜원이 수행하고 있을 때 시인 도연명과 도사 육수정이 찾아온 일이 있다. 서로 대화를 즐겁게 나누는 과정에서 혜원은 수행중 절 밖으로 나가서는 안 되는데도 두 사람을 전송하러 나섰는데 파계를 꾸짖는 듯한 호랑이 울음소리를 들었으며, 이를 듣고 세 사람이 크게 웃었는데 이를 '호혜삼소'라 한다. 무심코 계를 범할 수 있는 상황에서 자기 반조가 얼마나 중요한지 잘 알 수 있게 해준다.

출가를 한 승려든, 일반 신도든 불문에 입문한 사람이라면 계문을 지켜야 도를 얻는다. 계문을 지키지 않으면 심신의 혼탁함을 벗어날 수 없기 때문이다. "부처님 말씀하시되 너희들 중에 나를 떠나서 수천 리 밖에 있다 할지라도 항상 내가 준 계문을 잘 지켜서 계행을 청정히 하면 이는 곧 나를 가까이 하는 사람이라 반드시 도를 얻을 것이요, 비록 나의 좌우

---

381) 칼 야스퍼스 · 헨리 리토머스 著, 황필호 譯, 『소크라테스, 佛陀, 孔子, 예수, 모하메드』, 종로서적, 1994, p.47.

에 있어서 항시 나를 보고 같이 있다 할지라도 계행이 바르지 못하면 이
는 곧 나를 멀리하는 사람이라 마침내 도를 얻지 못하리라."382) 본 법어처
럼 계문을 지킬 경우 원하는 도를 얻지만 지키지 못할 경우 불문입참의
본 뜻과 멀어지기 때문에 구제받지 못하는 것이다.

계문을 잘 지켜 도를 얻는다는 것은 일종의 아라한을 이룬다는 것으로
도 이해된다. 여기에서 아라한은 본래 부처를 가리키는 명칭이었는데, 후
에 불제자들이 도달하는 최고의 계위(階位)로 바뀌었던 것이다. "부처님
말씀하시되 집을 떠나 도를 배울진댄 자기 마음을 알아 그 근본을 요달하
고 함이 없는 법을 알아 가지는 것이 가로되 불제자라, 항상 모든 계(戒)
를 지키고 또한 참된 도를 행하여 뜻을 청정하게 하면 곧 아라한을 이루
리라."383) 아라한과를 얻을 경우 득도하는 것이며, 성문승(聲聞僧) 가운데
최고의 위치에 오른 나한(羅漢)과도 같은 것이다. 계율을 철저히 지킬 경
우 불보살과 같은 큰 인물이 된다는 뜻이다.

계문을 지켜 큰 인물이 된다는 것은 부처를 이루어 성불의 목적지에
도달한다는 뜻으로도 볼 수 있다. 계문을 준수할 때 불법에 귀의한 목적
을 성취하는 것으로, 천상의 세계에 도달할 수 있기 때문이다. 불경에 다
음과 같은 언급이 있다. "원(園)을 설(設)하고 숲(林)을 설하여 교량을 만
들고 급수소와 정천(井泉), 휴식소를 지어 여러 사람들에게 이용토록 하
는 사람들 … 그들의 공덕은 주야로 증대한다. 그들 중 법을 구하고 계를
지키는 사람은 천계에 갈 수 있다."384) 위의 언급처럼 불법을 배워서 계문

---

382) 『사십이장경』 37장, 佛言- 弟子- 離吾數千里라도 意念吾戒하면 必得道요 在吾左右하
　　야 雖常見吾라도 不順吾戒하면 終不得道니라.
383) 『사십이장경』 1장, 佛言- 辭親出家爲道인댄 識心達本하고 解無爲法이 名曰妙門이라
　　常行二百五十戒하고 爲四眞道行하야 進志淸淨하면 成阿羅漢하리라.
384) Samyutta-nikaya, ㅣ, p.33 G. 및 『長阿含經』 제2권, 『遊行經』 및 『雜阿含經』 제36권
　　(李載昌 外 共著, 『현대사회와 불교』, 한길사, 1981, p.179-180).

을 잘 지키는 사람은 천계에 갈 수 있다는 것이다. 천계란 극락을 말한다. 자신의 구원이란 극락에 이르는 것으로, 이는 계문을 청정히 지킬 경우 가능한 일이라 본다.

하지만 계문을 지키는 것에 소홀히 한다면 지옥에 떨어질 수 있다. 오탁악세에 물들어서 청정 계율을 준수하지 못할 경우 구원받지 못함은 물론 고통의 나락에 빠지기 때문이다. 또는 외부 장식이나 외학(外學)의 풍요로움만 믿다가 실제의 행동에 있어서 계행을 준수하지 못할 경우도 마찬가지로 참 도인이 될 수 없다는 것이다. 소태산 대종사는 당시에 제자들 중에 일본에 유학가려고 밤에 일본어 공부만 하는 제자를 보면 이를 알고 아침에 부른다. "너 지금 뭐 하려고 하느냐. 삼십계문 잘 지켜서 도인 되라. 외국어는 나중에 원불교가 사오백 년이 되면 다른 나라 사람들이 우리 교전을 서로 번역하려고 할 거다. 그 어려운 거 하려고 발버둥 칠 필요 없다"고 법문을 해주었다.[385] 성불을 위한 출가자라면 계문준수가 우선이요, 학문이 그 다음이라는 본말의 관계를 분명히 하라는 뜻이기도 하다.

따라서 출가하여 공부하는 과정에 있는 예비교역자들로서 주종본말을 직시하여 기본적으로 계율 준수를 우선으로 해야 할 것이다. 성산종사는 출가한 예비교역자들의 동계훈련에서 다음과 같이 법문을 설하였다. "우리들 뒤에는 아주 무서운 스승님들이 많이 있다. 구인 선진님을 비롯해서 모두가 원불교를 위해서 살아왔다. 그러기 때문에 부처가 된 것이다. 우리 하나가 잘못할 때는 원불교가 잘못한 것 같이 되어버린다. 여기는 누가 30계문 범하는 사람 없겠지."[386] 예비교역자로서 학문도 좋지만 기본적으로 계행청정 도인의 인품함양이 중요함을 일깨워주고 있다. 계율준수

---

385) 심익순, 『이 밖에서 구하지 말게』, 원불교출판사, 2003, pp.55-56.
386) 성정철, 원기 62년 2월 21일 예비교역자 동계훈련법문(誠山宗師文集刊行委員會, 『誠山宗師文集』, 圓佛敎出版社, 1992, p.176).

를 지속할 경우 고양된 인품으로 성직수행을 철저히 할 수 있다. 불교나 원불교를 향도하는 성직자들의 계문준수는 곧 성불의 길이요 불보살로서의 행복한 자족의 삶을 살게 해준다.

5) 자비행과 계문

불교의 이상적 인간상으로는 보살상이 주로 거론된다. 보살은 자비를 베푸는 수행을 하는데 그것이 계율과 관련된다. 계율준수, 곧 보살도를 행하는데 방편을 베푸는 일이야말로 자비행으로 이어진다. 보살은 선방편으로 세속을 교화하는 자비의 구현자로서 실천적 수행은 경전에서 몇 가지로 언급한다. 첫째 부처님의 정법을 펴서 무량중생을 깨닫도록 하는 일, 둘째 외도(外道)의 사악한 견해를 부술 수 있는 이론적 힘을 갖추는 일, 셋째 불법을 잘 가르치기 위하여 연구하고 다듬는 일, 넷째 중생의 여러 고통을 없애주는 일, 다섯째 중생의 재리(財利)를 갖추게 하기 위하여 선방편을 구사하는 일의 오사(五事)이다.[387] 보살이 계율을 준수하면서 함양된 인격으로 행하는 자비의 다양한 측면이 여기에서 발견된다.

따라서 보살이 닦아야 할 것은 계율준수가 포함된 육바라밀이다. 대승의 보살들이 행하는 수행법은 팔정도 대신에 육바라밀인데, 그것은 보시, 지계, 인욕, 정진, 선정, 지혜를 말한다. 유부(有部)의 『대비바사론』(大毘婆沙論)은 4바라밀설을 거론하며, 『본생경』(本生經)은 10바라밀을 거론한다. 이에 대해 육바라밀다를 선정하여 확고한 수행의 원리로 세운 것은 대승불자들이었으며, 육바라밀 중에서 특별히 주목할 것은 보시의 개념이다.[388] 보시란 소승에서는 재가가 출가자들을 위한 물질적인 공양이었지

---

387) 정병조, 「21세기의 불교」, 다이쇼대학교 금강대학교 불교문화연구소 공편, 『현대사회와 불교』, 씨아이알, 2015, pp.176-177.
388) 길희성, 『인도철학사』, 민음사, 2007, pp.134-135.

만, 대승불교는 그것을 보살들 자신이 실천해야 할 첫 항목으로 삼은 점에
서 자비와 관련한 보시의 보편성을 언급하였다.

구체적으로 육바라밀 가운데 자비활동과 관련한 계율이 있는데 그것은
지계(持戒)를 포함한 6가지 항목 모두가 해당된다. 계율을 온전히 견지한
다는 것이 이것으로, 육바라밀 가운데 계율준수가 다름 아닌 지계인 것이
다. 육바라밀의 지계 외에도 보시와 인욕은 다른 사람들을 모두 바르게
이끌고 돕는 자비활동으로써 대사회적 활동이며, 정진과 선정 및 지혜는
자기완성을 지향하는 대자적 실천이다.[389] 지계에 더하여 다섯 바라밀 모
두가 자비의 바탕이 된다는 것이다.

이 같은 육바라밀 가운데 특히 계율과 관련한 지계(持戒)는 인간 중심
의 지혜를 실천하는 힘이 된다. 단순히 계율 하나하나에 고집하여 소승적
으로 접근하는 것이 아니다. 불교윤리는 어디까지나 이러한 불교의 연기
이법(緣起理法)을 깨닫고 실천하는 주체자로서의 인간 중심의 지혜를 가
진 인간의 행위와 특히 그 청정심을 지계하도록 가르치고 있음을 인식해
야 한다.[390] 날마다 전개되는 일상의 삶에서 지계를 통해 나타나는 행동이
청정심이다. 이러한 청정심은 계율준수의 결과로 상대방과 나의 선연선과라
는 인연연기의 법칙에서 지혜를 발휘함으로써 나타나는 것이기 때문이다.

청정심의 발휘는 근본적으로 자신의 맑은 자성불을 발현하는 것으로,
이것은 자비행으로 이어진다. 불타가 계행청정을 강조한 것은 자비 보살
행을 실천하라는 가르침이며, 우리의 자성은 본래 청정하나 어리석은 중
생들은 무명 업력에 끌리어 많은 죄를 짓게 되므로, 계행을 청정하게 실천

---

389) 박선영, 「불교적 교육과 종교적 다원주의」, 『한국불교학』 제11집, 한국불교학회, 1986,
    p.147.
390) 조용길, 「불교윤리의 현실성」, 『한국불교학』 4(한국불교학회 편, 한국불교학 제6집),
    불교학술연구소, 1995, pp.96-97.

함으로써 본래 맑은 자성불을 청정하게 유지할 수 있다.[391] 이러한 자성
불의 발현은 어느 한 때만 계행을 지키는 것이 아니라 평상의 지속적인
적공의 삶에서 가능하다. 일시적 선행에 치우치면 그것은 무명의 업력에
또 다시 가려버리기 때문이다.

　지속적인 적공의 삶은 각 종교가 지향하는 계문실천의 삶에서 가능한
것이다. 날마다 무명을 벗어나 자비의 적공이 그에게 필수적이기 때문이
다. 계문준수를 하면 개인수행은 물론 사회 자비행이라는 김수환 추기경
의 언급이 주목된다. "오늘의 대담을 앞두고 며칠 전부터 원불교 공부를
좀 했는데 무아봉공, 정각정행 또 '삼십계문' 등의 교리가 있다. 그대로만
실천하고 살면 우리나라가 지상낙원이 되고 평화통일도 달성할 것 같다
."[392] 그는 원불교 교리에서 강조하는 삼십계문을 밝힘으로써 계문을 준
수할 때 낙원세상이 건설된다고 하였다.

　낙원건설에는 계문준수가 필요하다는 것이며, 이에 계문의 근본정신을
상기함으로써 자비와 은혜를 실천하는데 힘을 쏟아야 한다. 계문의 근본
정신이란 자기 억압이 아니라 자비와 사랑의 정신이기 때문이다. 대종사
가 내려준 30계문도 그 근본정신에 입각하여, 자비와 은혜를 실천하는 덕
목으로 받아들여야 인간의 본연성을 긍정하고 일깨워 이 땅에 진정한 평
화와 화합이 이루어지게 될 것이다.[393] 근본정신을 망각할 때 불교의 자
비행과 원불교의 은혜실천과 관련된 계문준수에 소홀할 것이며, 그로 인
해 자비실천이 어려워진다고 본다.

---

391) 김성장, 「대학의 불교교육에 있어서 신앙 수행 깨달음의 문제」, 제18회 국제불교문화학
　　술회의 『불교와 대학-21세기에 있어서 전망과 과제』, 일본 불교대학, 2003.10, p.207.
392) 김수환(천주교 추기경), 「참으로 사람답게 종교답게」, 『한국의 지성과 원불교』(오선명
　　정리), 월간원광사, 1999, p.100.
393) 권도갑, 「계문실천과 교당교화·훈련의 방향」, 『정신개벽』 제4집, 신룡교학회, 1985,
　　p.25.

계문의 근본정신은 어떠한 직종에 있더라도 잊어서는 안 되며, 사소한 계문이라도 잘 지킨다면 자비와 은혜의 공덕이 나타난다는 것이 소태산의 가르침이다. 부산의 교도 몇 사람이 와서 "저희들이 대종사의 법을 흠양하오나, 다만 어업으로써 생계를 삼으므로 항상 첫 계문을 범하게 되오니, 이것이 부끄러워 스스로 퇴굴심이 나나이다"라고 사뢰었다. 이에 소태산은 다음과 같이 말한다. "근심하지 말라. 사람의 생업(生業)은 졸지에 바꾸기 어렵나니, 그대들의 받은 삼십계문 가운데에 그 한 계문은 비록 범한다 할지라도 그 밖의 스물아홉 계를 성심으로 지킨다면 능히 스물아홉 선을 행하여 사회에 무량한 공덕이 나타나리니, 어찌 한 조목을 수행하지 못한다 하여 가히 지킬 만한 남은 계문까지 범하게 되어 더욱 죄고의 구렁에 들어가리요."[394] 30계문을 성실히 지킬 것을 주문하면서도 직종으로 부득이 범하는 일계는 남은 계문을 다 지킴으로써 언젠가 그 계문도 지킬 날이 올 것이라 했다.

결과적으로 원불교 계문정신의 발로는 휴머니즘 정신이다. 휴머니즘이란 계문을 준수함으로써 자비와 은혜의 실천으로 이어지기 때문이다. 원불교 계문정신의 구체화를 거론한다면 첫째 이성에 바탕한 합리정신이며, 둘째 휴머니즘의 정신이며, 셋째 중도정신이다.[395] 이러한 휴머니즘의 정신은 기본적으로 살·도·음을 금지하는데서 기반하고, 매사 절제 있는 삶을 통하여 세상에 공덕을 쌓음으로써 수신(修身)의 적공과 평천하(平天下)로 이어지게 된다. 원불교와 불교는 공히 인간의 휴머니즘을 실천하는 종교로서 그것이 자비요 은혜이며, 여기에는 계문의 준수가 필수적으로 뒤따른다.

---

394) 『대종경』, 교의품 26장.
395) 박상권, 「계율정신의 연구」, 『원불교사상』 10·11집, 원불교사상연구원, 1987, pp.265-267.

11. 구원관

1) 구원의 종교적 의미

고대로부터 인류구원과 반대되는 현상은 절망으로 치달은 전쟁과 같은 것이었으며 그로 인해 평화로운 세상을 유지할 수 없었다. 희랍의 도시국가에는 2천 년 전보다 더욱 오래 전부터 인류에게 가장 위대한 철학자·예술가들이 존재하였지만, 그 희랍인들은 어떤 찬란한 문화로도 자기국가를 구원할 수가 없었던 이유는 서로 평화를 유지할 수가 없었기 때문이다.[396] 우리에게 절망을 가져다준 것은 이처럼 평화와 동떨어진 전쟁의 실상이었다. 그것은 우주 대자연의 질서를 파괴하는 생명 위협의 행위였던 것으로 인류구원과 동떨어진 것이다.

중세에 이르러 기독교의 구원에 대한 지나친 관심은 금전적 타락으로 이어졌다. 그것은 마틴 루터의 종교개혁으로 이어지는 계기가 되었다. "만일 교황이 베드로 교회당에 소비될 썩어질 금전으로 인하여 수없이 많은 영혼을 구원한다고 할 것이면, 어찌하여 가장 정당하다고 볼 수 있는 이유 즉 거룩한 사랑과 영혼들의 최고의 필요를 위하여 연옥을 비우지 않는가"(마틴 루터 95개조 반박문 82조). 이처럼 중세교회의 면죄증서로 구원받을 것을 신뢰하도록 한 것은 헛된 일이었으며, 금전적 보상으로 구원확신(?)에 대한 지나친 관심은 중세교회의 타락으로 이어진 것이다.

---

396) 라다크리슈난 著, 柳聖泰 外 3인 譯, 『轉換期의 宗敎』, 圓光大學校出版局, 1986, p.6.

어떤 연유에 의하든 인간구원의 본질을 망각했을 경우에 그 구원은 단지 기만일 따름이다. 고금을 통하여 이러한 구원의 문제는 기복신앙의 행위로 이어지면서 현실의 종교가 왜곡된 모습으로 나가는 유혹에 떨어진 것이다. 인간을 구원의 대상으로 하는 종교가 그 대상의 속성을 정확히 인식하지 못했을 경우, 그 종교가 제시하는 구원의 논리가 그 자체의 일종의 기만이 될 것이다.[397] 바른 신앙에 의한 구원의 본질이 제대로 인식되지 못하고 방편적 장엄이나 기복적 행위가 된 것은 일부 기성종교가 범해 온 단면들이다.

그렇다면 구원 혹은 구세(救世)의 참다운 의미는 무엇인가. 구원의 사전적 의미를 살펴본다. 구원은 "세상 사람을 불행과 어려운 고통에서 벗어나도록 도와준다"는 의미이며, 나아가 일체생령을 건지고 세계를 구원하여 천하를 평온하게 한다는 의미이다.[398] 현실의 삶에서 고통 받고 있는 수많은 사람들이 그 고통을 벗어나도록 도와주는 것이 구원의 보편적 의미라 볼 수 있다. 종교의 참다운 기능은 이러한 고통을 벗어나게 함으로써 그들에게 안정과 평화를 가져다줄 수 있다고 본다.

여기에서 구원의 일반적 의미와 종교적 의미에 차이가 있는가를 살펴보고자 한다. 종교에서 사용하는 구원의 의미와 일반적 구원의 의미는 그 차원을 달리하고 있으며, 일반적 구원의 의미는 다분히 일상 생활적 차원이요, 종교적 구원의 의미는 정신적 영적 차원이다.[399] 구원의 사전적 의미와 일반적 의미는 일상생활과 관련되므로 보편성을 지닌다면, 종교적 의미는 신앙과 관련되므로 영혼구원 곧 정신확충의 세계와 직결되는 것이

---

397) 불교신문사 편, 『불교에서 본 인생과 세계』, 도서출판 홍법원, 1988, p.139.
398) 최영돈, 「대산 김대거 종사의 구세경륜」, 대산 김대거 종사 탄생 100주년 기념학술강연 『진리는 하나 세계도 하나』, 원불교100년기념성업회 대산종사탄생 100주년 기념분과, 2013.6, p.58 참조.
399) 이광정, 『주세불의 자비경륜』, 원불교출판사, 1994, p.36.

다. 그 종교를 믿는 자의 신념적 신앙행위에 따라 구원은 영성으로 연결되어 정신세계의 구원으로 이어진다.

종교 본연에 있어서 구원의 의미는 인간의 영성에만 머무르지 않는다. 그것은 인간만이 아니라 지구상에 편만한 모든 생명체와도 관련되며, 따라서 우주의 충만한 기운과 합류하게 된다. 종교는 '우주의 근원에 인간을 결합시켜 인간을 구제하고 인간을 완성시키려는 집단적 노력'이라고 정의할 수 있으며[400] 이는 우주의 생기(生氣)에 합일하는 것과 관련된다. 우주에 존재하는 생명체는 상생의 은혜관계 속에 있기 때문이다. 종교적 구원이란 실제적으로 매우 어려운 상황에 처한 사람들을 구원하는 것이다. 기본적인 의식주의 궁핍은 물론 꺼져가는 생명체의 긴박한 구원을 받아야 하는 사람들에게 손을 내미는 것이 종교의 진정한 구원이기 때문이다. 심리학적으로 종교는 구조작업(rescue operation)과 같은 것으로, 그것은 누군가 "도와주세요"라고 외치는 상황에서 발생한다.[401] 이는 어느 누구든 간절한 상황에서 구원을 요청할 때 종교가 적극 나섬으로써 구원의 실제적 행위로 이어진다는 점에서 구원의 실제적 의미로 다가오며, 종교의 역할이 여기에서 요구된다.

이 같은 종교의 역할을 상기할 때, 매우 어려운 상황에 있는 자의 구원이란 삶의 절망에 빠진 자를 구원하는 일이다. 현실에서 절망에 빠진 자들에 대해 진정으로 관심을 가져줄 수 있는 집단이 종교집단이기 때문이다. 종교는 절망으로 고통 받는 사람들에게 따뜻한 사랑과 자비와 은혜를 실천하는 곳이다. 이를테면 물에 빠진 사람을 건져주는 일, 함정에 빠진 사람을 건져주는 일, 나아가 병고에 빠진 상황에서 건져주는 일, 궁핍에

---

400) 송천은, 『일원문화산고』, 원불교출판사, 1994, p.171.
401) 메리 조 메도우·리차드 D. 카호 共著, 최준식 譯, 『宗敎心理學』 上, 民族社, 1992,
        p.32.

빠져 있을 때 건져주는 일, 다시 말하자면 가장 불행하고 절망적 상황에 사로잡혀 있을 때 그를 모면해 주거나 해결해 주는 것을 구원402)이라 한다.

그러므로 종교의 구원은 종교 지도자의 사명감이 불타올라야 어려움에 처한 사람들을 구제하는데 실효를 거둘 수 있으며, 구원을 통하여 이들에게 신앙적 귀의감을 느끼게 하여 행복으로 유도할 수 있다. 종교는 먼저 내가 있고 그 다음에는 어떤 대상이 있어서 나보다 힘이 있고 나의 요구를 들어주리라는 믿음이 있어야 하며, 또 나를 현세나 내세에 구원하여 행복의 자리로 이끌어준다는 신념이 있어야 한다.403) 이처럼 신앙적 열정이 있을 때 구원을 받을 수 있고, 또 구원을 해줄 수 있으며, 이는 정치의 경우와 달리 종교의 주된 기능이다.

종교의 주 기능에 비추어보면 종교의 구원적 의미가 영성 함양과 직결되어 있음을 알 수 있다. 일반적으로 영성이란 삶에 대한 정신적 태도 또는 행위를 말하며, 절대자의 삶을 본받아 자기 자신과 이웃과 전 우주에 구원의 손길을 미치게 하는 일체의 이념과 행위들이다.404) 원불교는 인류의 정신적 고갈에 위기의식을 갖고 신 영성운동을 전개해야 할 것이며, 그것이 곧 구원으로서 마음공부와도 같은 것이다. 정신개벽이 바로 이러한 영성함양과 관련되며, 구원을 향한 원불교의 개교동기가 여기에서 발견된다.

정신개벽 곧 영성운동을 통해서 인류를 구원하는 일은 소태산의 간절한 염원이었으며, 그것이 생명의 활력으로 이어지는 영혼구제인 것이다. 영성은 달리 말해서 영혼구제이며, 원불교가 이를 위해 교화활동을 충실

402) 이광정, 『주세불의 자비경륜』, 원불교출판사, 1994, p.36.
403) 東山文集編纂委員會, 동산문집 II 『진리는 하나 세계도 하나』, 원불교출판사, 1994, p.478.
404) 백준흠, 「영성에 대한 원불교 교리적 고찰」, 『원불교사상과 종교문화』 32집, 원불교사상연구원, 2006, p.179.

히 전개하고 있다. 특히 종교는 그 영역에 있어서 영혼구제가 중심이며 이를 통해서 자체 종교는 충실해지고 풍부하게 되며, 종교의 구제력을 강화시키는데 힘이 된다.[405] 종교의 구원은 영혼구제에 있다는 것은 원불교의 창립명분이 정신개벽이라는 영혼구제와 직결되어 있다.

따라서 인류구원을 향한 영적인 접근은 여러 기관이나 단체 가운데 종교의 큰 공헌이라 본다. 라다크리슈난도 말하듯이 영적 의미를 보존함으로써, 그리고 병자와 고통 받는 자를 구원함으로써 종교가 인류에게 제공한 위대한 공헌을 하고 있는 셈이다.[406] 인간에 대한 종교의 중심적인 공헌이 바로 영혼구원과 관련되기 때문이다.

종교의 공헌이 영혼구원이라는 점에서 혹 마음치유에 치우칠 수 있다고 해도 현실진단 및 치유를 무시할 수는 없다. 종교의 세계가 정신세계를 벗어날 수 없다고 해도 현실참여의 명분이나 현실에서 고통 받는 중생을 간과할 수 없기 때문이다. 따라서 구원이라는 종교의 치유책이 초월적이고 신비적이고 내세지향적인 내용을 지닌다고 하더라도, 현세의 진단이라는 현실적, 구체적, 현세적 입지를 배제할 수는 없는 것이다.[407] 현실에서의 안락함과 궁핍 없는 풍요로움을 추구하는 인간의 본능을 종교는 외면할 수 없음을 알아야 한다는 뜻이다.

우리가 성찰해야 할 것은 기성종교들이 대체로 사회적 구원보다는 개인적 구원에 치우치고 있다는 점이다. 모든 종교들이 성자의 인류구원에 대한 확신으로 무장한 신앙집단을 이끌어가고 있지만, 개인의 구원에 집중되어 있다[408]는 점을 주의할 일이다. 오늘날 개인의 생활은 사회와 밀

405) 송천은, 『열린시대의 종교사상』, 원광대출판국, 1992, p.90.
406) 라다크리슈난 著, 류성태 外 3인 譯, 『전환기의 종교』, 원광대학교 출판국, 1986, p.48.
407) 김탁, 「원불교 사요교리의 체계화 과정」, 『인류문명과 원불교사상』(上), 원불교출판사, 1991, p.260.
408) 서경전, 「원불교 천도의식과 사회윤리」, 『원불교사상』 20집, 원불교사상연구원, 1996,

접하게 연결되어 있으므로 그간 일부 종교가 사회구조적 갈등의 극복을
간과한 채 개인구원에 치우친 점을 극복하는 노력이 필요하다.

　개인구원도 기본적으로 필요하지만 오늘날 고통을 야기하는 것은 사회
의 구조적 문제가 적지 않다는 측면에서 사회구원이 종교의 중요한 사명
이라는 점을 인지하자는 것이다. 질병·빈곤·전쟁의 3대 사회악이 종교
를 낳게 한다는 말이 있듯이, 종교의 본령이 사회구원에 있으므로 질병과
빈곤과 전쟁이라는 사회적 고통이 심화될 때 성자의 구세(救世)이념이 펼
쳐진다는 뜻이다.[409) 각 종교가 사랑과 자비와 은혜를 베풀어서 사회의
고통을 우리의 고통으로 알고, 사회치유에 적극 나서야 하는 것이다. 사회
가 치유될 때 건강한 사회 보전으로 개인도 자연스럽게 치유되기 때문이다.

　개인구원과 사회구원은 본래 떨어져 있는 것이 아니라 유기체적으로
전개되며, 사회 속에 살아가고 있는 개인의 고통을 주시하면서도 사회문
제를 간과해서는 안 된다. 그것은 개인과 사회의 연계, 곧 우주적 질서를
지속시켜나감으로써 자연의 품에서 마음의 안정을 얻고 살아갈 수 있기
때문이다. 이는 상호 분리·분열이나 이원적 대립이 없는 상태일 뿐만 아
니라 세계·우주와 일체화된 것으로, 우주와 자기와의 분열이 없고, 내가
우주이며, 우주가 나인 우주심(宇宙心)의 상태가 있음을 말한다.[410) 불교
와 원불교에서 바라보는 '시방일가(十方一家)'는 곧 우주이며, 이러한 시
방일가의 사유 속에 개인과 우주(사회)가 일체화된 질서를 이루는 것으로
종교의 궁극적 구원은 여기에서 모색된다.

　pp.60-61.

409) 양은용, 「원불교의 마음공부와 치유」, 『한국그리스도 사상』 제17집, 한국그리스도사
　　상연구소, 2009, p.96.

410) 정인석, 『트랜스퍼스널 심리학』, 대왕사, 2009, pp.324-332. 이경열, 「마음에 대한 연구」,
　　『실천교학』 11호, 원불교대학원대학교, 2012, pp.160-161.

2) 불교의 불국토관

불교에서는 고통의 세상을 '고해(苦海)' 곧 고통의 바다라고 한다. 이러한 고해의 실상은 오탁악세(五濁惡世)이기도 하다. 오탁악세를 벗어나는 것은 정토(淨土)의 세상을 지향하는 것이며, 정토의 세상이야말로 고해에서 구원을 받은 이상향과도 같다. 지옥에 가까운 오탁악세를 벗어나고자 아미타불을 신앙하는 민중들에게 잘 알려진 정토 3부경이 있다. 『불설무량수경』 2권, 『불설관무량수경』 1권, 『불설아미타경』 1권이 이것으로, 이 정토신앙은 오탁악세(劫, 命, 衆生, 煩惱, 見)의 중생을 위하여 석존이 아미타불에 의한 구원을 설명한 경전이라는 사실을 표방하고 있다.[411] 불교에서 오탁악세를 벗어나는 것은 곧 구원을 받는 길이며, 그것은 정토의 불국 정토에서 사는 것으로서 불경의 이 같은 가르침이 비중 있게 다가온다.

불교의 구원관을 숙고할 경우, 『법화경』의 문구가 떠오른다. 본 경전에 의하면 고통의 사바세계에 처하여 어떠한 고통도 극복하는 것을 구원으로 본다는 것이다. "부처는 가만히 단좌(端坐)하여 움직이지 않는다는 것이 아니다. 자비의 방이란 한없이 움직이는 구제행이다. 행동의 원리이기 때문에 한가하게 앉아있는 것이 아니다. 사고팔고(四苦八苦)를 참고 견디는 사바세계 속으로 뛰어 들어가서, 참기 어려운 것을 참고 뼈를 깎고 살을 녹이는 아픔을 넘어서는 정진을 하는 사람이다."[412] 『법화경』에 나타나듯이 집에 불이 났는데도 아이들은 이를 모르고 철없이 놀고만 있으므로 여러 방편을 써서 구원하려고 하는 말이 있는데, 삼계(三界)가 유여화택(猶如火宅)이라 했다.[413] 고해의 고통스런 세상을 바라보며 그저 낙담하

---

411) 中村 元著, 김용식·박재권 공역, 『인도사상사』, 서광사, 1983, p.104.
412) 불교신문사 편, 『불교에서 본 인생과 세계』, 도서출판 홍법원, 1988, pp.100-101.
413) 朴吉眞, 『大宗經講義』, 圓光大學校 出版局, 1980, p.217.

고 있을 것이 아니라 부처의 자비심으로 여러 방편에 따라 적극적으로 구원하라는 것이다.

또한 『화엄경』의 구원관은 만해 한용운이 접한 본 경전의 인용구에 잘 나타난다. 『화엄경』에서 이르기를 "나는 마땅히 널리 일체중생을 위하여 일체세계와 일체악취 중에서 영원토록 일체의 고통을 받으리라" 하고, 또 이르기를 "나는 마땅히 저 지옥, 축생, 염라왕 등의 처소에 이 몸으로써 인질을 삼아 모든 악취의 중생을 구속(救贖)하여 해탈을 얻게 하리라" 하였다.[414) 만해에 의하면, 『화엄경』의 모든 말씀과 모든 게(偈)가 중생을 구제하고자 하는 뜻에서 벗어남이 없었으니 이것이 과연 그 한 몸만을 위하는 길이겠는가(『조선불교유신론』, 3. 불교의 주의)라며 부처는 구세(救世)의 일념에 있어서 철저히 하였던 것이라 했다. 부처의 중생구제라는 큰 경륜에 대하여 은혜로 보답해야 함을 언급한 것이다.

은혜에 보답해야 한다는 사실을 직시하면 부처의 참 제자로서 성불을 지향하는 보살은 이 세상 중생의 구원자여야 한다. 『화엄경』에는 중생 · 세계 · 허공 · 법계 등이 끝나면 이러한 서원(誓願)이 끝날 것이나, 이런 것들이 끝날 수 없으므로, 보살의 서원도 끝날 수 없다(『大正藏』 9, p.546 上)고 하였다. 구원이라는 사명의식의 보살도가 결코 중단됨이 없이 영원 무궁토록 전개되는 것이다. 또한 보살도의 전개과정에 있어서 언제나 "내가 마땅히 일체중생 가운데에서 으뜸가고 뛰어나며, 또한 일체중생의 의지자(依支者)가 되어 주리라"(同書, 各地의 끝부분마다 이러한 내용이 있다)며 서원을 일으킬 것을 설하고 있다.[415) 보살의 심법에 의하면 언제나 중생구원의 서원으로 살아갈 것을 가르치는 법어이다. 본 경전에서 지향

---

414) 한용운, 『조선불교유신론』, 1913(이원섭 역, 만해사상연구회), p.31.
415) 권탄준, 「화엄경의 誓願思想 소고」, 『한국불교학』 제11집, 한국불교학회, 1986, pp.434-435.

하는 중생구원은 사바세계에서 이상적 불국토를 건설하기 위함이다.

구원을 향한 불국토의 건설을 위해서는 지속적인 자비행과 수행의 적공이 요구된다. 대승불교의 구제론(수행론)은 부파불교에서처럼 주로 법의 이해를 통한 해탈의 방법보다는 부처와의 일체를 통한 수행론이 강조되었음을 참조할 일이다.[416] 고해를 벗어나도록 중생을 구원할만한 수행력이 갖추어질 때 불국토는 멀리 있지 않기 때문이다. 그러나 수행을 하지 않는다면 오탁악세의 고해에서 신구의 삼업을 짓기 쉽다는 사실이다. 여기에서 수행의 적공이 요구되는 이유이며, 중생구원과 관련된 이고득락의 수행은 불국토의 이상향과 연결되어 있다.

불교의 이 같은 수행은 팔정도로서 중용, 곧 중도행으로서 중생구원의 길이다. 불타의 새로운 발견은 중용의 길이며, 그것은 구원의 길로서 생존하는 모든 존재의 고통을 벗어나도록 하는 것이다.[417] 불타의 가르침은 이처럼 팔정도라는 구원의 중도행에 있다. 올바른 생각, 올바른 열망, 올바른 말씨, 올바른 행동, 올바른 삶의 수단, 올바른 노력, 올바른 조심, 올바른 명상이 바로 이것으로 정견, 정사유, 정어, 정업, 정명, 정정진, 정념, 정정(正定)이라 한다.

중도행으로서 팔정도의 실천은 불교가 추구하는 궁극의 세계로서 성불제중, 곧 불국토의 건설과 관련되어 있다. 그것이 불교가 지향하는 이상적 인격상이기 때문이다. 부처를 이룬다는 것은 불국토를 건설하는 것과 같은 의미로서, 부처는 모든 인간들이 현실의 오탁악세에서 좌절하지 말고 궁극적으로 불국토를 건설하여 새 역사를 창조하라고 간곡히 요구한 것이다.[418] 오탁악세에 처하여 성불을 목적함으로써 반드시 성취할 것이며,

---

416) 한국철학사상연구회, 『韓國哲學』, 예문서원, 1995, p.79.
417) 칼 야스퍼스 · 헨리 리토머스 著, 황필호 譯, 『소크라테스, 佛陀, 孔子, 예수, 모하메드』, 종로서적, 1994, p.39.

그것이 새 역사로서 미래 불국토 건설인 것이고, 구원의 완성은 여기에서 이루어진다.

그렇다면 불국토란 어떻게 이루어지는가. 불국토로서 불교 문명사회는 자기의 노력(自業)과 모든 중생의 노력(共業)이 합쳐져서 이룰 수 있으며, 대승불교에서는 일체 중생이 모두 구제되지 않으면 성불하지 않겠다든가, 모든 이웃이 고통이 없어야 자기의 고통도 없어진다고 했다.[419] 자업과 공업을 통해 모든 중생을 구제하는 불자의 합력이 필요하다는 것이다. 대승불교의 구원적 자비행이 이러한 합력에 의한 불국토 건설의 현장이라는 점을 잊어서는 안 된다.

결과적으로 대승불교에서는 보살로서 이타행, 자비실천이 타인구원이며 그것은 결국 자신구원의 길이기도 하다. 대승불교에서는 자비정신에 입각하여 무릇 살아있는 모든 것이 고(苦)에서 구원되는 것을 희망하며, 자신이 피안의 세계에 도달하기 전에 먼저 타인을 구원하지 않으면 안 된다.[420] 보살로서 이타행의 실천을 사회가 요구하고 있는 현실을 간과해서는 안 되기 때문이다. 그러므로 질병과 기아, 무명에서 고통 받는 사람들의 구제의식을 보살들은 잊지 말아야 한다. 하화중생(下化衆生)을 실천함으로써 이타적 불국토가 실현되는 것이 정토극락이라는 것이다.

3) 원불교의 낙원세계론

난세의 상황 속에서의 구세(救世) 이념은 새로운 종교의 창립명분과 결부된다. 종교 성립사적으로 보면, 기존종교의 가르침이 변화된 사회상황

418) 조계종 포교원 편저, 『불교교리』, 조계종출판사, 1998, p.168.
419) 불교신문사 편, 『불교에서 본 인생과 세계』, 도서출판 홍법원, 1988, p.46.
420) 中村 元著, 김용식·박재권 공역, 『인도사상사』, 서광사, 1983, pp.99-100.

아래서 기능하지 못할 때 사회는 새로운 구세이념을 요청하게 되고, 이에 대응하는 것이 새 종교운동이다.[421] 바라문교에 뒤이어 불교가 성립하고, 유대교와의 연관 속에서 그리스도교가 성립한다. 새로운 종교의 창립명분이 당시의 시대적 요청과 관련되며, 사회를 구원하고 인류를 구원해야 할 때 그 종교는 성립과 더불어 발전하게 되는 것이다.

주지하듯이 고금을 통하여 과도기적 전환기에 당하여 구원을 책임질 주세성자가 출현하였다. 정법, 상법, 말법의 시대 변천을 따라 새 시대를 선도할 종교성자가 출현하여 인류구원이라는 사명의식을 발현시키는 것이다. 새로운 천지도수의 판도가 형성될 때마다 새로운 주세성자가 나타나서 새 시대를 진단하고 전망하여 그 결과에 의해서 처방을 제시하는 가르침, 즉 교법을 제정하여 새 시대에 적응해 갈 원리를 밝히며 구원사업을 착수하게 된다.[422] 소태산 대종사도 세상이 말세가 되고 험난한 때를 당하면 반드시 한 세상을 주장할 만한 법을 가진 구세성자(救世聖者)가 출현하여 능히 천지기운을 돌려 그 세상을 바로잡고 그 인심을 골라 놓는다(『대종경』, 전망품 1장)고 하였다.

말세적 시대상황에서 새 시대를 구원하기 위해 근대에 최수운의 동학, 강증산의 증산교에 이어 소태산의 원불교가 창립되었다. 수운은 '수기심 정기기(守其心 正其氣)'가 동학의 극의(極意)임을 밝혀 인간의 창조적 참여로서의 지상낙원을, 증산 역시 운도설로서 음양조화의 이법에 따라 천지공사를 행하며 내세를 구원하고 지상선계를 이룩하고자 하였다.[423] 도탄에 빠진 중생을 구원하기 위해 소태산은 큰 깨달음과 더불어 정신

421) 양은용, 「원불교의 마음공부와 치유」, 『한국그리스도 사상』 제17집, 한국그리스도사상연구소, 2009, p.96.
422) 이광정, 『주세불의 자비경륜』, 원불교출판사, 1994, pp.29-30.
423) 김복희, 「낙원사상의 흐름과 개교의 동기」, 『정신개벽』 제6집, 신룡교학회, 1988, pp.15-16.

개벽의 은혜로운 낙원건설을 이룩하고자 하였던 것이다.

이처럼 수운의 후천개벽과 증산의 해원상생, 나아가 원불교의 정신개벽은 한국 신종교의 흐름에서 나온 메시아이다. 소태산은 유불도 3교의 사상을 섭렵하면서도 불교를 주체로 하여 교세를 확대해 나갔다. 그의 정신개벽에 대한 서술은 수운, 증산, 김항의 후천개벽사상과는 성격을 달리하는데, 수운·증산 등의 사회개혁과 정치변혁을 시도한 종교적 메시지와 달리 소태산의 방향은 사회개혁과 미래에 대한 점진적인 기대를 제시한 것이다.[424] 곧 소태산은 어두운 밤이 지나가고 동방에 밝은 해가 솟아오르려는 때임을 밝히며, 수운·증산과 달리 불법에 연원을 두고 새 시대의 불법으로 정신개벽을 통해 낙원건설을 지향하고자 하였다.

이에 불법에 연원함으로써 인류구원의 낙원세계를 건설하려는 원불교 개교의 동기를 조명할 필요가 있다. 그것은 원불교를 창립한 목적과 통한다. 원불교 개교의 동기가 근본적으로 모든 인류의 구제에 있다는 것을 주목해야 하는데, 원불교 설립동기는 '파란고해의 일체생령을 광대무량한 낙원으로 인도하려함'으로, 원불교를 창립한 목적이기도 하다.[425] 낙원으로 인도한다는 것은 파란고해의 일체생령을 구제하는 것으로, 이는 원불교의 등장과 더불어 교화의 궁극적 목적이기도 하다.

그렇다면 개교동기가 거론되는 실질적 이유는 무엇인가. 그것은 물질에 탐닉된 인간의 중생심 극복에 있다. 인간은 탐심, 진심, 치심이라고 하는 삼독심 때문에 물질문명의 해독으로 고통스러운 역사를 기록해 가는데, 인간의 생존조건에 유사 이래로 없었던 새로운 위협이 다가오고 있음

---

424) 이민용, 「원불교와 불교의 근대성 각성」, 제28회 원불교사상연구 학술대회 ≪개교100
년과 원불교문화≫, 원불교사상연구원, 2009.2, p.14.
425) 윤사순, 「濟度意識에 있어서의 실학적 변용-원불교와 實學」, 『원불교사상』 8집, 원불
교사상연구원, 1984, p.284.

을 소태산은 예견하고 그 위협에서 인류를 구제하려는 데에 개교의 동기를 두고 있다.[426] 이 같은 위협은 결국 파란고해의 삶에서 고통을 받게 되므로 중생들은 무명을 극복할 수 있도록 깨달음을 향한 정신개벽에 노력해야 할 것이다.

이에 원불교 개교동기를 실천하기 위한 슬로건으로서 개교표어를 살펴보자. "물질이 개벽되니 정신을 개벽하자." 이것은 현실과 미래에 대한 투시, 깊은 우려, 대처방안 제시, 구원의지 그리고 그 사상이 모두 담긴 종합적 의미로서의 대표적 표어라 할 수 있다.[427] 오늘날 물질위주에 따른 인간의 탐욕으로 정신개벽에 소홀해온 점이 적지 않았기 때문이다. 욕심이 지나침으로 인해 인간의 고통은 더욱 심각하게 되었으며, 구원의 손길과는 거리가 멀어지게 된 것이다. 이에 미래적 안목으로서 표어에는 정신개벽을 통한 고통의 극복과 낙원건설이라는 원불교의 인류구원의 의지가 표출되어 있다.

오늘날 물질풍요의 첨단국가를 보더라도 정신적 평화를 그만큼 비례적으로 갖지 못하는 것이 현실이다. 오히려 물질적으로 덜 개발된 국가라 하더라도 부탄이라는 나라처럼 정신적 평온을 온전히 갖는 국가의 국민들이 적지 않다. 부유한 나라의 자살률이 그렇지 않은 나라보다 많은 것이 이를 증명한다. 미국은 건국 이래 2백년간 서구의 과학문명을 발전시키며 미개의 대륙을 개발하고 물질적 번영을 가져왔으나, 물질적 번영은 정신의 황폐를 초래하고 물질과 영리의 추구는 자아상실을 조장하여 참 자기는 억압되어 갈 따름이다.[428] 강대국들의 총격사건들, 마약 중독자와 범

---

426) 정유성, 「원불교 과학관」, 『원불교사상시론』 1집, 수위단회사무처, 1982, p.201.
427) 이광정, 「표어에 나타난 소태산사상」, 『인류문명과 원불교사상』 上, 원불교출판사, 1991, p.177.
428) 박장식, 『평화의 염원』, 원불교출판사, 2005, p.156.

죄, 정신병자가 많은 현상은 물질풍요를 추종한 나머지 정신적 안정을 얻
지 못하는 경우가 적지 않기 때문이다.

이 같은 물질풍요에 따른 정신소외의 현상을 걱정한 나머지 소태산은
개교표어를 밝히어 인류구원의 힘을 한껏 발휘하도록 하였다. 현대적 물
질문명의 피해를 직시하여 정신개벽을 통한 정신문명의 이상사회를 제시
한 이유가 이것이다. 개교표어를 통해 소태산은 개인의 실존적 불안을 해
결하는 영적 구원만을 목적으로 한 것이 아니라 문명의 구조적 문제를
진단하고 새로운 문명의 틀을 모색하였다.[429) 그것은 물질이 개벽됨에 따
라 정신을 개벽함으로써 국가와 사회의 물질과 정신적 균형을 이루는 일
과 관련되어 있다.

따라서 물질과 정신의 균형을 통한 낙원세계의 건설이 원불교 창립의
명분이자 구세(救世)이념이라는 점은 여기에서 설득력을 더한다. 과학과
도학을 아우르는 것이 물질과 정신의 균형을 이루는 것이며, 과학을 통한
물질개벽, 도학을 통한 정신개벽이 원불교의 이상향이기 때문이다. 따라
서 장려할 도학은 구세(救世) 이념인 교리강령이며, 치유된 세상은 모두
불보살이 되어 다시없는 이상 천국에서 남녀노소가 다 같이 낙원을 수용
할 것이다.[430) 물질과 정신이 괴리된다면 그것은 고통의 세계일뿐이며,
이를 아울러 수용하는 극락의 세계는 불보살이 구현해야 할 사명으로서
인류구원이란 이 같은 불국토의 낙원으로 인도하는 것이다.

인류구원의 방법은 원불교에 있어서 여러 가지가 있겠으나 우선적으로
인간개조의 훈련법이 주목된다. 대산종사는 전이창 교무를 시켜 "우리가

429) 김낙필, 「원불교의 환경윤리」, 종교단체 환경지침서 I 『환경, 더불어 살기』, 종교단체
    환경정책실천협의회, 2006, pp.253-254.
430) 양은용, 「원불교의 마음공부와 치유」, 『한국그리스도 사상』 제17집, 한국그리스도사
    상연구소, 2009, p.114.

세상을 구원하려면 훈련을 시켜야 한다"라고 하면서 중앙훈련원을 건립하도록 명하였으며, 이 일에 하늘이 응하지 않으면 하늘이 아니고 땅이 응하지 않으면 땅이 아니라며 대원력을 세우고 그 일을 진행하도록 하였다.[431] 인간개조로서 훈련법이 중요한 이유이기 때문이다. 일원의 종지 아래 사은사요의 신앙문과 삼학팔조의 수행문을 훈련이라는 독특한 양식에 의하여 실행에 옮기고 이를 통하여 정신문명의 종교적 이상을 실현시키고자 했던 것이 소태산의 경륜이다.[432] 인간개조의 훈련법을 통하여 정신개벽의 낙원건설이 되도록 하는 것이 소태산의 포부로서 인류구원의 기반이 된다

이를 종합하여 말한다면 일원대도의 구현이 인류구원이며, 그것은 삼동윤리, 봉공회의 활동으로 이어져 원불교가 진정으로 추구하는 구원의식의 실천운동이다. 원기 68년(1983) 9월에 설립된 원불교 '사대봉공회' 설립취지에 나타나 있듯이 소태산의 일원대도와 정산종사의 삼동윤리에 바탕하여 전 세계 모든 인류를 빈곤과 질병과 무지와 재해로부터 구원하고, 인류가 두루 평화롭고 넉넉하고 슬기롭고 명랑하게 살도록 하기 위하여 출가봉공회, 재가봉공회, 국가봉공회, 세계봉공회의 사대봉공회를 결성하였다.[433] 원불교의 구원관은 이처럼 일원대도의 실현, 즉 삼동윤리와 봉공회 등의 활동으로써 인류의 고통을 없애도록 충실히 수행하는데서 모색된다.

---

431) 김주원, 「대산종사의 사상과 경륜」, 대산 김대거 종사 탄생 100주년 기념학술강연 『진리는 하나 세계도 하나』, 원불교100년기념성업회 대산종사탄생 100주년 기념분과, 2013.6, p.14.

432) 김경일, 「정기훈련의 의의와 그 실천의 반성」, 『정신개벽』 제4집, 신룡교학회, 1985, p.27.

433) 김주원, 앞의 논문, pp.22-23(주26).

4) 교조의 경륜과 구원의식

사바의 세계에서 고통을 받고 있는 중생들을 구원하기 위해 동서의 성
자들이 출현하여 그 역할을 다해왔다. 인심이 바뀌고 시대가 달라짐에 따
라 세상을 구원하는 성현이 출세하여 시대에 적합한 교법을 제정하는 것
이 필연 또는 당연한 자연의 법칙[434]이었던 것이다. 고대의 공자가 출현
하였고, 석가가 출현하였으며, 예수가 출현하였으며, 근래 한국에서는 최
수운, 강증산, 소태산 등이 신문명의 후천시대를 책임지고 종교적 성자로
출현하였다. 시대에 맞는 종교법을 창조하여 새 종교로서 새 시대를 구원
하고자 고금의 성자들이 출현한 것이다.

동서를 통하여 새 성자들이 출현하여 교리를 선포하고 인류를 구원하
고자 하였으니, 그 시대에 맞는 나름의 종교가 탄생하는 명분이 성립되었
다. 시대에 따라 성자가 교법을 선포하다보니, 각양각색의 교단주의적 교
법이 등장하기도 하였다. 현대종교의 구제력과 공헌을 높이기 위해서는
시장경제와 같은 체제에 있다고 하더라도 자기종교의 번영을 위한 지나친
교단주의나 집단적 이기주의, 배타주의를 벗어나 각 종교는 통합된 완성
으로 인도할 수 있는 높은 이상을 지녀야 하는 이유이다.[435] 자기종교 중
심의 교조주의에 의해 인류를 구원하겠다는 목적의식이 강조되다보니 동
서종교간 구원의 독점주의가 등장했던 것이다.

구원관에 있어서 서구종교는 구원의 배타적 성향이지만 동양의 종교는
구원의 다원성을 지닌다. 여기에서 불교와 원불교는 후자의 입장에 있다
고 할 수 있다. 오늘날 한국사회에서 자기 종교만은 우월하다는 배타주의
가 팽배하고 있다. 또한 이웃종교를 관용적으로 인정하면서도 자기종교만

이 궁극적인 구원성을 가진다는 포용주의가 있고, 종교의 다양성을 충분히 인정하고 타종교의 구원성을 인정하지만 자기 종교의 소속성과 가치를 긍정적으로 신앙하고 지지하는 종교다원주의가 있다.[436] 불교와 원불교는 종교의 다양성을 인정하는 관계로 타종교에 대하여 배타적 구원주의에 부정적 입장을 지닌다. 불교와 원불교 교리가 구원의 보편적 성향에 합류하고 있듯이 종교다원주의는 이미 문명화된 세계종교의 대세가 될 것이다.

전환기의 종교적 역할에 대해 관심을 지닌 김종서 교수는 종교구원의 다원성을 강조하고 있다. 곧 종교시장 속에서 "교회 밖에는 구원이 없다"는 식의 배타적 도그마는 어차피 의미 있을 턱이 없으며, 본래 장로교든, 천주교든, 불교든, 유교든 전혀 상관없다[437]는 것이다. 자신이 진정한 영적 진리를 추구하는데 도움이 된다고 생각하면 가리지 않으므로 오늘날 신자들은 입맛에 따라 이것 조금 저것 조금 스스로 식단을 골라 짜먹으므로 카페테리아식의 종교를 선호한다. 석가모니나 소태산의 구원관이 일종의 카페테리아식 종교에 어울리게 모두에게 개방된 교법에 직결되어 있다.

불교와 원불교는 개방된 불법을 공유함으로써 '고해(苦海)'로부터의 구원의 개방성에 따른 상생의 인연작법과 직결되어 있으므로 종교다원주의의 입장을 지닌다. 구원의 집착과 허상을 벗어나도록 하는 구원의 가치관이 공유되고 있기 때문이다. 다만 중생은 불교적 실재관인 인연생기법을 확철하지 못함으로써 허상에 대한 집착과 그 결과 온갖 고가 발생하는데, 불교는 집착과 그 결과 고해에서 허덕인다고 보는 점에서 구원받아야 할 존재이다.[438] 두 종교가 지니는 구원관의 공유라 해도 중생이 무명심으로

---

436) 송천은, 「숭산종사의 종교관-일원상을 중심으로」, 숭산종사추모기념대회 『아, 숭산종사』, 원불교사상연구원, 2004.12, pp.96-97.

437) 김종서, 「전환시대의 성직자상」, 『전환시대의 성직자 교육 현황과 전망』, 영산원불교대학교 출판국, 1997, p.13.

438) 김경재, 「기조발표-동서종교사상의 화합과 회통」, 《춘계학술대회 요지-동서종교사상

인해 상생의 인과법을 모른다면 그것은 불교에서 말하는 '고해'이며 원불교에서 말하는 '병든 사회'일 따름이다.

불교에서 자주 사용하는 '고해'라는 용어는 원불교 교서에도 자주 등장한다. 『정전』에 6회, 『대종경』에 5회, 『정산종사법어』에 5회, 『대산종사법어』에 5회 발견된다. 소태산은 말하기를, "사람이 직업을 가지는 데에도 반드시 가리는 바가 있어야 할 것이며, 이 모든 직업 가운데에 제일 좋은 직업은 일체 중생의 마음을 바르게 인도하여 고해에서 낙원으로 제도하는 부처님의 사업이니라"439)고 하였다. 그것은 사람의 직업선택에 있어서 죄를 지을 직업도 있을 것이며, 복을 지을 직업도 있을 것이기 때문이다.

이처럼 불교의 고해가 원불교에서 공유되지만 원불교에서 자주 사용하는 용어는 파란고해(波瀾苦海) 내지 병든 사회라 표현한다. 인간사회는 연기(緣起)의 세계인 것으로, 이러한 연기를 모를 때 우리는 편협한 세상만을 고집하게 되고 그러한 고집과 집착은 결국 인생의 전면성을 부정하는 독단을 벗어날 수 없게 되며, 그 독단은 인생을 고해로 만들고 무상으로 단정한다.440) 소태산도 『정전』 수행편 「병든 사회와 그 치료법」에서 말하기를, 사람도 병들어 낫지 못하면 불구자나 폐인이 되고 사회도 병이 들었으나 그 치료의 성의가 없으면 파멸의 사회가 될 수도 있다고 하여 치료를 통한 구원의 의지를 밝히고 있다.

이처럼 고해에서 사는 중생을 구원하려는 사명의식은 교조의 경륜에 잘 나타난다. 석가모니는 중생들이 고해에서 헤매고 있으므로 어떻게 해서라도 그들을 구제해야 된다고 생각한 것이며, 소태산도 마찬가지로 파

의 화합과 회통≫, 한국동서철학회, 2010.6, p.18.

439) 『대종경』, 인도품 40장.

440) 불교신문사 편, 『불교에서 본 인생과 세계』, 도서출판 홍법원, 1988, p.75.

란고해에서 허덕이는 중생을 구제해야겠다고 생각한 것이다.[441] 석가모니가 고해에서 해매는 중생을 보고, 또 소태산이 파란고해에서 해매는 중생을 보고 구원하려는 의지를 드러낸 것은 이들이 모두 큰 깨달음을 얻은 결과이다. 그리하여 깨달음의 종교로서 불교와 원불교는 교조의 경륜에 따라 중생들로 하여금 무명에서 벗어나도록 하고 있다.

5) 불교·원불교 구원관의 특성

구세성자들은 정법 상법 말법의 다른 시대에 태어나 나름의 구원관을 전개하였으니 여기에는 나름의 특성이 있을 것이다. 석가는 이 세상을 고해로 보아 구원하려는 의지를 펼쳤다면, 소태산은 고해를 인정하면서도 세상을 은혜로 보아 상생의 은혜세상을 실현하는 것으로 그의 구원관을 드러내었다. 즉 석가모니불은 이 세상의 고해로부터 구원의 길을 열어 주었고, 예수 그리스도는 이 세상의 죄악으로부터 구원의 길을 열어주었으며, 소태산은 이 세상을 은의 덩치로 보고 그 은혜가 충만한 세상으로 구원의 길을 열어 주었다[442]는 것이다.

이에 불교와 원불교의 구원의식에 다소의 차이가 발견된다. 곧 불교는 속세를 등진 초월적 해탈의 구원의식에 보다 가깝게 접근된다면, 원불교의 경우 현실중시의 생활불교적 성향이라는 것이다. 종래 불교의 윤리 도덕관은 출가한 승려의 경우에 속세를 벗어난 수행에 역점을 두고 인격완성을 위한 개인의 수행론에 치중되지만, 원불교는 「세전」의 목차가 「교육, 가정, 신앙, 사회, 국가, 세계」로 되어 있는 것과 같이 근본적으로 올바른 가정 사회 국가의 생활을 중시한다.[443] 물론 오늘날 불교는 대중불

---

441) 한종만, 『원불교 대종경 해의』(上), 도서출판 동아시아, 2001, pp.320-321.
442) 좌산상사, 『교법의 현실구현』, 원불교출판사, 2007, p.123.

교로 변화를 시도하고 있는 점을 고려하면 세속지향이든, 탈세속지향이든
제중(濟衆)을 향한 불심의 발현이 중요한 것이다.

제중(濟衆)을 위한 교의적 접근법에서 볼 때 불교는 삼법인 사제 팔정
도를 제시하고[444] 소태산은 사은사요 삼학팔조를 제시한다. 이것은 불법
을 주체로 하는 양대종교로서 불교의 교리와 원불교 교리가 나름의 특성
을 지니고 있다는 뜻이다. 곧 사은사요(인생의 요도)와 삼학팔조(공부의
요도)는 소태산이 구세의 뜻을 품고 중생구제를 위하여 그 교의를 『정전』
에 밝힌 것으로, 새 회상 주세불의 구세이념과 그 목적을 결론지어 이 장
에 밝혀준 것이라 할 수 있다.[445] 불교의 사제 팔정도에 대하여 원불교의
사은 그리고 삼학 등이 기본교의로서 거론되는 항목들이며, 이는 자타구
원을 향한 교리실천이라는 과제를 부여하고 있다.

한편 교리실천으로서의 수행은 참 구원의 길이며, 불교 정토신앙은 다
소 타력적인데 반해 원불교는 구원의 자타력 병진을 지향하고 있다. 물론
대승불교의 수행은 원불교적 자타력 병진의 수행과 유사한 점이 있기도
하다. 이에 자타력 병진의 수행법은 대승불교의 일반적인 특징이라고 할
수 있으나 정토신앙이 말법사상과 결부되어 나타난 타력신앙의 모습은 스
스로 수행을 통하여 부처가 되려는 불교 본연의 목표를 후퇴시키게 된
다.[446] 그리고 직지인심, 견성성불을 주장하는 선종의 경우 자력적인 수

443) 윤사순, 「濟度意識에 있어서의 실학적 변용-원불교와 實學」, 『원불교사상』 8집, 원불
교사상연구원, 1984, p.286.
444) 불타는 열반에 이르는 길을 가르쳤다. 즉 正見, 正思, 正語, 正業, 正命, 正精進, 正念,
正定의 팔정도이다. 불교는 궁극적으로 이를 닦아나가는 수행의 종교이며, 부처의 가
르침은 대부분 이 팔정도의 내용을 여러 가지로 가르친 것이다(길희성, 『인도철학사』,
민음사, 2007, p.58).
445) 안이정, 『원불교교전 해의』, 원불교출판사, 1998, p.305.
446) 김방룡, 「보조 지눌과 소태산 박중빈의 선사상 비교」, 『한국선학』 제23호, 한국선학회,
2009, p.147.

행법을 강조한다면 원불교의 경우 자타력 병진을 지향하고 있어 구원의 자·타력이라는 양면성을 아우르고 있다.

아무튼 석가와 예수·공자, 그리고 소태산의 구원관에 동이점이 존재하는 이유는 무엇 때문인가. 그것은 역사적 시공간의 변천에 따른 종교의 시대적 대응과 관련된다. 예수가 말한 교리가 다르고, 부처가 만들어 놓은 교리가 다르며, 유교의 공자가 만들어 놓은 교리가 다른 이유는 시대 인심이 다르기 때문이며, 문화와 풍습이 다른 중생을 제도하기 위하여 그들에게 맞는 교리를 내놓아야 구원이 가능하였던 것이다.447) 3천년 전의 초기 불교와 후래의 대승불교, 아울러 오늘날 시대화 생활화 대중화를 지향하는 원불교의 구원방식이 다를 수밖에 없다는 뜻이다.

그럼에도 불구하고 불교와 원불교에 있어서 구원의식의 공통점은 '성불 제중'이라는 시각에서 접근해볼 수 있다. 원불교와 불교의 목표는 견성, 성불, 제중이라는 세 가지의 공통적 요소에 기반하고 있으며, 견성성불과 제생의세를 강조하고 있으므로 원불교의 사상적 전통이 불교와 일치하고 있다.448) 불교의 구원의식이 견성과 성불에 집약되어 있으며, 이는 원불교의 경우도 마찬가지이다. 견성과 성불은 곧 성불제중과 같은 의미로 이해된다. 석가모니가 목표로 삼은 것이 소태산의 목표로 삼은 것과 다르지 않으므로 견성, 성불, 제중은 불교나 원불교에서 추구하는 구원관에서 일치하고 있다는 것이다.

좀 더 넓혀서 한국의 유불도 통합의 시각에서 볼 때 이러한 불교와 원불교의 성불론은 유교와 도가에 있어서도 용어차이 외에 별반 다를 것이

---

447) 장응철 역해, 『반야심경 강의-자유의 언덕』, 도서출판 동남풍, 2000, p.27.
448) 원익선, 「불법연구회와 원불교의 불교관 연구-「원불교 교헌」의 연원불 조항과 관련하여-, 2014.6, p.4(본 논문은 제6차 원불교교헌개정특별위원회 제2회 교헌개정 공개토론회에서 발표한 내용이다).

없다. 삼학(三學)을 실천하면 일원상의 진리와 합일하는 절대적 인격을 형성하는 것으로, 이를 불교에서는 성불이라 하고 유교에서는 천인합일이라 하며, 도가에서는 지인(至人)이 되는 것이라 한다.[449] 불교에 있어서 구원과 관련된 성불론은 상구보리 하화중생이라면, 유교에서는 내성외왕이라 한다. 노자에 있어서 무극(無極)으로 복귀하는 일이며 무위(無爲)의 다스림이라 한다.

불교와 원불교는 가장 공통적인 접근법으로 깨달음의 종교라는 점에서 구원이 가능한 일이다. 서구종교로서 기독교의 경우 계시의 종교라는 점을 염두에 두면 깨달음의 종교가 갖는 의미는 구원의 구극(究極)에 있다고 본다. 불타의 교리는 깨달음 곧 통찰력에 의한 구원이며, 참다운 지식은 그 자체가 구원이다.[450] 깨달음의 지혜는 일상적인 지식과 다르며, 그것은 궁극적으로 대자대비로 이어지는 지혜이다. 석가모니의 깨달음이 구원의 출발이었던 것이다.

소태산은 유년기부터 우주에 대한 의심을 발하여 깨달음의 전조가 시작되었다. 그를 큰 스승으로 받든 대산종사도 이에 말하기를, 일심 정력으로 의심의 뭉치를 해결하여 큰 깨달음을 이루어야 한다며 "대종사께서도 '내 이 일을 장차 어찌할꼬' 하는 한 생각으로 입정삼매에 들어 대각을 이루셨느니라"[451]라고 하였다. 그가 원불교를 창립하게 된 가장 큰 동인은 대각(大覺)으로, 이것은 큰 깨달음을 말한다. 각자가 불성(佛性)을 지니고 있어 본연 청정한 자성을 발현시키는 종교로서 원불교의 출발은 시작된 것이다.

---

449) 한종만, 「원불교와 불교의 관계」, ≪院報≫ 제46호, 원불교사상연구원, 1999.12, p.19.
450) 칼 야스퍼스 · 헨리 리토머스 著, 황필호 譯, 『소크라테스, 佛陀, 孔子, 예수, 모하메드』, 종로서적, 1994, p.43.
451) 『대산종사법어』, 적공편 42장.

주지하듯이 소태산은 1916년 4월 28일 새벽녘에 큰 깨달음을 얻었으며, 이것이 원불교의 등장이었다. 대각은 곧 소태산으로서 새로운 삶의 시작이자, 도탄에 빠져 헤매던 당대 민중들과 서세동점의 총결이라 할 수 있는 식민지 조선사회를 향해 구원의 횃불을 드는 첫 출발이라는 의미를 지닌다.[452] 구한말 암울했던 한국의 상황에서 수운과 증산, 소태산은 대각이라는 종교체험을 통해 민중을 구원하고 국가와 세계의 개벽을 알리는 신호를 보냈던 것이다. 성자의 깨달음이 없었다면 무명과 미혹에서 헤매는 중생들을 구원할 수 없었음은 자명한 일이다. 우주사와 인생사의 깨달음을 통해서 인류의 고통을 직시하고 중생구원에 포부와 경륜을 밝힌 3천년 전의 불타와 선후천 교역기의 소태산은 큰 깨달음을 통해 현실을 고해의 세상으로 보았다. 불자들은 시공을 넘나든 성자정신을 새김으로써 '하화중생(下化衆生)', '제생의세(濟生醫世)'가 실현되도록 일천정성을 다해야 하리라 본다.

성불제중 곧 하화중생 · 제생의세를 통해 궁극적으로 구원의 궁극적 안착지가 무엇이냐는 것이다. 세상을 고통의 바다로 보았고, 성불제중을 통해 인류를 구원하고자 하였으니, 양대종교가 안착할 곳은 다름 아닌 극락이라는 점이다. 불교에 있어서 극락이란 아미타불을 거론할 수 있으며, 이 아미타불은 과거세에 법장이라는 비구의 수행자였는데 중생제도의 서원을 일으켜서 장자(長者) · 거사 · 국왕 · 제천(諸天) 등이 되어 중생을 교화하고 제불을 공양하면서 마침내 대오했다.[453] 우리가 서방으로 향해 십만 억의 불국토를 지나면 그곳에 극락세계가 있다는 것으로, 여기에는 어떠한 고통도 없고 칠보의 연지(蓮池)가 있으며, 새가 지저귀고 천상의 음

---

452) 박맹수, 「원불교의 민중종교적 성격」, 추계학술대회 《소태산 대종사 생애의 재조명》, 한국원불교학회, 2003.12, p.23.
453) 中村 元著, 김용식 · 박재권 공역, 『인도사상사』, 서광사, 1983, p.104.

악이 연주되고 있으며, 따라서 아무타불에 귀의할 때 영원히 구원을 받아 극락에서 살 수 있다.

소태산 역시 구원의 구극처로서 극락을 언급하였는데, 여기에 이르는 수행법의 하나로 염불법이 있다. 그에 의하면 정신수양의 방법으로 염불을 제시하였으며, 천만 가지로 흩어진 정신을 일념으로 만들기 위한 공부법이 바로 염불이라 했다. 이에 순역경계에 흔들리는 마음을 안정시켜 극락에 이르도록 염불을 하라 했다. "염불의 문구인 나무아미타불은 여기 말로 무량수각에 귀의한다는 뜻인 바, 과거에는 부처님의 신력에 의지하여 서방정토극락에 나기를 원하며 미타성호를 염송하였으나 우리는 바로 자심(自心)미타를 발견하여 자성극락에 돌아가기를 목적하나니…."[454] 우리의 자성은 청정하여 죄복이 돈공하고 고뇌가 영멸하였으므로 극락이라면서, 산만하게 흩어진 정신을 미타일념에 그치며 무위안락의 극락에 머물도록 하였다. 아미타불을 주송하면서 정토극락에 안주하는 것이야말로 극락의 진경이라는 뜻이다. 불교의 아미타 정토극락의 세계가 원불교의 염불법에서 원용되고 있으며, 자성 청정한 극락세계에서 고통 없는 구원의 해탈을 누리기 위함이다.

다만 원불교에서 말하는 극락은 서방정토극락의 개념과 다르다. 불교에서 말하는 극락은 서방으로 가는 십만 억의 거리가 되는, 장자·거사·국왕·제천(諸天) 및 칠보 연지의 세계에서 머물기보다는 소태산이 밝힌 것처럼 생활 속의 극락을 누리도록 한 것이다. 원불교의 경우 현실 초탈락에 머무는 것이 아니라 생활과 불법이 둘이 아닌 것으로 본다. 생활 속에서 불법을 찾고 불법을 깨닫는 생활로서 일관될 때 그 경지를 극락세계로 본 것이며, 스스로 자심미타를 깨닫고 타인을 깨우치는 자각·각타의

---

454)『정전』제3 수행편, 제3장 염불법, 1. 염불의 요지.

생활을 소태산은 불법시생활 생활시불법이라고 하여 깨달음과 생활을 일
원화시켰다.[455] 양교가 구원론에서 추구하는 극락세계는 그 본연실상으로
다가선다면 장엄과 현실의 양상으로 나타나는 측면이 없지 않다.

---

455) 류병덕, 「소태산의 실천실학」, 석산 한종만박사 화갑기념 『한국사상사』, 원광대학교
    출판국, 1991, pp.1227-1228.

제4편

원불교의 가치구현

1. 초기교단의 개혁정신

1) 안주의 극복과 새 문명

과거의 시간속도와 견줄 수 없을 정도로 현대는 급변하는 시대이다. 빠르게 변하는 시대에 직면하여 시대적 변화의 요청에 적극 대응하지 못하면 그 단체나 사회는 낙오되고 만다는 사실을 알 수 있다. 오늘날 개혁이 화두로 등장하고 있다. 개혁은 고금을 통하여 부단히 요청되고 있으며, 18세기 중엽 산업혁명이 시작된 이래 19세기의 과학문명이 발달되면서 그 변화의 강도가 더욱 커지고 있다. 20세기를 지나 21세기라는 4차혁명의 시대상황에 대응하느냐 못하느냐에 따라 사업의 성패가 갈리는 현상이 빈번해지고 있다.

시대변화의 물결은 원불교 초창기에서 이미 감지되었다. 세계는 가속도로 질주하고 있음을 인지하여 원불교 초기교단에서는 '시대의 낙오를 면하며 진(進)하여 선각자가 되려면 반드시 갱일층(更一層)의 분력(奮力)을 발하지 않으면 안 될 것'[1]이라 했던 것이다. 교단 초창기의 정기간행물인 『월말통신』「사설」(1929년)에서 교단은 시대에 뒤떨어지지 말아야 함을 환기시키고 있다. 본 「회설」에서 "세계는 발전에 발전을 가하고 시대는 변천에 변천을 거듭한다"라면서 개혁의 세부적인 대상으로 국제봉쇄의 타파, 물질문명 폐단의 극복, 계급제도와 개인주의 철폐 등을 주장하고 있는 것이다.

---

1) 「우리의 가질 주장과 주의」, 『월말통신』 11호, 불법연구회, 원기 14년 1월.

그러면 과거 안주의 폐단을 극복하기 위해, 물밀듯이 밀려오는 개혁의 요청에 부응하기 위해서 우리는 어떻게 대응해야 할 것인가. 교단은 창립 2세기에 진입한 관계로 그 어느 때보다 개혁의 고삐를 죄어야 할 시점이다. 원불교 창립의 명분 역시 개혁과 관련된 것이었다. 세기적 변혁으로서 개벽은 선천시대로부터 후천시대로의 변화가 도래하였다. "물질이 개벽되니 정신을 개벽하자"라는 소태산의 가르침에는 시대전환의 인식이 담겨있으니, 정신적 개혁을 통하여 물질세계의 개혁을 유도하자는 판단은 새로 다가오는 시대를 준비하자는 것이다.[2] 새롭게 열리는 개벽의 시대에 맞추어 원불교는 발분, 개혁의 종교로 거듭나야 하리라 본다.

개혁의 새 종교라는 가치에 큰 비중을 두면서 원불교의 제반 현안을 거론하는 것은 초기교단의 개혁정신과 맞물려 있기 때문이다. 이는 교조 소태산의 창립정신과 직결되는 것으로 소태산 생존당시의 기록물을 참조할 필요가 있다. 개혁정신은 소태산 당대의 기록물 중에서도 초기 정기간행물의 「회설」에 나타난다. 본 「회설」을 통해 개혁론을 거론하는 이유는 정기간행물 「회설」이 갖는 비판의 성격에 관련되며, 과거의 안주에서 탈피, 현실을 냉철히 진단하는 언론의 역할 때문이다.

따라서 초기교단의 정기간행물 「회설」에 나타난 개혁의 필요성, 나아가 현실진단과 교단개혁의 방향이 무엇인가를 살펴보고자 한다. 「회설」에 의하면, 과연 소태산 대종사는 누구를 위하여 무엇을 바라는가를 환기하며 다음과 같이 말한다. "우리의 대중을 위함이다. 즉 다시 말하면 서산낙일(西山落日)과 같이 기울어가는 세도를 정의도덕으로 잡아매며 악화한 인심을 선량하게 개혁하여 서로 죽이고 **빼앗는** 인간으로 하여금 자리이타의 선상에 안락이 살도록 함이라."[3] 흉흉한 인심의 현실을 직시하고,

---

2) 윤이흠, 「21세기의 세계종교상황과 원불교사상」, 『원불교사상과 종교문화』 35집, 원불교사상연구원, 2007, p.28.

그러한 인심을 개혁한다는 방향설정이 분명하며, 이는 안락한 세상을 유도하려는 종교 본연의 목적과 부합된다.

본 연구범주는 초기교단의 보고(寶庫), 즉 초기교서 정기간행물을 역사적 기록물로 간주한 『월말통신』과 『월보』의 「회설」로 한정하였다. 초기교단의 정기간행물로는 대표적으로 『월말통신』, 『월보』, 『회보』가 거론되며, 여기에서 『회보』를 본 연구범주에서 제외한 것은, 『회보』「회설」이 일정(日政)의 감독이 심해져 본의를 훼손한 경향이 있기 때문이다. 『월보』가 폐간되자 교단에서는 조선총독부의 허가를 얻어야 했다. 특히 『회보』 시대인 원기 22년(1937)부터 원기 30년(1945)까지는 우리나라 잡지문화사에 있어서 친일언론을 강요받던 시대로서 『회보』의 경우도 예외일 수는 없었으며, 1937년 8월 제38호 이후에는 이렇게 이용당한 기사가 상당수 나타나 있다.[4] 그것은 이리경찰서에 간행물 원고를 사전 제출하여 총독부 정무국 도서과의 검열을 받지 않을 수 없었던 일제수난사였다.

다행히 일정의 간섭이 거의 없었던 시기가 『월말통신』과 『월보』의 발간시대로서 이때는 초기교단의 개혁론이 「회설」에서 자유롭게 표현되었다. 다시 말해서 원기 13년(1928) 5월에 『월말통신』이 창간되어 34호(원기 15년 12월호)까지 표현의 불편 없이 발행되었다. 이어서 교서편찬 등 관계로 한동안 중단되었다가 원기 17년(1932) 4월에 복간, 『월보』로 개제하여 48호(원기 18년 6월호)까지 발행하였던 관계로 초기교단의 개혁정신이 왜곡 없이 드러나 있었으므로 본 연구의 주요자료는 여기에 해당될 것이다. 이에 원기 13년(1928)부터 원기 18년(1933)까지 5년 동안 초기교

---

3) 전음광, 「지절지중하신 종사주의 대봉공심을 뵈옵고」, 『월보』 35호, 불법연구회, 원기 17년 11·12월.

4) 『회보』에 게재될 원고를 사전에 이리경찰서에 제출하여 총독부 정무국 도서과의 검열을 거쳐야 했다(이운철, 「출판언론사」, 『원불교 70년정신사』, 성업봉찬회, 1989, p.555).

단의 정기간행물 「회설」에 나타난 원불교 개혁의 당위성과 방향을 점검
하고자 한다.

본 연구의 방법에 있어서 주목할 것으로, 「회설」이 구한말 국한문 혼용
체로 쓰인 관계로 맞춤법은 현대어법과 평서문으로 교정하였으며, 한자는
가능한 한글로 표기하였고 난해한 부분은 원문의 내용을 훼손하지 않는
선에서 한글로 처리하였다. 이와 관련한 맞춤법의 한 예를 소개해 본다.
"대세를 탄 문명의 사조는 동으로 서로 홍수갓치 밀여오고 우주를 휩쓰
난 온화한 바람은 이곳저곳에서 꼿을 피게 합니다"[5)]의 경우, "대세를 탄
문명의 사조는 동으로 서로 홍수같이 밀려오고 우주를 휩쓰는 온화한 바
람은 이곳저곳에서 꽃을 피게 한다"로 교정하는 형식을 취했으며, 이는
해석상 용어의 난해함을 극복하기 위함이다.

2) 「회설」과 개혁정신

(1) 정기간행물과 회설

인류문명이 발달하면서 자유로운 의견이나 사상을 전달하는 대중매체
로서 일간지나 월간지 등의 정기 간행물은 민중의 지팡이이자 소통의 장
으로서 역할을 해왔다. 어떤 형태로든 기관지를 발행하는 사회단체는 상
호 의견교환의 장을 공유하면서 건설적 발전에 도움을 받게 된 것이다.
원불교 초기교단 역시 정기간행물을 발행해 왔는데, 기관지 발행에 대한
당위성을 소개해 본다. 즉 당시 발행되는 신문과 잡지들은 민중의 기관지
로서, 이 기관지로 인하여 인지의 발달과 문화의 향상은 이루 말할 수 없
다고 한다. 그러나 일반 사회나 국가의 기관지는 선전에 몰두하고 있을

---

5) 「우리는 한번 변합시다」, 『월말통신』 32호, 불법연구회, 원기 15년 9월.

따름이라며 종교 기관지와 그 성격을 차별화한다. 불법연구회 단회(團會)의 제의에 의한 기관지 발행의 새 역사를 언급하며 "셋만 모아도 선전에 주력하고 열만 합해도 외식에 몰두하는 현 사회의 유행식에 비하여는 부끄럽지 않다"[6]며, 종교 본연의 기관지 발행이 갖는 중요성을 거론하고 있다.

기관지의 글에 나타나듯이 신앙과 수행을 독려하는 초기교단의 정기간행물은 『월말통신』, 『월보』, 『회보』이며, 이에 본 기관지 발행의 역사를 개괄해 본다.[7] 제1회 기념총회(원기 13년 3월)를 마치고 제2회에 접어들면서 교단의 주요 과제의 하나가 교화 기관지의 발행이었다. 원기 13년(1928) 5월에 월간 『월말통신』은 송도성 교무 주간으로 창간되어 복사판으로 34호(원기 15년 12월호)까지 발행되다가 교서편찬 등으로 잠시 중단되었다.

이어서 원기 17년(1932) 4월에 복간, 『월보』로 개칭하여 전음광 교무 주간 아래 등사판으로 48호(원기 18년 6월호)까지 발행했지만 출판 문제로 『월보』 48호 전부를 일경에게 압수당하고 폐간되었다. 뒤이어 원기 18년(1933) 9월, 총독부의 허가를 얻어서 월간 『회보』를 창간, 등사판으로 발행하다가 원기 19년(1934) 12월호(『회보』 13호)부터 구타원 이공주 주간으로 인쇄판을 발행했다. 그리고 원기 25년(1940) 제2차 세계대전으로 인해 계간으로 바꾸었다가, 26년(1941) 1월, 통권 65호를 끝으로 휴간하였다. 해방 후 원기 34년(1949), 월간 『원광』이 발행되기 시작한 이래에 지금에 이른다.

초기교단으로서 외부의 간섭으로 간행물 발간이 어려움에 봉착한 경우가 있었지만 기관지 발행은 불법연구회 회원들로서 삶의 호흡이자 교단의 발전을 위한 용트림이었다. 우주에 충만한 공기가 있어 호흡할 수 있으며,

6) 전음광, 「기관지 발행에 대하야」, 『월말통신』 17호, 불법연구회, 원기 14년 7월.
7) 『원불교 교사』, 제2편 회상의 창립, 제3장 교단체제의 형성, 1. 교화 기관지의 발행.

이러한 호흡의 역할은 문화창달의 숨통으로 작용하였던 것이다. 전음광은 「기관지 발행에 대하여」라는 「회설」을 통해, 기관지란 그 사람과 사람을 모은 단체나 사회의 생명과도 같다며 다음과 같이 말한다. "시대에 적응한 문물과 사조를 때때로 주입하여, 잠자는 자로 하여금 일어나게 하고, 게으른 자로 하여금 근면케 하고, 쉬는 자로 하여금 동하게 하여, 그 사회 그 단체의 생명을 유지케 한다. 다시 말하면 기관지는 사람의 정신을 끄는 기관차이다."8) 동력의 기관지를 매개로 하여 불법연구회의 공부와 사업에 활력을 얻게 된다며, 기관지 발간의 당위성을 설파하고 있다.

기관지 발간의 필요성은 그 종교의 건전한 발전을 견지하는 것으로, 그 의의를 다음 세 가지 측면에서 살펴보고자 한다.

첫째, 불법연구회의 법설, 감각감상, 의견을 게재함으로써 공동체의 법풍을 굴리는 권면의 성격을 지녔다. 이 기관지에는 소태산의 법설, 회원들의 감각감상과 의견제시 등이 게재되어 공부풍토를 진작시켰다. 묵어가는 회원들의 공부길을 개척하는 호미가 되게 하고, 풀려가는 회원들의 신성에 나사를 감는 열쇠가 된다는 것이다. 기관지는 '흩어진 회원들의 생각을 이 기관차에 모아 한 생각 한 힘으로 이 사업을 끌고 한 낙원으로 가게 함'9)이라고 언급하고 있다. 신앙인의 법풍을 유도하고 신심을 발양시켜 소태산 대종사의 염원인 광대한 낙원으로 인도하는 것이 기관지의 사명이라는 뜻이다.

둘째, 불법연구회의 활동상황과 세상의 소식을 전하는 계몽역할을 하였다. 『월말통신』 발간의 일개 성상을 지내면서 회원들의 저열한 사상을 배제하고 숭고한 포부를 소유케 하였다며 기관지 발간을 높이 평가하였다. 하지만 기관지 창설의 차제에 준비가 완비되지 못한 결과로 충분한

---

8) 전음광, 「기관지 발행에 대하야」, 『월말통신』 17호, 불법연구회, 원기 14년 7월.
9) 위의 글.

통신자료를 제공치 못 하는 것은 유감이라고 하였다. 이어서 "본회의 상황과 시사의 가급적 필요건을 수집하여 「회설」 일건을 첨부 발행키로 하오니 회원 제위는 졸문독필(拙文禿筆)임을 널리 용서하기를 바란다"[10]라고 하였다. 미비한 면이 없지 않았지만 기관지의 역할로서 교단 내외의 상황파악과 시사전달에 숨통 역할을 충실히 하려는 계몽의지가 충천되어 있음을 알 수 있다.

셋째, 기관지에서 주목되는 글은 「회설」로서 이는 언론매체의 엄정한 현실진단과 비판적 대안성격을 지녔다. 물론 「회설」을 쓰는 자는 세상을 바르게 보는 지견을 가진 자로서 당시 교단에서 선견지명이 있는 창립교단의 지성들이 담당하였다. 전음광은 기관지의 역할을 언급하며 다음과 같이 말한다. "그 소식을 아는 그 찰나 그간에 쓰여 있는 정의도 대강 알고 불의도 더러 알아 천연적으로 뚫려있는 입으로 비평까지 하게 된다."[11] 찰나 찰나의 현실진단에 더하여 성찰과 비판의 역할까지 담당해야 함을 교시하고 있다.

알다시피 초기교단 정기간행물의 첫 「회설」은 『월말통신』 1호(원기 13년 5월)가 아니라 동서 11호(원기 14년 1월)에 등장한다. 「회설」 등장 이전까지는 소박한 일지나 회의록 성격의 글들이 게재되었던 것이다. 본 창간호에는 ① 전음광·송도성 직무분담기, ② 특신부 승급의 내용, ③ 제5회 전무출신 실행단의 조직, ④ 단원성적 조사법, ⑤ 법설 1편이라는 비교적 소박한 내용으로 구성되어 있으며, 주로 법위향상과 법설을 전하는 형식을 지니고 있다. 이어서 2호는 ① 삼(三)예회록, ② 조실의 낙성, ③ 단원조사법, ④ 인사동정, ⑤ 법설 2편 및 감각 2편으로 되어 있으며, 이러

---

10) 『월말통신』 11호, 불법연구회, 원기 14년 1월(서두에 나온 글로 제목은 없고 회설반 기자 白)이라고만 되어 있다).
11) 전음광, 「기관지 발행에 대하야」, 『월말통신』 17호, 불법연구회, 원기 14년 7월.

한 교단활동을 기록하는 회의록 성격의 흐름이 10호까지 지속되어 왔다.

여기에서 주목을 끄는 것으로, 교단 기관지의 「회설」을 담당했던 지성이 누구였는가에 대한 것이다. 그들은 교조 소태산 대종사에 대한 신성과 시사에 밝은 창립제자들로서, 「회설」은 서대원, 송도성, 전음광 등이 담당하였으며, 이들 중에서도 전음광이 주도하시피 하였다. 전세권(음광)은 일제하 불법연구회 정기간행물(『월말통신』, 『월보』, 『회보』)에 「회설」 95편중 78편(82%)을 집필하였으며, 기타 수많은 시문과 시사평론을 남기었다.[12] 「회설」을 통해 개혁의지를 자유롭게 표현할 수 있었던 것은 소태산 대종사의 제자 신임과 이들의 선견지명이 함께 하였기 때문이라 본다. 전음광과 송도성은 소태산 대종사의 법문을 수필하고 『월말통신』과 『월보』, 『회보』 등의 초기 간행물을 발간하는 등 제자로서 중심역할을 하였음은 주지의 사실이다.

(2) 개혁의 필요성

종교와 국가의 역할이 다르듯이 원불교에서 추구하는 개혁의 성격은 정치계에서 시도하는 개혁과 다르다고 본다. 정치는 주로 치국을 중심한 개혁에 관련된다면, 소태산의 개혁론은 주로 수신을 중심한 개혁에 관련되기 때문이다. 여기에서 원불교 개혁의 본질적 의미가 드러나며, 그것은 후천개벽기에 당하여 개인의 마음개조와 인류구원에 직결되는 것이다.

원불교의 개혁개념에 근거할 때, 인간개혁이란 후천시대에 대응하려는 새 종교의 역할에 관련되며, 그것은 변화에 대응하지 못하면 선천시대에 머무르고 만다는 교단정체(停滯)의 불안감이 작용하고 있다. 원불교가 변화해야 시대를 향도할 수 있다는 간절함이 표출되고 있기 때문이다. 「우

---

12) 전팔근, 『세상은 한일터』, 원불교출판사, 2010, pp.78-79.

리는 한번 변합시다」라는 「회설」에 변화의 기대심리가 그대로 드러나 있다. "시대를 따라 변한다는 것보다 차라리 시대에 한걸음 앞서 변하는 것이 자각각타의 거대한 사명을 두 어깨에 가득 진 우리로서의 당연히 할 바의 의무일 것이니, 만약 조금이라도 이때에 방황 주저하다가는 반드시 후일의 뉘우침이 있을지며, 영원히 낙오자의 비애를 느끼게 될 것은 다시 의심할 여지가 없다."[13] 초기교단의 창립구성원들은 이처럼 시대를 향도하려는 개혁심리로 가득 차 있었음을 알 수 있다.

개혁이 요청되는 구성원의 심리와 시대성향을 읽지 못한다면 교단은 사회향도의 역할을 할 수 없다는 것은 자명한 일이다. 시대는 날로 변천되는데 매너리즘의 타성으로 인해 각성치 못한다면 고통스러운 일이라 비판하면서 "각성하라. 발분하라. 모든 동지여"라고 호소한 「회설」[14]이 교단 구성원들의 시대변화에 대한 절박함을 호소하고 있다. 절박한 시대진단 속에서 '현대는 전에 비하여 실로 문명한 시대'라며 동방의 일부에서 깊이 잠들었던 아시아의 국가들도 급격히 밀려오는 구주(歐洲) 풍조의 세례를 받아 모든 것이 점차 혁신되어 갈 수밖에 없다고 『월보』 36호 「회설」에서 언급한 것이다. 시대에 뒤떨어질 경우의 고통을 극복하려는 초기교단의 위기의식이 그대로 노정되어 있다.

고금을 통하여 시대변화에 대한 위기의식은 새로운 개혁의 기대와 성현의 출현을 암시하는 것이다. 다시 말해서 새 시대 구원의 메시아로서 인심개혁과 시대에 맞춘 새 교법이 요구된다는 뜻이다. 「회설」에 의하면 시대가 이미 바뀌었으니 종교의 교법도 새롭게 개정되어야 하는 시점이라 했다. '인심이 바뀌고 시대가 달라짐을 따라 세상을 구원하는 성현이 출세하사 시대에 통합한 법을 제정하는 것이 필연 또는 당연한 자연의 법칙'[15]

---

13) 「우리는 한번 변합시다」, 『월말통신』 32호, 불법연구회, 원기 15년 9월.
14) 「대업을 완성토록 용왕매진하라」, 『월말통신』 12호, 불법연구회, 원기 14년 2월.

이라 했기 때문이다. 구한말 선·후천 교역기에 탄생한 소태산 대종사는 구 도덕이 아닌 신 도덕으로 인류구원의 포부와 경륜을 가지고 출현한 것이다.

여기에서 새 시대적 경륜 곧 인류구원과 관련된 소태산의 개혁론이 주목된다. 그의 개혁원리는 '변화'라는 개념을 동원하여 나무에 접붙이듯 마음을 접붙이는 일에서 비롯되고 있다. 『월말통신』 32호의 「회설」에 의하면, "우리는 변할 수 있는 시기에 처한 것뿐 아니라 겸하여 변하는 방법을 지도하여 주시는 우리 종사주를 모시게 되었사오니 어찌 기쁘지 않겠는가"라고 하였다. 방문객이 어떠한 방법으로써 사람들을 지도하느냐고 묻자, 소태산은 자신 스스로 마음의 접을 붙이는 '제조업자'라고 하면서 척박한 땅에서 자라는 과실나무를 비옥한 땅에 옮겨 심고, 좋은 나무에 접붙임으로써 풍미한 과실을 먹을 수 있다고 했다. 인지가 점점 발달됨에 따라 지질(地質)을 택하여 재배할 줄을 알며, 좋은 나무에 접목할 줄도 안다며 이에 과실도 현대의 과실은 더 크고 맛이 아름답다[16]고 했다. 접목의 원리에 따라 중생의 마음을 성자의 마음으로 접붙임으로써 사람의 마음을 개혁한다는 것이다.

그럼에도 불구하고 마음개혁에 소홀하여 심신을 변화시키지 못하면 중생의 나락에 떨어져 쓸모없는 인간이 되고 만다. 변화의 물결에 능동적으로 대응하는 것이 인간이성의 작용이지만, 이를 거부하거나 태만할 경우 그는 범부 중생으로 살아갈 수밖에 없기 때문이다. 「회설」에서 다음과 같이 말한다. "우리는 한번 변하자. 굼벵이도 변해서 뱀이 되고, 뱀도 변해서 신룡(神龍)으로 화한다. 그러한 미물 곤충도 오히려 변함이 있거든 하

---

15) 서대원, 「宗師主의 修養을 드리기 위하야」, 『월말통신』 30호, 불법연구회, 원기 15년 7월.
16) 「우리는 한번 변합시다」, 『월말통신』 32호, 불법연구회, 원기 15년 9월.

물며 최령하다는 사람으로서 변하지 않아서 되겠는가."17) 만물의 영장인 사람이 변하지 못하면 이 세상에 아무 소용이 없는 중생이 되고 말기 때문이라는 것이다. 중생으로 남을 것인가, 불보살로 승급할 것인가는 마음개혁의 여부에 달려 있다고 하지 않을 수 없다.

이러한 마음개혁에 있어 '심전계발(『대종경』, 수행품 59장)'이라는 구체적 용어를 사용한 소태산은 심전계발의 물꼬를 정신개벽으로 터놓았다. 곧 그는 선천시대를 보내고 승급기의 후천시대를 맞이한 개벽의 시대임을 직감하고, 물질개벽에 따른 정신개벽의 당위성을 강조하고 있다(『정전』, 「개교의 동기」). 대세를 탄 문명의 사조는 동과 서로 홍수같이 밀려오고, 우주를 휩쓰는 온화한 바람은 이곳저곳에서 꽃을 피우며, 세계의 새 국면에 대응한 정신개벽으로 낙원세계를 지향하고 있다는 것이다. 「회설」에서 다음과 같이 말한다. "세계의 국면은 나날이 변천되고 인심의 상태는 각각으로 추이(推移)된다. 아, 이때를 당한 우리여, 우리는 시대를 따라 변하여야 한다."18) 변화의 물결에 대응한 정신개벽으로서 광대한 낙원세계를 건설하자는 것이다.

낙원세계의 건설을 목적으로 하여 창립된 교단은 도도히 밀려오는 시대변화의 물결을 적극적으로 대처해야 한다. 인류의 행복을 위해 모두가 개혁의 대상임을 인지해야 한다는 것이다. 개혁의 대상은 한 개인이나 가정만이 아니라 전 세계이기 때문이다. 「회설」에서는 다음과 같이 말한다. "우리의 목적은 한 가정에 있지 않고, 한 사회에 있지 않고, 한 국가에 있지 않다. 전 세계 인류의 행복을 주기 위하여 신 도덕으로써 인류정의를 밝히려는데 있다."19) 앞으로 교단발전을 위해서는 이 같은 「회설」을

---

17) 위의 글.
18) 위의 글.
19) 「다시 宣誓의 언약을 두고」, 『월말통신』 24·25호, 불법연구회, 원기 15년 2·3월.

거울로 삼아 정확한 현실진단과 대안이 필요하다고 본다.

3) 교단의 현실진단

교단의 현실진단이란 시대적 범주는 『월말통신』과 『월보』의 발간시기로서 원기 13년(1928)부터 원기 18년(1933)까지 5년 동안에 한정되어 있다. 이때는 자본주의의 물결에 따라 물질문명이 범람하기 시작한 근대로서 전 세계적으로 문맹률이 매우 높았다. 우리나라의 경우 일제 식민침탈기에 해당하며, 국내외적으로 선후천 교역기로서 매우 암울한 시기였다. 교서 발행사에서 볼 때 원기 12년(1927) 첫 교서 『수양연구요론』이 선보인 지 1년 후부터 원기 17년(1932) 『육대요령』이 간행된 지 1년 후까지가 이 시기에 해당된다. 특히 초기교서에 「인생의 요도」와 「공부의 요도」 등 교강(敎綱)이 정립된 때로서, 본 교강을 실행에 옮기려는 강한 의지가 드러나 교단적으로 시대변화에 능동적으로 대응하려던 시기이기도 하였다. 정기간행물 「회설」에서는 당시의 시대상황을 비교적 상세히 진단하고, 교조정신과 새 교법에 의한 「병든 사회와 그 치료법」[20]을 제시하던 시기였다.

당시의 시대진단 항목으로는 물론 여러 가지가 거론될 수 있을 것이다. 『월말통신』과 『월보』라는 두 정기간행물의 「회설」에서는 현대문명의 병폐, 기성종교의 폐단, 인간 무명에 의한 고통, 교조정신의 해이 등이 진단되었다. 이를 항목화하여 다음 네 가지로 접근해 보고자 한다.

첫째, 「회설」에서 물질문명의 폐단을 진단하였다. 원불교 출현의 동기가 이와 관련되며, 산업화의 물결에 따라 물질만능의 폐단이 비판적으로

---

20) 원기 5년(1920) 회성곡에 「병신된 사람이 병을 고치는 법」이 처음으로 등장하며, 원기 21년(1936) 『회원수지』에 「병든 세상을 치료하는 방문」이라 했다(류성태, 『정전풀이』 하, 원불교출판사, 2011, p.498).

접근되고 있다. 「회설」에 의하면, "아무리 물질만능이고 과학문명인 이 시대지만 물질과 과학의 힘으로는 절대 불가능한 일이다"(『월말통신』 23 호)라는 지적이 이와 관련된다. 물질주의로 인해 탐진치가 승하여 전쟁의 시대가 지속될 수밖에 없다는 입장에서 서로 상처를 입히고 모욕을 준다 고 하였다. 그리하여 가정이나 국가나 사회나 세계나 어디를 물론하고 이 전화(戰禍)가 미치지 않는 곳이 없으며, 남자나 여자나 늙은이나 젊은이 나 어떠한 사람을 물론하고 이 전고(戰苦)를 맛보지 않은 자가 드물다[21] 고 하였다. 물질문명의 범람으로 인해 인류는 가히 치명상을 입을 뿐이라 는 것이다.

인류가 겪는 이 같은 심신간 치명상의 원인으로는 도학과 과학의 불균 형 현상 때문이며, 과학자들이 도학을 폄하하며, 도학자는 과학을 제대로 인지하지 못한다고 했다. 즉 현하 인심을 보면 왕왕 이 방면의 이해가 부 족하여 과학자는 도덕학을 비평할 때 완고 혹은 미신적 요소로 간주하게 되며, 또 소위 도학에 뜻을 두는 자는 과학의 요긴함을 다 인식치 못하니 이것이 시대 발전상 큰 유감[22]이라는 것이다. 물질문명의 과학 그리고 정 신문명의 도학이 조화롭게 전개되지 않기 때문이다. 각국에서 과학교육은 성히 진전되어 만능으로 간주되는 관계로, 악의 습관을 제거하기 위해서 는 반드시 도덕교육이 필요하지만, 안목이 편협하여 널리 보지 못하게 되 었으니 사회제도의 불안이 야기되었다(『월말통신』 18호, 「회설」)고 진단

---

21) 송도성, 「利己主義와 利他主義」, 『월말통신』 31호, 불법연구회, 원기 15년 8월.

22) 전음광, 「科學과 道學」, 『월보』 46호, 불법연구회, 원기 18년 4월. 『월보』 41호의 「회설」 에서도 유감된 바를 다음과 같이 말한다. "정신계의 수련을 망각한 현대 인류는 정신의 위력을 알지 못하고 그 반면에 물질의 위력만을 장하다고 경탄한다. … 물질의 위력이 사실상 굉장무비(宏壯無比)치 않은 바가 아니며 그 위력을 칭양(稱揚)하는 시대인들도 무리라고는 생각되지 않는다"(전음광, 「정신의 위력」, 『월보』 41호, 불법연구회, 원기 17년 10월).

하였다. 과학의 독주로 인한 물질문명의 피폐를 진단함으로써 고통이 야기될 뿐이라는 것이다.

둘째, 기성종교의 문제점을 진단하였다. 구한말 기성종교는 유불선 3교가 중심을 이루면서 기독교가 들어오기 시작하였다. 이 종교들은 창립된지 오랜 역사가 흘렀지만 정의도덕이 쇠미했던 원인은 '법구생폐(法久生廢)' 때문이라 본 것이다. 『월보』 39호 「회설」에서 말하기를, 동양에는 과거 유불선 3교가 종교계의 패권을 잡고 일반 생령에게 도덕의 혜택을 주기 위하여 많이 노력하여 왔지만, 근래 이들 종교의 근원을 탐구해 보면 수천 년 전에 창립된 것으로 '법구생폐'란 문자 그대로 창조시대의 본원적 정의도덕에 어그러짐이 많다23)고 하였다. 기성종교가 비록 역사가 오래되었다고 해도 교리나 제도가 이미 낡게 되어 현대사회에 적법하게 대응하지 못하고 있다는 성찰을 하고 있다.

또한 기성종교는 미신과 외학에 치우친 부정적 결과를 야기하였다는 것이다. 곧 교회의 주의에는 그 기능과 수완을 따라 정의 · 불의 2종의 주의가 있는데 그 주의 중에는 미신주의자와 사실주의자가 수없이 많은 관계로, 암매한 과거시대는 오직 권도와 세력이 약자를 정복하는 유일한 무기로써 이용되었다24)고 했다. 그리고 기성종교는 외학에 끌려 참 종교의 역할을 하지 못한 원인으로 이해되고 있다. 이 세상에는 유교와 불교, 교회가 있어 수천 년 동안 교리와 여러 방편을 베풀어 왔지만, 유감 되는 바는 주세성자의 지나간 자취가 아득하게 멀어진지 이미 오래임에 따라 사람의 정신이 문자와 언어에 끌려 실질적 공부는 놓아버리고 단지 외면 지식을 학습하기에 급급하였다25)고 한다. 미신주의가 판을 치고 외학에

---

23) 전음광, 「도덕과 도인」, 『월보』 39호, 불법연구회, 원기 17년 8월.
24) 전음광, 「주의에 충실하라」, 『월말통신』 22호, 불법연구회, 원기 14년 12월.
25) 서대원, 「宗師主의 修養을 드리기 위하야」, 『월말통신』 30호, 불법연구회, 원기 15년

매몰되다 보니 기성종교는 신비와 이적, 기복신앙으로까지 변질되고 그 결과 종교의 아노미 현상을 야기하게 된 것이다.

셋째, 무명 인간이 겪는 심신의 고통을 진단하였다. 무명이란 육근작용이 지혜에 근거하지 않고 쾌락적 본능을 따름으로 인하여 죄업을 짓는다는 점에서 반드시 극복해야 할 것이다. 이에 「회설」에서는 인간이 무명으로 욕심의 바다에 잠기고 말았다는 지적을 하였다. 곧 사람이 본래 욕심은 있으나 지혜와 능력이 닿지 못하여 그 욕심을 채우지 못한 결과, 도적이 물건을 탐내듯이 진여의 마음이 어두워지면서 자신의 욕망을 채우려는 것에 급급한다[26]는 것이다. 『월보』 23호 「회설」에서도 만족을 채우려는 욕심은 세계평화를 파괴하는 원인이 되며, 이것이 탐심과 진심 나아가 치심을 일으켜 무명의 삼독심을 야기한다고 비판했다.

이 같은 무명의 삼독심은 주로 무엇 때문에 발생하는가. 무명이 낳는 구체적 항목들은 인간의 육체가 사려 없는 본능에 치닫는 것들로서, 오욕의 발동으로 인한 '재색명리'가 그 대표적인 것임을 알 수 있다. 『월말통신』 19호의 「회설」에 의하면, 육체에 색, 재, 명예, 수면, 안일로 인한 욕심과 습관이 굳어서 육체를 손상케 하는 병이 되었다[27]고 하였다. 그로 인해 자행자지의 비행을 낳게 되고, 욕심의 바다에 침몰되고 만다(『월말통신』 20호, 「회설」)고 했으니, 재색명리로 인해 겪는 인간의 고통이 심각함을 지적하였다. 이처럼 「회설」에서 중생들이 무명으로 재색명리에 유혹되고 있음을 비판하는데, 무엇보다 중생심 극복의 대책마련이 시급함을 상기시키고 있다.

넷째, 교조 소태산이 밝힌 교법정신의 해이(解弛)를 진단하였다. 구한

7월.

26) 전음광, 「현대문명과 미래도덕」, 『월보』 36호, 불법연구회, 원기 17년 5월.

27) 전음광, 「冬禪期를 앞두고」, 『월말통신』 19호, 불법연구회, 원기 14년 9월.

말 암울했던 시대의 고통을 극복하고 새 시대 새 종교를 창건한 소태산 대종사의 교법정신을 망각하기 쉽다는 점을 각인하자는 것이다. 삼강 대도법을 알고 있음에도 불구하고 불의에 타락되는 우리 인생이라 지적하며, 삼십계문 등의 함정을 경계하라[28]고 했다. 원기 15년(1930) 제3회 정기총회를 마친 후, 소태산은 무슨 일인지 본회 간부와 이미 귀가한 각지 요인들을 다시 익산총부 회의실로 모이도록 하명하였다. 과거 14년은 무사히 지내왔지만, 비장한 심경에서 앞으로 더욱이 실패 없이 진행할 방책을 토의키 위함이었다. 소태산은 만일 실패가 있다면 우리는 어느 방면으로 향할 것인가[29]라고 반문했는데, 「회설」에서 이를 환기시키고 있다. 새 시대의 교법을 깊이 인식하지 못함으로 인한 제자들의 나태와 실패를 염려한 나머지 소집령을 내린 것이다.

제자들의 소집령을 내린다는 것은, 교조정신의 해이와도 관련될 수 있으며, 그것은 교법을 실천하지 못함으로 인한 환기 차원일 것이다. 「회설」에 의하면 오늘날 사은(四恩)의 설법을 들음으로써 겨우 잃었던 복전을 찾았다고 우리가 할 일을 다 한 것은 아니며, 철두철미하게 깨달아서 사은을 실행하기에는 아직 제 1보도 옮겨 놓지 못하였음을 솔직히 고백한다[30]고 했다. 또 「회설」에서 언급하기를 '알고도 실행이 없으면 안 효력이 없는 것[31]이라 했다. 실행력이 없을 때 '서산낙일(西山落日)과 같이 기울어가는 세도'에 더하여 서로 죽이고 빼앗는 세상으로 변질되고 만다(『월말통신』 35호, 회설)는 것을 환기시키고 있다. 소태산이 밝힌 교법을 일상생

---

28) 전음광, 「精神과 肉體를 正義에 질박아 訓練받은 人生으로써 活動하라」, 『월말통신』 18호, 불법연구회, 원기 14년 8월.

29) 전음광, 「다시 宣誓의 언약을 두고」, 『월말통신』 24・25호, 불법연구회, 원기 15년 2・3월.

30) 「福田發見과 善根栽培」, 『월말통신』 33호, 불법연구회, 원기 15년 10월.

31) 전음광, 「善이 적다고 하지 말들 말며 惡이 적다고 하지를 말라」, 『월말통신』 26호, 불법연구회, 원기 15년 4월.

활에서 실천하지 못하여 창립제자들이 '갱생의 동아줄'을 놓칠 수 있음(『월말통신』 18호, 「회설」)을 우려하고 있는 것이다.

정기간행물의 「회설」에서 밝힌 당시 시대상의 폐단이 이처럼 네 가지로 지적되는 것은, 새로 창립된 원불교가 앞으로 개혁해야 할 방향이 무엇인가를 가늠할 수 있게 해준다. 소태산에 의하면 지금 세상은 전에 없던 문명한 시대가 되었지만, 그에 따른 결함과 장래의 영향이 어떠할 것을 잘 생각해 보아야 할 것이라며, 병맥의 근원을 그대로 놓아두다가는 장차 구하지 못할 위경에 빠지게 된다(『대종경』, 교의품 34장)고 하였다. 이에 '지금 세상의 이 큰 병을 치료하는 큰 방문'(교의품 35장)을 찾아 결함 없는 세계를 대비하라고 하였으니, 교단개혁의 방향을 심도 있게 모색하지 않을 수 없는 것이다.

4) 교단개혁의 방향

초기교단의 현실진단이 교단 내외의 현재적 상황과 크게 다를 것이 없다고 본다. 교단 초기라는 19세기와 교단 현재라는 21세기의 간극(間隙)이 있다고 해도 시대에 당면한 문제점과 교단개혁의 방향에 있어서 상통하는 바가 적지 않기 때문이다. 교단개혁의 방향은 여러 측면에서 거론할 수 있을 것이나, 초기교단의 정기간행물 「회설」에서 밝힌 현실진단에 대한 대안적 성격의 큰 틀에서 교단개혁의 방향이라 해도 무방하다는 점에서 그 개혁의 방향을 다음 네 가지 측면에서 모색하고자 한다.

첫째, 물질문명의 폐단에 대한 개혁의 해법은 원불교 「개교의 동기」에서 밝힌 바처럼 '정신개벽'이라는 것이다. 18세기 영국의 산업혁명으로 인한 과학의 발달은 세상의 물질문명을 범람하게 하였다. 이 같은 물질문명의 홍수 속에 황금만능주의적 인간의 가치전도는 정신세력의 고갈을 가져다준 것이다. 이에 시대사적으로 물질을 선용할 정신을 강조할 수밖에 없

었으니, 소태산 대종사는 물질활용을 위한 정신개벽으로 세상을 구원하고
자 하였다. 『월말통신』「회설」에서 언급하기를, 인류의 정신이 명철할 때
는 시대도 따라서 문명하였고 암흑할 때는 시대도 따라서 암흑하였으며,
세상의 흥망성쇠가 모두 정신작용으로부터 되었으니 우월한 정신은 높고
귀한 것[32]이라 하였다. 정신작용은 이처럼 세상의 흥망(『월보』41호, 「회
설」)에 관련되는 만큼 정신개벽의 필요성이 역설되고 있다. 개교동기에
드러나듯이 정신세력을 확장할 정신개벽이 간절함[33]을 「회설」에서 적시
해주고 있다.

여기에서 교단은 시대의 암흑을 초래할 물질의 한계를 분명히 알고 이
에 적극 대응하자는 것이다. 물질이 정신의 형상에 불과한 것으로 형상
없는 정신을 우선으로 개벽해야 한다는 사실 때문이다. 이 사회에 구성되
어 있는 모든 물질은 곧 정신의 형상을 그려 놓은 것에 불과하다[34]는 지
적이 이와 관련된다. 유형한 형상에 불과한 물질에 집착을 하게 되면 물
질 소유의 욕망이 허무한 것임을 알고 고통스러울 수밖에 없다. 따라서
형상 없는 정신세력을 확장하는 것이 무엇보다 중요한 일이며, 정신의 위
력을 발하면 흔천동지(掀天動地)도 할 수 있으며 붕산도해(崩山倒海)도
할 수 있어서 인류를 개벽시킬 세력을 가지고 있다(『월보』36호, 「회설」)
고 하였다. 정신개벽을 통해 물질문명에 탐닉되어 노예가 된 인간들을 구
제하자는 것이다.

둘째, 낡고 무기력해진 기성종교의 폐단을 개혁함으로써 개혁종교로서

---

32) 전음광, 「정신과 육체를 정의에 질박아 훈련받은 인생으로써 활동하라」, 『월말통신』
　　18호, 불법연구회, 원기 14년 8월.
33) "전 세계가 오즉 물질발명에만 전력하고 물질의 원조인 정신수련을 망각하고 있는 때
　　에 본회는 오직 이 정신수련을 목적하고 창립된 바라"(전음광, 「정신의 위력」, 『월보』
　　41호, 불법연구회, 원기 17년 10월).
34) 전음광, 「정신의 위력」, 『월보』41호, 불법연구회, 원기 17년 10월.

새 종교적 면모와 실력을 갖추는 일이 요구된다. 곧 기성종교가 구한말 아노미현상으로 무기력해진 것은 오랜 세월이 지나면서 초기교단의 교조 정신을 상실했기 때문이며, 이의 극복방안은 새 시대 새 종교로서의 면모를 갖추고 실력을 향상해야 한다. 「회설」에서는 기성종교의 교조인 석가나 공자 같은 성자가 존숭 받아온 이유를 환기시키며, 불법연구회에 참예한 우리가 삼대력을 갖추어 완전한 인격은 못 된다 하더라도 삼대력 중 한두 가지 만이라도 갖춘 인격자가 되어야 한다[35]고 하였다. 많은 기성종교들은 교단 설립자인 교조의 본의를 저버리고 일상성에 빠져 안주와 기행(奇行)으로 무기력만이 더해졌다는 것이며, 여기에는 개혁된 새 시대의 새 도덕의 종교를 갖춤과 동시에 실력을 양성해야 한다는 것이다.

더욱이 기성종교를 신봉하는 신도들이 개인의 미신과 외학에 치우쳤으므로, 개혁종교는 이를 극복하여 정의에 바탕한 정법신앙과 공중을 위하는 공익정신을 키워가야 한다고 하였다. 『월말통신』「회설」에 의하면, 시대의 사조가 밝아오는 이때 인류가 이 세상에 활동할 때에 이왕 주의(主義)를 세우려 한다면 될 수 있는 데까지 정의(正義)주의를 세울 것이며, 일신일가(一身一家)에 국한한 수신·제가에 그치지 말고 나아가 공중(公衆)을 위하는 주의에 그쳐야 할 것[36]이라 하였다. 과거종교의 미신행위로 인해 이적과 기복신앙이 판을 쳐왔던 것을 극복하자는 것이며, 또한 개인주의적 기성종교인의 신행을 비판하고 공익을 위한 새 시대의 새 종교인이 되자는 것이다. 원불교의 신앙이 개체신앙을 전체신앙으로, 이기주의를 이타적 공익주의로 나아가는 종교임을 만천하에 공표한 것이다. 개혁가치에 무덤덤해지기 쉬운 상황에서 새 시대를 선도할 새 불교로서 원불교의 사명의식을 촉구한 것으로 보인다.

---

35) 전음광, 「인격완성」, 『월보』 45호, 불법연구회, 원기 18년 2·3월.
36) 전음광, 「주의에 충실하라」, 『월말통신』 22호, 불법연구회, 원기 14년 12월.

셋째, 무명의 고통으로부터 벗어나는 개혁방안으로는 마탁이라는 방식 곧 훈련법에 따른 인간개조가 요구된다. 소태산은 인간개조의 당위성을 설명하면서 우리의 수행을 '용광로'에 비유하였으며(『대종경』, 교단품 8장), 이에 쇠를 녹여 잡철을 제거하듯이 정금 같은 맑은 성품의 양성을 주문하였다. 「회설」에서도 마탁에 의한 인간개조에 대하여 언급하고 있다. "적막한 광산에 침묵을 지키던 한 뭉치의 쇠도 쇠 자체가 발로된 이상 그대로 이 세상의 쓰임은 되지 못한다. 열화의 단련을 거쳐 철공의 망치를 지나 찬물의 세례를 많이 받은 후에야 건강한 쇠값 있는 쇠가 되어 그릇으로 기계로 각종 물품으로 쓰임 있는 쇠가 된다"[37]고 하였다. 사실 금옥(金玉)이라 하여도 인류사회에 소중한 보배로 탄생하려면 마탁조각(磨琢彫刻)의 과정을 거쳐야 함을 지적하고, 우리의 공부도 정신적으로나 물질적으로 일층의 용력(勇力)을 북돋워야 한다(『월말통신』 20-29호, 「회설」)고 하였다. 인간개조의 당위성이 마탁 단련이라는 비유법으로 거론되고 있다.

무명 극복을 위한 마탁의 구체적 방법은 다름 아닌 훈련법이다. 『월보』 44호 「회설」에 의하면 '불의한 욕심을 실행하려고 하나니 이로 인하여 개인, 가정, 사회, 국가는 결국 투쟁이 일어나게 되며 세상은 평화를 잃게 되는 것'이라고 하였다. 이 무명을 극복하기 위해서 선원에 입참하여 정법으로써 망치질 하고 갈고 닦아 육근에 잠겨있는 더러운 습관은 세척하여 마탁과 훈련을 놓지 말라[38]는 「회설」의 언급처럼 인간개조를 위해서는 마탁의 단련, 즉 훈련이 필요하다는 것이다. 이러한 방식의 인간개조는 '금수에 초월한 영장(靈長)의 가치를 보존'(『월말통신』 14호, 「회설」)하는

---

37) 전음광, 「정신과 육체를 정의에 질박아 훈련받은 인생으로써 활동하라」, 『월말통신』 18호, 불법연구회, 원기 14년 8월.
38) 전음광, 「입선의 필요에 대하야」, 『월말통신』 20호, 불법연구회, 원기 14년 10월.

것과 같으므로 소태산이 강조한 훈련법으로서 정기훈련법과 상시훈련법은 중생에서 불보살로 진급하는 방법이기도 하다.

넷째, 교조정신의 해이를 환기시키기 위해서는 교법실천을 통한 새 생활개척이다. 소태산은 새 시대의 새 교법으로 삼학팔조 사은사요라는 교법을 창안하여, 중생들로 하여금 이를 실천케 함으로써 진급의 낙원생활로 인도하였다. 「회설」에서 말하기를 '종사주 창정(創定)하신 삼강(三綱) 대도는 만병통치의 원형'[39]이라 했으며, 그 스스로 실천하여 모범과 표준을 지었으니 이로 인하여 인생은 각자의 가진 바 양심을 만분지일이라도 보존케 되었고 인류사회에 체면을 유지하게 되었다[40]고 하였다. 교조정신은 이처럼 새롭게 주창된 교법, 즉 인생의 요도와 공부의 요도라는 교법을 실천에 옮김으로써 가능하다고 본다.

교법의 실천은 곧 새 생활로 이어지는데, 그것은 낡은 허례허식을 타파하고 새 생활운동을 도모하는 것이다. 「회설」에서 말하기를, "묵은 옛것을 버리고 새로운 생활을 개척하라"(『월말통신』 17호, 「회설」)고 하였다. 또 '과거의 번다한 전통과 의식을 일체 소탕하여 버리고' '거북살스러운 이론과 꽤 까다로운 행의(行儀)를 떠나서' '시끄러운 세상으로 하여금 평화한 세상을 건설코자 함이 종사주의 본래 목적'임을 주지시킨다는 주장[41]을 하였다. 즉 우리가 과거 지내오던 각 생일 명절 제사 혼인 상장 등의 허례폐식을 개선하고 낭비를 절약하여 사회민중에 이로움을 끼칠 공익기관을 창립해야 한다(『월말통신』 21호, 「회설」)고 했다. 번다한 의례와 허식을 과감히 개혁함으로써 소태산이 밝힌 「개교동기」로서 낙원세계를 건

39) 전음광, 「동선기를 앞두고」, 『월말통신』 19호, 불법연구회, 원기 14년 9월.
40) 송도성, 「利己主義와 利他主義 結果는 그 主義와 正相 反對로」, 『월말통신』 31호, 불법연구회, 원기 15년 8월.
41) 서대원, 「宗師主의 修養을 드리기 위하야」, 『월말통신』 30호, 불법연구회, 원기 15년 7월.

설하자는 것이다. 이처럼 새 생활을 개척하는 것[42]은 교조정신의 해이를 벗어나는 길임과 동시에 창립정신을 새기면서 살아가는 자세이다.

앞에서 언급된 네 가지 교단개혁의 방향을 하나하나 실천에 옮긴다면 원불교 창립 100년대, 다시 말하면 원불교 2세기는 희망에 찬 새 시대의 종교로서 역할을 충실히 할 것이다. 개혁해야 할 상황에서 개혁해야 교조의 경륜이 실현되기 때문이다. 옛날에 성인군자나 위인달사들이 오늘날까지 모든 사람의 존경을 받으며 그 불후의 명성을 떨치게 된 것은 오직 한번 잘 변하였던 까닭이며, 그 변하는 방법을 일반민중과 후세 인류에게까지 전하여 모든 인생을 행복의 길로 인도하였던 까닭[43]이라고 「회설」에서 주지시킨다.

그 반면에 변하지 못한 사람들은 생명이 점차 사라져 흔적조차 없어지게 된다는 사실을 환기시키고 있다. 원불교의 운명이 교단개혁의 여부에 달려 있음을 일깨워주고 있다. 변화의 방법도 국가적 혁명이 아니라 『정전』「최초법어」에서 밝힌 바와 같이 수제치평의 점진적 개혁임을 알 수 있다.

5) 개혁을 위한 언로言路의 역할

원기 13년(1928) 5월에 월간 『월말통신』이 창간된 이래, 원기 14년(1929) 1월에는『월말통신』11호가 발행되면서 「회설」난이 구비됨으로써 비로소 기관지로서의 현실진단의 비판적 성격이 가미되기에 이른다.

---

42) 원기 41년(1956) 5월에는 신생활운동 안을 현상 모집하여 새 생활운동의 전개를 시도하였고, 그 해 7월에는 교역자들의 생활개선 방안을 위한 연구위원회를 구성하였다(『원불교 교사』, 제3편 성업의 결실, 제4장 결실성업의 전진, 4. 고시제도 실시와 기관단체 정비).
43) 「우리는 한번 변합시다」, 『월말통신』32호, 불법연구회, 원기 15년 9월.

최초의 「회설」은 「송구영신을 제(際)하여-우리의 가질 주장과 주의」라는
제목이며, 주목을 끄는 것으로는 「회설」이 실리게 되는 사명감과 당위성
이 거론되고 있다. 그리하여 숭고한 포부를 소유케 한 기관지가 되었다[44]
고 했으며, 첫 「회설」의 주인공은 이름을 밝히지 않고 기자 대표의 성격
으로 '회설반 기자 백'이라고만 밝히었다.

다소 담담한 기자의 심경으로 써내려간 「회설」 내용을 보면, 불법연구
회의 활동상황과 시사(時事)를 수집하여 회설코너를 만들었다는 점이다.
기자의 고백에 나타나듯이 「회설」 등장의 목적이 본 연구회의 상황을 단
순하게 기록하는 회의록 성격을 벗어나 신문 사설처럼 '시사'를 보강하였
다는 것이다. 「회설」의 시사코너가 등장함으로 인하여 현실진단과 비판
적 대응방안 제시가 가능해졌으니 불법연구회의 개혁방향이 거론됨은 물
론 교단 내외의 현안이 기록으로 남는 계기가 되었다.

이처럼 초기교단의 개혁방향에 획을 긋게 된 「회설」의 등장을 고려하
면, 「회설」의 현실진단은 교단사적으로 여러 측면에서 의미 있게 접근될
수 있을 것이다. 이를테면 현대문명의 폐단, 기성종교의 문제점, 무명인간
의 고통, 교조정신의 해이라는 네 가지 측면이 성찰되고 있다. 이것은 구
한말 원불교가 창립되던 당시 혼돈의 시대라는 시대상황에 관련되는 것이
며, 종교적으로는 기성종교의 폐단과 무명 중생으로서 겪는 고통, 불법연
구회의 교조정신을 환기하는 내용이 전반을 차지하고 있음을 알 수 있다.

하지만 「회설」의 역할이란 비판을 통한 현실진단만이 능사가 아니다.
현실을 냉철하게 진단함과 동시에 그 대응방안이 제시되어야 하기 때문이
다. 따라서 교단창립기의 시대상황에 근거한 교단개혁의 방향으로는 ①
물질문명에 대응한 정신개벽, ② 기성종교에 대한 개혁의 새 종교, ③ 인

---

44) 『월말통신』 11호, 불법연구회, 원기 14년 1월.

간개조와 훈련, ④ 교법실천과 새 생활운동 등이 제시되고 있다. 즉 물질
문명의 범람에 대한 정신개벽운동, 기성종교 문제점의 해법으로서 새 종
교로의 혁신, 무명의 극복으로서 인간개조와 훈련, 교조정신의 해이에 대
한 낙원건설과 새 생활운동이 제시되었다.

　다만 정기간행물 「회설」에서 거론됨직한 내용으로서 간과한 개혁조목
으로는 '불교혁신'이다. 불교혁신을 주창한 『조선불교혁신론』(원기 20년)
에서는 그야말로 개혁의 정점인 구체적 혁신방안이 제시되어 있기 때문이
다. 하지만 본 연구범주로서 『월말통신』과 『월보』의 「회설」에는 불교혁
신의 구체적 내용이 나타나기 이전이다. 시기적으로 원기 13년(1928) 5월
에 『월말통신』 창간호가 간행되기 시작한 이래 원기 17년(1932)까지 『월
보』가 발간되었기 때문이다. 불교혁신의 비판적 성찰이 나타나기 시작한
것은 원기 18년(1933)~원기 25년(1940)의 『회보』가 발간되던 시기에 해
당되며, 원기 20년(1935) 『조선불교혁신론』이 발간되었다는 사실이다. 다
만 불교혁신의 단서가 된 「회설」(『월말통신』, 『월보』)은 기성종교의 폐단
이라는 항목에서 주로 거론했다.

　본 연구가 초기교단의 개혁방향임에도 불구하고 불교혁신의 문제를 논
외로 한 것에 대하여 집고 넘어갈 사항이 있다. 『회보』「회설」에 나타난
대외인식의 차원으로 세계정세 등 시사 문제에 관심을 피력하면서 민중의
기저에 흐르는 전통 불교의 제도를 혁신해야 하며, 이에 불교의 구각을
벗겨 버리고 본래 불법을 이념적 토대로 삼아 개혁해야 하는 것이다.[45]
그럼에도 불구하고 『회보』의 「회설」을 본 연구범주에서 제외한 것은 일
정감시에 의한 「회설」의 순수성 여부 때문이다. 교단 언론을 겸한 기관지

---

45) 박영학, 「일제하 불법연구회 會報에 관한 연구」, 『원불교학』 창간호, 한국원불교학회,
　　1996, pp.175-176.

역할을 해오던 『회보』가 원기 25년(1940) 1월 통권 65호로 끝을 맺었으니, 그것은 일정의 탄압과 친일언론을 강요받던 시대로서 「회설」의 경우도 예외일 수는 없었다는 점이며, 이렇게 이용당한 기사가 상당수라는 점이다.[46] 일제총독부 당국은 출판법 등에 의하여 모든 출판물에 대하여 사전 검열제를 실시하여 『회보』 발간 때부터 검열용 원고를 제출하여 조선총독의 이름으로 된 출판 허가장을 받아서 인쇄하게 되었다.[47] 여기에서 『월말통신』과 『월보』의 「회설」은 다루면서 『회보』의 「회설」을 다루지 않은 이유가 무엇인지를 가늠할 수 있을 것이다.

어느 종교든 교단 미래를 전망하는 개혁론은 고금을 통하여 주요 이슈로 등장하며, 이와 관련하여 소중한 사료로서 초기교단의 정기간행물이 고스란히 전해지고 있는 것은 다행스러운 일이다. 역사의 기록물로서 뿐만 아니라 교단 미래를 가늠할 수 있는 「회설」이 기록물로 전해졌다는 사실 때문이다. 원광사에서는 『원광』 35년을 기념하는 교단의 문화사업으로 『월말통신』, 『월보』, 『회보』를 영인하여 『원불교자료총서』 전 10권을 펴내게 되었으니(원기 69년), 본 자료들은 원기 13년(1928)부터 원기 25년(1940) 사이에 발행된 원불교 초창기의 기관지들로서 당시 교단의 공부, 사업, 생활 3방면에 걸친 방향이나 상황 등이 소상하게 기록된 소중한 자료들이다.[48] 원불교 100년의 화두로서 '개혁'이라는 논제를 설정한 것도 이 같은 소중한 사료가 뒷받침되었기 때문에 가능한 일이다.

---

46) 이운철, 「출판언론사」, 『원불교 70년정신사』, 성업봉찬회, 1989, pp.551-562.
47) 신순철, 「불법연구회창건사의 성격」, 김삼룡박사 화갑기념 『한국문화와 원불교사상』, 원광대학교출판국, 1985, p.905(주14).
48) 이공전, 『凡凡錄』, 원불교출판사, 1987, pp.352-353.

2. 원불교와 동양문화

1) 동서문화의 교류

동양과 서양이란 용어는 언제부터 널리 사용되었는가는 자못 궁금한 일이다. 동양의 정신이나 서양의 정신을 언급함에 있어서 관련 용어의 유행을 알게 된다면 시공과 관련한 상호 대비적 정신가치가 무엇인가를 가늠할 수 있기 때문이다. 동양과 서양이라는 말은 중국 송나라 때에 남해의 해상경로를 중심으로 해서 그 동쪽을 동양이라 하고, 서쪽을 서양이라고 불렀던 데서 비롯된 해양의 구분이었다.[49] 쉽게 말해서 오늘날 말하는 남지나해와 인도양 방면을 서양, 이보다는 동쪽을 동양이라고 불렀다.

중국 명나라 때에는 서구 유럽인들이 해양을 통해 중국에 들어오자 유럽을 서양이라 부르고 동양은 이에 상호 대비적으로 호칭되었다. '중국(中國)'이라는 나라가 동쪽도 아니요 서쪽도 아닌 그야말로 중심국가로 불리어지기를 바랐다. 하지만 현재 중국을 포함, 한국을 대변하는 동양의 개념은 일본 도쿠가와막부 때 이루어졌다. 유럽을 포함한 서구를 통틀어 서양이라 하고 한중일 3국을 포함한 동북아시아를 동양이라 부르게 된 것이다.

주지하듯이 실크로드를 통한 동서교류의 시작은 고대 알렉산더대왕 때의 일이다. 알렉산더가 인도 대륙을 침략한 이후에 실크와 각종 광물류의 교류가 시작되었다.[50] 실크로드의 탄생은 서구 유럽과 동양 중국을 연결

---

49) 이경무, 「동양의 學과 서양의 學問」, 『범한철학』 22집, 범한철학회, 2000, p.253.
50) 금강대학교 불교문화연구소 편, 『종교와 역사의 교차점 실크로드』, 민족사, 2014, p.22.

하는 유일한 육로였기 때문에 여기에서 동서 활발한 교역이 이루어진 것이다. 동서의 문화가 비단길(Silk road)을 통하여 상호 문화의 교류가 빈번해졌던 역사적 사실이 주목된다.

이 같은 동서문화의 교류에는 종교문화가 그 기저를 이루고 있다. 실크로드에서 비단과 일용품의 판매라는 물질적 교류가 이루어지기는 하였지만 그 바탕에 종교·문화의 전파가 있었던 것이다.[51] 그로 인해 동서 종교문화의 전파 속도가 빨라져 물질적 교류에 더하여 종교문화의 교류가 왕성해졌다. 불교문화의 서구로의 전파도 이러한 동서문화의 잦은 교류에 의한 것이었다.

종교문화만이 아니라 동서철학의 교류도 적지 않았다. 인도철학이나 서양철학, 중국철학 등이 동서학자들의 교류 속에서 전파된 것이다. 만해 한용운 스님도 『조선불교유신론』에서 다음과 같이 말한다. "아, 예로부터 지금에 이르기까지 동서의 철학자와 이학자가 끊임없이 나타났는데도 무엇보다 가까운 내 자신 속에 있는 마음의 문제가 아직도 결론을 얻지 못한 것은 유독 무엇 때문인가."[52] 그에 의하면 동서 철학자들의 상호 교류가 세계 보편사상과 보편윤리로의 전파, 수행에까지 영향을 미쳤다는 것이다.

고금을 통하여 동서문화의 교류를 염두에 두면서 원불교사상의 동양사상적 접근이 요구된다. 원불교가 동양정신을 어떻게 가치화하여 실행에 옮길 것인가에 대한 문제를 중심으로 본 연구가 전개되었다는 것이다. 서구의 오리엔탈리즘적 현상(사이드의 이론)이 서구 우월론의 사유의식에서 나온 점이나, 한국사회에서 서구문화의 팽배는 동양정신의 중요성을

---

51) 금강대학교 불교문화연구소 편, 『종교와 역사의 교차점 실크로드』, 민족사, 2014, pp.22-23.
52) 한용운, 이원섭 역, 『조선불교유신론』, 만해사상연구회, 1913, pp.51-52.

간과하는 현상마저 드러내는 형국이다. 여기에서 원불교의 역할은 동양정
신의 위대성에 근거하여 동양정신의 구현방향이 무엇인가에 대한 문제의
식을 가져야 할 것이라 본다.

2) 동양문화의 가치

과거와 달리 오늘날 동서문화에 있어서 사이버 활동에 의한 시공간의
축소, 개방된 동서 경제적 풍요에 의한 여행의 자유화로 인하여 문화의
이질감이 줄어들고 있는 것은 다행이라 본다. 그럼에도 불구하고 여전히
상당한 차이로 나타나는 이질감은 오랫동안 폐쇄된 시공적 문화관습이나
그 사유의 차이에 의한 것이며, 이는 다음 몇 가지로 특징화할 수 있다.

첫째, 서양의 개인주의에 대한 동양의 공동체주의가 차이점으로 나타
난다. 대체로 서양사상은 개인중심으로 이루어진 인식론적 개념파악에 초
점을 둔 것이라면, 동양의 사유는 공동체적 사유에 근거한 직관의 통찰력이
선호되었다. 라다크리슈난도 『인도철학사』에서 서양은 개인중심에 의한
실용주의적 성향이라면 동양은 영감에 의한 사색이 중시된다[53]고 하였다.

둘째, 서양의 자연과학에 대한 관심과 발달에 대하여, 동양의 경우 한
의학이나 『주역』 등에 근거한 동양의학 및 동양철학이 발달되었다. 소광
섭 교수(서울대)에 의하면 서양의 자연과학은 논리와 수학에 바탕한 시공
간론, 그리고 물질의 원자론과 물체 운동론의 실험적 방법으로 검증하여
자연을 이해한다면, 동양의 천문·풍수·한의학은 음양오행이란 철학체
계에 의해 현상을 설명하여 이해하려 한다[54]는 것이다. 서양의 합리적 분
석성향에 따라 자연과학이 발전해 왔다면 동양의 체험적 수행의 직관에

---

53) 라다크리슈난(이거룡 옮김), 『인도철학사』 I , 한길사, 1996, p.55.
54) 소광섭, 「일월성신론」, 『圓評』 창간호, 원불교교수협의회, 2011, p.55.

따른 전통의 인습 및 인문과학의 발전이 지속되어왔기 때문이다.

셋째, 서구는 간섭 없는 자유의식에 근거한 인지의 개체적 인격에, 동양은 공유된 이념에 근거한 도덕 실천의 인격에 초점을 두어온 것이다. 즉 인격개념은 사회마다 달라서 서구사회에서 자각과 판단, 행동을 중시한 개체적 인격개념을 중시했다면, 인도나 중국사회에서는 객체성이란 살아있는 생물적 존재에 불과하고 그 안에 가능성으로 주어진 인성의 본질을 실현시키는 도덕실천 및 깨달음에 관심을 두어왔다.[55] 서구의 개인적 분방한 인격이 아니라 동양의 공동체적 절제된 군자의 인품을 모델로 삼아왔던 것이다.

이러한 몇 가지 상황에서 서구의 철학자들은 근래 전 인류의 공동체적 인품을 소중히 여기는 동양의 가치에 관심을 갖고 인도철학과 중국사상에 관심을 기울이기 시작했다. 서구의 많은 철학자들은 동양철학의 가치를 인정한다면서, "우리가 동양, 그중에서도 특히 오늘날 유럽에 널리 보급되기 시작한 인도의 시적이고 철학적인 정신을 이해할 때, 우리는 거기에 수많은 진리들이 있으며, 또한 그 진리가 심오하다는 것을 발견한다"(Victor Cousin)는 것이다.[56] 사이드의 오리엔탈리즘(Orientalism)에 길들여진 서구인의 우월론에서, 이제 동양정신에 눈을 뜨고 동양적 가치에 인류의 심원한 철학이 있음을 발견하고 있다. 사실 미국의 명상 주도의 단체로는 중국불교, 일본불교, 티베트불교, 한국불교, 동남아불교 등이 주류를 이루고 있는 것으로 알려져 있다.

---

55) 金勝惠, 「道教의 人格理解」-莊子·抱朴子를 중심으로-, 제8차 학술세미나 『道教와 倫理』, 한국도교사상연구회, 1995.8, p.4.
56) 라다크리슈난(이거룡 옮김), 『인도철학사』I, 한길사, 1996, pp.86-87(원주 31).

3) 공동체와 종교다원주의

그동안 정신의 황폐화 현상이 사회문제로 야기된 시류에서 동서양의 오랜 삶의 뿌리였던 고전(古典) 정신을 통하여 심혼(心魂)의 철학을 공유해야 할 시점에 이른 것이다. 이에 고전의 부흥은 서방문화권뿐만 아니라 동방문화권의 정신을 캐낼 수 있는 보고(寶庫)라는 점을 인지하여야 한다. 동서를 막론하고 아랍어 고전에 관심을 가지게 되었고 히브리어 고전 역시 관심의 대상으로 연구되기 시작하였다. 단테 자신이 히브리어에 높은 가치를 부여하였고, 교황 식스투스 4세는 희랍어 문서와 라틴어 문서들뿐 아니라 히브리어 문서들을 위해 바티칸 도서관에 따로 건물을 짓게 하였으며, 마침내 1475년부터는 이태리에서 히브리어 책들이 인쇄되기 시작하였다.[57] 동양인의 길흉화복을 담은 『주역』은 물론 처세론의 『중용』과 『도덕경』 등이 서구사회에서 널리 유행하고 있는 점을 상기하면, 동양고전을 찾아서 성자의 가르침을 삶의 현장에 녹여냄으로써 인류의 기품(氣品)과 희망의 싹을 키워가야 할 것으로 본다.

인격의 자양분으로서 동양정신이 부각될 때, 즉 서양의 개인주의에 동양의 공동체적 정신이 영향을 미칠 때, 동서 조화로운 인격이 고양될 것이며 밝아지는 지구촌(Global Village)의 시대를 앞당길 수 있을 것이다. 라다크리슈난에 따르면 동서철학의 교류는 어떤 한 사상에 대한 다른 사상의 우위를 주장하기 위한 것이 아니라, 동서의 모든 사상들이 궁극적으로 모든 존재의 통일성을 가리키고 있다는 것을 드러내는 작업[58]이라 했다. 여기에서 동서문화의 이질성은 사라지고 호혜적 공감대의 형성에 의한 세계평화의 공동가치가 발현될 것이다.

---

57) 김홍기, 『종교개혁사』, 知와 사랑, 2004, p.24.
58) 라다크리슈난(이거룡 옮김), 『인도철학사』Ⅰ, 한길사, 1996, p.31.

한때 서양철학이 부각되었지만 이제 동양정신의 깊은 관심에 의해 동서종교가 공감하는 종교다원주의 시대가 열렸다. 한국의 종교다원주의는 19세기 말 이후 시작되었으며, 기독교가 한국사회에 뿌리를 내리고 전통종교들의 의미 있는 경쟁적 힘의 상대로 맞서기 시작한 것은 아주 최근의 일이다.[59] 1995년 통계에서부터 한국의 종교인구는 총 인구의 반을 넘어섰다. 1985년 조사결과에서 서양에서 유래한 기독교는 동양적 전통종교들을 교세에서 약간씩 앞지르기 시작하였으며, 여기에 대하여 동양종교의 정신적 가치가 활력을 잃지 않고 삶의 에너지로 충천해야 할 상황에 직면하였다. 다행히 동서를 막론하고 동양정신에 눈을 뜬 종교적 지성들은 동양종교의 가치를 경외해야 할 것이며, 이에 100여 년 전 영광일우에서 탄생한 원불교가 세상을 훤히 비출 수 있는 2세기가 도래한 것이다.

4) 원불교의 동양사상적 접근

앞으로 새 시대의 새 회상을 주도할 원불교의 활동상을 예견하면서, 동양정신과 관련한 원불교의 접근은 여러 측면에서 시도될 수 있다. 즉 사상사적 입장에서 원불교사상의 본질에 접근하는 길에는 대체로 세 가지의 단계를 생각할 수 있다.

첫째, 불교사상사의 맥락에서 파악해 들어가는 방법이다. 소태산은 대각을 이룬 후 열람한 불교경서로는 『금강경』 외에 『팔상록』, 『선요』, 『불교대전』이다. 그는 원기 4년(1919) 「불법에 대한 선언」[60]을 통해 불교를

---

59) 김종서, 「광복이후 한국종교의 정체성과 역할」, 제32회 원불교사상연구원 학술대회 ≪광복이후 한국사회와 종교의 정체성 모색≫, 원불교사상연구원, 2013.2, p.18.

60) 원기 4년 음 10월 6일에 소태산은 「불법에 대한 선언」을 하게 된다. " … 미래에 돌아오는 불법은 재래에 적혀오던 불법의 제도가 아니라 사농공상을 여의지 아니하고 또는 재세출세를 물론하고 일반적으로 공부하는 불법이 될 것이며, 부처를 숭배하는 것도 한갓 개별적 등상불에만 귀의할 것이 아니라 우주만물 허공을 다 부처로 알게 되므

연원종교로 삼고 불법을 무상대도로 인지하였으며, 원기 5년(1920)에는
『조선불교혁신론』을 구상하여 원기 20년(1935)에 완성하였다. 원기 28년
(1943)에는 『불교정전』을 친히 저술하였으니, 이는 원불교가 불법에 근거
한 만세의 경전을 편찬하였다는 점에 의의가 있다. 작금의 원불교는 인도
불교를 비롯하여 중국불교, 한국불교의 시각에서 원불교의 동양종교적 가
치에로 접근해 들어가야 할 것이다. 원불교와 불교의 정체성 내지 불법의
원융 회통성을 위해서도 원불교 사상은 불교사상을 심도 있게 접근해 들
어가야 한다고 본다.

둘째, 중국의 전통사상 즉 유교와 도교의 맥락에서 파악해 들어가는 방
법이다. 이를테면 원불교의 트레이드마크인 마음공부와 성리(性理)에 대
한 연구에 있어서도 유교 성리학적 접근법이 요구된다. 원불교에서 말하
는 마음은 주자학적인 요소가 혼합되어 있고, 마음을 깨치기 위한 수행법
은 불, 유, 도의 방법이 혼합되어 있다.[61] 원불교가 송대 성리학의 영향을
받은 이상 유교의 성리학과 연계를 통해서 중국의 전통사상과의 호혜적
접근법이 필요한 것이다.

셋째, 한국사상사의 흐름에서 접근하는 방법이다. 한국사상 및 원불교
와 관련하여 그간 발간된 논문집으로 『한국불교사상사』(숭산 박길진박사
화갑기념사업회, 1975), 『한국근대 종교사상사』(숭산 박길진박사 고희기
념사업회, 1984), 『한국문화와 원불교사상』(문산 김삼룡박사 화갑기념사
업회, 1985) 등은 책명이 제시하는 것과 같이, 한국종교와 문화사의 맥락
과 원불교사상의 전개가 어떠한 맥락으로 연계되는지 비교해 볼 수 있는
중요한 계기가 된 것이다.[62] 근래 한국 신종교와 원불교의 상관성을 직시

로…"(『창건사』 제13장 「대종사 불법에 대한 선언」).

61) 김방룡, 「禪 사상의 관점에서 본 원불교의 마음과 수행법」, 2011년 마음인문학 학술대
회 ≪불교의 마음과 실천≫, 원불교사상연구원 마음인문학연구소, 2011.12, pp.95-96.

하고 한국문화의 현실을 진단하면서 원불교사상을 한국사상사의 맥락에
서 접근하는 일은 한국종교의 세계화에도 도움이 될 것이다.

이처럼 원불교의 동양사상적 접근법이 중요하다. 즉 서구의 문물주의
가 팽배하고 유일신적 배타주의의 도그마에 대한 허구성을 인지하고, 동
서 지혜의 균형감각을 부여하자는 것이다. 자기초월에의 관심, 개인의 내
면세계와 실재의 추구, 영성탐구의 뉴에이지 운동, 동양사상에 대한 높은
관심, 포괄적인 세계관의 부상 등 이른바 정신세계의 새로운 조류를 전체
적으로 보았을 때, 이런 흐름에 참여하고 있는 사람들의 의식 가운데 어떤
특정이론이나 이데올로기보다는 여러 가지 형태의 위기감이 공감대로 조
성되고 있다.[63] 오늘의 상황에서 동양정신의 부각은 보편적 세계관의 공
감대 형성뿐만 아니라 원불교 사상과의 회통정신을 드러내는 것으로 의미
있는 일이라 본다.

62) 이운철, 「출판언론사」, 『원불교 70년정신사』, 성업봉찬회, 1989, p.572.
63) 정인석, 『트랜스퍼스널 심리학』, 대왕사, 2003, p.28.

3. 원불교의 가치구현

1) 불살생과 생명윤리

최근 세계의 이목은 서양에서 동양으로의 점증적 이동에 집중되어 있다. 구체적으로 말해서 권력과 자본의 중심이 서방에서 동방 즉 동아시아로 이동하고 있다는 점이다. 동아시아가 세계의 중심, 세계사의 중심이라는 사실은 오래 전부터 미국 월가의 CEO들 사이에서 대유행했던 "아메리카를 팔아 아시아를 사라"는 격언에서도 알 수 있다.[64] G2 중국과 일본, 한국이 세계무역의 선진대열에 있는 것을 보면, 영국의 「파이낸셜 타임즈」지는 지난 2천년대 초반에 있었던 세계 금융위기 당시에 "서방에 공포가 있다면 동방에는 희망이 있다"라고 한 사실을 입증하고 있다.

종교학을 대표하는 학자로서 엘리아데는 『성과 속』, 『종교 형태론』, 『신화와 현실』 등을 저술하였는데 그는 동양종교에 깊은 관심을 표명하였다. 20세기 말엽의 세계적 석학인 엘리아데는 종교학자로서 그 대안을 제시하면서 동양종교를 이해해야 하며, 또한 인류의 원시성·고대성을 탐구해야 한다고 하였다.[65] 정치와 경제, 종교 역시 동양으로의 물꼬를 트고 있는 점은 소태산 대종사가 예견한 '조선이 갱조선'이라는 법어가 현실로 드

---

64) 박맹수, 「한국사상사에서 본 대산종사」, 대산 김대거 종사 탄생 100주년 기념학술강연 『진리는 하나 세계도 하나』, 원불교100년기념성업회 대산종사탄생 100주년 기념분과, 2013.6, pp.30-31.

65) 류기현, 「정산종사의 도덕관」, 제19회 원불교사상연구 학술대회 ≪鼎山宗師의 信仰과 修行≫, 원불교사상연구원, 2000.1, p.101.

러나는 것 같다. 그는 『법의대전』에서 '괘월동방만국명(掛月東方萬國明)'
이라 하여 '달이 동방에 떠 세상이 밝아질 운세'라고 하였다.

교단창립의 선진으로서 박대완(1885~1958) 교무는 소태산 대종사가 동
방에 태어났음을 큰 기쁨으로 알고 다음의 글을 남기었다. "다행 우리 종
사주께서 암흑같은 이 동방에 출연하옵시와 사은 사요의 원만한 교식을
교양하옵시고 삼강령 팔조목의 공부상 척로를 개척하옵시와 모든 인류를
인도정의의 선상으로 인도하오실 새 … 정신적 생활과 육신적 생활을 평
균하게 하는 자이요."[66] 과거 선천시대의 암울했던 상황에서 후천개벽의
시기에 당도하여 동방에 태어난 교조 소태산이야말로 새 시대의 주세성자
로서 인도상의 요법을 선포하여 영육 조화의 낙원세계로 인도했다는 것이
다. 그렇다면 낙원세계 건설을 위한 원불교의 동양적 가치구현의 길을 다
음 몇 가지 측면에서 살펴보고자 한다.

원불교의 동양적 가치구현은 동양종교의 돈독한 신앙심과 인륜에 근거
한 불살생과 생명윤리의 실천이다. 생명경외는 일찍부터 불교에서 인간의
자비심을 강조하면서 오랫동안 지속되어 왔다는 점에서 동양적 가치로 자
리매김해 왔다. 불교의 계율로서 "살생하지 말라"라는 조항이 있으므로
불교의 방생은 동양의 불살생 정신의 축을 이루고 있다. 곧 사미·사미니
10계의 첫째가 목숨이 다하도록 중생을 죽이지 말라는 것이며, 불교의 재
가 신자들의 5계의 하나가 불살생이고, 8계 역시 불살생이다. 불교의 연
원종교로서 자이나교에 의하면 수행자는 계율을 엄격히 준수해야 하며,
이에 불살생계는 특히 중요시되었다. 즉 일체의 생물은 생명을 사랑하고
있기 때문에 생명을 상하게 하는 것은 최대의 죄악이라는 것이다.

원불교의 계문 역시 불교의 불살생 정신과 연결되어 있다. 보통급 1조

---

66) 박대완, 「在家중 예회엄수의 건」, 『월말통신』 34호(원불교사상연구원 編, 『원불교 인
물과 사상』 I , 원불교사상연구원, 2000, pp.111-112).

에 "연고 없이 살생을 말며"라는 조항이 이와 관련되며, 여기에서 불살생과 관련한 생명경외의 정신을 강조할 필요가 있다. 근래 원불교 천지보은회의 설립목적은 소태산이 밝혀준 사은사상과 정산종사의 삼동윤리 정신에 바탕하여 참된 생명윤리를 구현하고 생태적 삶의 구체적 방법을 진지하게 실천하기 위함[67]임을 잘 알 수 있다. 이에 더하여 초목금수도 함부로 꺾지 말고 '동포은'으로 생각하라는 소태산의 가르침은 동양의 생명윤리적 가치를 실천하는 종교적 신앙행위로써 강조되고 있는 것이다.

2) 수양론에의 관심

서양철학의 경우 주로 존재론, 인식론, 가치론이라는 큰 틀에서 인식론적 시각이 강조되어온 반면, 동양철학의 경우 우주론, 인성론, 수양론이라는 틀 중에서 특히 수양론이 강조되는 점을 감안할 필요가 있다. 즉 서구전통은 인간의 본질적, 법적 개념의 인식에 초점을 맞춘데 비해, 동아시아전통은 인성론에 대한 다양한 논의가 있으면서도 인성을 이룬 인격자, 곧 최종 개념에 더 큰 관심을 두었다.[68] 구체적으로 말하면 유교철학의 동정(動靜) 개념은 우주적 작용에 초점이 맞추어져 있다. 이를 소태산은 인간의 수양에 적용하고 있으며, 우주의 본체를 동과 정의 개념으로 말하여, 이를 '동정간 불리선'이라는 인성 수양론으로 끌어들여 행동의 단순한 선악판단에 머무르지 않도록 하였다.

여기에서 원불교는 진리의 전통종교의 영향을 받으면서 우주론적·수양론적 접근의 길을 열어놓았으며 소태산은 통일체적 차원에서 일원은 우

---

67) 박광수, 「원불교 사회참여운동의 전개양상과 과제」, 『원불교사상과 종교문화』 30집, 원불교사상연구원, 2005, p.241(주16).

68) 金勝惠, 「道敎의 人格理解」-老子·莊子·抱朴子를 중심으로-, 제8차 학술세미나 『道敎와 倫理』, 한국도교사상연구회, 1995.8, p.2.

주 만유의 본원(本原)이며, 제불제성의 심인(心印)이며, 일체중생의 본성(本性)이라고 하였다. 『정전』「일원상 진리」에서 이를 밝혔고, 총서편 「교법의 총설」에서도 우주 만유의 본원이요, 제불제성의 심인인 법신불 일원상을 신앙의 대상과 수행의 표본으로 삼도록 하였던 것이다. 일원상 진리의 우주론적 확대는 동양의 우주론과 그 맥락이 통하며, 마음공부를 수양 방법으로 적용한 것 역시 동양사상의 심학(心學)을 중시하는 수양론과 연계되어 있다.

서구중심의 인식론은 개념정의에 초점이 맞추어져 있다면 우리가 조명해야 할 수양론은 인성수양에 대한 깊은 관심의 정도를 말한다. 이러한 수양론에의 관심은 우주론적 자아의 확충에 의한 자성불의 인성발현이라는 점에서 원불교가 지향해오고 있다. 동양의 수양론에서는 끊임없이 본심의 회복을 주장하는데 왜냐하면 본심(本心)이 우리의 행위 결정하는 가장 근원이고, 주체가 되기 때문이다.[69] 원불교 역시 이러한 동양의 수양론 정립과 인성의 수양에 관심을 갖는 것은 진여 자성을 발현하는 힘을 기르기 위함이다.

원불교의 최초교서 발간이 『수양연구요론』이다. 원기 12년(1927)에 출간된 초기교단의 공식 간행물인 『수양연구요론』에는 후일 좌선의 원리가 되는 내용이 담겨 있는 『정정요론』과, 삼학팔조의 체계, 그리고 계문과 솔성요론, 의두요목들의 원시형태가 제시되어 있다.[70] 일원상 수행의 구체적 방법들이 본 교서에 포함되어 있음을 알 수 있다. 종교의 영역은 인간의 본성발현으로서 맑은 자성의 함양에 관련되어 있다는 점에서, 원불

---

69) 박승현, 「노자수양론과 마음치유」, 『인문과학연구』 40집, 강원대 인문과학연구소, 2014, p.613.
70) 정순일, 「사은신앙의 형성사적 연구-법신불 사은연구1」, 『원불교사상』 21집, 원불교사상연구원, 1997, pp.341-342.

교 수양론의 큰 틀이 이미 초기교서에 잘 나타나 있음을 알 수 있다. 인류 구원의 함의가 우주의 기운확충과 더불어 인간의 자성회복에 있음을 알고 원불교 수양론의 정립과 방향을 제시하는 평정심의 회복으로서 종교 본령의 임무이기도 하다.

3) 자연순응과 환경보전

서구는 주로 자연을 정복의 대상으로 보아 인간의 이용물로 간주해 왔다면 동양은 자연을 순응하는 대상으로 삼아왔다. 이와 같은 신앙의 심경으로 자연을 순응하는 동양정신을 공유하는 길은 천지자연을 신앙의 대상(천지은)으로 삼고 있는 원불교로서, 천지의 생명성과 나의 생명력을 온전히 보전하는 자연보호운동에 적극 관심을 기울여야 할 것이다. 환경보호와 관련한 원불교의 이념은 다른 어느 종교보다 분명하게 나타나 있다. 일원주의와 삼동윤리(동기연계)의 정신에서 볼 때 모든 존재는 한 기운의 산물이므로, 이에 만유를 유기체적 생명으로 보아 천인합일의 정신으로 인간과 자연의 근본적 소통을 해야 한다.[71] 이제 자연보호는 동양 전통종교의 정신과 상통하며 이는 도가철학의 자연주의와도 관련되어 있다.

다행히 원불교의 자연보호운동은 2천년 초반부터 지속적으로 전개되어 왔다. 2002년 전후부터 지금까지 생명·평화·환경과 관련한 새만금살리기 운동으로 구체화되었다. 원불교 천지보은회는 북한산·금정산 터널공사 반대운동을 비롯하여, 새만금 갯벌살리기, 습지와 산지의 자연환경을 보존하기 위한 운동을 연대하여 새만금사업을 반대하는 부안사람들, 지리산살리기 범불교연대, 천주교생태모임레헴, 풀꽃세상을 위한 모임, 환경

---

71) 김낙필, 「한국 근대종교의 삼교융합과 생명·영성」, 『원불교사상과 종교문화』 39집, 원불교사상연구원, 2008, p.47 참조.

을 생각하는 전국교사모임, 녹색연합, 환경과 공해연구회, 환경운동연합, 한국천주교여자수도회 장상연합회, 기독교환경운동연대 등과 함께 '새만금갯벌 생명평화연대'를 결성하여 새만금 살리기 운동에 적극적이며 조직적으로 참여하였다.[72] 원불교의 자연보호운동은 사은(四恩)사상의 실천으로서 환경의 소중함을 공유하는 이웃종교들과 연대하여 적극적으로 전개되어야 함은 당연한 일이라 본다.

4) 민중종교의 평등사상

민중종교를 언급함에 있어서 우리는 민중유교, 민중불교 등을 상기할 수 있다. 민중불교란 불교가 민중의 고통에 무관심해서는 안 되며 고통치유에 적극적으로 동참해야 한다는 메시지를 지닌 불교운동이었으며, 80년대 반독재 민주화투쟁의 기치를 내건 민중불교의 현상으로 나타난 것이다.[73] 한국불교는 한동안 민중의 고통과 사회적인 문제들에 대하여 무관심한 편이었다. 불교가 민중과 멀어지는 현상이 불교를 민중으로부터 관심을 끌지 못하게 하는 형국으로 이어졌으며, 상대적으로 한국의 기독교가 대사회적인 문제에 적극적으로 다가서면서 민중선교에 활력을 얻게 되었다. 이에 대한 자극과 더불어 민중불교는 그간 불교가 개인적이고 지극히 내면적인 수행에 집중해 온 현상을 반면교사로 삼았던 것이다.

원불교가 새 불교로서 민중과 더불어 시대화·생활화·대중화를 표방하고 불교혁신을 외친 것은 이러한 민중종교의 성향과 무관하지 않다. 구

72) 박광수, 「원불교 사회참여운동의 전개양상과 과제」, 『원불교사상과 종교문화』 30집, 원불교사상연구원, 2005, p.241.
73) 노권용, 「21세기 불교계 대학의 전망과 과제-현대 한국불교 두 가지 흐름과 관련하여-」, 제18회 국제불교문화학술회의 『불교와 대학-21세기에 있어서 전망과 과제』, 일본 불교대학, 2003.10, p.124.

한말 봉건체제의 극복과 민중에 의한 민중종교로서의 방향을 설정한 것이다. 19세기 서구 자본주의 국가들의 제국주의적인 침략이 동양을 자본주의 식민지체제로 재편하는 과정이었다. 소태산은 식민지 시대에 원불교를 창립함으로써 민중들로 하여금 희망을 갖게 함은 물론 미래의 시대는 불평등의 시대가 사라지고 균등한 평등세상이 온다고 하였다. 이에 원불교의 인권운동과 사요실천, 시민운동은 사회의 모순과 차별제도를 개혁하여 사회변동의 동기를 마련함으로써 과거의 어둡고 불평등한 시대를 혁파하고 밝고 평등한 시대를 열어가도록 하고 있다.[74] 인권 및 사회문제와 관련하여 1980년대 민주화 운동의 대사회적 요청에 부응하기 위해 원불교 사회개벽교무단을 구성하여 참여해 왔으며, 앞으로도 민중과 함께하는 민중종교로서의 활동이 더욱 요청된다.

5) 정신개벽의 종교

원불교의 핵심가치는 동학, 증산교와 더불어 후천개벽시대의 정신개벽을 주도하는 것에서 모색된다. 개벽시대의 성자들로서 수운 선생으로부터 증산 강일순 선생, 소태산 대종사, 정산종사를 거쳐 대산종사에 이르기까지 면면히 계승되면서 한국 근대 개벽종교의 궁극적 이상인 개벽의 구체적 내용을 확인할 수 있다.[75] 이들 성자들의 등장으로 구시대의 선천시대를 보내고 새 시대의 후천시대를 맞이하면서 마음의 안정과 평화를 가져다줄 정신개벽 운동의 중요성이 드러나고 있는 것이다.

---

74) 박광수, 「원불교 사회참여운동의 전개양상과 과제」, 『원불교사상과 종교문화』 30집, 원불교사상연구원, 2005, p.253.

75) 박맹수, 「한국사상사에서 본 대산종사」, 대산 김대거 종사 탄생 100주년 기념학술강연 『진리는 하나 세계도 하나』, 원불교100년기념성업회 대산종사탄생 100주년 기념분과, 2013.6, pp.39-40.

　암울한 시대적 환경 속에서 탄생한 소태산 대종사는 선천시대에서 후천시대를 향도해야 할 새 변혁기를 간파하였지만 여전히 국가의 민중은 암울한 시대상황 하에 있었다. 서세동점의 사조 아래 열강제국이 한반도를 중심으로 각축하는 가운데, 조선왕조가 망하고 일제강점기에 시달리던 민중들은 삶의 좌표를 잃고 있었던 난국의 상황 속에 있었기 때문이다. 이에 정산종사도 앞으로 새 천지의 운수가 돌아오고 있으나 그 운수를 받고 못 받는 것은 자기의 적공 여하에 있는 것76)이라고 하였다. 시대의 변혁기에 처하여 적공을 하지 못하면 난세는 지속될 수밖에 없다.

　이러한 난국적 상황 속에서 원불교는 정신개벽을 창립의 모토로 하였으며 마음공부를 중심으로 한 개벽운동을 전개하고자 하였다. 마음공부를 수신(修身) 공부의 총섭원리로 본다면 정신개벽과 의미가 다르지 않을 것이며, 이 정신개벽은 물질문명의 이기(利器)에 빠져 주체성을 상실한 현대사회에 대한 병맥의 진단이라는 점에서 심신 치유를 전제로 한다77)는 점을 참고할 일이다. 정신개벽운동은 이제 모든 종교가 지향해야 할 모토가 된 것이다.

　소태산이 주창한 정신개벽은 원불교 개교동기에 잘 나타나 있다. 개교동기에 비춰볼 때 원불교의 활동은 인류의 정신 개벽운동이라고 볼 수 있으며, 창교 이래 오늘에 이르기까지 인류를 향한 교화, 교육, 자선의 제반노력은 어느 의미에서 인간다운 삶의 추구과정이었기 때문이다.78) 원불교 삼대사업이 교화, 교육, 자신인 점에서 이를 완수하기 위해서는 정신개벽에 앞장서야 할 것이며, 인류구원을 위한 원불교가 갖는 특징이 여기

---

76) 『정산종사법설』, 제4편 하나의 세계 2장.
77) 양은용, 「원불교의 마음공부와 치유」, 『한국그리스도 사상』 제17집, 한국그리스도사상연구소, 2009, p.110.
78) 김혜광, 「교육사」, 『원불교 70년정신사』, 성업봉찬회, 1989, p.576.

에서 발견된다.

6) 원불교의 평화사상

원불교의 가치구현은 궁극적으로 원불교의 평화사상 구현으로 귀결된다. 평화의 구현은 종교에서 중생제도의 최종 목적으로 삼는데, 서구종교의 경우 평화사상은 크게 강조되고 있음에도 불구하고 유일신적 사유에 의한 이웃종교와의 분쟁양상이 줄어들지 않고 있다. 이에 동양종교의 평화사상이 현대사회의 주요 관심사가 되고 있으며, 전 하버드대학의 종교학자 월프레드 스미드는 그동안 동양종교의 삼교일치는 우매한 혼합주의라 멸시해 왔는데, 이제 동양의 삼교일치 사상에 대하여 서양에서 새로운 이해가 필요하다[79]고 하였다. 오리엔탈리즘이라는 동양에 대한 편견적 사유에서 극복할 수 있는 이 같은 탁견은 밝고 문명한 지성사회의 당연한 결과라고 본다.

문명한 사회를 건설하기 위해 출현한 원불교는 가치의 실현의 중심으로 세계평화의 정착을 위해 협력해야 한다. 그것은 동방의 종교로서 난세에 정법을 구현하려는 소태산의 구원관과 관련된다. 평화사상은 물론 세상에 존립하고 있는 모든 종교는 선행(善行)과 평화의 가치를 가장 중시하고 있지만, 특히 대승불교에 있어서 국왕은 십선(十善)을 인간 가운데 실현하도록 정치를 행해야 할 의무가 있으므로 "정법에 따른 봉사를 해야 한다"는 것이다.[80] 여기에 대하여 원불교의 평화주의 정신은 정법대도의 실천으로서 전승되고 있다. 소태산의 「강약진화의 도」에 의한 치국·평천하, 정산종사의 건국론과 삼동윤리, 대산종사의 종교연합운동에 근거한

79) 송천은, 『일원문화산고』, 원불교출판사, 1994, p.167.
80) 中村 元, 김용식·박재권 공역, 『인도사상사』, 서광사, 1983, pp.138-139 참조.

세계 및 남북평화운동은 동양종교의 정신을 고스란히 담고 있는 원불교의
시대적 소명인 것이다.

원불교가 세계종교를 지향하며 세계화를 아무리 강조하더라도 인류과
자연합일적 평화정신을 간과해서는 안 된다. 이러한 소명의식은 원불교가
동양 전통사상의 계승과 함께하면서 나타날 것이다. 소태산의 가르침처럼
유불도 통합활용이라는 정신은 원불교가 동양사상을 구현할 선도적 종교
로서 계승해야 한다. 원불교의 좌표가 『정전』「교법의 총설」에 나타나 있
듯이 소태산은 유불도 3교의 전통적 교의(敎義)를 회통함으로써 종교간
화합과 평화를 지향하는 것임을 간과해서는 안 된다.

오늘날 서구종교는 배타성이 강하다는 면에서 종교화합보다는 갈등을
부추기는 측면이 없지 않으며, 이에 대하여 동양종교는 타종교에 대해 관
용적이라는 장점이 있다. 동양권에서의 유교와 불교와 도교의 가르침은
3교합일의 조화된 이상적 인간상을 지향한다. 즉 동양의 사회는 반드시
유교적 가르침, 불교적 가르침, 도교적 가르침이 섭렵되어야 하며, 마침내
자기 속에서 3교의 회통원리를 터득하고 그 조화능력을 펼 수 있도록 성
인군자가 이끌어나가는 사회이다.[81] 이에 소태산이 밝힌 것처럼 원불교
는 유불도 3교를 통합 활용하면서 한국의 신종교의 선두주자로서 전통종
교의 계승자 역할이 기대되는 것이다. 불살생과 생명윤리의 실천(불교 계
승), 우주론과 수양론의 확산(유교 계승), 자연순응과 환경의 보전(도교
계승), 민중종교의 평등사상, 나아가 정신개벽을 주도할 종교(신종교 계
승)이 필요하다.

이제 동양종교의 가치를 조화롭게 계승할 원불교의 화두는, 서구 자본
주의적 편의주의와 유일신적 독단론의 사유에 매몰된 일부 현대인들을 교

---

81) 류병덕, 「21C의 원불교를 진단한다」, 제21회 원불교사상연구 학술대회 ≪21세기와 원
    불교≫, 원불교사상연구원, 2002.1, p.14.

화하는 차원에서 종교다원주의에 공감하면서, 자기 신행(信行)과 성찰에 바탕한 인성훈련 그리고 마음공부의 기수가 되어야 할 것이다. 동양종교는 인간을 불완전자로 보지 않으며, 본질적 죄악에 대한 속죄보다는 자기 수련과 성찰을 통해 자신의 현실적 한계성을 극복하고자 노력한다[82]는 점을 고려해야 한다. 원불교는 새로운 100년대의 주역으로서 겸허하게 종교화합을 통해 자기 속박으로부터 벗어나 자아해탈과 사회구원을 도모해야 한다. 불법실천의 궁극 목적은 해탈과 열반 그리고 구원에 있으니, 그것은 새 시대의 다종교사회에서 대도정법의 묘방(妙方)인 것이며, 이러한 자부심은 자타의 구원, 곧 낙원으로 연결되는 가교인 셈이다.

---

82) 한내창, 「사회운동과 종교」, 『원불교사상과 종교문화』 27집, 원불교사상연구원, 2004, p.287.

저자소개

■ 哲山 류성태

　現 원광대학교 원불교학과 교수
　現 원광대학교 대학원 불교학과 주임교수

■ 주요 저서

- 원불교와 동양사상(1995)
- 성직과 원불교학(1997)
- 정보사회와 원불교(1998)
- 지식사회와 원불교(1999)
- 중국철학사(2000)
- 정산종사의 교리해설(2001)
- 원불교인, 무얼 극복할 것인가(2003)
- 대종경풀이(상~하)(2005)
- 정산종사법어풀이(1~3)(2008)
- 정전변천사(2010)
- 원불교와 깨달음(2012)
- 원불교와 한국인(2014)
- 중국철학사의 이해(2016)

- 동양의 수양론(1996)
- 경쟁사회와 원불교(1998)
- 지식사회와 성직자(1999)
- 21C가치와 원불교(2000)
- 정산종사의 인품과 사상(2000)
- 원불교인은 어떠한 사람들인가(2002)
- 소태산과 노자, 지식을 어떻게 보는가(2004)
- 원불교 해석학(2007)
- 정전풀이(상~하)(2009)
- 장자철학의 지혜(2011)
- 견성과 원불교(2013)
- 원불교 100년의 과제(2015)
- 불교와 원불교(2018)

불교와 원불교

초판 1쇄 발행   2018년   1월 31일
초판 2쇄 인쇄   2018년 10월 11일
초판 2쇄 발행   2018년 10월 25일

지 은 이 | 류 성 태
펴 낸 이 | 하 운 근
펴 낸 곳 | 學古房

주   소 | 경기도 고양시 덕양구 통일로 140 삼송테크노밸리 A동 B224
전   화 | (02)353-9908   편집부(02)356-9903
팩   스 | (02)6959-8234
홈페이지 | http://hakgobang.co.kr/
전자우편 | hakgobang@naver.com, hakgobang@chol.com
등록번호 | 제311-1994-000001호

ISBN   978-89-6071-730-5   93220

값 : 30,000원

이 도서의 국립중앙도서관 출판예정도서목록(CIP)은 서지정보유통지원시스템 홈페이지(http://
seoji.nl.go.kr)와 국가자료공동목록시스템(http://www.nl.go.kr/kolisnet)에서 이용하실 수 있습니
다. (CIP제어번호 : CIP2018001996)